中国
近代
通史

（修订版）

中国社会科学院
近代史研究所 —— 编

张海鹏 主编

[第二卷]

近代中国的
开端 (1840—1864)

姜 涛 卞修跃 著

江苏人民出版社

图书在版编目(CIP)数据

中国近代通史. 第二卷, 近代中国的开端：1840—1864 / 张海鹏主编；姜涛，卞修跃著；中国社会科学院近代史研究所编. — 修订本. — 南京：江苏人民出版社，2024.1

ISBN 978 - 7 - 214 - 23199 - 4

Ⅰ.①中… Ⅱ.①张… ②姜… ③卞… ④中… Ⅲ.①中国历史-近代史-1840—1864 Ⅳ.①K25

中国版本图书馆 CIP 数据核字(2020)第 024284 号

书　　　名	中国近代通史·第二卷　近代中国的开端:1840—1864	
主　　　编	张海鹏	
著　　者	姜　涛　卞修跃	
责 任 编 辑	周晓阳	
装 帧 设 计	刘葶葶	
责 任 监 制	王　娟	
出 版 发 行	江苏人民出版社	
地　　　址	南京市湖南路 1 号 A 楼,邮编:210009	
照　　　排	江苏凤凰制版有限公司	
印　　　刷	苏州市越洋印刷有限公司	
开　　　本	718 毫米×1000 毫米　1/16	
印　　　张	43　插页 5	
字　　　数	600 千字	
版　　　次	2024 年 1 月第 1 版	
印　　　次	2024 年 1 月第 1 次印刷	
标 准 书 号	ISBN 978 - 7 - 214 - 23199 - 4	
定　　　价	218.00 元(精装)	

(江苏人民出版社图书凡印装错误可向承印厂调换)

再版前言

  《中国近代通史》修订再版,我们感到欣喜,也感到惶恐。一部十卷本的通史性著作,出版十年之后还有再版的机会,说明学术界与社会上是需要的。据从各方面获得的消息,学习中国近代史的学生中,本科生、硕士生,尤其是博士生,读这个十卷本的人是不少的。许多教授都把这部书指定为学生们的必读书。对于作者而言,这无疑是令人欣喜的。但是,一部多卷本的集体著作,每卷的主持人都是大忙人,能否如期完成修订,能否使修订更好地满足读者的需要,这又是令我们惶恐的。

  2006—2007 年,十卷本《中国近代通史》初版由江苏人民出版社推出,2009 年,凤凰出版传媒集团、江苏人民出版社又推出凤凰文库版。中国社会科学院为此书出版举办科研成果发布会和学术座谈会,在学术界与社会上引起广泛关注,不仅有多家媒体报道出版信息,而且还有不少学者在《人民日报》、《求是》杂志、《近代史研究》等报刊发表评介文章,这是始料不及的。应该说,《中国近代通史》初版的面世,在学术界产生了良好的社会反响,同时也赢得了多项荣誉(如入选首届"三个一百"原创图书出版工程、中华优秀出版物图书奖、第二届中国出版政府奖、中国社会科学院优秀科研成果二等奖等)。总体上讲,学术界和社会上的评价是正面的、肯定的,也有建设性的学术批评。所有这些,都是对我们的鼓励,都是对中国近代史学科建设的深入探讨,对推动中国近代史的学术研究是有益的。《中国近代通史》的撰写和出版,圆了近代史研究所几代人的梦想,至今也是中国近代史学界唯一一部十卷本的大型通史。出版近十年来，学术研究有了较大发展，相关的档案文献也有持续公布和新的发现，如清史编纂工程大量刊布清史档案文献史料，美国胡佛研究所公布了蒋介石的日记手稿，以及中外档案馆新发现和公布的史料等等，都为中国近代史的进一步深入研究提供了史料基础和学术路向。因此，《中国近代通史》初版在经过十年发行后，根据新材料、吸收新成果再予修订，是很有必要的。

2016 年 8 月 27 日，应江苏人民出版社的邀请，《中国近代通史》课题组多位作者到南京凤凰集团，与江苏人民出版社签订出版续约，正式启动修订再版工作。南京之行，大体确定了修订的三项原则：(1) 基本风格、基本观点、基本结构不变；(2) 字数篇幅总体不突破原版，但各卷也可以有些弹性，允许有的卷补充内容可适当突破；(3) 修订时应该注意吸收学术界有代表性的观点，不要求逐一呼应，有的可以在注释中体现。总之，考虑到各卷作者本身任务很重，大修、中修并不现实，这次修订，总体上是小修，但是允许局部大修。

自南京续约以后，各卷作者在繁忙的教学和研究工作之余，对原稿做了认真修订，在通读、通校全文后，各卷都做了不少必要的文字处理，使表述更加准确、平实，并纠正了一些明显的史实错讹，补充了部分注释的文献出处。第六、七、八、十卷还增加了第三级小标题，以与全书体例统一。除此之外，各卷还进行了若干重要修改：

第一卷调整了章节结构，把原第二章调整为第五章，原三、四、五章改为二、三、四章。也有些文字修改。

第二卷对于引用较多的李秀成的亲书供词的版本做了认真考订，对中华书局影印本《忠王李秀成自述》原有错页进行重新整理校订，改题为《李秀成亲书供词》。

第三卷深化了湘淮系洋务派关系以及张之洞从清流派向洋务派转变的分析，改写了增设洋务局的内容，补充了关于郑观应、汤寿潜、邵作舟等早期维新派思想的论述。

第四卷在第八章补写了第五节"庚子中国国会与自立军事件"。

第五卷利用新出版的《袁世凯全集》，厘清了袁世凯修改《清帝逊位诏书》的史实。

第六卷在第一章、第四章、第七章都有重要补充和修订。

第七卷在第十章增加了第三节"工农运动的中介群体"。

第八卷在第二章、第四章、第五章、第十章都有重要补充和修订。

第九卷特别说明了从1937年7月开始的全面抗战与从1931年9月开始的局部抗战,既有相当的延续性,又有极大的不同;并利用新公布的《蒋介石日记》,补充了关于中国争取苏联出兵参战、陶德曼调停、九国公约会议、"桐工作"与中日秘密接触等方面史实的论述;还在第十一章第二节增加了"收复失土与琉球问题的提出"的内容。

第十卷在第一章、第三章、第七章做了重要补充和修订。

本次修订,是在习近平新时代中国特色社会主义思想指导下进行的。原书某些带有含糊不清的、不尽准确的提法,都已经修订了。就全书而言,虽然修改幅度不是太大,尤其在补充新材料方面做得不够,但与初版相比,这个修订版还是有了一些新的面貌,为读者提供了一个更加可信的读本。

我作为《中国近代通史》全书的主编,认为有必要在序卷中阐明全书的基本的编撰原则、对中国近代史的基本观点、基本的写作体例和方法,作为各卷的原则要求。但是,在各卷写作中,不必重复这些原则和要求。这些基本的原则和要求,在课题组组成时,已提交各卷主编讨论和研究。各卷主编大体上赞成这些原则和要求。当然,这些原则主要是由本书主编提出的,体现了一种学术观点。是否妥当,还需要听取学术界批评。读者如有意见,可以提出商榷,开展正常的学术争鸣。任何学术争鸣,都是作者所欢迎的。

我们在《中国近代通史》完稿之时,就想到大概十年左右能够修订一次。这次修订,算是不忘初衷。当然,我们希望以后还有机会不断修订完善。值此修订版面世之际,我们期待能够得到学术界与社会各界人士的批评指教。

当初承担撰写任务的主要学者都是中国社会科学院近代史研究所的研究人员。现在还是这些人在参加修订,但情况已经有了很大变化。王建朗早已是近代史研究所所长,汪朝光担任了中国社会科学院世界历史研究所所长(以上两位所长新近也已退出领导岗位),杨奎松在华

003

东师范大学担任教授，王奇生在北京大学历史系担任教授兼历史系主任，我和虞和平、姜涛、马勇、曾景忠都从近代史研究所退休了。原在华南师范大学历史文化学院担任教授的谢放也已退休。原来是副研究员的李细珠、卞修跃，如今是近代史研究所独当一面的研究员了。当初各位愉快地接受撰写任务，今天各位又愉快地接受修订任务，这是令人感动的。回顾十余年来的合作，深感这是一次很融洽的学术合作。这种合作，在一个人的学术生涯中是不可多得的。

这种合作不仅体现在本书的撰写者方面，也体现在撰写者与出版者的合作方面。当初，江苏人民出版社获悉我们正在筹划《中国近代通史》撰写的消息，立即找上门来，主动要求承担出版任务。从此，我们一拍即合。在出版《中国近代通史》的过程中，我们与江苏人民出版社的合作是非常愉快的。江苏人民出版社吴源社长和金长发主任给我们很好的支持与配合。当《中国近代通史》初版合同即将到期之时，就有几家别的出版社来联系再版事宜，我们也曾有过犹豫，但江苏人民出版社没有轻易放弃，而是努力再续前缘。徐海总经理与府建明总编辑特意到近代史研究所洽谈此事，促使我们下定了继续合作的决心。

在《中国近代通史》再版之际，我作为主持者，谨向各位合作者表示感谢！向有关单位的审读专家表示感谢！本书修订版吸收了他们提出的不少修订意见和建议。向江苏人民出版社王保顶社长、谢山青总编辑表示感谢！向阅读初版和修订版的所有读者表示感谢！

张海鹏

2018 年 2 月 21 日

2023 年 9 月 7 日修订

目　录

第一章
跨入 19 世纪的中国

　　1790 年,大清乾隆五十五年。乾隆帝爱新觉罗·弘历迎来了自己的八十寿辰。① 这位生于 1711 年(康熙五十年),死于 1799 年(嘉庆四年)的皇帝,是中国历代帝王中享寿最高的一位,跨康熙、雍正、乾隆、嘉庆四朝,几乎经历了整个 18 世纪。当时年已八旬的皇帝,看上去只有 60 多岁,耳聪目明,步履便捷。而此时的中国,看上去也有如这位万岁爷的身体,经历了康雍乾三朝上百年的盛世而繁华依旧。

　　过了两年,1792 年,远在万里之外的英国人突然想起尚未给中国皇帝庆贺八十大寿。于是,他们派出了以马戛尔尼勋爵率领的连水手在内近 700 人的庞大使团,携带礼品,分乘 5 艘船只,经过 10 个月的航行,于 1793 年 7 月底到达天津大沽口外,并于 9 月 14 日在承德避暑山庄觐见了乾隆帝。但祝寿只不过是表面文章。英国,这个只有 800 万人口的岛国在率先实现工业革命后,已成为西方的第一强国。它不仅打算与一个拥有 3 亿多人口——差不多是人类的三分之一——的东方大帝国平起平坐,还想通过谈判,取得贸易上的便利和其他种种特权。天朝方面斤斤于礼仪,先是摆出好客、大度的姿态,当弄清楚来访者的意图后,又竭力防范其"非分"的要求。新兴资本主义强国的使团则咄咄不让。他们既炫耀了自己的武力,又刺探到了大量的情报。英国使团来了,很快地又走了,就像天际匆匆掠过的彗星,虽不是什么吉兆,但并没有引起人们太多的不安,而且很快就被忘记了。

　　再过两年,1795 年,乾隆帝在位已整整 60 年。他"不敢上同皇祖纪元六十一载之数",而且 85 岁的老人精力也有所不济,于是立时年已 36 岁的皇十五子嘉亲王

---

① 此按中国传统年岁计算,也即所谓"虚岁"。下同。

颙琰为皇太子,以明年为嗣皇帝嘉庆元年。① 他自己做起了太上皇。然而,就在他生命的最后几年,震惊全国的川楚白莲教大起义爆发了。这位耄耋老人亲自"筹办军务,心体焦劳",甚至于闭目养神时还不忘持诵"西域秘密咒",意欲致白莲教首领于死地。1799 年 2 月 7 日(嘉庆四年正月初三日),89 岁的乾隆帝逝世。去世前,"皇帝侍疾寝宫,问视弥谨。太上皇帝握手眷爱,拳拳弗忍释。"②他带着难以释怀的遗憾离开了人世。

嘉庆帝从乃父手中接下的是一个日已偏昃的庞大帝国。盛世风光难继,衰败之期将临。但他一亲政,还是雷厉风行地干了两件大事。第一是革大学士和珅的职,宣布其二十大罪状,赐死,并籍其家。据记载,从和珅家中先后抄没的财产共 109 号,其中已估值的 26 号即价值白银 22 389 万两。照此推算,未估值的 83 号价值可达 7 亿两以上,合计应在 9 亿两以上。当时清廷的岁入不过 7 000 万两,和珅的家产抵得上国库 10 多年的岁入。民间为此有"和珅跌倒,嘉庆吃饱"之说。第二是剿抚并用,全力镇压白莲教起义。嘉庆帝亲定剿抚四法,一是下哀痛诏以罪己,二是实行坚壁清野,三是参用乡兵而优其奖恤,四是开自新之路,以披其党,即所谓"但治从逆,不治从教",终于为日后平定白莲教起义打下了基础。③

这两件大事是密切相关的。《清史稿》说:"大臣怙宠乱政,民迫于饥寒,卒成祸乱。"④《清鉴》作者也说:和珅"终高宗之世,恩宠不衰,养成乾隆末年内外官吏贪墨之恶习。其党皆掊克聚敛,吸收民间脂膏,厚自封殖,百余年之元气,为之斲丧殆尽,人民因相率思乱……"⑤

除此而外,嘉庆帝于 1796 年(嘉庆元年)即位之初发布诏令,停征鸦片税,禁止鸦片进口。1800 年(嘉庆五年),嘉庆帝又重申禁止鸦片输入,同时禁止内地种植罂粟。这在当时看似不甚起眼的禁令,却为日后大张旗鼓的禁烟运动和随之而来的中英鸦片战争埋下了伏笔,乃至影响到中国走向近代以后的发展进程。

中国就这样跨入了自己的 19 世纪。

①《清高宗实录》卷一四八六,乾隆六十年九月辛亥。
②《清高宗实录》卷一五,嘉庆四年正月辛酉。
③ 参见印鸾章《清鉴》卷九《仁宗嘉庆》,北京,中国书店,1985。
④《清史稿》卷三二二,列传一〇九。
⑤ 印鸾章:《清鉴》卷九。

第一节　社会经济与人口　吏治问题的凸显

18世纪,无论对于中国还是世界,都是很重要的历史发展阶段。对于西方初兴的资本主义国家,18世纪正是其黄金时代。产业革命与近代科学技术相辅相成,互为促进。血腥的海外殖民掠夺,更为其原始资本积累注入了第一桶金。世界已别无选择地进入了资本主义发展的新时代。

18世纪的中国也适逢自己的王朝盛世。乾隆帝这位世纪老人完全有理由为自己的文治武功而骄傲。而其武功中,最值得称道的便是平定准噶尔部。在他所自诩的"十全武功"中,两次平准即占其二。清王朝从马背上得天下,维护国家和民族利益仍必须有军事手段,要靠"武功"来解决问题。17世纪80年代,也即康熙中叶,清政府先后平定"三藩",统一台湾,稳定了对广大汉族人口居住地区的统治。接着,它又为巩固自己的边疆地区付出了巨大努力,不仅遏制了沙俄侵略势力,维护了自己的东北边疆,而且挫败了准噶尔部上层分子的分裂活动,巩固了对外蒙古以及西藏、青海地区的统治。但直到18世纪50年代,也即乾隆中叶,清政权消灭准噶尔部势力及平定回部叛乱以后,才最终完成了对中国这一多民族的庞大帝国的统一。中国的疆域也直到此时才最后底定。《清史稿·地理志》说:"逮于高宗,定大小金川,收准噶尔、回部,天山南北二万余里毡裘湩酪之伦,树颔蛾服,倚汉如天。自兹以来,东极三姓所属库页岛,西极新疆疏勒至于葱岭,北极外兴安岭,南极广东琼州之崖山,莫不稽颡内乡,诚系本朝。于皇铄哉! 汉、唐以来未之有也。"[1]当时中国的

---

[1]《清史稿》卷五十四,志二十九《地理一》。

陆地面积,几达 1 300 万平方公里,而在乾隆时代所绘制的《坤舆全图》中,现在被人称作日本海的那片海域,也赫然以"大清海"之名标注其上。①

平准作战的武器装备中实际上是有热兵器的。但在当年所制作的意在歌颂乾隆帝平定准噶尔胜利的铜版画中,我们却不难发现,画面上的清军将士主要是以手中的大刀、长矛等冷兵器来对付敌人。这些画面也许是为了展示清军的英勇善战,但不经意间却凸显了清朝武器装备的落后,从而在一个层面上反映其在近代科学技术上的落后。

这一事实和其他许多事实一起,共同向人们揭示:18 世纪的中国依然是在自己的传统时代。

发端于战国,兴盛于唐宋,烂熟于明清的中国传统时代——教科书中通常称作封建社会,其基本特征,既不是什么"封建",也不是什么地主制经济,而是以男耕女织、高度集约的小农生产方式为经济基础,以中央集权的专制王朝为政治的上层建筑。小农经济以其集约化而著称于世。相比若干民族的游牧经济以及西欧粗放的农牧经济,中国的小农经济在同样的土地面积上必须投入更多的劳动力;但是反过来,中国的小农经济显然要比其他经济能够供养多得多的人口。中国因此以其众多的人口而著称于世,也因此在传统时代的绝大多数时间里一直居于世界最先进的行列。

从战国直到清代,组成中国社会的基本成分始终是被称作"四民"的士、农、工、商四大社会集团。四民既是社会职业的分工,也是社会地位的标志。汉代人对四民的定义是:"学以居位曰士,辟土殖谷曰农,作巧成器曰工,通财鬻货曰商。"②四民中,又以农为主要成分。清代学者包世臣说"三民居一,而五归农",意思是说,士、工、商三民(也即非农业人口)加起来约占总人口的 1/6 或 16.7%;而农业人口则占到 5/6 或 83.3%。③

传统时代发展到了清代,也有一些显著的变化。

---

① 参见[法]蒋友仁绘《坤舆全图》(1760 年初绘,1767 年再绘),现藏于中国第一历史档案馆。
② 《汉书》卷二十四(上)《食货志上》。
③ 包世臣:《说储上篇后序》,见《安吴四种·中衢一勺》卷七。参见姜涛《人口与历史——中国传统人口结构研究》第四章,北京,人民出版社,1998。

首先,清代缙绅地主的特权垄断地位遭到相当程度的削弱,无功名官爵的庶民地主(多为中小地主)大为发展。乡居地主中的绝大多数是后者而不是前者,他们以及与其直接对立的佃农乃至广泛存在的自耕农同属于四民中"农"的范畴,在社会等级中亦均属于凡人等级。乡村中原有的若干贱民等级,如一些地区的世仆、伴当等,也在清代相继得到开豁,至少在法律上已具有平民的身份。雇工的法律地位,也因庶民地主的大量存在而有所提高。

其次,与小农经济相适应的土地占有及使用方式,亦于清代得到最为充分的发展。土地的私有与自由买卖,使得地权的转换变得极为频繁。所谓"人之贫富不定,则田之去来无常","田地无定主,有钱则买,无钱则卖",在清代都是习以为常的现象。甚至"百年田地转三家"的民间熟谚也不足以表现地权转换的频繁,因为有些土地"十年之间已易数主"。① 地主与农民之间,尤其是那些处于边缘的中小地主与富裕农民之间,并不存在不可逾越的鸿沟:一些力农起家的富裕农民有可能很快上升为地主,若干地主仅因分家析产便可降为普通农户。土地的所有权与使用权的进一步分离,还使得不少地方出现了地主与佃户分掌"田底"与"田面"的现象,地主对土地的任意支配权也受到了抑制。②

18 世纪的中国经历了康雍乾三朝的文治之盛。当中国刚刚跨入18 世纪的时候,正值中国社会经济迅速恢复和发展的时期,也是清代人口增长最快之时。1712 年(康熙五十一年),康熙帝因"海宇承平已久,户口日繁",人民"并无差徭,共享安乐,优游闲居"而"欲知人丁之实数"。为此,他发布了中国历史上享有盛名的"滋生人丁,永不加赋"的上谕,内称:

> 朕凡巡幸地方,所至询问,一户或有五六丁,止一人交纳钱粮;或有九丁十丁,亦止二三人交纳钱粮。诘以余丁何事? 咸云:蒙皇上弘恩,并无差徭,共享安乐,优游闲居而已。此朕之访闻甚晰者。前云南、贵

---

① 引文分别见李光坡《答曾邑侯问丁米均派书》,见《皇朝经世文编》卷三十;戴兆佳:《天台治略》卷六《告示》;钱泳:《履园丛话》卷四。

② 有关的系统论述,参见李文治《论清代前期的土地占有关系》,载《历史研究》1963 年第 5 期;以及李文治等《明清时代的农业资本主义萌芽问题》,北京,中国社会科学出版社,1983。

州、广西、四川等省遭叛逆之变,地方残坏,田亩抛荒,不堪见闻。自平定以来,人民渐增,开垦无遗。或沙石堆积,难于耕种者,亦间有之,而山谷崎岖之地,已无弃土,尽皆耕种矣。由此观之,民之生齿实繁。朕故欲知人丁之实数,不在加征钱粮也。今国帑充裕,屡岁蠲免,辄至千万。而国用所需,并无遗误不足之虞。故将直隶各省见今征收钱粮册内有名人丁,永为定数,嗣后所生人丁,免其加增钱粮,但将实数另造清册具报。岂特有益于民,亦一盛事也。[①]

为贯彻这一上谕所采取的具体措施并没有使康熙帝达到他了解人丁实数的初衷,但促进了丁赋征收制度的变革,为雍正年间的"摊丁入地"准备了条件。番薯、玉米、花生等高产作物在明末业已引进,此时得到进一步的推广和普及。经济持续稳定的繁荣和高产作物的引进,使得清代的中国有能力供养比前代多得多的人口。1700 年前后,中国大约有 1.3 亿人口。1720 年前后,人口上升到 1.6 亿,已达到或超过明代盛年的水平。1740 年前后,大约为 2 亿。1790 年,统计人口已超过3 亿,估计实际人口不少于 3.13 亿。1800 年前后,估计已达到 3.42亿。[②] 18 世纪确实是中国人口激增的时期,不仅超过了明代盛年的1.6 亿,还在此基础上翻了一番。从人口的增长也可以推论:18 世纪时,中国的经济实力已远超以往的任何时期。

经济的发展乃至人口的增长与地理环境的变迁也很有关系。中国人口主要分布于宜农的东部季风区域。这一区域,又可以秦岭—淮河一线为界,进一步细分为南方亚热带湿润地区和北方温带亚湿润地区,也就是通常所说的南方和北方。南方多稻米,北方多旱作。民情习俗等,也都有一定的差异。在唐代以前,中国社会经济和人口的重心是在北方。宋代以降,中国的气候长期变冷,这两个重心也相应地向南方转移。1820 年(嘉庆二十五年)前后,秦岭—淮河一线以南的南方人口约占全国总人口的 68.24%,已占压倒优势。北方生态环境的变迁以及南方山区人口因番薯、玉米等高产作物的引进而激增,显然都是造成这

---

① 《清圣祖实录》卷二四九,康熙五十一年二月。
② 参见姜涛《中国近代人口史》,27、119 页,杭州,浙江人民出版社,1993。

一态势的重要因素。①

从康熙、雍正一直到乾隆，几代皇帝都很强调重本抑末，即发展农业，抑制工商业，对民间"尚虚华，安佚乐，逐末者众，力田者寡"②的现象则予以指斥。但城市及其工商业的繁盛却不以人的意志为转移。甚至在乾隆朝官至闽浙总督的陈辉祖，也因贪恋苏州的纷华靡丽，而不愿回湖南原籍，不仅在苏州"买房一所"，而且在吴江县卢溪镇开有当铺。他这种"忍弃祖父坟墓，贪恋繁华"的行径，受到乾隆帝的严词斥责。③其实乾隆帝本人亦何尝不贪恋江南的纷华靡丽！乃祖和他本人各六次南巡，都是沿运河并以江浙为最终目的地，从未走过河南、湖广一线。巡视江南耗费了大量的人、财、物力，也助长了社会上的浮华之风，但也充分显示了康雍乾盛世经济实力之雄厚，客观上对政局的稳定、经济的发展，尤其对南北文化的沟通，起了一定的促进作用。

然而，"日中则昃，月盈则食"。清王朝和此前的历代王朝一样，也未能逃出盛极而衰的命运。

人口压力被认为是最为重要的原因。还在18世纪末，朝野已感受到人口增长的压力。就在英使马戛尔尼访华的那一年，即1793年（乾隆五十八年），乾隆帝在一份上谕中表达了他对"生之者寡，食之者众"的深切忧虑：

我国家承天眷佑，百余年太平天下，化泽涵濡，休养生息，承平日久，版籍益增。天下户口之数，视昔多至十余倍。以一人耕种而供十数人之食，盖藏已不能如前充裕。且民户既日益繁多，则庐舍所占田土，不啻倍蓰。生之者寡，食之者众，于闾阎生计诚有关系。若再因岁事屡丰，粒米狼戾，民情游惰，田亩荒芜，势必至日食不继，益形拮据。朕甚忧之。犹幸朕临御以来，辟土开疆，幅员日廓。小民皆得开垦边外地土，借以暂谋口食。然为之计及久远，总须野无旷土，家有赢粮。方可

① 参见姜涛《中国近代人口史》第八、九章；《人口与历史——中国传统人口结构研究》，112页，北京，人民出版社，1998。按：1855年（咸丰五年）黄河改道之前，淮河下游为黄河所占。因此，"秦岭—淮河"线在1855年以前实际上是"秦岭—淮河—黄河"线。
② 《清圣祖实录》卷一一七，康熙二十三年十月己未。
③ 《清高宗实录》卷一一六七，乾隆四十七年十月辛巳。

户庆盈宁,收耕九余三之效。①

同年,著名政论家、文学家洪亮吉(1746—1809)写下了《治平篇》与《生计篇》。这位被后人戴上"中国的马尔萨斯"桂冠的学者,在文章中充分阐述并进一步发挥了乾隆帝的相关思想,明确提出了"为治平之民虑"的警告:

> 治平之久,天地不能不生人,而天地之所以养人者,原不过此数也。治平之久,君相不能使人不生,而君相之所以为民计者,亦不过前此数法也。……一人之居,以供十人已不足,何况供百人乎? 一人之食,以供十人已不足,何况供百人乎? 此吾所以为治平之民虑也。②

进入 19 世纪以后,中国的人口仍在缓慢而不断地增长。1825 年(道光五年),统计人口为 3.87 亿,但估计此时的实际人口业已跨越 4 亿大关。1840 年鸦片战争爆发时,统计人口为 4.13 亿,估计实际人口已近 4.3 亿。1850 年太平天国③战争爆发时,统计人口已达 4.3 亿,估计实际人口不少于 4.5 亿。④ 这也是中国传统时代人口所能达到的最高峰。当时远在欧洲的两位观察家评论说:

> 在这个国家(指中国),缓慢的但不断增加的过剩人口,早已使它的社会条件成为这个民族的大多数人的沉重枷锁……⑤

既然中国的人口早已成为社会发展的"沉重枷锁",为什么还能缓慢而不断地增长呢? 有人说,这是"人口惯性"使然。但这是一种很可质疑的论点。只要人口总量还能维持不变,甚或以极低的速率增长,就

---

① 《清高宗实录》卷一四四一,乾隆五十八年十一月。
② 《洪北江诗文集·意言》。
③ "国"字系太平天国运动自称的用字,本书沿用。引文和注释中涉及此字时,根据实际出版情况用"国""囯"不等,特此说明。
④ 参据姜涛《中国近代人口史》,118—122 页。
⑤ 马克思、恩格斯:《国际述评》,见《马克思恩格斯全集》(7),264 页,北京,人民出版社,1957。

说明这个社会依然具有维持或扩大人口再生产的物质条件。而一旦这种条件不存在了,比如因灾荒而造成大饥馑时,等待人们的只会是大量的死亡,而根本不可能有什么"惯性"的增长。

土地兼并或土地集中被认为是另一罪魁祸首。历史学家胡如雷说:

> 我国封建社会不断爆发周期性经济危机,其根源就是土地兼并及由此引起的基本经济矛盾的尖锐化。在危机袭来的时候,主要的生产关系,即租佃关系,日益扩大和膨胀,而社会再生产的规模却在逐渐缩小和萎缩,个体农民连简单再生产也无法维持。这时,生产关系同生产力的矛盾、农民阶级同地主阶级的矛盾都极度地尖锐化了,因而不断爆发农民起义。①

胡绳的《从鸦片战争到五四运动》一书也持有类似的见解。此书的绪论部分是这样叙述的:

> 土地越来越集中,农民受剥削越来越严重,许多自耕农、半自耕农以至一部分小地主,丧失了土地,变成了农奴和佃户,大量的农民在农村中生活不下去,流离失所。明朝末年连续十多年的农民大起义就是在这个背景下产生的。到了清朝,又大致重复了明朝所经历的过程。清朝初期的康熙年间(1662—1722 年),除了集中的官田以外,民田的所有权比较分散,但是权贵豪门的兼并土地的趋势发展很快。……乾隆十三年(1748 年)湖南巡抚杨锡绂说:"近日田之归于富户者,大约十之五六,旧时有田之人,今俱为佃耕之户。"这种百分之五六十的田地归于少数富有的地主手里的情形,是各地普遍的现象。②

然而,所谓"土地越来越集中"只是个似是而非的说法。因为,即使是在土旷人稀的清代初年,土地兼并的强度也丝毫不比清代中、后期为

---

① 胡如雷:《中国封建社会形态研究》,317 页,北京,三联书店,1979。
② 胡绳:《从鸦片战争到五四运动》,3—4 页,北京,人民出版社,1981。

弱;而不断的土地兼并,更没有从宏观上改变乡村中各阶级占有土地的状况,土地并没有更多地"集中"到地主阶级之手。"土地不断向地主阶级集中",这是对的,因为这里说的是一个过程;"地主阶级手中的土地越来越多",这就不对了,因为事实上并没有出现这样的结果。我们所看到的实际上是这样的情景:拥有大量土地的富裕之家有能力养育更多的人口,从而增殖分化出更多的家庭,土地集中过程本身即已成为日后再度分散的条件;中等之家拥有的土地人口都适中,一般可勉强维持物质资料和人口的"两种再生产";土地极少或已失去全部土地的贫寒之家,在宗嗣延绵的生存竞争中大概只可能是失败者。正是这一"自然"的,但十分残酷的变动过程,保证了乡村人口在宏观上的阶级结构的稳定。①

人口的增长(人均土地减少)与土地的兼并(土地不断向地主阶级集中),都不足以影响到王朝社会结构的宏观稳定性。真正侵蚀王朝肌体、造成王朝衰败的,其实正是凌驾于社会之上、充当社会调节力量的中央朝廷和地方各级官府。

腐败与专制权力如影随形。中国的皇帝握有绝对的权力,乾隆帝更是将其发挥得淋漓尽致。还在其当政之初的1738年,乾隆帝即申明:

朕为天下主。一切庆赏刑威,皆自朕出。即臣工有所建白,采而用之,仍在于朕。即朕之恩泽也。②

在其执政60年而不得不禅位之后,乾隆帝仍以太上皇的特权驾驭一切,其所用"归政仍训政"的玉宝,在其禅位后仍留在养心殿(为皇帝临政之所)训政达3年之久,直至其逝世,等等,无一不彰显了这位太上皇的权势欲。乾隆朝后期吏治败坏,武备废弛,以和珅为代表的从中央到地方的一大批官僚,更是明目张胆地贪赃枉法、巧取豪夺、结党营私、排斥异己,造成朝廷纲纪堕废、内政疲败。

嘉庆帝亲政后,除迅即整肃和珅及其党羽外,更加强了对地方吏治的整顿。但吏治的腐败已经到了积重难返的地步。江苏山阳县令王伸

---

① 参见姜涛《人口与历史——中国传统人口结构研究》第五章。
② 《清高宗实录》卷七十一,乾隆三年六月辛丑。

汉因冒赈而毒杀委员案件,便是一个很能说明问题的典型。

1808年,江苏淮、扬大水。清廷调拨赈银近十万,赈济灾民。两江总督铁保等因淮安报灾办赈,派候补知县李毓昌等赴山阳县督察。按惯例,"凡委员往,漫不省察,惟收其陋规而已",[①]只要李毓昌按官场潜规则办事,本来也可分肥,更不会惹上杀身大祸。然而这位新科进士偏偏"以清白自矢""居心实为清正",且办事极为认真,"遍往各乡村,查出浮开饥户无数",并"具清册将揭诸府"。冒领赈银的山阳县令王伸汉坐不住了。他拟与李毓昌私了,"许分肥,不受",[②]又请知府代缓颊,亦不从。于是王铤而走险,设计毒杀了李毓昌,又在淮安知府的包庇下,以其"自缢"报闻。但李之家人发现疑点,遂开棺验尸,并走京师,诉都察院。终于在皇帝的亲自过问下,查明了案情真相。于是,毒杀委员的山阳知县被处斩,包庇他的淮安知府被处绞,两江总督以下多位要员亦被革职。嘉庆帝为此感慨道:

> 至江南有如此奇案,可见吏治败坏已极。该督抚直同木偶,尚有何颜上对朕,下对民![③]

他尖锐地指出:

> 朕体恤民艰,恫瘝在抱。地方偶遇水旱偏灾,发帑拯(赈)济,从不丝毫靳惜。原欲使颠沛穷黎咸登衽席。在职司民牧者,即照定例分别极贫次贫户口,实心抚恤。犹恐僻壤穷乡,未能周历巡查,致有遗漏。乃不肖州县,非惟不认真经理,且竟从中侵蚀,私肥囊橐。……是直向垂毙饥民,夺其口食,岂复尚有人心,行为竟同盗贼。向来疆吏,因办赈地方国帑攸关,未尝不特派多员,会同查办。俾互相稽覆,以杜弊源。而委员中存心公正者甚难其人,扶同一气者正复不少。欲杜弊而转多舞弊之人,欲节用而更增分银之吏。[④]

---

① 昭梿:《啸亭杂录》卷八。
② 赵翼:《冒赈大案》,见《檐曝杂记》卷六。
③ 《清仁宗实录》卷二一五,嘉庆十四年七月己巳。
④ 《清仁宗实录》卷二一六,嘉庆十四年八月丁巳。

所谓官吏"行为竟同盗贼"，"欲杜弊而转多舞弊之人，欲节用而更增分银之吏"，话从嘉庆帝本人口中说出，可见吏治之败坏确实到了无以复加的地步。

到了1830年，迁任陕西布政使的周天爵在陛见召对时，与道光帝有过这么一段对话——

道光帝问："今之督抚贪廉何如乾隆朝？"

周天爵免冠摇首连声说："不如不如。"并做了如下这一番解释：

乾隆名臣如陈宏谋、尹继善、李湖、李世杰，其清正明练固矣，其次虽操守可议，无不以猷（按：指功业、功绩）为自进，处一官，一官之事皆振作，是贪与廉皆能办事也。今则清谨者但拘文法循资格，中下者更惰废苟且，是贪与廉皆不能办事也。故臣以为不如。盖督抚乃封疆重寄，断非一"廉"字可了事。凡全身远害者，似无过失，而祸伏未发，二十年其人已去。惟国与民受其弊，此不可不察。

道光帝为之"动容称善"。①

所谓"贪与廉皆不能办事"，正是一个王朝由盛而衰的最为明显的标志。

---

① 李滨：《中兴别记》卷九，见太平天国历史博物馆编《太平天国资料汇编》第2册，154页，北京，中华书局，1979。

第二节　教门会党与社会下层的骚动

与官府的贪鄙无能形成鲜明对照的是下层社会的骚动与活跃。尽管中国传统时代的社会组织从宏观上说相当稳定，但社会各阶层之间的流动始终存在。不仅地主与农民之间已不存在什么不可逾越的鸿沟，就连所谓天潢贵胄的帝王之后也不能世代保持其贵族身份与地位不变。为人们所熟知的一个典型，就是三国时代的风云人物刘备。史籍明载刘备为中山靖王刘胜之后，论起辈分，还是汉献帝的叔叔，但他本来的身份仅是布衣，"少孤，与母贩履织席为业"，①实际上已沦落到了社会的最底层。战国时代的孟子说过："君子之泽，五世而斩；小人之泽，五世而斩。"②表明这位一代宗师以哲人的锐敏最早注意到这种社会流动的现象。唐人刘禹锡的"旧时王谢堂前燕，飞入寻常百姓家"，则以优美文学的诗句揭示了门阀贵族不过是历史的短暂插曲。秦末农民起义领袖陈胜的"王侯将相，宁有种乎"和《西游记》中孙悟空的"皇帝轮流做，明年到我家"，更道出了居于社会下层的人们对至高无上的皇权以及将相之位的觊觎，当然同样也反映了他们对上层社会生活的向往和憧憬。

与其相应的是，作为社会下层群众的集合体的各种民间宗教组织和其他结社组织，也始终在滋生和发育着。到了清代，主要是在 18 世纪中叶以后，随着人口的空前增长，被现代学者称作"秘密社会"的各种教门、会党组织日益活跃起来。所谓秘密社会，是指那些具有秘密宗旨

---

① 《三国志·蜀书》卷二《先主刘备传》。
② 《孟子·离娄下》。

和教义,按照较为严格的秘密仪规从事特殊的宗教、社会和政治活动的秘密团体。^①但在本质上,秘密社会始终是作为被抛向社会底层的人们的自救互助性组织而存在,代表和反映了这些现存社会秩序造反者的利益、愿望和信仰。乾隆中期以后,城乡大量存在的所谓游惰人口,以及农村中为数众多的处于破产边缘的贫苦农民,成了秘密社会滋生的最好土壤。

清代的秘密社会名目繁多,但大体上可归结为以白莲教为主体的教门系统和以天地会为主体的会党系统两大类。

根据第一历史档案馆藏军机处录副奏折相关案卷目录的记载,清代的教门主要有白莲教、在理教、先天教、无为教、大乘教、清茶门教、八卦教、天理教等各种名目,而会党则有天地会、三合会、三点会、双刀会、小刀会、哥老会、江湖会、花会等各种名目,总计有215种。如果加上各地方志和其他文书的记载,估计不会少于三四百种。当然,这其中包括了同一组织的许多变名。而这些众多教门、会党的名目,绝大部分是在1755年(乾隆二十年)以后才出现的。

教门与会党在社会成分、组织结构、思想信仰和地区分布等方面,都有一些差别:

首先,秘密教门的领导常是一些有文化知识的衙门书吏、被革生员、星相医卜、和尚道士之流,其基本群众是农民、手工业者、矿工、水手、城市贫民等;会党的头目大多是散兵游勇、江湖侠客,其基本群众主要来自破产劳动者游民。

其次,秘密教门通常采取传教的方式吸收徒众,大多根据农村聚族而居的社会结构,按照血缘关系、姻亲关系、乡土关系需求发展,一般是由教主、教师直接传教于门徒弟子,即"口传密授",并以烧香施符为招募徒众的不二法门;会党则采取开山立堂、结盟拜会的方式招募群众,凡持传抄印发的会簿、票布,即可纠集伙众,十百为群,不序年齿,结拜兄弟。

再其次,秘密教门的宗教色彩较浓,大多宣扬弥勒佛下凡和劫变观

<hr>

① 参见蔡少卿《中国秘密社会》,1页,杭州,浙江人民出版社,1989。

念,崇奉"真空家乡,无生老母"等信仰,以入教可以"免劫保家"动员群众,抗议现实的苦难,向往美好的未来;会党的宗教色彩比较淡薄,虽然也崇拜关公等偶像,但主要是将其作为忠义的典范,宣扬"桃园结义""梁山根本""瓦岗威风",比较注意现实的利益,很少幻想虚无缥缈的未来彼岸世界。

最后,秘密教门主要分布在中国的北方,华北地区黄河流域特别盛行;秘密会党主要活跃于中国的南方,天地会在福建、两广、湘赣等地特别活跃,哥老会在长江流域各省尤其昌盛。因此,有所谓"北教南会"之说。但这也是相对的。清代白莲教在南方活动较少,但并没有绝迹。而其在南方势力的日渐削弱,主要是与会党在南方的崛起有关。①

白莲教的起源,可追溯到南宋时期的白莲宗。其初创时是融合佛教天台宗识法和净土宗弥勒念佛等信仰的净业团体,在传习过程中逐步形成了劫变观念和弥勒降世信仰,发展到明季又吸取了罗教所创"真空家乡,无生老母"的信仰。所谓真空乃宇宙永恒之根本,为万物之源;所谓无生即不生不灭。无生老母为宇宙之至高无上之神,也是人类的祖先。她在天地初开之时,曾遣九十六亿皇胎儿女下凡投奔东土。但这些皇胎儿女贪慕尘世荣华,受了物欲之迷,失却本性。无生老母怜其儿女,欲招其返回家乡,侍养身旁,享极乐世界,乃于青阳、红阳二期,降下大道,差遣诸佛,下凡临世,搭救众生,仅度四亿儿女,剩下九十二亿皇胎儿女要尽在红阳、白阳变换世界之时,普降差遣弥勒佛度回家乡。由此可见,白莲教的相关信仰,对于社会下层群众为摆脱贫穷苦难的孜孜追求,有着莫大的鼓舞。但其"无父无君"的叛逆思想却为统治阶级所不容,清王朝对白莲教等"邪教"严行禁止,对其"为首""为从"之人都加以残酷镇压。然而白莲教的各支派在清代还是得到了广泛的传播,其反叛的活动也不时发生。

1774年,山东寿张等县年岁歉收,地方官额外加征,引起民众不满,传习清水教的王伦自称"真紫微星",乘势起事,并先后攻陷寿张、阳

---

① 参据蔡少卿《中国秘密社会》,8—11页。

谷、堂邑、临清等地。王伦起事虽仅历时一个多月便遭到清朝政府军的镇压,但其发生在承平已久的所谓盛世,因而对统治当局仍不啻晴空霹雳,引起了很大震动。

乾隆末年,因各种社会矛盾的激化,白莲教的各支派又乘势而起。仅湖北、四川、陕西、河南边界地带,就有混元教、西天大乘教、收元教等三大支派在活动,其活动方式由秘密转向公开,其活动内容也逐渐由宗教传布转向组织群众性的政治斗争。白莲教势力的迅猛发展,引起了清朝官府的恐慌,清政府于1794—1795年相继捕杀了这三大支派的绝大部分首领,其各派分支组织也几乎被破坏殆尽。各地官吏以收捕白莲教徒为借口,株连无辜,对民户强行敲诈勒索,不遂所欲,即诬以邪教治罪,激起广大民众的义愤。1796年(嘉庆元年),湖北的白莲教徒以"官迫民反"为号召,首先揭竿而起,很快便席卷川楚陕等省。这次大起义,前后历时9年之久才告失败,参加群众多达数十万,抗击了清王朝从全国16个省调集的军队,使清政府耗费了2亿两军饷,相当于当时4年的全国财政收入。川楚陕白莲教大起义,成了清王朝由盛转衰的分水岭。

此后,又有1813年波及河南、山东、直隶三省的天理教起事。这次起事,虽为时不到两个月,但有内廷太监参与,且一度突入紫禁城内,因而被嘉庆帝认为是"汉唐宋明未有之事"。他于起事的第三日即颁朱笔《遇变罪己诏》,指出"变起一时,祸积有日",并为此斥责了中外臣工"因循怠玩"的大弊。① 但他也吸取以往株连无辜的教训,一再强调"但诛叛匪,不诛邪教。……其平日虽系习教,而此次并不谋逆,亦不深究",并要求"刊刻简明告示,广为晓谕"。②

白莲教等秘密教门由于植根于贫苦民众之中,即使某个地区的某个组织被消灭了,它的教义、教仪仍会传下来,并改头换面,在其他地区重新出现。其教徒也极其顽强,即使一部分遭到屠戮、充军,其幸存者也会继续从事传教的活动。白莲教在嘉庆末年一度消沉后,于道光年间又有所表现。北方各省都屡有发现习教传徒以及起获经卷的案例上

①《清仁宗实录》卷二七四,嘉庆十八年九月庚辰。
②《清仁宗实录》卷二八二,嘉庆十九年正月丙寅。

报。道光帝在 1832 年（道光十二年）说："习教传徒，久干例禁，近来匪徒故态复萌，实堪痛恨，必应密速查拿，认真办理，以期净绝根株。"①但其有生力量毕竟遭到摧残，且一经发现，即遭查禁，已不可能再掀起大规模的群众抗争活动。

与北方秘密教门系统的渐趋衰微形成强烈对照的，是南方秘密会党系统的日益活跃。

清代最主要的秘密会党为天地会，活跃于南方数省及海外华侨中间。其名取自"一拜天为父，二拜地为母"之意，会内则通称洪门。传说中的天地会起源甚早，为明朝遗老于康熙年间所创，且以"反清复明"为宗旨。所谓洪门，也被认为取自明太祖年号洪武。天地会内部的秘密文件《西鲁序》等也透露其可能创立于康熙年间。但这些显然晚出的传说或文件，并不能为天地会的真实起源提供可靠的依据。档案史料则表明，天地会起于 1761 年（乾隆二十六年），为福建漳浦县的洪二和尚，即万提喜，俗名郑开所创。② 福建漳、泉一带，为南明政权反抗清王朝的最后基地之一，也是清王朝禁海令的直接受害地区，"民情犷悍"，其纠众结会习俗久已有之。《清实录》中所提及的清代早期会党，如小刀会、父母会等，就都发生在漳州府属之长泰、漳浦、海澄等县，前者且有驻军之兵丁参与其中。③ 天地会吸收了这些早期会党的组织形式和结拜方式，但又独创了"开口不离本，出手不离三"，"取烟吃茶，俱用三指"，以及"木立斗世"等暗号。"五点二十一"或"三八廿一"则暗喻洪门，也是天地会特有的象征。

天地会成立之初，即在闽粤、闽浙的边界地区迅速传播，并图谋举事。1768 年，在漳浦县发生了以卢茂为首"编造诡名悖逆诗词，并分散花蓝布号，煽诱各村庄愚民，聚匪百余人，欲图抢劫县城"的事件，惊动了清廷。乾隆帝下令"务即密速查拿，尽法严行惩治"，"毋令一人漏网。不但首凶宜正显戮，即助逆各犯，亦当按律骈诛，不得稍存姑息之见"。④ 但在暗中指使的万提喜还是漏网了。1783 年，福建平和人严烟

---

① 《清宣宗实录》卷二八，道光十二年三月壬申。
② 《清高宗实录》卷一三二一，乾隆五十四年正月甲戌；并参见蔡少卿《中国秘密社会》，22—23 页。
③ 参见《清高宗实录》卷一七五，乾隆七年九月；卷三二七，乾隆十三年十月己酉。
④ 《清高宗实录》卷八零八，乾隆三十三年四月壬戌。

将天地会传入台湾。1787年1月(乾隆五十一年十一月),台湾即爆发了天地会发动的有数十万群众参与的大起义。起义军建号"顺天",并推举为人慷慨豪爽的林爽文为大盟主。举事之初,即杀死残民以逞的台湾知府孙景燧等贪官污吏。其起义告示说:"照得本盟主因贪官污吏,剥民脂膏,爰是顺天行道,共举义旗,剿除贪污,拯救万民。"又说:"本盟主为众兄弟所推,今统雄兵猛士,诛杀贪官,以安百姓。贪官已死,其百姓各自安业。惟藏留官府者死不赦!"①清王朝花了一年多时间,先后调遣福建、广东、广西、浙江、湖南、四川、贵州7省10余万兵力,动用军费1 000万两,才将其镇压下去。清王朝于此总算认识到天地会动员和组织群众的能力。"靖台湾"之举被乾隆帝自诩为十全武功之一。②《大清律例》中更具体规定了惩办天地会的律例。但天地会还是从福建、台湾一带传至浙赣、两广、两湖、云贵等广大地区,甚至传布到南洋。其名目则有添弟会、三点会、三合会、仁义会、串子会、双刀会等数十种之多。其结拜仪式和隐语暗号等渐趋严密复杂,反抗官府(反清)的意识也渐趋强烈。原在四川的啯噜会也在天地会的影响和渗透下,逐步发展为晚清时期在长江流域具有很大势力的哥老会。其后更进一步发展为以"青红帮"并称于世的"红帮"("青帮"与漕运和罗教有关,乃是从教门系统发展演变而来)。

天地会能在南方取得支配地位,并继白莲教之后成为最活跃的秘密社会组织,有其历史的原因。乾隆年间兴起的天地会,似乎更具有"近代"的色彩。它以开山立堂、结盟拜会的方式招募群众,标榜"忠义堂前无大小",成员彼此之间以哥弟相称,一般会众也"多得与闻秘密之事"。至少在形式上看,天地会要比以传教的方式吸收徒众、实行教主的家长制统治的教门更"民主"些。天地会宗教信仰淡薄,注重现实的利益,也更适合那些流动性很强的"江湖"游民的需要,从而在一定程度上折射出中国南方商品交换的发达和人口流动的频繁。

天地会的组织形式也很具有生命力。它的各个山堂互不隶属,彼

---

① 《录副奏折》2600卷第2号,《林爽文告示》;佚名:《平台记》,7页。转据蔡少卿《中国秘密社会》,201、203页。

② 参见《清高宗实录》卷一四一四,乾隆五十七年十月戊辰。

此独立,但又有一套相互识别、联络的暗号隐语。不同山堂的弟兄也有相互协助的义务。这使得它在处境恶劣时便于隐蔽分散,保存有生力量,不致被一网打尽,条件适宜时又能迅速传播扩散,相互联络一气,造成极大声势。

第三节 踯躅前行的科学技术与禁锢保守的思想文化

在传统时代,中国的科学技术曾长期处于世界领先的地位。但近代意义上的科学技术却没有在中国这块土地上产生。跨入19世纪之时,中国的科学技术依然是在传统的道路上踯躅前行,与西方的差距已越拉越大。此时中国的思想文化也极为沉闷,以致诗人龚自珍于1839年不得不发出"九州生气恃风雷,万马齐暗究可哀"①的悲鸣。而这一切都与清王朝所奉行的文化政策密切相关。

清王朝在文化政策上大体继承了明王朝的统治衣钵,继续以科举取士制度笼络知识分子,崇尚宋明理学且鄙薄科学技术,并对知识分子实行严密的思想禁锢。由于清朝统治者是以社会形态较为落后的少数民族身份入主中原,其统治手段更加残酷,某些方面也更加保守。清王朝作为统治者有其成功的一面,但其专制主义的政策、措施也必然带来严重后果。清王朝对东南地区的残酷镇压,严重摧残了当地的社会经济,并使清代差不多用了近一百年的时间,即到清代中叶,才使手工业等重又恢复到明代中叶的水平。重农抑商与海禁限制了商品经济的发展,使海外贸易萎缩,失去了世界市场,也使手工业缺少发展的资金与动力。以上这些当然都极大地阻碍了中国自身科学技术的发展。

然而清代初叶又是西方某些科学技术得以引进的时期。其时,明代的许多著作被禁。徐光启、宋应星等因是明代官员,其所遗留下来的科学技术著作也在禁止之列;同时,许多汉族学者因排清情绪拒绝出

① 龚自珍:《己亥杂诗》之一二五,见《龚自珍全集》,521页,上海,上海人民出版社,1975。

仕,一时间科学技术方面颇为冷落。清朝统治者为此任用了许多西方传教士为其服务。康熙年间,因康熙帝个人对自然科学的爱好,促成了更多西方科学技术的传入,使始于明末的西学东渐潮流进入了一个高涨时期。在此潮流的影响下,中国的科学技术呈现了复苏气象。但由于这些科学技术活动受政治需要的限制,统治者也忌讳汉人与传教士的接触,因而当时的一些科学技术成果和许多西方科学技术知识最终成了宫廷垄断的专利品。在这一时期,传教士们带来的西方科学技术,有些被搁置起来,如火器制造技术。传教士们帮助制造的火炮在平定三藩以及抵抗沙俄侵略时还发挥过很大作用,至康熙中期,因无军事需要,便不再受到重视。而采矿技术,因统治者怕人民"聚众闹事",私人开矿受到极严格的限制,传统技术也无以发展,当然更不需要什么外来技术了。又如西方人体解剖与生理学,康熙帝虽曾请传教士为其讲授过,但为维护传统道德和其自身统治利益的需要,经传教士译成满文的解剖学著作也就秘藏高阁而仅供御览。然而有些门类的科学技术,特别是像天文学和数学等,由于清代并不禁止民间研习,经过一些中国学者如王锡阐、梅文鼎等人的努力而被接受、吸收,并在不同程度上促进了中国科学技术在这方面的发展。

但在统治阶层中,在维护儒学正统的背景下,虚骄自大、盲目排外的思想倾向始终存在。清初就有杨光先于1664年因反对西洋历法而兴历狱,竟提出"宁可使中夏无好历法,不可使中夏有西洋人"的荒谬主张。到了1723年,因政治及文化的因素,雍正帝赶走了除钦天监以外的传教士,关上了国门。从那时起到鸦片战争爆发的百余年间,基本上关闭了原本狭窄的,也是唯一的东西文化和科学技术交流的渠道。1773年(乾隆三十八年),罗马教皇解散了耶稣会,第二年在中国钦天监工作的最后一个传教士蒋友仁死去,西方科学技术的传入也就中止了。

还在明代末年,耶稣会传教士把欧洲一些科学知识带到中国的时候,就引起徐光启等少数知识分子试图解答中学与西学的关系问题。他们的设想是"会通以求超胜",先使两者"会通",然后由中学"超胜"西学。他们曾多次谈到传统文化和西学的相似性,即所谓中学、西学"心同理同"。到了清代康熙年间,由于社会和政治的变革,一度颇为流行的"心同理同"论逐渐为"西学中源"说所取代。明代遗民最早提出这一看法,而由康熙帝在"御制三角形推算法论"中加以进一步的阐述。主流的知识界则力图证明:西方的一些先进科学技术原本就是中国的。"礼失而求诸野。"到了乾隆年间修纂《四库全书》时,戴震更在天文算法类书目提要中列举资料,证明西方的某些算法先从中土流入西方然后又转而流回中国。"西学东源"由此差不多成了清朝官方学说。

西方一些科学知识的传入,本是中国传统文化吸收新知和发展自己的一个机会。但清代的学者们却错失了这一机会。爱因斯坦说过:

西方科学的发展是以两个伟大的成就为基础,那就是:希腊哲学家发明形式逻辑体系(在欧几里得几何学中),以及(在文艺复兴时期)发现通过系统的实验可能找出因果关系。[①]

由利玛窦、徐光启共同翻译的欧几里得《几何原本》已被收入《四库全书》,其形式逻辑体系也为清代学者中一些人所熟知。但他们并没有因此发展形式逻辑体系的思维方法。戴震撰《孟子字义疏证》,模拟欧几里得《几何原本》,每题先下定义,次列公理,然后解题、推论,批评宋明理学家的"理"只是意见,并非真理。他自以为这部书代表了平生学术的最大成就,但强调的是形式逻辑对于经学考据的工具作用,而不是形式逻辑体系的思维方法。更多的学者则是把经学方法作为思维的最高方法。凡有辩论,总要引证诗云子曰作为根据。孔学经典上的是与非,就是他们认识上的是与非。对于科学发展最为重要的独获创知,首先从方法论上就被扼杀了。[②]

如此局面,当然是清朝统治者精心"教化"的结果。前已说过,清代对于知识分子的思想禁锢是十分严密的,在科举制度的束缚之外,还实行多种思想禁制。在号称盛世的康熙、雍正、乾隆三朝,为镇压汉族知识分子中的不满情绪,清朝统治者竟不惜屡兴文字之狱。乾隆朝社会

① 《爱因斯坦文集》第 1 卷,574 页,北京,商务印书馆,1994。
② 参见刘大年《评近代经学》,见《刘大年集》,407—408 页,北京,中国社会科学出版社,2000。

经济乃至文化的繁荣均超越康、雍两朝,而其文字狱和禁毁书之严苛,也有过之而无不及。有人估算乾隆朝文字狱竟有 130 起,比康、雍两朝大大增加,且多属捕风捉影,深文周纳,硬加莫须有的罪名。乾隆朝因文字而得罪的多为下层知识分子,罪名大多是影射讥讪,触犯圣讳,措辞不当,实际上并无鲜明的反清思想。这实质上是统治阶级对下层人民反抗的预防性反应。"罪名的真实性并不重要,重要的是用严厉的惩处使社会慑伏。"①龚自珍诗云:"避席畏闻文字狱,著书都为稻粱谋。"②这正是对当时知识界共同心态的生动写照,也是对所谓"太平盛世"的莫大嘲讽。

与文字狱互为表里的是毁书、禁书。乾隆帝趁编修《四库全书》之机,在全国范围内搜检书籍,对所谓"悖逆""违碍"书籍进行查禁、销毁或篡改。《四库全书》总计录书 3 471 部,79 618 卷;而不符合清政府标准,"采进而不收录,仅作存目"的书多达 6 819 部,173 252 卷。全国查缴的各类禁书的分量,比不禁的书多十数或数十倍。不禁的书,只要缴进一部。但民间搜得禁书多少部,就要缴多少部,连同刻版一律缴毁。民间流行的剧本、小说等,也在搜查之列。从不同文献统计数据来看,至少约有 3 100 多种、15 万部以上的书籍被销毁,成为中国文化史上的一场浩劫。官修《四库全书》目的在于巩固清王朝的思想统治,评论书籍的标准也以皇帝的意见为转移。乾隆帝见四库全书馆进呈李廌《济南集》中有"汉彻方秦政、何乃误至斯"之语,大为不满,说:"朕于异代之臣,尚不欲直呼其名。千古以下之臣,转将千古以上之君,称名不讳,有是理乎!朕命诸臣办理四库全书,亲加披览,见有不协于理者,如关帝旧谥之类,即降旨随时厘正。惟准以大中至正之道,为万世严褒贬,即以此衡是非。此等背理称名之谬,岂可不为改正以昭示方来。"③于是所有提及"刘彻"之名的古籍均遭修改或删削,"一体更正"。《钦定四库全书总目》更在卷首的《凡例》中声明:"宏纲巨目,悉禀天裁,定千载之是非,决百家之疑似……与历代官修之本泛称御定者迥不相

---

① 语见戴逸《乾隆帝及其时代》,24—25 页,北京,中国人民大学出版社,1992。
② 龚自珍:《咏史》,见《龚自珍全集》,471 页。
③ 《清高宗实录》卷一〇四二,乾隆四十二年十月己亥。

同。"这种"只唯上,不唯实"的是非评定标准对士人学风的危害是不言而喻的。

清王朝所顽固推行的闭关锁国政策,对断绝知识分子与外界的接触和交往也起了至关重要的作用。清王朝规定:中国人不得与外国人接触,不得自由出洋,不得长期居留外国。马克思即曾指出:

毫无疑问,17世纪末竞相与中国通商的欧洲各国彼此间的剧烈纷争,有力地助长了满族人实行排外的政策。可是,更主要的原因是,这个新的王朝害怕外国人会支持一大部分中国人在中国被鞑靼人征服以后大约最初半个世纪里所怀抱的不满情绪。出于此种考虑,它那时禁止外国人同中国人有任何来往……①

晚年的乾隆帝在诗作中也把这层意思说得十分明白:

间年外域有人来,宁可求全关不开。

人事天时诚极盛,盈虚默念惧增哉。②

迟至19世纪30年代,也即鸦片战争前夕,与外人的交往仍被严格禁止。俄国汉学家德明(科万科)曾在其回忆录中记叙了自己于1830—1836年在华的逸事。他提及有一位名叫"齐四爷"的曾做过宫廷御医的中国官员,因在理藩院工作的便利,收受过俄国传教士团的礼物,后因收受库伦办事大臣贿赂事发而入狱,并终被发配。这位齐四爷在刚一得知事情败露时,就立刻派人将一架电动的机器、烧瓶、曲颈瓶以及一切与西方医术有关的物品和器具,乃至传教士团医生送给他的礼物,等等,统统交还俄国使团,以免在司法机关抄没其家产时,给他加上一个私通洋人的新罪名。③

内部的禁锢和外部的隔绝导致清代在思想文化的发展上出现了比

---

① 马克思:《中国革命和欧洲革命》,见《马克思恩格斯选集》第一卷,696页,北京,人民出版社,1995。
② 《上元灯词》,见《御制诗五集》卷二十八,丁未二。
③ 参见[苏]博戈拉特《俄国汉学家德明及其〈中国旅行记〉和〈红楼梦〉》,见红楼梦研究集刊编委会编《红楼梦研究集刊》第13辑,346页,上海,上海古籍出版社,1986。

明代还要黑暗的局面。雍、乾年间,统治者在实行高压恐怖政策的同时又采取笼络政策,曾两次组织编写大型丛书——《古今图书集成》和《四库全书》,以吸引广大汉族学者。失去了思想言论自由和广阔学术研究空间的知识界被迫走上了考证古典文献这条较为保险的道路。清代中叶,乾嘉学派的复古思潮成了学术的主流,当时绝大多数人不是去做"经世致用"的学问,只是把典籍作为研究对象,因循守旧,无所作为。在保守、闭塞的环境中,少数有为的学者沿着传统道路在摸索中前行,在传统医学、数学、天文学、物理学等方面多少也取得了一些成就。但整个科学技术的发展异常缓慢,到鸦片战争前夕,与在科学技术上突飞猛进的西方相比,已是不可同日而语了。

有着极其敏锐洞察力的诗人龚自珍,正如恩格斯所赞许的意大利诗人但丁那样,"是中世纪的最后一位诗人,同时又是新时代的最初一位诗人"[1]——尽管他比但丁晚了整整 500 年——于嘉道之际向世人大声疾呼,提醒人们注意,所谓的"天朝盛世"确实已经一去不复返了,他们所生活的时代,不过是"文类治世,名类治世,声音笑貌类治世",而实则是"左无才相,右无才史,阃无才将,庠序无才士,陇无才民,廛无才工,衢无才商"的衰世。偶有才士与才民出,"则百不才督之缚之,以至于戮之"。其结果只能是由衰到乱,"起视其世,乱亦竟不远矣"。[2] 他期待着,甚至渴望着"山中之民"能够"一啸百吟","有大音声起,天地为之钟鼓,神人为之波涛"。[3] 在社会下层的卑贱者们已然开始行动的时候,时代的先觉者们大概也只有如此了。他们又能做些什么呢?

---

① 《〈共产党宣言〉1893 年意大利文版序言》,见《马克思恩格斯选集》第一卷,269 页。
② 龚自珍:《乙丙之际箸议第九》,见《龚自珍全集》,6—7 页。
③ 龚自珍:《尊隐》,见《龚自珍全集》,86—88 页。

第二章

鸦片走私与禁烟

　　1840 年鸦片战争爆发前,中国与西方外来势力的接触已经有了几百年的历史。这一时期,初生的资本主义开始走上世界历史的舞台。资本主义从诞生伊始,就进行了疯狂的殖民扩张,掠夺财富,开辟市场。最先渡海而来的是葡萄牙人和西班牙人。继他们之后的是荷兰、英国、法国和美国人。在北方陆上,则有沙皇俄国迅速向东扩张。英国是当时世界上第一个资本主义强国,但它企图以一般商品打开中国的大门却未获成功。为开拓市场而先后使华的马戛尔尼和阿美士德两个使团都未能达到目的。英国资产阶级无耻地发展起毒害中国人民的鸦片贸易,以牟取暴利。鸦片输入的激增,使清政府感到银源枯竭的危险。从嘉庆朝开始,中国就严禁鸦片输入,鸦片贸易已成为非法。然而由于外国鸦片贩子走私与行贿并用,清政府的一系列禁烟措施都没有取得预期的结果,鸦片走私反而越禁越烈。这使得一切关心中国国运的人们,包括相当一部分高级官员,开始反省清政府名存实亡的禁烟政策。自 1836 年直到 1838 年的有关弛禁还是严禁以及如何严禁的论战,充分反映了禁烟形势的严峻。时任湖广总督的林则徐,不仅是坚定的禁烟派,而且有着雷厉风行、宽猛相济的查禁实践。道光帝下令林则徐进京陛见,并任命其为钦差大臣,驰驿前往广东,查办海口事件。中国近代史开篇的伟大事件——举世瞩目的广东海口禁烟运动,就此发端。

第一节 西方侵略势力的东来与鸦片贸易

一 西方殖民主义东来

早在 13 世纪末,一个威尼斯商人的儿子——马可·波罗,随其父亲和叔父来到中国,并在中国、安南(今越南)、缅甸等地侨居和做官。回国后,由其口述而传抄存世的《马可·波罗游记》一书,炫耀他在东方的游历见闻,以夸张的手法告诉人们,东方是一个遍地黄金的世界,宝石和珍珠难以计数。15—16 世纪,随着当时世界上第一批资本主义性质的手工工场在欧洲出现,生产水平明显提高,社会分工日益细密,初生的资本主义作为封建主义的对立物开始走上历史舞台。为了快速地完成原始积累,资本主义从其诞生伊始,便开始对内残酷剥夺农民土地,变农民为无产者,对外进行野蛮的殖民扩张,掠夺财富,开拓市场。因此,马克思认为,殖民掠夺是原始积累的主要因素。马可·波罗夸张的描述,把新兴的殖民主义者的注意力引向了东方,使他们对那个遍地黄金的东方世界充满了贪婪的向往。

科学技术的发展也为殖民者的冒险远航提供了必要的条件。首先,托勒密的《地理学》被译成拉丁文,地圆学说引起人们重视,人们关于地域的观念发生重大变化。殖民者开始相信,由欧洲直航向西,最终可以到达东方。或先向南航行,再折向东,同样也可以到达东方。其次,此时由中国人发明的指南针已传入欧洲,为航海远行提供了方向指针。多桅轻便的快速帆船也在欧洲出现,使踏海远航成为可能。于是,欧洲殖民者开始了一系列的远航探险:1492 年,哥伦布横渡大西洋,到达美洲东部的巴哈马群岛；1498 年，达·伽马绕过非洲南端好望角，到达印度半岛西南岸的卡利库特港；1519—1522 年，麦哲伦船队完成环绕地球航行。航海探险家们的成功，使殖民主义者更加坚信，洪涛汪洋再也不能阻断他们海外寻求宝藏、掠夺财富的梦想之途。从此，欧洲殖民主义者的足迹踏遍了地球的每个角落。

葡萄牙和西班牙是最早开展海外殖民活动并展开过激烈竞争的国家。当葡萄牙人沿着非洲西海岸向南大肆进行殖民扩张之际，西班牙人也横越大西洋，到达美洲大陆，开展了一系列的殖民活动。葡西两国分别在非洲、美洲残酷屠杀当地居民，掠夺了大量财富。殖民主义者的侵略贪欲益加膨胀。

然而，马可·波罗所描述的黄金世界仍未被发现。于是，葡西两国殖民者从不同的航向展开了激烈的角逐。1502 年，达·伽马率领由 20 艘舰船组成的庞大舰队再次东航。至 1511 年，葡萄牙人不仅确立了对印度洋西南海岸的殖民统治，截断了阿拉伯人与印度、印度尼西亚的商业联系，垄断了西方世界与东方的贸易，还征服了马来半岛西南的马六甲，控制了印度洋通往太平洋的咽喉，接近了中国的南大门。当时中国正处于明代中叶，是当时东方世界的第一大国，文明久远，幅员辽阔，人口众多，物产丰富。葡萄牙在探索通往东方的航程中，一直对中国怀着浓厚兴趣。早在 1508 年 2 月，葡王曼诺尔即明确指示其东航舰队司令德·塞凯拉探明中国的情况。[1] 1515 年，葡萄牙新任东印度总督阿尔贝加里亚奉葡王之命，正式派遣舰队司令费尔南·安德拉德率领舰队驶向中国，同时派药剂师汤姆·皮雷斯带着礼品，充任使臣，同道前往。1517 年（明武宗正德十二年）8 月 15 日，费尔南·安德拉德率领葡萄牙及马来商船共 8 艘抵达广东屯门，与两广总督陈金等人交涉，要求入京觐见中国皇帝。总督陈金破例将此事奏报朝廷。正德皇帝批准了他们赴京的请求。

与此同时，广东当局命令葡萄牙人除留下皮雷斯及其随员学习礼仪、等候召见外，其余人等退到屯门。次年，费尔南·安德拉德返回马

---

① 托雷·多·通博:《国家档案馆中有关葡萄牙人航海与征服的文献》，194—195 页，里斯本，1892。转据张天泽《中葡早期通商史》，36 页，香港，中华书局香港分局，1988。

六甲，其弟西芒·安德拉德来华接替其职。西芒来华后，无视中国主权，在屯门"设立营寨，大造火铳，为攻战具，杀人抢船，势甚猖獗"，引起明朝当局的惊惧；[①]进京觐见的使臣皮雷斯等人也很不安分，引起群臣的广泛不满。1521年3月（正德十六年二月），正德帝去世，嘉靖帝朱厚熜继位。群臣痛恨葡萄牙人的恶行，纷纷上奏主张对葡人采取强硬态度。嘉靖帝乃谕令广东当局禁绝对外贸易，驱逐外商出境，命葡人撤离屯门。同时明令将皮雷斯及其随员递解到广东，驱之出境。[②] 然葡人借口货品尚未售完，拒不遵命。广东当局乃派员对其武力驱逐。葡人负隅顽抗。至10月底，明军大败葡人，收回屯门。1522年7月，葡萄牙人再次组成殖民队伍进犯广东沿海，遭到中国军队狙击，双方在新会之西草湾激战，葡人战败，10月间退回马六甲。经此两次失败，葡萄牙人对华殖民活动有所收敛。其后他们利用明朝允许对东南亚各国复开贸易之机，混入位于澳门西南海中的浪白澳进行交易，并沿海北上向闽浙地区发展，与倭寇、海盗相勾结，进行非法贸易，扰害地方。为肃靖海防，1548年4月，嘉靖帝令明军向盘踞在宁波口外双屿的葡萄牙殖民者发动进攻，"官兵奋勇夹攻，大胜之，俘斩溺死者数百人"。[③] 次年2月，明军复向退踞在月港、走马溪一带的葡萄牙殖民者追击，获全胜，"全闽海防，千里肃清"。[④]

葡萄牙殖民者屡遭失败，侵略气焰有所收敛。但他们依旧混在浪白澳从事贸易。1553年，他们用行贿手段买通海道副使汪柏，"托言舟触风涛缝裂，水湿贡物，愿借地晾晒"。[⑤] 汪柏同意了他们的请求，允许其在澳门海滩搭棚晾晒。从此，葡萄牙人在澳门有了一个立足点。从1557年起，葡人又在这里筑屋建房，把晾晒地变成居留地。他们还得寸进尺，不遵明朝规章和管理，不断向北延伸势力。为制止葡人扩张，明朝复于1574年在莲花茎设闸筑墙，闸门由明政府官吏负责启闭。此后，明、清两朝政府都以香山县县丞管理澳门，每年向葡萄牙人收取租

---

① 陈文辅：《汪公(金宏)遗爱祠记》，见宣统《东莞县志》卷三十一《前事略三》。
② 《嘉靖实录》卷四，"七月己卯"条。
③ 胡宗宪：《筹海图编》卷五，见《浙江兵防官考》。
④ 朱纨：《六报闽海捷音事》，见《甓余杂集》卷四。
⑤ 万历《广东通志》卷六十九"澳门"条，北京，中国书店出版社，2002。

金 500 两白银，保持对澳门的主权。但是，葡萄牙人也由此在澳门站稳了脚跟，并逐步摆脱了明、清政府的控制，自行建法庭，任长官，管理澳门事务，并"高建炮台，隐如敌国"。① 澳门实际上成为西方殖民主义列强在中国的第一个据点。

随后来到中国的是西班牙人。1519 年，麦哲伦受西班牙国王查理一世的派遣，率船 5 艘，向西越过大西洋，绕过美洲南端进入太平洋，并继续西航，于 1521 年 3 月 17 日到达今菲律宾群岛南部蒙洪岛，证实了地圆说。这不仅在人类认识宇宙、认识地球的科学史上具有伟大意义，也为日后西方殖民主义对东方世界扩张活动的广泛展开打开了通途。

西班牙殖民主义者到达菲律宾后，建据点，设总督，数十年时间完成了对菲律宾的控制。然后，他们开始把殖民扩张矛头直指中国。1575 年，菲律宾总督派两名教士为使臣，赴中国福建，冒用吕宋名义，谋求通商，并希望像葡萄牙人那样，能在中国沿海占一席地方以为立足点。但是明朝当局并未满足他们的要求。西班牙的使臣从中国搜集了一批方志书籍，回去之后写了一份很长的备忘录，对中国的政治、经济、军事以及风俗习惯进行了全面的介绍。1593 年，西班牙人曾经出兵，企图占领台湾，但被飓风吹回了马尼拉。5 年之后，菲律宾总督复派使者至广东，要求通商，但遭到拒绝。他们于 11 月间，在"虎跳门结屋，群居不去"，图效葡萄牙之例，以为久居之计。② 1599 年 10 月，广东当局派兵将其驱逐出境，使他们在虎门建立据点的企图落空。

继葡、西之后来华的是荷兰人。1595 年，荷兰武装商船队打破葡萄牙、西班牙的封锁，绕过好望角，抵达印度，接着又到达爪哇和摩鹿甲群岛。1601 年，荷兰海军舰队司令韦·内克派格罗茨保根率领舰队到达澳门，请求明朝当局允许他们做生意。他们在广州停留了一个多月，然后离去。1604 年，荷兰海军舰队司令韦麻郎率领 8 艘武装舰船，占领了中国的澎湖，后经明朝福建南路总兵施德政派员率兵前往开导，迫以兵威，断其接济，使其难于立足，而被迫退去。1619 年，荷兰与英国

---

① 《知县张甄陶论澳门形势状》，见梁廷枏等《粤海关志》卷二十八《夷商三》，道光年间刻本，台北，成文出版社，1968。
② 雍正《广东通志》卷五十八《外番》，上海，商务印书馆，1934。

组成联合舰队,集结 16 艘军舰,企图夺取澳门,遭到痛击,舰队司令雷约兹被击毙。在澳门被击败之后,荷兰殖民者随即东驶厦门,进攻六敖和鼓浪屿,复被中国守军击败,乃又向东袭扰,于 1622 年 6 月间再次攻占澎湖列岛。荷兰殖民者在岛上推行野蛮的殖民政策,大肆屠杀当地居民,修建堡垒,进行奴隶贸易,勾结海盗,骚扰中国沿海。

为了解除荷兰殖民者对中国东南沿海的侵扰,1624 年 2 月,福建巡抚南居益派员率军渡海,向盘踞在澎湖列岛上的荷兰殖民者发起猛攻。是役,明军先后调兵万余人、战船 200 余艘,双方交战六七个月,最终将荷兰人逐出澎湖。但是,荷兰殖民者并不甘心于失败,通过欺诈手段,先在台南驻足,然后蚕食鲸吞,最后于 1642 年 8 月侵占了整个台湾岛,开始了对当地人民长达 20 年的殖民统治。1661 年 4 月,郑成功以收复台湾,“复先人之故土”以为光复明室之根据地为志,亲率水陆兵丁 2.5 万人,分乘战船数百艘,向台湾进军。在台湾人民的支持和帮助下,郑成功对荷兰军队的水陆作战均取得胜利进展,荷军步步溃逃,最后全部龟缩进台湾城。郑成功见台湾城墙高壁厚,急攻不见其功,乃对其实施长期围困。经过 8 个多月的围困,台湾城内的荷军饿死、战死、病死者达 1 600 多人,损失惨重,[①]内外交困,士气大减。郑成功抓住战机发动总攻,终于迫使荷军宣布投降,交出城堡。1662 年 2 月 1 日,荷兰驻台湾殖民长官在投降书上签字,残余的荷兰人在郑军监视下,乘船离开了被他们侵占长达 38 年的台湾。郑成功收复台湾,是中国人民反殖民主义斗争史上的一次伟大胜利,为维护祖国的独立与领土的完整作出了重大贡献,使台湾人民摆脱了殖民奴役,重新回到了祖国怀抱,中国东南海防由此得到稳定。荷兰殖民者经此惨败,失去了其向远东殖民侵略的一个重要的中间站,其原本盛极一时的殖民势力亦由此时开始走向衰落。此后,英国逐渐取代了荷兰的地位。

当葡萄牙、西班牙和荷兰人渡海而来,袭扰中国东南沿海时,沙皇俄国则初建不久,大肆向外扩张,并经北陆路把它的殖民扩张势力向东延伸,逼近了中国。沙俄是在莫斯科公国的基础上发展而来的。直到

---

① 参见厦门大学郑成功历史调查研究组编《郑成功收复台湾史料选编》,314 页,福州,福建人民出版社,1982。

1521 年，俄罗斯国家才正式建立。1547 年，伊凡四世在加冕典礼上采用古代罗马皇帝恺撒的称号，自称"沙皇"。此后，沙皇俄国不断向外扩张，1552 年兼并喀山汗国，1556 年吞并阿斯特拉罕国，越乌拉尔山，向东逐步征服西伯利亚，建立了一个地跨欧亚两大洲的帝国。在对外扩张的过程中，俄国的商品贸易也得到了很大的发展，俄国人获悉中国气候温和，物产丰富，乃想寻求一条通往中国的商路，和中国进行交易。沙俄政府也渴望着把它的统治范围扩展到中国。1618 年，托波尔斯克的长官库拉金派遣伊万·彼得林率领一个外交使团来到中国，并于次年 9 月间到达北京。明朝政府很礼貌地接待了他们，同时允许俄国人前来贸易。10 月 11 日，彼得林一行带着中国皇帝的国书离开北京，只是这封国书直到 1675 年才被译成俄文。这是中俄两国的首次直接接触，彼得林搜集了不少有关中国的情报，回国后写了一份很长的报告，使俄国人首次直接得到关于中国的情报。

此后，沙俄又多次遣使来华。1654 年，沙皇阿列克塞·米哈伊洛维奇派贵族费·依·巴依科夫出使中国，刺探情报。1656 年 3 月，巴依科夫使团抵达北京。由于俄国人不愿意遵从中国礼制，未得清朝接见。1660 年，沙皇再派贵族伊万·佩尔菲利耶夫和阿勃林为专使来到北京，但中国官员认为其国书"语多矜夸"，[1]表文不合体制，亦未让他们觐见皇帝。1670 年（康熙九年），尼布楚新任总管阿尔申斯基派米洛瓦诺夫率使团出使北京。他训令使臣要向中国皇帝说明：已有众多国君和国王率其臣民归服于俄罗斯沙皇陛下的最高统治之下，"博格德汗"（指清朝皇帝）亦应尽力求得沙皇陛下皇恩，归依臣服于沙皇陛下统治，永世不渝，并向沙皇进贡，允准两国属民在两国境内自由通商。[2]这一训令反映了沙俄企图征服中国的野心。米洛瓦诺夫到中国后，受到清朝康熙皇帝的亲自接见，赠其礼物，并派专员护送回国，令其带回国书面交阿尔申斯基，申明和平解决边境问题的意愿，希望沙皇"勿启边衅"。[3]

① 《皇朝文献通考》卷三《四裔考八》，上海，上海图书集成局，光绪二十七年。
② ［俄］尼古拉·班蒂什-卡缅斯基编著：《俄中两国外交文献汇编（1619—1792）》，33—34 页，北京，商务印书馆，1982。
③ 《俄中两国外交文献汇编（1619—1792）》，37 页。

1675 年(康熙十四年),沙俄再派尼果赖率团使华。当时正值清廷平息"三藩之乱",尼果赖到达中国后,态度倨傲,双方因礼仪问题争执不休。1676 年 6 月 25 日,康熙帝召见尼果赖,他勉强"朝着大殿行了三跪九叩礼"。[①] 8 月 23 日,康熙帝回送俄皇及使臣礼品,双方又以礼仪再起争执,尼果赖表示:中国皇帝送给他本人的物品,他可以跪接;但是送给俄皇的礼品,必须立受,双方为此僵持竟日。尼果赖在华期间,曾据沙皇训令向清廷递交了一份照会,提出 12 条要求,要求中方答复。清政府则郑重声明三项条件:(1) 由俄方派使者把逃人根忒木尔送至北京;(2) 来华使臣应是一位通情达理之人,遵守中国礼节,不得违抗;(3) 沿边各地俄人不得再有侵扰,保持边境安宁。因为清政府曾给俄皇去信,未得答复,因此决定此次亦不再函复沙皇。尼果赖希望就 12 条要求做出答复,清廷表示:如果俄国不停止对华侵略,中国一条也不能接受;如果俄国履行了上述 3 项条件,即便是 120 项条款,也将做出答复。尼果赖眼见自己的使命将全部落空,无奈之下,乃一反常态,恳求清廷用拉丁文给他一封回书,并表示愿意按中国习惯跪接。最后,清廷答应给他回书。他又以行文款式再启争执,清廷以其反复无常,不可信赖,催他立即回国。1676 年 9 月 11 日,尼果赖使团在北京待了 3 个多月后离开,虽在外交上一无所获,却刺探到了大量情报。回到莫斯科后,尼果赖即竭力鼓吹对中国发动战争,并声称只要"一支不大的欧洲军队,就可以把他们制服"。[②]

另一方面,沙俄早在 1643 年便派波雅科夫率领一支由 132 人组成的远征队,侵入中国黑龙江地区,杀人、放火、绑架、抢劫,无所不为,遭到中国东北地区人民的激烈反抗,最后狼狈退出黑龙江。1650 年(顺治七年),哈巴罗夫带着 188 名亡命之徒和 3 门大炮窜入黑龙江上游,攻占了达斡尔头人阿尔巴西的村屯雅克萨,修筑堡垒,取名"阿尔巴津",作为其侵略据点。1651 年 6 月 16 日,他们又窜进桂古达尔城砦,杀人放火,残杀当地居民 661 人,掳走妇女 243 人、儿童 118 人,全砦仅

---

① 《俄中两国外交文献汇编(1619—1792)》,48、51 页。

② [俄]尼果赖:《西伯利亚与中国》,224 页,基希涅夫出版,1960,转据中国社会科学院近代史研究所《沙俄侵华史》第一卷,94 页,北京,中国社会科学出版社,2007。

有 15 人死里逃生。3 年之间,哈巴罗夫在黑龙江地区烧杀抢掠。当地人民与清军对沙俄的入侵予以反击。1652 年 4 月,宁古塔章京海色率部突袭俄军驻地,当地各族人民纷纷前来助战,打死俄军 10 名,打伤 76 名,打击了沙俄侵略者的嚣张气焰。1658 年,宁古塔昂邦章京沙尔瑚达率 1 400 人、战船 47 艘在松花江和牡丹江汇流处围歼俄军,击毙沙俄匪军首脑斯捷潘诺夫,打死、俘虏 270 名匪军。次年,清军乘胜收复雅克萨。1660 年,沙尔瑚达之子巴海追击残余俄军,于黑龙江下游大败沙俄军残部,"斩首六十余级,淹死者甚众",①全歼沙俄匪股,肃清黑龙江中下游地区。

但是,沙俄并不甘心失败。1665 年,以切尔尼戈夫斯基为首的 84 名哥萨克匪徒再次窜入黑龙江,重新占领雅克萨。1672 年,沙皇政府将他们收编为正规军,并任命切尔尼戈夫斯基为雅克萨长官。此后不久,沙俄侵略军不断向精奇里江推进,先后建立了结雅斯克、西林宾斯克、多伦斯克等据点。1683 年,沙俄政府命令在托波尔斯克地区招募 1 000 名哥萨克,组成军队,增援雅克萨;同时决定设立雅克萨统领区,企图正式吞并这片中国领土。清政府一直关注沙俄的侵略动向,一方面加强边防建设,另一方面屡次致函沙皇,劝令其退兵。但是沙俄当局视清廷的和平努力为软弱可欺,其侵略活动反而变本加厉,康熙帝乃决意以武力将沙俄侵略军驱逐出黑龙江地区。1685 年 2 月,清政府派遣都统彭春率领水陆兵丁进攻雅克萨。6 月 23 日,清军抵雅克萨城下,沙俄驻雅克萨首领托尔布津恃城相拒。25 日,一股沙俄援军从上游赶到,未及登岸,即为清军全部歼灭。晚,清军发起强攻,摧毁俄军工事,俄军不敌,托尔布津到军前求降,发誓决不再来雅克萨。彭春允许托尔布津率领 700 多名俄人撤走,被俄匪掳掠的各族居民 160 多人皆获释放。

清军克复雅克萨,摧毁俄军各种工事后,回驻瑷珲②。然托尔布津言而无信,待清军撤后,卷土重来,复占雅克萨。康熙帝遂命令驻瑷珲

①《清世祖实录》卷一三八,顺治十七年七月丁丑。
② 瑷珲为满语音译(原意为母貂),有艾浒、艾珲、爱珲、瑷珲等多种不同的写法。1956 年,瑷珲县更名爱辉县。2015 年黑河市爱辉区爱辉镇政区名称用字恢复为瑷珲。

的黑龙江将军萨布素率兵 2 000 人再次征讨。1686 年 7 月,清军抵达雅克萨。萨布素致信托尔布津,劝其率部主动撤退。但俄军对中方劝告置之不理。清军乃向雅克萨城猛烈进攻,击毙托尔布津等 100 余人。拜顿率俄军残部凭借工事,进行顽抗。萨布素乃改变战术,实行长期围困,伺机进攻。经过 5 个月的长期包围,雅克萨城内的 800 多名俄军或战死,或病死,或冻死,到第二年春天,仅剩 66 人。沙皇政府眼见雅克萨俄军即将全军覆没,无奈之下,只得接受清政府和平谈判的建议。1689 年 8 月下旬,中俄在尼布楚正式举行谈判,双方经过激烈争论,最后于 9 月 7 日签订了中俄《尼布楚条约》。《尼布楚条约》共 6 款,主要内容如下:

一、以格尔必齐河、外兴安岭和额尔古纳河为中俄东段分界线,凡岭南一带土地及流入黑龙江的大小诸川尽属中国,岭北一带土地及川流属于俄国。界于兴安岭与乌第河之间诸川流及土地,待两国查明之后,再定分界。

二、俄人在亚(雅)克萨所建城障,应即尽行除毁。俄民之居此者,应悉带其物用,尽数迁入俄境。

三、此约订定以前所有一切事情,永作罢论。自两国永好已定之日起,嗣后有逃亡者,各不收纳,并应械系遣还。

四、自和约已定之日起,凡两国人民持有护照者,俱得过界来往,并许其贸易互市。①

《尼布楚条约》是中俄两国在平等基础上订立的第一个条约,它对阻止沙俄入侵、促进中俄关系正常化起了积极的作用。《尼布楚条约》签订后,中俄贸易有了较大发展。1728 年(雍正六年)6 月 25 日,中俄双方代表在恰克图又正式签订了关于中俄政治、经济、宗教、边界诸方面的《恰克图条约》,对《尼布楚条约》的规定进行了重申与扩展。它的签订,使此后相当长时间内中俄中段边界保持了相对的安宁和稳定,对

---

① 参见王铁崖编《中外旧约章汇编》第 1 册,1 页,北京,三联书店,1957。

改善中俄关系、促进中俄间的商贸往来起了积极作用。

此后，陆续东来并初步与中国接触的西方国家还有英国、法国、普鲁士、瑞典、奥地利、美国等国。当然，在来华的西方各国中，有些小国的目的只是要求通商贸易、互通有无，本身并不具备殖民扩张或侵略特征，也未表现出有把中国变成其殖民地的野心。但是，有的国家，如葡萄牙、西班牙、荷兰等国的东来，则具有明显的殖民野心与侵略特征。它们不但一再表白要征服中国，变中国为其殖民地，而且在中国或邻近国家建立殖民据点，作为实现征服中国的重要步骤。

当历史进入 18 世纪中叶，西方世界资本主义工业化大生产迅猛发展并大肆向海外进行殖民扩张之际，包括中国在内的东方世界，还一直笼罩在封建专制主义的迷雾之中。中国虽然于 17 世纪初，便在商品经济相对发达的东南部地区开始出现资本主义生产方式的萌芽，但是，在中国历史上延续了近两千年的封建专制主义传统，并未因为这种萌芽的出现而走上末路，作为封建主义社会经济基础的自给自足的小农生产方式，仍然占据着主导地位。清王朝以少数民族入主中原，很快适应并接受了中国传统的封建主义政治体制、生产方式与文化观念，建立了中国历史上最后一个封建专制主义帝国，并且始终以"老大帝国"的姿态，迎接着来自海上或陆上的西方殖民者。从西方来华使者与清政府关于觐见礼仪的争执中，可以清楚地看到两种文化的尖锐冲突。

与中国相毗邻的亚洲国家，情况更加不容乐观。印度在 16 世纪中叶之前，由莫卧儿帝国统治，国家内部封建集团之间的斗争和外族入侵连续不断。亦正是在这个时候，欧洲殖民主义势力乘机侵入。到了 19 世纪中叶，英国把整个印度正式纳入了自己的殖民统治之下，成为它向东方扩张的大后方。在西方殖民主义到来之前，缅甸是一个独立的封建王国。17 世纪初期，葡、荷、英、法殖民势力相继侵入缅甸。英国在 1824 年以后屡次发动侵缅战争，图谋完全占领缅甸。尼泊尔、锡金、不丹北连中国西藏地区，南与英国殖民地印度接壤。尼泊尔是中印之间的主要商道，经济上长期与中国互相贸易，政治上与清政府联系密切。1814 年，英国借口印、尼边界领土争执，对尼泊尔发动侵略战争。1816 年，尼泊尔战败，与英国订立条约，被迫割让一部分领土，并规定英国派使常驻加德满都,尼泊尔与锡金发生纠纷时由英国仲裁等。从此,尼泊尔开始受到英国控制。锡金又名哲孟雄,居民有尼泊尔人、锡金族、菩提族和藏族人。17世纪初,西藏黄教兴盛,一部分红教喇嘛进入哲孟雄建立政权。它的首领对清政府自称哲孟雄部长,年节向驻藏大臣、达赖和班禅"禀呈方物"。1835年,英国在"租借"名义下占领锡金的大吉岭。16世纪,西藏喇嘛教中的白教首领进入不丹,自立为法王,与中国之间长期保持联系。1826年,英国占领阿萨姆土邦,分割不丹领土。这样,与中国南部接壤的缅甸、尼泊尔、锡金、不丹等国,相继遭到西方殖民主义势力的入侵,或被吞灭,或受控制,中国西南边境线以外,西方资本主义势力虎视眈眈,蠢蠢欲动。

与中国南部接壤的越南,从16—18世纪,长期处于封建集团割据对峙的局面中,内战连年不息。1669年,法国兵船闯到北圻。1749年,法国派使臣到越交涉通商。1771—1802年,越南西山农民发动起义,推翻南、北方的封建割据政权,建立了以阮文岳为首的统一政权。残存于广南一带的越南阮福映集团,为了恢复自己的统治,投靠法国殖民者。1787年,法、阮双方订立《凡尔赛条约》,规定法国以武力协助阮氏复国,越南则将昆仑岛、土伦等地割给法国,作为报酬。1802年,西山农民起义失败,越南复归阮氏王朝统治,法国势力乘机深入。从此,越南成为法国向中国扩张的跳板。

与中国东北地区山水相接的朝鲜,在19世纪中叶以前,自然经济一直是社会的经济基础,国家处于封建专制主义统治之下。16世纪末,日本军阀丰臣秀吉曾两次发动大规模的侵朝战争,在朝中两国军队的联合抵抗下,日本侵略军被赶出朝鲜。1832年和1845年,英国军舰两次窥伺朝鲜沿海。1835年,法国天主教耶稣会传教士潜入京城。1846—1847年,法国军舰接踵而来。以后,俄国、美国军舰又分别闯进元山、大同江等处,进行威胁讹诈。至19世纪末,日本军国主义侵入朝鲜。

从17世纪到19世纪前半叶,随着西方世界工业革命的飞速发展,世界资本主义也迅猛发展,欧美强国为了扩大市场以倾销商品、争夺原料产地,大规模地进行殖民扩张活动,这也正体现了资本主义不择手段追逐商业利益的本质特点。随着西方资本主义国家殖民扩张的加剧，亚洲各国逐渐丧失其原有的独立性，沦为欧美强国的殖民地、半殖民地或势力范围，资本主义殖民扩张势力正以迅猛之势，向尚处于封建王朝专制统治下的中国逼近。于是，当东方传统的封建主义与西方资本主义两种文明开始接触、互相碰撞时，也必然会激起尖锐的矛盾与冲突，其所裹胁而来的腥风血雨，也必将使封建专制主义受到前所未有的外来挑战。

二　可耻的鸦片贸易

在西方世界中，与葡萄牙、西班牙、荷兰等老牌殖民主义国家相比，英国与中国发生接触在时间上相对要晚一些。虽然早在 1576 年英国商人就组织了中国公司，并组成探险队，开拓通向东方与中国的商路，但数十年间，皆无功而返。它与中国只能通过成立于 1600 年的东印度公司进行间接的接触。到 17 世纪 30 年代，英国经济实力逐步加强，成为仅次于荷兰的海上强国，而此时老牌的殖民者葡萄牙、西班牙等国开始走下坡路了。1635 年，葡印总督与英属东印度公司缔结对华自由贸易协定，英属东印度公司获得了在葡属殖民地贸易的权利。同年 7 月，英船"伦敦"号驶抵中国澳门，英国殖民者径自登岸搭棚经商，同时他们还希望中国官员能够允许他们第二年可以到广州附近与中国人进行贸易。此后至 17 世纪末，都有英国商船或英属东印度公司的商船开抵中国澳门、台湾、厦门等地，从事贸易活动。1715 年，英国在广州建起了商馆。

在 17 世纪 30—40 年代，中英两国内部都发生了重大的政治变化。1644 年，清军乘明末农民起义之机进入关内，明王朝灭亡，清王朝建立；英国则从 17 世纪 30 年代中叶开始发生资产阶级革命，资本主义生产关系和政治制度逐步确立。18 世纪，英国开始了工业革命，织布机、纺纱机、水力纺纱机、自动织布机、蒸汽机等各种机械纷纷出现和完成，机械化生产普及推广，更加促进了资本主义生产的发展。煤的产量，1700 年为 260 万吨，1795 年增加到 1 000 万吨，1836 年更增加到 3 000 万吨。到 1839 年，英国的煤产量比法国、比利时、普鲁士的总和多三倍。生铁的产量由 1740 年的仅 1.7 万多吨，增加到 1800 年的 19.3 万吨,1840 年更增加到 140 万吨。机械纺纱业所用的棉花量,也由 18 世纪 60 年代的 500 万磅,增加到 1841 年的 52 800 万磅。从 1830 年开始,英国大规模筑铁路,20 年间,筑成铁路近 1 万公里。英国成为当时世界各国机器的供应者。

机器化大生产的迅速发展,极大地刺激了英国商人对产品销售市场、原材料产地扩张的欲望。海外殖民侵略,正是英国资产阶级用来满足它这种欲望的不二选择。在对海外殖民扩张的过程中,英国与荷兰一样,采取的基本方式是组织商业垄断公司,以拓展海外市场,掠夺原材料。在英国对远东地区的殖民扩张中,英属东印度公司扮演了极为重要的角色。

英属东印度公司成立于 1600 年,当时称作"伦敦商人对东印度贸易公司",英王伊丽莎白一世授予该公司特许状,允许它有对东方贸易的垄断权。1708 年,英国议会批准该公司与英国公司联合,改称"英商在东印度贸易联合公司",并确立其对东方贸易的垄断地位。马克思在《东印度公司:它的历史与结果》一文中曾经指出:像英国东印度公司这样的"垄断企业,并不是根据国王的特许令建立起来,像伊丽莎白和查理一世时代那样,而是由议会核准,得到法律的承认,并且被宣布为国家的企业"。[①] 这就明确地阐明了东印度公司代表英国国家意志对海外实施扩张的殖民机构性质。事实也正是如此,东印度公司自成立伊始,便担负起英国向东方进行殖民侵略的重要任务,它除了具有对东方世界的贸易垄断权之外,还有许多获得英王允准或国会批准的代表国家的权利,如宣战媾和权、建立海陆军权、管理殖民地权、设立法庭权等。为了争夺世界殖民霸权,英国与荷兰、法国展开了长期的竞争。经过 1650—1674 年间的三次大规模战争,英国战胜了荷兰。接着,英国与法国在北美、非洲和亚洲展开争夺。至 18 世纪,英法两国在印度展开了拉锯战,英国东印度公司成为这场争夺战的主力,与法国东印度公司发生了激烈的冲突。1757 年,英军在普拉西战役中打败孟加拉,占领了印度最富庶的地区;1756—

---

① 马克思:《东印度公司:它的历史与结果》,见《马克思恩格斯全集》(9),167 页,北京,人民出版社,1961。

1763 年，英法两国展开"七年战争"，英国取得胜利，从此在印度压倒了其主要对手，英国东印度公司也由一个英国政府特许的商人合股公司发展为拥有广大领土的国家政权，奠定了英国在整个远东殖民统治的基础。1849 年，英国吞并旁遮普。1858 年，英国正式把全印度统一到自己的殖民政权之下，把它变成了向东方继续扩张的大后方。在整个 19 世纪，英国对中国以及对东非、波斯、阿富汗、缅甸、印尼所发动的各次侵略战争，皆以印度为根据地，而孟加拉生产的鸦片更是英国用来打开中国大门的特殊商品。因此，印度彻底沦为殖民地，对西方资本主义世界和对中国都产生了深远的影响。

　　英国在对中国的殖民扩张政策上，与在印度采取明火执仗的武力侵占有所不同。为了开拓中国市场，东印度公司建议英国政府派遣使团访华，与清政府进行交涉，以期解除英国商品进入中国市场的障碍。1787 年，英王乔治三世任命卡茨卡特为大使组团访华，但是这位使臣在来华途中病死，使团和船队返航。1792 年，英王再次任命马戛尔尼为特使，组成一支 600 多人的庞大的使团队伍，带着国书和 600 箱礼品，以祝寿辰之名访华。英国希望能够通过这次访问，"增进与中国的来往，以便导致在整个帝国范围内销售祖国及我们印度领地的产品，除有助于繁荣外，还能从售货中获取供应欧洲的回程投资的资源。"[1] 马戛尔尼使团财政资助主要由东印度公司提供。1792 年 9 月 25 日使团分乘"狮子"号炮舰、"印度斯坦"号货船和"豺狼"号运输舰，由英国南部朴次茅斯港出发，驶向中国。1793 年 6 月 20 日，驶抵中国广东海面。与此同时，东印度公司驻广州大班奉命向两广总督通报英国使团来华消息，并请求由天津海口登岸进京。见英国人从万里之遥前来为自己祝寿，乾隆帝十分高兴，便接受英人请求，并嘱沿海各地对"英吉利贡使"妥为照料。7 月 25 日，英国使团驶抵大沽口附近。天津方面，长芦盐政徵瑞已事先奉旨负责接待。

---

[1] ［美］马士：《东印度公司对华贸易编年史》第 1、2 卷，549 页，广州，中山大学出版社，1991。

在乾隆皇帝的心中,只有藩国贡使的观念,自是不会把马戛尔尼视为外交使臣。他就接待规格对直隶总督梁肯堂和徵瑞作出明确指示:"此次英吉利国贡使到后,一切款待,固不可踵事增华,但该贡使航海远来,初次观光上国,非缅甸、安南等处频年入贡者可比。梁肯堂、徵瑞务宜妥为照料,不可过于简略,致为远人所轻。"①应该说,乾隆皇帝作为清王朝的最高统治者,除了不能超越时代,以平等观念对待英国及其使臣外,其对接待、照料来使的关注与安排还是妥当的。8月9日,使团船队从大沽沿白河上驶,11日经过天津,16日到达通州。徵瑞等人遵乾隆帝谕旨,要求马戛尔尼等人遵奉中国礼节,演习跪叩之礼,遭到马氏拒绝。21日,使团由通州前往北京,下午到达圆明园的宏雅园。25日,徵瑞再次向马氏等提出觐见礼仪问题,要求演习一遍。次日,马氏一行移住北京城内。29日,马戛尔尼就礼仪问题提出要求:"今觐见礼节,敝使拟用觐见敝国皇帝之成礼。若贵国必欲改用中国礼节,亦未尝不可。但须请贵国派一大臣,职位与敝使相若者,至馆舍中向吾英皇帝、皇后两陛下肖像前行一觐见中国皇帝之礼,则敝使无不如命。"②

觐见礼节问题,从表面上来看,只是一个关于外使谒见仪式的争执,其实质则反映了清封建王朝统治者根深蒂固的"率土之滨,莫非王臣"的尊卑观念与来自西方世界的不同文明之间的文化观念的冲突,在一定程度上也折射出中国王朝传统的"上国"观念与西方近代国家观念之间的冲突。乾隆皇帝对于英使的态度,甚为光火。9月2日,马氏一行在徵瑞等人的陪同下前往承德,9月进入热河。徵瑞等人连日劝英使团人等遵从中国礼制,马氏则始终表示要按觐见英王礼节觐见乾隆帝,即"屈一膝引手伸嘴,握皇帝陛下之手而亲之"。后几经协商,清廷同意由其屈一膝,但免去吻手之仪。③双方最终确定,9月14日觐见并由马氏向乾隆帝亲呈国书。9月14日,英使团一行

---

① 《清高宗实录》卷一四三一,乾隆五十八年六月戊寅。
② [英]马戛尔尼:《乾隆英使觐见记》,63页,北京,中华书局,1917。
③ [英]马戛尔尼:《乾隆英使觐见记》,85页。

觐见乾隆帝，行礼如约，马氏向乾隆帝呈国书，互赠礼品。15、17、18日三日，英使又多次觐见乾隆帝。21日，英使团一行离开热河。26日，返至北京。英使离后，英国国书被译成中文，主要提出三点要求：（1）两国互通有无，增进贸易；（2）英国要求派遣使臣常驻中国；（3）要求中国当局保护英人。乾隆帝看了国书后，方明了英使来华真意在于扩大通商，为自己祝寿只是个幌子。为此，军机处当即于22日致信徵瑞，令他敦促英使团早日回国。同时，乾隆帝还谕示两广总督长麟：英使团来华别有他图，须预为防范。

马戛尔尼一行本意想在中国多作逗留，甚至要求自己作为英王代表久驻北京。但是清当局既已明了来使目的，与自己长期奉行的尽量避免扩大中外接触的政策相抵触，乃严促英使一行尽早离开中国。9月3日，清廷将乾隆帝复英王书交马戛尔尼，并回赠了相应的礼物。马氏意识到久留之计已然落空，乃拟一信，向清政府提出了六项要求：（1）允许英人在舟山、宁波、天津贸易；（2）援俄国旧例，准许英人在北京设一货栈，以便买卖货物；（3）在舟山附近指一小岛供英人停泊商船和存放货物，并允英人居住；（4）允英人在广州附近有上述同样的权利等项；（5）英国货物从澳门运往广州，请予以或免税或减税的特别优待；（6）允许英商按中国税率纳税，不在税率之外另行征收；并请求赐税单一份，以便英商奉行。乾隆皇帝审读了马氏的这封信后，复作第二封致英王敕书，对马氏所提六项要求一一予以驳斥。同时乾隆帝通令沿海督抚，预为筹备，并促马氏一行即日启程返国。10月7日，马氏率使团离开北京至通州，10日沿运河南下，11月9日至杭州，复由长麟陪同溯钱塘江西行，经江西，于12月19日抵广州。1794年1月10日，马氏离广州去澳门，旋起航回国，同年9月5日回至伦敦。

马氏此次中国一行，在使团预定的外交使命方面，即争取解除英商在中国贸易的限制，扩大英国与中国的贸易规模，甚至派使长驻及商品入口免减税等，皆以其与清政府长期奉行的国策相矛盾而毫无建树。不过，马戛尔尼使团一行在中国前后逗留了5个多月，离京之后，沿运河，经钱塘，过江西，南北纵贯中国内地。使团成员每到一处，笔录图绘,对中国的山川地理、自然资源、民情风俗、政治经济、军事海防等实情,多所搜集,成为英国当局了解中国的重要情报。而且,他们通过与中国各级官员的亲身接触与亲眼所见,探悉到清王朝武备废弛、吏制腐化的真相,则为后来英国殖民者公然敢踏万里波浪而来,向东方世界第一大国挑起侵略战争预埋了伏笔。

马戛尔尼使团来华交涉失败后,英国当局转而企图用武力向中国扩张,曾于1802年(嘉庆七年)和1807年两次派兵侵入,意在从葡萄牙人手中夺取澳门,以为久踞之计,结果均以失败告终。

1815年,英国再次选派阿美士德作为大使访华。1816年1月1日,英国外交大臣卡斯尔雷致函阿美士德,向其下达访华使命,要求他争取从清政府当局获得:公司的权利应有明确和详细的规定;保证不断地进行贸易,保护英商投资财产;中国官吏不得闯入公司商馆,准许雇用中国仆役;商馆人员与北京有关衙门直接通讯,取得以汉文书写全部书信与文件递交当地政府的权利。[①] 阿美士德一行于1816年2月8日自英国启行,7月28日至天津口外。中英双方复就觐见礼节问题再起争端。结果,阿美士德一行被嘉庆帝一怒之下逐离北京,其外交使命也成泡影。

英国当局三番两次地遣使出兵,目的是为了扩大同中国的商业贸易。但在很长的一段时期内,它的这个目的始终无法实现。进入19世纪后,清王朝虽然开始从巅峰下滑,日益走向衰败,但当时英国用以同中国进行贸易的产品,如机制棉布、毛织呢绒、羽纱及一些金属制品等,由于售价过高,始终无法在中国打开销路。同时中国传统的经济,并不依赖于对外商品贸易,也构成了对英国商品进入中国的巨大阻力。而中国的特产,如丝、茶、漆器、瓷器等,由于品质优良,反为西方所欢迎。在当时,英国的机器纺织技术非常先进,但其棉纺织品在中国市场上并不受欢迎,反倒是中国生产的土布,成为东印度公司从中国输出的大宗。1817—1833年间,中英两国棉纺织品的贸易情况略如下表:

① 参见[美]马士《东印度公司对华贸易编年史》第3卷,275页。

英伦本土对华棉纺织品贸易趋势表(1817—1833 年年平均数)①

单位:银两

年度	自英输华棉纺织品值	自华输英土布值	中国对英贸易出(+)入(一)超
1817—1818	—	395 237	+395 237
1818—1819	—	515 640	+515 640
1819—1820	—	265 987	+265 987
1820—1821	—	433 734	+433 734
1821—1822	9 807	367 651	+357 844
1822—1823	—	337 264	+337 264
1823—1824	—	451 434	+451 434
1824—1825	—	321 162	+321 162
1825—1826	1 895	366 750	+364 855
1826—1827	36 144	145 172	+109 028
1827—1828	124 983	467 876	+342 893
1828—1829	183 338	469 432	+286 094
1829—1830	215 373	355 295	+139 922
1830—1831	246 189	386 364	+140 175
1831—1832	360 521	115 878	−244 643
1832—1833	337 646	61 236	−276 410
1833—1834	451 565	16 304	−435 261

从上表中可以看出,从 1817—1831 年间,英国棉纺织品对中国的出口远远不及其自中国进口的土布,中英双方在棉纺织品上的贸易,英国始终处于入超的地位。这种情形直到 1831—1832 年度才发生变化。

茶叶在中国对英贸易输出中,占着极大的比重。自 18 世纪后半叶以来,茶叶日益成为英国人民所普遍欢迎的饮料。1760—1764 年间,英国从中国输出的茶叶共值银 806 242 两,占其从中国输出商品总值

---

① 严中平等编:《中国近代经济史统计资料选辑》,13 页(表 11),北京,科学出版社,1955。

的 91.9%。1825—1829 年间,英国平均每年从中国输出茶叶值 5 940 451 两,占英国从中国输出商品总值的 94.1%。中国的茶叶,不仅给东印度公司带来了巨大利润,也使英国从中获得了巨额税收,"从中国来的茶叶提供了英国国库收入的十分之一左右和东印度公司的全部利润"。[①] 茶叶不仅成为英国民众日常生活的必需品,同时也成了东印度公司和英国国家的重要利源。但是,也由此造成了中英之间贸易的巨大逆差。英商在经销中国商品的过程中,为了取得支付的平衡,必须运来大批的白银——主要是西班牙银圆和墨西哥银圆予以填补。这种贸易状况与英国资本主义经济扩展的需要是尖锐对立的。英国政府希望通过外交途径扩大对华贸易的目的无法实现,东印度公司又无法从英国运来能够受到中国人欢迎的商品,而中国茶叶、土布等商品又成为英国国内的必需品和英国国家、东印度公司的重要利源之所在,英国急切地希望改变这种长期存在的对华贸易入超的情况。

于是,以东印度公司为代表的英国商人开始向中国大量输出鸦片,对中国进行可耻的鸦片贸易。

鸦片(opium),又译作阿片、阿芙蓉,俗称大烟,是用罂粟果实的汁液提炼制成的。罂粟约于唐代传入中国,因其有镇静安神、止泻止痛作用,一直被作为药材使用。18 世纪前期,鸦片主要由葡萄牙商人从果阿和达曼等地运进澳门,然后向内地转卖,不过当时的输入量并不大,每年在 200 箱左右。当时鸦片被当作药品进口,所以与其他货物一样缴纳关税,公开买卖。17 世纪,吸食鸦片的方法由南洋传入中国,此法较传统的吞服或煎饮更易使人上瘾,对人体造成危害更大,且凡染上此毒瘾者,再难自制,往往不惜为此倾家荡产,从而构成对社会正常秩序的严重威胁。因此,自 1729 年(雍正七年)开始,清政府即明令禁止吸食鸦片。到 1796 年(嘉庆元年),清廷更下诏停止鸦片征税,严禁鸦片输入,鸦片贸易已成为非法。

英国殖民者从 18 世纪初期即开始向中国贩卖鸦片。1757 年,东印度公司占领孟加拉,随后又取得了对奥理萨和比哈尔等地区的统治,

---

① [英]格林堡:《鸦片战争前中英通商史》,3 页,北京,商务印书馆,1961。

这些地区是印度著名的鸦片产区。虽然中国政府早就明令禁止鸦片贸易，但东印度公司却从这种可耻的毒品贸易中看到了谋取巨额利润的良机。1773年，东印度公司确立鸦片专卖政策，垄断对外鸦片贸易。到1797年，它又垄断了鸦片制造权。它强迫印度农民种植罂粟，从而使罂粟的种植面积迅速扩大。而东印度公司在垄断鸦片贸易后，便开始对中国进行大规模的鸦片走私：由它负责收购和制造鸦片，然后批发给投机商人，再由他们转售于走私商人，贩入中国境内进行销售。由于吸食鸦片极易上瘾，传播迅速，英国殖民者对中国的鸦片输入规模也越来越大。

英国殖民主义者从鸦片贸易中获得了极高的利润。以1805年为例，东印度公司以每箱160卢比的价格收购鸦片，运到加尔各答后，以每箱988卢比的价格拍卖转手，然后由英国私人商船走私运往广州售卖，每箱价格高达3 500卢比，等于收购价格的22倍。鸦片贸易所带来的巨额利润，很快改变了英国对华贸易长期入超的地位，而且他们以对华鸦片非法贸易为中间环节，用贩卖鸦片所获得的超额利润，换取中国的茶叶、生丝输入英国本土，谋取另一份超额利润；同时，他们又利用印度农民种植鸦片的收入，使英国工业品在印度市场上增加销路。这就形成了英（棉纺织品）—印（鸦片）—中（茶、丝）的三角贸易格局，而在这种三角贸易格局中的任一环节上，英国殖民主义者都能从中获得超额利润。

虽然毒品走私这一肮脏的贸易遭到舆论的严正谴责，但英国政府和东印度公司在巨大利益的驱动下，顽固地坚持鸦片走私政策。针对中国禁止鸦片入口的政策，英国政府于1832年曾专门就鸦片税问题进行过调查。英国议会的报告说："孟加拉的鸦片专卖每年供给政府数达981 293英镑的收入。鸦片税是按成本301.75%的税率征收的。在目前印度财政收入的情况下，要抛弃如此重要的一种税收，看来是不适当的。鸦片税是这样的一种税，它主要由外国消费者来负担。整个说来，它比之任何可能代替它的税，更不易遭人反对。"[1]在英国政府的包庇

---

① 转引自丁名楠等《帝国主义侵华史》第1卷，21页，北京，人民出版社，1973。

和纵容下,英国烟贩对华走私活动益发猖狂。当中国政府对鸦片采取严禁政策后,英国商人便以武装走私的方式来推进鸦片贸易。1834年,东印度公司改组,其对华贸易垄断权被取消,对华贸易事项改由英国政府外交部派出驻华商务监督予以指导。

第二节 清政府于鸦片走私的对策

一 清政府禁烟

鸦片贸易给英国殖民者带来了超额的利润,给中国却带来了极大的祸害。鸦片烟毒的泛滥,不仅给中国人民的身心健康造成严重危害,也造成社会财富的巨大消耗,对清王朝的统治构成严重威胁。

早在1729年(雍正七年),雍正帝便颁布了第一道禁烟令,对"兴贩鸦片烟者,照收买违禁货物例,枷号一个月,发边卫充军;若私开鸦片烟馆,引诱良家子弟者,照邪教惑众律,拟绞监候,为从杖一百,流三千里。船户、地保、邻佑人等,俱杖一百,徒三年。如兵役人等借端需索计赃,照枉法律治罪,失察之汛口地方文武各官,并不行监察之海关监督,均交部严加议处。"①从雍正皇帝的这道禁烟令来看,对于贩卖、开馆者及相关责任者,所处刑罚并不算轻。但是,这道禁烟令有一个重大的漏洞,即只禁鸦片烟,不禁鸦片;只禁贩卖设馆,不禁吸食、进口鸦片,因此根本不能从源头上禁绝烟毒之源,也很难起到实质性的禁烟作用。但是,从另外一个角度来看,这道禁烟令的颁发,也明确地显示清政府当局早就意识到鸦片烟毒的危害,并在清代前期即已确立了禁烟政策。

乾隆时期,清政府的禁烟政策依然是只禁鸦片烟,不禁鸦片进口。在当时的海关则例中的药材项下,仍订有鸦片税率。如1753年(乾隆

① 李圭:《鸦片事略》,见中国史学会编《中国近代史资料丛刊·鸦片战争》(以下简称丛刊《鸦片战争》)(六),139页,上海,上海人民出版社、上海书店出版社,2000。

十八年)的《关册》中规定：每担鸦片应纳银三两，1755 年的税则则规定鸦片一斤，"估价五钱"。① 禁烟政策上的矛盾与漏洞，为鸦片输入打开了方便之门。1767 年，鸦片输入突破 1 000 箱，1786 年突破 2 000 箱，1790 年又超过 4 000 箱。在当时，"鸦片像英国的哆啰呢和印度的棉花一样，是进口船中的货载，公开地交易，并且用同样的方法经过船只的保商即公行的一个会员出售的。"②结果便是，"内地嗜食者渐众，贩运者积岁而多"，③鸦片售价也越来越高。乾隆帝虽于 1780 年曾经采取过严厉的禁烟措施，但仍没有效果。

1796 年，嘉庆帝继位伊始，即颁布诏令，停征鸦片税，禁止鸦片进口。至此，鸦片贸易成为非法。1800 年，嘉庆帝又据两广总督觉罗吉庆的奏请，重申严禁鸦片进口政策，同时禁止内地种植罂粟。④ 这次禁烟比雍乾两代较为坚决彻底，对于以任何名义进行的鸦片贸易概行禁绝。但是，由于中国内地鸦片吸食者日众，鸦片贸易利润巨大，所以在鸦片贸易被嘉庆帝明令禁止后，非法的鸦片走私便日益猖獗起来。鸦片贩子们把交易的地点由广州移至澳门。他们先是在澳门、黄埔设立堆栈，最后则在珠江口附近的伶仃洋建立走私据点，在伶仃岛停泊固定的鸦片趸船，并由兵船加以保护。鸦片烟贩在中国沿海各地私行销售，甚至在京师亦暗中售卖。为了杜绝鸦片走私，1807 年，嘉庆帝要求闽粤各省"严密稽查杜绝，毋任透漏"。⑤ 从 1809 年开始，清政府为防止外商私自夹带鸦片，复规定"公行必须保证他们所承保的每艘船在到达黄埔时，船上没有装载鸦片"。⑥ 1810 年，北京广宁门巡役人等捕获杨姓一人，其身藏鸦片烟六盒。为此，嘉庆帝再次颁谕称："鸦片烟性最酷烈，食此者能骤长精神，恣其所欲，久之，遂致戕贼躯命，大为风俗人心之害，本干例禁……惟此项烟斤，近闻购食者颇多，奸商牟利贩卖，接踵而来。崇文门专理税务。仅于所属口岸地方稽察，恐尚未能周到。仍

---

① 李圭：《鸦片事略》，见丛刊《鸦片战争》(六)，206 页。
② [美]马士：《中华帝国对外关系史》第 1 卷，199 页，上海，上海书店，2000。
③ 梁廷枏：《夷氛闻记》，见丛刊《鸦片战争》(六)，5 页。
④ 《筹办夷务始末(道光朝)》(一)，6 页，北京，中华书局，1964。
⑤ 《清仁宗实录》卷一八九，嘉庆十二年十二月甲戌。
⑥ [美]马士：《中华帝国对外关系史》第 1 卷，201 页。

著步军统领、五城御史于各门禁严密访查，一有缉获，即当按律惩治，并将其烟物毁弃。至闽粤出产之地，并著该督抚关差查禁，断其来源，毋得视为具文，任其偷漏。"① 次年三月，湖北巡抚钱楷奏陈鸦片危害情形，请饬禁外洋鸦片烟毋许透入内地。嘉庆帝痛感烟毒屡禁不止，"皆由滨海各关查禁不力纵容偷越所致"，乃谕令："著责成各处海关监督，严加禁遏，并交广东、福建、浙江、江苏沿海各督抚认真查察。嗣后海船有夹带鸦片烟者，立行查拿，按律惩办。如委员胥吏有卖放情弊，均予重惩。倘竟透入内地货卖，一经发觉，著穷究来从何处，买自何人。不得以买自不识姓名商船搪塞朦混，当将失察卖放之监督及委员吏役人等一并惩办不贷。"②

1813 年，嘉庆帝获知侍卫官员竟有吸食鸦片者，乃觉禁烟不仅要绝进口，杜夹带，禁买卖，对吸食者亦须予以严惩。7 月 11 日，其上谕称："自鸦片烟流入内地，深为风俗人心之害。……乃近日侍卫官员等颇有食之者，甚属可恶。沉湎荒淫，自趋死路，大有关系，深惑人心，不可不严行饬禁。"他谕令刑部"定立科条，凡商贩售卖鸦片烟者应作何治罪；侍卫官员等买食者应议以何等罪名，军民人等买食者应议以何等罪名。区别轻重，奏定后通行颁示，俾群知警戒"。③ 刑部奉旨后，议定刑律奏闻："侍卫官员买食鸦片者，革职，杖一百，加枷号两个月；军民人等杖一百，枷号一个月。"嘉庆帝予以批准。同时，他还谕令对买食鸦片之太监，"如有违禁故犯者，立行查拿，枷号两个月，发往黑龙江给该处官员为奴。"嘉庆帝重申："鸦片烟一项，由外洋流入内地，蛊惑人心，戕害生命，其祸与鸩毒无异。奸商嗜利贩运，陷溺多人，皆由各处海关私纵偷越。前曾降旨各省海关监督等严行查禁，乃数年来，迄未遏止。并闻各海关竟有私征鸦片烟税银者，是竟导奸民以贩鬻之路，无怪乎流毒愈炽也。著再严饬广东、福建、浙江、江苏等省沿海各关，如查有奸民私贩鸦片烟，冒禁过关，一经拿获，将鸦片烟立时抛弃入海，奸商按律治罪。倘管关监督等阳奉阴违，并私收税课，著该省督抚实力查参，将该监督

① 《清仁宗实录》卷二二七，嘉庆十五年三月丙辰。
② 《清仁宗实录》卷二四〇，嘉庆十六年三月己酉。
③ 《清仁宗实录》卷二七〇，嘉庆十八年六月己酉。

先行革职,由驿具奏,朕必从重惩治。其各处辗转营贩之徒,并著五城顺天府步军统领衙门及各直省督抚等,一体严查,按律究办。"①

1815 年,广东省在澳门拿获鸦片烟贩朱梅官等 12 人,解往广州后,经严刑讯问,这一团伙招认了贩卖鸦片的事实。两广总督蒋攸铦具奏案情,并酌定《查禁鸦片烟章程》,"请于西洋货船到澳时,先行查验,并明立赏罚,使地方官知所惩劝",并请对该省相关各文武暨委员及守口员弁的"失察处分"予以减免。嘉庆帝批准了蒋攸铦的请求,并颁谕称:"粤省行销鸦片,积弊已久,地方官皆有失察处分,恐伊等瞻顾因循,查拿不力。嗣后有拿获鸦片烟之案,除查明地方委员等,有得规故纵情事应严参办理外,其仅止失察者,竟当概行宽免处分。至所请拿获兴贩烟斤二百斤至五千斤以上,分别纪录加级及送部引见,并军民人等拿获奖赏,以及诬良罪之处,俱著照该督等所请。"②

1817 年,美国鸦片走私船在广东香山外洋停泊,遭匪徒李奉广等抢劫,死伤多人。李奉广被拿获斩首。两广总督蒋攸铦奏报案情,并请求对遇劫之美国商人"量加赏恤",以示怀柔。嘉庆帝当即颁谕予以驳斥:"夷船如系装载该国货物,运赴粤省销售,被内地奸民抢劫杀伤,除将匪犯正法外,自应优加赏恤,以示怀柔。兹该夷人所带鸦片烟泥,系例禁之物。如该夷人私运入口,即应按律治罪。今因其横被劫夺,戕害数命,不行究治,已属恩施,何得再加赏恤!"他谕令蒋攸铦"即通行晓示各夷商,以鸦片烟泥产自外夷,不准私入内地,天朝例禁綦严……嗣后各夷船倘再有私带鸦片烟泥者,进口之日,兵役等照例严搜,一经搜出,除将烟泥焚毁沉溺外,必将私贩之人从重治罪,决不宽贷"。③

嘉庆帝在位时期,三令五申,从禁绝进口入手,停征鸦片税,严禁贩运偷漏,立法严惩侍卫官员、军民人等吸食鸦片,整顿吏治,追究海关监督、沿海督抚官吏失察之责。综观嘉庆时期的禁烟政策,较雍、乾两朝态度更加坚决,措施也日趋严厉、完善,在清代禁烟史上具有重要的地位。

---

① 《严禁侍卫官员太监买食鸦片并严查鸦片贩事上谕》,见《鸦片战争档案史料》第 1 册,7 页。
② 《著两广总督蒋攸铦等晓谕洋商严禁夹鸦片等事上谕》,见《鸦片战争档案史料》第 1 册,18—19 页。
③ 《著两广总督蒋攸铦晓示外商私运鸦片烟泥者将从重治罪事上谕》,见《鸦片战争档案史料》第 1 册,21 页。

1820年(嘉庆二十五年),嘉庆帝在热河去世,其第二子爱新觉罗·旻宁继位,以明年为道光元年。在道光一朝,鸦片泛滥仍然是困扰社会经济、道德风俗的重大问题。虽经嘉庆皇帝20年的厉行禁止,鸦片走私贸易并未得到根绝,反呈愈禁愈烈之势。因此,道光帝继位之始,仍把禁绝鸦片当成大事来抓。是年9月,福建巡抚颜检奏陈该省宁德县文武各员,互相攻讦,伙鬻鸦片,浮折勒派,请予革职。10月24日,道光帝朱批:"浮折勒派,煮熬鸦片,均系大干禁令之事,必须彻底严究,按律定拟。"①同一年,广东查获澳门叶恒澍贩卖鸦片案,两广总督阮元为严禁外商夹带鸦片,奏请将"经理不善之洋商"伍敦元摘去顶戴。11月13日,道光帝上谕:"鸦片流传内地,最为人心风俗之害。夷船私贩偷销,例有明禁。该洋商伍敦元并不随时禀办,与众商通同徇隐,情弊显然。著将伍敦元所得议叙三品顶带,即行摘去,以示惩儆。仍责令率同众洋商实力稽察,如果经理得宜,鸦片渐次杜绝,再行奏请赏还顶带。倘仍前疲玩,或通同舞弊,即分别从重治罪。"②同时,道光帝还下令澳门、黄埔封港,断绝两者之间的交通。道光帝重申禁烟律令:"凡洋船至粤,先令行商出具所进黄埔货船并无鸦片甘结,方准开舱验货。其行商容忍,事后查出,加等治罪;开馆者议绞,贩卖者充军,吸食者杖徒。"③经过道光元年的严厉禁烟政策的打击,鸦片走私在澳门、黄埔两处均无法进行,鸦片贩子们相率潜逃至珠江口外伶仃洋面趸船之上。

为了禁绝鸦片进口来源,切断内地透漏行销之途,杜绝官吏民人吸食,道光帝历年屡颁谕令,重申禁例。道光帝先后于1822年3月8日、7月13日和1823年1月19日数度颁发上谕,责令两广总督阮元及沿海各省督抚等,严厉查拿鸦片烟犯,实力禁绝纹银出洋和鸦片入口。在1823年1月19日的上谕中,道光帝训示两广总督阮元和粤海关监督达三:"鸦片烟流行内地,大为风俗人心之害。民间私贩私食,久干例禁。节经降旨严饬稽查,而此风未尽革除。总由海口守巡员弁卖放偷

① 《福建巡抚颜检奏为宁德县文武互讦伙鬻鸦片浮折勒派应革职严究折》,见《鸦片战争档案史料》第1册,25—27页。
② 《著将徇隐夹带鸦片之洋商伍敦元摘去所得顶带事上谕》,见《鸦片战争档案史料》第1册,32页;另,在清朝档案及《清实录》中,"顶带"与"顶戴"经常混用,本书不作区别。
③ 李圭:《鸦片事略》,见丛刊《鸦片战争》(六),141页。

漏,以致蔓延滋甚。著阮元、达三于通海各口岸地方并关津渡口,无论官船民载,逐一认真查拿,毋任员弁稍有捏饰。倘有奸民以多金包揽上税及私运夹带进口等弊,立即从严惩办,以除积弊。总在有犯必惩,慎勿日久生懈,仍归具文也。"①其实,作为清王朝最高统治者,道光帝从鸦片走私屡禁不绝的事实中,已经意识到鸦片毒品贩食之风不绝的重要原因之一在于地方吏治的腐败了。

为此,道光帝一改嘉庆时期宽免地方官员失察之责的做法,于1823年责成吏部、兵部酌定《失察鸦片烟条例》。是年9月6日,道光帝颁谕称:"鸦片烟一项,流毒甚炽,总由地方官查拿不力所致。向来地方官只有严参贿纵之例,并无议处失察之条。且止查禁海口洋船,而于民间私熬烟斤,未经议及,条例尚未周备。嗣后如有洋船夹带鸦片烟进口,并奸民私种罂粟,煎熬烟膏,开设烟馆,文职地方官及巡查委员,如能自行拿获究办,免其议处。其有得规故纵者,仍照旧例革职。若止系失于觉察,按其烟斤多寡,一百斤以上者,该管文员罚俸一年。一千斤以上者,降一级留任。五千斤以上者,降一级调用。武职失察处分,亦照文职画一办理。其文武官员拿获烟斤议叙,均著照旧例行。"此为以明确地方官员失察或拿获鸦片走私的奖惩规例。同时,该上谕还要求:"至滇省迤西迤东一带,将罂粟花熬为鸦片,必须严行禁止。著该督抚严饬地方官晓谕居民,概不许私种罂粟,以净根株。"②在这里,道光帝也已意识到,要根绝鸦片烟毒,不仅要断绝洋烟入口,同时还要严禁内地居民私种、私熬。

1829年2月27日,福建道监察御史章沅奏请禁止外商以违例货物私易官银出洋。章沅称:鸦片走私,流毒滋甚,不仅对于国民身心危害巨大,且能造成更大的社会灾难,"一经嗜烟,刻不可离,中人之家,往往破产"。而外夷"伪标他物名色,夹带入粤,每岁易银至数百万两之多"。③ 道光帝深以为虑,乃于次日谕令两广总督李鸿宾、广东巡抚卢坤、粤海关监督延隆等妥议《查禁官银出洋及私货入口章程》,其上谕

---

① 《清宣宗实录》卷四十六,道光二年十二月戊申。
② 《酌定失察鸦片条例事上谕》,见《鸦片战争档案史料》第1册,51—52页。
③ 《福建道监察御史章沅奏为请禁外商以违例货物私易官银出洋折》,见《鸦片战争档案史料》第1册,55页。

称："至鸦片烟一物,流毒尤甚,该处伪标他物名色,夹带入粤,每岁易银至数百万两之多,非寻常偷漏可比。若不极力严禁,弊将何所终极。嗣后该省通市,务当恪守定例,只准易货,毋许易银。其番银之在内地者,行用已久,自难骤加遏绝。至内地官银,则分毫不准私出,其违禁货物,应随时稽查,不准私入。"李鸿宾等人奉旨后,拟订《查禁官银出洋及私货入口章程》七条,于是年7月1日奏陈获准,责实力奉行。至此,在清王朝统治者的心目中,对鸦片走私入口与官银偷漏出洋之间的联系,始有明确认识。道光帝开始认识到,禁绝鸦片走私,不仅关乎人心道德、国民身心,更重要,也更令他关切的是,关乎国家的经济富源,关乎自己统治的根基。因此,1830年,道光帝复命李鸿宾等议订《查禁纹银偷漏及鸦片分销章程》,并责李鸿宾等切实查禁纹银偷漏弊事,截断鸦片入口之源与分销之路,严拿走私犯,重惩勾结包庇鸦片烟贩的弁员书役人等。[1]

另一方面,道光帝也十分关注内地民间私种、私熬鸦片的禁绝。1831年12月31日,谕令各省,严查内地民人种、卖鸦片:"嗣后内地奸民人等,有种卖煎熬鸦片烟者,即照兴贩鸦片烟之例,为首发近边充军,为从杖一百,徒三年;地保受贿故纵者,照首犯一体治罪。赃重者计赃以枉法从重论。其知情容隐,虽未受贿,亦照为从例问拟。所种烟苗拔毁,田地入官,各督抚即责成该管道府,督饬各属实力查禁。乘抽查保甲之便,于春间赴乡稽查一次,将有无私栽鸦片烟出具印结,年底由司会齐咨部,并著各督抚于每年具奏编查保甲折内,一并详晰声叙。如有拔除不尽,仍任流毒地方,即遵照道光三年部定处分,分别参办,毋稍徇隐。"[2]各省督抚奉谕后,相继赴所管地方巡查,云、贵、川、鲁、晋等省督抚分别将查禁情形具折上奏。道光帝随后又谕令各省于每年春秋两季,督促道府州县官员,深入各乡,留意查察,按季禀报,并责成各级地方官出具并无种卖鸦片烟印结,各省督抚每年年终向朝廷汇报。

加重对鸦片吸食者的惩处,也是道光朝禁烟政策的一项重要变化。1831年6月24日,兵科给事中刘光三奏请酌加食鸦片罪名。他认为:

---

① 《李鸿宾等奏呈查禁纹银偷漏鸦片分销章程清单》,见《鸦片战争档案史料》第1册,68—70页。
② 《著内阁通谕严禁内地种卖鸦片事上谕》,见《鸦片战争档案史料》第1册,72页。

"鸦片烟之害倍甚于赌具,则食烟之罪不应轻于赌博。"烟毒流弊,积年不绝,重要原因之一正是对吸食者惩处不力,以及各衙门长官对属下食烟之人的徇隐不究。因此,他主张"应请敕下直省督抚,破除情面,首先查出本署向来吸烟之人,严行处治,并饬所属文武衙门一律查办";同时,使民间一般之吸食者不再敢以身试法,从而根除食烟之积弊。[1] 7月 24 日,卢荫溥等奉旨议奏:"嗣后军民人等买食鸦片烟者,杖一百,枷号两个月,仍令指出贩卖之人,查拿治罪。如不将贩卖之人指出,即将食烟之人照贩卖为从例,杖一百,徒三年。职官及在官人役买食者,俱加一等治罪。仍令各该督抚及地方道府州县等官,出具署内并无买食鸦片烟各甘结,于年终汇奏一次。如本官徇隐不究,从严参处。"[2]

应当承认,道光朝的禁烟政策与措施较嘉庆时期更趋完备与严厉。道光帝继位以来,为禁烟之事绞尽脑汁,连年颁谕示,申禁令,对于鸦片入口、贩卖、私种、吸食,一体严加查禁,期于禁烟有成,积弊尽除。然而事与愿违,正是在厉行禁烟的道光朝,鸦片走私愈演愈烈,官员人等吸食鸦片的恶习亦愈蔓愈广,形成了一股滔天烟毒,席卷全国,严重威胁着清王朝的统治之基。

二 越禁越烈的鸦片走私

从 1729 年(雍正七年)雍正帝首颁禁烟令至 1830 年(道光十年)前后,清政府禁烟整整走过了 100 年。虽然雍、乾、嘉、道四朝皇帝皆以重要精力关注禁烟,立法令、申禁例、整吏治,亦算用尽心思,然而老大帝国的腐败吏治决定了皇帝再大的禁烟决心和严厉政策,也无法在禁烟实践中得到切实的贯彻执行;而巨大的商业利润,驱使着英国政府与以东印度公司为代表的英国殖民当局明目张胆地庇护和纵容对中国进行非法的鸦片走私贸易;中外鸦片烟贩互相勾结、不择手段地走私兴贩,更是对华鸦片走私的急先锋,他们无孔不入,肆无忌惮。

一开始,鸦片贩子们把交易地点从广州移往澳门,在那里设立堆

---

[1] 《兵科给事中刘光三奏请酌加食鸦片烟罪名等情折》,见《鸦片战争档案史料》第 1 册,79—80 页。

[2] 《大学士管理刑部事务卢荫溥等奏为遵旨议奏刘光三酌加食鸦片烟罪名折》,见《鸦片战争档案史料》第 1 册,89 页。

栈,然后带着鸦片样品到广州兜售,成交之后,再至澳门提货。英国商人觉得当时窃据中国澳门的葡萄牙人勒索过重,不久便把鸦片走私船开至黄埔,由行商为之掩护,夹带偷售。1820 年,道光帝继位后,厉行禁烟,封闭澳门、黄埔,将鸦片船逐出珠江口外。于是,鸦片贩子们便把走私船开至伶仃洋面,利用趸船进行走私。鸦片贩子们从印度等地运来鸦片后,先行卸在停泊于伶仃岛附近的鸦片趸船上,然后夹带样品至广州,勾结中国烟贩,议妥价格后,再由中国烟贩至伶仃洋取货。随着伶仃洋上鸦片走私规模的扩大,停泊在这里的鸦片趸船也由 19 世纪 20 年代初的七八艘,上升到 30 年代的 30 艘以上。19 世纪 30 年代初,东印度公司对华贸易垄断权废止,英国商人在中国沿海展开了更大规模的对华鸦片走私活动,从广东到东三省沿海地区,几乎到处都能见到走私鸦片的趸船。这一时期,西方对华鸦片走私达到了最高峰。

鸦片走私贸易的屡禁不绝、越演越烈,更与清政府吏治腐败和海防水师的包庇纵容关系密切。道光帝虽曾三令五申地谕令沿海诸省督抚、海关、书吏、巡丁,严禁徇隐,但事实上所起作用并不明显。水师巡船竟与鸦片贩子私相勾结,受贿放行,“巡船每月受规银三万六千两,放私入口”。更有甚者,“水师副将韩肇庆,专以获私渔利,与洋船约,每万箱许送数百箱与水师报功,甚或以师船代运进口”,而韩肇庆反而以缉获鸦片有功,保擢总兵。[1] 这样,清政府为巡查违例走私洋船而设的巡船,竟然成了鸦片走私的护卫舰,甚至沦为鸦片走私船,从而使鸦片在中国沿海地区的走私畅通无阻。

全国各地的非法商贩,也为鸦片走私的泛滥起到了推波助澜的作用。鸦片走私网络密布全国。广州等地一些恶棍、奸商以开设钱店为名,暗中包销烟土,名曰“大窑口”。外国的鸦片贩子上岸后,带着鸦片样品到这些大窑口里与奸商、毒贩议价订券,再由这些奸商凭券至漂泊在海上的鸦片趸船上验券取货。中外鸦片贩子甚至以武装走私对抗中国政府的禁烟,他们专设有从大窑口至伶仃洋上趸船取货的走私船,名

---

① 魏源:《道光洋艘征抚记》卷上,《魏源集》上册,169 页,北京,中华书局,1976。

曰"快蟹"或"扒龙",三桅三帆,裹以铁网以抵炮火,两舷设快桨五六十,来往如飞,星夜遄行,所过关津,呼之不停,追之不及。白昼公行,肆无忌惮,海关员弁,对其无可奈何,又怕担负纠察不力之责,亦竟匿而不报。鸦片烟土上岸后,再由大窑口偷贩至分布于全国城市乡镇的小窑口,以事分销。① 由此,鸦片烟毒,弥漫全国。

非法输入中国的鸦片数量,乃呈逐年直线上升之势。有人对经英国毒贩输入中国的印度鸦片数量曾经做过不完全的统计如下表,从中足见鸦片走私之如洪水猛兽一般势无可遏。

1773—1838 年鸦片输入中国数量简表②

单位:箱

年代	公班土	白皮土	金花土	共计
1773—1794				1 000
1795—1797	1 814			1 814
1798—1799	1 793	2 320	—	4 113
1800	3 224	1 346	—	4 570
1801	1 744	2 203	—	3 947
1802	2 033	1 259	—	3 292
1803	2 116	724	—	2 840
1804	2 322	837	—	3 159
1805	2 131	1 705	102	3 938
1806	2 607	1 519	180	4 306
1807	3 084	1 124	150	4 358
1808	3 223	985	—	4 208
1809	3 074	1 487	832	4 593
1810	3 592	1 376	—	4 968
1811	2 788	2 103	200	5 091

① 《湖广道监察御史冯赞勋奏陈夷人夹带鸦片烟入口积弊请饬查严禁折》,《鸦片战争档案史料》第1册,85页。

② [美]马士:《中华帝国对外关系史》第1卷,238—239页。

年代	公班土	白皮土	金花土	共计
1812	3 328	1 638	100	5 066
1813	3 213	1 556	—	4 769
1814	2 999	674	—	3 673
1815	2 723	1 507	80	4 310
1816	3 376	1 242	488	5 106
1817	2 911	781	448	4 140
1818	2 575	977	807	4 359
1819	1 741	2 265	180	4 186
1820	2 591	1 653	—	4 244
1821	3 298	2 278	383	5 959
1822	3 918	3 855	—	7 773
1823	3 360	5 535	140	9 035
1824	5 960	6 063	411	12 434
1825	3 810	5 563	—	9 373
1826	6 570	5 605	56	12 231
1827	6 650	4 504	—	11 154
1828	4 903	7 709	1 256	13 868
1829	7 443	8 099	715	16 257
1830	5 672	12 856	1 428	19 956
1831	6 815	9 333	402	16 550
1832	7 598	14 007	380	21 985
1833	7 808	11 715	963	20 486
1834	10 207	11 678	—	21 885
1835	14 851	15 351		30 202
1836	12 606	21 427	743	34 776
1837	19 600	14 773	—	34 373
1838	18 212	21 988	—	40 200

需要再一次指出的是,上表是一个不完全的统计表,表中数据是极不完备的,因为对华鸦片输入是一项遭到中国政府明令禁止的非法走私贸易,想要获得其绝对可靠的数字几乎是不可能的。上表数字也只是人们就所能掌握的材料编制的一个关于这项肮脏贸易的缩小的统计。但即便从这样一个不完备的统计表中,也可以看出自18世纪末叶始对华鸦片走私输入的激增之势:1773年,鸦片输入在1 000箱左右,到1799年,已突破4 000箱,至1811年突破5 000箱,1822年达到7 773箱,20年间几乎翻了一番。1823年达到9 035箱,1824年超过1.2万箱,1829年超过1.6万箱,7年之间又翻一番。1830年接近2万箱,1835年突破3万箱,1838年超过4万箱,8年之间又翻一番。从1800—1838年,总计输入434 547箱,在不到40年的时间里,增长了10倍。另据考证,1800—1839年,合计英、美、法、葡、荷等国对华鸦片走私输入共达638 119箱。[①]

鸦片大规模的走私输入,给中国社会造成了深重的灾难。首先,鸦片作为一种毒品,在中国大地上毒流蔓延,严重地摧残了中国民众的身心健康,极大地破坏了中国的生产力。鸦片输入的激增,反映出中国吸食者的激增。"嘉庆初食者甚少,不二十年,蔓衍天下,自士大夫以至贩夫走卒,群而趋之,靡然而不返。"[②]19世纪初,吸食鸦片者一般是殷实之家,到了30年代,中国社会各阶层人员,官员胥吏、书役兵丁、农夫商人,都有人沾染了嗜毒恶习,而在东南沿海地区尤甚。嗜毒成瘾之人,置妻儿饥寒于不顾,纵然倾家荡产,亦在所不惜。更致无数富年壮丁,以嗜烟成性,沦为无所事事的游民,成为社会秩序的破坏者。一般人等,耗钱费银,购烟解瘾,严重损害了社会对正常商品的消费能力,使正常商业贸易受到严重打击,对社会进步与经济发展产生了巨大的窒碍作用。其次,鸦片大规模的走私输入,导致巨额白银外流,严重影响国家财政安全。有人考证,从1800—1839年的40年间,因鸦片走私贸易导致的中国白银外流,总计高达6亿两。[③] 又据估算,在19世纪30年

---

① 刘鉴唐:《鸦片战争前四十年间鸦片输入与白银外流数字的考察》,载《南开史学》1984年第1期。
② 梁廷枏《夷氛闻记》,见丛刊《鸦片战争》(六),8页。
③ 刘鉴唐:《鸦片战争前四十年间鸦片输入与白银外流数字的考察》,载《南开史学》1984年第1期。

代,中国社会每年耗费在鸦片消费上的白银达到 1 633 多万元,合纹银 1 175 多万两,几乎与清政府 1830—1838 年 8 个年度关税总收入的 1 227 多万两相当。中国的社会财富在毒烟缥缈中化为乌有,中国在对外贸易中长期所处的出超地位,也由于西方对华大规模的鸦片走私,转为入超,国家财政陷于困顿之局,国力为之严重削弱。第三,鸦片泛滥加剧了清政府吏治的腐败和国防力量的降低,严重威胁到清王朝的统治秩序和国家的安全。中外鸦片烟贩为推行扩张其毒品贸易,不惜以重金对清政府各级官僚、海关役员、巡船兵勇行贿买通,地方官员、水师将弁也每以与鸦片贩子互为勾结、袒护纵庇鸦片走私偷漏为手段,索受贿赂,通同作弊,按股分赃,以中饱私囊,甚而径行参与鸦片走私,既助长鸦片毒品在中国大地的泛滥,复养成清政府官僚集团贪污受贿的腐败之风。国家禁烟法令,只形同具文。兵勇将士,嗜食鸦片后,精神萎靡,士气低落,国防武备为之废弛,国家安全因之受损。鸦片烟毒,已成为清政府及中国社会所面临的最为严重的问题。

三 弛禁主张的出笼

清政府 100 多年的禁烟实践,不仅没有取得预期的效果,反而面临着鸦片毒烟弥漫全国的恶劣局面。特别是到了 19 世纪 30 年代,鸦片竟如决堤洪水一般,涌入国门,堵无可堵,禁无可禁。这种情形,使得清政府的一部分人士感到有些无可奈何、手足无措了。他们对朝廷奉行了一个多世纪的禁烟政策开始产生怀疑,对国家禁烟的努力与实践开始表露畏难与悲观情绪。于是,在禁烟问题上,一些人开始提出所谓"变通办理"的弛禁主张。

1834 年 11 月 3 日,两广总督卢坤在奏折中称:鸦片走私入口,"势成积重,骤难挽回",欲图禁绝,难度极大。进而他借"周谘博采"他人意见的名义,提出自己的弛禁主张:"有谓应行照昔年旧章,准其贩运入闽,加征税银,以货易货,使夷人不能以无税之私货售卖纹银者。有谓应弛内地栽种莺粟之禁,使吸烟者买食土膏,夷人不能专利,纹银仍在内地转运,不致出洋者。其说均不无所见,然与禁令有违,窒碍难行。更有谓内地所得不偿所失,不若从此闭关,停止外夷贸易。不知夷人在粤贸易已阅二百余年,且亦不止英吉利一国,万无闭关之理。况奸犯到处皆有,勾串外夷为鬼为蜮,纵使闭关,亦未必即能净尽,更无此办法。"①卢坤所提的办法,主要有两点:一是使鸦片贸易合法化,纳税进口;二是允许国内种植鸦片,用以抵制进口鸦片,使外人不得专利。至于其所称有人提议的闭关停止对外贸易,他倒是明确表示反对的。从他所提出的这两点办法,已然可以见到其后以许乃济等为代表的弛禁派于 1836 年正式提出的弛禁主张的核心内容了。

许乃济(1777—1839),字叔舟,号青士,浙江仁和(今杭州)人。1809 年中进士,曾任御史,19 世纪 30 年代初在广东任按察使。当时他在广东与其同年何太青等人即开始私议鸦片弛禁问题,对何氏提出的"纹银易烟出者不可数计。必先罢例禁,听民间得自种罂粟。内产既盛,食者转利值廉,销流自广。夷至者无所得利,招亦不来,来则竟弛关禁,而厚征其税,责商必与易货,严银买罪名。不出二十年,将不禁自绝。实中国利病枢机"的主张深表认同,乃又与吴兰修等人商讨著成《弭害论》,提出"嗣后请饬外夷照旧纳税,交付洋行,兑换茶叶。内地种者勿论"的主张。② 1836 年 6 月 10 日,时任太常寺少卿的许乃济上了《奏为鸦片烟例禁愈严流弊愈大应亟请变通办理折》和《奏请弛内地民人栽种罂粟之禁片》,系统地提出了鸦片弛禁主张。其主要论点有:

首先,烟禁愈严,食者愈众,流弊愈大。许乃济在折中称:"嘉庆初年,食鸦片者罪止枷杖,今递加至徒、流、绞监候各重典,而食者愈众,几遍天下。乾隆以前,鸦片入关纳税后,交付洋行兑换茶叶等货。今以功令森严,不敢公然易货,皆用银私售。嘉庆年间,每岁约来数百箱,近竟多至二万余箱。……每岁售银一千数百万元,每元以库平七钱计算,岁耗银总在一千万两以上。夷商向携洋银至中国购货,沿海各省民用,颇资其利。近则夷商有私售鸦片价值,无庸挟资,由是洋银有出而无入矣。"巨额的白银外流,造成银贵钱贱,以前纹银每两换制钱千文上下,近年则换一千二三百文,银价有增无减,"以中原易尽之藏,填海外无穷

---

① 《两广总督卢坤奏请对英人私贩鸦片一事应暂为羁縻约束再图禁绝片》,见《鸦片战争档案史料》第 1 册,166 页。
② 梁廷枏:《夷氛闻记》,见丛刊《鸦片战争》(六),6—7 页。

之壑,日增月益,贻害将不忍言"。对于人们通常所认为的鸦片屡禁不绝是由于"有司查禁不力"的说法,许乃济明确表示异议:"法令者,胥役棍徒之所借以为利,法愈峻则胥役之贿赂愈丰,棍徒之计谋愈巧。"道光元年以来,"查办非不认真,而此风终未能戢。盖凡民之畏法不如其鹜利,鬼蜮伎俩,法令实有时而穷。更有内河匪徒冒充官差,以搜查鸦片为名,乘机抢劫。臣前在广东署臬司任内,报案纷纷。至栽赃讹诈之案,尤所在多有。良民受累者,不可胜计。此等流弊皆起自严禁以后。"

其次,闭关绝市,也不是解决问题的办法。许乃济称:"或欲绝夷人互市,为拔本塞源之说。在天朝原不惜捐此百余万两之税饷。然西洋诸国通市舶者千有余年,贩鸦片者,止英吉利耳,不能因绝英吉利,并诸国而概绝之。濒海数十万众恃通商为生计者又将何以置之? 且夷舶在大洋外,随地可以择岛为廛,内洋商船得而至,又乌从而绝之? 比岁夷舶周历闽、浙、江南、山东、天津、奉天各海口,其意即在销售鸦片。虽经各地方官当时驱逐,然闻私售之数,亦已不少。是虽绝粤海互市,而不能止私货之不来。"

第三,禁烟之举,实无意义。许乃济认为:"究之食鸦片者,率皆游惰无志、不足轻重之辈,亦有年逾耆艾而食此者,不尽促人寿命。海内生齿日众,断无减耗户口之虞,而岁竭中国之脂膏,则不可不大为之防,早为之计。"对于有人提出的鸦片弛禁与政体有碍的质疑,许乃济则认为:"觞酒衽席皆可以戕生,附子、乌头非无毒性,从古未有一一禁之者。且弛禁仅属愚贱无职事之流,若官员、士子、兵丁仍不在此数,似无伤于政体。"

第四,仍用旧例,实行鸦片弛禁政策。许乃济认为:"今闭关不可,徒法不行,计惟仍用旧例,准令夷商将鸦片照药材纳税,入关交行后,只准以货易货,不得用银购买。夷人纳税之费轻于行贿,在彼亦必乐从。洋银应照纹银一体禁其出洋,有犯被获者,鸦片销毁,银两充赏。至文武员弁、士子、兵丁等,或效职从公,或储材备用,不得任令沾染恶习,致蹈废时失业之愆。惟用法过严,转致互相容隐。如有官员、士子、兵丁私食者,应请立予斥革,免其罪名,宽之正所以严之也。该管上司及保结统辖官有知而故纵者,仍分别查议。其民间贩卖吸食者,一概勿论。"

在许乃济所主张的弛禁政策中，另一办法即是，准许内地栽种罂粟。他在所上《奏请弛内地民人栽种罂粟之禁片》中提出："闽、广、浙东、云南，向有栽种罂粟制造鸦片者，迭经科道各官奏请严禁，内地遂无人敢种者，夷人益得居奇，而利薮全归外洋矣。……今若宽内地民人栽种罂粟之禁，则烟性平淡，既无大害，且内地之种日多，夷人之利日减，迨至无利可牟，外洋之来者自不禁而绝。""应请敕查各省旧种罂粟处，如果于早晚两稻均无妨碍，亦准听民之便。庶外洋无奇可居，而夷舶之私售鸦片者，久之可以渐绝。"按照他的设想，鸦片贸易合法化后，实行以货易货，"每年可省中原千余万金之偷漏"，而弛内地民人种植罂粟之禁，"无碍于地力，而大有益于农夫"。他甚而警告说："倘复瞻顾迟回，徒徇虚体，窃恐鸦片终难禁绝，必待日久民穷财匮而始转计，则已悔不可追。"①

道光帝对许乃济的主张未置可否，谕令将许乃济所奏事项交两广总督邓廷桢、广东巡抚祁𡎴、粤海关监督文祥等人筹议。9 月 7 日，邓廷桢等人复奏，认为许氏原奏，"胪陈时弊，均属实在情形。所请弛禁变通办理，仍循旧制征税，系为因时制宜起见，似应请旨准照原奏。……由此实力遵行，递年可免中国千万余金之漏卮，洵属清源截流之急务。而税额轻于行贿，偷越之弊，不戢而自消；兴贩等诸常货，诈扰之风，不禁而自绝。……如蒙俞允，弛禁通行，实于国计民生，均有裨益。"为此，他们还拟订了弛禁鸦片章程条：

一、以货易货，应计全数抵算，不准影射。

二、水师巡船及各关口员役，宜责令专在隘口稽查，不准出洋借词滋扰。

三、洋银应照旧章，仍准带回三成，并先确查来银数目，以杜欺隐。

四、鸦片应与别项洋货一例交易，不必设局专办。

五、额税宜遵旧制，不必加增，并严禁需索陋规。

六、价值不必预定。

---

①《太常寺少卿许乃济奏为鸦片烟例禁愈严流弊愈大应亟请变通办理折》《太常寺少卿许乃济奏请弛内地民人栽种罂粟之禁片》，见《鸦片战争档案史料》第 1 册，200—203 页。

七、内地各省海船运销鸦片，应由粤海关印给执照。

八、民间栽种罂粟，似可稍宽厉禁。

九、官员、士子、兵丁，宜严行饬禁，不准吸食。①

综观许乃济所提弛禁办法，亦无外乎鸦片贸易合法化与允许内地民众自由种植罂粟、制造鸦片，与两年之前两广总督卢坤奏中所提办法，如出一辙。邓廷桢等人所拟九条章程，也只是许乃济弛禁主张的进一步具体化。许乃济的折、片，广征博引，言之凿凿，主要着眼于以弛禁之策防止巨额白银外流，解决清政府财政危机。但其所提之策，似是而非，本末倒置。他对西方殖民者不顾人类道义贩卖毒品的丑恶行径与清政府各级官吏通同舞弊、受贿徇隐的腐败丑态视若无睹，却反过来指责有清一代严禁鸦片毒品贸易政策的正义性，并认为吸食者为无足轻重，任由其死活，更是无视民族利益、国民健康，其于国于民，皆意在妥协苟且，自相矛盾，绝非善策。而且，许乃济所主张的鸦片弛禁，即是鸦片贸易合法化，实质上正是解禁、开禁，此正与国内鸦片贩子的愿望与利益完全相符合，站在了出卖民族利益的立场之上，因此得到了他们的一片喝彩之声。

许乃济弛禁鸦片的主张提出后，以其明显违背清廷旧制，且并不如许乃济本人所认为的那样与"政体"无关，因而无人公开站出来附和，"举朝无继言者"。② 反而有人站出来，对许乃济的主张进行了严厉的驳斥。

在邓廷桢等人复议的奏折递到北京之前，9月，内阁学士兼礼部侍郎朱嶟、兵科给事中许球分别上奏，反对鸦片弛禁主张。朱嶟在其《申严例禁以彰国法而除民害折》中明确指出：有害必除，绝不能因噎而废食。对于许乃济的观点，朱嶟逐一加以驳斥。他指出：准令鸦片纳税入关以货易货，并不能阻止白银外流，因为交易中难免出现货物不平衡，势必以银补偿。而且，既然可以禁银出洋，何以不能禁烟入口？设若鸦

---

① 《两广总督邓廷桢等奏复应准许乃济所奏弛鸦片之禁并拟章程九条折》，见《鸦片战争档案史料》第1册，205—209页。
② 梁廷枏：《夷氛闻记》，见丛刊《鸦片战争》（六），10页。

片禁绝,银漏之患便会戛然而止,两患并除,岂不更好;弛内地种植罂粟,则更荒唐,滇省一直在私种罂粟,鸦片出产亦不下数千箱,可是银漏并未因之而减。今吸食者众,且皆以洋烟为美。同时因罂粟利大,种植弛禁后势必侵占上等良田,影响生产。对于许乃济提出的不准官员士子吸食、只准民间吸食的办法,朱嶟认为更是掩耳盗铃,因为民占人口十分之九,官员只占十分之一,吸食鸦片之恶习,本即由官府僚属中传开,现在不吸烟的大多数是百姓。这种政策只会使"食者纵之得食,而未食者导之使食"。他还严正指出:鸦片流毒,妨财害小,残民害大。民者国之本,财者民所出;民贫尚可变,民弱则无可救药。而兵勇若沾染吸食恶习,危害更重,烟瘾来时,手足瘫软,涕泪交流,如此兵丁,进不能战,退不能守,国家疆防顿失依赖。许球则在其《请禁鸦片疏》中义正词严地指出:"弛鸦片之禁,既不禁其售卖,又岂能禁人之吸食? 若只禁官与兵,而官与兵皆从士民中出,又何以预为之地? 况明知为毒人之物,而听其流行,复征其税课,堂堂天朝,无此政体!"①

　　11 月 12 日,江南道监察御史袁玉麟又上《奏陈鸦片弛禁将有妨国计民生折》,从是非、利害两个方面,批评弛禁主张。他首先提出弛禁之议,"戾于是非者有三":弛禁者乃欲变易旧章,是违祖制而背谕旨;朝廷政令,最宜画一,今只禁官弁士兵,不禁小民,半禁半弛,"是坏政体而伤治化也";国家经费有常,"钱粮、关税、盐课数大端,综理得宜,帑藏自裕,若必借鸦片抽税,是见小利而伤大体"。接着,他又列举弛禁之议,"暗于利害者有六":(1)白银外流危害极大,要认真查办。不认真则鸦片弛禁,纹银出洋之禁亦自弛,并非鸦片弛禁后查办白银外流就变得容易了,而严禁鸦片就会使查办白银外流变得艰难了。鸦片开禁,正是自撤藩篱而饲虎狼。(2)弛内地民人种植罂粟,不可能不荒废农田,膏腴之区,尽化为鸦片之壤,"是夺农功而耗本计"。(3)若公然明弛禁令,则已食者习为故常,其未食者争相仿,靡靡昏昏,何所底极,"是绝民命而关国脉"。(4)禁兵而不禁民,将现充之兵,既多违禁私吸之患,继充之兵,又系开禁久吸之民。借毒物以疲内地,正是外人惯施的伎俩,现

　　① 许球:《请禁鸦片疏》,见丛刊《鸦片战争》(一),453 页。

在若弛禁鸦片，正中了外夷奸计，是"虚捍卫而启窥伺"。（5）洋行奸商，勾串夷匪，作奸犯科，无所不至其极。现在反而任其自由兴贩鸦片，则他们今后更是无所顾忌，是"济奸民而通洋匪"。（6）天下之患莫大于一发不可收拾，鸦片一旦开禁，则其祸会更加惨烈。然后悔弛禁之非，再起视天下时，已成一积重难返之势。不禁则横流靡极，再禁则滋蔓难图，"狃目前而贻后患"，是最令人担心的。①

朱嶟、许球、袁玉麟三人的奏章，从祖制、政体、法制、农本、财政、国防等方面入手，对许乃济等所主张的鸦片贸易合法化、放任民人自由吸食和准许内地种植罂粟的弛禁主张，进行了全面的驳斥。特别是袁玉麟的上奏，更形系统，他先从祖制谕旨、政令画一、国家财政三方面明辨弛禁之非，再从财政、农本、民生、国防、夷祸、后患六个方面的利害关系，论证弛禁主张的不可取。可以说，他们的批评，对遏制弛禁主张的流行起到了重要的作用。与对许乃济的奏折不置可否的态度不同，道光帝在看罢朱嶟、许球二人的奏疏后，未等邓廷桢等两广督抚复议许乃济弛禁主张的奏折到京，即于八月初九日再对邓廷桢等发出谕旨，要求他们将朱、许二人奏折内所述之情形，"如贩卖之奸民，说合之行商，包买之窑口，护送之蟹艇，贿纵之兵丁"等严密查拿，"悉心妥议，力塞弊源"，表现出了坚持严禁政策的决心。② 朝中大臣的群起反击和道光帝坚持严禁态度的明朗，给弛禁鸦片的主张迎头一击，一股刚刚兴起的弛禁论调很快即敛形遁迹。一开始明确表示赞同许乃济弛禁主张的两广总督邓廷桢等，奉到道光帝谕旨后，态度也开始明显变化。12 月 27 日，邓廷桢上奏称："朱嶟所陈议论，极为正大。其民者，国之本，财者，民所出数语，尤具深心……许球之论，则有病有药，颇见留心，然治内之法，似可施行；治外之法，尚须斟酌。"他并表示："果能循旧辙而立收功效，又孰肯冒不韪而亟议更张。"③

① 《江南道监察御史袁玉麟奏陈鸦片弛禁将有妨国计民生折》，见《鸦片战争档案史料》第 1 册，213—217 页。

② 《著两广总督邓廷桢等议奏查拿烟犯之奸商等事上谕》，见《鸦片战争档案史料》第 1 册，210 页。

③ 《两广总督邓廷桢等奏为遵旨筹议杜绝鸦片流弊折》，见《鸦片战争档案史料》第 1 册，221 页。

四 严禁派的主张

许乃济等人的弛禁主张遭到驳斥而销声匿迹,道光帝严禁鸦片的态度也逐渐坚定。1837 年(道光十七年),道光帝多次颁发谕旨,通令两广、闽浙等沿海各省督抚,切实查拿纹银偷漏,严堵鸦片走私输入。7月 14 日,道光帝谕令邓廷桢勒令英国鸦片趸船,"尽行归国,无许托故逗留",并要求邓廷桢"确查窑口巢穴所在,悉数按治,毋稍姑息,以塞弊源,而挽颓风"。① 8 月 15 日,再谕邓廷桢称:"湖南衡、永、郴、桂等处,与粤东壤地紧接,鸦片烟最易偷越入境……鸦片烟流毒最甚,全在地方文武,随时严密查拿,庶不至蔓延各省。"他要求邓廷桢等"严饬出粤入楚所在地方文武弁员,一体实力截拿,有犯即惩,毋稍疏纵"。② 3 日之后,道光帝再次谕令邓廷桢等严密缉查广东省境内鸦片走私与纹银偷漏出洋。8 月 28 日,复谕邓廷桢传谕澳门地方各国大班,查禁来商越界贩卖鸦片。同日,道光帝以查禁闽省鸦片烟船事,谕令福建水师提督陈化成:"烟船游弈(弋)往来,必应认真巡缉,有犯必惩。水师提督陈化成统辖全洋,其驻扎地方亦与该匪出没之处相近,随时侦缉,整顿甚易。著责成陈化成亲率镇将,随时巡查,一经拿获,立即严办。其粤省连界处所,倘奸匪借端越界贩私,务即从严杜绝,毋许勾结滋事。"③10 月 22日,道光帝又谕邓廷桢查明英趸船是否已遵谕全部回国,"至各项走私船只,尤须设法严拿,期于根株尽绝"。同时他告诫邓廷桢等,不得将就了事,"亦不得因偶有获案,遂谓驱逐已尽,仍贻弊窦"。④ 同一日,道光帝又通令闽、粤等沿海诸省督抚,一体防堵查拿鸦片烟船。1838 年 1月 2、3 两日,道光帝两发谕旨,著盛京将军宝兴等人严饬所属在山海关等海口关津查拿鸦片走私人犯,"其附近海口地面,如查有窝顿兴贩各犯,务即按名拿究,以塞其源。至各处民人出入关隘,著一并严密搜查,

① 《著两广总督邓廷桢等勒令英趸船回国并确查窑口事上谕》,见《鸦片战争档案史料》第 1 册,230 页。
② 《著两广总督邓廷桢等截拿粤楚交界处所鸦片走私人犯事上谕》,见《鸦片战争档案史料》第 1 册,231 页。
③ 《著福建水师提督陈化成查拿闽洋烟船事上谕》,见《鸦片战争档案史料》第 1 册,236 页。
④ 《著两广总督邓廷桢等查拿英趸船是否遵谕全部回国事上谕》,见《鸦片战争档案史料》第 1 册,243 页。

倘敢夹带烟土,偷渡关津,即行拿获到案,究明买自何人,彻底根究,毋稍疏纵。"同时他警告盛京将军、奉天府尹等人:"倘稽察不力,日后致有私贩鸦片烟土入境,别经发觉,朕惟宝兴等三人是问!"①

从上面所引的这些上谕来看,道光帝的严禁态度日益坚决,其所关注的禁烟区域,也由南而北,自广东及奉天,从海上到内陆。在皇帝的三令五申、严厉督促之下,两广总督邓廷桢等人也不敢稍有懈怠。是年,广东水师提督关天培饬提标参将余清,在海丰县查获郭康、郭亚平等烟贩 26 人,获烟土 170 斤,并经严讯,各犯招供私贩鸦片事实。两广总督邓廷桢将拿获烟贩情形及审讯、拟刑原则,具折上奏,道光帝阅后甚为高兴。

但从清政府在此之前的禁烟措施来看,一直关注于杜绝鸦片走私入口、查拿内地私行贩卖及防止纹银外流等方面。客观而论,这些措施在禁烟实践中确属不可或缺。但是,鸦片大规模走私入口,另一个最根本的原因,却正在于境内嗜食者的广泛存在。也就是说,鸦片作为一种利润极高的商品,其在中国内地具有惊人的社会需求。禁绝入口与查拿行贩,从某种程度上而言仅是一种堵的政策,如果不根绝内地民人的嗜食风气,则唯利是图的毒品走私贸易是根本堵不住的。毒品贩子为了牟取暴利,更会不择手段。这一点,到 1838 年中,开始逐渐为以黄爵滋、林则徐为代表的严禁派所明确认识到,并且提出了相应的严禁主张。

早在 1831 年 6 月 24 日,兵科给事中刘光三即曾奏请酌加食鸦片罪名,惩治内地嗜食鸦片人等。刘光三的主张,开严禁派之先声。1838年 5 月 15 日,吏科给事中陶士霖上奏,称查禁鸦片,非以重刑,不能挽此积习。他主张:"相应请旨敕下刑部,将囤贩、吸食鸦片各条例,从重议加罪名。并于加罪之后,行知各省,以奉到部文之日为始,严切晓谕,约限半年,其限内犯者,照旧示惩,限外犯者,即以新定重律办理。如此则惩一儆百,民各凛然,食者日稀,销售之地,势必不旺,纹银出洋之患,借此渐除,既可以救民,兼可以裕国。再巡洋守卡各官役,如有隐纵等

---

① 《著盛京将军等严饬所属在海口关津查烟贩事上谕》《著盛京将军宝兴等饬知山海关及各城查偷贩鸦片人犯事上谕》,见《鸦片战争档案史料》第 1 册,243—244 页。

情,亦请于现行之例,加等议罪。"道光帝阅后,朱批"刑部妥议具奏"。①紧接着,6月2日,鸿胪寺卿黄爵滋上了著名的《请严塞漏卮以培国本折》,全面提出了严禁派关于禁绝鸦片的主张。

　　黄爵滋(1793—1853),字德成,号树斋,江西宜黄人。1823年(道光三年)中进士,改翰林院庶吉士。1826年散馆授编修。1833年充会试同考官,同年转福建道监察御史。1835年擢鸿胪寺卿。早在1833年,黄爵滋即曾上奏《纹银洋银应并禁出洋疏》,提出:"鸦片烟等犯禁之物,其藐法潜买者,皆以银则便,不以银则不便。在奸商黠吏,只图贪利营私,觊法律之稍轻,即诡谋之百出……应请饬下刑部,再行酌拟,比照从重科罪,使奸徒不敢轻蹈法网。"1835年,他又上《敬陈六事疏》,指出:"鸦片烟之银,漏出外洋者,不下二三千万,以无用有害之物,毒中国之人,而又竭中国之财,夷计之狡,莫甚于此。而屡禁不绝者,则皆汉奸为之也……欲截其流,但塞其源。应请皇上饬谕两广总督,责成水师提督,严查大屿山之屯船及转运之快蟹,交易之窑口,悉籍其党,立置重典。"②

　　黄爵滋此次所上《请严塞漏卮以培国本折》,较其三年之前的禁绝鸦片主张更进一步,且其重点直接放在惩治鸦片吸食者身上,提出了重治吸食的主张。他在上奏中首先分析了烟毒泛滥、白银外流、财政崩溃的严重情况,进而指出历年所取严查海口、禁止通商,及查拿兴贩开馆、开种罂粟之禁等,皆无以堵塞漏卮。在黄爵滋看来,"鸦片之害,其终不能禁乎?臣谓非不能禁,实未知其所以禁也。夫耗银之多,由于吸[贩]烟之盛;贩烟之盛,由于食烟之众。无吸食,自无兴贩;无兴贩,则外夷之烟自不来矣。"这里,他直接触及问题的关键,即鸦片之泛滥,根源在于民间嗜烟恶习风行,欲禁绝鸦片之来,首在禁止吸食。因此,他主张对鸦片吸食者,科以严刑重典:"臣请皇上严降谕旨,自今年某月日起,至明年某月日止,准给一年期限戒烟,虽至大之瘾,未有不能绝。若一年以后仍然吸食,是不奉法之乱民,置之重刑,无不平允。查旧例,吸食

----

①《吏科给事中陶士霖奏陈查禁鸦片非议以重刑不能挽此积习折》,见《鸦片战争档案史料》第1册,253—254页。

② 丛刊《鸦片战争》(一),456、462页。

鸦片者,罪仅枷杖,其不指出兴贩者,罪至杖一百徒三年。然皆系活罪。断瘾之苦,其于枷杖与徒,故甘犯明刑,不肯断绝。若罪以死论,是临刑之惨急,更苦于瘾之苟延。"他还建议:"请饬谕各省督抚,严切晓谕,广传戒烟药方,毋得逾限吸食。并一面严饬各府州县,清查保甲,预先晓谕居民,定于一年后,取具五家邻右互结。仍有犯者,准令举发,给与优奖。倘有容隐,一经查出,本犯照新例处死外,互结之人,照例治罪。至如通都大邑,五方杂处,往来客商,去留无定,邻右难于查察,责成铺店,如有容留食烟之人,照窝藏匪类治罪。现任文武大小各官,如有逾限吸食者,是以奉法之人甘为犯法之事,应照常人加等。除本犯官治罪外,其子孙不准考试。地方官于定例一年后,如有实心任事,拿获多起者,照获盗例,请恩议叙,以示鼓励。其地方官署内官亲幕友家丁,仍有吸食被获者,除本犯治罪外,该本管官严加议处。各省满汉营兵,每伍取结,照地方保甲办理。其管辖失察之人,照地方官衙门办理。庶几军民一体,上下肃清,无论穷乡僻壤,务必布告详明,使天下晓然于皇上爱惜民财保全民命之至意。向之吸食鸦片者,自当畏刑感德,革面洗心。如是则漏卮可塞,银价不至再昂,然后讲求理财之方,诚天下万世臣民之福也。"①

黄爵滋提出的惩治鸦片吸食者之法,十分严厉。他不仅提出用死刑来惩罚吸食者,而且力主文武官员吸食者较庶民同罪加等,且子孙不准考试。属员幕友有吸食者,重治本犯,并究主官失察之责。黄爵滋认为,多年以来朝廷禁烟煞费苦心而屡禁不绝,正在于"未知其所以禁",而他所提之所以严禁之法,正在于以严刑峻法重惩吸食者。道光帝于黄爵滋上奏当天,即行颁谕:"黄爵滋奏请严塞漏卮以培国本一折,著盛京、吉林、黑龙江将军、直省各督抚,各抒所见,妥议章程,迅速具奏。"②于是,在此后半年内,各省将军、督抚纷纷上奏,就如何禁绝鸦片、塞漏培本提出自己的看法和主张,有些人还草拟了禁烟章程,供皇帝采择。对于如何禁绝鸦片,各省督抚提出了各种方法主张,而严查海口一端成

---

① 《鸿胪寺卿黄爵滋请严塞漏卮以培国本折》,见《鸦片战争档案史料》第 1 册,254—257 页。
② 《著各地将军及各省督抚议奏黄爵滋奏请严塞漏卮以培国本折上谕》,见《鸦片战争档案史料》第 1 册,258 页。

为普遍的主张。黄爵滋原奏中提出的重治吸食者的主张，确实在各省督抚中引起不小的震动，并得到了湖广总督林则徐等人的赞同与支持。

与此同时，道光帝又接连发下多道谕旨，要求各省督抚严密查拿鸦片走私。9 月 23 日，他谕令署直隶总督琦善，要求琦善密商天津盐政钟灵，立定章程，严密查拿，不准烟土上岸，"断不可稍涉因循，致贻后患"。① 10 月 23 日，道光帝以盛京、吉林、黑龙江将军，及各直省督抚奉旨奏议黄爵滋折的复奏陆续到京，乃令大学士、军机大臣会同刑部议奏。道光帝并特别要求正在服孝的大学士、军机大臣穆彰阿一并会议。② 26 日，道光帝又谕宗人府一并会议，共同商议严禁鸦片章程。同时，道光帝还要求各省将军、督抚"同心合力，不分畛域，上紧查拿，毋得稍形松劲，其贩卖开馆等犯，固应从重惩办，即文武官员、军民人等吸食，不知悛改者，亦著一体查拿，分别办理"。他要求各省将军、督抚等"务当振刷精神，力祛积习，勿生观望之心，以副朕意"。③ 在这一上谕里，道光帝明确谕令各省，对于文武官员及军民人等吸食鸦片者，要一体查拿，显示出其开始接受黄爵滋所提严治吸食者之主张。为了向各省将军、督抚表示其严行禁烟的决心，道光帝还于同一天下谕革去吸食鸦片的庄亲王奕𧸘、辅国公溥喜的王、公爵位。道光帝复下谕著步军统领衙门、顺天府五城各饬所属，"严密访查，无论王公旗民，一体严拿，分别奏咨办理。不准瞻徇观望，致干咎戾。总期涤除积习，俾文武官员军民人等，共知儆畏。"④10 月 28 日，道光帝以许乃济渎陈弛禁，殊属纰缪，"著降为六品顶带，即行休致，以示惩儆"，以表示自己对于鸦片"必欲净绝根株，毋贻远患"的决心。⑤

大学士、军机大臣、宗人府、刑部等奉旨会议严禁鸦片章程，至 1839 年 6 月 12 日，拟出《严禁鸦片烟条例》凡 39 条，由大学士敬敏等

---

① 《著署直隶总督琦善立定程章严密查拿不准烟土上岸事上谕》，见《鸦片战争档案史料》第 1 册，363 页。
② 《著大学士军机大臣会议黄爵滋请严塞漏卮以培国本一折事上谕》，见《鸦片战争档案史料》第 1 册，388 页。
③ 《著各省将军督抚严紧查拿鸦烟获案事上谕》，见《鸦片战争档案史料》第 1 册，390 页。
④ 《著步军统领衙门顺天府城各饬所属严查鸦片吸食者事上谕》，见《鸦片战争档案史料》第 1 册，390 页。
⑤ 《太常寺少卿许乃济妄请弛禁鸦片著即休致事上谕》，见《鸦片战争档案史料》第 1 册，391 页。

具奏颁行。该条例全面、详细地规定了贩卖、走私与吸食、种植鸦片的罪名与惩罚。无论官吏与平民,不分兴贩与吸食,一律按罪行轻重,本着立法从严的精神,明定罪名。如开设窑口首犯,审明后斩立决;海口员弁兵丁受贿故纵,无论得赃多少,概行绞立决;官役人等拿获兴贩、吸食鸦片之犯得财卖放,与本犯一体治罪;开设鸦片烟馆,首犯绞立决;栽种罂粟与兴贩鸦片烟,首犯均拟绞监候;吸食鸦片人犯,一年六个月限满后不知悔改,无论宗室觉罗、官员军民人等,一概拟绞监候;等等。这些规定既采纳了黄爵滋、林则徐等人的严法峻刑以禁鸦片的主张,也广泛吸收了各省将军、督抚的合理建议。在量刑轻重上,对于"鸦片罪名,廷议从轻,特荷圣裁改重",这也与道光帝对鸦片深恶痛绝、决意根株净尽的一贯态度相一致。至此,清政府内部,在对鸦片泛滥危害的认识上和对禁烟的态度上基本取得一致,在立法上也取得了重大进展,从而确立了严厉禁绝鸦片的基本国策。同时,在朝廷的态度明确而坚决、道光帝连番谕令下,各省督抚也都相机而动,从而自 1838 年下半年开始,在全国范围内掀起了禁烟高潮。

第三节　林则徐赴广东禁烟

一　道光帝召见林则徐

在各省督抚中,坚定地奉行严厉禁烟政策,对黄爵滋的严禁主张予以大力支持,并且在实际禁烟过程中取得重大成绩者,首推时任湖广总督的林则徐。

林则徐(1785—1850),字元抚,又字少穆,晚号竢村老人,福建侯官(今福州)人。1811 年(嘉庆十六年)中进士,选翰林院庶吉士。1814 年散馆授编修。从 1820 年起,林则徐先后在浙江、江苏、陕西、湖北、河南等省担任道员、盐运使、按察使、布政使、东河河道总督、江苏巡抚、署两江总督等职。1837 年初,擢为湖广总督。

在江苏巡抚任上,林则徐即开始奉行严禁鸦片政策。1832 年(道光十二年),当英国殖民者胡夏米乘"阿美士德"号沿中国东南进行侦察活动时,时任江苏巡抚的林则徐即曾会同两江总督陶澍会衔上奏指出,胡夏米等由粤而闽而浙而江,直至山东沿海各处,到处活动,"恐该夷船尚有夹带违禁之鸦片烟土等物在于海口,勾串奸商,哄诱居民,私相授受,此则贻害匪浅,不可不亟为查禁,加以惩创。……现被东省驱逐之后,折回南行,兹再入江境内洋,停泊海口,即当密派文武大员,前至该夷船严行搜查,如有鸦片烟土等物,饬令尽数起除,传同夷众当面焚烧,毋许稍有留剩。"①但是，道光帝并未采纳他们的建议，反而予以申饬。1833 年，林则徐又在《会奏查议银昂钱贱除弊便民事宜折》中，向道光帝奏称：

> 鸦片以土易银，直可谓之谋财害命……自鸦片盛行之后，外洋并不必以洋钱易纹银，而直以此物为奇货，其为厉于国计民生，尤堪发指。臣等随时认真访查，力拿严惩，诚恐流毒既深，此拿彼窜。或于大海外洋，即已勾串各处奸商，分路潜销，以致未能净尽。又密饬海关津营县，于洋船未以进口之前，严加巡逻，务绝其源。再于进口之时，实力稽查夹带，如有偷漏纵越，或往别处发觉，即将牟利之奸商，得规之兵役，一并追究，加倍重惩，以其令在必行，法无虚立，庶可杜根株而除大害。②

1838 年，道光帝著各省将军、督抚议复黄爵滋奏折上谕颁发后，时任湖广总督的林则徐对黄爵滋提出的重治鸦片吸食者、罪以死论的主张，予以高度的评价和大力的支持。6 月 29 日，他在给道光帝的《奏复黄爵滋塞漏培本之折并酌议禁烟章程六条折》中指出："鸦片流毒于中国，纹银潜耗于外洋，凡在臣工，谁不切齿，是以历年条奏，不啻发言盈廷，而独于吸食之人，未有请用大辟者。一则以大清律例早有明条，近复将不供兴贩姓名者，由杖加徒，已属从重。若径坐死罪，是与十恶无所区别，即于五刑，恐未协中。一则以犯者太多，有不可胜诛之势。若议刑过重，则弄法滋奸，恐讦告诬报贿纵索诈之风因而愈炽。所以论死之说，私相拟议者未尝乏人，而毅然上陈者独有此奏。然流毒至于已甚，断非常法之所能防，力挽颓波，非严蒐济……今鸦片之贻害于内地，如病人经络之间，久为外邪缠扰，常药既不足以胜病，则攻破之峻剂，亦有时不能不用也。夫鸦片非难于革瘾，而难于革心，欲革玩法之心，安得不立怵心之法。况行法在一年以后，而议法在一年以前，转移之机，正系诸此。"因此，林则徐不仅同意对吸食者科以极刑，而且他还在折中

①《两江总督陶澍等奏陈入侵英船恐有汉奸指引并夹带鸦片应派员搜查片》，见《鸦片战争档案史料》第 1 册，112—113 页。
②《会奏查议银昂钱贱除弊便民事宜折》，见《林文忠公政书》，《江苏奏稿》卷一，15—16 页，北京，中国书店，1991。

拟具禁烟章程六条：

一、烟具先宜收缴净尽，经绝馋根也；

二、此议定后，各省应即出示劝令自新，仍将一年之期，划分四限，递加罪名，以免因循观望也；

三、开馆兴贩，以及制造烟具各罪名，均请一体加重，并分别勒限缴具自首，以截其流也；

四、失察处分，宜先严于所近也；

五、地保牌头甲长，本有稽查奸宄之责，凡有烟土烟膏烟具，均应著令查起也；

六、审断之法宜豫讲也。

林则徐希望："直省大小官员，共矢一心，极力挽回，间不容发，期于必收成效，永绝浇风。"此外，他还于折后缮录自己潜心搜集的戒烟良方，供道光帝参考。

与此同时，林则徐在两湖地区雷厉风行地领导起禁烟运动。他与湖南巡抚钱宝琛、署湖北巡抚张岳崧筹商，认为"目下吸食鸦片罪名虽未定议，而查拿总不可稍懈，收缴亦不可稍迟"。于是，他"当即饬属先访开馆兴贩之人，严缉务获。一面会同出示，剀切禁戒，并捐廉配制断瘾药丸二千料，在于省城及汉口镇等处设局，派委妥员收缴烟枪烟斗及一切器具余烟。果系真心悔改，查无不实不尽者，禀请暂免治罪，并酌给药料，俾其服食除瘾，以观后效"。在短短数月之内，湖北省的禁烟运动很快取得了显著的成效。林则徐率员对于缴获的1 264杆烟枪，逐一验明，刀劈火烧，将灰烬投于江心。[①] 湖南省也自5月至7月底，收缴烟枪3 540余杆，其中长沙、善化两县收缴最多，分别为500余杆。湖南巡抚钱宝琛令将烟具当众劈烧毁尽。

林则徐的禁烟行动，对鸦片烟贩和吸食者起到了巨大的威慑作用。"奸徒闻有论死之法，莫不魄悸魂惊，不特开馆兴贩之徒闻风远窜，并吸

---

① 《湖广总督林则徐奏报楚省查拿烟贩收缴烟具各情折》，见《鸦片战争档案史料》第1册，356—357页。

食者亦恐性命莫保,相率改图。"林则徐等借机劝谕,宽猛兼施。湖北省内,除了官制的戒烟药丸外,"凡省城汉镇药店所配戒烟之药,无家不有,无日不售"。湖南省内,省会地方配药断瘾者甚多,各厅州县收缴烟枪解省者络绎不绝。林则徐见此情形,深有感触,认为嗜烟之人平日所不能断瘾者,今以国法森严,有以断之。"此时新例尚未颁行,而情形业已如是,总因死罪二字足以怵其心志,可见民情非不畏法,习俗大可转移,全赖功令之森严,始免众心之涣弛。"①

1838年9月8—9日,湖南巡抚钱宝琛、湖广总督林则徐分别上奏,具陈湖南、湖北两省查拿烟贩、收缴烟具等情形。道光帝阅奏后,颇为兴奋,特于10月5日颁谕褒奖,称湖南、湖北两省"所办甚属认真,可见地方公事,果能振刷精神,实心查办,自可渐有成效"。道光帝同时谕令:"该督抚等惟当督饬所属,乘机谕戒,有犯必惩。呈缴者予以自新,隐匿者力加搜捕,断不准始勤终怠,日久视为具文",并对"拿获烟土为数最多之湖北汉阳县知县郭觐辰,著加恩赏加知州升衔,以示鼓励"。②

9月9日,林则徐又上其著名的《钱票无甚关碍宜重禁吃烟以杜弊源片》。他在片中称:"吸鸦片者,每日除衣食外,至少亦须另费银一钱,是每人每年即另费银三十六两。以户部历年所奏,各直省民数计之,总不止于四万万人,若一百分中,仅有一分之人吸食鸦片,则一年之漏卮,即不止于万万两,此可核数而见者。况目下吸食之人,又何止百分中之一分乎。鸿胪寺卿黄爵滋原奏所云岁漏银数千万两,尚系举其极少之数而言耳。内地膏脂,年年如此剥丧,岂堪设想。而吸食者,方且呼朋引类,以诱人上瘾为能,陷溺愈深,愈无忌惮,儌玩心而回颓俗,是不得不严其法于吸食之人也。"有人质疑一年为限能否戒除,吸食者罪至死刑是否妥当,林则徐在片中对严刑峻法与禁烟之效如是说:"特视奉行者之果肯认真否耳。诚使中外一心,誓除此害,不惑于姑息,不视为具文,将见人人涤虑洗心,怀刑畏罪。先时虽有论死之法,届期并无处死之人,即使届期竟不能无处死之人,而此后所保全之人,且不可胜计,以

---

① 《湖广总督林则徐奏报楚省查拿烟贩收缴烟具各情折》,见《鸦片战争档案史料》第1册,357—358页。
② 《为湖广总督林则徐等查拿烟贩收缴烟具已有成效甚属认真事上谕》,见《鸦片战争档案史料》第1册,363—364页。

视养痈贻患,又孰得而孰失焉……法之轻重以弊之轻重为衡,故曰:刑罚世轻世重。盖因时制宜,非得已也。当鸦片未盛行之时,吸食者不过害及其身,故杖徒已足以蔽辜。迨流毒于天下,则为害甚巨,法当从严。若犹泄泄视之,是使数十年之后,中原几无可以御敌之兵,且无可以充饷之银。兴思及此,能无股栗!"①

自 6 月起,各省督抚、将军奏议黄爵滋折陆续到京,普遍主张厉行禁烟,道光帝禁烟决心逐渐坚定。且各地方数月以来,禁烟亦颇收成效。他读了林则徐的折、片之后,对于林则徐的禁烟主张与措施颇为赞赏,也更明确地认识到鸦片流毒泛滥的巨大危害。特别是当他读到"若犹泄泄视之,是使数十年之后,中原几无可以御敌之兵,且无可以充饷之银"时,更为震动,终于下定决心,严禁鸦片。

1838 年 11 月 9 日,道光帝谕召林则徐进京。12 月 26 日,林则徐奉旨抵京。从第二天起,8 天之内,道光帝连续召见林则徐 8 次,详商严禁鸦片事宜。12 月 27 日,即在林则徐陛见的第一天,道光帝下谕通令全国,严禁官民人等吸食鸦片:"鸦片烟流毒,传染日深,实堪痛恨,屡经降旨,饬令中外严拿惩办。乃近来此种痼习,不但军民人等纷纷渐染,即世职官员,竟亦相率玩法……嗣后文武官员军民人等,倘仍不知悛改,一经查拿,定行严办,决不宽贷。"②12 月 31 日,道光帝复颁谕,任命林为钦差大臣,"驰驿前往广东,查办海口事件。所有该省水师,兼归节制",以切实查禁鸦片。③ 1839 年 1 月 3 日,道光帝又谕两广总督邓廷桢,告以朝廷现派林则徐前往广东,专办禁烟之事,要求他"益矢勤奋,尽泯畛域",与林则徐同心合力,以期"积习永除,根株断绝"。④

在各直省督抚、将军中,林则徐身为湖广总督,奉行禁烟政策堪称最为坚决果敢,禁烟措施宽猛兼施,行之有效,取得的成果亦称显著。道光帝任其为钦差大臣赴广东禁烟,在朝野上下引起巨大反响,历来主

---

① 《湖广总督林则徐奏为钱票无甚关碍宜重禁吃烟以杜弊源片》,见《鸦片战争档案史料》第 1 册,358—361 页。

② 《官民人等倘再吸烟定行严办事上谕》,见《鸦片战争档案史料》第 1 册,422 页。

③ 《著颁给林则徐钦差大臣关防驰赴广东查办海口事件事上谕》,见《鸦片战争档案史料》第 1 册,424 页。

④ 《著两广总督邓廷桢等与林则徐合力禁烟事上谕》,见《鸦片战争档案史料》第 1 册,432 页。

张严禁鸦片的官吏为之精神一振。吏部主事龚自珍特撰《送钦差大臣侯官林公序》，为他出谋划策，建议林则徐至粤后果断地查办鸦片，对贩卖、制造、吸食鸦片者，施以重刑；对于那些以种种理由阻挠禁烟者，宜杀一儆百；同时，多带能工巧匠，修整军器。

鸦片烟毒，浸淫中国已逾百年。清政府为禁绝鸦片，历朝皇帝皆三番五次颁诏下谕，通令禁绝。尤其是近三四十年，朝廷为拔此毒瘤，几不遗余力。乃事与愿违，鸦片烟毒愈禁愈烈，白银外流越来越严重，国内官民人等嗜食之恶习，无以遏止。鸦片烟毒对中国社会肌体的毒害，已深入到各个层面，严禁鸦片虽已确立为国策，但是鸦片自身所涉及的吏治司法、财政军备及其他方方面面的关系，已使禁烟变成一项复杂敏感的问题。林则徐深知此行南下，任务既坚且巨，不啻赴汤蹈火。但是，为了替朝廷拔此痼疾，为国家、为民族除此大害，他毅然将个人荣辱祸福置之度外，以"苟利国家生死以，岂因祸福避趋之"的坚定决心，踏上了南下禁烟的征程。

二 林则徐前赴广州

1839 年 1 月 8 日，林则徐离京赴粤。一路上，林则徐水陆兼程，经直隶、山东、安徽、江西等省，3 月 10 日抵广州。

在林则徐到达广州之前，广东的禁烟运动也在两广总督邓廷桢等人的领导下日趋高涨起来。虽然在 1836 年邓廷桢曾明确表示支持许乃济的鸦片弛禁政策，但自朝廷确立严禁鸦片政策之后，并且在道光帝连番谕令申饬之下，邓廷桢等人的态度也发生了根本的变化，领导当地官民人等，切实开展了禁烟运动。在广东当局禁烟运动的打击下，1837 年，广州外洋与附近地区的鸦片走私网被侦获摧毁，穿梭于伶仃洋面上的快蟹走私船尽被捕获烧毁。1838 年 4 月，广东当局为了警告外国鸦片贩子，在澳门城外公开处死一名与外国鸦片贩子勾结的中国奸商，陈尸示众。6 月以后，由于朝廷的严禁政策日益明朗，邓廷桢等采取了更加严厉的禁烟措施，捕获了大批鸦片走私犯，收缴了大批烟土烟具，一些吸食者也开始自动毁去烟土烟具。广州城内，戒烟药品深受欢迎。1838 年 9 月 7、8 两日，广东当局查获何老近鸦片走私集团。10 月 9

日,邓廷桢等奏报先后破获走私案件 141 起,涉案烟贩人等 345 人,起获各类烟土烟膏 10 729.6 斤。[①] 到是年底,广东方面禁烟运动愈形严厉,几乎每天都有被处死的贩卖和开设烟馆的鸦片贩子。

1839 年 1 月 30 日,道光帝谕示林则徐,令其到粤后,即将沿海水陆堵截鸦片走私售买情形,悉心体察,并要他会同邓廷桢通计熟筹,妥善办理。2 月 1 日,邓廷桢等上奏道光帝,表示将"共矢血诚",与钦差大臣林则徐合力同心,厉行禁烟。3 月 12 日,道光帝朱批称:"卿等同钦差大臣林则徐,若能合心同力,除中国大患之源,不但卿等能膺懋赏,即垂诸史册,朕之光辉,岂浅鲜哉。而生民之福,政治之善,又非浅鲜。谅卿等亦不烦谆谆告诫也。勉之勉之。"[②]同时,禁烟钦差大臣的到来,也使得外国鸦片贩子感到了巨大的压力。3 月 5、6 日,英、美 22 只鸦片趸船从伶仃洋开到丫洲洋面,暂避锋芒。

林则徐抵广州后,下榻于越华书院,随即着手了解情况,确定禁烟方策。他一面函令外海水师,确查退泊丫洲洋一带外国鸦片趸船行踪;一面发出各种告示和规条,动员粤省士商军民速戒鸦片。同时,他与两广总督邓廷桢、广东巡抚怡良、广东水师提督关天培、粤海关监督豫坤等连日商讨禁烟事宜,并同关天培乘舟勘察虎门及澳门等处海口形势。经过七八天的调查研究与审慎商讨,确立了使已来之鸦片尽数呈缴、未来者使之断绝不来的方针。而实现这一方针的措施,就是勒令外国鸦片贩子缴烟与具结不再贩卖。

1839 年 3 月 18 日,林则徐传见十三行总商伍绍荣,历数行商勾串包庇罪责,伍绍荣提出"愿以家资报效",企图以重贿蒙混过关。林则徐怒斥:"本大臣不要钱,要你脑袋尔!"他当即将《谕各国商人呈缴鸦片》的谕帖交给伍绍荣,责成他向各洋商传示,限三日之内,各外商呈缴烟土,取结察复,否则即行严办。在谕稿中,林则徐痛斥外国鸦片贩子十年间以鸦片毒品祸害中国,骗人财而害人命,恶劣行径为人所共愤,天理所难容! 在谕帖中,林则徐向各洋商要求:"谕到。该夷商等速即遵

---

① 据《两广总督邓廷桢等奏为审拟烟犯何老近等案情折》,见《鸦片战争档案史料》第 1 册,366—378 页。

② 《两广总督邓廷桢等筹陈将与林则徐共矢血诚会办查禁鸦片事宜折》,见《鸦片战争档案史料》第 1 册,469—470 页。

照,将夷船鸦片,尽数缴官。由洋商查明共缴若干箱,造具清册,呈官点验,收明毁化,以绝其害,不得丝毫藏匿。一面出具夷字汉字合同甘结,声明嗣后来船,永远不敢夹带鸦片,如有带来,一经查出,货尽没官,人即正法,情甘服罪字样。"同时,林则徐义正词严地向外国烟贩表达了禁绝鸦片的决心:"此次本大臣自京面承圣谕,法在必行。且既带此关防,得以便宜行事,非寻常查办他务可比。若鸦片一日未绝,本大臣一日不回,誓与此事相终,断无中止之理。况察看内地民情,皆动公愤。倘该夷不知改悔,惟利是图,非但水陆官兵,军威壮盛,即号召民间丁壮,已足制其命而有余。而且暂则封舱,久则封港,更何难绝其交通。"①伍绍荣不敢怠慢,急急赶往十三行公所传见外商,传达林则徐谕示。

3月19日,粤海关监督豫坤宣布,暂停外商请牌下澳,禁止外国人离开广州。但是,洋商们对中国禁烟的决心估计不足,以为仍会像过去那样有始无终,虎头蛇尾,因此对钦差大臣的缴烟谕示没有放在心上。经行商再三说明,他们才开始意识到问题的严重性。21日,外商总会召集了一次会议,作出如下答复:钦差的谕令既如此严重,包括着各方面的利益,他们必须详加考虑,尽早答复。但不能马上回答。林则徐对此答复甚为不满,宣布如不缴烟,明早将亲赴十三行公所措办一切。外商总会又连夜开会,商讨对策,最后决定凑1 037箱鸦片呈缴,以期蒙混过关。

林则徐谕示之三日期限已过,外国鸦片贩子们拖延搪塞,拒不缴烟,英国鸦片贩子颠地更是多加阻挠。于是,22日,林则徐札饬广州府及南海、番禺两县,"即赴十三行传谕洋商及夷人等,以本大臣奉命来此查办鸦片,法在必行,速将颠地一犯交出,听候审办。"②颠地心虚,避不露面。

当时,英国驻华商务监督义律正在澳门。22日,他才收到林则徐的谕帖,他即"向广州知府和两广总督送去一封信,希望知道中国政府的意图是否要向我国船只和人员开战"。他还狂妄地认为:"坚取坚定的语气和态度将制止两广地方官员们的轻举妄动情绪。"③当天,他即

---

① 《谕各国商人呈缴烟土稿》,见《林则徐全集》(五),116—118页,福州,海峡文艺出版社,2002。
② 林则徐:《信录》,见丛刊《鸦片战争》(二),244页。
③ 《义律海军上校致巴麦尊子爵函》,见胡滨编译《英国档案有关鸦片战争资料选译》(上),361页,北京,中华书局,1993。

发表公告,要求停泊在外洋的英船全部驶往香港,接受"拉尼"号船长布莱克的指挥,准备武力抗拒。23 日,他乘船前往广州。临行前,他密函布莱克,如果 6 天内得不到他进一步的消息,便采取及时而适当的措施,解救被拘留的全体英国臣民。义律于 24 日黄昏到达广州,径至颠地住处,把他带到自己的公事房里,将这个大鸦片贩子置于他的亲自保护之下,伺机携其潜逃。

　　即在义律到达广州的当天,林则徐以外商不愿呈报鸦片实数,意存观望,乃决定采取更严厉的措施,实行封舱,"将停泊黄埔贸易各国夷船先行封舱,停止买卖,一概不准上下货物。各色工匠、船只、房屋,不许给该夷人雇赁。如敢私自交易往来,及擅行雇赁者,地方官立即查拿,照私通外国例治罪。所有夷人三板,亦不许拢近各夷船,私相交结。至省城夷馆买办及雇用人等,一概撤出,毋许雇用。"①商馆周围的所有街道亦被封锁,通往水路的码头入口处已经关闭和有人把守,商馆门口聚集着手持梭镖、长矛的群众和手握长枪的兵丁。在商馆前的沿江两岸,守护船艇排成三道警戒线,甚至屋顶上也站着监视的兵勇。义律的住宅前,站着全体行商和手持大刀的士兵。"他们把小船联结起来组成一个弓形,船上充满了武装士兵,弓形的两端触及紧邻商馆前面的那条河岸的东西两个地点,把珠江切成一个弓形的水流;商馆的广场和背后驻扎着相当多的部队;在这个大厅的门前,日夜驻扎着全体行商和一大支卫队,卫队还经常拔出他们的刀剑。总之,这么严密地监禁外国人在我们以前与这个帝国交往的历史上是没有记载的。"②这样,义律想带着颠地逃走的计划成为泡影,他自己与另外 320 余名鸦片贩子全部被禁闭在商馆之中。

　　3 月 25 日,义律向邓廷桢发出照会,要求三天之内发给英人离粤护照,"以便他们统统可以获得自由,并在发给护照后十天内带着他们的财产和平地离去"。他甚至要求中国方面为鸦片贩子们"提供船只,以便他们运走他们本人和财产,并且提供卫队,以保护他们免受下层群众的侵犯"。他还表示,如果"没有听到自本申请送到阁下手中之日起

---

① 《谕缴烟土未复先行照案封舱稿》,见《林则徐全集》(五),119 页。
② 《义律海军上校致巴麦尊子爵函》,见《英国档案有关鸦片战争资料选译》(上),365 页。

三天内发给护照的消息,他将很勉强地被迫得出结论,他的人士和船只已被强行拘留,所以将相应地采取行动"。同时他还威胁称:由于中国方面的行动,从而使两国之间的和平处于急迫的危险之中,而他"以他本国君主的名义声明,他本人对于可能发生的一切后果不负责任"。对此,邓廷桢予以严词驳斥。至此,义律意识到态度强硬已无济于事,乃不得不收敛其气焰,又向邓廷桢发出照会,语气转为婉转,表示前一照会中"不适当的措词"是"由于不完全熟悉中国语言"所致,"而不是抱有任何对中国政府的高级官员表示不尊重的意图"。他希望能够委派官员到商馆会谈,"以便可以和平地商定所有的问题"。① 林则徐同意了义律的要求,派广州知府、候补知府以及南海、番禺两县县令一起到洋行会馆洽谈。义律出尔反尔,拒不露面。林则徐极为愤慨,当即于次日发布《示谕夷商速缴鸦片烟土四条》告示,并附送义律一份,敦促外商立即缴烟。告示指出:贩卖鸦片,谋财害命,天理难容,国法不许。衡之人情事势,亦宜速缴。断了鸦片贸易,其他买卖很多,仍可利市三倍。如因外商坚持鸦片贸易而致闭市封关,则是得不偿失。同时,林则徐正告外国鸦片贩子:"尔等售卖鸦片,贻害民生,正人君子,无不痛心疾首……即里小民,亦多抱不平之气。众怒难犯,甚可虑也!"②

　　林则徐严厉坚决的态度和围馆封舱措施的执行,使被困于商馆中的义律和 320 余名各国鸦片商人感到巨大的压力。他们被断绝了食物供应和与外界的联系,陷于困顿、恐慌之中。义律开始明白,倘再继续拖延缴烟,则对自己益发不利。无奈之下,3 月 27 日,义律向林则徐呈递照会,表示愿意"忠实和全面地执行"前一日钦差大臣根据大皇帝的意旨颁发的命令,"把英国臣民手中所有的鸦片交给阁下任命的尊敬的官员们的手中",并希望中国官员"指明那些载有鸦片的他本国船只应驶往的地点,以便交付所有的鸦片"。同时,义律还表示:"一旦查明鸦片的数目之后,便将忠实地提交该数目的鸦片。"③同一天,义律向英国商人发出公告:"以英国女王陛下政府的名义并代表英国女王陛下政

---

① 《义律海军上校致两广总督的照会》,见《英国档案有关鸦片战争资料选译》(上),380—381 页。
② 《示谕夷商速缴鸦片烟土四条》,见《林则徐全集》(五),126—128 页。
③ 《义律海军上校致钦差大臣的照会》,见《英国档案有关鸦片战争资料选译》(上),381—382 页。

府,命令并要求目前在广州的所有女王陛下臣民,为了英国女王陛下政府的利益,立即把属于他们所有的全部鸦片或在他们管理下的英国鸦片交给我,以便交付给中国政府……关于按照本公告交给我的英国财产的证明和所有英国鸦片的价值,将根据以后由女王陛下政府确定的原则和方式予以决定。"①3 月 28 日,义律两度照会钦差大臣林则徐,表示他保证将经其查明的共计 20 283 箱英国商人的鸦片全部呈缴。至此,林则徐勒令外国鸦片贩子呈缴鸦片烟土的措施取得了初步的胜利。

在义律同意呈缴英国商人的鸦片烟土的同一天,3 月 27 日,被困在商馆中的英、美鸦片贩子们也分别在一份宣言上签字,保证个人具结。他们在《各国夷商禀遵谕以后不敢夹带鸦片等由》中称:"驻粤各国商人通禀钦差大人……既奉大皇帝严申约禁,已知上谕剀切,断不敢将鸦片一项,稍行贩卖,永不敢以鸦片带来中国,皆此出结为凭。"但同时表示,对于钦差大臣谕示内所涉及的"紧要最重之事",即"声明嗣后来船,永远不敢夹带鸦片,如有带来,一经查出,货尽没官,人即正法"字样,"在远商极难理论",请求钦差大臣向各国领事谕知,而各国商人只能具结个人今后不再夹带贩卖鸦片。② 此后,林则徐一边切实督促收缴鸦片烟土,一边谕促各国商人具结保证永不夹带鸦片,美国、荷兰等国在华商人都先后具禀表示遵谕永不夹带鸦片。颠地等 16 个英国鸦片贩子也于鸦片缴清之后,先后出具甘结,表示永不再来。唯英国驻华商务监督义律不愿具结保证此后英船来华不再夹带、贩卖鸦片。

三 虎门销烟

义律迫于无奈,同意缴烟并呈报英国商人的缴烟箱数后,随即向林则徐提出要求:"应把那些中国仆人交还给他本国人民;允许他们购买食物供应以及重新开放特许航行的船只在广州、澳门和海上锚地之间的往来。"而他本人则继续留在广州,直到缴出全部鸦片为止。③ 林则

---

① 《义律海军上校向英国臣民发布的公告》,见《英国档案有关鸦片战争资料选译》(上),382—385 页。
② 林则徐:《信及录》,见丛刊《鸦片战争》(二),250 页。
③ 《义律海军上校致钦差大臣的照会》,见《英国档案有关鸦片战争资料选译》(上),384 页。

徐拒绝了他的要求，并未撤销围馆封舱的命令，买办工人没有复派，通向商馆的街道仍堵塞三条，商馆所有开向大街的后门都用砖头砌死。不过，林则徐还是给断绝供应近5天的商馆送去食物。义律向英商反复追究，报来鸦片共22 083箱。这与林则徐经察访得来的趸船所贮鸦片箱数"不甚相悬"。①

1839年3月30日（道光十九年二月十六日），义律照会林则徐，决定派副监督参逊前往伶仃洋办理缴烟事务，同时向参逊发出指令。4月2日，林则徐下令恢复商馆食物和饮水供应，并规定：鸦片"缴到四分之一，即给与买办工人；追缴至一半，量许三板请牌查验往来；缴至四分之三，即准开舱贸易；全数缴完，诸事照常，并奏请奖励。如该领事等不能妥谕趸船，以致贻误失信，亦应立限示做。如误三日，即断其淡水；再误三日，则断食物；又三日，即当执法从事，不能宽贷矣。"②为了有效地收缴外国商人鸦片，林则徐拟订了《收缴趸船烟土章程》七条，其大意如下：

一、所有趸船上的烟箱，要盖船主姓名棕印。经检查如属原箱未动，即加盖"原箱"棕印。由验收者标写一号码，并画花押，点交驳船返回。

二、文武官弁各派20名，分管起箱。每一文一武，派管100箱，每只船以1 000箱为率，正合20员弁之数。

三、派管之员弁经收本名下100箱，逐一标写号码，画押验竣，即将载运此100箱之驳船，押送至水师提督署中，督视挑夫堆贮，并逐箱粘贴注明该督视员姓名之小封皮，交与看管人员。日后查出抽换情弊，如系封皮破损，则唯看管人员是问；若封皮完好，则唯验收人员是问。

四、从龙穴至提署，沿途催趱稽查。凡希图偷取烟土者，立即锁拿严惩。

五、由于运输路较远，难保不遇风雨，应饬东莞县多备葵叶棕片及

---

① 《钦差大臣林则徐奏为英贩烟趸船鸦片尽数呈缴折》，见《鸦片战争档案史料》第1册，510页。
② ［日］佐佐木正哉编：《近代中国史料丛刊·鸦片战争前中英交涉文书》（以下简称《鸦片战争前中英交涉文书》，84页，台北，文海出版社，1977。

一切苫盖之物,运赴虎门听用。

六、如提署房舍不敷堆贮,应搭盖高宽蓬厂。其贮烟之处,四路封塞严密,只留一处总路,安设木栅,以便看守。

七、看守烟箱,预先酌派文武妥员,带同兵役,赴虎门听候提台指示,并责令各洋商派拨妥实亲友,随同守护。①

4月9日晚,水师提督关天培向林则徐报告,称有部分鸦片趸船已开至虎门,准备缴烟。10日(二月二十七日),林则徐留广东巡抚驻省镇守,自己与邓廷桢、豫坤等乘舟往虎门,亲督缴烟。关于林则徐等人赴虎门督缴鸦片情形,林则徐等在给道光帝的奏折中称:"二十八日同抵虎门……趸船二十二只陆续驶至虎门口外,关天培当即督率将领,分带提标各营兵船,排列弹压。并先期调到碣石镇总兵黄贵、署阳江镇总兵杨登俊,各带该标兵船分排口门内外,声威极壮。粤海关监督臣豫坤亦驻虎门税口,照料稽查。臣等亲率候补知府、南雄直隶州知州余保纯,署广州府同知、佛冈同知刘开域,候补通判李敦业,乐昌县知县吴思树暨副将李贤,守备卢大钺,分派文武大小各员,随收随验,随运随贮。惟为数甚多,一趸船所载之箱,即须数十只驳船,始敷盘运,而自口外运至口内堆贮之处,又隔数十里,若日期过促,草率收缴,恐又别滋弊端。臣邓廷桢拟收至两三日后,先回省署办公,臣林则徐自当常驻海口,会同提臣关天培详细验收,经理一切。"②

4月11日下午,缴烟正式开始。至5月3日,"计已收缴鸦片一万五千八百八十九箱,又一千五百四十七口袋,核之义律原报数目,已逾十分之八。"同时,林则徐"近数日来,察看后船烟土,较诸在先收缴之船,所载渐少"。他估计虽然一时尚未收完,但与义律所呈报数目缺口尚大。于是,他即派员责问义律。义律回禀称:"伊所报数目,系在省楼核算账据,而各船装载鸦片,间有驶往沿海地方如潮州、南澳等处者,远职再行催回,不论现泊何方,半月内想可催到,定必如数尽缴,断不敢短少。"于是林则徐乃准限半月,责令义律迅速催缴,"不但原报二万余箱

---

① 参见《收缴趸船烟箱章程七条稿》,见《林则徐全集》(五),147页。
② 《钦差大臣林则徐奏为英贩烟趸船尽数呈缴折》,见《鸦片战争档案史料》第1册,510页。

之内不准短少一箱,如此外尚有多余,亦必尽数收缴,总期一律净尽,不任稍有留遗。"①同时,林则徐飞札知会闽浙总督和福建巡抚,请其饬令所属,与粤省当局通力合作,切实防堵,迫漂泊在福建海面上的趸船烟贩驶至虎门,尽数缴烟。同时,林则徐鉴于缴烟工作接近尾声,取得重大成果,遂于5月2日下令恢复三板往来,解除商馆封锁,兼许开舱贸易。义律也被准许照常往来。唯有"积惯贩卖鸦片之颠地等十六名,仍应查照粘单所开,暂留夷馆,统候事体全完,再准放行"。② 至此,对广州外国商馆长达六个星期的封锁乃告结束。

此后,陆续有鸦片船由福建、南澳等处驶至虎门口外缴烟。其中由南澳驶来的三船,共交烟土1 067箱又510袋;由福建驶来的三船,共交烟土2 204箱又57袋。至5月18日,收缴烟土工作始克告竣。当天,林则徐等上奏道光帝,报告称:合计前后所收夷人鸦片,共19 187箱,又2 119袋,核之义律原禀应缴20 283箱之数,更溢收1 000袋有零。③ 5月9日,义律在给邓廷桢的照会中称:"澳门总督从英尼斯先生那里拿获并已送交参逊以便交付给贵国官员的那八箱鸦片,不包括在原来的二万零二百八十三箱鸦片之内。现在将交付的全部鸦片数量为二万零二百九十一箱。"④

鸦片收缴以后,如何处置? 4月12日,林则徐在向道光帝上奏报告外商愿意尽数呈缴20 283箱鸦片时曾建议:"夷人呈缴鸦片如此之多,事属创见,自应派委文武大员将原箱解京验明,再行烧毁,以征实在。"⑤5月2日,道光帝谕令表示同意。5月8日,浙江道监察御史邓瀛上奏,认为所收缴烟土应该就地销毁,不宜解京。因为,此次收缴烟土数目太大,"每箱用夫二人,计须四万余人,广东、江西水路须用船只,其船稍大者不过装百余箱,计须雇民船百余号,用水手一二千人;安徽以北,俱用车载,每车装十余箱,计须大车千余辆,用民夫千余人,骡马

---

① 《钦差大臣林则徐等奏报收缴鸦片将竣乘势清理东路折》,见《鸦片战争档案史料》第1册,527页。
② 《鸦片战争前中英交涉文书》,200页。
③ 《钦差大臣林则徐奏为英国等船只所呈缴之鸦片已一律收清折》,见《鸦片战争档案史料》第1册,544页。
④ 《义律海军上校致钦差大臣和两广总督的照会》,见《英国档案有关鸦片战争资料选译》(上),417页。
⑤ 《钦差大臣林则徐奏为英贩烟趸船尽数呈缴折》,见《鸦片战争档案史料》第1册,511页。

五六千头",此项舟车民夫,耗费太大,不值得以国有用之财,糜之于无用之物。而且,"此物最易于偷换",远途输运,流弊很多,到京之后,即便以大员查验,亦只能核其多寡,而不能辨其真伪。因此,他建议道光帝饬令林则徐等人,"将起获烟土毋庸解京,俟收缴完竣,即在该处督率员弁,公同查核,目击销毁,以省解运之烦,而早除一日,即可免一日之患。且使沿海居民及夷人等眼见销毁情形,咸晓然于圣天子除恶务尽之至意,益当震慑畏服,不敢复萌故智矣。"①道光帝接受了他的建议,次日即传谕林则徐等人,所起获烟土,毋庸解京,"即交由林则徐、邓廷桢、怡良等于收缴完竣后,即在该处督率文武员弁,公同查核,目击销毁,俾沿海居民及在粤夷人共见共闻,咸知震詟。"②

外国商人和鸦片贩子则不相信中国政府当局在收缴鸦片后会全部销毁。英国驻华商务监督义律虽然被迫遵从林则徐的谕令,主持呈缴了英国鸦片贩子们的全部烟土,但他同样也不相信林则徐、邓廷桢等人三番五次对他声明的会在收缴完竣后尽数销毁的做法。在 4 月初,他即恶意诬蔑中国政府正义的禁烟行动:"钦差大臣的行动已经完全改变这样特殊财产的处境。而且在交出该财产之后他继续保持监禁、侮辱和蛮横威胁的状态,已肯定使整个事件列入迄今为止一个国家敢于对另一个国家采取最无耻的侵犯行动之中。"4 月 22 日,义律再次声称:"钦差大臣最初提出的关于焚毁鸦片的那些主张,已完全从后来的文件中消失。""钦差大臣已请示朝廷关于对它的处置办法。与此同时,他留驻虎门,监督进行周密的检查,仔细地重新包装,并把那些鸦片分为三类;这种小心谨慎的态度在情理上是不符合焚毁的意图的。据我看来,这些鸦片中的大部分事实上是可以卖出的,他们对此将加了最有利的利用。"他甚至推测,中国当局此次会利用收缴之鸦片,建立政府专卖制度,并在此基础上最终实现鸦片贸易合法化。而此次收缴的鸦片,使清政府保有一年以上的社会需求量,因而会在鸦片专卖中获得巨大利

---

① 《浙江道监察御史邓瀛奏请将在粤所收缴之烟土就地销毁毋庸解京折》,见《鸦片战争档案史料》第 1 册,533—535 页。

② 《著钦差大臣林则徐等将广东收缴之鸦片就地销毁事上谕》,见《鸦片战争档案史料》第 1 册,540 页。

润。① 当然,他的这种怀疑,部分可能是由于获知林则徐建议将所缴烟土解京销毁,以及道光帝一开始同意了这项建议的缘故。

然而,道光帝颁发的就地销毁的谕旨,以及林则徐虎门销烟的实际行动,将义律等人的诬蔑彻底粉碎。林则徐奉道光帝就地销烟的谕旨后,于6月3日开始,在虎门口正式销烟。然如此巨数烟土,何以彻底销毁,不使遗留丝毫余毒,林则徐在销烟之法上,费了一番心思。他在给道光帝的上奏中,对销烟之法进行了较为详细的描述:

至销毁之方亦复熟筹屡试。向来用火烧化,伴(拌)以桐油,其法未尝不善。第访闻焚过之后,必有残膏余沥,渗入地中,积惯熬煎之人,竟能掘地取土,十得二三,是流毒仍难尽绝。臣等广谘博采,知鸦片最忌二物,一曰盐卤,一曰石灰。凡以烟土煎膏者,投以灰盐,即成渣末,必不能收合成膏。是其相克之性,正可资之以除其害也。然使逐箱烟土,皆用灰盐煮化,则锅灶之设,必须累百盈千,诚恐照管不周,转滋偷漏,始其少设,又非数月不能销完。

兹再四酌商,莫若于海滩高处,挑挖两池,轮流浸化。其池平铺石底,纵横各十五丈余尺,四旁拦桩钉板,不令少有渗漏,前面设一涵洞,后面通一水沟,池岸周围,广树栅栏,中设棚厂数座,为文武员弁查视之所。

其浸化之法,先由沟道车水入也,撒盐成卤。所有箱内烟土,逐个切成四瓣,投入卤中,泡浸半日。再将整块烧透石灰纷纷抛下,顷刻便如汤沸,不爨自燃。复雇人夫多名,各执铁锹木爬(耙),立于跳板之上,往来翻戳,务使尽化。俟至退潮时候,启放涵洞,随浪送出大洋,并用清水刷涤池底,不任涓滴留余。若甲日第一池尚未刷清,乙日便用第二池,其泡浸翻戳如前法。如此轮流替换,每化一池,必清一池之底,始免套搭牵混,滋生弊端。至向晦停工,即将池岸四周栅栏,全行封锁,派令文武弁员,周历巡绰。粤东天气炎热,所用人夫,仅穿短裤,上身下脚,向俱赤露,又于停工放出时,与执事工役,一同

①《义律海军上校致巴麦尊子爵函》,见《英国档案有关鸦片战争资料选译》(上),319、397页。

搜检,不许稍有夹带。

试行之初,每日才化三四百箱。迨数日后,手法渐熟,现在日可八九百箱至千箱不等。[①]

从 6 月 3—13 日,10 日之间,共销烟 8 320 箱又 2 119 袋。为核其斤两,销化之时,均逐一过秤,扣除箱、袋重量,合计 1 128 729 斤。至 6 月 23 日,销烟完毕。在收缴的 19 187 箱又 2 119 袋烟土中,共销毁 19 179箱又 2 119 袋,除去箱、袋重量,共销烟土 2 376 254 斤。至于烟土名色,共四种,曰公班,曰白土,曰金花,另有一种小公班。林则徐奏请道光帝,每种各留二箱共八箱,建议解京以为样本,留作各省查拿烟土参照比较之用。[②] 其间,林则徐曾发布告示,准令当地文武员弁、远近民人及外国商人教士到场观看销烟。往观者如潮,无不肃然懔畏。虎门销烟完竣后,6 月 25 日,林则徐回广州。

091

林则徐以其果决刚猛的作风与务实严谨的禁烟实践证明,只要官民一体,上下同心,荡除贪污勾串,与外国鸦片贩子做坚决的斗争,则拔除此流毒中华民族百年之久的祸害之源是可望获得成功的。虎门销烟,"是以林则徐为代表,第一次向世界表示中国人纯洁的道德心和反抗侵略的坚决性,一洗多少年来被贪污卑劣的官吏所给予中国的耻辱",[③]是在有清一代上百年的禁烟历史上第一次取得了胜利。同时,虎门销烟作为中国人民反抗西方殖民主义侵略斗争的伟大起点,将永载史册,彪炳千秋。

① 《钦差大臣林则徐等奏报销化烟土已将及半折》,见《鸦片战争档案史料》第 1 册,593—594 页。
② 《钦差大臣林则徐等奏报虎门销毁鸦片已一律完竣折》,《鸦片战争档案史料》第 1 册,610—611 页。
③ 范文澜:《中国近代史》上册,20 页,北京,人民出版社,1955。

第三章

鸦片战争的进程与《南京条约》

　　中英之间的第一次鸦片战争,从 1839 年 9 月 4 日(道光十九年七月二十七日)英国侵略者挑起九龙之战始,至 1842 年 8 月 29 日(道光二十二年七月二十四日)中英《南京条约》签订止,历时达三年之久。这是一场由英国资产阶级政府以维护其可耻的对华鸦片走私贸易、推行殖民扩张政策、割占中国神圣领土、攫取在华侵略特权为目的而蓄意挑起的侵略战争。清政府为了保护其自身的统治利益,保卫国家的主权和领土完整,曾经组织过武装抗击。清朝爱国官兵和广大中国人民,为了捍卫民族尊严和国家利益,也与来犯之敌展开了英勇的斗争。但是,以道光帝为首的清朝统治阶级,既对西方世界形势懵然无知,又自大懈怠,在抗英战争中游移不定、战和首鼠两端,以致处处被动挨打。结果,由于清政府吏治腐败、武备废弛、武器落后等多种原因,最终导致中国抗英战争的失败,清政府被迫接受了中国近代史上第一个不平等条约——中英《南京条约》,法、美等西方资本主义国家也趁火打劫,相继逼迫清政府与之签订了一系列的不平等条约。从此,中国由封建社会逐步沦为半殖民地半封建社会,中国近代史也由此拉开序幕。中国人民在此后长达一个世纪之久的漫长岁月中,为了争取民族解放,进行了长期持久的艰苦斗争。[①]

---

① 本章以下各节的叙述,主要参考萧致治主编《鸦片战争史》(上下册),福州,福建人民出版社,1996;牟安世:《鸦片战争》,上海,上海人民出版社,1982。

第一节　鸦片战争的开始

　　虎门销烟的壮举,向全世界表明了中国人民纯洁的道德心和反抗外国侵略的坚强意志,也反衬了西方殖民主义和鸦片贩子们卑劣贪婪的嘴脸。当道光帝、林则徐等人还沉浸在缴获、销毁鸦片的胜利喜悦之中时,他们并未意识到已经落入英国殖民主义者和鸦片贩子们所策划的陷阱之中:由于中国政府严厉的禁烟措施,鸦片贩子们的鸦片烟土大量地囤积在趸船之中,实际上已无法脱手。于是,当林则徐、邓廷桢等人勒令缴烟时,被困在广州商馆之内的英国驻华商务监督义律和鸦片贩子们竟出人意料地把他们所囤积的鸦片悉数缴出。他们深知,对华鸦片走私贸易与英国资产阶级统治集团的利益密切地联系在一起,英国政府不可能无视这种巨大利益的损失。英国的大鸦片贩子们逃回伦敦,很快便与英国资产阶级统治集团互相勾结起来,叫嚣发动侵华战争,策划以武力从中国勒索赔款,弥补损失。而英国政府当局也久已怀有对中国的侵略贪欲。于是,他们预定了侵略战争的战略和目标,派出远征舰队,远涉万里重洋,把战争带到了中国。

一　英国的战争叫嚣与远征军的派遣

　　早在 19 世纪之初,英国殖民当局即曾经想通过对华使用武力,实现其通过外交手段无法达到的目的,扩张其在华殖民侵略势力。1793年(乾隆五十八年),马戛尔尼使团访华未能达到英国当局的外交目的,英国即企图使用武力夺取由葡萄牙人窃据的澳门。19 世纪初,英国乘法国和西班牙联军侵入葡萄牙之机,以协助葡人防守澳门为由,于

1802 年 3 月（嘉庆七年二月）派出兵船 6 艘，驶至伶仃洋面，准备登陆，结果以英法和约签字而未果。1808 年（嘉庆十三年），英印总督敏多又乘拿破仑占领葡萄牙之机，再次派兵前来，于 9 月 21 日登岸占领澳门之东望洋、娘妈阁、伽思兰三炮台。时任两广总督的吴熊光派行商前往劝其撤离，不果。乃于 10 月 5 日下令封舱，试图借停止贸易逼英国人就范。英国人反于 10 月下旬以兵船 3 艘驶入虎门，停泊于黄埔，逼近省城广州。11 月 14 日，英兵驾舢板 10 只至广州，向十三行装取伙食。清军往阻不听，总兵黄飞鹏下令轰击，毙英兵 1 名，伤 3 名，英人乃退黄埔。同一天，嘉庆帝谕令吴熊光统兵剿办。吴奉嘉庆帝严旨后，调集官兵 2 600 名，驻守于黄埔和澳门。英人见清军大兵压境，方始妥协，于 12 月中旬离开黄埔驶往澳门，次年 3 月离开澳门。这样，英国人最初图谋的以武力夺取中国领土澳门的企图以失败告终。

1816 年（嘉庆二十一年），英国阿美士德使团访华再次遭到失败。英国当局意识到其打开中国大门，扩大对华贸易，以及维护对华鸦片走私贸易的目的，很难通过外交手段实现，于是开始制造对华战争舆论，并着手进行战争准备。1830 年（道光十年），广州英商大卫苏在回答英国下议院考察东印度公司当时情况及大不列颠、印度和中国之间的贸易情况小组委员会的询问时断言："中英之间迟早会有一场战争。"[1]当时在中国广东从事贸易的英国商人也认为，只有强硬的态度，才会使中国让步，"到现在为止，产生过效果的唯一手段是我们军舰的行动"。[2]1832 年 2 月下旬至 9 月初（道光十二年正月至八月），东印度公司广东商馆职员林德赛化名胡夏米，率 78 名船员，乘英国商船"阿美士德"号，对中国东南沿海进行了长达半年之久的侦察、勘测航行，对中国沿海水道、重要港口、海防武备等进行了刺探，绘制了翔实的航海图，为日后英国殖民者对华发动鸦片战争积累了大量第一手的重要军事情报，成为英国策动对华侵略战争的重要准备。

1838 年底（道光十八年十一月），道光帝任命林则徐为钦差大臣赴

① 转据列岛编《鸦片战争史论文专集》，34 页，北京，三联书店，1958。
② 武汉大学鸦片战争研究组编：《外国学者论鸦片战争与林则徐》（上），129 页，福州，福建人民出版社，1989。

广东查办禁绝鸦片,中国政府严禁鸦片走私政策确立。林则徐坚决有效的禁烟活动,有力地维护了国家利益,但对罪恶的鸦片走私贸易而言,不啻为致命的打击。由于鸦片贸易给英国走私商人、英印当局和英国政府都带来了巨大的利益,所以中国的禁烟运动在英国引起强烈震动,战争的论调甚嚣尘上。而此次叫嚣战争最起劲的,正是当时在中国的英国驻广州商务监督义律和那些鸦片走私贩子。

1839 年 4 月 3 日(道光十九年二月二十日),义律在同意遵照钦差大臣林则徐的谕帖,呈缴英商全部的鸦片后,即致函英国外交大臣巴麦尊,诬蔑中国的禁烟是所谓"不可饶恕的暴行",是"侵犯英国生命财产、侵犯英王尊严"的行为,声称这是"陛下政府对于过去所受一切损害取得补偿的最好理由,这是把我们将来和这个帝国的商务安放在稳固而广阔的基础之上最有希望的机会"。因此,他建议对中国不宣而战,以迅速而沉重的打击,"立刻用武力占领舟山岛,严密封锁广州、宁波两港,以及从海口直到运河口的扬子江江面。"[①]4 月 6 日,他再次写信给巴麦尊,强调应由"女王陛下政府进行有力的干涉",以实现在中国建立殖民者永久的居留地,让女王陛下的旗帜牢固地飘扬在中国的海岸。[②]此后,一直到 5 月下旬,义律陆续向英国国内发出了鼓吹对华战争的函件。

与此同时,被困在广州商馆内的英国鸦片贩子也一直筹划唆使英国政府发动侵华战争。5 月下旬,所有被迫缴出鸦片的英国商人在广州商馆内达成协议,决定组成一个代表团回国活动,煽动英国政府发动战争。这些商人离开广州后,随即共同签名起草了一份请愿书,送交巴麦尊,敦促英国政府予以干预,以使与中国的贸易置于永久可靠的基础之上。

8 月初,林则徐命令外商缴烟的消息传到英国伦敦。英国国内那些与鸦片走私贸易之间有着利害关系的议员、银行家、商人、船主等立刻积极开展煽动战争的幕后活动,纷纷向英国政府提出各种建议和要

---

①《义律致巴麦尊》,载《近代史资料》1958 年第 4 期,17 页。
②《义律海军上校致巴麦尊子爵函》,见胡滨编译《英国档案有关鸦片战争资料选译》上册,391 页,北京,中华书局,1993。

求。他们认为，中国的禁烟，给了英国一个极好的战争机会，可以使英国乘战胜之余威，提出各种条件，强迫中国接受。这种机会也许不会再来，不能轻易放过。他们鼓吹："对于中国和对付一切软弱的政府一样，果敢地施用武力，可以得到意外的效果。"①8 月 7 日上午，与侵华有关的要人在伦敦召开紧急会议，讨论如何敦促政府挑起对华战争。参加会议的有莫克·维卡、拉本德、约翰·阿拜·斯密斯及其两个兄弟、威廉·克劳复、拜兹、颠地和格兰特等 9 人（查顿还在回国的途中）。会后，除拜兹之外的 8 人与巴麦尊进行了一个小时的会议。关于这次会议的情形，参加者之一威廉·克劳复记述称："他向我们查问了许许多多的事情，这就把他的企图在我们心上造成深刻的印象。我们预料政府要采取强硬行动，派出足量的海军，叫中国感觉得到海军的威胁。譬如封锁珠江口，以及珠江到东北一线的沿海，或者还在占领厦门，以便截断台湾米粮的供应——这种供应是福建人所必不可少的。"②此后，这些人又采取各种方式，不断对英国政府施加影响。8 月 19 日，他们再次开会讨论策动对华战争问题，决定由拉本德、查顿等 9 人组成委员会，负责策动工作。24 日，九人委员会再次开会，决定以拉本德、斯密斯和查顿 3 人组成核心小组，随时和政府保持联系。27 日，拉本德等 3 人核心小组和利物浦印度协会分别谒见巴麦尊，要求早做决策。30 日，利物浦印度协会以及曼彻斯特 39 位工业资本家和商人均致函巴麦尊，攻击中国正义的禁烟是一种"侵略行为"，要求政府对中国采取强有力的对策。③ 10 月 1 日，伦敦 98 家公司及商人联名致函巴麦尊，声称"英侨的生命财产全无保障"，强调"对华贸易规模之大，地位之重要，牵连着重大的工商业的利益，和对于英帝国的税收、人民的生活，有莫大的影响"，敦促英国政府早日表明意图。④

在一大批英国商人、鸦片贩子的煽动下，英国政府最终作出了发动对华战争的决定。1839 年 10 月 1 日，英国内阁召开会议，专门讨论中国问题，经过长时间的讨论，终于决定派遣一支舰队到中国海去，并训

---

① 《英国蓝皮书》，见丛刊《鸦片战争》（二），661、663 页。
② 严中平：《英国鸦片贩子策划鸦片战争的幕后活动》，载《近代史资料》1958 年第 4 期。
③ 《曼彻斯特商人致巴麦尊子爵》，见丛刊《鸦片战争》（二），633—634 页。
④ 《伦敦商人致巴麦尊子爵》，见丛刊《鸦片战争》（二），636 页。

令印度总督对英国舰队司令所采取的任何必要行动予以合作。1840年2月20日,英国政府任命海军少将乔治·懿律①为远征军司令、全权公使,查理·义律为其副手。同时,外交大臣巴麦尊根据鸦片贩子查顿等人提供的情报和战争方案,对懿律下达训令,指示其封锁广州及中国沿海口岸、占领舟山、要求赔偿、割让岛屿、订立条约等侵华的作战和外交方针。3月25日,英舰"都鲁壹"号自新威尔士港驶抵广东海面,其他英国舰船也满载着英国海陆各军,由其本土、南非、印度等地源源不断地向中国开来,战争的乌云迅速向中国逼近。

二 中国方面的"备战"

林则徐按照既定方针,在广东一面收缴鸦片,一面催令外国商人具结永不夹带鸦片入口。1839年5月2日,当鸦片收缴过半时,林则徐即宣布照常开舱贸易。但是,英国驻华商务监督义律故意从中阻挠,于19日发出通告,不许英国商船进口,22日又重申了这一通告,要求英国人随他一起离开广州。24日,在广州商馆被困了一个月的义律借口治病,离开广州前往澳门,颠地等16名大鸦片贩子也在出具永不再来的甘结后,同日随他离开。6月14日,林则徐发出告示,号召英国商人突破义律的阻挠,将商船开进黄埔贸易。同时,林则徐还会同邓廷桢札饬澳门同知蒋立昂谕令义律,限令所有清缴鸦片的空趸,如要装货,可以开进黄埔;如不进货,则在5日之内开行;其他货如已由黄埔装货出口,或刚从外洋抵粤,均须在5日之内进口或开行,不许稍作逗留。但是,义律对林则徐等人的谕令置若罔闻,英国船只在限满之后,依旧漂荡在尖沙嘴洋面,既不进口贸易,也不开行他去。

正当此时,又生枝节。1839年7月7日,英国30余名水手登岸,在尖沙嘴村酗酒行凶,打伤多人。当时路过那里的农民林维喜也被殴成重伤,次日殒命。事发之后,林则徐非常重视,一面派员赴现场勘验,一面谕令义律"立即捉拿正凶,并交出受审处死"。② 但义律拒不交凶,

---

① 乔治·懿律,曾任印度总督,为已经在华的英国商务监督查理·义律的堂兄。
②《钦差大臣关于林维喜被杀的告示》,见广东省文史研究馆编《鸦片战争与林则徐史料选译》,101页,广州,广东人民出版社,1986。

百般狡辩。林则徐等乃于 8 月 15 日发布告示,禁止供应英人粮食及一切生活用品,凡为英人服务的买办、仆役等,限 3 天内撤出,否则处以极刑,绝不宽贷。同时,林则徐再次谕令义律交出凶犯。而义律不仅对中国方面的要求不予理睬,反而变本加厉,进行挑衅。他令人驾着舢板,明悬牌照,上书"鸦片",于涨潮时随流送入各口内,诱人售卖。遇有中国兵船驱逐,他们便先用枪炮进行抵抗。遇有中国"兵船拿获汉奸,该夷胆敢将官兵诓去,掳禁夷船,勒令释放汉奸"。林则徐对此十分愤慨。8 月 22 日,他又会同邓廷桢再次传谕义律,历数其罪行,勒令其"即日送出凶夷,并将新来鸦片全数呈缴"。① 但义律闭门不纳。8 月 23 日,义律逃出澳门。8 月 24 日,林则徐决定采取断然措施,谕告葡萄牙澳门总管,将英人驱出澳门。次日,澳门总管通知英人。此后数日之内,英人全部由澳门撤离,漂泊海上。

此时正值英国国内侵华战争声浪甚嚣尘上之时,中英两国关系走到了非常紧张的地步。当林则徐奉旨赴粤查禁鸦片时,即已意识到将面临一场十分复杂尖锐的斗争,因此他在京面见道光帝时,即恳陈海口要害,"须得精兵严守,庶夷人不得窜入"。② 龚自珍也告诫他,"此行宜以重兵自随",抵粤后要"修整军器","火器宜讲求"。③ 林则徐抵粤后,一面严厉禁烟,一面即着手整顿沿海防务。虎门收缴鸦片后,他亲自视察了虎门防务。8 月间,他又同邓廷桢先赴香山视察,复于 9 月 3 日至澳门巡视,回程改行水路,于 6 日再抵虎门,并留此地 3 个多月,到 12 月 11 日才回到广州。在这期间,他采取了许多加强防卫的措施,随时准备迎击来犯之敌。经过对虎门形势的考察,林则徐认为虎门海口是中路扼要之区,"西则香山,东则大鹏,形成两翼"。为了加强防卫,林则徐决定在尖沙嘴南麓和官涌偏南的石排各添建 1 座炮台,安置大炮 56 门,并"设法密购西洋大铜炮及他夷精制之生铁大炮,自五千斤至八九千斤不等",④计先后共购西洋各国大炮 200 多门,增排珠江两岸和尖

---

① 林则徐:《信及录》,见丛刊《鸦片战争》(二),305 页。
② 林昌彝:《射鹰楼诗话》卷一,上海,上海古籍出版社,1988。
③ 龚自珍:《送钦差大臣侯官林公序》,见《龚自珍全集》,169—170 页,上海,上海人民出版社,1975。
④《两广总督林则徐等奏报续到英国兵船情形及粤省设防事宜折》,见中国第一历史档案馆编《鸦片战争档案史料》第 2 册,139 页,上海,上海人民出版社,1987。

沙嘴、官涌各炮台，用以加强各炮台之火力，控制尖沙嘴与香港之间的港湾。同时，林则徐认真整顿水师，参惩受贿故纵之水师将弁，修造战船，购买西船，加紧水陆兵丁操练，以提高水师战斗力。经过整顿，水师面目一新，"号令严明，声势壮盛"。① 为加强重点防卫，林则徐先后增调水陆兵丁近 8 000 名扼要布防，计中路防线共配备兵丁 5 100 名，其中虎门各炮台 3 000 名，澳门 1 300 名，九龙尖沙嘴一带 800 名，并配备 1 000 名机动兵力。此外，林则徐还下令招募水勇 5 000 人，与水师互为配合，以为海上专攻夷船之用。他与邓廷桢会同发布告示，号召广东人民同仇敌忾，准备随时迎击登陆来犯之敌。为了给来自海面上的敌船以有效的打击，林则徐提出"以守为战，以逸待劳"的方策，并着手制订《剿夷兵勇约法七章》，对攻击敌船的战术作了具体的规定。同时，林则徐也十分重视对西方国家的情报收集与调查研究工作，他聘用人员，翻译西文书报，了解外国情况，分析中外形势，密切关注西方国家，特别是英国的动向，随时将所获得的英国舰船来华消息与行踪及时向朝廷奏报，并向沿海诸省通报。经林则徐积极整顿，周密布防，广东沿海防御得到很大加强，并在随之而来的抗击英军侵略的战斗中发挥了积极的作用。

义律等人自从被逐出澳门后，托身于空巢，漂泊于海上，陷于困境之中。1839 年 8 月 31 日，英舰"窝拉疑"号在舰长斯密斯率领下驶抵广东海域。义律见有兵舰来援，复开衅端。9 月 4 日，义律和斯密斯登上快艇"路易莎"号，在巡洋舰"珍珠"号和"窝拉疑"号附属快艇陪伴下前往九龙山，先派郭士立向水师船递送信件，要求接济。当时九龙山口岸有 3 艘中国水师船停泊，水师官员派兵弁反复劝导，郭士立仍纠缠不休。下午 2 时，义律派人送去最后通牒，威胁说：如果在半小时以内还不备好供应物品，他就要轰沉水师兵船。双方正在交涉中，斯密斯即令附属快艇向中国水师船开火。接着，"路易莎"号和"珍珠"号也同时对准水师船射击。中国水师船立刻对侵略者施以坚决还击，岸上炮台也投入战斗，英舰"路易莎"号的主帆被打中 19 炮。下午 5 时，英舰"威廉

① 《夷艘入寇记》，见丛刊《鸦片战争》（六），799 页。

要塞"号和"窝拉疑"号相继赶到,立刻投入战斗。清兵一面用网纱等物躲避密集的英舰炮火,一面奋力反击。英"剑桥"号船长得忌刺士率 16 名英籍水手,从"路易莎"号后面绕到水师船尾企图偷袭,被水师船击毙多人。得忌刺士的胳臂亦被击穿。战斗持续到 6 时 30 分,英舰才撤出战斗。是为九龙之战。此役,中国水师方面阵亡士兵 2 名,重伤 2 名,轻伤 4 名。英舰方面,据林则徐事后查报上奏称:"夷人捞起尸首就近掩埋者,已有十七具。又渔舟迭见夷尸,随潮漂淌,捞获夷帽数顶,并查知假扮兵船之船主得忌刺士手腕被炮打断,此外夷人受伤者尤不胜计。"[1]九龙之战是中英之间的第一战,也是中国近代史上中国人民反侵略战争的第一战,它是由英国侵略者蓄意挑起的武装冲突,结果以英国侵略者的失败而告终。

九龙之战遭到失败后,英国人并不甘心,不久又挑起了穿鼻之战。11 月 3 日,已经遵式具结的英国商船"皇家萨克逊"号在穿鼻洋面准备入口进行正常贸易。斯密斯指挥兵舰进行阻拦,并向其轰了一炮,迫令折回。水师提督关天培闻讯,率水师船 5 艘前往巡查。正询查间,英舰"窝拉疑"号突然开炮袭击。关天培当即命令开炮反击。战斗持续了一个小时许,中国军队由于突遭袭击,且武器装备不如敌方,损失较重,3 艘中国兵船受伤进水,兵丁阵亡 15 人,伤数十人。战斗中,关天培手、脸等处被弹片擦伤,鲜血直流。但他临危不惧,屹立战船桅前指挥反击。在中国水师的奋勇反击下,英舰"窝拉疑"号后楼、旗帆均被击中,"海阿新"号船桅、横帆亦被击中。英舰见势不妙,方始狼狈逃走。穿鼻之战是英国殖民侵略者为阻挠英国商人具结入口进行正当贸易、破坏中国人民正义的禁烟运动、维护罪恶的鸦片走私贸易而蓄意挑起的又一次武装进犯。

义律等人不甘心失败。从穿鼻之战发生当天至 11 月 13 日,10 天之内,英国兵船先后 6 次向尖沙嘴以北的官涌山进犯,企图把中国守军驱走,拔除对尖沙嘴洋面的威胁,以便其聚泊。但在中国守军的英勇抗击下,双方 6 次接战,英人均未能取胜。英船"于澳门既不能陆居,于尖

---

[1]《钦差大臣林则徐等奏为英领义律率船偷袭已予反击及葡人代为转圜折》,见《鸦片战争档案史料》第 1 册,680 页。

沙又不能水处",不得不开往外洋漂泊。关于穿鼻之战和官涌之战,林则徐事后曾向道光帝作了详细的汇报。①

英国兵船对广东海口的迭番袭扰,亦令道光帝不胜其烦。1839 年 10 月 29 日、12 月 13 日,他两次颁谕停止贸易,将英船概行驱逐。但在此之前,英国政府已经确立了发动战争的方针。道光帝和他的大臣们并没有意识到,在英国兵船这些小规模的武装挑衅后面,紧随而来的将是一场直接影响清王朝统治命运,进而改变中国历史进程的战争。

而中国方面的备战,除了林则徐在广东基于以武力为禁绝鸦片之后盾的思想而积极整顿水师,加强防御,并且取得了抗击英船侵犯的胜利外,沿海诸省当局均未意识到战争已然迫在眉睫。福建省海岸绵长,与广东水陆相接,鸦片流毒几与粤省相若。过去该省文武员弁,多于鸦片走私有所染指,包庇故纵多有发生,海防形同虚设,水师战斗力极弱。1840 年邓廷桢调任闽浙总督后,"坚持有进无退之心",决心将禁烟一鼓作气地进行到底,惩办了一批鸦片走私惯犯和与烟贩勾结舞弊的官吏员弁,并亲赴海口查勘海防,购置外国重炮,添设各海口炮墩,以加强防备力量。但邓廷桢之加强海防,也是意在以武力为禁烟之后盾,防范英船的滋扰,并没有准备打一场关系到国家、民族历史前途的战争。江、浙往北以上,沿海各省当局更于海防无所关心,林则徐曾经把自己掌握到的英船来华动向与行踪知会沿海各省,提醒加强警惕,却反被江浙等省大吏视为"事出过虑"。② 所以,当战争爆发之后,英国远征舰队得以在中国沿海肆意地北上南下,而中国则在战争过程中一直处于被动不利的局面。

三 最初的战斗

1839 年 10 月 1 日,英国内阁作出对华作战的决定后,那些极力煽动对华战争的英国商人和鸦片贩子们十分兴奋,拉本德、查顿等人积极为英国政府出谋划策,提供作战方案。10 月 18 日,巴麦尊致义律第 15

---

① 《钦差大臣林则徐等奏为英兵船阻挠该国商船具结并到处滋扰迭被击退折》,见《鸦片战争档案史料》第 1 册,732—734 页。

② 梁廷枏:《夷氛闻纪》,见丛刊《鸦片战争》(六),24 页。

号机密训令,告诉他英国政府将派遣海军到中国海去,令他早做准备。11 月 2 日,拉本德等人致函巴麦尊,提出了全面的对华作战方案。巴麦尊乃据该方案为基础,加以调整,11 月 4 日以机密件致海军部。① 同日,巴麦尊向义律发出第 16 号机密训令,授予他和马他仑与中国交涉之全权,嘱他在英国远征军到达前尽量收集各种有用的情报,同时将自己拟定的作战方案抄送给义律。在训令中,巴麦尊叫嚣,对付中国的策略是:"开头先来一个打击,然后再说道理。"1840 年 2 月 20 日,在英国政府任命懿律为英国远征军舰队司令后,巴麦尊就对华作战方案等内容向懿律等下达了最后训令。训令要求英军抵达中国海域后,首先封锁珠江,扣留商船,然后立即北上,切断台湾和厦门之间的运输,占领舟山群岛中适于做司令站以便长期占领的岛屿,"在中国政府答应下来的一切条款全都充分实现以前,应该继续占领所占岛屿"。同时,训令要求封锁舟山群岛至杭州湾的江口、扬子江口和黄河口,然后前往北直隶湾,以便和中国政府进行接触。"如果中国政府拒绝谈判,或者何时谈判决裂,那么,海军司令就应该根据他所指挥的兵力,并按照他认为用这些兵力困扰中国政府以何种方式为最有效的办法去进行更加活跃的敌对行动。"② 与这一训令同时下达的还有《巴麦尊子爵致中国皇帝钦命大臣函》《巴麦尊子爵致奉命与中国政府交涉的全权公使函》和英国政府预拟的《对华条约草案》等,对英军对华战争的行动计划、与中国政府的交涉方针及其所要达到的侵略目的予以明确的训示。后来,中英鸦片战争的事实也表明,英军在中国沿海的作战行动以及中英双方谈判签约的过程,基本上都是按照巴麦尊训令所确立的基调进行的。从另一方面而言,巴麦尊训令也令人信服地表明,鸦片战争是英国侵华集团蓄谋已久、精心策划的一场对中国的侵略战争。它的战争目的,既要维护罪恶的鸦片贸易,同时也要从清政府手中攫取割地让岛、赔款驻使的殖民利益,以实现其长期以来图谋而迄未实现的侵略要求。

继 1840 年 3 月 25 日英舰"都鲁壹"号驶抵广东海面后,英国军舰相继向中国开来。1840 年 4 月,从英国开出的"布郎底"号、"卑拉底

---

① 参见《近代史资料》1958 年第 4 期。
② 《巴麦尊致义律》,载《近代史资料》1958 年第 4 期,55—60 页。

士"号驶抵南非海面后,立即奉命开往新加坡。4 月 30 日,原驻在南非开普敦的英军旗舰"麦尔威厘"号和"摩底士底"号、"哥伦拜恩"号从南非启航。5 月 30 日,英国侵略军主力从新加坡启航开往中国。6 月 9 日,英舰"鳄鱼"号抵达广东海面。6 月 21 日起,英国舰队"威里士厘"号、"康威"号、"巡洋"号、"阿吉林"号等舰,测量船"青春女神"号,轮船"阿特兰特"号、"皇后"号、"马达加斯加"号,先后驶抵广东海面,英军第 18 团、第 26 团、第 49 团和孟加拉志愿军、炮兵队、工兵队等也搭乘 21 艘运输舰同时抵达。至此,英军抵华兵力为"军舰 16 艘,载炮 540 门,武装轮船 4 艘,运兵舰 1 艘,运输舰 27 艘,各兵种陆军 4 000 人,内中包括两个英国联队"。陆军司令是布尔利上校,副司令是奥格兰德上校;海军官兵约 3 000 人,海军司令是伯麦准将。① 随着鸦片战争的爆发与扩大,英军不断增派来华兵力,战舰达 25 艘,其他船只 60 余艘,总兵力 2 万余人。

6 月 22 日,伯麦发出通告,宣布自 6 月 28 日起封锁广东江面与海口。6 月 22—25 日,英国舰队相继北上。6 月 28 日,由南非开来的"麦尔威厘"号、"布郎底"号、"卑拉底士"号及武装轮船"进取"号驶抵广东海面,英国远征军司令懿律随舰到达。他将义律接上"麦尔威厘"号,向他转交了英国政府任命其为驻华全权副使的委任状。

1840 年 6 月 28 日,亦即懿律驶抵广东海面的当天,英舰"都鲁壹"号、"窝拉疑"号、"海阿新"号、"拉呢"号和轮船"马达加斯加"号奉命封锁广东海口,宣布"所有内地船只,不准出入粤东省城门口,兼嗣后所指示各口岸,亦将不准出入"。② 中英两国随之进入战争状态,鸦片战争正式爆发。

6 月 30 日,懿律率大小船舰 43 艘,离粤北上。7 月 2 日,到达福建厦门海面。懿律命"布郎底"号战舰前往厦门港,舰长胞诅命少尉弗莱得里克·尼科尔逊带同翻译罗伯聃乘小艇,以递交一封"极为重要的急件"③给提督为名,妄图登岸,遭守港清军拒绝。7 月 3 日,"布郎底"号

① [美]马士:《中华帝国对外关系史》第 1 卷,296 页,上海,上海书店,2000。
② 《英国兵船所出汉字说帖》,见《鸦片战争档案史料》第 2 册,147 页。
③ 《鸦片战争与林则徐史料选译》,190 页。

悬起白旗,开至厦门港岸附近,罗伯聃等人再次登上小艇,插着白旗,驶近岸边,试图登岸,再遭守岸清军官兵拒绝。舰长胞诅见登岸投书不成,恼羞成怒,乃在舰上"换挂红旗,声言开炮"。署水师中营守备陈光福乃向罗伯聃施放一箭,岸上兵丁也"连放鸟枪,击中夷人二名落海"。英舰也向岸上开炮,"其势甚猛"。双方交战,"自辰及未,相持已逾三时。查点弁兵,被炮击毙九名,受有微伤者十四名,滨海居民无多,先已避匿。惟民妇陈黄氏一口被飞弹中伤身死……炮台兵房击破数处,滨海民房,亦间有震损。"[①]在清军官兵的顽强抵抗下,胞诅见登岸投书的目的无法实现,只得于当日下午4时下令撤退,继续北上追赶懿律所率英军主力舰队。紧接着,英军攻陷了位于浙江省中部海面上的舟山岛南端的定海县。

定海县始建于1687年(康熙二十六年),辖舟山群岛,后改为定海直隶厅。东、北、西三面环山,南面临海。城南二三里即道头港,其吉祥、竹山、大渠三口,为外洋入港门户。道头港之南,大小五奎山、大小盘峙山、大小渠山等大小岛屿环布海中。舟山岛与镇海县隔海相望,扼南北海上通道,战略地位十分重要。

定海是天然良港,英国人素来对此极为垂涎。早在18世纪50年代,英船即曾多次来到定海,企图以此为据点,开展对华贸易。1793年马戛尔尼使华时,也曾正式向清政府提出占据舟山附近一个小岛的要求。1839年4月,义律即曾建议英国政府用武力占领舟山岛。1840年2月20日,在英国外相巴麦尊给懿律下达的最后训令中,更明确指示英军封锁珠江后,即应占领舟山群岛中最适于用作司令站以便长期占领的岛屿。1840年6月底至7月4日,伯麦率领"威里士厘"号、"康威"号、"鳄鱼"号、"巡洋"号、"阿吉林"号战舰5艘,武装轮船"皇后"号和"阿特兰特"号2艘,以及载运着陆军第18团、第26团、第49团等部的运输船10艘,开抵舟山水域,水陆兵丁共约4 000人。

由于舟山岛地处南北要冲,清廷在此驻水师1镇,辖镇标中、左、右3营,分驻舟山各岛,额兵2 841名,配备大小船艇77艘,陆上配备大炮

---

① 《闽浙总督邓廷桢奏报来厦英船被击退情形折》,见《鸦片战争档案史料》第2册,166—167页。

114 门。但其防区范围辽阔,兵力分散。定海县城东南设炮台 1 座,安炮 8 门,配兵弁 50 人。当英舰船初到定海洋面时,清军水师毫无戒备,不予拦截。定海镇总兵张朝发甚至认为"夷船被风吹来,恒有这事,无足深讶"。①其后见英舰越聚越多,张朝发乃觉不妙,才慌乱地进行迎战准备。定海知县姚怀祥亦偕游击罗建功于 7 月 4 日下午乘舟登上英舰,质询英军来意。与此同时,英海军司令伯麦和陆军司令布尔利派"威里士厘"号舰长托马斯·梅特兰递交通牒,要求定海守城文武,"必须即便将定海并所属各海岛与其堡台一均投降",并限半个时辰予以答复,如果不降,"即行开炮,轰击岛地与其堡台,及率兵丁登岸"。②

姚怀祥辞出登岸后,即赴总兵张朝发署会同文武官员商议。姚怀祥主张撤兵入城,扼要堵守,以待来援。罗建功等皆认为英人所长在于船炮,"利于水而不利于陆",主张将水师的一半撤至距城一里的半路亭扼要堵守;另一半则撤至城中扼守。张朝发则认为守城不是水师之责,自己身为水师总兵,必须扼守海口,阻止英军登岸。由于意见不一,最后议定水陆分定,由张朝发率水师、罗建功率城外各营,齐集港口,分别于水上、岸上阻敌;姚怀祥率兵丁千余人负责城内防守。张、姚二人且互相约定:"在外者主战,战虽败不得入;在内者主守,守虽溃不得出。"③

7 月 5 日下午,伯麦见定海无投降迹象,乃命"威里士厘"号等 4 舰开炮发起攻击,张朝发率清军水师进行抵抗。由于英军舰大炮多,射程较远,清军水师船和岸上阵地很快即被击毁,清军水师损失惨重。水师总兵张朝发也被英舰炮火击伤左股,以伤重于当晚阵亡。水师官兵见主帅受伤,纷纷溃逃,岸上兵丁也即后撤,乘船内渡镇海。英军在舰炮的掩护下,顺利登岸,攻占定海县城东南的关山炮台,并在那里架起 4 门大炮,向定海城轰击。城内守城兵丁也发炮还击。7 月 6 日凌晨,英军攻破县城东门,侵入城内。而清军守城兵丁多于夜间溃散。知县姚怀祥退到北门外普慈山下,投梵宫池自尽。定海失陷。

① 王庆庄:《定海被陷纪略》,见丛刊《鸦片战争》(三),240 页。
② 《英国水师将帅伯麦等为要侵占定海而致定海总兵的战书》,见《鸦片战争档案史料》第 2 册,155 页。
③ 夏燮:《中西纪事》卷五,见《英人窥边请抚》,长沙,岳麓书社,1988。

英军攻陷定海后，即在城乡展开了血腥屠杀与劫掠。他们"成群结队，或数十人，或百余人，凡各乡各甯，无不遍历，遇衣服银两，牲口食物，恣意抢夺，稍或抵拒，即被剑击枪打。……近城一带，遭毒尤甚。或因伤殒命，或受伤沉重，痛苦颠连，不堪枚举"。①英军的疯狂劫掠和屠杀，使定海人民遭到空前浩劫。

英国侵略者企图长期占据定海。定海失陷后，英侵略军头目懿律、义律、马礼逊、郭士立等相继聚集到定海，筹划建立殖民统治机构，决定以陆军司令布尔利管理定海军务，以郭士立治理定海民政。接着，7月10日，英军宣布封锁宁波及长江口，并派遣"康威"号、"阿吉林"号、"青春女神"号、"风鸢"号等舰船探查、测量，封锁长江，并四处进行劫掠。

定海的失陷，显示了清王朝海防废弛、水师腐败的恶劣真相。而英军对定海人民的肆意屠杀与劫掠，也深刻地暴露出英军侵略者的凶残嘴脸。

四 英舰进抵大沽口

英军攻陷定海，在清政府内部引起极大震动。1840年7月8日，浙江巡抚乌尔恭额将定海失陷之事奏报道光帝。20日，道光帝得报，极为震怒，怒斥："浙江水陆营伍之废弛不问可知。区区小丑胆敢如此披猖，文武大吏即张皇失措，平日岂竟知养尊处优耶！"②当天，道光帝谕将乌尔恭额和浙江提督祝廷彪严加议处，并颁谕调福建提督"酌带弁兵，星夜驰赴"定海，剿办夷匪，并命邓廷桢严饬各海口加意防范。7月22日，道光帝又谕令邓廷桢选派闽省大员带领舟师，星飞赴浙，会同浙江水师合兵会剿。同日，道光帝还谕令其他沿海各省将军、督抚，"分饬将弁，认真操练巡察，加意防堵，总当先事预筹，毋得临时掣肘"，以免洋人窜入内洋，蹂躏扰害。③8月5日，道光帝又谕将乌尔恭额革职，调刘韵珂为浙江巡抚。次日，道光帝连下两谕，授两江总督伊里布以钦差大

---

① 《定海难衿金士奎等公呈》，见丛刊《鸦片战争》（三），341页。
② 《浙江巡抚乌尔恭额奏报英军至定海递书并围城已亲自赶往筹防折》，见《鸦片战争档案史料》第2册，153—154页。
③ 《英船西驶著沿海将军督抚分饬将弁加意防堵事上谕》，见《鸦片战争档案史料》第2册，186—187页。

臣关防,令其驰赴浙江会办进剿事宜。与此同时,英国侵略军按照既定的作战计划,在攻占定海、设立殖民统治机构后,于 1840 年 7 月 28 日,由懿律率"威里士厘"号等 8 艘舰艇,驶离舟山,继续北犯。8 月 5 日,过山东半岛成山角,晚泊于芝罘岛附近。6 日,继续北航,经大小竹山岛、高山岛和候鸟岛,闯入渤海湾。9 日,进泊大沽口外。

虽然道光帝于定海失陷之后,多次颁谕,饬令沿海各省加强战备,认真堵防。但事实证明,清政府海上力量薄弱,海防空虚,根本无法阻挡英国远征舰队的长驱北上。当英军兵临天津之际,直隶总督琦善不仅没有认真做好备战防御的准备,反而被英军的坚船利炮所震慑。他认为:"天津拱卫神京,已属扼要之区,且近接盛京,尤为根本重地。欲求处处决胜,时时常胜,臣实不免隐存意外之虞。即如江、浙等省,所恃为外卫者,原止长江大海,今海道已被该夷随处游奕(弋),长江又所在可通,是险要已为该夷所据,水师转不能入海穷追。且本年即经击退,明岁仍可复来,边衅一开,兵结莫释。我皇上日理万机,更不值加以此等小丑跳梁,时殷宸廑。而频年防守,亦不免费饷劳师。故臣鳃鳃过虑,甚欲就此开导,俾该夷安心回粤,听候办理,或可冀图安靖。"①他主张与英军妥协。

道光帝自继位以来,以鸦片流毒害国误民,深恶痛绝,确立严禁之策,并亲自指导各省大员切实办理,取得了全国禁烟的重大成效。但英国当局借此挑起侵略战争,英国舰队大肆来犯,却又是道光帝和他的大臣们始料未及的。当英军初来之际,道光帝还深信其不过"小试其技",不致有什么大作为。迨至英军舰队攻陷舟山,肆行海疆,深入渤海,兵临天津,道光帝始觉惊恐,深惧事态扩大,开启边衅,因而其强硬态度亦随之发生变化。英舰进泊大沽口外的当天,8 月 9 日(道光二十年七月十二日),道光帝即谕令琦善:"如该夷船驶至海口,果无桀骜情形,不必遽行开枪开炮。倘有投递禀帖情事,无论夷字汉字,即将原禀进呈。"②同一天,他又谕令钦差大臣伊里布,到浙后密查此次英军致寇根由、启

---

① 《直隶总督琦善奏为晓谕懿律以及英船南旋折》,见《鸦片战争档案史料》第 2 册,366 页。
② 《著直隶总督琦善对英船不必遽行开枪开炮并可将英人所递禀帖进呈事上谕》,见《鸦片战争档案史料》第 2 册,253—254 页。

衅实情。道光帝不能认识到英军来犯,本是英国政府精心策划、蓄意挑起的侵略战争,反而自己首先改变对英态度,并要追查大臣的"启衅"责任。

8月10日,直隶总督琦善在接到道光帝的谕旨后,即于次日派游击罗应鳌前往大沽口外,探询英军意图。同一天,懿律也派"马达加斯加"号偕同6艘武装小艇前往大沽炮台,要求向直隶总督递交信件。8月15日,琦善又派千总白含章登英舰"威里士厘"号,接受由懿律递交的《巴麦尊子爵致中国皇帝钦命大臣函》。英方要求清政府在10天内予以明确回复,并派大员前来谈判。8月16日,英舰队陆续驶离大沽,开往奉天复州湾长兴岛,索要食物与淡水。途中遇台风,"威里士厘"号被风吹到山东省蓬莱县砣矶岛。8月20日,英舰派数十名士兵乘舢板登岛,索要食物与淡水。另有4艘艇船则避入丰润县涧河。"布郎底"号等其他3艘舰艇于8月25日到达长兴岛,派出人员登岛索要食物、淡水,并进行测绘。8月27日,英军舰艇复又齐集大沽口外。

8月19日,《巴麦尊子爵致中国皇帝钦命大臣函》经由琦善奏呈清廷。这一文件又被称为"巴麦尊最后通牒"。巴麦尊在通牒中首先对中国禁烟的正义行动进行了肆意的攻击,诬蔑林则徐对"英国旅居广州的侨民横施暴行","蛮横无礼地对待"英国驻华商务监督,"因此,英国政府决定立即派遣一支海陆军部队前往中国沿海",以保护英国侨民,"求讨皇帝昭雪伸冤",并保证英国提出的对华要求的实现。在通牒中,巴麦尊向清政府提出了一系列无理要求:(一)中国政府须赔偿被林则徐收缴并在虎门口外销毁的鸦片烟价;(二)中英两国官员平行往来,"今后女王陛下任用的照管她在华臣民商业利益并充作同中国政府联系机构的官员,应由该国政府及其官员按照文明国家的惯例,以及对英国君主尊严应有的礼遇,加以接待,并相与往来";(三)"英国政府要求中国方面将英国全权大臣所指定的中国沿海一处或数处面积够大、位置适宜的岛屿,永久割让给英国政府,作为英国臣民居住和贸易的地方,在那里他们的人身可以不受干扰,而且他们的资财可以安全无恙";(四)中国政府须赔偿因林则徐禁烟和禁止与不愿具结的英商贸易所导致的几家倒歇商行的亏欠;(五)英国对华战争中所耗军费,须由中国承担。"由于中国当局的强暴无理行为,致使有必要派遣这支远征部队前往中国海岸,英国政府希望并要求由此支出的一切费用,应由中国政府偿还英国。"巴麦尊还在通牒中扬言:"为了使北京政府更加深刻地了解英国政府对此事的重视,以及对此事有立即做出满意解决的迫切需要,远征部队的司令官已经接到命令,当他一旦抵达中国海岸,便立即对中国的一些主要要塞进行封锁;他应拦截、扣留并保管他所遇见的一切中国船只,而且占有中国领土的某处方便地方,由英国部队掌管占领,直到一切事情商定并付诸实施,使英国政府感到满意为止。"他宣称:"由于中国当局对英国官员和臣民施加暴行,所以英国方面对中国采取的敌对措施,不仅是正当的,而且甚至是必要的。在中国政府做出令人满意的安排之前,那些敌对行动将不会停止。"①

道光帝在批阅了"巴麦尊最后通牒"之后,8月20日(七月二十三日)即谕示琦善,对英方提出的割让海岛、赔偿烟价等要求,予以婉拒。但他又慑于英军坚舰利炮的威力,一反过去支持林则徐严厉禁烟的态度,对巴麦尊于林则徐的诬陷与指责,不仅未予驳斥,反而表示:"上年林则徐等查禁烟土,未能仰体大公至正之意,以致受人欺蒙,措置失当。兹所求昭雪之冤,大皇帝早有所闻,必当逐细查明,重治其罪。现已派钦差大臣驰至广东,秉公查办,定能代伸冤抑。"他希望把林则徐作为替罪羊而加以惩处,以迎合英军的要求,换得懿律舰队"反棹南还"。②

8月28日,琦善据清廷意旨,派白含章前往英舰,邀英方派员上岸会谈。30日,英方代表义律、马礼逊等10余人来到大沽口南岸谈判地点,中英双方开始谈判。会上,义律坚持要求清政府答应巴麦尊所提各项条款。琦善则据道光帝谕旨,对各款予以婉拒。但他同时向义律表示,只要英舰队离开大沽南返,则朝廷一定代英人昭雪冤抑。琦善千方百计劝说英人撤离。9月1日,懿律、义律等再次照会琦善,重申各项侵略要求,并要琦善在6天之内作出答复。9月2日,琦善向道光帝奏报了双方谈判情形,声称"天津切近京畿,凡盐、漕、铜、铅皆由此来,最

---

① 《巴麦尊子爵致中国皇帝钦命大臣函》,见胡滨编译《英国档案有关鸦片战争资料选译》,540—546页,北京,中华书局,1993。

② 《筹办夷务始末(道光朝)》(选录),见丛刊《鸦片战争》(四),52—53页。

为咽喉重地。设使边衅一开，该夷犹焉思逞，频相滋扰，致我劳师糜饷，所关匪细"。① 同时，他还在夹片中称："该夷所请各条内，惟烟价一项最为紧要。"② 道光帝乃复下谕，重申："上年钦差大臣未能仰体大皇帝之意，以至办理不善，现已恩准查办，定当重治其罪，冤抑无难立伸。"对英方所提各项要求，上谕则断然予以拒绝，但又表示，如果英人志在通商，可在返粤后，待朝廷所派钦差大臣到达，"恩准"其照常贸易。9 月 13 日，琦善再致英方照会，通报自己已被任命为赴粤钦差大臣；即日南下赴粤查办，并再次要求英舰南撤，到广州继续谈判。他称如果懿律"钦遵谕旨，返棹南还，听候钦差大臣驰往办理，虽明知烟价所值无多，要必能使贵统帅有以登复贵国王，而贵领事亦可以伸雪前抑。"③ 此暗示英人如果南返，待其到广州后，必定查办林则徐，代英人"伸雪"，并可向英国赔偿烟价。

至此，懿律认为以武力逼迫清政府与之谈判的目的已经实现。而且，由于当时北方天气渐冷，不利作战，英军来华后终日漂泊海上，给养缺乏，士兵水土不服，疾病流行，多有死亡者。懿律再三权衡，乃于 9 月 15 日复函琦善，同意即日启航南返。

英军的南撤，使道光帝对英军的意图产生了错觉，认为英人志在通商，只要对林则徐等人予以惩处，即可平息纠纷，不致再启边衅。于是，他谕令沿海各省撤退调防清军，解散团练水勇。9 月 28 日（九月初三日），道光帝更颁谕宣称，其任命林则徐为钦差大臣赴粤禁烟，"原期肃清内地，断绝来源……乃查办以来，内而奸民犯法，不能净尽；外而兴贩来源，并未断绝。甚至本年英夷船只，沿海游弈（弋），福建、浙江、江苏、山东、直隶、盛京等省，纷纷征调，糜饷劳师，此皆林则徐等办理不善之所致。"林则徐等人"办理终无实济，转致别生事端，误国病民，莫此为甚"，谕令著将林则徐、邓廷桢"交部严加议处"。④ 10 月 3 日（九月初

---

① 《直隶总督琦善奏为晓谕英人及英人登答情形折》，见《鸦片战争档案史料》第 2 册，318—321 页。
② 《直隶总督琦善奏为英人称烟价一项最为紧要片》，见《鸦片战争档案史料》第 2 册，321 页。
③ 《直隶总督琦善奏为晓谕懿律以及英船南旋折》附件二《复懿律照会二》，见《鸦片战争档案史料》第 2 册，370 页；又《巴麦尊子爵致驻华全权大臣懿律海军少将及义律海军上校函》所附《1840 年 9 月 13 日中国钦差来文》，见《英国档案有关鸦片战争资料选译》，685—686 页。
④ 《著将林则徐邓廷桢交部严加议处其两广总督著琦善署理事上谕》，见《鸦片战争档案史料》第 2 册，428 页。

八日)，他又谕令将林则徐、邓廷桢革职。道光帝认为英军北犯，只是为了向他呈诉冤抑，把启衅的责任全部怪罪到林则徐等人的头上。其乖离悖谬、自撤藩篱之举，倒真是莫此为甚了。

在浙江沿海方面，英国侵略军侵占定海后，在当地进行屠杀，在沿海地区肆意劫掠，激起了中国人民的愤慨。他们以各种方式与侵略者展开斗争，如实行坚壁清野，搜捕惩办为侵略者采办食物供给的汉奸与买办，断绝英军的食物。同时，他们"互相团练，各自为守"，抓住有利时机，打击侵略者。粤、闽、浙、江等省沿海爱国官兵，也对英军展开了抗击。林则徐自英军主力北犯之后，积极整军备战，发布《剿夷兵勇约法七章》。闽浙总督邓廷桢为防备英军再犯，饬令水师提督陈阶平、兴泉永道刘耀椿驻扎厦门，认真部署指挥防务。8月21日起，英舰"鳄鱼"号再向厦门多次进犯，在清军水师猛烈反击下，败窜他往。9月中旬，英军"风鸢"号驶至浙江慈溪县观海卫海面，英军上岸滋事劫掠，遭到当地义勇的打击，多人被击毙，20余人被生擒。英海军少校得忌剌士、"风鸢"号已故船长拿布的妻子拿布夫人等均被活捉。陆军上尉安突德在离开定海的营帐、上山测量地势时，亦被机智的定海乡民活捉。在中国爱国军民的英勇打击下，定海英军陷于十分不利的地位，他们得不到新鲜的食物和淡水，只能龟缩在城内。同时，英军中疫病开始流行。据统计，从 1840 年 7 月 13 日至是年底，英军死亡 448 人，生病 5 329 人。[①]

清政府本应与广大爱国军民同仇敌忾，给侵略者以更加沉重的打击。但是，道光帝此时对英人的态度发生了重大变化，生怕事态扩大，决定查办林则徐、邓廷桢等人，企图以此消弭边衅。因此，道光帝任两江总督伊里布为钦差大臣，赴浙办理军务。伊里布为清廷宗室，与琦善一样，秉承朝廷意旨，一向主张对英北犯妥协。英军 9 月 15 日自大沽口南撤后，在懿律、义律的率领下，于 9 月 28—30 日驶抵舟山群岛。29 日，懿律致函当时驻在宁波的伊里布，要求释放被俘的安突德等人，并声称如果中国不释放被俘英军官兵，他就会认为"中国已经开始采取敌

---

① 据[英]约翰·奥特隆尼《对华作战记》，伦敦，1844。见中国第一历史档案馆编《鸦片战争在舟山史料选辑》，558 页，杭州，浙江人民出版社，1992。

对行动"。①

　　1840 年 10 月 2 日,义律、马礼逊等人乘船至镇海,在东岳宫与伊里布、浙江提督祝廷彪、福建提督余步云等会见,就交还定海与释放英军俘虏问题进行谈判。当浙江沿海义勇捕获安突德等人时,伊里布视为奇货,认为可以当作用来换取英军归还定海的筹码。谈判中,伊里布提出以归还定海作为交还英俘的条件。而自英军远征舰队启航来华之际,其既定的方针即是在清政府没有完全答应其提出的侵略要求之前,长期占领定海。而目前英军的困境是不堪忍受中国沿海军民的打击,急于谋求"休战"。因此,英方见伊里布把释放英俘与归还定海两事扯在一起,正中下怀,乃提出要求,坚持必须先释放英军俘虏,然后再行协商交还定海。10 月 6 日,懿律照会伊里布,提出定海的归还,"必与别各事端一同酌议","亦能独与直隶爵阁督部堂琦善酌商定议",并要求在中英谈判期间,中国方面不得再向定海英军发动进攻。② 他意在把各项事端纠缠在一起,而拒还定海。伊里布见其以人易地的定议无从实现,复转向谋求使英舰早日离浙南驶,以维持浙江方面的相安无事局面,遂谕示定海民众不得袭扰英军。11 月 6 日,伊里布私自与英军达成"休战协议":中英双方停止军事行动,浙江官府不禁止人民供给定海英军所需物资。英军亦不得逾越舟山及附近诸岛(包括摘箬山、长白山、长涂山、普陀山等)以外。此休战协议,其实是英军在定海民众的有力打击下而陷入困境之际,借清政府的妥协方针,为达到压制当地人民的反抗斗争且使自己获喘息机会的目的而与伊里布签订的。借此,英军可以一直占据舟山岛。同时,它也正是清政府对英军妥协的结果,从而使舟山的归还问题与中英之间未来的谈判联系在一起,使得中国方面在对英交涉中处于更加不利的地步。

　　浙江休战协议达成后,懿律、义律于 1840 年 11 月 14 日率主力舰 8 艘、英军 3 000 人启航南驶赴粤。而伊里布见英军南下,更是满心欢喜,认为自此只要恪守休战协议,便可无事,乃将各地调防官兵陆续撤退。

114

---

① 《海军少将懿律致驻宁波钦差函》,见《英国档案有关鸦片战争资料选译》下册,696 页。
② 丛刊《鸦片战争》(五),492 页。

第二节　广东和议与三元里抗争

与英国甫一接触,清王朝统治阶级的腐朽与无能便暴露无遗。英国舰队从广东至大沽,在中国东部的万里海疆肆行无忌,攻城略地,如入无人之境,更显示出中国沿海武备之废弛。妥协派官僚一意对英国侵略者屈服退让,不惜牺牲国家主权的独立和领土的完整换取暂时的苟安。道光帝也一反过去热情支持并亲自指导禁绝鸦片的态度与做法,把"启衅"之责推到林则徐、邓廷桢等人的头上,每逢战事失利,他便加重对林、邓二人的惩罚。这种恼羞成怒的做法,也正反映出其内心的怯懦和懊丧。而他所倚重的钦差大臣琦善、伊里布、奕山之流,更是惧敌如虎,甚至置国家安全、民族利益于不顾,视朝廷严谕如具文,在对英交涉中妥协误国。而英国侵略者却秉其既定的侵略方针,不达到其割地赔款、开港签约的目的则绝不罢战。于是,香港被强占,珠江防线土崩瓦解,广州城岌岌可危。与清朝权贵的怯懦昏庸、妥协投降和官军武备废弛、一击即溃形成天壤之别的是,中国普通民众在保卫家园时,因愤生勇,别有一种英雄气概。广州北郊三元里数万民众的抗英斗争,击灭了西方国家船坚炮利而不可战胜的神话,在中国近代史的开端竖起了一面不畏强暴、反抗侵略的光辉旗帜。

一　回到广东去

懿律等得清政府承诺,离开大沽口南驶,经定海复与钦差大臣伊里布签订浙江休战协议后,即率英舰队南下赴粤,等待琦善的到来,意在通过与钦差大臣的谈判,实现其既定的侵略目标。琦善则在 1840 年 9

月 17 日被清廷任命为钦差大臣,"驰驿前赴广东查办事件",也即查办严禁鸦片走私的林则徐、邓廷桢等人,并负责与英军在广州谈判。10月 3 日,他启程赴粤。11 月 29 日,琦善抵达广州,接署两广总督。从12 月 7 日开始,琦善与英方进行交涉。

此时,懿律因病回国,英军由海军司令伯麦指挥,义律负责与琦善全权谈判。交涉伊始,义律即据"巴麦尊最后通牒"及英政府所预拟的《对华条约草案》10 条中所提各款,向琦善提出 14 条要求:

一、英国人上年受了委曲(屈),嗣后再不得如此错乱行为。

二、要赔还鸦片价银两,及此次夷人来舟山各处兵费。

三、各洋商所欠旧债,要由官宪担任清还。

四、外洋走私贩烟,不得连累英国贸易之船。

五、英国人递禀必要封呈上大皇帝,不得呈与官宪。

六、要大码头一处,永远居住,如澳门样式。

七、要福建、浙江、江苏、天津等处地方贸易码头六处。

八、要在北京城建造夷馆,派一夷官驻扎,其余各处码头各安置夷官一人。

九、要贸易码头,夷人如有犯事,由夷官自行治罪,官宪不得干预。

十、新定贸易码头,任凭英人建造天主庙。

十一、英国人各港口贸易,不论何省地方并得带家眷同住。

十二、贸易不要[洋]商经手,如洋商不能裁撤,不能加减。

十三、出口税银要定一条规,不得加减。

十四、要裁各贸易船只使费。[1]

义律同时宣称,以上各条如有一条不从,即要诉诸武力,攻打虎门、香山等处。琦善接到义律提出的 14 条要求后,即于 12 月 11 日照会义律,答应赔偿烟价 500 万元,以 10 年为期陆续分期摊还。[2] 同时,他还同意此后中英之间文书往来可不再使用"禀""谕"字样。但对于英方提

---

① 《英国对琦善提出之十四条要求》,见丛刊《鸦片战争》(三),431—432 页。
② 《英国档案有关鸦片战争资料选译》下册,800 页。

出的割占"码头"等要求予以拒绝,要求英军迅速由定海撤离。他还上书清廷,认为"烟价一节,求索本非无因,断难空言解释",请求清廷同意向英国赔偿烟价。①

义律对琦善的答复十分不满。12月12日,他照会琦善,要求将赔偿之烟价增至700万元,"本年先缴二百万元,余则分年五次陆续赔完"。在领土要求问题上,义律则称:"英国原亦不求取地方,倘能应允另行开港贸易,本公使大臣当可不再求地。惟请以从前曾经贸易数港,即粤省之广州省口、闽省之厦门、浙省之定海三处,开准商船任意赴往买卖,似此办理,本公使就可允照办行。此所云准予英船在数港任意往来买卖等情,并非求准英国商船止可如是,即各国商船俱可一体准为贸易。惟从此以后,倘再允外国之人,在此外别港开市贸易,亦当允准英民商船同然赴往。"关于归还定海,义律则坚持:"可从结立盟约,奉到皇帝依约之后,一月以内即将定海交还。"②琦善收到义律照会后,知道英方欲壑难填。但他既不敢坚决拒绝英方的各项要求,与义律闹翻,又不敢擅自全盘接受。无奈之下,他乃决意与英方讨价还价,拖延时日。12月15日,琦善照会义律,同意将烟价增为600万元,除立即支付100万元外,其余在7年内陆续分期摊付;同时答应奏报朝廷,除广州之外,"另给一个地方作为码头,准许船只前往并运载货物;关于销售这些货物,必须在船上与商人进行交易,他们仍必须遵守成规,不得上岸居住,而且不得随意与居民私自交往",但要以归还定海为条件,释放英俘也要与归还定海同时进行。③

12月17日,义律照会琦善,同意将烟价定为600万元,"立即付给100万元,其余500万元按每年摊还100万元之数陆续付清";④同时要求在广州之外,在福建、江苏、浙江等省沿海开放两个口岸,一旦经皇帝批准,英军即从定海撤出。琦善认为烟价问题已经解决,对于义律提出的开放口岸问题,他上奏道光帝,请求于广州之外,再就福建之厦门、福州两处准令通商,企图以开设口岸为代价,消除英国图占中国领土的

---

① 《钦差大臣琦善奏报英人侵迫日紧情形折》,见《鸦片战争档案史料》第2册,612—614页。
② 《义律照会》,见《鸦片战争档案史料》第2册,635—636页。
③ 《英国档案有关鸦片战争资料选译》下册,804—805页。
④ 《英国档案有关鸦片战争资料选译》下册,807页。

欲望。

但是,割中国沿海一合适地方或岛屿以长期占据,是英国政府的既定方针。义律虽于 12 月 12 日照会中表示可以不再求地,但在 12 月 29 日,他复照会琦善,反而对琦善已准备做出让步的开放口岸一项,表示可考虑由两处减为一处。但同时他自食其言,赤裸裸地要求中国给予英国外洋寄居一所,英人可竖旗自治,与葡萄牙人在澳门一样。他宣称其所提条件为最后要求,不再做丝毫让步。[①] 至此,英国以中国领土要求问题,继烟价、口岸之后,成为中英交涉中的焦点。

琦善自赴粤与英人交涉以来,一直取对敌妥协方针,在烟价、开设口岸等问题上处处让步,企图以此解决中英争端。但对于义律提出的领土要求,他已无法再行退让。1841 年 1 月 2 日(道光二十年十二月初十日),琦善照会义律,对其所提领土要求予以驳斥,指出:"天朝准令外国之人前来贸易,已属大皇帝格外恩施,断无再给地方之理,亦经本大臣爵阁部堂备文照会,并据贵公使大臣来文内,声明不再求地,何以又有予给寄居一所之语?"义律见琦善不肯就范,乃决定诉诸武力。1月 5 日,义律与伯麦分别向琦善发出最后通牒,声言自本日起,即与中国动兵相战。

二 英军占领香港与定海撤军

当英国远征舰队大举来犯,侵逼国门之际,包括道光帝在内的清王朝统治当局,对形势一直没有作出正确的判断。英军自大沽口南撤后,反而使道光帝等人错误地认为英人志在通商贸易,中英之间的争端可以通过谈判解决。因此,清廷在英舰南下后,连番谕令沿海各省督抚、将军撤退防军,解散募勇。琦善到广东后,一反林则徐整顿海防、积极备战的做法,遣散丁勇,拔除珠江口水底暗桩,拒听敌情报告,不准添造船炮,致令军心涣散、海防瓦解。而英国方面,却一直在积极准备军事进攻,增派了大批军舰与陆军来华。至 1840 年底,马德拉斯本地步兵第 37 团被派遣来华,"加略普"号、"萨马兰"号、"朱匹忒"

---

① 参见《鸦片战争档案史料》第 2 册,681—683 页。

号、"前锋"号军舰,"复仇神"号武装轮船,"硫磺"号、"司塔林"号测量船等,先后由南美和东印度群岛等地驶至广东海面,与此前来华的英国舰船组成了英军广州舰队。① 义律在与琦善交涉期间,即令英舰停泊于虎门口外穿鼻洋面,英舰经常驶往珠江口测量,其陆军在穿鼻洋小岛上加紧训练。

1841年1月7日上午8时,英军集中陆军、水兵、炮兵部队总共1 400多人,组成登陆队,由陆军少校伯拉特指挥,乘坐小船登陆进攻。英舰则分左右两路:右路"加略普"号、"海阿新"号、"拉呢"号军舰和"皇后"号、"进取"号、"马达加斯加"号、"复仇神"号4艘武装轮船,由荷伯特船长指挥,向沙角炮台进攻;左路"萨马兰"号、"都鲁壹"号、"摩底士底"号、"哥伦拜恩"号舰,在斯哥德船长的指挥下,进攻大角炮台。② 英军陆战队登岸后,绕到沙角山后,两个小时后攀上沙角山顶,占领制高点,架起野战炮,居高临下,向沙角炮台发动攻击。当时驻守沙角炮台的清军仅有600名,清军守将陈连升(1775—1841)临危不惧,身先士卒,与数倍于己的敌人展开殊死搏斗,击退英军多次进攻。但终因武器低劣,敌众我寡,陈连升胸部中弹,壮烈殉国。陈连升之子陈举鹏见炮台失守,父亲捐躯,率士卒奋起反击,杀敌多人,最终也力战牺牲。陈氏父子舍生卫国、英勇献身的壮举,受到时人的崇高赞誉。由于沙角炮台又称穿鼻炮台,故此役又称为第二次穿鼻之战。

攻打大角炮台的4艘英舰一起向大角炮台开炮,击中炮台内火药库,防御工事被摧毁。数百名英军登岸后,从大角山的后山向前山进攻,与英舰前后夹击炮台。守台千总黎志安在拒敌中受伤,眼见英军来势凶猛,乃令将大炮推入水中,弃台突围,大角炮台落入敌手。与此同时,英军又派轮船"复仇神"号带领小船数只,袭击了沙角与虎门之间的三门口,击毁清军水师战船数只,掳去拖船两只。

沙角、大角一战,两炮台于半日之内相率失陷,清军将士阵亡291人,负伤456人,10人下落不明。这是琦善奉行对英妥协的恶果。正当危急时刻,关天培曾派员回省城向琦善"哭求增兵",全省文武亦皆

---

① [英]宾汉:《英军在华作战记》,见丛刊《鸦片战争》(五),150、153页。
② [英]宾汉:《英军在华作战记》,见丛刊《鸦片战争》(五),162—169页。

请求派兵增援,而琦善则以有妨"抚议"之名加以拒绝。道光帝闻琦善奏,既惊且怒,他在朱批琦善折中写道:"如有准备,再有救援,何至我之兵将率遭锋镝?琦善之罪大矣!""慰忠魂,无他法,全在汝身!"①

沙角、大角失陷之后,琦善更加束手无策,既不敢与义律毅然决裂,又不整顿军备。广东巡抚怡良、广州将军阿精阿要求停止与英交涉,全力投入攻剿;当时已被革职、正在广州听候查询的林则徐、邓廷桢得悉沙角、大角失守,感到"难再坐视","此后当无议和之理",请琦善分派剿办差使,琦善竟答以"无话商量"。②林则徐更怒斥琦善:"懈军心,颓志气,壮贼胆,蔑国威。此次大败,皆伊所卖。"③当时在虎门镇守镇远炮台的关天培、镇守威远炮台的李润堂等人,派人向琦善请求援兵,亦遭拒绝,致二人在前方"相向而泣……坐以待毙"。④

1841年1月8日,即在英军攻陷沙角、大角后的第二天,义律再次向琦善提出了占据沙角、开放口岸、不许对英军作备战行动的要求,否则将"打平炮台",赴省与琦善面商。琦善慑于英军武力讹诈,即于11日复照义律,表示将代为向朝廷奏恳"予给口外外洋寄居一所",但不能给予沙角。接着,他即于13日上奏道光帝,汇报沙角、大角之战情形,极力渲染英军战力之强、火器之猛及清军之劣势,声称目前已处两难之境,而粤东外洋孤悬岛屿甚多,"此时即仍不准其给地寄居,其桀骜之情已露,势必内图进攻,外图侵占。而此间之水师拒守尚不能力敌,若欲其外洋占得之后,再图克复,实奴才所不敢轻言。与其被该夷用强占夺,似不若示我皇上宽大之恩,俾知钦感。"他请求道光帝允准"给地寄寓"。⑤同日,他又照会义律,表示愿代为向朝廷吁恳,同时要求英军归还定海。1月14日,义律复致琦善照会,又得寸进尺,要求所给寄寓之所"让给英国主治",意在永久割占中国领土。同时他又向琦善表示,即将定海归还。琦善见义律同意从定海撤军,喜出望外,即向义律表示,

---

① 《钦差大臣琦善奏请议恤伤亡水陆弁兵事折》,见《鸦片战争档案史料》第3册,107—108页。
② 《林则徐关于鸦片战争的书札》,见丛刊《鸦片战争》(二),564页。
③ 《林则徐书简》(增订本),157页,福州,福建人民出版社,1985。
④ 《林则徐关于鸦片战争的书札》,见丛刊《鸦片战争》(二),565页。
⑤ 《钦差大臣琦善奏陈英占炮台欲攻虎门及省垣现拒守两难折》,见《鸦片战争档案史料》第2册,744—747页。

英方可在尖沙嘴和香港之间择一处"寄寓泊船",并应允从道光二十一年开始恢复中英贸易。

琦善同意英人在尖沙嘴与香港之间择一处"寄寓",正中义律下怀。虽然在此之前,义律曾提出要求占据沙角,但只不过是以此为要挟。这一点琦善也看得明白。义律真正看中的是香港岛。

香港岛位于珠江口以东、九龙尖沙嘴之南,时属广东新安县九龙司所辖。岛东西约 16.8 公里,南北约 8 公里,面积约 80 平方公里,自然条件优越。自 18 世纪以来,外洋船只来华,此为必经之地。英国方面早有图占香港之心。1816 年阿美士德使华时,即曾对这里进行过考察,认定此地是无与伦比的良港。1834 年,英国首任驻华商务监督律劳卑也建议英国政府以武力占据香港。当时大小鸦片走私船只,也多在此处停靠。1837 年邓廷桢在广东严行禁烟后,此地更成为鸦片走私船的聚泊之所。1839 年义律与英商被逐出澳门后,便驶往香港,伺机而动。按照英国外相巴麦尊的授意,英国远征舰队来华作战的既定方针是占据中国沿海一处或数处合适岛屿,作为英军侵华的军事据点。英国殖民当局本想长期占据舟山岛,英军攻占定海后,即设官统治。但在定海人民的英勇抗击下,英军很快陷入困境。这使英方意识到,如果赖在定海不走,必将陷入长期的困窘之中,无法实施有效的殖民统治,又将遭到当地中国人民无休止的抗击。

所以,当琦善向义律表示允在尖沙嘴至香港之间择一处寓居时,义律喜出望外。同时他见琦善对其所提的寓居之地"让给英国主治"的条件不置一词,便单方面地认定琦善已同意割让地方。他随即照会琦善,表示即按琦善的照会办理,答应将定海、沙角、大角等处交还,同时着手接收香港。1 月 18 日,琦善在向义律表示同意后,即向道光帝上奏,请求批准"俟伊里布奏报收回定海后,俯准该夷自道光二十一年起,仍前来粤通商,并仿照西洋夷人在澳门寄居之例,准其就粤东外洋之香港地方泊舟寄居"。① 两日之后,1 月 20 日,义律即在澳门以《给英国女王陛下臣民的通知》为名,擅自公布了由其一手捏造的、未经双方签字,同时

---

① 《钦差大臣琦善奏报英人愿还定海并求在香港定居等情折》,见《鸦片战争档案史料》第 2 册,764 页。

更未经两国政府批准的所谓《穿鼻草约》：

　　在钦差大臣和全权大臣本人之间达成了初步协议，其中包含如下的几项条件：

　　一、把香港岛和港口割让给英国。因在该处进行贸易而应付给帝国的所有捐税，都应当像在黄埔进行贸易一样支付；

　　二、赔偿英国政府六百万元，立即付给一百万元。余款每年平均摊付，至 1846 年付清；

　　三、两国之间在平等的基础上进行官方的直接交往；

　　四、在中国新年元旦后十天内开放广州口岸的贸易。该贸易将在黄埔进行，直到在那块新殖民地做出切实可行的进一步安排为止。①

　　义律在这个"通知"中，玩弄了偷梁换柱的伎俩。虽然琦善在与义律的照会往返交涉中，并未意识到英国殖民侵略者的无耻贪欲，也未弄清楚英方割占中国领土、剥夺中国主权的真正意图，但他向义律所允的，只是代为向道光帝奏恳批准"予给口外外洋寄居一所"，从未明确表示同意把所允英人"寄居"之地"割让"给英国，甚而在所谓"寄居"之所的地方范围，也只局限于"止择一处"，并未答应把香港全岛割让给英国。但义律的"通知"却公然诡称琦善同意"将香港岛和港口割让给英国"。为了造成既成事实，1 月 21 日，义律即令在沙角、大角的英船开往香港。1 月 26 日，英军侵入香港。1 月 27 日，义律与琦善在狮子洋莲花山会谈。此时琦善已经明白英方意在"割占"香港，并不如自己以往所以为的是"寓居泊舟"或是如葡萄牙在澳门般的交税租借，即与义律发生争执。义律又以武力相要挟，逼琦善在协议上签字，琦善此时已意识到割让领土攸关国体主权，不敢贸然应允。1 月 28 日，伯麦照会负责尖沙嘴与香港防务的大鹏协副将赖恩爵，宣称香港已归属英国治下，要求全岛驻防清军官兵尽数撤离。1841 年 1 月 29 日，义律单方面

　　①《给英国女王陛下臣民的通知》，见《英国档案有关鸦片战争资料选译》下册，836 页。按：道光二十一年新年元旦相当于西历 1841 年 1 月 23 日。原书将"新年元旦"译作"春节"，不妥。因清代"春节"只是指"立春"。

发布其所谓的占领香港《公告》,宣称:"经清朝大学士兼钦差大臣琦善盖印,香港岛已割让给英国君主。"并宣布:"在该香港岛内和岛上,所有女王陛下的各种权利、特权和特惠,无论是对于或关于土地、港口、财产或个人的利益,都完全保留给女王陛下。""女王陛下臣民或除该岛土著和前往该岛的中国人之外的其他各国人在香港所犯的一切违法行为,应由目前在中国设立的刑事法庭和海事法庭审理。"该公告几乎剥夺了中国对于香港岛的领土主权、行政权、司法权,香港俨然已成为英国属地。2 月 1 日,义律和伯麦联合公告,公然宣布香港已成为"英国女王领土的一部分",声称在此居住的所有中国人,"已是英国女王的臣民,必须对女王及其官员们表示敬意和服从"。① 与此同时,义律、伯麦等人还动辄以武力相威胁,逼迫琦善照其条款签约。琦善虽不敢明与英方订约,但其坚持对英妥协态度不变,加之慑服于英军兵威,便遵照义律的要求,从尖沙嘴撤出了中国守军,默认了英军占领香港的事实。他本人也由此沦为在鸦片战争中丧权辱国的第一人。

英军占领香港后,于 1841 年 1 月 23 日下令由舟山撤退。2 月 7 日,两江总督伊里布接琦善咨文,次日即命人自镇海至定海与英方交涉。英方要求先交还在上年 10 月间被浙江沿海义勇捕俘的安突德、拿布夫人等,然后再归还定海。2 月 14 日,伊里布命人将英俘送交英军。下午 2 时,英军交出定海城,由南门退出。2 月 25 日,定海英军登船起碇南撤。

三 清政府对英宣战与虎门之役

当琦善在广州与义律等妥协交涉之际,清廷对英态度开始发生变化。中英双方交战伊始,清政府统治集团一直认为英人来犯,本为恳求大皇帝代为伸雪冤抑,恢复贸易,所以在大沽口谈判时,清廷确立对敌妥协方针,认为只要将林则徐、邓廷桢等人革职拿问,便可解决中英争端。琦善、伊里布被授予钦差大臣衔分赴广东、浙江办理军务,亦一秉朝廷妥协方针,伊里布在浙与英军当局擅订休战协议,琦善在粤更步步

---

① 《英国档案有关鸦片战争资料选译》下册,910—911 页。

退缩,致令沙角、大角炮台失陷,香港被占。至此,道光帝方始逐渐明白,英人此来之目的,绝非自己以往所想象。对英一味妥协,未必是化解双方争端的办法。

早在1840年12月中旬,道光帝从浙江方面督抚的奏折中获悉定海英军情况后,即于12月19日发布上谕,要求伊里布和琦善,"如该夷听受训谕,则退还定海,无候劳师,实为上策;倘竟不遵约束,种种逞刁,则琦善必据实奏闻,另筹办法","倘粤省查办不能妥协,或该夷意主寻衅,其势万不能已,彼时应调何处弁兵,著伊里布一面檄调,一面奏闻"。①

12月25日,琦善关于广东谈判的首次奏报到京,称英人南驶回粤后,"词气傲慢",以盘踞定海相要挟。道光帝感到"夷情叵测,包藏祸心,已非一日。彼欲肆无厌之求,我当有不虞之备",著令琦善详加体察,密行侦探,一面与英人善议戢兵,一面整饬营伍,遴选将弁枪炮,加强武备。"如该夷实系恭顺,退还定海之外,别无非礼之请,自可仍遵前旨查办。倘敢肆鸥张,始终桀骜,有必须剿办之势,著即一面奏闻,一面相机办理。"②次日,清廷又传谕琦善、伊里布及沿海各省督抚、将军,要求他们加强戒备,严密防范,"其平日得力之将弁,及应用之枪炮、火药等件,均当预为筹备"。③

12月30日,道光帝又接琦善奏报,称英军以定海相要挟,提出赔偿烟价、开放口岸、割占地方等种种无理要求。他大为恼怒,明确表示:"匪特地方不能给予尺寸贸易,即烟价亦不可允给分毫。"他谕令伊里布"严饬将弁加意防堵,倘竟怙恶不悛,侵犯口岸,著即痛加攻剿,无稍示弱,特不可与之在洋接仗,致有疏虞"。④ 同一天,道光帝谕令湖南、四川、贵州三省,备兵4 000名,听候调遣,并以此谕告琦善,要求他"一面与之论说,多方羁绊,一面妥为预备。如该夷桀骜难驯,即乘机攻剿,毋

① 《著钦差大臣伊里布加意筹防先事绸缪以备粤事反复事上谕》,见《鸦片战争档案史料》第2册,644—645页。
② 《著钦差大臣琦善一面善议戢兵一面整饬营伍预为布置事上谕》,见《鸦片战争档案史料》第2册,655—656页。
③ 《英情有变著钦差大臣并沿海各将军督抚等密防范事上谕》,见《鸦片战争档案史料》第2册,656—657页。
④ 《英情迫切著钦差大臣伊里布严加防范准备痛剿事上谕》,见《鸦片战争档案史料》第2册,664页。

得示弱。需用兵丁,著一面飞调,一面奏闻。该夷既有陆路兵丁名色,著琦善督饬阖省水陆将备,认真防范,以逸待劳。倘事有变更,即奋起攻击,以慑夷胆。"①同时,他还传旨沿海将军、督抚,称"从前命琦善查办,原系朕慎重用兵之至意,今闻该夷到粤后更形骄傲,且所愿甚奢,非仁义所能感格,其势不得不加征剿,以示创惩"。他要求各省加意操练,以期有备无患。②

1841年1月6日(道光二十年十二月十四日),道光帝连颁数谕,命令琦善停止对英交涉,整饬兵威,严申纪律,并要他督同林则徐、邓廷桢妥办剿英事宜,倘英船进犯口岸,即须相机剿办;并表示"朕志已定,断无游移"。③ 对伊里布,道光帝则令其"确探情形,倘有夷船驶近口岸,即开放枪炮,痛加剿洗。其自粤回浙夷船及留屯定海逆夷,一有可乘之机,不必俟广东知会,即行相机剿办"。④ 同一天,道光帝还颁谕,通令沿海各省将军、督抚,"遴选将弁,整理炮械,务当事先预防……如该夷再来投递禀词,一概拒绝,不准接收。或夷船驶近口岸,即行开放枪炮,痛加攻剿"。⑤ 此外,道光帝还谕令督促前旨所调之湖南、四川、贵州兵4000名分起赴粤。1月12日,他再谕令琦善,称"该夷反复鸱张,即令暂时恭顺,亦不可恃,惟有大加惩创,方可褫夷魄而绝后患"。他要求琦善在湘、川、贵等省兵员至粤后,"分布要隘,乘机痛剿,不留余孽",并对英军断绝淡水、食物供给,令其不能持久。⑥ 1月17日,他又谕令湖广总督裕泰、署两江总督裕谦等,调集湖北兵员1800名、湖南1000名、安徽1200名,共计4000名,迅速赴浙,由伊里布统辖,相机进剿。

---

① 《著钦差大臣琦善一面与英人论说一面妥备攻剿事上谕》,见《鸦片战争档案史料》第2册,665页。
② 《英国增兵著沿海将军督抚严密布防加意操练事上谕》,见《鸦片战争档案史料》第2册,666页。
③ 《著钦差大臣琦善立即断绝与英谈判并督同林则徐等整饬兵威相机妥办事上谕》,见《鸦片战争档案史料》第2册,710页。
④ 《著钦差大臣伊里布不必俟广东知会即行相机剿办事上谕》,见《鸦片战争档案史料》第2册,712页。
⑤ 《著沿海各省将军督抚等先事预防准备攻剿并不准为英人转递文书事上谕》,见《鸦片战争档案史料》第2册,712页。
⑥ 《著钦差大臣琦善于各省之兵抵粤后即可乘机痛剿切勿畏难苟全等事上谕》,见《鸦片战争档案史料》第2册,743页。

1841 年 1 月 25 日，道光帝接连收到英军进犯沙角、大角炮台及两台失陷奏报，大为震怒。他于当日连发数旨，督促伊里布、琦善相机进剿。27 日，道光帝发布对英宣战诏书，历数英军侵华种种罪行，痛斥其"逆天悖理，性等犬羊，实覆载所难容，亦人神所共愤"。他宣称："惟有痛加剿洗，聚而歼旅，方足以彰天讨而慰民望。""现在所调各省劲兵计可赶到，著伊里布克日进兵，收复定海，以苏吾民之困。并著琦善激励士卒，奋勇直前，务使逆夷授首，槛送京师，尽法惩治。其该夷之丑类，从逆之汉奸，尤当设法擒拿，尽杀乃止。至沿海各省洋面，迭经降旨严密防范，著各将军、督抚等加意巡查，来则攻击。并晓谕官民人等，人思敌忾，志切同仇，迅赞肤功，共膺上赏。"①至此，清廷对英方的态度，再次发生了根本性的变化，由"抚"改"剿"。1 月 30 日，清廷任御前大臣、宗室奕山为靖逆将军，户部尚书隆文、湖南提督杨芳为参赞大臣，驰赴广东，指挥攻剿事宜。同时，清政府又决定再从湖北、四川、贵州调兵共 3 000 名，驰粤参战。

虽然清廷连番谕令琦善断绝与英人交涉，克日进剿。但琦善向来主张对英妥协，沙角、大角炮台失陷后，更是畏敌如虎，根本不愿做攻占准备，对于义律提出的种种无理要求，既不敢应承，亦不敢与之断绝关系。即在道光帝对英宣战诏书下达之后，他还依旧与义律保持着联系。作为英方全权代表的义律，一方面与琦善虚与委蛇，一方面则已意识到不可能通过谈判迫使琦善答应其所提出的各项侵略要求，承认对香港的割让。他已决意再次诉诸武力，实现其侵略目的。

1841 年 2 月中旬，义律在澳门获悉清政府调集各省兵员赴粤并颁布对英宣战诏书的消息，决定先发制人。他命令英军集结，准备进攻虎门和广州。2 月 19 日，英舰开始驶向虎门海面，并随即攻占虎门炮台的前哨据点。24 日，义律在"加略普"号上宣布中英谈判破裂。同一天，英军统帅伯麦向关天培发出最后通牒，要求将横档以上、大虎以下中流左右各处炮台交出，竖白投降，遭到关天培严词拒绝。

虎门扼珠海入海口，险要天成，是广州的重要门户。沙角、大角炮

---

① 《英人贪求无厌已在广东开战著伊里布琦善分别进歼敌事上谕》，见《鸦片战争档案史料》第 3 册，10—11 页。

台失陷,使虎门失去第一道屏障。但其东南武山一带筑有南山、威远、镇远和靖远4处炮台,江中有横档和永安2处炮台,此为虎门的第二道屏障。由此向上,则有大虎炮台、巩固炮台和蕉门炮台,并以大虎山、小虎山共同构成第三道屏障。但是,琦善自接任两广总督以来,对英军一味妥协退让,根本不认真进行备战,一心想通过抚议解决中英争端。受其影响,虎门前线战备几乎瘫痪。同时,由于兵力有限,各炮台守军皆不过数百人,分散布置,被动挨打。

英军经过侦察,发现清军未在横档炮台之外的下横档岛设防。2月25日下午,英军即派陆军与炮兵分队,携臼炮3门,由"复仇神"号轮船运至该岛登陆,连夜选择阵地,架设炮位。26日晨,英军自下横档岛以炮猛轰上横档炮台,虎门之战拉开帷幕。与此同时,英军以舰船阻断清军增援上横档的水道,并另以4艘军舰由西航道驶入,对上横档形成包围,以舰炮猛轰。双方激烈炮战一个多小时,上横档岛上守台清军被英舰炮火压缩在炮台内。英舰"复仇神"号乃乘机运载陆军从西侧永安炮台附近登岸,直扑岛上的横档、永安炮台。经过激战,清军阵亡300余人,少部分人突围,上横档失守。

在进犯上横档的同时,英舰"伯兰汉"号、"麦尔威厘"号和轮船"皇后"号驶向武山,攻打威远、靖远、镇远三炮台。当时,水师提督关天培亲自在威远炮台督战。关天培历来主张坚决抗英,但琦善抵粤以后,倒行逆施,致令广东海防废弛,军心涣散。身为广东水师统帅的关天培见此情形,忧心如焚。而远在帝京深宫的道光帝,并不知悉他的困难处境。道光帝在1月27日发布对英宣战诏书的当天,还曾颁下一旨,著将琦善交部严议,并称"关天培身任提督,统辖水师,平时既督率无方,临事又仓皇失措,著先行革去顶带,仍令戴罪立功"。[①] 其实,关天培一直在十分困难的条件下履行自己的职责,道光帝谕旨中对他的指责与惩罚,正像他对林则徐和邓廷桢的惩处一样,既不明智,也无道理,倒是显得有些恼羞成怒。而当英军进攻虎门之时,关天培已抱定必死之心,誓与敌寇相周旋。他将自己脱落的牙齿和一些旧衣服装进箱箧,派人

---

① 《著将失职疏防之琦善关天培分别摘顶严议事上谕》,见《鸦片战争档案史料》第3册,11页。

送回江苏淮安老家，"以绝生还之望"。当英军向虎门三炮台发动猛攻时，关天培督率守军与敌激战一个半小时之久。在英舰炮火的猛烈轰击下，镇远炮台守军不支先溃。关天培和游击麦廷章则率亲兵20余人坚守威远炮台，他亲自开炮还击。激战中炮身炸裂，一名随从大呼事不可为，劝他弃台逃命。关天培怒不可遏，"挥刃揕之"。[1] 不久，英军300多人在炮台侧翼登陆，攻入阵地。关天培率守台亲兵与敌展开肉搏。终因寡不敌众，关天培、麦廷章等20多名将士壮烈殉国，虎门失守。当天下午，英舰"复仇神"号带同一些小船进攻西岸南沙山上的巩固炮台。炮台守军近2 000名，不战而溃，英军未遇任何抵抗，顺利登岸，将炮台和营房捣毁后，撤回至军舰。至此，虎门要塞六炮台尽数失守，珠江口门户洞开。关天培殉国后，广东前线更无统帅，无法再对进犯珠江的英军组织起有效的阻击。

2月27日一早，英舰"加略普"号、"前锋"号、"鳄鱼"号、"硫磺"号、"摩底士底"号和轮船"复仇神"号、"马达加斯加"号齐向珠江进发，沿途未遭任何阻击，长驱直入，中午径抵乌涌炮台附近江面。

乌涌炮台距广州仅60里，是省城广州的第二门户。炮台守军共1 600人。其中湖南兵900人，由署湖南提督祥福率领，于2月22日匆匆赶到，仓促布防；余下的700名为广东兵。此外，炮台上游江面上还部署了一艘装有10门大炮的沙船、一艘装有34门大炮的兵船"截杀"号（林则徐购外船改装而成）和40艘水师船，炮台江岸架有重炮近50门。部署形势，亦称险扼。英舰驶至，即向炮台开炮，祥福则指挥守军开炮还击。但由于祥福所率湖南兵刚到不久，所筑工事尚未就绪，又遇江水暴涨，江岸炮位多没水中，只有东南角一炮可以射击，却又因炮体笨重，炮基土质松软，无法转动炮口，以致不能命中目标。交战不久，英军即乘机换舢板登陆，直扑炮台。祥福率部英勇抗敌，但火药用尽，不敌英军攻势，乌涌炮台失陷。祥福及游击沈占鳌、守备洪达科等均力战殉国，清军将士阵亡500余人。

英军攻陷乌涌炮台后，遂又击沉泊于上游的兵船"截杀"号及水师

---

① 梁廷枏：《夷氛闻记》卷二，见丛刊《鸦片战争》（六），31页。

船多艘。清军其余水师船一哄而散。28 日,英军排除了乌涌江面的木筏与沉船等障碍。3 月 1 日,英舰"复仇神"号溯江而上,沿黄埔北岸探测水路,侦察沿岸军情,未遇任何抵抗。3 日,英军攻占琶洲炮台,接着,兵锋直指黄埔西端的猎德炮台,而省城广州已然在英舰炮口的威胁之下了。至此,珠江防线在琦善对英妥协政策的主导下,几乎未能发挥丝毫防御之效。

四　广州城下之盟

1841 年 2 月 26 日,道光帝收到了广东巡抚怡良报告英军强占香港、弹劾琦善的奏章,他阅后勃然大怒,痛斥琦善擅与香港、擅准通商,"且伊被人恐吓,奏报粤省情形,妄称地利无要可扼,军械无利可恃,兵力不固,民情不坚,摘举数端,危言要挟,更不知是何肺腑! 如此辜恩误国,实属丧尽天良!"他即令将琦善革职锁拿,解押来京,严行讯问,其所有家产查抄入官。[①] 是年 8 月 2 日,又据王大臣会同刑部所议,处琦善以斩监候。琦善妥协误国,遭此严惩,实属罪有应得。但广东方面在其倒行逆施的作用下,已成危局,珠江防线土崩瓦解。

1841 年 3 月 3 日,义律向琦善提出《约议戢兵条款》,要求赔偿英军战费及商人损失 1 200 万元,赔款付清前英军仍然占据已占之地;除割让香港外,尖沙嘴亦须割让,并在九龙设关;偿还洋银 1 200 万元,行欠准于三年之内清还;废除行商垄断中外贸易制度;给英国以最惠国待遇;三天内恢复贸易等,要求琦善在 5 日之前签署。而琦善已于此前的 3 月 1 日接到被革职拿办的上谕,不敢对义律作任何答复。3 月 5 日,参赞大臣杨芳抵达广州。

3 月 6 日,义律未得琦善答复,即令英军继续进攻。当天,英军攻陷二沙尾与猎德炮台,广州城失去最后一道屏障。此时,义律除了要以武力逼迫中方答应其所提出的割占领土、赔款等项要求之外,一个急迫的目的是要用武力威胁广东当局恢复已经断绝了两年之久的中英贸

① 《著将擅与香港地方之琦善即行革职抄家锁拿严讯事上谕》,见《鸦片战争档案史料》第 3 册,157—158 页。

易。长期出任驻华商务监督的义律深知中英贸易的重要,当时贸易季节已经开始,而作为中外贸易唯一口岸的广州已对英商关闭两年,英、美商人和鸦片贩子急于展开对华贸易,销售其商品或鸦片存货。同时,中英两国断市两年,英国国内市场对茶叶的需求已成燃眉之急,英国政府也需征收茶叶税,而此时它的存货已濒告罄。为此,义律决定以武力攻至广州城下,迫使广东当局恢复与英方的贸易。

3月7日,义律照会琦善,宣布暂停进攻,同时发布文告,强迫恢复通商贸易,并威胁称:"如天朝大员对于现时英军的驻防加以任何危害,则英军即将以武力对付,全城可能惨遭祸害。如果中国商人与英国及外国商人间的自由买卖受到阻止,则广州全城的一切商业应立即予以断绝。"①参赞大臣杨芳到达广州后,即接手了对英交涉事务,他一方面着手对广州防务进行部署,一方面将琦善逮捕锁拿。但他面对英方提出的条件,却苦无良策,既怕拒绝英方恢复通商的条件而致重开战端,又怕接受英方通商要求则忤逆道光帝不许心存与英方通商之意。左右为难之下,他宣布恢复中美贸易,企图以此既满足英方要求,又可敷衍朝廷。

但是,英方不买杨芳的账。当义律获知中美恢复通商的消息后,当即向外商宣布:除英国海军司令官外,任何人无权准许船舶驶入珠江。只要广东当局不明确表示同意恢复中英贸易,英军就将严密封锁广州,禁止中外通商。3月13日,伯麦发出命令,禁止英国及各国商船驶进珠江。同日,英军以"摩底士底"号、"司塔林"号舰攻占大黄滘炮台。义律还亲率"复仇神"号轮,"萨马兰"号、"阿塔兰塔"号等舰由澳门出发,骚扰红山河岸,连陷磨刀炮台、飞舒阁炮台、上闸炮台、洪后新炮台等,英军沿岸一路烧杀掳掠,将澳门至紫泥之间的一切公共建筑设施和105门火炮尽数摧毁。15日,义律派"复仇神"号上驶大黄滘,欲进省河。至凤凰冈炮台时,英船受到江西南赣镇总兵长春所率守军坚决阻击。英军舢板2只被击沉,"复仇神"号被迫退回。18日,英军再次大举来犯,"摩底士底"号、"阿吉林"号、"司塔林"号、"青春女神"号、"路易

① [英]宾汉:《英军在华作战记》,见丛刊《鸦片战争》(五),329页。

沙"号、"复仇神"号、"马达加斯加"号等 7 艘舰船,直入省河,先将凤凰冈炮台攻陷,接着连破永靖、沙面西、海珠三炮台以及东炮台、红炮台,夺去大炮 120 余尊。当天下午,英军占领城外商馆区,省河两岸的防守据点全部丧失。此时仍在广州的林则徐虽然已获准"协办夷务",但无兵无权。他面对危局,并未消极观望。他捐资募集福建泉州、漳州壮勇,"共得五百六十人",分布各路,布置防守,准备与英军决一死战,与广州共存亡。①

省河两岸失守,英军兵临广州城下,杨芳十分恐惧。他不顾清廷禁止与英通商严令,于 3 月 20 日派广州知府余保纯带回文赴英船乞求停战,按照英方条件,于当天签订《停战贸易协定》。该协定规定:广州照常开市,商船于黄埔装货;不得令英人为鸦片问题具结;中国照常征收港口税和商税;凡鸦片及其他走私货物,如经查出,即予没收,禁止将人拘留或施以各种惩罚。这样,中断了近两年之久的中英贸易,在英军炮口的威胁下恢复了。英国商船蜂拥而入,推销其积压已久的存货,采购英国国内急需的茶叶等。至是年 6 月止,英商单茶叶一项即购进了6 000万磅。义律事后也曾得意地宣称:仅此一项,英国政府即可从中征得 300 万英镑的茶税。虽然中英协定中明禁鸦片及其他走私,但事实上,这一规定完全是欺人之谈。因为事实证明,"鸦片船只总是紧随着旗舰而去的"。英军一到广州,鸦片走私船便云集黄埔。而此时,杨芳等人自顾不暇,负有缉私之责的广东水师已被英军打得闻风丧胆,也根本谈不上什么查禁鸦片了。

道光帝确实有心与其称为"英夷"的来犯之敌放手一战。无奈其所任命的钦差大臣之流,皆无战意。琦善不仅违逆他不与英人交涉的明谕,反致香港被占,珠江防线数日之间尽陷敌手;道光帝虽迭次谕催伊里布克日进军,收复定海,但伊里布"观望延迟,株守数月";杨芳之来广州,本亦被道光帝寄予厚望,委以重任,并曾明谕其不可心存通商之念,结果杨芳却又擅与英人签约,恢复与英贸易。对此,道光帝极为失望,除将琦善拿问外,复先后将伊里布、杨芳、怡良等人革职议处。而当时

---

① 《林则徐日记》,见丛刊《鸦片战争》(二),63 页。

尚在广东的林则徐向来主张力战抗英,且对于抗英拒敌也不乏心得策略,但自被道光帝迁怒革职,以为替罪之羊后,只能在广州赋闲。琦善、伊里布、杨芳之流妥协误国,道光帝自是看在眼里,并逐一惩办拿问。而对林则徐,虽然当时有人向他奏请启用,道光帝却再也不肯回转心意,委以大任。而且每当战事失利时,他都要重新将其贬谪,直至最后充军到新疆。

1841 年 4 月 14 日,道光帝任命的靖逆将军奕山和另一位参赞大臣隆文,偕新任两广总督祁𡎑抵达广州。同时,道光帝谕旨由江西、湖北、湖南、四川、贵州、云南、广西等省抽调的兵员,也陆续到粤。至 4 月底,清军在广州一带集结了 2 万余人。4 月 18 日,道光帝再次谕示奕山等"断不准提及通商二字",以致贻误战机,要求他们"迅速督饬兵弁分路兜剿,务使该夷片帆不返,俾知敬畏。倘夷船闻风遁,空劳兵力,惟该将军等是问"。[①]

奕山至广州后,曾经向林则徐征询对英战守方略。林则徐向其建议:

一、设法诱使英军退出猎德、大黄滘等处炮台要隘,然后乘机填塞河道,并在沿岸驻扎精兵,构筑工事;

二、清查洋面水师船,统一调配以为备战之用;

三、速将各处所存之新旧大小火炮六百余尊调集广州,逐一检验,装备各营盘战船;

四、"夷船在内河,最宜火攻",多造火攻船只和木筏等,挑选水勇,乘夜火攻英船;

五、"洋面之战,系英夷长技",因此需赶造坚固战船,以资拒敌制胜;

六、在澳门等地方,密派干练稳妥之人,探查敌情,以为决策参考。[②]

---

① 《靖逆将军奕山等不准港脚货船通商惟有进剿一法事上谕》,见《鸦片战争档案史料》第 3 册,368 页。

② 据梁廷枏《夷氛闻记》卷三,见丛刊《鸦片战争》(六),35—38 页。

林则徐的这些建议,是他根据自己来粤以来与英人交涉过程中的经验与认识而提出来的。作为曾经与英国人有过正面交锋并且取得重大胜利经验的林则徐,与长居深宫,甚至连"英夷"之来由都不清楚的道光帝不同,他开始认识到英国和西方世界的长处,而且非常重视对于敌情的掌握。而他提出的上述建议,更是从当时英舰云集省河、兵临广州省城的现实局面出发,建议奕山先设法摆脱清军被动地位,整顿水师,装备器械,探悉敌情动向,发动民众,主动出击,以期取得抗英战斗的胜利。

但是,奕山虽为"靖逆将军",其实是一个养尊处优的朝廷亲贵,既不知兵,更无谋略。到了广州后,他不为广州的危局担忧,反而认为"患不在外而在内","防民甚于防兵,而防兵又甚于防寇",视广东民众俱为汉奸,把自己摆到了与广大民众根本对立的地位。而于对英作战方面,他倒是听从了林则徐"火攻夜袭"的建议,但他与参赞大臣隆文、杨芳等人,整日里沉溺于花天酒地、古玩字画之中,不做悉心准备,企图侥幸取胜。

《停战贸易协定》签订后,经过近两个月的贸易,英国商人推销商品和采购茶叶的目标完成。义律和英军又开始策划新的阴谋。1841年3月31日,英军统帅海军司令伯麦乘"皇后"号前往印度,向英印总督奥克兰请求增派援兵来华。当奕山一到广州时,义律即向其发出照会,要求其遵守停战贸易协定。义律本人也多次到广州探听虚实。5月12日,义律至澳门,向英军陆军司令郭富、海军代司令辛好士发出备战命令。5月18日,辛好士率英军舰队,郭富率陆军,由香港动身,开赴广州。19日,英舰再次驶入珠江。此时,也正是奕山准备对英军实施夜袭反攻的时候。但由于奕山等人玩忽职守,视军国大事如同儿戏,并未做好充分的反攻准备。其用于夜袭火攻的水勇,既未招够人数,也未经事先演练,只得从四川兵中抽调400人,又在广州招募300人,拼凑了一支700人的水勇队伍,贸然定于5月21日对英军实施反攻。而义律于此前即已探悉到奕山自以为非常机密的反攻计划。5月21日,他通知英商在日落之前迅速撤离商馆。

21日晚,奕山下令向英船进攻。清军水勇由都司胡俸伸、守备孙应照、千总杨泽等率领,分兵左、中、右三路,伏于东炮台、西炮台和城西之泥城,相约于三更后一齐出动,利用夜色,乘小艇靠近敌船,以长钩将其钩住,向其上掷火箭火弹,火攻英军舰船。夜半时分,清军水军发起进攻,东、西炮台同时向江中英舰开炮轰击。但是,奕山反攻计划已事先为英军获悉,英舰大部分已做好准备。因此,清军反攻夜袭并未取得奕山所预期的战果,反倒将中国民船烧毁不少。

清军三路反攻失利,英军乃乘势开始向广州进攻。5月22日晨,英舰先向西炮台猛轰,守军溃散。24日,2 700余名英军分成两部,一部共360人为右纵队,进攻商馆区;余下的为左纵队,近2 400人,在广州城西北部泥城、缯步一带登陆,担任向广州城进攻的主攻任务。下午3时,右纵队轻易占领了商馆区。傍晚,左纵队到达预定登陆地点,遭当地壮勇的顽强阻击,死伤数十人。25日凌晨,英军攻城部队全部登陆。接着,在广州城北越秀山,英军攻打护卫广州的拱极、保极、永康(四方炮台)、誉定等炮台,驻守在这里的2 500多名贵州兵进行了英勇抵抗。激战中,清军500名将士壮烈殉国,1 000多人负伤。英军伤亡70余人,海军少校福克斯亦被打死。下午2时,4座炮台均陷敌手。

城北4座炮台失守,使广州处于英军南、北、西三面包围之下。英军居高临下,发炮轰击。珠江两岸不少店铺被炸成废墟,南门外更被严重摧毁。城内外的店肆房屋被炸起火,延烧达数小时之久。广州城内两处火药库也被英军炮火击中炸毁。

当英军进攻之际,奕山等人束手无策,一筹莫展。5月26日,英军准备对广州城发动总攻。奕山当即派广州知府余保纯出城赴英国商馆,向义律乞和。当天傍晚,义律提出停战条件。对于英方提出的苛刻条件,靖逆将军和参赞大臣们不敢提出只字反对。5月27日,奕山再次委派余保纯出城,在广州城墙之下,完全按照义律提出的条件,在中英《广州停战协定》上签字。协定的内容为:

一、三位钦差大臣和所有外省军队,限六日内退出广州城六十里以外;

二、限一星期内交出六百万元备英方使用;在二十七日日落以前先交一百万元；

三、前条款项付清后，英军开回虎门以外，并交还横档及江中所有其他各要塞，但在两国交涉各事获得解决以前，中国方面不得重新予以武装；

四、赔偿商馆及西班牙帆船"米巴音奴"号的损失；

五、广州知府(议和代表)应提出全权证明书，由三位钦差大臣、总督、将军及巡抚盖印。①

《广州停战协定》可谓名副其实的城下之盟。奕山无条件地全部接受了英军提出的条款，于数日之内凑足 600 万元白银，交付英方以为"赎城费"。从 28 日起，省外清军分批撤出广州，奕山、隆文等也于 6 月 5 日(四月十六日)乘船移赴广州城西北 60 里外的金山驻扎。在清方赎城费大体交清后，至 6 月 7 日，英军交还各炮台，退往香港。奕山等人不敢向道光帝禀报实情，在奏疏中谎称"粤省夷务大定"，请求撤退各省援军。7 月 29 日，道光帝批准广东援军"凯撤"，同时谕令沿海各省酌量裁撤兵勇。至此，清政府调集各省兵丁近两万人，耗银数百万两组织的"剿英"战役，就这样以无条件向英军投降而告结束。

五 三元里人民的抗英斗争

英军侵入广州地区后，清军节节败退，奕山等人屈膝投降。英国侵略军则气焰嚣张，横行无忌。从 1841 年 5 月 22 日对广州城发动进攻开始，英军即到处烧杀抢掠，无恶不作。22 日当天，英军四处放火，省河两岸及十三行地方，房屋被烧毁，大火彻夜不息，十三行被洗劫一空。23 日，英军到处杀人抢船。据时人记述："连日逆夷围攻省城，施放炮火，三面延烧。西则自新填地金利埠烧至西炮台，南则自天字码头烧至小东门。被火者不下千余家，难民提男挈女，号呼之声，遍于道路。"② 江面之上，英军"拦截搜船，遇有年少男女，皆被抢去，货物用火烧

① [美]马士：《中华帝国对外关系史》第 1 卷，319—320 页。
② 《骆秉章折一》，见丛刊《鸦片战争》(三)，498 页。

毁"。① 24 日，英军烧毁靖海、五仙等码头铺肆百余间，纵火焚烧税关附近民房，大火延烧至四更天。25 日，英军继续到处烧杀焚掠，由接官亭至城门口，房屋店铺数百间尽被其纵火焚毁，大火烧至次日午后始息。《广州停战协定》签订后，英军更是变本加厉，窜扰广州城郊乡镇，到处掳掠奸淫。他们"闯入各乡奸淫妇女"，一天之内，"辱污而死及被逆劫去者共计一百数十口"。②

英国侵略军的暴行，使广州人民遭受了空前的浩劫。5 月 29 日，10 多名英军窜至广州城北的三元里，在村头调戏三元里东华里菜农韦绍光的妻子李喜。愤怒的乡民闻讯，手执锄头、木棍，将英军团团围住，当场击毙七八名，其余的狼狈逃命而去。接着，三元里乡民聚集在三元古庙，商议对策，决定全村除将老弱妇孺迁走外，16—60 岁的男子一律留守，以刀、矛、棍、斧为武器，组织起来，以三元古庙的三星旗为战旗，"旗进人进，旗退人退，吹螺壳打鼓进兵，打锣收兵"，③以备英军来袭。同时，他们为团结各乡人民共同抗敌，还派出代表至邻近各乡求援。当天下午，三元里附近 103 乡的庄农、丝织工人、打石工人、水勇和学社领导的义勇代表，云集在牛栏冈，共商抗英大计。会议决定联合起来抗击英国侵略者，并约定如遇英军来犯，一乡鸣锣，众乡皆出，诱敌深入，在牛栏冈痛击来敌。

5 月 30 日早晨，三元里等乡群众约 5 000 人最先赶到城北高地聚集，敲锣打鼓，齐声呼喊"杀番鬼"。英军陆军司令郭富率英军第 26 团、第 37 团、第 47 团和孟加拉志愿兵的几个连及海军陆战队共 1 000 多人，从四方炮台，分左右两路扑向群众。三元里乡民且战且退。近午时分，英军被诱至牛栏冈。此时，近两万名乡民个个手执刀、矛、棍、斧，从四面八方蜂拥而来，渐渐将英军包围。郭富下令开炮轰击。但是，三元里乡民怀着对英国侵略军无比的痛恨，抱定"打死不怨"的决心，冒着敌人的炮火，不稍退缩。一时间，杀声震天，侵略军陷入群众的团团包围之中。战至下午 2 时左右，正当三元里人民与英军激战之际，突然阴云

---

① 《清道光朝留中密奏·探报十一》，见丛刊《鸦片战争》(三)，534 页。
② 《英匪犯境见闻录》，见广东省文史研究馆编《三元里人民抗英斗争史料》(修订本)，67 页，北京，中华书局，1978。
③ 《三元里平英团史实调查会记录》，载《近代史资料》1954 年第 1 期。

四起,雷电交加,大雨倾盆,数尺之外,不辨事物。英军弹药尽湿,枪炮之器尽失威力。英兵穿着笨重的皮靴,在水田四布、道路崎岖的牛栏冈的泥泞田野中,几乎寸步难行。而漫山遍野的乡民抓住暴雨的大好时机,挥舞着手中的长矛、大刀,与英军英勇搏斗。英军统帅郭富见势不妙,下令撤退。三元里人民奋勇追击。溃逃中,英军副军需总监毕霞少校被唐夏乡农民颜浩长击毙,一些英军士兵在群众的大刀、长矛下丧生。直至晚上9时许,英军在付出惨重的伤亡代价后,才突围逃回到四方炮台。

当天夜里,追击英军的群众把四方炮台包围了起来。5月31日,番禺、南海、花县、增城、从化等县400余乡的上万群众闻讯赶来支援,龟缩在四方炮台内的英军眼见漫山遍野尽是愤怒的群众,顿时收敛了往日的骄横气焰。他们在炮台上竖起白旗,乞求停战。此时,正在商馆的义律也急忙赶到四方炮台。他又随即派人送信入城,要求广东当局立即驱散人群,否则英军即会攻城。奕山、隆文、杨芳等人此时尚在惊魂未定之中,并正忙于拼凑"赎城费",按《广州停战协定》撤军。他们接到义律的来信后,生怕英军攻城,当即令广州知府余保纯偕南海县令梁星源、番禺县令张熙宇出城,前往炮台,为英军解围。余保纯等人到了炮台后,先是卑劣地向义律、郭富等人声明三元里人民的抗英斗争与官府无关;接着,他们来到抗英群众队伍中间,拱手作揖,请求民众停止攻击;同时,他们对参加抗英的士绅们则极尽威胁利诱。结果,士绅们纷纷动摇离去,各县乡民也随之渐渐散去。

三元里人民的抗英斗争,给英军侵略军以沉重的打击。5月30日牛栏冈一役,据英方的记载称:"英军共十五名阵亡,一百二十名受伤,伤者之中有十五名军官。"[1]但据中国方面当时的记载,中国人民在此次抗英战斗中毙伤英军的数字要多得多。英军经此重创,顿成惊弓之鸟,再也不敢在广州城继续逗留。6月1日,英军即开始从广州撤退。

---

[1] [英]柏纳德:《"复仇神"号轮船在华航行作战记》,见中国科学院上海历史研究所编《鸦片战争末期英军在长江下游的侵略罪行》,218页,上海,上海人民出版社,1959。本书英文本原书藏中国社会科学院近代史研究所图书馆。

三元里人民的英勇抗英斗争,是鸦片战争时期各地人民反侵略斗争中规模最大的一次,也是中国人民近代以来抗击外国侵略者的先声。

三元里前声若雷,千众万众同时来。
因义生愤愤生勇,乡民合力强徒摧。①

爱国诗人张维屏热情讴歌了三元里人民的抗英斗争。三元里人民以长矛、大刀等原始的冷兵器,迎着英国侵略军的枪弹炮火,与敌人展开了血肉搏击,取得了胜利,显示出中华民族不畏强暴、坚决抗击外来侵略的英勇斗争精神和气概。他们的英勇斗争,用铁的事实击灭了琦善、伊里布等妥协派散布的英人船坚炮利、不可战胜的神话,也给弥漫于整个清朝统治集团内部的妥协主义与投降主义谬论以有力的驳斥。而三元里人民自发组织起来的英勇抗英斗争终于因清政府广东当局的妥协与破坏而告结束的事实,更清楚地向世人显示:中国下层民众抗击侵略军的坚定意志与英勇气概与清政府腐败官吏的卑污妥协和水师兵勇的贪生怕死相比,形成了天壤之别;封建王朝的统治阶级,不可能也不敢依靠广大人民群众的力量来共同维护民族尊严和国家权益。

---

① (清)张维屏:《三元里》,见《三元里人民抗英斗争史料》(修订本),294 页。

第三节　清廷游移不定　英国增兵扩战

战争是交战双方物质力量与精神力量的综合较量。保家卫国的战争尤须全国军民团结一心,以抗战到底的坚定信念,倾全国之人才物力,与敌人展开殊死搏斗。但是,清政府在组织指挥抗英战斗中,对西方世界全然无知,根本不了解英国发动侵华战争的目的,却又在对英方针上左右摇摆,战和不定,导致沿海防备全线废弛,结果使自己陷于手忙脚乱、被动挨打的绝境。而英国政府当局,并不以清政府的妥协退让而善罢甘休,执意要凭其坚船利炮,敲开中国长久关闭的国门,攫夺其几个世纪以来通过外交途径无法获得的侵略特权。英国对华侵略战争进一步升级,中国东南沿海诸省顿陷战火之中。

一　清廷游移不定

道光帝对执意坚持妥协路线的琦善和伊里布予以严惩,并且明诏宣战,声称要将来犯之英夷全数剿灭,不让片帆得归。但其所挑选任命的钦差大臣和剿英将军,一到前线,就都成了无能之辈。道光帝的宣战诏书虽然写得慷慨激昂,却也掩饰不了他内心的惬怯。在对英宣战之后不及数月,他的态度再次发生了转变。

清廷征调湖南、湖北、广西、四川、云南、贵州等省近 2 万名兵丁,耗银数百万两而组织的剿英之战,却在靖逆将军奕山等人的指挥下,一败涂地。当时信息传递途径的落后,使得奕山不仅能够隐瞒真相,谎报军情,而且等经过长途驿递传到北京,也在 20 多天之后,而情势往往会在此期间发生变化。从 1841 年 5 月 23 日开始,奕山向道光帝发出了一道道奏折，把本来是他贸然反攻进而导致英军顺势进攻广州的所谓反攻，吹嘘成一场取得赫赫战果的胜利："共烧西路白鹅潭逆夷大兵船二只，大三板船四只，小艇三板数十余只。此外，东路二沙尾烧小三板数只，逆夷被击及溺水死者不计其数。"①5月26日，正是英军已然兵临广州城下，准备攻城，奕山胆战心惊地派余保纯缒城而出向英军乞和的当天，他再次向道光帝谎报：5月23日，英军"分攻西炮台、天字码头、东炮台等处，连环轰击，更番迭进，炮子打入新城老城之内，甚势甚猛。经总兵段永福、琦忠、长春、张青云等督率将士，并力抵御，轰沉火轮一只。相持至暮，汉奸又抛掷火罐火球，焚烧临水房屋，幸我兵勇奋不顾身，亦以火箭火器抛掷，焚其三桅兵船一只，东炮台打折夷人大桅一枝，震落夷人四五名落水，直至三更后始行少退。"5月24日，"夷船又复拥至，彼此对击，相持半日。泥城木排船只，夷匪又分船袭夺，经游击伊克坦布督率兵勇，击毙夷人数名，夷人开炮自炸，轰碎三板一只"云云。② 道光帝确实也被奕山奏章中所描述的激战场面所迷惑，在奏章中随处朱批"好极""甚属可嘉"之语。

但是，纵使奕山百般编造，其战败乞降，擅与英军签约赔款、恢复贸易却是事实。于是奕山等又复百计弥缝，向道光帝诡称：经前两次战后，英军复于25日纠集"夷船三十八只，全数驶入攻城"，致"河道梗塞，文报难通"，赶办炮位不及，泥城不守，北城炮台失陷，省城危在旦夕。及至27日，"城内居民纷纷递禀，吁恳保全阖城民命"。与此同时，英军又派人前来，以手指天指心，"屏其左右，尽将兵仗投地，向城作礼。……据称英夷不准贸易，货不能流通，资本折耗，负欠无偿，因新城之外，两边炮火轰击，不能传知，是以来此求大将军转恳大皇帝开恩，追完商欠，俯准通商，立即退出虎门，缴还各炮台，不敢滋事等语。旋据众洋商禀称：该夷央该商等转圜，只求照前通商，并将历年商欠清还，伊即将兵船全数撤出虎门以外等情。"于是，他便"俯顺舆情，以保危城"，允许英人与各国一体贸易，③并从库存款项中拨出银280万两，用以清偿

---

① 《靖逆将军奕山等奏报为乘夜焚击在粤省河英船折》，见《鸦片战争档案史料》第3册，445页。
② 《靖逆将军奕山等奏报官兵抵御英军进攻情形折》，见《鸦片战争档案史料》第3册，447页。
③ 《靖逆将军奕山等奏报英军攻击省城并权宜准其贸易情形折》，见《鸦片战争档案史料》第3册，461—463页。

商欠。经此办理,英人头目等尽"额庆欢忭,免冠感伏,声言永不敢在广东滋事"。①

这完全是奕山为推卸责任编造的一番鬼话。他一方面把自己擅开通商的行为说成是为了保全广州城,同时也是在英人低三下四的恳请之下才"权宜"允许的。同时,他又把其用于向英军支付赔款的 280 万两银的大窟窿说成是拨款清偿商欠。而道光帝居然任由奕山信口胡说,一反自己定下的"不准心存贸易一念"的原则,于 6 月 18 日颁谕准令英人通商,奕山所谓拨借之 280 万两银,著即着落行商分年归补。他不仅不再追究奕山擅开对英贸易之责,而且表示体谅奕山等人"不得已之苦衷",②已然暗示着他本人对于英人态度的巨大变化。

奕山隐瞒实情,胡编战报,也有意地隐瞒了英军的真实意图,使道光帝对于英国侵略者的贪婪欲望无所认识,反而觉得英人"性等犬羊,不值与计较,况既经惩创,已示兵威",现在他们主动前来央求恢复通商,所以经奕山代为奏请后,准许其遵照旧例,正常通商。其实,从奕山等人奏折中的破绽里,道光帝对广东方面的战局也有所觉察,同时他似乎也意识到自己的反复无常而自觉无趣。但是,作为封建王朝的最高统治者,他永远都会把一切失败的责任推向别人。但是,道光帝不对指挥失当、投降误国的奕山之流予以惩处,也无视琦善至粤后广东海防始渐废弛的事实,反而把广东方面军事失利的责任重又怪罪到早已被革职候问的林则徐、邓廷桢等人的头上。6 月 28 日,他颁谕斥责林则徐、邓廷桢等人:"前任两广总督邓廷桢,履任多年,懈惰因循,不加整顿,所设排链,空费钱粮,全无实用。以致该省兵丁柔懦无能,诸多畏葸。虎门之役,竟有为夷匪买通者,思之殊堪痛恨!前任两广总督林则徐,经朕特给钦差大臣关防,办理广东事件,经复令其实授总督,全省军务,皆其统辖。既知兵丁染习甚深,便应多方训导,勤加练习;其于夷务,亦当德威并用,控驭得宜。乃办理殊未妥协,深负委任。"因此,对林、邓二人

141

①《靖逆将军奕山等奏为遵旨晓谕英商恢复通商及陈明粤省现在情形折》,见《鸦片战争档案史料》第 3 册,547 页。
②《著靖逆将军奕山等准令英人通商不许夹带违禁烟土等事上谕》,见《鸦片战争档案史料》第 3 册,500 页。

"均从重发往伊犁,效力赎罪"。[①] 道光帝对林、邓二人的这番责难,更属无中生有,同时也似乎反映出他对自己当初重用林则徐等人严禁鸦片走私贸易而导致英军大举来犯的做法深感懊悔,进而有些恼羞成怒了。

1841 年 7 月 14 日,奕山又上折片称:"现在粤省夷务大定,各省官兵依山下营,霪雨湿蒸,半染虐(疟)痢霍乱等疾",因此请求酌留广西、贵州及四川官兵"弹压土匪",其余各营分批撤回原省。[②] 7 月 28 日,道光帝在接到奕山折片后,即据此传谕沿海各省将军、督抚,将所有各省调防海口官兵,酌量裁撤。8 月 17 日,清廷再次颁谕,要求两江总督兼钦差大臣裕谦等遵照前谕,迅即裁撤江浙防兵。道光帝此举不啻为自毁长城,致使沿海武备更形废弛;同时也清楚表明,清廷再次走向妥协,客观上为英军正在策划中的增兵北犯提供了便利条件。

二　英国决定增兵扩战

作为主动挑起侵略战争的英国当局,并不如清王朝统治集团一厢情愿的那样,在中国强占香港、勒索赔款和恢复贸易后,就可以戢兵休战了。事实上,自英国派遣远征军来华,迄于英军广州撤军,其既定的侵略目标并未有丝毫改变,那就是在巴麦尊致懿律的训令中以及英国政府预拟的《对华条约草案》中所提出的从中取得开放口岸、勒索巨额军费赔款、割占一处或数处适当的中国领土、攫取片面最惠国待遇特权等。

1841 年 1 月 9 日,英外交大臣巴麦尊看到海军部咨送的懿律的三份报告,了解了英军首次北犯和中英天津谈判的情况。当天他即致函义律,指责他在清政府没有完全接受英国所提条件之前就同意从天津南还,背离了所奉的训令。而且,"如果中国政府的目的在于拖延,那末,很显然,在帝国最南端的广州进行交涉,比在白河口或在较广州距北京更近的任何其他地方去交涉,可以更好地达到这个目的。"他要求

[①] 《著将邓廷桢林则徐发往伊犁效力赎罪事上谕》,见《鸦片战争档案史料》第 3 册,516 页。
[②] 《靖逆将军奕山等筹为粤省洋务已定拟酌裁各省官兵片》,见《鸦片战争档案史料》第 3 册,550 页。

义律,必须把政府训令中指为不可少的一切条件都争取到手。①

1841 年 4 月,由义律捏造的未经中英两国政府签署认可的《穿鼻草约》以及有关英军在华行动及与中国进行交涉情况的报告送到伦敦,巴麦尊看后十分恼火,他斥责义律没有按照他的训令,而是完全依照自己的幻想,处理英国的国家利益。也就是说,英国预定的发动侵华战争的目的并未达到:鸦片赔款数额太少,军费赔偿与商欠清还没有着落,没有争得英人在华的"安全保证",在没有达到英国所有要求之前便主动撤出舟山群岛,对香港的割让也并不彻底,还得向中国方支付捐税。巴麦尊认为,当英军攻陷沙角、大角炮台时,义律本可以"自由规定条款",向中国勒索更多的权益,而义律却"同意了极其不够的条件"。② 4 月 10 日,巴麦尊上书维多利亚女王,不同意批准《穿鼻草约》。维多利亚女王也对义律深表不满:"如果不是由于查理·义律的那种不可思议的奇怪举动,我们所要的一切或许已经到手了。"③

在对华交涉过程中,由于义律没有严格按照巴麦尊的训令行事,使得英国政府觉得其所预拟的草案中所提出的要求没有完全实现,特别是主动从舟山群岛撤军,更让巴麦尊恼火。4 月 30 日,英国内阁会议决定召回义律,改派璞鼎查为全权驻华公使,到中国主持进一步扩大侵华战争。

璞鼎查(1789—1856)曾长期在东方从事殖民侵略活动,先后在东印度公司、驻孟买英军中供职,曾任驻信德王宫总督代表。1840 年璞鼎查返回英国后,受封为爵士,并由上校晋升为少将。英国政府鉴于他对亚洲国家熟悉,决定由他接替义律。璞鼎查受命之后,即与在伦敦的鸦片贩子进行接触,商讨侵华问题。1941 年 6 月初,璞鼎查由伦敦启程赴华,巴麦尊对其发出训令,要求他到中国后,以武力为后盾,迫使清政府无条件地接受英国提出的全部要求。在训令中,巴麦尊再次重申了英国政府的要求:中国须赔偿全部鸦片烟价,偿清行商债务,赔付英军战费。要求中国政府割让沿海岛屿给英国,或由中国皇帝提供完全

---

① 《巴麦尊子爵致驻华全权大臣懿律海军少将及义律海军上校函》,见《英国档案有关鸦片战争资料选译》下册,687—688 页。

② 《巴麦尊子爵上女王书》,见《中华帝国对外关系史》第 1 卷,306 页。

③ 《维多利亚女王致比利时国王书》,见《中华帝国对外关系史》第 1 卷,307 页。

保证,废除行商垄断制度,允许英国商人在华自由贸易,同时对与英商贸易的人不加任何限制。允许英商赴厦门以北中国东海岸各主要城镇贸易,中国政府或准许英商在这些城镇定居,每个城镇允英国设驻领事;或由中国政府割让东海岸某处岛屿,并准该岛屿与大陆各城镇间自由通商。香港不能放弃,舟山群岛必须重新占领。更有甚者,巴麦尊给璞鼎查的此次训令中明确地提出,要迫使中国政府把鸦片贸易放在"某种正规的和合法的基础之上",更直接地透露出英国殖民侵略当局维护鸦片走私贸易的卑鄙用心。[①]

7月7日,璞鼎查抵达印度孟买,与英印总督奥克兰商谈了英军北犯扩大战争的问题,随即动身来华。8月10日,璞鼎查抵澳门。英国东印度海军总司令巴克尔(也称巴加尔、巴加)也奉命统率英国海军,随同来华。8月24日,义律与原英军海军司令伯麦启程离华,经由孟买返回英国。

英国政府增兵扩战,其势已如在弦之箭。而道光帝却错误地认为,既已同意英人循旧制通商贸易,并且也已对给英商带来"冤抑"的林则徐、邓廷桢等人加重了惩处,英国人应该满足了。因此,他迭番谕催沿海裁军撤防。清政府的这种行动,很快把自己送上了被动挨打的地位,在随之而来的抗英之战中显现出恶果。

三 英军北犯 厦门失守

新任英国全权驻华公使璞鼎查一到澳门,即开始着手进行扩大侵华战争的准备。他一方面向广东当局通知英方对他的任命,并扬言英军马上要再次北犯,直到中国政府全盘接受英国方面所提各款要求,方始罢战。同时,他向在华英商发出通知,宣称"国家利益置于商务利益之下的时代已经过去",[②]自己的首要任务是对中国政府及中国人民采取强硬措施,"迅速而满意地结束战争",为此,他将对任何有关商业或别种利益不再加以考虑。广东当局曾派代表至澳门试图与璞鼎查交

---

①《巴麦尊子爵致璞鼎查爵士函》,见《英国档案有关鸦片战争资料选译》下册,906 页。
②[美]马士:《中华帝国对外关系史》第 1 卷,326 页。

涉,但其置之不理。

8月21日,璞鼎查留下8艘舰船和1 200名陆军据守香港,自己则和英军海军司令巴克尔、陆军司令郭富,率领军舰10艘、轮船4艘、测量船1艘和运输船22艘,装载英军2 519名,驶离香港,开始再次北犯。

英军北犯的第一个攻击目标是厦门。厦门是福建省重要的海防门户,"东为台、澎唇齿,西为泉、漳门户,北达会垣,通省咽喉所在"。① 在鸦片战争的初期,厦门曾数度遭英舰进犯。邓廷桢自两广总督调任闽浙总督后,一直比较注重厦门的防务。邓廷桢被黜后,颜伯焘接任闽浙总督职,福建巡抚吴文镕也继续采取措施以加强防备。颜伯焘曾上书道光帝,斥琦善、奕山之流对英军的妥协投降,建议朝廷将林则徐派充裕谦副手,共当广东之任。1841年2月他继任闽浙总督后,"慨然有澄清海宇之志,请帑三百万,造战舰、买商船五十余,募伍数千为新兵,招海滨勇士八千,铸大炮千",②认真加强海防武备。其于厦门的海防部署是:在峿屿、青屿、大担、小担四岛上增设炮台,在北岸北石头、安海、水操等处设大小炮270多门,在白石头至沙波尾一带建石壁500丈,置炮100门,壁后各设置兵房,另在滨海会厝坡、河厝乡等处设炮100门,阵兵1 400余名。总体而言,厦门的海防布置尚属完备,颜伯焘的备战工作也是积极的。

1841年8月25日晚,英军舰队驶至厦门南之青屿碇泊集结,随即向福建水师提督窦振彪发出最后通牒,要求他"放弃城池及厦门之一切堡垒,交与英国兵士"。③ 当时窦振彪正出巡外洋,颜伯焘却正在厦门城内。颜闻英军来犯,一方面派员至英舰询问来意,一方面督同道员刘耀椿,传令清军据守各要隘,并急调金门镇总兵江继芸来厦,指挥白石头、屿子尾、鼓浪屿守军,从三面准备抵御。8月26日,前往英舰探询英军来意之人回城,带回璞鼎查、巴克尔和郭富的劝降书,要求放弃城邑炮台,竖旗投降,遭颜伯焘断然拒绝。

① 《吴文镕奏厦门不可许为通商口岸折》,见《筹办夷务始末(道光朝)》(二),808页,北京,中华书局,1964。
② 梁廷枏:《夷氛闻记》卷三,见丛刊《鸦片战争》(六),35—38页。
③ [英]宾汉:《英军在华作战记》,见丛刊《鸦片战争》(五),253页。

下午 1 时许，英军兵分数路，开始发动攻击。其左路"布郎底"号、"都鲁壹"号、"摩底上底"号攻打鼓浪屿上炮台。中国守军则从白石头、鼓浪屿、屿子尾等炮台，以猛烈炮火，三面环击侵略军。由于炮台系"台墙开门置炮，墙厚门深，又不能左右活转，但可直击"，各炮台之间更无互相配合。英军发现中国守军弱点，乃以各个击破的战术，在躲过清军炮火直击之后，集中数艘军舰炮火，对各炮台逐一进行猛轰，轰破一台，再攻一台。尽管中国守军竭力回击，但无法抵挡英军优势炮火，伤亡惨重。至下午 3 时左右，鼓浪屿方面的炮台被英军攻陷。

与此同时，英军"威里士厘"号、"伯兰汉"号、"西索斯梯斯"号和"皇后"号等舰亦向厦门港口等处发起进攻。中国守军奋力还击，多次击退登陆之敌。下午，英军在厦门南普陀附近登陆。当晚，颜伯焘率军退守石寨，不久复退入同安。26 日晨，英军入城，厦门失陷。厦门之战，中国守军将士对英国侵略军进行了英勇悲壮的抗击。与敌激战中，副将凌志舍生忘死，身受重伤，犹奋勇杀敌，最后陷入敌阵，剖腹殉国。金门镇总兵江继芸投海自杀。都司王世俊，把总纪国庆、杨肇基、季启明等先后阵亡，400 余名兵丁亦为国捐躯。虽然厦门的防御工事在英军来犯之前得到加强，但由于清廷朝野上下蒙混，广东方面奕山在英舰大举启航北犯时尚不据实奏报知会，致使厦门方面对敌情缺乏了解。当敌来犯之际，闽省水师统帅居然滞在外洋，使防御兵力受到削弱。而闽督颜伯焘虽有抗敌之志，亲自督战，但其缺乏克敌之略，自大轻敌，只知一味与敌硬拼。当英军突破厦门防线后，颜伯焘更不能组织有效还击，反而如惊弓之鸟，连夜弃城而逃，贻误战机，终致厦门被陷。

英军进入厦门后，烧杀淫掠，无所不为。厦门的水师造船厂、铸所、火药库和各炮台，皆被其一一摧毁。厦门被抢掠的财物，仅金银一项即价值两万余元，不能被搬走的全部付诸一炬。英军在厦门大肆掳掠了 10 天之后，9 月 5 日，留下"都鲁壹"号、"卑拉底士"号、"阿吉林"号和 3 艘运输船及 500 余名士兵，盘踞鼓浪屿，其余舰只和军队退出厦门，继续北驶，向浙江进犯。而此时，道光帝对英军北犯尚茫然不知，9 月 12 日，他还在谕旨中说："据奏，浙省沿海口岸，加筑土城炮台，安设炮位，已极周密。江苏洋面并无夷船踪迹，守御亦甚完备。"他要求裕谦"酌量情形,陆续撤防"。① 孰料次日厦门失守的消息传到北京,道光帝大惊失色,乃复连连颁旨,令吴文镕调精兵 2 000 名赴闽应援,并命令颜伯焘趁英军未及安定之时,"激励众心,及早克复厦门,毋得坐失机会,渐形滋蔓"。② 同时,他要求盛京将军耆英、直隶总督讷尔经额等沿海各省督抚、将军重新增兵,于海疆陆路,严加防备。此时,道光帝也意识到,"逆夷习于水战,向来议者皆以彼登陆后即无能为患。乃今占踞厦门,逆焰仍然凶恶,是陆路亦不可不加严备。"他命令裕谦和山东巡抚托浑布悉心筹划,水陆并防,倘有英军来犯,严加防堵。③ 而此时,英舰队已然扬帆北驶,战争迅即在浙、江两省海陆两路全面展开。清廷游移不定、首鼠两端的行为,使自己在抗英之战中陷入绝境,也使国家和民族的利益遭到巨大的损害。

四 定海之战

英军北犯的下一个目标是定海。1841 年 2 月 25 日,英军奉义律之命在中国方面交还战俘后,自定海撤军。但义律的这个做法,因其违背了英国政府的训令,致使巴麦尊等人强烈不满,这也是英国政府决心召回义律,由璞鼎查取而代之的重要原因。璞鼎查启程来华之际,巴麦尊再次训令他,必须重新攻占舟山群岛,继而占领镇海、宁波。因为这些地区被英国政府视为英国商品打入中国富庶地区的最重要的入口,又便于英军屯兵待援,充当继续北犯的基地。

当时,清廷以伊里布坐观数月,贻误战机,未能遵谕克复定海,乃将其革问,改派时任江苏巡抚的裕谦为钦差大臣,驰赴镇海,主持浙江军务。英军自定海撤军的当天,定海镇新任总兵葛云飞、安徽寿春镇总兵王锡朋、浙江处州镇总兵郑国鸿即率清军 5 000 余名开赴定海驻扎。两天之后,钦差大臣裕谦抵镇海。随即他亲赴定海,勘察地形,采取措施,加强防务。定海城三面环山,前有稻桶山、东岳山为屏障,左右分列

---

① 《著两江总督裕谦仍驻江浙两省适中之地通盘筹画程裔采可回苏州等事上谕》,见《鸦片战争档案史料》第 4 册,61 页。

② 《著闽浙总督颜伯焘等迅速克复厦门并水陆并防等事上谕》,见《鸦片战争档案史料》第 4 册,63 页。

③ 《著钦差大臣裕谦妥为布置陆路亦须严加防备事上谕》《著山东巡抚托浑布妥筹防务并陆路亦须严加防备事上谕》,见《鸦片战争档案史料》第 4 册,65—66 页。

晓峰、青垒诸山为翼，形势本极峻要。裕谦督令守军在东岳山顶筑城一座，又于青垒山经道头至竹山脚沿海岸筑土城一道，并在青垒山、晓峰岭等处择要安设炮位。虽然在《广州停战协定》生效后，道光帝受奕山蒙蔽，三番两次下谕催裕谦裁撤防兵，裕谦仍坚持备战。至英军第二次来犯之前，定海城周围各山头要隘共安设大炮 22 门，城垣周围共架设大小火炮 40 余门，另配兵船铁炮 10 门，守务人数也增至 5 600 人。郑国鸿率部负责防守竹山，王锡朋防守晓峰，葛云飞镇守土城。此外，裕谦还在镇海、定海等地招募水勇 1 200 余人，并造买各种船只百余艘。1841 年 9 月 7 日，厦门失守的消息传到浙江，裕谦意识到大战在即，又令浙江各地在炮台四周挖掘战壕，增设铁蒺藜、木栅等物以为障碍。裕谦本人则坐镇镇海，严阵以待。

9 月 12 日，英军"赖拉"号大副温里带 20 余名英军驾舢板在镇海东南的盛岙登陆，企图侦察镇海军情，被当地民众和守军截击。温里及其仆从 1 人被俘，解往镇海后，裕谦下令将其处死，表现出了与琦善、奕山之辈截然不同的抗敌决心。

9 月 23 日，英舰队陆续驶抵舟山洋面。接着，英军即于定海、镇海一带探测航道，侦察中国守备设防情形。9 月 26 日下午，璞鼎查、巴克尔、郭富乘"弗莱吉森"号、"复仇神"号闯至定海西南竹山门海面侦察。葛云飞下令守军自土城开炮轰击，击断一艘英船头桅，定海之役拉开战幕。此二艘英船被击退后，复绕至大渠门窥探，又被守军开炮击退。

9 月 28 日，英舰"摩底士底"号、"哥伦拜恩"号、"复仇神"号在晓峰岭附近海面，猛轰山脚炮台，开炮三四百发。清守军则隐伏于山岩之后，伤亡不大。接着，"摩底士底"号船长爱尔斯和"哥伦拜恩"号船长葛长率英军约 50 名，由竹山登陆，被郑国鸿督兵击退入海。傍晚，英军绕至定海城南登陆，占领与东岳山隔海相望的五奎山，设营架炮。土城守军随即隔海开炮遥击，击毁敌军帐 5 顶。30 日，英舰连续进犯东港浦、晓峰岭和竹山等处，皆为中国守军击退。

10 月 1 日，英军向定海守军发起猛攻。英舰以舷炮猛击定海前沿阵地，五奎山上英军也发炮配合。英舰"复仇神"号试图运兵进港，葛云飞亲自开炮,击中该船火药舱,将其击退。接着,英军利用大雾天气,分兵两路,在炮火的掩护下强行登陆。其左路约 1 500 名英军,由第 55团、第 18 团组成,乘"弗莱吉森"号在道头港以西至竹山一带登陆,进攻竹山和晓峰岭。晓峰岭上未设炮台,当英军来犯之际,王锡朋部守军无大炮拒敌,只能以火绳枪、抬枪迎战。战斗进行得异常激烈,中国守军的武器"至于红透,不能装打",但爱国将士们依然冒死战斗,击退敌人多次进攻。主将王锡朋总兵更是奋勇当先,手刃数敌,最后被英军炮弹击断一腿,壮烈殉国。因敌我实力相差悬殊,晓峰岭被英军攻陷。接着,英军由晓峰岭直扑竹山门。镇守竹山门的总兵郑国鸿面对英军汹汹攻势,沉着拒敌。交战中,守军"矢炮皆竭",情势危急,有人劝郑国鸿撤退,郑国鸿慨然答道:"武臣致命疆场,分也!"凛然不从。在英军围攻下,郑国鸿"身被重创,犹挥刀力战,手刃悍贼数人而死"。① 竹山门陷落。

149

英军右路由第 49 团、水兵和海员组成,向东港浦猛攻。左路英军攻下晓峰岭、竹山门后,亦沿土城东进,配合五奎山炮兵、东港浦英舰,三面围攻镇远炮台及道头一带土城。总兵葛云飞率部抵抗。激战之中,葛云飞身中 40 余弹,左眼球暴出,犹自苦战,最后被英军刀劈其面,鲜血淋漓,倚"竹山门崖石而卒,尸植不仆,手擎刀作杀状,左目炯如生"。② 爱国诗人张维屏的《三将军歌》热情讴歌了葛云飞总兵的英勇事迹:

> 夷犯定海公守城,手轰巨炮烧夷兵。
> 夷兵入城公步战,枪洞公胸刀劈面。
> 一目劈去斗犹健,面血淋漓贼惊叹。
> 深夜雨止残月明,见公一目犹怒瞪。
> 尸如铁立僵不倒,负公尸归有余保。③

---

① 丛刊《鸦片战争》(六),354 页。
② 丛刊《鸦片战争》(六),349 页。
③ 张维屏:《三将军歌》。

葛云飞所部爱国守军,战殁者 200 余人。当天下午 2 时许,定海城陷于英军包围之中。英军随即登云梯入城,城内守军被迫撤离。定海城在中国守军与英军血战六日之后,再次陷落。

定海之战中,中国守军将士坚守阵地,顽强抗敌。三总兵冒死抗战,壮烈殉国,可歌可泣,令人感奋。

五 镇海、宁波失守 裕谦殉国

英军攻占定海之后,英军很快将进攻的目标对准了隔海相望的镇海。

镇海位于甬江口之北,是浙江省重要的海口重镇。城东北有招宝山,雄峙海口,山上有明代抗倭所筑威远城。江南岸有金鸡山,与招宝山隔江互为犄角。甬江口外,列有笠山、虎蹲、蛟门数岛以为屏障。裕谦受任钦差大臣后,亲赴镇海,主持防务。他令于甬江两岸建筑石垒,安架炮位,并在金鸡山上加筑土墙,以为防兵之掩护。又在甬江口内填塞巨石,暗钉木桩,以为敌船航行之碍。沿江两岸,预伏火攻船只,凡可登陆之处,全都挖掘暗沟,密布蒺藜,派勇扼守。在英军来犯之前,镇海各炮台共安设大小火炮 86 门,配备守军 5 000 余人。浙江水师提督余步云率兵 1 000 人防守招宝山及东岳宫;总兵谢朝恩率兵 1 500 人防守金鸡山,总兵李廷杨率兵数百人防守东岳宫以西之拦口埠炮台;裕谦本人也亲率兵勇千余人,坐镇镇海县城。

1841 年 10 月 2 日(道光二十一年八月十八日),裕谦获悉定海再陷的消息后,悲愤满腔,预感敌人必将扑犯镇海,一场恶战即在眼前,乃飞檄催调江宁驻防八旗、安徽寿春镇兵,奏请朝廷速将调往福建的 2 000 名江西兵改调浙江,并派人赴徐州、凤阳、颍州三府招募壮勇。大敌当前,裕谦深知远水解不了近火,但他向来性情刚猛,锐意主战,并不以战局险恶动摇斗志,决心殚竭血诚,誓死报国。

镇海是宁波门户,英军来犯镇海,意图进而攻占宁波,以之为冬季屯兵休整之地。10 月 8 日,英军舰队集结于镇海外海黄牛礁海面。接着,璞鼎查、巴克尔和郭富等乘舰驶向笠山、虎蹲山一带侦察军情。10 月 10 日晨,英军兵分三路,开始向镇海进攻:左路 1 000 多人由郭富指挥,乘舢板驶入小浃江登陆,扑犯金鸡山之侧背;中路 460 多人则在金鸡山东面登陆,协攻金鸡山炮台正面;右路 760 多人进攻招宝山炮台。

交战开始后,裕谦登上镇海东城,亲自督战。金鸡山炮台是镇海最主要的防守阵地,腹背受敌,并不断遭到英军大炮的猛烈轰击。总兵谢朝恩指挥守军顽强抗击,与英军展开肉搏。在英军炮火轰击下,守军伤亡过重,谢朝恩也中炮落海阵亡,金鸡山遂为英军所占。与此同时,英军"威里士厘"号等 4 艘军舰,集中 200 门舰炮,对招宝山猛轰。英军右路也在英舰炮火的掩护下,从西北海塘登陆。山上炮台被英舰舷炮摧毁,石垒、土墙等防御工事也尽被炸成废墟。余步云贪生怕死,弃台逃跑,所部守军随之溃散。裕谦见状怒极,下令开炮阻击,但无效果。余步云一路狂奔,逃至宁波。英军乘势攻上山顶,占领了威远城,然后迅即在威远城上,居高临下,以大炮俯轰镇海城。裕谦见事不可为,望阙叩头,投泮池自尽。守军伤亡惨重,最后弃城逃走。当天下午,英军攻占镇海。

英军攻陷镇海城后,通向宁波门户随之洞开。10 月 12 日,英舰"复仇神"号沿甬江西进,进逼宁波。逃至宁波的余步云同一天派人赴镇海,向英军乞降。但未及回报,英舰已至,余步云闻讯大惊,慌忙逃往上虞。宁波地方文武员弁及提镇二营,群起效尤,纷纷溃逃。城内一片混乱,阖城居民迁避一空。10 月 13 日,英军几乎未费一枪一弹,占领了宁波。

入城之后,英军再次大肆抢劫,掠得"可供两年之用的谷物和十二万元左右的现金和纹银,堆着大堆大堆的钱,价值当不可胜数"。[①] 与此同时,英军当局在定海、镇海、宁波建立殖民统治机构,分别由传教士郭士立在宁波、英军译员罗伯聃在镇海、英军军官丁尼士在定海掌管"民政"。他们发布告示,制订统治法规,布哨设岗,对三地人民进行殖民统治。10 月 16 日,璞鼎查又向浙江巡抚刘韵珂和水师提督余步云发出照会,声称在清政府完全接受英国所提侵略条款之前,英军"仍必交战"。同时,他还以英陆、海军司令的名义,向浙江官府讹索银钱,声

---

① [英]宾汉:《英军在华作战记》,见丛刊《鸦片战争》(五),275 页。

称如不照办,英军就要攻打杭州及周围城邑。而余步云惶惶如丧家之犬,躲在上虞不敢出战,浙江巡抚刘韵珂与杭州将军奇明保在省城更是一筹莫展,任由英军在宁波一带四出袭扰。

英军攻占宁波后,由于受到兵力和季风等方面的限制,暂时停止了大规模的军事进攻。璞鼎查本人也于 1842 年 1 月返回香港。

第四节 杭州湾与长江下游的战斗

英军连陷浙东三座重镇,清政府上下顿形一片慌乱。道光帝虽对大举袭犯东南沿海的"逆夷"深怀震怒,但是英军沿海北犯,闽浙海疆防务形同虚设,不堪一击,更使他手足无措。由于东南诸省督抚大员的虚词蒙蔽和捏造推诿,清廷始终没有明确掌握侵华英军的战略意图,也使其防守部署抓不住要害,忽而京津重地,忽而东北根本,恰于长江腹地,防备空虚。而守土有责的钦差、将军和封疆大员们,多是惧敌如虎、贪生怕死的误国之辈,值敌来犯之际,或弃守逃遁,或妥协求降。道光帝虽日日引领东南,企盼捷音之至,但他所盼来的却是一道道要塞失手、重镇陷敌的奏章。而侵华英军则秉承英国政府既定的战略方针,将战火一步步燃烧升级,由沿海地区扩大到长江下游腹地,犯慈溪,陷乍浦,攻吴淞,掠上海,占镇江,切断中国东西、南北纵横交通动脉,把战争的主动权牢牢地控制在手中。

一 扬威将军来了

厦门失守后,道光帝曾传旨沿海将军、督抚加强防备,下令从江西调兵 2000 名赴福建增援,从陕西调兵 2000 名分赴天津、山海关,从吉林调兵 1000 名赴山海关,从黑龙江调兵 1000 名赴锦州。很显然,清政府的防守重点在于京师周围和奉天等处。当英军在半月之内连陷浙东三城之后,清廷再次受到极大震动,同时意识到其防守部署的失策,乃又手忙脚乱地调整部署。1841 年 10 月 11 日,清廷急急下旨调黑龙江、吉林、陕西等省兵赴山海关、锦州等处布防,并要求直隶总督讷尔经额、山东巡抚托浑布于英人可登岸之处加意防守；同时传旨将前旨所调赴闽之江西兵2 000名改调赴浙，听候调遣。次日，清廷复下旨令湖广总督裕泰再挑选湖北、江西两省兵各1 000名驰赴浙江前线，并令浙江巡抚刘韵珂于湖北、江西兵到齐后，会同裕谦迅速进剿。10月13日，清廷又传旨江苏巡抚梁章钜，令将上海制炮局所造4 000斤铜炮10尊解往吴淞口试验，并会同提督陈化成详加准备，周密布置。如兵力尚单，可会商调拨。10月18日，清廷又传旨将前旨调赴山海关之陕西兵改派赴浙；并谕令陕西巡抚富呢扬阿饬令第二、三批陕兵迅速赴浙，并促湖广总督裕泰飞饬前调之湖北、江西、安徽等省官兵计6 000人火速赴浙。同一天，道光帝又下旨授奕经为扬威将军，哈哴阿、胡超为参赞大臣，驰赴浙江办理军务。10月19日，其再下旨令署河南巡抚鄂顺安挑选河南兵1 000名赴浙。20日，清廷复谕授文蔚为参赞大臣，随同奕经赴浙会办军务。至此，清廷飞调各省赴浙官兵已逾万人。

奕经既经道光帝授为扬威将军，却未在意浙江前线的战局危急。10月30日他才启行离京，一路游山玩水，一个多月之后，才于12月2日抵达苏州，又在这里逗留了一个多月，整日花天酒地，四处搜罗奇珍异宝。直到1842年1月21日，奕经才抵达嘉兴。从其被授为扬威将军，经过三个多月，奕经才慢腾腾地到达浙江。被道光帝倚为柱石的"将军"，其于军国大事，竟视同儿戏！

当清廷调集各省兵员分赴浙江前线之际，英军则为肃清宁波周围清军，同时为夺取物资补充军需，乃以宁波为据点，相继进攻宁波西北面的余姚、慈溪及南面的奉化三城。

1841年12月27日，700名英军在巴克尔、郭富率领下，分乘"复仇神"号等三艘轮船和数十只舢板、渔舟，溯江西犯，一路畅行无阻，傍晚抵达余姚。郭富即率英军登岸，占凤凰山上之东岳宫。当时，余姚守城清军2 000多人，兵力本不算少。但各将领均畏敌如虎，无一敢战。余姚知县彭嵩年连夜召集紧急会议，商议守城之计，而各将领却均"称弁兵未经行阵，战守皆难"，"彭嵩年情急，跪地叩求，始定守城之计"。①

------

① 《浙江巡抚刘韵珂奏为英船退出余姚闯入慈溪旋即退回宁波等情折》，见《鸦片战争档案史料》第4册，507页。

孰料次日清晨英军一开始攻城,守军即不战而溃,英军进攻东门,守军即由西门逃出。余姚城陷后,英军"毁城隍神像、烧岳庙、天后宫、龙泉寺、接待寺各官兵驻扎处,登玉皇山,携宝钟一具",①城内所有粮仓均遭抢劫或破坏。与此同时,英舰"复仇神"号则沿江而上,摧毁城外清军军需仓库,一路劫掠,满载而归。

12月30日,英军离余姚东犯,晚抵慈溪县。次日清晨,英军上岸攻城,守城清军已逃散一空,城门洞开。英军乃焚毁衙署,劫掠粮仓,傍晚时分将劫掠之物载满各船后,回返宁波。途中英军本拟再向南犯,袭扰奉化,因天气变化未果。

1842年1月10日,巴克尔、郭富复率英军乘"复仇神"号等船,进掠奉化。当傍晚时分英军到达奉化城时,奉化知县金秀坤及守军逃避一空。英军当即进城劫掠,焚毁衙署,劫空仓库。11日,英军退出奉化,回到宁波。

旬日之间,英军连犯余姚、慈溪、奉化三城,如入无人之境,未遇丝毫抵抗,其侵略气焰更形嚣张。而浙江军政当局,自定海、镇海失守,三总兵阵亡,裕谦殉国之后,上自巡抚刘韵珂、提督余步云,下至各县知县、守军,几乎尽被英军吓破了胆,贪生怕死,临阵逃遁,卑怯可耻,无以复加,充分暴露出清王朝的腐朽与没落。而英军经此一路劫掠,得到了充足的粮食供给和军需补充,更是在宁波站稳了脚跟,对此后的战局发展产生了严重的影响。

奕经一行到达浙江后,经过对敌情粗枝大叶的了解,作出了兵分三路,反攻宁波、镇海和定海的部署计划,企图一举将英军驱逐。1842年2月3日(道光二十一年十二月二十四日),奕经向道光帝奏报,称入浙之兵勇共计已达1.3万名,"可以无庸另筹征调"。② 2月7日,道光帝谕令奕经等待各省兵员到齐后,斟酌至善,以期战守悉得其宜,计出万全,乘势直捣宁波等处,"朕日盼捷音之至也"。③ 2月9日,道光帝再次

---

① 光绪《余姚县志》卷十二《兵制志》,1935。
②《扬威将军奕经等奏报川陕各兵到浙及英船沿海窜拓等情折》,见《鸦片战争档案史料》第4册,583页。
③《著扬威将军奕经等斟酌尽善战守悉宜乘虚直捣宁波等事上谕》,见《鸦片战争档案史料》第4册,590页。

谕示奕经，令其俟各省兵勇到后，妥密部署，相机进剿。2 月 25 日，奕经上奏清廷，称各路壮勇已由其调拨分伏各城内外，以待大举反攻之际接应官兵。而英军"知大兵已到，中情畏怯，东驶西窜，来去无常。除夷目郭士立仍在郡城居住，璞鼎查时在城内，时在船中，行踪诡秘，不令人知……各处张贴伪示，声称不许村市地方藏匿兵勇，仍复遣人各处了(瞭)望，又时常驾驶小船多只，四出搜列，如上年滋扰余姚、奉化故智，用以诈吓我兵"。① 3 月 4 日，道光帝根据奕经的奏报，判断为"逆夷出没分窜，显系畏怯"，指示奕经"于进攻一切机宜，务当十分严密，不可稍有漏泄。仍著札饬各该委员晓谕勇壮人等，各路潜伏，毋许轻动，免致贼情生疑，闻风先遁"。同时他还认为："该逆现既仓皇无备，趁此机会，分路剿袭，似易得手。"因此，他希望奕经能审时度势，固不可冒昧轻进，尤不可坐失事机，计出万全，而速建大勋。② 3 月 6 日，奕经再向清廷奏报称：由江宁八旗、河南、湖北、安徽、江西、陕甘、四川等省征调的官兵及抬炮兵丁，共计 1.1 万余名，以及由他分遣员弁，在河北、山东、河南、江苏、浙江等处招募的精壮乡勇、水勇等，亦有 2 万余人，均已先后到齐。他认为现在大举反攻英军的时机已然成熟，"现在各路人人思奋，敌忾同仇，尽可仰赖天威，一鼓战胜。"为此，他向道光帝详细奏报了自己制订的反攻计划，即对宁波、镇海、定海三城明攻暗袭，同时并举。其具体部署则是分东、南两路行动：东路由乍浦出岱山攻定海，由海州知府王用宾负责，候补盐大使郑鼎臣率崇明、川沙及定海等处义勇、水勇渡海进攻。南路则再分两支，分别进攻宁波、镇海：宁波方面由贵州安义镇总兵段永福率兵勇 1 600 余名，从余姚东南分三队进攻，由游击张富等率兵勇 800 余名接应；镇海方面由金华协副将朱贵率兵勇 1 400 名，从慈溪西北分三队进攻，由游击黄泰率兵 500 余名接应。宁波、镇海之间，则派游击谢天贵、前营总理张应云分别率兵驻扎扼守，并在江中挂缆沉船，以堵截英船来往接应；宁波以南的奉化、嵊县，则派余步云率兵分段御守。奕经则率兵 1 300 多名驻绍兴东关，文蔚率兵 2 000 名

---

① 《扬威将军奕经等奏报探视英军举动并各路壮勇节次斩获情形折》，见《鸦片战争档案史料》第 5 册，32 页。
② 《著扬威将军奕经等趁机分路剿袭全在审时度势等事上谕》，见《鸦片战争档案史料》第 5 册，45—46 页。

驻长溪岭,督南路行动;特依顺率兵 1 200 名驻杭州城外万松岭,兼顾省城并与东路策应。总攻时间则定于 3 月 10 日破晓之前(是为寅年寅月寅日寅时,也即所谓"四寅期")。奕经预计,清军一经克复镇海、宁波,他即与文蔚合兵一处,乘势过海,并三而为一,合力剿洗,"庶可扫除妖孽,以伸天讨而快人心"。道光帝 3 月 14 日阅到奕经煌煌数千言的奏折后,朱批道:"嘉卿等布置妥密,仰仗天祖默佑,必能成此大功。朕引领东南,敬待捷音,立颁懋赏。"①

可以看出来,奕经此时对自己的部署颇为自信,而道光帝对于此役也寄望甚殷。但是,事实却残酷地走向了清廷君臣预期的反面。当道光帝一再告诫奕经严守攻守机宜之秘密时,英军收买汉奸陆心兰,混入张庆云幕中,参与军事机密,将清军反攻计划出卖给了英军。英军得到情报后,一面加紧备战,一面水路四出,搜索清军兵勇,劫掠军需物资。3 月 5 日,清军誓师出发。因为在奕经的反攻作战计划中,总的方针是明攻暗袭,所以他在清军向两城进发之际,曾下令军中不准轻易用炮。当时道途泥泞,抬炮兵丁闻奕经之令后,即将炮抛弃途中而轻身前进。3 月 7 日,英舰"复仇神"号驶往岱山。8 日晨,英军登岸,与在此潜伏的义勇、水勇等交战,义勇、水勇伤亡 50 余人,不抵英军攻击,溃散。岱山为清军东路渡海反攻定海的预定之途,如此轻而易举地为英军占据,则东路反攻失去依托,未发而败。而清军对镇海、宁波两城的反攻则于 3 月 10 日黎明前同时展开。

宁波方面,标都司李燕标率河北义勇首先攻破南门,冲进城中,遭早有防备的英军迎头射击,结果败退出城;段永福率兵勇进抵西门时,见城门洞开,以为英军弃城他逃,乃令清军列队入城。行至月城,踏响地雷,清军大乱,英军更以炮猛轰,清军伤亡惨重。结果,清军与英军在宁波城内相持前后不到两个时辰,即告败北,清军兵勇伤亡五六百人,而英军仅伤数人,亡一人。

镇海方面,当由都司刘天保所率河南、河北义勇 500 名为前锋攻到镇海城下之际,早已做好准备的英军列队冲出,枪炮齐发。清军兵勇只

---

① 《扬威将军奕经等奏报各路兵勇到齐调拨已定克期进攻折》,见《鸦片战争档案史料》第 5 册,55—61 页。

得以手中长矛等武器接战，"无一人携带鸟枪者，势遂不支，退至十里亭。遇前锋策应凌长星，合兵复进。时天尚未亮，黑暗中，以鸟枪乱击夷人，亦间有伤亡。然终不敌其炮火之猛烈。天保右臂中一枪子，晕坠马下，队伍遂乱。夷人复以火箭来射，而我兵益不支矣。"当时，副将朱贵率陕甘兵 900 名为攻城主力，"因取道慈溪，昏夜不辨路径"，至次日中午，始至骆驼桥。而此时前锋清军兵勇已然遭败。① 这样，奕经等自以为万无一失、道光帝日日引领东南而盼捷音之至的浙东三路反攻，甫一接战，即俱化为泡影。

清军三路反攻受挫后，段永福退出宁波后率兵直奔绍兴东关；刘天保、朱贵所部先撤至骆驼桥，继又撤向慈溪；谢天贵、张应云等亦率部撤往慈溪。而英军则顺势开始了凶猛的反扑，在宁波至慈溪的江面上，英舰横冲直撞，"凡系曾经住居兵勇屯驻火药之房屋庙宇，无不用炮火火箭轰击"。② 3 月 15 日，巴克尔、郭富率英军 1 200 余人分乘"复仇神"号、"弗莱吉森"号、"皇后"号等舰船，溯江而上，进犯慈溪。朱贵率部与英军在慈溪城西门外之大宝山发生激战，朱贵及其部下阵亡者 430 余人，大宝山失守。而由参赞大臣文蔚所率驻守在慈溪城东北 20 里外长溪岭之重兵，于大宝山失守后，不战而溃，文蔚于 3 月 15 日夜逃至绍兴东关大营。3 月 16 日，英军占领大溪岭，捣毁山上所有军事设施，当晚返回慈溪，次日又撤往宁波。奕经则在文蔚逃回之后，当即下令退兵，其本人则渡过钱塘江，仓皇遁回杭州，从此不敢再战。

二 乍浦之战

清廷征调全国各省 1.1 万名官兵、招募各省乡勇 2 万余人、耗饷 160 万两银所组织的反攻浙东三城计划，遭到严重失利，彻底动摇了道光帝的拒敌决心。1842 年 3 月 18 日，当浙江前线溃不成军之际，道光帝居然再次颁旨，著将林则徐在办理东河河工完竣之后，"仍遵前旨即

① 贝青乔:《咄咄吟》,见丛刊《鸦片战争》(三),189 页。
②《扬威将军奕经等奏报官兵接仗不利长溪岭与营盘被焚等情折》,见《鸦片战争档案史料》第 5 册,83 页。

行起解,发往伊犁效力赎罪"。① 在整个鸦片战争过程中,一当战局不利,道光帝就会重申对林则徐的惩治。此时,道光帝重申前旨,预示着他对以林则徐为代表的抵抗派人员的压抑及其对英政策的改弦更张。事实正是如此,十天之后,3月28日,道光帝谕命盛京将军耆英驰赴杭州,为署理杭州将军。同一天,他还谕将前两江总督伊里布"改发浙江军营效力",并传谕扬威将军奕经对英军设法"羁縻"。② 4月1日,清廷授伊里布七品顶戴,11日,复授耆英钦差大臣关防,带同伊里布赴浙。耆英、伊里布与军机大臣穆彰阿等人,均为清政府中著名的妥协派人物,此次清廷委耆英以钦差大臣之任,重新启用伊里布,标志着清政府对英妥协政策的再度确立。4月15日,耆英和伊里布动身离京,水陆兼程,于5月9日抵达杭州。

然而,英国政府却早在1841年9月底,即确立了下一步的战略方针,"使全权公使握有较大武力,因此训令印度政府'在四月间集中他们一切可能调度的海陆军于新加坡',这样才可以尽可能快地将压力加在'足以割断中华帝国主要内陆交通线的一个据点',并且强迫中国政府签订一个令人满意的条约。这里所指的那个据点就是镇江。在那里,南来北往的运河线穿过那条伟大的贯串东西的扬子江水道……在镇江方面的运河及扬子江口的封锁,会使向北的漕运以及同北方各省的商品交换完全停顿,而都城北京就在北方。"③很显然,英国侵华战争的下一步目标,就是要向长江中下游进军,以控制位于长江和运河的交汇点上的南北交通枢纽镇江,从而控制中国的经济动脉,逼使清政府投降。恩格斯曾经指出:英军"采取这种进攻步骤的用意,是夺取这条重要水道就会置北京于死地,并逼迫清帝立即媾和"。④ 为此,从1841年底开始,英国便向中国大规模增兵,至英军沿长江进犯之际,英军增援后的海军拥有军舰25艘,载炮668门;轮船14艘,载炮56门,医院船、测量船及其他船舰共9艘,运输船还没有计算在内。地面部队,除了炮兵以

①《著仍遵前旨将林则徐发往伊犁效力赎罪事上谕》,见《鸦片战争档案史料》第5册,87页。
②《著扬威将军奕经等务当协力同心设法羁縻并严防省城等事上谕》,见《鸦片战争档案史料》第5册,121页。
③[美]马士:《中华帝国对外关系史》第1卷,331页。
④ 恩格斯:《英人对华的新远征》,见《马克思恩格斯全集》(12),189页,北京,人民出版社,1962。

外,有步兵 1 万余人;在加强香港(调派一团)、厦门、定海(调派一团)和镇海的守军兵力以后,再除掉因疾病而减少的人数,英军在 7 月 21 日进攻镇江的时候,计有可以调用的官兵 6 907 人。此外,驶往南京的运输舰约有 60 艘,加上军舰、轮船,英军用以进犯长江的各种船舰计约 108 艘。当英军击溃清军反攻,掌握了战争的主动权之后,便按其既定方针,向长江进犯。

1842 年 5 月 7 日,占据宁波长达半年之久的英军向当地绅民勒索了 120 万元之后,撤出宁波,发起所谓的"扬子江战役",首先向杭州湾以北与舟山岛隔海相望的军事重镇乍浦发动了进攻。乍浦城位于杭州湾北部,系江浙两省海防重镇,东控海岸,翼蔽金山,与江苏相为唇齿,既为西浙之咽喉,复为东吴之门户。清政府向来重视乍浦之防务,平日设副都统一员,率八旗、绿营官兵 1 800 余人驻防。浙东战起,英军曾多次袭扰,乍浦守军也不断增加,并增建炮台,添设炮位。至英军大举来犯之前,乍浦驻防兵力已达 6 000 余人。

5 月 13 日,英军除留下少数舰只和部分兵力据守定海、镇海外,主力舰队由巴克尔、郭富率领,离开甬江口外黄牛礁海域,北犯长江口。5 月 17 日,英舰队数十艘舰船驶抵乍浦海域,对清军防务实施侦察。18 日,英船 7 艘载英军 2 200 余人,对乍浦发动攻击。英军以 3 艘军舰对西山咀等炮台进行猛轰,其登陆部队则在军舰的掩护下,分三路上岸,左路 800 余人由西山咀登陆,向清军阵地进攻;中路 300 余人在灯光山一带登陆,沿山路推进,企图切断守军与乍浦城之间的联系,并协同左路夺占乍浦城;右路 900 余人在陈山西面唐家湾登陆,攻击城外各炮台。清军官兵以抬炮英勇抵抗,打退英军多次冲锋,与敌激战两个小时,最后阵地失守,守军向平湖方向撤退。接着英军向乍浦城东南的天尊山发动进攻,300 名旗兵在佐领隆福的率领下,与英军展开了激烈的战斗,击退英军多次冲锋。英军见强攻不下,乃纵火焚烧天尊庙,隆福率军从烈火中冲出,与侵略军展开肉搏战。守军与英军苦战 3 个多小时,佐领隆福"掣佩刀,奋刺夷兵数名,乃自刎",[1]其属下旗兵亦大部分

---

① 夏燮:《中西纪事》卷二十四"海疆殉难记",见丛刊《鸦片战争》(四),673 页。

壮烈牺牲。英军陆军上校汤林森在激战中被守军击毙。英军占领天尊庙之后，随后与各路相会合，直抵乍浦城下，负责防守城周围杭嘉湖道的宋国经及所部 1 200 名兵勇，弃守向平湖遁逃。英军从东门外梯城而入，乍浦城失陷。

乍浦一役，中国守军兵勇伤亡惨重，副都统长喜、同知韦逢甲，及佐领隆福、额佐特、英登布等 17 人殉国，满汉兵勇阵亡者共 629 人。而英军在乍浦之战中，也遭到"超乎寻常"的损失：死 9 人，其中上校 1 人，士兵 8 人；伤 55 人，其中中校 1 人，上尉 1 人，中尉 4 人，士兵伤 40 余名。

英军在攻占乍浦之后，大肆屠戮劫掠，进行了野蛮的报复。天尊庙达真和尚及其徒弟壬林惨遭英军肢解，大批城内和平居民惨遭杀害。据宾汉《英军在华作战记》所记，仅英军就"亲自埋葬了一千二百到一千五百人"。同时，英军还把城内的火药厂与铸炮所悉数摧毁，把各种武器与火药，包括 500 架抬炮和 11 门黄铜大炮，劫运上船。"城的大部分被毁坏，大雨倾注，但大雨并没有扑灭火焰之效。"①乍浦之难，时人记其惨状亦云："英夷破乍浦，杀掠之惨，积骴塞路，或弃尸河中，水为之不流。"②

乍浦之陷，更使清政府惊慌失措，其妥协投降的政策益发坚定。钦差大臣耆英至浙后，经与浙江巡抚刘韵珂交换意见，一致认为英军"凶焰甚炽，其炮火又极猛烈，实恐难以抵御"，因此主张"仍遵奉前奉谕旨，暂事羁縻"。③于是，他们派出伊里布前往乍浦，向英军乞和。同时，耆英还向道光帝奏称："今乍浦既为其所据，敌势愈骄，我兵愈馁，万难再与争持。该逆之垂涎省垣，较乍浦尤其甚，其势欲来侵犯。至嘉兴为江、浙要区，亦恐该逆前往滋扰。两处一有疏失，于大局关系匪轻。此时战则士气不振，守则兵数不敷，舍羁縻之外别无他策。"④耆英等人肩任守疆重责，不思整顿军务，振奋士气以厉再战，却异口同声，大肆散布投降言论，更使清廷的战守方策发生巨变。6 月 5 日，道光帝下旨，令

---

① ［英］宾汉：《英军在华作战记》，见丛刊《鸦片战争》（五），294—295 页。
② 朱翔清：《乍浦之变》，《埋忧集》卷一□，转据萧致治主编《鸦片战争史》（下），515 页。
③ 《钦差大臣耆英等奏为英船窜至乍浦现饬防守并示羁縻折》，见《鸦片战争档案史料》第 5 册，273 页。
④ 《钦差大臣耆英等奏陈战无策惟有羁縻片》，见《鸦片战争档案史料》第 5 册，283—284 页。

将办理羁縻事宜专交耆英办理。6月9日，他又谕授伊里布四品顶戴，署理乍浦副都统；同时令耆英、奕经、伊里布等人"相机妥办"对英交涉事宜。

三 长江口的抗战

但是，英军并未因清政府的政策变化和耆英、伊里布等人的卑颜乞和而停止军事行动。为了迫使清政府彻底屈服，使其不再有讨价还价的余地，侵华英军对耆英等人的求和活动未加理睬，而是将战火很快燃至长江下游地区。

1842年5月28日，英军在将乍浦焚掠一空，并在此休整了10天之后，尽数登舰北驶，进犯长江。6月8日，英舰队驶抵长江口外海域集结，并派出轮船探测航道，侦察吴淞口清军设防情形。进犯长江口的英军共有舰船28艘，其中军舰8艘，武装轮船6艘，载炮200余门，运输船14艘，载兵2 000余人。6月13日，英军舰队驶入长江口，停泊于吴淞口外之江面上。

吴淞口位于宝山县境长江与黄浦江的汇合处，为长江第一门户。鸦片战争爆发以来，吴淞口一直是江苏省最主要的防区。早在1840年7月初英军首次北犯侵占定海之际，江苏当局即开始向吴淞口及崇明岛增派防军，加强防务。裕谦任两江总督期间，亦十分重视吴淞口防务，他曾亲自察看形势，会同江南提督陈化成精心筹划吴淞口设防事宜。后裕谦接钦差大臣关防，驰浙办理军务，于镇海陷后殉国。清廷乃以河南巡抚牛鉴继为两江总督，并令他"亲历各处海口，相度情形，悉心筹画，将一切防剿事宜，赶紧妥为办理"。[①] 牛鉴到任后，曾亲赴巡查，亦认为："江南第一扼要之区全在宝山海口……较之浙江镇海之口门，尤为万分紧要。宝山守则上海可保，而全省亦赖以安。""江南防海要地，不能不聚精会神，全注于宝山之吴淞一口也。"[②]当此番英军来犯之时，吴淞口的防务情况大体为，自吴淞镇至宝山县城的六七华里的江岸

---

① 《著两江总督牛鉴迅速启程赶办防堵事宜上谕》，见《鸦片战争档案史料》第4册，239页。
② 《两江总督牛鉴奏报吴淞海口紧要情形折》，见《鸦片战争档案史料》第4册，409—410页。

线上,筑有高约两丈、顶宽一丈七八尺的土塘,土塘之上修筑土牛,以为火炮掩体工事,其形如雉堞,于缺口处安设大小火炮。整个土塘之上设火炮 130 余门,统称西炮台;与其隔江相望,在吴淞口东岸筑有东炮台,安炮 20 余门;其南则为蕴藻浜岸边的新月堰炮台,安炮 10 余门。三者互为犄角,拱卫长江口。兵力布防情况是江南提督陈化成率清军 1 300 余人守西炮台,署川沙营参将崔吉瑞率清军 1 000 余名守东炮台,新月堰炮台则由数百清军驻守。西炮台之北即为宝山县城,由两江总督牛鉴率 2 800 余名兵勇驻守;宝山县城外西北面的小沙背,则由徐州镇总兵王志元率 700 余名清军驻守。而宝山知县则率 2 000 余名乡勇,驻于东炮台之后以为接应。同时,在吴淞与上海之间的东沟两岸,也分别添设了数十门火炮,并驻兵四五百名,以防英军进窥上海。

6 月 16 日凌晨,英军开始向吴淞发起攻击。英军以"布郎底"号、"汗华丽"号两舰扑犯西炮台正面,以"摩底士底"号、"哥伦拜恩"号和"克里欧"号攻向新月堰炮台,以"西索斯梯斯"号和"谭那萨林"号进攻东炮台。西炮台是吴淞要塞的核心,陈化成率守军沉着应战,以猛烈的炮火阻击英舰。当时双方激战情形,据英方参战的柏纳德记载称:中国军队"始终打得很凶猛,我方战舰在指定地点停妥后始行回击;双方连续炮战达两个半小时……我方军队自与中国军队作战以来,中国人的炮火以这次为最厉害。我军旗舰被击中多次,后墙被击中三炮;'布郎底'号被击中十四次,希威特海军中尉在甲板上被一颗炮弹击中而阵亡。'西索斯梯斯'号被击中十一次,其他舰只也都被击中多次。"[1]奥特隆尼也记述称:英军的"好几艘舰船被守军炮火打穿了,第一炮的一颗炮弹,把巡洋舰'布郎底'号上的一位军官和几位水手打死了;另一颗炮弹,把轮船'弗莱吉森'号外轮盖间的一位水深测量手的两腿打断了"。[2]

激战中,英军登陆,攻占新月堰炮台,接着向西炮台逼近。江南提督陈化成虽已年过七旬,但面对英军凶猛炮火,毫无惧色,亲自点炮轰

---

① [英]柏纳德:《"复仇神"号轮船航行作战记》,见中国科学院上海历史研究所筹备委员会编《鸦片战争末期英军在长江下游的侵略罪行》,228 页,上海,上海人民出版社,1959。

② [英]奥特隆尼:《对华作战记》,见《鸦片战争末期英军在长江下游的侵略罪行》,180 页。

击敌人。两江总督牛鉴曾数度派人要他退避宝山，皆遭其拒绝。牛鉴见敌势凶猛，不敢出战，率兵西逃嘉定。镇守宝山城外的王志元随即也弃阵而逃。英军登陆部队从正面和侧翼两面夹击西炮台，陈化成所部在西炮台陷入孤军奋战之中。陈化成督率所部，以抬枪、鸟枪迎击上岸之敌，击退其多次冲锋，与英军展开殊死战斗。"时药无布袋，炮无米囊，燃必跃子，心空炮耳折，架窳不可再用。公掬药纳子，炮震伤手，血流至胫。旋有巨炮冲陷土牛，击公仆地，细子中股，纷如雨点。贼见公手执红旗不偃，药子已竭，炮热炙手，回帆欲退，而桅上贼目见塘下弁兵溃散，遂麾大队登塘，吴淞把总龚增龄迎战，刃数夷，群夷围而禽之，入船胁降，不屈，钉手足于板，掷诸海。公部堂官许林，率帐下巷战，洋枪四出，林死。而公拔佩刀接仗，枪亦洞腹。时在塘仅有三人，公呼投效武进士刘国标曰：'我不能复生，汝急免我首，掷体沟中'，一恸而绝。"[1]守军将士于西炮台阵亡者，计达 80 余人。英军亦死伤 25 人，其中海军少校 1 人亦被击毙。英军攻陷西炮台后，很快又占领了东炮台和宝山县城，清军 250 余门大炮尽数落于敌手。长江第一门户吴淞口由此洞开。

6 月 16 日晚，英舰"戴窦"号载着从印度来援的英军 2 500 人到达吴淞口外，使英军的侵华兵力得到加强。6 月 19 日，英军一路由第 18 团和第 49 团及炮兵、工兵分队共约 1 000 人，由蒙哥马利中校率领，由吴淞南下；另一路则由"摩底士底"号等 9 艘舰船，载水兵与海军陆战队，溯黄浦江而上，兵分水陆两路扑犯上海县城。当时上海已经形成为一个比较繁华的商业城镇，但清政府当局并未将上海的防御置于重要位置，配备防军也极有限。吴淞之战中，牛鉴逃离宝山，直趋嘉定，上海则被完全弃置不顾。当英军水陆两路来犯时，地方当局及守军悉数他逃，上海成为一座不设防的城市。当天，英军毫无费力地占领了上海，接着展开了疯狂的烧杀淫掠。上海制造局新铸的 171 门大炮、约 9 吨重的火药及大批军需物资，尽落英军之手。同时，英军在上海四处抢掠财物，焚烧民房，奸淫妇女，并派出舰船向黄浦江以南和吴淞江进犯，企

---

[1] 袁翼：《江南提督陈忠愍公殉节略》，见丛刊《鸦片战争》(六)，290 页。

图进犯苏州。经英军连日肆虐践踏,当时富甲一方的上海变得"盈街遍巷,积灰如丘,残骸腐骨,膻秽恶气,臭不可近"。英军将上海焚掠一空,又向上海市绅民勒索了50万元所谓的赎城费后,于6月23日撤出,集结于吴淞口外,准备沿江上犯。

四 镇江的陷落

在英军退出上海的前一天,英国全权公使璞鼎查也从广东赶到吴淞口,以便亲自指挥英军沿江上犯,实施英国政府既定的占领镇江,切断大运河和长江这两大中国交通动脉,逼迫清政府最后屈服的方针。当时,英军援军已全部到齐,总数达1.2万多人。1842年7月6日,英军除留下"北极星"号等2艘军舰封锁长江口,以保证其后路安全外,其余11艘军舰、9艘武装轮船、4艘运兵船和48艘运输船编成一个先锋舰队和一个纵队,全部驶离吴淞口,溯长江而上,进犯镇江。英军的每个纵队由8—13艘舰船组成,由战舰舰长负责指挥,每个纵队之间保持3—5公里的距离,沿途以测量船为先导,一边测量水深航道,一边向上行驶。沿江上犯途中,英军一路经过福山、鹅鼻咀和圌山等沿江炮台,守台清军稍事抵抗后即弃阵退逃,炮台几乎尽被英军摧毁。7月17日,英舰驶入镇江江面,随即封锁了大运河之北口瓜洲和南口京口,截断大运河,切断漕运。当英舰犯至镇江江心焦山附近时,遭到焦山炮台上近百名蒙古旗兵的英勇抵抗。在与英军的激战中,焦山守军几乎全部阵亡。7月20日,英军舰队齐集镇江江面,准备攻城。

镇江城位于长江南岸——长江与大运河交汇处,西北有金山,东北有北固山、焦山和象山,地处长江水道的运河漕运的枢纽,为当时中国南北、东西纵横交通之咽喉,更为当时长江下游重镇——江宁(南京)的最后屏障。英军来犯之前,驻守镇江的是由副都统海龄所率的1 600名旗兵和400名绿营兵,镇江城内原有的数门大炮,也于此前调往吴淞。英军沿江上犯逼近镇江之时,城内一片混乱。两江总督牛鉴见敌进入长江,心胆俱碎,手足无措,先由昆山跑到无锡,7月13日赶到镇江,不仅不设法布置防务,反而传令沿江各州县不得开炮,要求地方准备牛、羊等物,赠送英军,企图向英军谋求妥协投降。与牛鉴到达镇江的同一天，参赞大臣、四川提督齐慎率清军 700 余人亦赶到镇江。7 月 16 日、18 日，湖北提督刘允孝率 1 000 名清军、九江镇总兵李锜率 2 000 名清军也分别从江北、浙江赶抵，驻扎于镇江城外西南阳彭山等处，协助防守。但是，当英军舰队大举来犯、兵临城下之际，海龄与齐慎、刘允孝等部各军不能团结协作，从而形成各自为战的局面。副都统海龄是一员满族军官，历来主张坚决抵抗英军侵略，十分憎恶牛鉴等人怯懦逃跑的行为。但是，他怀有极深的畛域之见，严重歧视汉族军民，对于驰援而来的齐慎、刘允孝等部，更是拒与合作，竟至闭门不纳。同时，他也未派出兵力控制拱卫镇江城的金山与北固山等处重要制高点，反将守军全部收缩于镇江城内，紧闭四门，不准百姓出城，并满城捉拿汉奸，致使民怨沸腾。

英军经过侦察，见镇江城外西南阳彭山半坡之上新建起三座军营，判断清军主力撤至城外，认为乘机攻城，不会遇到有力抵抗。因此，英军制订了进攻镇江城的计划：由陆军少将萨勒顿率第 1 旅 3 000 余人进攻阳彭山之齐慎、刘允孝等部清军，扫清镇江外围；由陆军少将叔得率第 2 旅 1 830 余人进攻镇江城北北固山，进而佯攻北门，吸引城中守军；由郭富及巴特雷少将率第 3 旅 2 150 余人进攻镇江城西门；由蒙哥马利中校等率领炮兵旅 600 余人，配合各旅行动作战。

7 月 21 日晨，英军开始向镇江发起进攻，中英鸦片战争的最后一战——镇江保卫战拉开战幕。英军在金山附近未遇抵抗，先后登陆。其第 1 旅登陆后直扑阳彭山。齐慎、刘允孝等人对英军早存畏惧之心，见英军来攻，"向山僻处仓皇列阵，乘舆督战，发鸟铳数声，不料夷人径前，遂下舆换马先奔，众兵大溃，弥山遍谷，向丹阳大路而走。"[①]英军顺利扫清外围清军，镇江城遂成一座孤城。

与此同时，英军第 2 旅在北固山登陆后，直趋城下，向北门猛攻。海龄所部守城旗兵与敌军展开激战。他们以大炮、抬枪及火绳枪猛轰敌军。英军接近城墙后，缘梯登城。守军则抱定与城池共存亡的决心，步步为营，誓死抵抗。据当时参加战斗的英人记载："这些满兵直向我

---

① 朱士云：《草间日记》，见丛刊《鸦片战争》（三），79 页。

军的刺刀冲上前来,有的时候,满军冲到我军警卫哨来,将我方士兵捉住,然后抱起来一起跳下城墙去。还有一两次,满军士兵在被我军刺刀刺伤以前,居然能够把我方士兵摔下城墙去……他们在和我们用大刀搏斗或作短兵相接的肉搏战时,总是不畏缩的。"①激战中,英军上校卓弗尔被击毙,少校华伦、上尉辛普森、中尉卡岱受伤。英军在猛烈炮火的掩护下,蜂拥登上城墙,守城清军官兵与敌人展开肉搏,双方伤亡惨重。战至上午 10 时许,镇江北门失守,大队英军冲入城内,继向西门方向进攻。

英军第 3 旅等部在郭富的指挥下,猛攻镇江西门,遭守军顽强抵抗,英军无法迫近城门。郭富无奈,只得用轮船从停泊在江面战舰上调运大炮,开进运河,向西门突击。清军则从城上用抬枪、火绳枪向英军猛击,给敌人以重创。英海军司令巴克尔又派英舰"汗华丽"号舰长理查兹和"摩底士底"号舰长华生率 500 余名英军士兵,由运河入口处登岸,与运河中的英船互相配合,攻击西门。在付出惨重伤亡后,英军登上城墙。守城清军随即与敌人短兵相接,展开肉搏。最后,西门守军几乎全部壮烈牺牲,西门被英军攻破。与此同时,英军第 3 旅一部在第 2 旅一部的配合下,炸开守备相对薄弱的南门,冲入城内。

英军大举入城后,守城清军几乎无一溃散,顽强地进行殊死抵抗,与英军展开激烈的巷战和肉搏战。副都统海龄在与敌激战中身负重伤,但毫无惧色,他鼓舞旗兵们宁可自杀,也绝不投降。守城旗兵几乎与英军战斗到最后一个人,海龄督战到最后一刻,见事不可为,乃奔回寓所,与家人一起自杀殉国。镇江陷落。

英军攻陷镇江后,在城内进行了疯狂的屠戮,以报复其在攻城时受到的惨重损失。英军在城内逐门挨户,进行劫掠,由西门桥至艮山门,无日不火,市镇为之一空,城乡尽遭蹂躏。英军还掠取和破坏了城中的武器和军需物资,抢走了价值 6 万元的纹银。浩劫之后,昔日繁华的漕运枢纽已然是满目焦土,"骸骨混淆,且多零落不全,沉池泮者巨鱼攒

---

① [英]柏纳德:《"复仇神"号轮船航行作战记》,见《鸦片战争末期英军在长江下游的侵略罪行》,91—92 页。

食,状尤惨。"①即连侵略者自己也不得不承认:"即使是心肠最硬、资格最老,以杀人越货为生的人,看到这悲惨景象,也不能无动于衷的。"②

镇江之战是整个鸦片战争中清军以劣势兵力和落后的武器装备打得最为英勇悲壮的一战。面对武器装备和兵力配备占据绝对优势的英军,中国守城官兵舍生忘死,与敌人血战到底,给英军以重大打击,表现出无比的英勇气概,在近代以来中华民族抗击外来侵略的历史上谱下了惊天地、泣鬼神的悲壮篇章。英军投入此役的兵力,也是其发动侵华战争以来最多的一次,其所付出的代价也是最为惨重的一次。恩格斯在其《英人对华的新远征》中,对中国将军海龄和守城官兵镇江抗战给予了高度评价:"驻防旗兵虽不通兵法,可是决不缺乏勇敢和锐气。这些驻防旗兵总共只有 1 500 人,但却殊死奋战,直到最后一人。他们在应战以前好像就已料到战斗的结局,他们将自己的妻子儿女绞死或者淹死;后来从井中曾打捞出许多尸体。司令官看到大势已去,就焚烧了自己的房屋,本人也投火自尽。"同时,恩格斯还对侵略者在镇江的暴行和中国内部汉奸们投降妥协的行径予以无情的鞭挞:"在这次战斗中,英军损失了 185 人,他们为了对此进行报复,在劫城的时候大肆屠杀。英军作战时自始至终采取了极端残酷的手段,这种手段是和引起这次战争的走私贪欲完全相符的。如果这些侵略者到处都遭到同样的抵抗,他们绝对到不了南京。可是事实上并不是这样。对岸的瓜州城投降了,并交出 300 万元的赎金,英国海盗自然极满意地将这笔款项放进腰包里去了。"③

---

① 甦庵道人:《出围城记》,见丛刊《鸦片战争》(三),50 页。
② [英]利洛:《英军在华作战末期记事——扬子江战役及南京条约》,见《鸦片战争末期英军在长江下游的侵略罪行》,164 页。
③ 恩格斯:《英人对华的新远征》,见《马克思恩格斯全集》(12),189—190 页。

第五节　屈辱的《南京条约》

　　镇江之战是第一次鸦片战争的最后一战。侵华英军通过此战,达到了切断长江与运河交通命脉,震慑清王朝的目的。而在清政府方面,在镇江失陷后,即彻底失去了抵抗的决心与勇气,完全走向对英屈服妥协之路。在这场前后断断续续打了近三年的战争中,中国军队从未取胜过。这场战争充分暴露了清王朝统治的腐朽没落,反映了清统治当局在军事决策上的颟顸与无能,也说明了中国既有的建立于冷兵器作战基础上的技战术和整个军事体制已根本无法适应近代化战争。鸦片战争以清政府最终彻底屈服和英国既定战争目的的完全实现而告结束,清政府在英国坚舰利炮的胁迫之下,与之签订了一系列的丧权辱国条约,从而确立了构架近代中外关系的不平等条约框架体系,中国被拖进了半殖民地半封建社会的泥沼。马克思在评论鸦片战争及其后果时,曾以极为冷峻的鸟瞰笔法写道:"一个人口几乎占人类三分之一的大帝国,不顾时势,安于现状,人为地隔绝于世并因此竭力以天朝尽善尽美的幻想自欺,这样一个帝国注定要在一场殊死的决斗中被打垮:在这场决斗中,陈腐世界的代表是激于道义,而最现代的社会的代表却是为了获得贱买贵卖的特权——这真是任何诗人想也不敢想的一种奇异的对联式悲歌。"①

---

① 马克思:《鸦片贸易史》,见《马克思恩格斯选集》第一卷,716页,北京,人民出版社,1995。

一　兵临南京城下

当英军攻陷吴淞进犯长江之时，清政府上下已然是一片慌乱，朝野上下一片妥协求和之声，对英之策也进一步由战向抚转变。1842年6月22日，道光帝接到两江总督牛鉴关于宝山失守奏折，乃即传旨耆英，"迅即携带钦差大臣关防，与伊里布驰往江苏，会同牛鉴酌量情形，妥为商办"。① 6月30日，耆英和伊里布由浙江赶到昆山。7月18日，当英军已然切断运河、进逼镇江之际，道光帝再发密旨，表示："该逆如果真心求和，于通商而外别无妄求，朕亦何乐而不罢兵？即令仅止求给香港一处栖止贸易，或该国船只偶至闽、浙口岸，暂时停泊，售卖货物，旋即驶去，虽非旧例，然随时变通，朕岂不思保全沿海生灵，聊为羁縻外夷之术。"因此他命耆英密派陈志刚"作为己意"，前往英军营"开导"，转达清政府求和之意："今汝既有悔罪之意，何不趁此商量，如能将各船全数退回广东，即刻罢兵，我必奏明大皇帝，将香港一处赏给尔国堆积货物，与中国照常贸易。此外沿海省分，如福建、浙江海口，或每年约定时候将货船驶至口岸，我国必派官员代汝照料，不得在此二处羁留。为汝计算，获利甚广，永无猜疑，即将此言告知尔国王，亦必欢喜乐从。倘舍此不图而终年交战，有何益处？汝等如以我言为然，亦不必另求派钦差大臣前来，我实可作为代汝转奏，降旨允行，以为凭据。总之，通商二字，我中国并未不准，求和二字，汝国从未提及。今既有此意，我必极力成全，将此情节上达朝廷。"道光帝要求耆英等待英军复信后，据实密奏，同时告诫"断不准走漏消息，致懈军心"。② 道光帝此道谕旨之中，已然明确透露出清政府准备不惜割让香港、开放口岸，彻底向英军妥协投降的意图。

7月23日，耆英、伊里布在镇江陷落后的第三天，紧急照会英军最高统帅璞鼎查，乞求互派代表进行谈判。但是，璞鼎查为迫使清政府无条件投降，对耆英、伊里布等的乞和未予理睬，而是决定挥舰上驶，进犯

---

① 《著钦差大臣耆英与伊里布驰赴江苏会同牛鉴商办事上谕》，见《鸦片战争档案史料》第5册，455页。
② 《著钦差大臣耆英密派陈志刚私人劝英人议和事上谕》，见《鸦片战争档案史料》第5册，624页。

两江总督驻地——江宁(南京)。7月26日,清廷接着耆英奏报,称京口危急。道光帝当天连下两旨,称:"据该逆照复,似以耆英、伊里布不能作主为疑。恐其心多惶惑,不肯遽敛逆锋,著耆英、伊里布剀切开导,如果真心悔祸,共愿戢兵,我等奏恳大皇帝定邀允准,不必过生疑忌。该大臣等经朕特简,务须慎持国体,俯顺夷情,俾兵萌早戢,沿海解严,方为不负委任,不必虑有掣肘,以致中存畏忌,仍于事无益也。"① 另旨中,道光帝"著耆英遵照前奉谕旨,开诚晓谕,设法羁縻,有应行便宜从事之处,即著从权处理。此事但期有成,朕不为遥制"。② 同一天,道光帝还谕示两江总督牛鉴,著其相度机宜,预为妥办,"所请设法暂施羁縻之处,本日已有旨谕知耆英、伊里布前往京口,妥为办理。万一该逆驶至省垣肆扰,准该督暂事羁縻,如该逆游移不信,即告以业已降旨,交耆英、伊里布专办此事。"③ 7月27日,耆英等关于镇江失陷情形奏报到京,道光帝更是惊恐万分,当即下旨,称"此时业已专意议抚",要求耆英、伊里布遵照昨旨,"便宜行事,务须妥速办理,不可稍涉游移"。同时,他"令奕经暂缓赴苏,以免该逆疑虑,事多掣肘"。④ 至此,清政府完全放弃抵抗,确立了妥协投降的方针。同一天,牛鉴亦照会璞鼎查,表示朝廷已决定议和,请求英军停止进攻。但是,璞鼎查对此依然未予理会,明确表示要继续内犯。

1842年8月4日,英军舰队在未遇清军任何抵抗的情况下,驶抵江宁江面。牛鉴再次急忙照会英军,称朝廷已降明旨,准与议和。8月5日,英军海军统帅巴加尔和陆军统帅郭富照会牛鉴,要求必须交出300万元的赎城费,否则即行攻城。⑤ 与此同时,英军开始驾乘小舟,对江宁城地势和设防情形进行周密侦察,拟订攻城计划。而当此英军兵临城下之际,牛鉴秉遵清廷妥协投降之旨意,丝毫不做防守准备,只是

---

① 《著钦差大臣耆英等与英军再商戢兵事上谕》,见《鸦片战争档案史料》第5册,739页。

② 《著钦差大臣耆英伊里布遵照前旨开诚晓谕从权办理羁縻英人事上谕》,见《鸦片战争档案史料》第5册,742页。

③ 《著两江总督牛鉴及在籍绅士蔡世松等竭力保卫江宁省城并准对英暂示羁縻事上谕》,见《鸦片战争档案史料》第5册,738页。

④ 《著钦差大臣耆英等带与英人妥为议抚并可便宜行事上谕》,见《鸦片战争档案史料》第5册,743页。

⑤ 《巴加尔、郭富致牛鉴照会》,见丛刊《鸦片战争》(五),470页。

一味向英军奴颜婢膝地乞求,同时召集当地绅商,急凑银两,以餍侵略者之贪欲。8 月 6 日,清廷再次传谕耆英、伊里布,重申委派二人"便宜行事"对英交涉事宜,并称:"如该夷所商在情理之中,该大臣等尽可允诺,惟当告以彼此商妥奏明,即可施行,不必再有游移。"同时,道光帝再一次表示,任由耆英、伊里布等人妥商筹办,"一切朕亦不为遥制"。①

二 《南京条约》的订立

1842 年 8 月 8 日、11 日,被清廷谕任"便宜行事"全权办理对英交涉的伊里布和耆英先后从丹阳赶到江宁,开始与英国全权公使璞鼎查交涉谈判。伊里布一到江宁,即会同牛鉴等人商谈,并立即派出五品军功顶戴张喜、外委陈志刚及谢继超、刘建勋、张攀龙五人为代表,携事先拟好的耆英、伊里布致璞鼎查照会,前往英舰,与英方代表总管领事麻恭、译员马礼逊、罗伯聃、郭士立等人会谈。照会中,耆英、伊里布对英方提出的中国谈判代表"无全权字样,碍难公议通商之事"解释称:"本朝向无全权大臣官员,凡有钦差大臣字样,即与贵国全权二字相同。"并称:"至通商一事,钦奉大皇帝简派本大臣都统前来会议,是以迭次声明在案。今若实心愿通旧好,即按兵不动,拣派人员,会同公议,以期早定全局,复书告知。"②但是,英国政府发动侵华战争,其目的远非只是"通商"而已。英方代表马礼逊声称:只有中国皇帝服了错,伸了冤,给了赎城费,赔了烟价,给了战费,还了行欠,准了码头,两国战端才算有个了结。③ 事实也正是如此,当两国战争打到如此地步,英军已完全掌握主动权,耆英和伊里布等人所希望的"会同公议",也不可能是一场对等的谈判了。在此后至 8 月 29 日订约止的 20 多天里,英国侵略者颐指气使,动辄以武力攻城相威胁,提出了一系列苛刻的侵略要求;而伊里布、耆英等人则是步步退让,处处妥协,完全屈服于英方的淫威之下。

8 月 9 日,陈志刚复至英舰取回英方回复。璞鼎查在复书中明确

---

① 《著钦差大臣耆英等于羁縻攻剿便宜行事相机办理事上谕》,见《鸦片战争档案史料》第 6 册,6 页。
② 《耆英、伊里布致璞鼎查照会》,见丛刊《鸦片战争》(五),474—475 页。
③ 张喜:《抚夷日记》,见丛刊《鸦片战争》(五),366—367 页。

表示,如按中方照会中提出的中英交涉"若惟通商如旧而已,则两国断难有定和好于久远",意思是指此时英国所欲谋取的权益,远非通商而已。同时他以武力相威胁称,如果中方代表所能与其公议者仅此一端,则他唯有"任凭领兵者善自办也"。① 果然,8 月 11 日,两队英军由萨勒顿、郭富率领,从燕子矶等处登陆,摆开攻城架势。伊里布、牛鉴等急忙派张喜、陈志刚等人持照会前往英舰,向敌乞和。伊里布在照会中称:"所有烟价、马(码)头及平行各条,均可酌商定议,写立合同,加用钦差印信,以垂永久。"②

8 月 12 日,耆英、伊里布派出盛京佐领塔芬布、张喜、陈志刚等到江宁城北门仪凤门外静海寺,与英方代表麻恭、马礼逊等会商。会谈中,英方代表提出中国赔偿烟价、商欠、战费 2100 万两,两国官员文移平行,中国割让香港给英国,开放广州、福州、厦门、宁波和上海五口通商,公布关税则例,英在通商口岸设领事等共 8 项订约条款,同时再次就耆英、伊里布等人的权限问题提出质疑,要求给看道光帝所颁有"便宜行事"字样的谕旨。次日,双方代表继续会谈,由于耆英、伊里布等人未允"许给银两",且不同意给看上谕,会谈无所结果。英方再次骄横地以武力相威胁,马礼逊狂妄地限定中方至次日天亮之前作出答复,否则即行开炮。耆英等人经不起恫吓,对英方要求概行允承,把 8 月 6 日道光帝谕旨正本向英人示看,并添派江苏按察使黄恩彤、前吉林副都统咸龄及在镇江陷后与英军当局打得火热的汉奸颜崇礼参与次日会谈,商讨中英条约草案内容。但在谈判过程中,中方代表几乎无发言权,甚至连条约的汉文本也由马礼逊等一手包办。就这样,在一场没有谈判的谈判中,中英约文被英国侵略者完全按照自己的侵略欲望炮制了出来。

8 月 14 日,耆英、伊里布、牛鉴向道光帝奏报了与英人谈判交涉情形及英方所提要求:(1) 系索讨洋钱二千一百万元,本年先交六百万元,其余分年带交。(2) 系索讨香港做码头,并求准往广州、福州、厦门、宁波、上海等处贸易。(3) 系与中国官员用平行礼。其余虽尚有请求,大抵不出三款之外。他们向道光帝极力渲染:"查该夷自犯顺以来,

---

① 《璞鼎查致耆英、伊里布照会》,见丛刊《鸦片战争》(五),476 页。
② 《伊里布致璞鼎查照会》,见丛刊《鸦片战争》(五),480 页。

由粤入闽，历浙入江，屡经命将出师，总未能挫其凶焰。近复大集丑类，兵船多至八十余只，辄敢攻陷京口，横据长江，断我南北冲要。兹复连樯并进，直逼金陵，以致危在旦夕。臣等目睹万分紧迫情形，若再事固执，万一危城莫保，臣等死不足惜，所虑三省根本一有动摇，不惟京口梗塞不通，即安徽、江西、湖北各省会，该夷均可扬帆直达……祸患尤不可问。"同时，他们认为："该夷所请各条，虽系贪得无厌，而其意不过求赏马（码）头，贸易通商而止，尚非潜蓄异谋，与其兵连祸结，流毒愈深，不若姑允所请，以保江南大局。"因此，请求朝廷予以批准。① 8 月 17 日，"张攀龙取来该夷议复和约草稿，前半本系汉文，后半本系夷文，于前议三大端之外，又增十数条，共载十三条。"② 8 月 18 日，道光帝在接阅耆英奏报后，下旨声称："念江南数百万生灵，一经开仗，安危难保，既经该大臣等权宜应允，朕宜只可以民命为重。"此实为对自己怯懦恐惧和立意投降屈服的内心虚言矫饰。继而，他在谕旨中批准，"香港准其赏借，厦门、宁波、上海等处亦可准其贸易，但只许来往通商，不准许久住据为巢穴。"对于英方提出开放福州为口岸一条，不予允准；"闽省既有厦门通市，自不得复求福州……著耆英等再行酌商，将福州一处撤去，即万不得已，或于省泉州附近酌与通商。"他更关心的是，"惟所称本年先交洋钱六百万元，从何措给？""惟该夷既称，能如所请，不敢再启兵端。现在业经俯允，该夷如何退出长江，各省夷船如何遣散回国，该大臣等必当切实议定，永杜兵萌。不可稍涉含糊，徒顾目前，仍成不了之局。"③

值得一提的是，当清廷抱定宗旨对英屈服，耆英、伊里布等在江宁向英军当局卑躬求降之际，英军当局除动辄以武力攻城相要挟，逼使中方代表就范外，还不时派出小股英军，四出袭扰抢掠。8 月 14 日，英军一部分成两股各十数人，窜扰江北靖江县城，遭到当地军民齐心抗击，毙其 8 人，伤 5 人，余者狼狈退去。靖江军民勇抗强敌的事迹，与清政府封疆大吏们屈膝求和的丑态，形成鲜明的对比。

---

① 《钦差大臣耆英奏报形势危急已允英人所请通商割地赔款折》，见《鸦片战争档案史料》第 6 册，56 页。

② 张喜：《抚夷日记》，见丛刊《鸦片战争》（五），381 页。

③ 《著钦差大臣耆英等严拒英人对福州通商之请求并切实议定英国撤兵等事上谕》，见《鸦片战争档案史料》第 6 册，85 页。

8月20日,中英双方谈判进入第二阶段。耆英、伊里布、牛鉴等人亲赴英舰"汗华丽"号与璞鼎查等人会晤。但是双方并未就条约的各项条款进行商谈,璞鼎查特意安排耆英等人参观英舰,借以炫耀其武力。耆英等人参观之后,益发心寒,事后对道光帝奏称:"该夷船坚炮猛,初尚得之传闻。今既亲上其船,目睹其炮,益知非兵力所能制伏。"其意在开脱自己卖国投降之责。22日,道光帝再次传谕耆英等人,"勉允所请",准与英方议允,唯再重申福州地方万不可予。8月24日,璞鼎查、马礼逊等人至静海寺同耆英、伊里布等人会谈。因当天接到清廷不准予福州通市上谕,耆英即派员与英方商议,但马礼逊等人概加拒绝。8月26日,璞鼎查等入江宁城,与耆英等会晤于上江考棚,就中英条约草案进行最后磋商。会晤中,璞鼎查不准对草案约文做任何变动,耆英等人唯唯诺诺,不敢置一词加以辩论。当天,耆英等向清廷奏报了对英议和的情形,并为自己对英妥协屈服辩解称:"第以利害相权,安危攸紧,不得不降气抑心,冒死强忍,以冀事之有成,未敢逞匹夫之勇,致成决裂。"①8月27日,耆英等人复接道光帝不准福州开市通商上谕,乃又派咸龄与英方交涉,同样遭到拒绝。

1842年8月29日(道光二十二年七月二十四日),清政府代表耆英、伊里布登上英舰"汗华丽"号,与英国全权代表璞鼎查正式签订了《江宁条约》(即中英《南京条约》,下以此行文)。8月31日,耆英等人将签约情形及《江宁条约》13款约文奏报清廷,而道光帝在耆英等人奏报尚未到京之际,即于同一天传谕耆英等,按照他们与英人所议各条,迅与签约,批准了这个对中国近代社会产生了极为恶劣影响的卖国条约。② 条约签后,英军舰队满意地于10月初陆续驶出长江,退至定海一带。12月2日,璞鼎查返至香港。至此,历时两年多的中英第一次鸦片战争,以清政府的彻底投降和英国既定战争目的全部实现而告结束。

---

① 《钦差大臣耆英奏报酌办和议情形折》,见《鸦片战争档案史料》第6册,137页。
② 《著钦差大臣耆英等照所奏各条与英迅速议并令英船全数退出大江等事上谕》,见《鸦片战争档案史料》第6册,164页。

三 《南京条约》与若干补充条款的内容

中英《南京条约》是中国近代史上中国与外国签订的第一个不平等条约，条约共 13 条，其主要内容为：

（一）五口通商。《南京条约》第 2 条规定："自今以后，大皇帝恩准英国人民，带同所属家眷，寄居沿海之广州、福州、厦门、宁波、上海等五处港口，贸易通商无碍。"①开放五口通商，从此中国长期封闭的国门被迫打开，英国政府多年来一直蓄意图谋的在中国增辟通商口岸的企图得以初步实现，通商口岸成为西方资本主义侵略者对中国进行殖民掠夺的中心。其后，随着领事裁判权的确立，以及西方强国在通商口岸攫取租界地，通商口岸更成为它们对中国进行殖民侵略的堡垒。

（二）割让香港。《南京条约》第 3 条规定："因英国商船远路涉洋，往往有损坏须修补者，自应给予沿海一处，以便修船及存守所用物料。今大皇帝准将香港一岛，给予英国君主暨嗣后世袭主位者，常远主掌，任便立法治理。"②从此，自古以来即为中国神圣领土的香港岛沦于英国的殖民统治之下，并进一步成为英国侵略中国的重要基地，中国的领土完整遭到严重损害。

（三）清政府对英赔款 2 100 万元。《南京条约》第 4、5、6、7 条规定：清政府须向英国赔偿鸦片烟价 600 万元，商欠 300 万元，水陆军费 1 200 万元。"以上酌定银数，共二千一百万元，此时交银六百万元。癸卯年六月间交银三百万元，十二月间交银三百万元，共银六百万元；甲辰年六月间交银二百五十万元，十二月间交银二百五十万元，共银五百万元；乙巳年六月间交银二百万元，十二月间交银二百万元，共银四百万元。自壬寅年起至乙巳年止，四年共交银二千一百万元。倘按期未能交足，则酌定每年每百元应加息五元。"③上述对英国 2 100 万元的赔偿，尚不包括广州所付的赎城费 600 万元。因此，在鸦片战争中，清政府向英国的赔偿总额实际高达 2 700 万元。巨额的赔款，极大地加重

---

① 王铁崖编：《中外旧约章汇编》第 1 册，31 页，北京，三联书店，1957。
②《中外旧约章汇编》第 1 册，31 页。
③《中外旧约章汇编》第 1 册，32 页。

了清政府的财政负担,严重地损害了中国社会经济的发展,而清朝封建统治阶级只得把负担转嫁到广大中国人民身上,使下层民众的生活更加艰难困苦。

(四)片面协定关税。①《南京条约》第 10 条规定:"英国商民居住通商之广州等五处,应纳进口出口货税饷费,均宜秉公议定则例,由部颁发晓示,以便英商按例交纳。今又议定,英国货物自在某港按例纳税后,即准由中国商人遍运天下,而路所经过税关,不得加重税例,只可照估价则例若干,每两加税,不过分。"②片面协定关税使中国的关税自主权遭到严重破坏,中国海关失去了保护本国工、农、商业生产的作用,而英国殖民主义侵略者则通过它把中国变成其倾销商品的巨大市场和掠夺原料的基地。

此外,《南京条约》还规定,英国在通商口岸得派设领事等官,英国官员与中国官员平行往来;废除广州公行制度;清政府先行交付赔款 600 万元,英军始从南京、镇江、镇海之招宝山等地退出,舟山、厦门鼓浪屿等地的英军则须待全部赔款交清和五口全部开埠后方始退出,等等。

中英《南京条约》签订时,对一些重大问题,如关税税率、领事裁判权、片面最惠国待遇等,并未作出明确规定。因此,中英双方后来又在广东继续谈判。1842 年 10 月 17 日,清廷任命伊里布为钦差大臣、广州将军,命其驰往广州,办理税饷事宜。1843 年 1 月,伊里布偕咸龄抵广州后不久,即与璞鼎查在黄埔会晤,重开中英交涉。3 月 4 日,伊里布病死广州,中英交涉中断,璞鼎查指名要求清政府派耆英前来继续交涉。4 月 6 日,清廷任命耆英为钦差大臣,前往广州,接伊里布之职,继续与英交涉。6 月 4 日,耆英抵达广州。

1843 年 6 月 23 日,耆英偕黄恩彤、咸龄至香港,26 日与英国全权

① 关于此点,学界一般称"协定关税"。但有学人撰文指出,协定税则是国际贸易发展的产物,是国际贸易格局中普遍适用的关税制度,协定税则并不必然对国家的关税主权构成侵犯,只是作为协定税则形式之一的片面协定税则才对国家的关税主权构成侵犯。鸦片战争前,清政府的税则制度是自主单一税则制度。近代中国的关税税则是列强强加于清政府的片面协定税则。近代中国的税则制度对中国造成的危害和屈辱并不在于它是协定税则,而是因为它是片面协定税则。参见王国平《略谈近代中国的协定税则》。

②《中外旧约章汇编》第 1 册,32 页。

公使璞鼎查互换中英《南京条约》批准书。同一天，双方议定了中英《过境税声明》，依据《南京条约》中关于协定关税等项规定，声明"中国内地关税，定例本轻，今复议明，内地各关收税，洋货各税，一切照旧轻纳，不复加增"。① 通过这个声明，英国殖民主义侵略者能够按照自己的意愿，在控制了五处通商口岸的货物进口、出口货率后，又对中国内地关税税率强加干涉，从而使中国的关税自主权进一步受到损害。

接着，耆英与璞鼎查又于 1843 年 7 月 27 日在香港议定公布了《五口通商章程及海关税则》，除对五口通商相关事宜作了明确的规定外，还赋予了英国派驻通商口岸领事以领事裁判权。《五口通商章程》第 13 条规定，凡中英两国商民涉讼，"其英人如何科罪，由英国议定章程、法律发给管事官照办"。② 所谓的领事裁判权，实质上是一个违反近代国际法惯例的、扩大化了的治外法权。英国领事可以在中国行使司法权，在它的保护下，英国侨民具有特殊地位，他们在中国作奸犯科之后，不受中国法律约束制裁，这样就严重损害了中国司法主权的独立。

此外，《海关税则》规定，关税按值百抽五交纳，而且"进口洋米、洋麦、五谷等皆免税"。③ 根据中英《南京条约》关于协定关税的规定和值百抽五税率的固定化，中国已然失去了关税自决权，中国政府不能根据自己的财政需要和国内工商业政策的要求，自主变更税率。借此，西方殖民者可以肆无忌惮地推销其商品，掠夺原料。

10 月 8 日，耆英与璞鼎查又在虎门签订中英《虎门条约》，上述之《五口通商章程及海关税则》则被看作《虎门条约》的一部分，而《虎门条约》也成为中英《南京条约》的重要补充。《虎门条约》正文 16 条，后附"小船定例"3 条，共计 19 条。其中对中国主权造成严重损害的有以下几项内容：

（一）片面最惠国待遇。《虎门条约》第 8 条规定："向来各外国商人止准在广州一港口贸易，上年在江南曾经议明，如蒙大皇帝恩准西洋各外国商人一体赴福州、厦门、宁波、上海四港口贸易，英国毫无靳惜。

① 《中外旧约章汇编》第 1 册，33 页。
② 《中外旧约章汇编》第 1 册，42 页。
③ 《中外旧约章汇编》第 1 册，50 页。

但各国既与英人无异,设将来大皇帝有新恩施及各国,亦应准英人一体均沾,用示平允。但英人及各国均不得借有此条,任意妄有请求,以昭信守。"①这是一条危害中国主权特别严重的条款。从此以后,中国只要给予其他国家任何权利,英国都可以同样享受。后来,中美、中法签约时,美国、法国都向清政府勒索相同的规定,使中国主权遭到严重的破坏。

(二)外国军舰常驻中国港口。《虎门条约》第10条规定:"凡通商五港口,必有英国官船一只在彼湾泊,以便将各货船上水手严行约束,该管事官亦即借以约束英商及属国商人……其官船将去之时,必另有一只接代,该港口之管事官或领事官,必先具报中国地方官,以免生疑;凡有此等接代官船到中国时,中国兵船不得拦阻,至于英国官船既不载货,又不贸易,自可免纳船钞。"②根据此项规定,英国借约束水手和商人名义,攫取了在中国港口常驻军舰的特权,既构成对中国沿海各港口的经常性威胁,也是对中国领水权的严重损害,为日后中国东南沿海边疆危机植下了祸根。而且,这些常驻在中国沿海港口的外国军舰,既是侵略者向中国进行武装挑衅和勒索的工具,又复成为其干涉中国内政、镇压中国人民的暴力工具。

(三)允许英国人在通商口岸赁地建房居住。根据中英《南京条约》第2条关于英人可携同眷属在五口寄居的规定,《虎门条约》第7条规定:"中华地方官必须与英国管事官各就地方民情,议定于何地方,用何房屋或基地,系准英人租赁;其租价必照五港口之现在所值高低为准,务求平允。……英国管事官每年以英人或建屋若干间,或租屋若干所,通报地方官,转报立案。"③此项规定,更直接导致了条约口岸外国租界地的形成与建立,其危害尤为巨大。

中英《南京条约》《虎门条约》及其附属条约的签订,使英国完全实现了其既定的侵华战争目的,同时也为日后整个西方资本主义世界提供了范本,构成了近代中外关系的基本框架;同时,这些条约严重损害

① 《中外旧约章汇编》第1册,36页。
② 《中外旧约章汇编》第1册,42页。
③ 《中外旧约章汇编》第1册,35—36页。

了中国的领土完整与主权独立,把中国拖向了半殖民地半封建社会的深渊。而关于构成中英第一次鸦片战争的直接导火索的鸦片贸易问题,除了在《南京条约》第四款中提及鸦片烟价的赔偿外,这些条约对鸦片本身竟然只字未提。虽然英国政府希望清政府开禁鸦片贸易,但当璞鼎查与耆英私下会晤鸦片贸易合法化问题时,耆英答以不敢向朝廷提及此事,于是璞鼎查表示自己亦奉命不强求此事。[1] 然而,在鸦片战争之后,清政府只在形式上维持着严厉禁止鸦片的条款,事实上的鸦片走私较之战前更为猖獗了。

---

① [美]史景迁:《探寻现代中国》,160页,纽约,1990。参见《中华帝国对外关系史》第1卷,750—751页。

第六节　中美《望厦条约》与中法《黄埔条约》

　　英国以战争的手段,胁迫清政府与之签订了中英《南京条约》,从中国攫取了一系列特殊的侵略特权,也为西方列强对中国的武装侵略、经济掠夺和政治压迫提供了可资参照的范本。鸦片战争结束后,美国、法国及其他一些西方国家,纷起效尤,逼迫清政府与之签订不平等条约,勒索特权,从而初步形成了主导近代中外关系基本走向与格局的不平等条约体系。这些不平等条约彼此声气,互为援引,使中国的国家主权、领土完整受到更严重的损害,使中国近代社会深深陷入西方列强共同构筑的殖民主义压迫的网罗之中而不能自拔。其中,危害尤大者,即是 1844 年美国、法国分别逼迫清政府签订的中美《望厦条约》和中法《黄埔条约》。

一　中美《望厦条约》

　　在 1839 年(道光十九年)林则徐领导的轰轰烈烈的广州禁烟运动中,美国来华的鸦片贩子们也感到自己的利益受到了严重的威胁。因此,当时任英国驻华商务监督的义律亲赴广州试图阻挠中国人民的禁烟运动时,在广州的美国鸦片贩子们也于当年的 5 月间联合向美国国会递交请愿书,请求美国政府与英、法、荷等欧洲国家联合起来,迫使中国政府接受不平等条约,改变闭关锁国的政策,以扩大其对华贸易和鸦片走私,从而牟取暴利。这份请愿书于 1840 年 1 月送达美国国会后,引起美国当局的高度重视。但是,当时美国国内一部分对华贸易商人不赞成直接参加英国挑起的侵华战争,认为采取趁火打劫的侵略方法,会对美国更加有利。于是,美国政府决定派加尼率东印度舰队来华,以便乘机取利。加尼来华后,在鸦片战争中为英军声援,并在战后援英国勒索烟价之例,逼迫清政府赔偿美国商人的损失数十万元。

中英《南京条约》签订后,美国总统泰勒于1842年12月即提议正式派遣代表来华,谋求与中国建立新的商务关系。1843年5月,美国政府选派顾盛为赴华特使和全权公使,率使团来华。美国政府在给顾盛的训令中强调,美国必须获得与英国同等的通商条件。1844年2月24日,顾盛率巡洋舰"波兰地湾"号和炮船"圣路易"号抵达澳门。

在顾盛抵澳门之前,当时在粤负责办理中外交涉的钦差大臣耆英已向要求与中国订约的美国驻华领事福士表示"一视同仁,准照新例在五口通商纳税"。福士复向耆英透露,美国政府"另派使臣来粤,欲请文进京,瞻觐天颜"。耆英当即要求福士阻止来使进京。① 道光帝也于1843年11月15日传谕耆英,表示"现在英夷已准通商,所有米利坚等国自应准其一体通商,以示抚绥之意",令耆英照所议妥办,"总须筹及远大,不可仅顾目前,致贻口实"。对于美国欲进京一事,他令耆英等人"婉为开导,谕以天朝抚驭各国,一视同仁。凡定制所应有者,从不删减,定制所本无者,不能增添"。② 不久,耆英以办理通商事竣,在粤已无应办事件,离开广东,回到两江总督任。

顾盛抵澳门后,因耆英的离去而无谈判对手。于是,他于1844年2月27日即照会护理两广总督程矞采,声言要率舰北上进京。同时,他以武力相威胁,将军舰开至黄埔,公然开炮示威,进行讹诈。此时的清政府,已被战争打得如同惊弓之鸟一般,对于西方国家的恐惧之感无以复加。它既不愿意让美国公使来京"觐见",以伤国体;又惧怕于顾盛的战争叫嚣,担心"番舶乘风行使(驶),旬日可达天津",战端再启。于是,4月9日,道光帝连下数旨:其一,将耆英由两江总督调任两广总督,驰赴广东,与美、法等国办理交涉。其二,传谕沿海各省将军、督抚:"如有米利坚使臣船只停泊,切勿开炮接仗,所需食物淡水准其购买,但

① 《钦差大臣耆英等奏为美利坚等国议定通商章程等情形折》,见《鸦片战争档案史料》第7册,323—324页。
② 《著钦差大臣耆英等照所议妥办与美通商并不准其进京观觐之请事上谕》,见《鸦片战争档案史料》第7册,346页。

不准夷人登岸。并谕以耆英又抵广东,令其折回粤洋,听候办理。"①其三,令程矞采向顾盛等转告:"原议大臣耆英现已调任两广总督,驰驿来粤,即日可到,令其在粤静候,切勿轻举妄动为要。"②

5月30日,耆英再次抵达广州。6月18—19日,耆英至澳门会晤顾盛,劝说顾盛放弃进京打算,并开始中美订约谈判。在整个鸦片战争后期,耆英被清廷倚为最重要的对外交涉大臣,由于其一贯地主张对外妥协让步,因而也颇得其谈判对手的"赏识"。在与美使的谈判中,耆英抱定已经清廷批准的"一视同仁"的外交宗旨,对美方提出的侵略要求尽量予以满足。因此,当顾盛采取软硬兼施的办法,迫使其接受美国提出的条约草案,作为自己不再要求进京的条件时,耆英再次屈服了。1844年7月3日(道光二十四年五月十八日),耆英和顾盛分别代表清政府和美国政府,在澳门栅外望厦村签订了中美《望厦条约》。

中美《望厦条约》计34款。美国通过该条约,除了从清政府那里攫取了与英国政府通过中英《南京条约》《虎门条约》及其附属条款所取得的同等的侵略特权外,还获得了中英条约中所没有或尚未明确规定的特殊权益。这些侵略特权主要表现在以下几个方面:

(一)关于领事裁判权的特殊规定。与中英条约相比,中美《望厦条约》对领事裁判权作了更明确、更具体的规定。《望厦条约》第25条规定:不仅美侨与中国人或美侨之间的民刑案件,甚至"若合众国民人在中国与别国贸易之人因事争论者,应听两造查照各本国所立条约办理,中国官员均不得过问"。③根据这一规定,此后外国侨民即可在中国任意胡为,而中国法律无论从哪个角度都不能对其约束。这样,中国的司法主权遭到更进一步的破坏。

(二)关于协定关税的特殊规定。在中英《南京条约》中,只规定了中国海关税率"秉公议定"。中美《望厦条约》第2条较此作了更明确的

①《著沿海各省督抚如有美使船只停泊令其回粤听候办事上谕》,见《鸦片战争档案史料》第7册,419页。

②《著护理两广总督程矞采谕知美使在粤静候耆英前往商定章程等事上谕》,见《鸦片战争档案史料》第7册,420页。

③《中外旧约章汇编》第1册,55页。

183

规定："倘中国后欲将税率变更，须与合众国领事等官议允。"①关税自主是任何一个独立国家的最重要的主权之一，关乎国家的工农业生产及商业贸易等经济命脉。《望厦条约》较《南京条约》更进一步地确立了片面的协定关税的原则。从此，中国将不能自主地调整关税税率，中国的关税自主权被破坏净尽。

（三）关于侵犯中国领海权的规定。中英《南京条约》规定，英国军舰可在每个通商口岸停驻。在此基础上，中美《望厦条约》第 32 条又作了进一步的规定："嗣后合众国如有兵船巡查贸易至中国各港口者，其兵船之水师提督及水师大员与中国该处港口之文武大宪均以平行之礼相待。"其第 26 条还规定："合众国贸易船只进中国五港口湾泊，仍归各领事等官督同船主人等经营，中国无从统辖。"②据此规定，美国兵船得以自由出入中国领海并在中国沿海各港自由停泊，中国水师无权过问。而根据经由中英《南京条约》规定，并经《望厦条约》本身进一步体现的"利益均沾"的原则，复被西方列强援引。此后，欧美列强的军舰兵船畅行中国海疆，随意停靠中国海港，中国的领海权几乎不复存在。

此外，《望厦条约》第 17 条还规定："合众国民人在五港口贸易，或久居，或暂住，均准其租赁民房，或租地自行建楼，并设立医馆、礼拜堂及殡葬之处。"③这不仅为外国侨民在通商口岸居住地的特殊化，并进而为在此基础上逐步形成租界地提供了条约保证；而且，其中关于可在五口自行修建教堂的规定，也即成为其后法国要求清政府弛禁天主教的前导。条约的最后一条规定 12 年后修约，这为西方列强日后以修约为借口，进一步勒索侵略特权埋下了祸根。

中美《望厦条约》是美国对中英《虎门条约》中片面最惠国待遇条款的直接援用，并进一步明确为"利益均沾"的原则，这一原则在近代史上对中国造成了极为巨大的危害。此后，任何一个西方列强国家从清政府那里攫取的侵略权益，都被其他列强据此勒索到手，从而形成了西方列强利用不平等条约体系，联合侵略中国的局面。因此，中美《望厦条

---

① 《中外旧约章汇编》第 1 册，51 页。
② 《中外旧约章汇编》第 1 册，56、55 页。
③ 《中外旧约章汇编》第 1 册，52 页。

约》是一个比中英《南京条约》规定更完备、危害更严重的不平等条约。不久之后，它即成为中法《黄埔条约》及其他国家与中国所订不平等条约的范本。

二 中法《黄埔条约》

紧步英、美后尘来到中国，逼迫清政府与之签订不平等条约的是法国。

法国当时的对华贸易远在英、美之下，其"来粤商船，岁不过一二"。[①] 虽然如此，法国作为欧洲大陆上老牌的资本主义国家，对中国同样具有强烈的侵略野心。鸦片战争期间，法国与美国一样，对中国跃跃欲试。1841年，法国基佐政府即派遣真盛意来华调查情况。1842年6月，法国又派2艘军舰，紧随英军舰队之后，开至吴淞，其中一舰甚至曾上驶至南京草鞋峡江面停泊。当年8月29日中英《南京条约》签订时，法舰"爱里贡"号舰长则济勒也特地从吴淞赶往南京，意在学习英国强迫中国签订不平等条约的经验。

1844年8月14日，法国政府派遣的公使拉萼尼率8艘兵船抵达澳门。与美国公使顾盛如出一辙，拉萼尼抵华后，同样扬言要率船北驶，经由天津，转至北京。两广总督耆英闻讯后，一面具奏清廷，一面"备文照复，并委员即选道潘仕成、候选主事赵长龄以慰劳为名，前往澳门，察看夷情"。其本人则与黄恩彤商议，与法使订期会晤，以期"相机驾驭，务期不致别生枝节"。[②] 10月1日，耆英在澳门接见了拉萼尼。会谈中，法使故弄玄虚，不肯吐露来意。耆英"复派委妥员，向久经住澳该国夷人加略利设法侦探。据称伊国使臣，专为和好而来，欲求天朝加以恩礼，并无别情。迨诘以究竟有何请求，则坚不吐露。溯查该夷到粤月余以来，迭经派员密访，有以为欲与中国结约，共击英夷者；有以为欲赴天津，吁请朝觐者；有以为欲求将西洋天主教弛禁者；甚且以为欲效英夷之所为，寻衅构难，图据虎门……传闻不一，真伪难分"。[③]

---

① 黄恩彤：《抚远纪略》，见丛刊《鸦片战争》(五)，429 页。
② 《两广总督耆英奏为法使拉萼尼到粤并与之订期会晤片》，见《鸦片战争档案史料》第7册，495 页。
③ 《两广总督耆英奏所在澳门连日会见法使大概情形折》，见《鸦片战争档案史料》第7册，508 页。

正当耆英摸不清法使来意,四处打探之时,拉萼尼带同领事约见耆英,要求抄示此前与英美两国所订条约文本。耆英在与拉萼尼交涉之时,依然抱着"抚夷不外通商"的想法,认为法国"虽向来贸易无多,安知不因五口开市,有利可图,渐至番舶麇集"。于是,"当将历次所定条约抄录行知,俾得有所仿效,冀可渐就范围"。① 拉萼尼在认真研究了中英、中美条约文本后,向耆英提出援引英、美先例订立商约的要求,耆英很快答应了拉萼尼的要求。

1844年10月24日,耆英和拉萼尼分别代表两国政府,在停泊于黄埔的法国兵船"阿吉默特"号上签订了中法《黄埔条约》。

中法《黄埔条约》共36条,基本是按照中美《望厦条约》为蓝本而签订的。通过该约,法国不仅轻易地取得了与英美两国从中国勒索而得的同等的侵略特权与利益,而且相关条约的规定还使得法国攫取了一些新的特权。如《黄埔条约》第22条规定:法国人在通商五口居住,"无论人数多寡,听其租赁房屋及行栈贮货,或租地自行建屋、建行。佛兰西人亦一体可以建造礼拜堂、医人院、周急院、学房、坟地各项。""房屋间数,地段宽广,不必议立限制。"此项规定,较中美《望厦条约》的规定,更使法国侨民的寄居地结构复杂化、面积扩大化,也成为日后法国在通商口岸攫取租界地的重要借口。而且,在同一条款中,还规定"倘中国人将佛兰西礼拜堂、坟地触犯毁坏,地方官照例严拘重惩"。② 此项规定,给中国政府强加了保护教堂的义务,为日后外国侵略者利用传教权利,派遣传教士深入中国内地,进行情报刺探、文化侵略等活动埋下了伏笔。

法国政府一贯利用天主教作为对外侵略的重要工具之一,而清政府于1724年1月(雍正元年十二月)宣布的禁教令,正是法国这一企图的重大障碍。法国虽然通过《黄埔条约》获得了在通商五口自行建造教堂的权利,但清政府的教禁并未因此废除。因此,拉萼尼在进行订约交涉过程中,还向耆英提出额外要求。据耆英向道光帝所奏:"讵该夷使复称,伊国进口之货不过钟表等物,销路不畅,其出口之茶叶、湖丝等

---

① 《两广总督耆英奏所在澳门连日会见法使大概情形折》,见《鸦片战争档案史料》第7册,508页。
② 《中外旧约章汇编》第1册,62页。

物,均非伊国所需,将来贸易总属寥寥。此次议定章程,不过因英、米二国均有册约,是以接踵效尤,其实无关轻重。至伊国为西洋大国,于中国既不敢干犯,亦无所取求,不惟与英吉利之曾经构难者不同,与米利坚之专主通商者迥异。现在所定条约既不能出乎二国之外,则伊回国系属徒劳往返,难以上复君命。"①其意在迫使中国弛禁天主教,攫取在华传教权。

为了迫使耆英屈服,拉萼尼依然以武力威胁和北上进京为要挟。结果,耆英再度屈服,向道光帝奏称:"连日与之反复辩难,实已不遗余力,乃驳诘愈严,请求愈坚。总因该夷素称强悍,自矜为西洋大国,此次以兵船多只,航海远来。"他建议道光帝"体察夷情,熟权其轻重缓急,似应姑允所请以示羁縻"。② 在耆英虚言欺骗与恫吓下,道光帝遂于1844年11月11日下旨,传谕耆英向法使转达开导:"以天主教来自西洋,在中国并未指为邪教,亦未尝严申禁令。从前因有借教为恶之人,是以明定刑章,惩治其罪,与该国之天主教毫无干涉。即内地近来并无习教犯案之人,可见此教实未禁止,既未申禁,更无所谓弛禁。"③同一天,道光帝复向耆英颁布密谕,要求其再向法人传达准于天主教弛禁:"现在该国条约内既经载明,只于通商五口地方建堂礼拜,断不越界传教。即许以开禁,亦无不可。"但他同时强调:"惟此事大有关系,万无明降谕旨通谕中外之理。"因此,著耆英"细心筹度,既可令该夷输服,且不至有伤大体"。④

但是,拉萼尼并不以道光帝密旨开弛天主教之禁为满足。1845年8月,他又利用《黄埔条约》即将换约的时机,再向耆英要求公布弛禁令。中法换约之后,他又亲赴上海、宁波、厦门各通商口岸进行调查,当年12月回到澳门后,即指称各地实行弛禁令"有名无实",要挟清政府明申弛禁,切实执行,并发还教产。在他的威胁下,1846年2月20日

---

①《两广总督耆英奏所在澳门连日会见法使大概情形折》,见《鸦片战争档案史料》第7册,509页。
②《两广总督耆英奏为于稍弛传教之禁同时严定法国传教章程以存限制等事片》,见《鸦片战争档案史料》第7册,515页。
③《著两广总督耆英晓谕法人天主教既未申禁更无所谓弛禁事上谕》,见《鸦片战争档案史料》第7册,531页。
④《著两广总督耆英转谕法使天主教之禁可开但断不能明降谕旨通谕中外事上谕》,见《鸦片战争档案史料》第7册,532页。

道光帝下谕：

前据耆英等奏,学习天主教为善之人请免治罪,其设立供奉处所,会同礼拜,供十字架图像,诵经讲说,毋庸查禁。均已依议行矣。天主教既系劝人为善,与别项邪教迥不相同,业已准免查禁,此次所请亦应一体准行。所有康熙年间各省旧建之天主堂,除改为庙宇民居者毋庸查办外,其原旧房尚存者,如勘明确实,准其给还该处奉教之人。至各省地方官接奉谕旨后,如将实在习学天主教而并不为匪者滥行查拿,即予以应得处分。其有借教为恶及招集远乡之人勾结煽诱,或别教匪徒假托天主教之名借端滋事,一切作奸犯科应得罪名,俱照定例办理。仍照现实章程,外国人概不准赴内地传教,以示区别。将此谕令知之。①

1846 年 3 月 18 日,清政府又将此项上谕布告天下。至此,法使拉萼尼提出的侵略要求全部得到满足。

拉萼尼逼迫清政府明谕开放天主教禁,是对中国内政的粗暴干涉。从此之后,天主教传教士成为法国对中国进行政治、文化侵略的排头兵。而且,由于不平等条约体系中确立的片面最惠国待遇条款和利益均沾的原则,也使得这个新的侵略特权同样被扩大化,为其他列强国家所拥有。后来,传教权经一再扩大,外国传教士便伴随着商品、鸦片和炮舰,源源不断地来到中国,深入腹地。而教会也在外国侵略势力的操纵下,逐渐发展成为干涉内政、包揽词讼、刺探情报、霸占田产、欺压民众的罪恶机构,引起中国人民的强烈反抗,进而导致中国社会更剧烈的动荡和西方列强更大规模的武装侵略。

中美《望厦条约》、中法《黄埔条约》签订后,一些西方国家也紧随其后,相率来华,胁迫清政府与之订立条约。1845 年 7 月 25 日,耆英、黄恩彤与比利时驻印度支那总领事在广州订立中比条约,"准许比利时在中国现有条约的办法下通商"。1847 年 3 月 20 日,耆英又在广州与瑞典、挪威国王所遣特命全权公使李利华在广州签订中、瑞、挪《五口通商

---

① 《著两广总督耆英等将旧建天主堂给还奉教之人并地方官不得滥行查拿教徒事上谕》,见《鸦片战争档案史料》第 7 册,631 页。

章程》和《海关税则》,章程共计 33 条,"与中美《望厦条约》没有什么出入,也包括在十二年后修订的权利"。①《海关税则》则与 1843 年 7 月 22 日订立的中英《海关税则》完全相同。随后,欧洲的荷兰、丹麦、西班牙、普鲁士等国也纷派使臣、领事来华,到各通商口岸察看情形。清政府同样秉承其"一视同仁"的宗旨,一概允许这些国家在五口通商贸易,并分别与订通商章程和税则。就这样,在鸦片战争结束后的数年间,中国长久封锁的国门向西方世界完全敞开了。

葡萄牙作为来华最久的西方老牌殖民主义国家之一,其侵略贪欲受到英国强行割占香港的刺激,也在窃据中国神圣领土澳门 292 年之后,于 1849 年 3 月 5 日由其澳门总管亚马勒下令封闭中国设在澳门的征税机构,中国海关被迫迁离澳门,迁往黄埔,中国职员和商人也都纷纷迁离。4 月 25 日,亚马勒发表通告,勒令澳门至界栅郊区的中国居民向葡萄牙官厅申领执照,或即行迁出,否则葡萄牙政府即立即占有其财产并以放弃论。8 月 22 日,亚马勒被刺死。8 月 25 日,120 名葡萄牙军人进至界栅,强占中国炮台,实际上篡夺了中国对葡萄牙的管辖权。继香港被迫割让后,中国领土完整再次遭受严重损害。

189

---

① 《中华帝国对外关系史》第 1 卷,374 页。

第七节　五口通商与中国社会经济的变化

　　根据中英《南京条约》第 2 条之规定,清政府允许开放广州、福州、厦门、宁波和上海五处为通商口岸,允许英国侨民商人带家眷居住贸易。在中国沿海增开口岸、扩大对华贸易是英国政府一贯的企图。根据中英条约规定,英国在五口具有设领、驻舰之权,侨民、商人也在五口享有特殊权益。随着中美《望厦条约》、中法《黄埔条约》及中国与其他欧洲国家之间条约的签订,清政府一体允准西方各国商人在五口通商居住,外国人在五口的特权也因各个不平等条约的互相援引而日益扩大,从而在中国近代史上最先开放的五处通商口岸及其后逐步增开的沿海、沿江口岸,成为西方列强对中国进行武装侵略、经济侵略和文化侵略的前哨据点,中国在这些口岸地区的行政权、司法权、关税自决权,甚至包括领土主权,遭到空前的损害。在此影响下,中国近代社会经济也开始发生变化。

一　五口的开放

　　中英《南京条约》签订后,条约口岸陆续开放。

　　第一个依约开放的口岸是广州。中英签约后,清廷授伊里布为两广总督,至广州继续与英使璞鼎查交涉通商事宜。双方约议,定于 1843 年 7 月 27 日于颁布通商新例当日广州开市贸易。伊里布病死后,清廷再派耆英为钦差大臣,赴粤继续与英方谈判商订五口通商章程和海关税则。1843 年 7 月 12 日,璞鼎查照会耆英,要求依其与伊里布议定期限,开放广州。耆英初以时限紧迫,口岸章程和海关税则尚未议订妥帖为由,令黄恩彤、咸龄等人向当时在广州的马礼逊、罗伯聃、麻恭等人辩说。但英方骄横无理,急切地要把条约规定的侵略特权付诸实施。马礼逊等人坚持认为:"福州等处新设马(码)头,诚恐赶办不及。广州近在咫尺,又系通商旧地,一经颁发新例,即可奉行,无虞阻隔。且伊国众商货船停泊外洋已有三十余只,均因新例未定,不便进口贸易。"并威胁称:现在英国商船"久停洋面,台飓堪虞,且船户水手人数众多,一切汲取淡水,购买食物,甚为苦累。现在众情汹汹,有不能约束之势"。他们坚持要求先行将广州一口如前约定,届期开放。"黄恩彤等复严加驳斥,而该夷目等抗辩不屈,固请不已,情词极为迫切。"耆英认为,英人"以通商为性命,准其贸易则恭顺如常,绝其贸易则骄蹇难制,故自明至今,羁縻夷人皆借通商为饵"。现在英人坚持广州如约开市,而伊里布生前亦已与之议定,"即所称商船多只停泊洋面,观望苦累情形,亦尚非虚捏"。如果等待新订口岸章程及海关税则奏部议复后再行开市,总得在一个月之后,他担心"倘此一月内货船驶集日多,均停口外,不惟奸民私贩偷漏必多,且恐夷情或有变更,所关匪细。查现实税则,增者毋庸再与议增,减者亦不使之不减,通盘合算,实属减者少而增者多,于国课有赢无绌,将来部议似亦不致驳诘。与其迟行一月虑生反侧,何如早行一月俾知感戴。"因此,他"衡其轻重,擅自从权",宣布准于是年 7 月 27 日广州开市,英商各船届时即可进口按照新订章程及税率进行贸易。道光帝接耆英奏报后,认为耆英"所办可嘉……深得大臣之体"。① 7 月 24 日,耆英在奏报与英交涉议定《五口通商章程》及《海关税则》时又称:"除广州一口已定于七月初一日查照新定章程,开市贸易,其福州、厦门、宁波、上海四处,俟部复到日,再行开关。"但他又担心,"广州既经开市,诚恐福州等口商船闻风驶至"。因此,他请求道光帝速下谕旨,"敕下部臣迅速议复"所奏章程及税则,"并由部径咨各该省知照,俾有遵循"。② 1843 年 7 月 27 日,即在耆英和璞鼎查在香港公布《五口通商章程及海关税则》的当天,中国近代史第一个依据不平等

---

① 《钦差大臣耆英奏报已允准璞鼎查所请于七月初一日先在广州开市片》,见《鸦片战争档案史料》第 7 册,196—197 页。

② 《钦差大臣耆英等奏报遵旨议定通商章程并收税科则折》,见《鸦片战争档案史料》第 7 册,209 页。

条约设立的通商口岸——广州被迫开放。7月30日,道光帝下谕予以批准。

随之开放的口岸是福建省厦门。1843年10月26日,英国派驻厦门领事记里布和派驻上海领事巴富尔一同先至厦门,巴富尔随即转赴上海,记里布在厦门与地方当局交涉,选择开港码头。经调查,记里布选定厦门海关前吴姓关闭之空行房屋一所,认为与海关紧相毗连,便于稽查,甚为合意,遂出钱赁住,以作码头。11月2日,厦门开市,一切通商事宜,遵照广东议定条款。厦门开港后,福州将军复奏荐福州知府戴嘉谷驰赴厦门,会同兴泉永道恒昌、协领霍隆武等,会同办理通商事务。但在开市之后,英领事记里布复以"厦门民居稠密,屡有火患,此外空隙之处又多坟冢"为由,擅自移往此时尚为英军所据的鼓浪屿建造领事馆,并请璞鼎查向耆英照会。时任闽浙总督的刘韵珂以鼓浪屿依约应于1845年交还中国,事关重大,一面派福建布政使徐继畲与记里布交涉迁出,一面移咨广东耆英。耆英咨复称,璞鼎查照会要求英领事欲在鼓浪屿居住,业经向其复绝,并嘱福建当局一体严拒。刘韵珂乃复饬徐继畲与记里布再三交涉,该领事则以尚未见到璞鼎查之通知,借词迁延。同时,徐继畲等"连日将厦门可以建盖夷馆各处饬令选择,该夷又以地势不便为词",不肯迁出鼓浪屿。1844年3月26日,刘韵珂将此情形奏报清廷,并称:"记里布业经璞酋撤退,另派李太郭前来接替……探闻李太郭现在粤省另有经手事件,须三四月间方可到厦……俟李太郭到日,由臣等督饬兴泉永道等妥为谕止,令在厦门择地建屋居住,以杜希冀。"[1]道光帝遂于4月25日谕令刘韵珂等:英国领事馆选址之事,"即令空房给令赁住……俟李太郭到后,饬令该道等将住居鼓浪屿一节,坚持原约,向其峻拒。该夷如已帖服,即行饬令妥办。倘仍事渎请,一面资商耆英再向璞酋申谕,一面仍饬徐继畲驰往厦门,相机经理。"[2]其后,英国全权驻华公使璞鼎查奉调回国,英国改派德庇时来华接替璞鼎查之职。1844年8月,经福建当局移咨耆英与德庇时交涉,

---

[1]《闽浙总督刘韵珂等奏陈筹办厦门通商事宜折》,见《鸦片战争档案史料》第7册,406—407页。
[2]《著闽浙总督刘韵珂照所奏核办厦门通商事宜并坚拒英领事欲住鼓浪屿等事上谕》,见《鸦片战争档案史料》第7册,428页。

德庇时表示待中国政府依约交清1845年赔款后,英军即由鼓浪屿、舟山撤兵。闽浙总督刘韵珂复派员与英国驻厦领事记里布交涉,谕其将领事馆由鼓浪屿撤出,在厦门觅址建馆。记里布无奈,只得先在厦门择"官荒"二处,以为建馆之址。同年11月间,德庇时至厦门"查看马(码)头,所言亦复相同",刘韵珂再次"饬兴泉永道等催令记里布在选定处所建盖房屋"。不久,德庇时改派亚利国至厦门接充领事,记里布返回广东。亚利国至厦后,又复多多挑剔。至1845年2月间,经福建当局与厦门地方同亚利国多方交涉,亚利国始选定厦门兴泉永道旧署余地一段作为驻厦领事馆馆址。不久,李太郭改派驻厦领事。1845年3月22日,英军自鼓浪屿全数撤出。因其驻厦门领事馆尚未建竣,英领事李太郭等人仍暂栖岛上。[①] 7月1日,英驻厦领事馆建竣。9月11日,李太郭率英领事馆全体人员迁出鼓浪屿。

接着,上海、宁波也相继开放。璞鼎查所派英国驻上海领事巴富尔离开厦门后,于1843年10月28日带同译员麦华陀驶抵上海。10月29日,苏松太道宫慕久即往与晤,双方议定上海口岸于11月17日开放。"惟因建造会馆尚需时日,暂先登岸凭寓居住,并不骚扰居民,一面觅地建馆,即行搬移。"[②]12月19日,英国驻宁波领事罗伯聃率大小火轮船各一艘,兵船一艘,驶至宁港,即与浙江提督李廷钰会晤,约定宁波于1844年1月1日开市贸易,罗伯聃等于城外江北地方赁租民房,暂为居住。6月30日,英国驻福州领事李太郭乘船驶抵福州,经由地方当局代觅寓所,暂住于城外鸭母洲空房数间。7月1日,其即带同随员、通译等,欲往各衙门会晤。闽浙总督刘韵珂等"因该夷甫经到省,未便即令进城,致骇观听",又觉于其初到之时,即出城与之接触,"未免有亏体制",因此先令藩司徐继畬等先与接洽。7月3日,徐继畬、协领霍隆武及沈汝瀚、王江等,在城外空庙与李太郭会晤。[③] 一般认为,是日

---

① 《闽浙总督刘韵珂等奏报福州厦门英人已有住处并鼓浪屿英兵已退折》,见《鸦片战争档案史料》第7册,562—564页。

② 《署两江总督璧昌等奏报已与英领事巴富尔议定上海于九月二十六日开市折》,见《鸦片战争档案史料》第7册,356页。

③ 《署福州将军敬敩等奏为英领事李太郭到省筹议福州开市折》,见《鸦片战争档案史料》第7册,464—467页。

即是福州开港之期。至此,依据中英《南京条约》规定的广州、厦门、上海、宁波、福州五处通商口岸,全部开放通商。

李太郭在福州城外栖住月余,"意甚相安"。10月间,新任英国驻华全权公使德庇时至福州查看码头,徐继畬奉饬出城与晤,德氏认为英国领馆"卑陋",要求另觅新址。德氏去后,李太郭即致函徐继畬,要求在福州城内白塔寺附近地方租房设馆,闽浙总督刘韵珂等以"白塔寺地居省会之中,民居稠密,一旦该领事移入居住,舆情是否相安"为忧,未敢遽允。"其时绅民许有年等亦已闻知其事,即联名赴藩司衙门呈请谕阻",徐继畬遂以"民情不顺"为由,拒绝李太郭之要求。同时,刘韵珂等移咨耆英与德庇时交涉,"转向李太郭阻止"。李太郭复又提出租赁福州城内乌石山积翠寺数间空房为址,刘韵珂、徐继畬等"再三固拒,而李太郭以城外恐有水火盗贼之虞,坚求入城,词意激切"。结果,1845年初,福建当局无奈遂许李太郭向积翠寺僧人租房,移入居住。2月底,李太郭经由德庇时调任驻厦门领事,驻福州领事职改由原驻厦领事亚利国任。亚利国至福州后,亦经由福建当局允许,寓于积翠寺内。①

二 广州人民的反入城斗争

福建当局允准英国驻福州领事进入福州城选址设馆,复被德庇时援以为例,进而在广东向耆英提出要求,英使馆欲移驻广州城内。1845年12月,德庇时利用清政府将于1846年1月依约交清赔款、英军应遵约从舟山撤军之机,拒绝接受清政府的最后一批赔款,向耆英提出待进入广州城后,再行考虑英军自舟山撤退之事。于是耆英以事关舟山收还,连续上奏清廷,陈述准予英人进入广州城的利弊。耆英认为,英人坚持要求进入广州城,"立意甚坚,兼有各国夷人从中怂恿,其势不如所请不止。复查前议条约并无准夷人进城之说,而稽考历来案牍,亦并无不准夷人进城明文,且福州、宁波、上海等处业已均准进城,独于粤省坚拒不允,尤难免有所借口。"但他既怕坚拒会"致生枝节",又复担心答应

---

① 《闽浙总督刘韵珂等奏报福州厦门英人已有住处并鼓浪屿英兵已退折》,见《鸦片战争档案史料》第7册,561—562页。

英人要求则"粤东民心浮动,众论不一",因此请求道光帝授权"体察情形,酌量办理"。① 12 月 21 日,道光帝谕示耆英,令其向英使说明"贸易之事期于彼此相安,今欲更改旧章,人心必为疑怪,粤民素称强悍,且恐良莠不齐,倘或滋生事端,彼此均为不便",要求耆英拒阻英人进入广州城。② 但英使仍然固执前说,要求入城。耆英复向清廷奏陈,英使现将舟山撤军与广州入城二事"牵合为一,借以挟制","若不允所请,恐未必即肯退还"。同时,"粤省民情浮动,若不俟众论允洽,骤准夷人入城,又恐易滋事端"。③ 1846 年 1 月 10 日,道光帝因顾忌英人借广州入城之端不肯依约从舟山退军,只得下谕:"即使准其入城,如何予以限制,严明条约,俾民夷两不相扰,可以经久相安,方为妥善。"同时,他对英人借端要索,也甚为恼火:"至求进广州省城既非条约所有,该酋屡次渎请,究竟是何意见? 且民情不顺,即易滋事端,恐生枝节……若舟山交还,自当以银两全清为断,与进城一节毫无关涉,何得因此议未定,借词挟制,有意迁延?"④他心中虽然有些怨怒,但还是原则上准允英人进入广州城。

英国侵略者借端滋事,要求进入广州城,遭到了广州人民的坚决反对。耆英奉谕后,于 1846 年 1 月 13 日张贴准英人入城的告示,当夜即为广州群众撕毁。同时,广州人民还张贴出许多揭帖,警告清政府当局,如果准允英人入城,"义民将攫官而杀之",同时表示将以武力对付入城的英国侵略者。第二天,数千群众攻入广州知府衙门,烧毁朝珠公服,广州知府刘浔越墙而逃。为了缓和民众情绪,耆英只得贴出"杜绝英人入城之请"的告示。这样,英国第一次借端要挟进入广州城的要求,在广州人民的坚决抵制下,遂化泡影。

但是,英国侵略者并未就此罢休。事隔一年之后,1847 年 1 月,两名英国水手潜入广州城,遭到当地民众的驱逐。英国外交大臣巴麦尊

---

① 《两广总督耆英等奏陈英使欲进省城立意甚坚请旨酌量办理片》,见《鸦片战争档案史料》第 7 册,603 页。

② 《著两广总督耆英等向英人反复晓谕劝阻其进广州城等事上谕》,见《鸦片战争档案史料》第 7 册,606 页。

③ 《两广总督耆英奏报英使仍执前说要求进城片》,见《鸦片战争档案史料》第 7 册,609 页。

④ 《著两广总督耆英等体察情形使英人入广州后与民互不相扰并设法开导法人事上谕》,见《鸦片战争档案史料》第 7 册,616 页。

乃借此大做文章,他向英使德庇时发出指令,令其向广东当局要求惩罚"凶犯",同时威胁称:"英国政府决不容忍中国群众虐待落在他们手里的英国人。如果中国当局不用自己的权力处罚或禁止这类暴行,英国政府不得不自己来处理。"4月,德庇时率大小舰船 20 余艘,载英军1 000 余名,占领沿江炮台,炮击广州城,向广东当局提出包括进入广州城在内的 7 项要求。耆英既惧怕英军扩大事态,同时又惧怕允许英人入城激成民变,最终他与英人约定,两年之后准予英人入城。1848 年 3月,徐广缙接任两广总督,其时英国政府改派其新加坡总督文翰接任驻华公使职。文翰来华后,即着手安排于 1849 年 9 月进入广州城事宜。

但此时清政府迫于广州民众的压力,有意取消耆英与德庇时所订两年后准予英人进入广州城的协议。1848 年 8 月 31 日,道光帝传谕徐广缙,令其与文翰交涉废除入城协议。[①] 1849 年 3 月,徐广缙与文翰在虎门会晤,文翰以武力威胁,并扬言要驾船北驶进京询问,坚持要进入广州城。徐广缙上奏清廷,请求批准英人入城。3 月 11 日,道光帝只得下谕,批准英人"暂令入城瞻仰"。他同时谕令广东文武各员,"慎密严防,各将所辖兵民加意抚戢,务要处处周匝,不令多事……设有疏虞,朕必将何人所辖之地,所司之事,查明致衅之由,严行惩治,断不稍加宽贷"。[②] 但是,广州民众具有坚决反抗英国侵略的精神,他们对清廷的决定并不买账。允许英使入城的消息一经传出,广州民众便在城厢内外贴满红白揭帖,坚决反对。同时,当地民众自发组织起来,准备武装抗击英军侵略。结果,在广州人民的坚决反对下,清政府再次收回准许英人入城的决定。英国侵略者亦曾领教过三元里数万民众自发抗英的威力,加之中英战争结束未久,暂且无力也不愿再次发动战争,使已经攫取到手的特权受损,因此广州入城问题遂被搁置。

三 "国中之国"——租界的出现

英、美、法等国又逐步将不平等条约所赋予的在五口地区赁房造屋

---

① 《著两广总督徐广缙查奏英法因何构衅及英人请求进城各节事上谕》,见《鸦片战争档案史料》第 7册,870 页。

② 《著广东文武各员于英使入城应慎密严防事上谕》,见《鸦片战争档案史料》第 7 册,903 页。

居住的特权扩大,延伸为列强可以在条约口岸租划成片地界以为居留地,从而逐步在中国土地上形成了一个个"国中之国"——租界。

英国是第一个在中国土地上攫取租界的国家。1843 年上海正式开埠后,英国驻上海领事巴富尔利用中英《南京条约》《虎门条约》的相关条款的规定,向上海道台宫慕久要求在上海划出一块仅供英国领事、侨民占用的居留地。宫慕久认为华洋分居可以减滋事端,乃将划定上海外国人居留地作为地方事务处理,与巴富尔进行谈判,并签订了《上海租地章程》。1845 年 12 月 29 日,宫慕久以道台名义,用告示的形式公布了这一章程。据此,巴富尔将上海洋泾浜以北、李家庄以南、东起黄浦江岸地方,划为英国侨民租住之地。次年 9 月,宫慕久复与英方议定,以边路为英人租地之西界。这样,这块面积约为 830 亩的地段成为英国人占用的居留地,亦即后来的上海英租界。继英国之后,法国、美国也依据中法《黄埔条约》和中美《望厦条约》的相关条款,在上海勒索独占的居留地。1848 年 1 月,法国第一任驻上海领事敏体尼一到任,即在上海县城与英租界之间的地段内租地造屋,设立领事馆,并开始援引英国先例,向上海当局勒索居留地。上海道台吴健彰迫于法国压力,于 1849 年 1 月发布公告,将南至护城河、北至洋泾浜、东至广东会馆至洋泾浜一段河岸、西至关帝庙至周家木桥,总面积约为 986 亩的地段,划为法国租界。美国则迟至 1867 年 6 月,也在上海勒索到从"壕沟起,沿苏州河至黄浦江,过杨树浦三里之地,由此作一直线至壕沟"的面积约为 1 856 亩的辽阔地段,为其租界地。英、法、美等国在租界地内非法设立工部局,实为租界政府,以为殖民统治机关,下设有军警、监狱、会审公廨等,拥有租界地内征税、审判、管理市政、教育卫生等权利,剥夺了中国政府在外国租界地区的行政司法主权。后来,西方列强将租界制度推行到广州、厦门、福州、杭州、苏州、天津、营口、奉天、安东及镇江、九江、汉口、沙市、重庆等中国沿海及内地沿江重要城市,成为它们对中国进行军事侵略、政治奴役、经济掠夺和文化腐蚀的堡垒和基地。同时,由于西方列强迫使清政府承认其于租界地之内的独立的行政权、司法权、治安权、市政权及其他主权,因而租界俨然"国中之国",对中国的领土主权进一步构成了巨大损害。

197

四 中国社会经济的变化

东南五口开放通商之后,根据不平等条约确立的片面最惠国待遇和利益均沾的原则,英国、美国、法国以及其他来到中国的西方资本主义国家在这里几乎享有同样的侵略特权。于是,它们在五口地区倾销商品,走私鸦片,掠夺原料,掠卖劳工,强占租界,培植买办,控制海关,无所不为。殖民主义侵略者贪婪凶恶的本性暴露无遗,给中国人民带来了巨大灾难。通商口岸成为西方列强对中国进行殖民侵略的前哨据点,成为藏纳殖民主义罪恶污垢的渊薮。西方列强以条约口岸为基地,凭借武力讹诈、商品倾销、鸦片走私和天主教传播,将其殖民侵略势力步步伸向中国内地,在进而为其攫取更多、更大的侵略特权的同时,也对中国社会产生了影响,促使中国社会经济的进一步变化。

随着近代中外不平等条约体系的初步形成,中国领土完整、国家主权独立受到严重损害,国家权益严重流失。中国由一个传统的、独立的国家,开始了走向半殖民地化的进程。鸦片战争结束后,英国通过《南京条约》规定,使其在战争初期对中国香港的武装占领合法化。从此,香港成为英国的殖民地。在英国政府割占香港之后,葡萄牙人也于1849 年 8 月攫取了中国政府对澳门的管辖权。[①] 英国、葡萄牙对香港、澳门的霸占,严重损害了中国领土主权的完整,也极大地刺激了西方列强霸占中国神圣领土的贪婪欲望。在此后的中国近代史上,中国边疆危机迭起,大面积领土沦丧,中国的领土完整遭到更大的损害。而这一切,皆以香港、澳门被英国、葡萄牙强占为其肇端。

鸦片战争之后,西方列强国家依据其强加给清政府的一系列不平等条约,在中国沿海地区强迫开放通商口岸。依据不平等条约的规定,列强国家在通商口岸拥有领事裁判权、居住权、传教权、驻兵权、航海权,并据片面协定税则的规定,逐步控制了中国海关。同时,根据不平等条约确立的片面最惠国待遇和利益均沾的原则,列强国家得以共同分享拥有同其中一个或几个国家从清政府那里通过侵略战争、武装讹

---

① 中国政府已于 1997 年恢复行使对香港的主权,于 1999 年恢复行使对澳门的主权。

诈及其他各种手段攫取的侵略特权,进而造成中国的司法权、内政权、关税自主权和领海权等国家主权大面积流失沦丧,国家的独立自主被损害几尽。

中国社会经济在鸦片战争之后重大变化的另一个表现则是,西方列强利用开放的通商口岸为据点,进一步加深对中国的经济侵略,中国传统的经济形态逐步解体,并逐渐沦为西方倾销商品的巨大市场和掠夺原料的基地,中国人民的苦难更加深重。东南五口开埠后,西方殖民主义侵略者利用不平等条约为护符,由通商口岸出发,把其侵略势力伸向周边地区,进而扩张到中国腹地。他们肆无忌惮地走私鸦片,倾销其工业化生产的廉价商品,掠夺原料,拐卖和残害华工,一次又一次地给中国社会留下创痛至深的伤害。

鸦片走私贸易作为引起中英战争的直接导火索以及给中国社会和广大人民带来巨大灾难的元凶祸首,在鸦片战争后,不仅没有得到遏制,反而更加恶性泛滥。鸦片战争前,英国等殖民主义国家的鸦片贩子们的走私基地尚局限于广州一口。不平等条约签订后,鸦片贩子们的走私趸船公然驶向每一个开放的口岸,甚至中国沿海的许多重要城市。据统计,在鸦片战争结束后的 1843 年,印度的鸦片输出数量即达 42 699 箱,已经超出鸦片战争前输出最高年份 1838 年的 40 200 余箱。1849 年达 53 075 箱,1853 年达 66 574 箱,次年又暴增至 74 523 箱,1855 年更达 78 354 箱,10 余年间,数量几乎翻了一番。① 而这些由印度输出的鸦片,绝大多数走私倾销到中国内地。战后,上海逐渐代替广州,成为鸦片输入的最大口岸:1847 年,在上海走私进口的鸦片为 16 500 箱,价值 8 349 440 元;1848 年进口为 16 960 箱,价值 11 801 295 元;1849 年进口为 22 981 箱,价值 13 404 230 元;1853 年进口增加到 24 200 箱。至 1857 年,鸦片进口增加到 31 907 箱,这个数量"比二十年前输入全中国的数字还要多"。当时,"在中国的英美商家每一个人都充分利用了他们的资力去作这项毒品生意"。② 而由此造成的中国白银的外流,较之战前更形严重,数额之庞大足骇世人:1845 年,中国

---

① 《中华帝国对外关系史》第 1 卷,626 页。
② 《中华帝国对外关系史》第 1 卷,403、612—613 页。

在中外合法贸易中出超 240 万英镑,但当年鸦片输入值达 490 万英镑,中国反而入超 250 万英镑;1846 年,中国对英、美贸易出超 1 600 万元,而鸦片输入值达 2 300 万元,中国反而入超 1 000 万元;1849 年,仅上海一口,由于鸦片走私输入造成的贸易逆差即高达 241 多万英镑。① 鸦片走私的恶性泛滥,造成烟毒之患更加猛烈。全国城镇乡村,吸食者之众已远非战前可比。而巨额白银的外流,使中国社会财富于烟雾腾腾之中化为乌有,银贵钱贱,不仅造成清政府财政上的巨大困难,也使下层民众在深受身心毒害的同时,生活益发困顿不堪。

除了罪恶的鸦片走私贸易之外,西方殖民者同样也绝不会放过任何一种可资他们牟取暴利的机会,此为殖民主义本性使然。而在其对中国进行殖民侵略与掠夺的过程中,英、法等国所进行的劫掠拐卖华工的罪恶行为,尤堪令人发指。早在鸦片战争之前,西方侵略者即在中国开始进行拐卖华工出国的罪恶勾当。五口开放通商后,西方人口贩子更加肆无忌惮地以拐骗、诱逼、绑架等手段,把许多中国人贩卖出国。当时,"英国的和西班牙的美洲殖民地,特别是秘鲁和古巴的垦植者,把中国看作是为发展他们大地产而招募劳工的一个场所"。② 1845 年 6 月,法国船只把鸦片战争后第一批华工运往国外。此后,与广州、上海两口作为西方列强对华商业贸易和鸦片贩子走私贸易的主要港口有所不同,厦门成为西方人口贩子掠卖华工的主要港口。据统计,从厦门口被贩卖出国的华工,1845 年为 185 人,1846 年为 200 人,1848 年为 120人,1849 年为 280 人,1850 年猛增至 1 000 人,1851 年复暴增至 2 066人。③ 另据美国驻厦门领事布兰特雷的报告,从 1847 年至 1853 年 3月,在不到 7 年的时间内,即有 12 151 名华工被劫掠贩卖出国。英国殖民侵略者则成为当时最大的人口贩子,他们开设洋行,在通商口岸和香港、澳门、汕头等地专门从事人口贩卖。1847 年 3 月 7 日,英船"阿盖尔公爵"号即载运 400—450 名华工驶向哈瓦那贩卖。④ 除厦门一口外,有人统计的鸦片战争后 20 余年间西方人口贩子从中国沿海各地劫

① 萧致治主编:《鸦片战争史》(下),680—681 页,福州:福建人民出版社,2017。
②《中华帝国对外关系史》第 2 卷,179 页。
③ 姚贤镐编:《中国近代对外贸易史资料》第 1 册,465—466 页,北京,中华书局,1962。
④ 卿汝楫:《美国侵华史》第 1 卷,97 页,北京,三联书店,1956。

卖中国人口的情况：1849—1855 年，美国从广州掠卖出国华工 39 126 人（其中尚不含 1853 年数），更有统计，在 1860 年之前，从广州被劫往国外的华工竟达六七万人之众；1851—1859 年的数年间，从香港被贩出国的华工 137 829 人；1852—1858 年，从汕头被拐卖出境的华工达 4 万人；1853—1874 年，从澳门被贩出国的华工更达到可怕的 30 万人。另据统计，自 1845 年起，10 年之间，被劫出境华工之数超过 15 万人；19 世纪上半期，出国华工估计为 32 万人，年均 6 400 人；而在 1850 年后的 25 年间，出国华工更达 128 万人，平均每年高达 5.1 万人。①

华工在被运往海外的船上，受到非人的待遇，途中死亡者不计其数。据马士所著《中华帝国对外关系史》一书所记：

1850 年，在开往喀拉欧的两艘船上的 740 名移民中，有 247 人在航程中死亡，占全数 33％。1852 年，在前往巴拿马的一艘船上的 300 名移民，有 72 人在航程中死亡，占全数的 24％……1856 年，"波特兰公爵"号载运 332 名中国移民离开香港前往古巴，其中有 128 人在航程中由于疾病和自杀而死亡，占全数 39％；并且，"约翰·喀尔文"号船也载运 298 名移民前往古巴，在航程中有 135 人丧命，占全数 45％。

上述这些事实，"仅是少数被发现的案件而已"。② 而那些幸存者，被人口贩子运到美国的加利福尼亚和英国在中美洲、拉丁美洲、澳大利亚等以及亚非其他地区的殖民地后，被以 200—400 元不等的价格在人口市场拍卖，失去人身自由，被迫从事奴隶劳动，受到更加酷虐的待遇，直如坠入人间地狱。在古巴，华工在契约期内的死亡率高达 75％，劳动寿命平均只有 5 年。③ 而西方殖民主义者则从这血腥无比的人口贸易中，牟取惊人的利润。

在进行罪恶的鸦片走私贸易和血腥的人口贸易的同时，西方殖民主义者当然也在华通过五口从事"合法"的商业贸易。但是，这种合法

---

① 参阅《鸦片战争史》（下），671 页。
② 《中华帝国对外关系史》第 2 卷，185—186 页。
③ 《鸦片战争史》（下），673 页。

贸易是在不平等条约规定的特权保护下的商品倾销和农业原料的掠夺。以英、美对华贸易为例,1843 年,英国输华货物总值 1 456 180 英镑,几乎是 1840 年输华货物总值 524 198 英镑的 3 倍。1845 年,总值增至 2 394 827 英镑,增长达 100 万英镑;1852 年为 2 503 599 英镑,1860 年为 5 318 036 英镑,是 1843 年的将近 4 倍。美国输华货物总值,1850 年为 148.6 万美元,1851 年为 215.6 万美元,1852 年为 248 万美元,1853 年为 3 213 万美元。在英、美输华的货物中,其大宗为机器棉纺织品,所占比重均在 2/3 以上,最高接近 90%。在对华大规模倾销其机器化生产的棉织品等廉价商品的同时,英、美等国也对中国的丝、茶等农产品进行掠夺性输出。它们从中国口岸运出的茶、丝的数量,1844 年茶为 7 047.65 万磅,丝为 2 604 包;1850 年茶为 7 743 万磅,丝为 21 548 包;1853 年茶超过 10 122.7 万磅,丝为 62 896 包;1859 年茶为 11 091.52 万磅,丝为 67 874 包。[①]

鸦片战争后,开放五口的中外贸易的特点有所不同。除了上文所述厦门一口成为西方殖民主义者进行人口贩卖贸易的主要港口外,宁波对外贸易额一直不大,地位较低。福州在开埠 10 年间对外贸易额也很小,但以其临近武夷山茶区,自 1853 年后,逐渐发展成茶叶出口重要口岸。广州和上海则是五口之中对外贸易最为发达的口岸。该两口的对外贸易地位也开始逐渐发生变化。在开埠的头 10 年间,即至 1852 年,广州对外贸易进出口总值均处领先地位,但总体上呈下降趋势。而上海则以其毗邻长江下游富庶繁华的江浙地区,辐射中国中部内陆腹地的优势,在开埠后,对外贸易得到很大发展,不论是非法的鸦片走私贸易,还是"合法"的中外商品贸易,在广州呈逐年下降趋势的同时,其进出口贸易额及其在全国的对外贸易比重呈迅猛上升之势,并最终于 1853 年超越广州,成为中国对外贸易的最大口岸。在这一过程中,中外贸易的中心也逐步由广州北移至上海。这一点也是鸦片战争之后中国社会的一个显著变化。

随着五口开放后中外贸易的扩大,中国传统的自然经济形态受到

巨大冲击。英、美等国廉价棉织品在中国的大规模倾销,使中国原有的利用手纺车和手织机纺织的土布丧失了市场,从五口至内地,当时的中国逐渐接受并习惯购买"价廉物美"的洋布,进而严重打击了中国的纺织手工业,摧毁了传统的中国农业与家庭手工业相结合的生产形态;而英、美等国对中国丝、茶等农产品的大规模购运出口,也更进一步刺激了中国国内缫丝业和植茶叶的生产,这也在客观上促进了中国城乡商品经济的发展,在一定程度上对中国传统的自然经济形态起到了瓦解作用。也正是在这一过程中,传统中国社会开始艰难地向近代商品经济社会迈进。这一点堪称鸦片战争后中国社会经济变化之最为深刻的一面。

第八节　开眼看世界的人们

第一次鸦片战争是中华民族近代苦难与耻辱的开端。以英国为首的西方殖民主义侵略者的隆隆炮声,在击灭了清王朝封建统治阶级"天朝大国"迷梦,给中国社会经济带来巨大变化与灾难的同时,也在客观上为中国人推开了一扇观察与了解"天朝大国"以外世界的门窗。中国在与西方世界屈辱的接触过程中,也开始了步履维艰的近代化进程。站在中国近代史开端的中华民族有识之士和广大中国人民,开始反思封建专制主义统治制度的没落与腐朽,为维护民族尊严、捍卫国家主权,与西方侵略者展开了长期的不屈斗争,为挽救民族危亡、探求民族强盛之途,开始了艰难的探索。

一　从《四洲志》到《海国图志》

鸦片战争爆发前,清政府朝野上下闭目塞听,对世界大势无知到愚昧的地步,却又偏偏妄自尊大地视当时已经发展成为世界最先进的资本主义国家的英国为夷狄,不屑于对那些踏着万里波澜来到中国追逐财富的西方商人投以必要的注意。在这种故步自封的氛围中,清朝的统治者们全然没有意识到,被他们视作蛮荒岛夷的西方国家已经壮大到足以与自己抗衡,进而超越自己的地步。当马戛尔尼的庞大使团来华时,时值幼年的道光帝即使没有亲眼看见,也应有所耳闻;而在其青壮年时代,更应对同样来自"英夷"的阿美士德使团的傲慢有所知晓。但是,当其接掌父辈留给他的江山社稷,成为大清皇朝的至上帝君之时,道光帝却依然不知英夷之为何物。清廷之蒙蔽,于此已可窥豹。事实上,清王朝对外部世界拒绝了解的做法,在整个中英鸦片战争的进程中一直没有发生变化。当英国人开着坚船、架着利炮,叩击中国国门、肆行中国海疆、劫夺中国国土的时候,道光帝与他的臣子们自始至终都没有弄清楚英夷们所为何来,所欲何求,一场关乎帝国未来命运、牵动其万千子民身家性命的对外战争,就这样稀里糊涂地打了近三年。[①]其最终遭到惨败的结果,已经成为历史的事实,同样也是合乎历史发展逻辑的必然。

被誉为中国近代睁眼看世界第一人的林则徐,在赴粤之前,对世界局势变化的了解也许不会比清王朝其他封疆大吏们有太多的高明之处。但是,当其抱定"若鸦片一日未绝,本大臣一日不回,誓与此事相始终"[②]的信念,南下广东禁烟之际,即显示出其较那些肠肥脑满、颟顸昏蒙的朝野大员远胜一筹的见识。为了推动禁烟斗争的深入发展与防备英国侵略者的武装挑衅,他开始了对中国以外世界情况的主动了解,广泛搜求西洋情报,并罗致译员,对所能搜集到的有关西洋各国的消息情报进行摘译。涉及西洋国情、中外交通、中西历法、各国货币、鸦片产地种类、各国对中国禁烟的反应,以及地球仪、航海图、地图集、地理书等等,其无不悉心搜罗荟萃。在他的主持下,《澳门新闻纸》《华事译言》《各国律例》《洋事杂录》《四洲志》等先后汇译,对其掌握夷情,有效地制订禁烟方策,与英国驻华商务监督义律等的破坏禁烟活动进行斗争,整顿广东海防以备敌人来犯等,起到了重要作用。林则徐被革问后滞留广州,曾于靖逆将军奕山来粤时,为其筹划御夷六策,其中依然有周密探访夷情的建议。

在林则徐主持编译的众多有关西洋情事的文献著作中,以《四洲志》最为重要,对后世影响亦最大,被誉为"新地志之嚆矢"。此书系据英人慕瑞著《世界地理大全》编译而成,刊行于 1841 年,对当时世界上30 多个国家和地区的历史沿革、地理概况、山川河流、民情风俗、政治

205

[①] 甚至到了 1842 年 5 月 1 日,即战争快要结束时,道光帝还要求扬威将军奕经向被俘的英军头目询问英吉利国之"底里",如该国距内地之水程若干,所经过者几国? 该女主年甫 22 岁,何以推为一国之主? 其夫何名何处人,在该国现居何职? 等等。参见《著扬威将军等向英目干布尔细询英国情形事上谕》,见《鸦片战争档案史料》第 5 册,222—223 页。

[②] 林则徐:《信及录》,见丛刊《鸦片战争》(二),243 页。

制度、物产税饷、宗教信仰、文化教育、种族隔阂等进行了介绍。出于现实的领导禁烟斗争的需要，《四洲志》中重点介绍了英、法、美国家的社会风情、政治制度、工艺制造、机械生产、对外贸易和西洋各国相互关系等，意在通过对这些殖民主义国家国情的了解，寻求在实践中的御敌之法。该书作为林则徐开眼看世界的代表之作，也是中国近代史上第一部较为系统的世界史地译作，为闭塞已久的中国社会打开了一扇眺望世界的窗户。

继林则徐之后，魏源是又一位开当时先进的中国人主动了解西方世界之风的代表人物。魏源（1794—1857），原名远达，字良图，号默深，湖南邵阳人。1845 年（道光二十五年）成进士，历任知县、知州。早年曾向著名的今文学家刘逢禄问学，鸦片战争时在浙江入戎幕，曾经先后为伊里布和裕谦的幕僚。但战争的失败，很使魏源痛心疾首。他奋笔写下了著名的《圣武记》，"溯洄于民力物力之盛衰、人才风俗进退消息之本末"。书成，凡 14 卷 40 余万言，1842 年首由古微堂刻刊出版，1844 年和 1846 年又经两次修订重印。在书中，魏源针对当时西方国家的侵略威胁，初步阐述了他的"以夷攻夷"和"以彼长技御彼长技"等反侵略思想。魏源的另一部重要著作《道光洋艘征抚记》几乎是与《圣武记》同时成书，又名《夷艘寇海记》《夷舶入寇记》或《英夷入寇记》，凡上、下两篇，记事起于 1838 年鸿胪寺卿黄爵滋奏请严禁鸦片，迄于1842 年《南京条约》的签订，对战争爆发的原因、经过和结果作了简洁、系统、忠实的记述，认真分析了战争失败的原因，总结了战争留下的教训，是现存最早且较全面记载鸦片战争的史著。[①] 在书中，魏源愤怒地谴责了英国侵略者在战争中对中国人民犯下的烧杀淫掠的血腥罪行，无情地鞭挞了清廷的腐朽，严厉抨击了道光帝和权臣们的内政不修、外事不明和妥协误国，高度赞扬了林则徐、邓廷桢、关天培等爱国将领严行禁烟、坚决抗战的光辉业绩与民族气节，热情讴歌了三元里等地人民不畏强暴、奋勇杀敌、保家卫国的英勇事迹。同时，魏源通过对鸦片战争的分析和研究，再一次提出了"以夷制夷"的反侵略主张，而且进一步

---

① 一说《道光洋艘征抚记》的作者不是魏源，参见 1959 年 9 月 3 日《光明日报》和同年《历史研究》第12 期。

明确地提出向西方人士学习造船技术,使"西洋之长技尽成中国之长技"的思想。这些思想主张,在其编撰的《海国图志》中得到进一步发展。

还在鸦片战争进行期间,林则徐被革职后,于 1841 年秋遣戍途中在镇江与魏源见面,将其主持编译的《四洲志》及有关外国资料交给魏源,托他续为编辑。魏源遂以《四洲志》为基础,广搜中外著述,按区分国,增补整理,于 1843 年初编成《海国图志》50 卷,刊刻行世。其后,魏源又补入西南洋、希腊等四国,五印度总考,欧洲总沿革,北洋普鲁士国、琏国(丹麦),外大西洋墨利亚(美利加)洲,以及南洋、西洋各国教门表,中国西洋历法异同表,中国西洋纪年通表等,增至 60 卷,于 1847 年重刊于扬州。后又大加增补扩充,增为 100 卷,于 1852 年刊于高邮。百卷本《海国图志》凡 88 万字,附各种地图 75 幅,西洋船炮器艺等图式 57 页。

《海国图志》较林则徐编译的《四洲志》更为完善,是当时中国最为完备的世界史地知识巨著。在该书《叙言》中,魏源开宗明义地指出:是书之作,"为以夷攻夷而作,为以夷款夷而作,为师夷长技以制夷而作"。而在《筹海篇》中,他更具体地分析了鸦片战争失败的教训,提出了许多强国御侮的办法,其中心思想就是一句话:"师夷之长技以制夷"。全书汇集了当时所能得到的外国史地资料,由近而远,按南洋、印度、非洲、欧洲、南北美洲,次第编排。由于当时英国是中国最主要的敌人,因此书中"志于英夷特详",共占 4 卷篇幅,以使国人对英国有更多的了解,而能更有效地抵御其侵略。同时,魏源根据反侵略斗争的现实需要,在书中分类介绍了船炮、火轮船、地雷、水雷、望远镜等西洋技艺。百卷本中,有关西洋技艺的篇幅占 12 卷,辑录有《铸造洋炮图书》《火轮船图说》《地雷图说》《攻船水雷图说》《作远镜说略》《西洋用炮测量说》《火轮舟车图书》《天文地球合论》等有关各种西洋船炮器艺图说 50 多幅,使人们可以从中得到借鉴,获得仿造西洋船炮的技术资料,从而也使他所提出的"师夷"的主张更加理性和具体。

《海国图志》是中国当时最重要的一部"开眼看世界"的巨著,在中国近代史的开端和后来历史中闪烁着耀眼的光芒。全书充满爱国主义情怀,又饱含理性的睿智,对中国近代思想起到了巨大的启蒙作用。而魏源在书中所提出的"师夷之长技以制夷"的思想,不仅在当时思想界和学术界产生了巨大的震撼,而且对19世纪60年代洋务运动的兴起和90年代维新变法思潮的勃兴,都产生了深刻的影响。19世纪50年代,此书传到日本,竟出现了20多种翻刻本,对日本人了解世界及其维新运动也起了积极的作用。

二 徐继畬与《瀛环志略》

鸦片战争时期,除林则徐之外,另一位主动睁眼看世界的清政府封疆大吏,是五口开埠过程中,奉闽浙总督刘韵珂之命负责与英国领事交涉办理福州开口通商事务、时任福建布政使的徐继畬。

徐继畬(1795—1873),号牧田、松龛,山西五台县人。1826年(道光六年)中进士,朝考获第一名,钦点为翰林院庶吉士。1836年外放任广西浔州知府,次年升任福建延邵津道道员。1840年,英舰首度北犯,至厦门寻衅,徐继畬调署汀漳龙道,驻漳州,调兵募勇,力主坚决抗英。1842年,擢两广盐运使,旋授福建布政使。其与英国驻福州领事交涉开口通商事宜,即在布政使任内。1846年升任广西巡抚,旋又改授福建巡抚兼署闽浙总督。1865年,任总理各国事务衙门大臣,1869年致仕。从1838—1850年的10余年时间里,徐继畬大部分时间都在福建供职。他在东南沿海做官期间,广泛搜罗西人著作,"荟萃采择,得片纸亦存录勿弃。每晤泰西人,辄披册子考证之,于域外诸国地形时势,稍稍得其涯略。乃依图立说,采诸书之可信者,衍之为篇。"五阅寒暑,十易其稿,撰成《瀛环志略》凡10卷,约15万言,辑42幅地图,于1848年刊刻出版。

徐继畬在《瀛环志略》的序言中明确指出,著书的目的是为了适应当时海禁大开的局面而备当事者查考。他写道:"方今圣泽覃敷,海外诸国鳞集仰流,帆樯萃集。其疆土之广狭,道里之远近,势难已于咨询。此说虽略,聊以为嚆矢之原。"《瀛环志略》全书以图为纲,系统地介绍了当时世界上近80个国家和地区的地理位置、历史变迁、经济文化、风土人情简况,内容丰富,叙述完备,尤重对各国重大政治事件、商务关系,特别是中英商务的考察。其中特别对当时中国人很少了解的南美洲、大洋洲及非洲都有所记述，对亚洲、欧洲和北美洲的介绍则更为详细。在书中，徐继畬用了将近一半的篇幅介绍欧洲及北美各国，每个欧洲国家的面积、人口、财税和陆海军规模都有具体数字。在叙述南洋、印度等有关史实时，徐继畬则详细叙述了这些国家和岛屿沦为西方列强殖民地的过程，意在起到自警警人的作用。

在书中，徐继畬还对西方资本主义的民主政治制度作了富有意义的介绍与评论。他在该书卷七"英吉利三岛"中论及英国议会制度时说："国有公会所，内分二所，一曰爵房，一曰绅房……国有大事，王谕相，相告爵房，聚众公议，参以条例，决其可否，复转告乡绅房，乡绅酌核，上之爵房，爵房酌议，可行则上之相而闻于王，否则报罢。"在卷九"米利坚合众国"一节中，他对美国"三权分立"的资本主义民主政体和总统选举制进行了介绍，并称誉创立美国资产阶级民主制度的总统华盛顿为"泰西古今人物之首"，认为他"不僭位号，不传子孙，而创为推举之法，骎骎乎三代之遗意"，更称赞美国"幅员万里，不论王侯之号，不循世及之规，公器付诸公论"，"创古今未有之局"，言词之中，予以很高评价。在当时中国尚处于对外部世界不甚了了、视西洋为夷狄的舆论环境中，徐氏对西洋诸国作出如是高度评价，确乎有立意高远之见；而在中国封建专制主义统治的政治环境中，作为统治阶级的一员，徐氏对西方世界的民主制度予以介绍，并大胆加以赞扬，更表现出其超人的胆识与非凡的胸怀。

《瀛环志略》篇幅短小而精悍，选用资料完备而准确，叙述评论言简而意赅。《瀛环志略》虽然在思想性上未能像魏源的《海国图志》高张"师夷之长技以制夷"的思想主张，在如何应对西方列强入侵的问题上也未给出明快有力的回答，但该书在编排之得体、叙述之明晰、考订之严谨、资料运用之准确方面，则更具特色。因此，此书仍不失为当时中国人研究与介绍世界史地的一部优秀著作。徐氏本人也因此书之故，由清边疆督抚重臣跻身于近代放眼看世界的先进的中国人之列。

除了上述的林则徐、魏源、徐继畬等人及其著作外，以著书立说的方式，记录中国人民的禁烟运动和鸦片战争的历史，总结中国战争失败经验,研究西洋诸国局势,论述中外关系发展脉络,探索强国之策的还有梁廷枏、夏燮等人。梁廷枏在鸦片战争时期,积极参加反侵略斗争,林则徐至粤禁烟时,他曾为之规划形势,绘海防图。在1849年广州人民反英人入城的斗争中,梁廷枏也积极投入战斗的行列,亲至英国驻广州领事馆与英人交涉。其所著的《夷氛闻记》于1850年完稿,同样也是一部体现高度爱国主义热情,系统记载鸦片战争进程,歌颂中国军民抗英事迹,总结鸦片战争失败教训的代表著作。夏燮的《中西纪事》动笔于鸦片战争战败之际,初刊于1859年,凡16卷;后又加以增补扩充,成24卷,刊行于1865年,是一部系统论述中外关系、记载两次鸦片战争历史的学术著作。

站在中国近代史开端放眼看世界的人们,虽然受到时代的局限与知识的局限,其对世界范围内的局势与变化的认识还不完全准确全面,对封建专制主义腐朽统治的批判还不是十分深刻,对中国战败之因与师夷制夷的探索也不算精准完善,但是,他们同样都怀着强烈的爱国主义精神,循着总结历史经验教训、寻求强国御侮之策的时代主题努力地研究探索,热情讴歌中国人民保家卫国的英勇事迹,鞭挞妥协与投降,谴责侵略者的暴虐凶残,力图冲破封建专制主义的禁锢,大声疾呼了解世界,向资本主义国家学习先进技术,以维护国家的主权独立,捍卫民族的尊严。其开风气之先,洵为功不可没。①

---

① 若干证据表明,还在1842年的战争期间,中国人已力图对西方先进技术作出迅速的反应。英军在攻陷厦门时曾发现一艘已基本完成的英式双层甲板三十炮位战舰的复制品,其他几艘类似战舰的制造工作也很上路。在吴淞,他们发现了5艘新的中国明轮战艇,装备有新式的铜铸炮。在上海,他们俘获了16门新的制造精良的18磅船用炮,从铸在炮管上的瞄准器到燧发机的穿孔火门,应有尽有。由此可见,西方侵略者强加于中国人民头上的近代化战争,既是一种前所未有的凌辱,同时又是一种新的激励。参见[美]史景迁《探寻现代中国》(英文版)第7章。

第四章
太平天国起义和建都天京

　　鸦片战争失败后,中国国内的危机进一步加深。社会各阶级之间,尤其是官民之间的矛盾进一步激化。各级官府,首先是州、县的所谓"亲民之官",只知变本加厉地敲诈、勒索,把战费与赔款的负担转嫁到广大纳税者,尤其是贫苦农民头上,致使他们的生活陷入绝望的境地。官府与人民大众之间的矛盾激化了。早在1843年,即鸦片战争后不久,时任两江总督的耆英向皇帝汇报说:"官与民,民与兵役,已同仇敌。……吏治日坏,民生日困,民皆疾视其长上。一朝有事,不独官民不能相顾,且将相防。困苦无告者,因而思乱。"[①]1847年夏,道光帝在接见即将赴四川按察使任的张集馨时,更把国家比喻成一所年深日久的大房子,"不是东边倒塌,即是西边剥落,住房人随时粘补修理,自然一律整齐,若任听破坏,必至要动大工。"[②]他看到了清王朝统治危机日益显露,却提不出根本解决的办法。立朝已两百年的清王朝,此时已毫无振作的希望。尽管鸦片战争沉重打击了清王朝的盲目虚骄自大,但统治集团依然昧于天下大势;极端的封建专制主义,又使得统治阶级中的有识之士无法改革弊政,从而有所作为。为官清谨者但拘文法循资格,中下者更惰废苟且,形成了"贪与廉皆不能办事"的可悲局面。大局的败坏,已非"随时粘补修理"所能解决。底层社会,尤其是南方各地的社会动荡开始加剧。到了1850年,连绵不断的反抗官府的起事,终于汇成以太平天国为中心的人民革命运动。

---

① 道光朝留中密奏,见丛刊《鸦片战争》(三),469—470页。
② 张集馨:《道咸宦海浮沉录》,89页,北京,中华书局,1981。

第一节　南方各地的社会动乱

鸦片战争的失败,并没有能够使清廷和统治阶级上层中的多数人警醒和振作起来。道光帝本人日益消沉。"往事凄然如梦幻,流光倏尔若风烟"①的诗句正是他消极悲观心境的写照。曾与林则徐一起在禁烟运动中叱咤风云的邓廷桢,其意气也日渐消磨。他于1843年自伊犁流放地释还,先在甘肃任布政使,1845年再升任陕西巡抚,回到了车水马龙的西安。但此老"忧患之余,生气已尽,又以日薄崦嵫,纵情娱乐;来往过客,攀挽流连……几于无日不花天酒地",②次年4月他死于陕抚任上。

纵情娱乐、花天酒地的并不限于邓廷桢这样意气衰朽的老官僚,而是整个官场的普遍现象。据时任陕西督粮道的张集馨说,西安地当赴西藏、新疆乃至甘肃、四川的孔道。对来往过境的官员,陕西当局必尽地主之谊宴请接待,具体则由粮道承办,张灯结彩,传戏备席。"每次皆戏两班,上席五桌,中席十四桌,上席必燕窝烧烤,中席亦鱼翅海参。""大宴会则无月无之,小应酬则无日无之。"③

对于官场的醉生梦死,龚自珍曾有诗嘲讽云:"秋气不惊堂内燕,夕阳还恋路旁鸦。"④尽管外面已充满了肃杀的"秋气",但在这些"堂内燕"看来,似乎仍是一派温煦的阳光,因而照样轻歌曼舞,照样花天酒地,同时也照样加紧对劳动人民,尤其是对农民的压迫剥削。

---

① 《宣宗诗文集·瀛台怀旧》。
② 《道咸宦海见闻录》,82—83页。
③ 《道咸宦海见闻录》,79—80页。
④ 龚自珍:《逆旅题壁次周伯恬原韵》,见《龚自珍全集》,449页,上海人民出版社,1975。

统治阶层的颓废苟且，还表现在公然将官吏的贪污变为合法的陋规。据张集馨说，陕西粮道向上司及有关衙门每年的送礼定规：给西安将军三节两寿礼，每次银 800 两，表礼、水礼八色，门包 40 两；八旗副都统两人每人每节银 200 两，水礼四色；陕西巡抚，四季致送，每季银 1 300 两，但节寿只须送表礼、水礼、门包杂费；连远在兰州的陕甘总督，也必须派家人按三节致送，每节银 1 000 两，表礼、水礼八色及门包杂费。① 甚至高级衙门幕友的节寿礼亦有规定。据御史石景芬揭发，河南"抚藩臬三衙门幕友，一年节寿陋规，俱由首县摊派各州县。甚至书吏册费，藩司竟用印劄代为催取"。②

基层州县衙门的胡作非为，更是令人发指。仍据张集馨（1847 年已升任四川按察使）自订年谱的记载：四川资州的吏目与牢头相勾结，不仅对入监的其他犯人凌虐拷逼，甚至对寄监过站的犯人和差役也一并吊拷勒索，而州牧居然不闻不问。直至遭受吊拷凌辱的井研差役到省具控，才委查得实。遂宁县盗贼打洞入室，致死人命。县令徐某因缉捕令严，恐受参处分，为掩盖盗案，竟然授意陷害死者的妻子和妹妹为谋命凶手。此案经张集馨亲自过问查实，方得平反。张氏为此感慨道："徐令不过因办盗案处分，忍心害理，陷人凌迟重罪，存心尚可问乎？州县万不可靠，臬司真不易为也！"但这位徐某因有上层关系网的保护，最后仅是"乞病"回籍，未受追究。③

1850 年 6 月（道光三十年五月），时已登基四个月的咸丰帝对前朝吏治的败坏及其严重性作了如下的概括：

近年以来，登进冒滥，流品猥杂。短于才者，恃胥吏为腹心；急于利者，腴闾阎之膏血。以致政治堕坏，民生穷蹙。④

到了 1852 年初（咸丰元年底），时任内阁学士兼署刑部左侍郎的曾国藩更把"民间疾苦"归结为三条：一曰银价太昂，钱粮难纳；二曰盗贼

---

① 《道咸宦海见闻录》，79 页。
② 《清宣宗实录》卷三二九，道光十九年十二月甲戌。
③ 《道咸宦海见闻录》，101、99—100 页。
④ 《清文宗实录》卷九，道光三十年五月丁酉。

太众,良民难安;三曰冤狱太多,民气难伸。三条都与吏治的腐败、民心的向背有关,而第三条尤为突出。署理刑部事务的曾国藩特意点出"令人闻之发指"的众多冤狱,其用心所在,是不难体察的。曾国藩之所谓"民",主要是指那些必须向政府输租纳税的"业主",是那些成为盗贼抢劫对象的"良民",以及那些敢于告发权势、豪强,却因而蒙受冤狱的"原告"。他几乎直言不讳地道出了中小地主对清朝吏治的极端不信任感。[1]

差不多与此同时,天地会所张贴的《万大洪告示》则痛心疾首地宣称:"天下贪官,甚于强盗,衙门污吏,何异虎狼","富贵者纵恶不究,贫贱者有冤莫伸","民之财尽矣,民之苦极矣! 我等仁人义士,触目伤心,能不将各府、州、县之贼官狼吏尽行除灭,救民于水火之中也!"[2]

相对富庶的南方,动乱也开始频繁起来了。

首先是抗租风潮的涌现。作为直接生产者的佃农,面临愈益增加的地租剥削,多次掀起抗租风潮。由于抗租损害了作为官府征收钱粮对象的业户的利益,清政府对此采取了坚决镇压的措施。江苏昭文县于 1842 年发生了佃户"聚众抗租,焚烧运丁船只,并打毁业户多家"的事件,遭到地方官府的残酷镇压。1846 年,当地又爆发更大规模的抗租事件,佃户们接连数天捣毁了 40 多家业户的房屋家具,甚至在官府派人捉拿时"鸣锣聚众,欲图拒捕"。[3] 1845 年,浙江余姚县东北乡佃农"抗租不还,业户催租,佃户反持器械向殷实富户掳掠"。[4] 1849 年大水灾,贫苦农民更"结群毁富户门乞米,日聚日众,欲满方去"。[5]

与抗租相表里的是针对官府的抗粮事件。由于钱粮的征收直接牵涉各阶层人民的利益,抗粮事件的参加者更为广泛,其影响也更大些。人数众多的自耕农和贫农占有土地少,但赋税负担重,是抗粮事件的主力。中小地主及其知识分子则是抗粮事件的积极参加者乃至组织者。

[1] 曾国藩:《备陈民间疾苦疏》,见《曾国藩全集·奏稿》卷一,393—396 页,北京,中国致公出版社,2001。
[2] 荣孟源编:《中国近代史资料选辑》,115—116 页,北京,三联书店,1954。
[3]《审拟棍徒顽佃折》《附奏土棍亟宜严惩片》,见李星沅《李文恭公文集》卷十二,芋香山馆,同治三年。
[4]《清宣宗实录》卷四一七,道光二十五年五月乙酉。
[5] 范城:《质言》,载《近代史资料》1955 年第 3 期。

据记载,1842年初湖北崇阳县的抗粮事件,其领袖人物钟人杰、汪敦族等人都是"富户"、秀才,起初只是反对地方官"暴敛横征",后因官府的"剿灭"政策所逼,才发展成万余人的反清起义,"并非预谋造反,也没传习邪教,兴立会名"。[1] 1844年,湖南耒阳县发生武装抗粮的事件,其领导人阳大鹏等人也都是秀才,起因则是里差、胥吏们的敲诈勒索。同年台湾嘉义县的抗粮,领导者是位武生。1845年浙江奉化县的抗粮,领导者是地主士人。1846年江苏昭文县的闹漕,领导者是位医生。1847年江西贵溪县的抗粮罢考,其领袖、骨干全是贡生、秀才、武举之类。

清政府对各地的抗租抗粮采取了武力镇压的强硬措施,逼使各地的反抗活动逐步演化升级为矛头直指清王朝的武装起事。在这些起事中,原即存在于民间的教门、会党组织,尤其是南方的天地会,扮演了十分重要的角色。鸦片战争后的十年间,尤其是1847年(道光二十七年)以后,天地会势力急剧蔓延扩散。它所发动的武装起事也随之日趋频繁。据统计,在19世纪初(嘉庆初年),此类起事每年10起左右,而到1840年代末(道光末年),每年平均发生100余起,差不多增长了10倍。[2]

1848年,广东学政戴熙进京陛见道光帝,说他沿路所见,"盗贼蜂起,民不聊生"。1850年春,内阁侍读学士董瀛山向咸丰帝奏称:"邪教、盗匪,在在皆有。"[3]

面对天地会点燃的遍地造反烽烟,清政府防不胜防,剿不胜剿。天地会由于各山堂互不统属的特点,它的起事始终不能突破"随起随灭,随灭随起"的基本格局,却已极大地耗散了清政府的精力。鸦片战争后近十年间的武装起事,几乎遍及十八省乃至伊犁等地。但从起事的规模、爆发的频度来看,又相对集中于地域相连的广东、广西和湖南三省,而以广西为最。

广东是中国对外开放的门户,也是反侵略的前哨,首先成为大规模群众斗争的中心地带。广东有着反清抗争的历史传统,在三省中也是

---

① 参见邓文滨《醒睡录》初集卷六《平崇雅奏》条;并据钟人杰口供,见中国近代史资料丛刊续编《太平天国》(以下简称《太平天国续编》)(三),309页,南宁,广西师范大学出版社,2004。

② 参见蔡少卿《中国秘密社会》,221页,杭州,浙江人民出版社,1989。

③ 徐珂:《清稗类钞·谏诤卷》;《清文宗实录》卷七,道光三十年四月丙寅。

天地会最早开展活动的地区。嘉庆初年,揭阳县已爆发有会众四万余人的较大规模起事。林则徐使粤禁烟之初,基于"民心可用"的认识,积极倡导"由民间自行团练,以保村庄"。① 鸦片战争中,广州三元里一百零三乡人民的抗英斗争,第一次在英国侵略者面前显示了自己的实力。此后,广州人民还在社学等组织的发动下,多次进行了反对英国侵略者入城的抗争。虽然社学的领导权掌握在一班士绅的手中,其抗争对象亦仅是外国侵略者,但它却使人民看到了自己组织起来、武装起来的伟大力量。当时即有人议论说:

> 方琦相(即琦善)之羁縻义律也,粤东之民谣曰:"百姓怕官,官怕洋鬼。"迨三元里之役,粤民起而创之,遂兴团练之局。未几闻抚事定,积不能平,遂有次年揭帖之变,而大府亟出示安抚之,又从而谢止夷人之入城者。于是粤东之民又谣曰:"官怕洋鬼,洋鬼怕百姓。"夫至于能怕其官之所怕,则粤东之民浸浸乎玩大府于股掌间矣。②

广东的民谣揭示了一个微妙的三角关系。在外来的侵略者因素搅和进来以前,除非在"官逼民反"的极端时期,一般地说,中国的老百姓总是怕官府的,是"只许州官放火,不许百姓点灯"。可是,自从出现了"洋鬼"这一外来因素,情况开始发生了戏剧性的变化:从"百姓怕官"到"官怕洋鬼",再从"官怕洋鬼"演变为"洋鬼怕百姓"。那么,百姓还再害怕官府吗?

鸦片战争结束后仅仅一年,1843 年,香山县天地会首领高明远即公然再次发动反清起义。此后,在 1848—1849 年间,广东各地的天地会组织又多次起事。这些起事能在官府统治力量较强的广东发生,不能不说是受到大规模群众反侵略斗争的鼓舞,也正是"官—民—夷"三角关系发生微妙变化的结果。

湖南之西部、南部一直为苗、土家、瑶、侗等少数民族居住,长期被视为"地瘠民贫"的"荒陋之区"。有清一代,随着汉族人口的不断增长,

---

① 《复议团练水勇情形折》,见《林则徐集》,《奏稿》中册,881 页,北京,中华书局,1965。
② 夏燮:《粤氛纪事》卷一,见《太平天国续编》(四),120 页。

湘西、湘南逐步得到开发,汉族与土著少数民族之间的隔阂、矛盾乃至冲突斗争时有发生。由于官府与地主共同剥削压迫的加重,少数民族与汉族人民曾多次起义。乾嘉之际,曾爆发著名的湘西苗民大起义。道光年间,起事愈益增多。1832 年,江华瑶民起义,阵斩湖南提督,歼其全军。1836 年,更出现瑶、汉民联合攻打武冈州城的起事。此次瑶、汉民族得以消除隔阂、共同起事,主要是受白莲教教义的影响。湖南地处白莲教与天地会两大势力的交会之处。教门、会党的组织领导,加上少数民族的踊跃参加,使得湖南,尤其是湘南地区的反清起义频频发动,日趋激烈。1843—1844 年间,武冈、耒阳、东安、宁远、道州、新宁等地人民先后起义,或进攻州、县(如武冈曾如烒杀死知州,耒阳阳大鹏进攻县城),或转战数省(如新宁李沅发转战湘桂黔三省边区),造成很大声势。

然而,由于湘西、湘南多民族混居,民风强悍,当地汉族地主豪强早已养成尚武斗狠、注意观察地方情况的传统。日益频繁的反清起事,使得湖南的地主豪强们日益警觉,较早地产生了危机感,因而在镇压当地的反清起事中,也日益起着重大的作用。天地会所组织发动的武装起义,有一些尚未形成气候,即遭到当地所谓"强族"的镇压而胎死腹中。一些规模较大的起义,如道州李魔旺起义的余部,以及新宁李沅发起义军,也都是因地主团练力量过强而不能在本省立足,不得不转入相邻的广西等省。

相比而言,广西是三省中统治阶级力量最为薄弱、各种反清起事最为活跃的地区。

在长江以南、云贵高原以东的南方各省中,广西经济文化最为落后。全省每年额征地丁银 69 万两,在南方各省中位居最末,在全国十八省中位居第十五。每年除稻谷外,广西几无其他农副产品输出,在省际贸易中处于十分不利的地位。清代公私文件在提到广西时,总要加上"地瘠民贫""内无所产,外无所资"等语。直到 19 世纪 50 年代初,胡林翼还说:"粤西虽系边疆紧要,而实无财赋可筹。"[①]"文教不兴,人才

---

① 《遵旨复奏川粤军务疏》,见《胡文忠公全集》,373 页,上海,世界书局,1936。

朴陋",则是当时人们对广西文化状况的基本概括。

落后的经济文化,使得广西通过科举正途或捐纳为官者人数都极少,本省士绅因而不能像湘、粤两省形成较强的政治力量,同时也使得由外省人士担任的省府州县各级官员不安于位,不乐久任,因循敷衍度日。这就从两个不同的侧面削弱了统治阶级的力量。广西成为清王朝统治锁链中最为薄弱的一环。

广西居民的民族构成十分复杂,全省有汉、壮、苗、瑶等 10 多个民族混居。此外,土客矛盾,亦即早已定居的土著与明末清初以来由湘、赣、粤、闽等省迁入的客民之间的矛盾也很突出。可以说,广西全省几乎无县不有民族和土客问题。这是它与广东、湖南两省极不相同的地方。粤、湘两省的民族杂居,仅限于局部地区;广东除海南岛外,仅西北一隅,湖南则集中于湘西、湘南。土客问题,湖南、广东也仅少数地方存在。

这种社会矛盾既复杂尖锐,官府统治力量又十分薄弱的状况,使得广西不仅成为本省各种造反势力的藏龙卧虎之地,更成为外省造反者的逋逃渊薮。广东、湖南的天地会众和其他反抗者,在本省不能立足时即逃入广西。迁入广西的两省客民,则成为他们最好的"窝主"。甚至鸦片战争以后广东所裁撤的乡勇,因本系无业游民,也"流入广西,剽掠为生"。[①] 到1847—1848年间,广西天地会起事已多至数十部。每部"少者数百人,多者三四千人不等","几于无地无之,无时无之"。[②]

然而,广西地方当局却因兵饷两缺而无力镇压:"兵多则饷绌,分守则力单。始欲节费而少出师,则力不足以相御,继因添兵而多糜饷,则费已不可胜言。且食不足以给兵,则兵怨,兵不足以卫民,则民怨。"[③]他们只能向清廷请求调拨。

已届暮年的道光帝,不能也不想有所作为,只求表面安静。善于逢迎的领班军机大臣穆彰阿,"风示意旨,谓水旱盗贼,不当以时入告,上

---

① 半窝居士:《粤寇起事记实》,见《太平天国续编》(四),2 页。

② 严正基:《论粤西贼情兵事始末》,见太平天国博物馆《太平天国史料丛编简辑》(二),3 页,北京,中华书局,1961。

③ 龙启瑞:《上某公书》,见《经德堂文集》卷三,光绪四年。

烦圣虑,国家经费有常,不许以毛发细故,辄请动用。"①

时任广西巡抚的郑祖琛私下叹息:"左右两难,乞身未敢,空手何能杀贼,徒为误国庸臣。志不能伸,死有余辜矣!"②但他终于还是做了一个粉饰太平的"误国庸臣"。而广西全省形势,"如人满身疮毒,脓血所至,随即溃烂",③终至一发而不可收了。

---

① 龙启瑞:《上梅伯言先生书》,见《经德堂文集》卷三。
② 半窝居士:《粤寇起事记实》,见《太平天国续编》(四),8页。
③ 龙启瑞:《上某公书》,见《经德堂文集》卷六。

第二节 洪秀全与拜上帝会的创立

1850年11月(道光三十年十月),太平天国起义在广西桂平县金田村爆发。尽管起义的发生地远在西南的边省山区,但它以其坚强的组织、严明的纪律和执着的信仰脱颖而出,很快便显示出强大的生机。金田起义像是一份宣言书,庄严宣告:鸦片战争后连绵不断的起事,开始汇合成一股强大的革命潮流,而太平天国正是这一革命运动的中心之所在。

太平天国的兴起,与洪秀全、冯云山宣传"敬拜上帝"的活动密切相关。

一 洪秀全的青少年时代

洪秀全(1814—1864),族名仁坤,小名火秀,1814年1月1日(嘉庆十八年十二月初十日)出生于广东花县西北福源水村一个客家农民的家庭。秀全是他敬拜上帝后的改名。他由"火秀"改名为"秀全",据说是为了避上帝之讳(当时将上帝"耶和华"译为"爷火华"),而且是上帝亲自命他改名的。太平天国官修史书《太平天日》中,记天父上主皇上帝对洪秀全说:

尔名为全矣。尔从前凡间名头一字犯朕本名,当除去。尔下去凡间,时或称洪秀,时或称洪全,时或称洪秀全。尔细弟之名与尔名有意义焉。[1]

---

[1]《太平天日》,见《太平天国印书》上册,40页,南京,江苏人民出版社,1979。

这当然是故弄玄虚。至于为何改名"秀全"，太平天国官书并没有详作说明。但当时有人解释说："秀全"二字可拆分为"禾乃人王"，粤音"禾""我"相近，借"禾"字为"我"字，意即"我乃人王"。[①]

秀全出生后不久，因家中人多田少，举家迁回至县城西南的官禄㘵村定居。[②]洪氏族人在官禄㘵村已聚居多年，过着穷苦而俭朴的生活。当时的民谣说：

官禄㘵，官禄㘵，
食粥送薯芋，
乌蝇担粒米，
追到新街渡。[③]

就是说，苍蝇在官禄㘵人家里叼走了一粒米饭，即使飞到十多里之外的新街渡地方，人们也要把它追回来。

洪秀全的生父名叫洪镜扬，是个公正而有才能的农民，被族人推戴为父老，还被邻近各村推作保正。他于金田起义前三年去世。秀全有两位哥哥，长名仁发，次名仁达，都是洪镜扬元配王氏所出。秀全乃继配李氏所出。[④]秀全还有一位姐姐名叫辛英，成年后嫁给狮岭李家。[⑤]

秀全的父亲和两位兄长都以力农为业。秀全幼时，家境已有所改善，于是便在 7 岁[⑥]那年入村塾读书。他天资聪颖，再加上勤奋好学，

---

① 半窝居士：《粤寇起事记实》，见《太平天国史料丛编简辑》（一），7 页。
② 据洪秀全《英伦公夫妇画像诗序》，其祖籍"嘉应州石坑，次由石坑迁居花县福源水"。简又文《游洪秀全故乡所得到的新史料》（见《逸经》第 2 期，民国 25 年）亦说先居福源水，洪秀全即诞生于此。不久，举家移居官禄㘵。但也有说洪秀全之太高祖即已迁居官禄㘵，秀全即出生于官禄㘵者，参见华南师范学院印《洪氏宗谱》。
③ 陈棣生编：《虎啸龙吟·太平天国歌谣选集》，375 页，广州，花城出版社，2001。
④ 据《李秀成亲书供词》，秀全与其长、次兄"同父各母"。而李秀成在叙述天王出身时，一再强调说"此之话是天王载在《诏书》教下，屡屡讲讲道理，教人人可知"，则其所据为太平天国官修史书，绝非虚语。目前所见题为《太平天日》的《诏书》第 2 页缺失，洪秀全的家世仍无从查考。《太平天日》记天酉年（1837）洪秀全升天时在场的有"君王父、君王母李"等人，《天兄圣旨》在记"天兄"下凡时更称"君王母"为"李四妹"，可见洪秀全生母确为李氏，且在金田起义前后仍健在。又汪士铎《乙丙日记》（写于乙卯、丙辰间，也即 1855—1856 年）中也说："洪贼之父名覲（镜）扬，母曰李四妹"，并说系太平天国官《新诏书》，可与以上记载互为参证（见《乙丙日记》卷二，9 页上及 10 页上）。传世的花县《洪氏宗谱》中，记秀全与其长、次兄均为元配王氏所出。但此宗谱为洪氏后人所续修，其记洪秀全事迹多有讹误，看来是弄错了。
⑤ 据《太平天日》及钟文典《洪秀全》，见其《太平天国人物》，3 页，南宁，广西人民出版社，1984。
⑥ 本书在述及人物的年岁时，如不特别注明，一般均按传统习惯，以虚岁计算。

"五六年间,即能熟诵四书、五经、孝经,及古文多篇。其后更自读中国历史及奇异书籍,均能一目了然。"①秀全读书时间不长就得到业师和洪氏家族的赞许。看到他的聪慧和学业上的成绩,大家都公认他取得功名十分容易,很快便会光宗耀祖。有几位业师竟然不收他的学费,自愿教他学习。秀全还一度到外乡去读书。虽然其家境并不宽裕,但为了不使他辍学,家里还是乐于供给日常开支。有几位族人还赠送衣物予以鼓励。他的老父亲在与别人谈话时,最喜欢谈论自己幼子的聪颖可爱。他每听到别人称赞秀全,便眉飞色舞。只要有人说他幼子一句好话,这位老人便会邀请他回家饮茶或吃饭而继续谈论他所喜爱的话题。

洪秀全在村塾读书一直到 16 岁。16 岁以后就算成年了,于是他也和其他村童一样,离开了村塾,开始帮家里做些农活,有时还到山野去放牛。大家都为他的辍学而深感惋惜。第二年,有一和他年岁相当的同窗好友邀请他陪其读书,以一年为期,以便一起切磋学问。18 岁那年,族人聘秀全任本村的塾师,又为他提供了进一步自学钻研的机会。

二　科场失败与异梦

1827 年(道光七年),洪秀全 15 岁时,第一次参加科举考试。县试入选了,到广州参加府试,结果名落孙山。尽管如此,洪秀全还是力图走上科举的道路,多次参加县试和府试。可是直至 1843 年(道光二十三年),他 31 岁时,依然是童生,始终连秀才也未考取。按照当时的制度,中秀才必须被考选三次,初为县试,继为府试,终为道试。② 在花县县试时,据说秀全"每试必冠其曹",成绩应该说还是很不错的,但他却总是在府试时落榜。

---

① 洪仁玕口述、韩山文笔录:《太平天国起义记》,见中国史学会编《中国近代史资料丛刊·太平天国》(以下简称丛刊《太平天国》)(六),833 页,上海,上海人民出版社、上海书店出版社,2000。按:此书原题作《洪秀全之异梦及广西乱事之始原》(*The Visions of Hung-siu-tsuen and Origin of the Kuang-si Insurrection*),中译本由译者简又文改题。异梦(vision),现一般译作幻影、幻象。本节内容及所引文字凡出此书者,一般均不再注明。

② 据《太平天国起义记》,其叙广州府之科举考试制度甚详。见丛刊《太平天国》(六),839 页。

1833年（道光十三年），21岁的洪秀全第二次去广州府应试。这次虽然落第了，但他在贡院前适逢基督教改正教的华人牧师梁发在街头派书传道。他获赠一套9本的基督教布道小册子《劝世良言》。① 这套书为梁发亲自编写，梁发自号"学善者"或"学善居士"，是中国近代第一位华人牧师。他在书中大段摘录了基督教《圣经》中的若干章节，宣扬上帝爷火华（Jehovah，现译作耶和华）为独一真神，号召人们敬拜上帝而不可拜别的邪神偶像。书中也充斥了中国人所熟知的有关天堂、地狱之类的说教。这种很浅陋的宣传品，影响了洪秀全此后一生的道路。

秀全考试完毕即把这套书带回乡里，对目录稍加浏览后便搁置书柜中。当时这套书还没有得到他的重视。

1837年，他再赴广州应试，"初考时其名高列榜上，及复考则又落第"。这使得他在悲苦失意中大病了一场，不得不雇了顶肩舆，由两位精壮的轿夫抬回家乡。他于4月5日（三月初一日，清明节）那天回到家中，病势加重，连续卧床多日。

在生病昏迷期间，洪秀全不断进入奇梦，多次见到异象。据《太平天国起义记》的介绍，时断时续的异梦大体是这样的：

最初，洪秀全见到许多人对他欢迎招致，又有龙、虎、雄鸡等进入室内，于是众人奏乐，又有肩舆把他抬到一个华丽光明的地方，有无数高贵的男女欢迎他的到来。内有一老妇引领他到河边沐浴。洗完后，有一班年高德劭之人，内有许多古先圣贤，将他引入一大宫殿，并对他施行换取心肝五脏的手术。最后他终于来到一座极其美丽而华贵的大殿。在最高的宝座上，有一披金发、衣皂袍的老人，一见到秀全就双目流泪，说："世界人类都是我所生，我所养。人们吃我的粮食，穿我的衣服，但没有一人具有心肝来纪念我和尊敬我。最可恶的，竟然以我所赐的物品去拜祀鬼魔。人们有意忤逆我，令我恼怒，你不要效法他们。"说完，老人即授秀全一柄宝剑，用来斩除鬼魔，但又令他慎勿妄杀兄弟姊妹；又给以印绶一个，用以治伏邪神；再赐给他金黄色美果一枚。秀全吃了，味道甜美。老人还亲自带领秀全出殿，俯瞰人世。

---

① 按：《太平天国起义记》载洪秀全集《劝世良言》在1836年，有误。兹据《中华最早的布道者梁发》所载梁发事迹订正，参见《近代史资料》总39号，182—183、190页。

"芸芸众生，一切苦痛与罪孽，皆现目前。其情状之恶劣，眼不忍睹，口不忍言。"

秀全受奇梦的影响，在一度神志清醒时，仍头发直竖，穿衣径至老父亲身边，鞠躬长揖道："天上至尊的老人，已令全世之人归向我了，世间万宝皆归我所有了。"他的老父亲且喜且惧，不知如何是好。

秀全连续卧床 40 日。在此期间，他经常在室内走动跳跃，大声疾呼："斩妖！斩妖！"在异象中，秀全又常见到一位他称之为"长兄"的中年人。这人教秀全如何动作，并在他的带领下追寻杀灭邪神。其间，秀全甚至还听到衣皂袍老人斥责孔子，说他于经书中不曾清楚地发挥真理，孔子似自愧而自认其罪。

对于洪秀全的病及其在梦幻中所见的异象，有学者从心理学和病理学中去寻找答案，认为洪秀全"由于考试落第，心中发生悲苦、失望、沮丧、忧郁、羞耻、愤怒、怨恨等等强烈情感，刺激过度"，患了"急性精神病"，因而产生了"奇异的心灵"和"可见的幻觉"。但也有学者在仔细考察洪秀全发病的原因、病中的言行和病后的变化后得出结论说，他所患的病"同时是一场政治病"。① 不过有两点是非常清楚的：首先，通过病中的梦幻，洪秀全总算洗刷了屡次科举不第的耻辱，他从"天上至尊的老人"那里直接取得了对"全世之人"的统治权，较之科举考试仅从人间帝王手中取得一官半职显然要尊贵得多，从而在心理上得到了安慰，或者说，在精神上取得了胜利。其次，虽然此后他有时自称是人间之王，但并没有明确反对朝廷或官府的任何表现，人们也只认其是"疯子"的语言而不予重视；他所斩之"妖"同样只是些"邪神"，也即从宗教信仰层次上所认定的妖魔鬼怪。值得注意的是，在洪秀全的梦幻中，"天上至尊的老人""披金发，衣皂袍"，看来是得自对洋传教士的印象；而被他称为"长兄"的中年人，虽然没有具体形象的描述，显然也应是耶稣而不可能是其他人。同样值得注意的是，洪秀全在自己的梦幻中已开始了对孔子及其经书的批判。

---

① 参见简又文《太平天国典制通考》第 18 篇《宗教考》上，香港，简氏猛进书屋，1958；钟文典：《太平天国人物》，5 页，南宁，广西人民出版社，1984。

秀全健康恢复后,人格和外貌都发生了很大的改变:"品行谨慎,行为和蔼而坦白。身体增高增大,步履端庄严肃,其见解则宽大而自由。……恶人畏而避之,而忠诚者趋与交游也。"

三 敬拜上帝 四出布道

然而作为村塾师的洪秀全,仍然不能忘情科举。1843 年(道光二十三年),这位老童生又一次也是最后一次赴广州应试,直到此次名落孙山后,他才愤愤然发誓:"等我自己来开科取天下士罢!"①

就在这一年,洪秀全辗转来到离家约 30 里的莲花塘李家教馆。他的表兄李敬芳偶然看到他 10 年前得到的《劝世良言》,借阅之后大加称赞,认为此书"内容奇极,大异于寻常中国经书"。在表兄的影响下,秀全开始潜心研读《劝世良言》,并将书中的有关叙述与自己 6 年前的梦幻联系起来,进而认为他梦幻中所到的华丽光明之所,就是天堂;赐给他宝剑的至尊老人,就是要他斩除妖魔、除去世间不平痛苦的天父上帝;而曾经教他、帮他诛妖的中年人,就是救世主耶稣;妖魔,即偶像;而兄弟姊妹,即世间人类。

洪秀全此时如梦初醒,觉得自己已经获得上天堂的真路,以及永生快乐的希望。他后来很有心得地说起:"这几本书,实为上天特赐与我,所以证实我往时经历之真确。如我徒得此书而无前时之病状,则断不敢信书中所言而反对世上之陋俗。然而若徒有前时之病而无此书,则又不能再次证实吾病中所历之为真确,亦不过视为病狂时幻象的结果而已。"他十分自信地宣称:"我曾在上帝之前亲自接受其命令,天命归予。"

于是他与李敬芳一道按照书中所说的方法自行施洗。他们祈祷上帝,许愿不拜祀邪神,不行恶事,恪守天条。两人还各定制一柄"斩妖剑",同声朗诵一首诗,以抒发自己救世安民的心愿:

手持三尺定山河,四海为家共饮和。

① 洪氏族人洪显初口述,转据简又文《太平天国全史》,42 页,香港,简氏猛进书屋,1962。

擒尽妖邪投地网,收残奸宄落天罗。

东南西北敦皇极,日月星辰奏凯歌。

虎啸龙吟光世界,太平一统乐如何!

这是洪秀全"敬拜上帝"的开始。

不久,他又感服冯云山、洪仁玕以及自己的父母兄嫂和侄辈等皈信上帝。

冯云山,又名冯乙龙,生于1815年。祖居广东龙川县石灰窑村,后迁居花县狮岭尾,也是客家人氏。到他父亲当家时,又从狮岭尾移居禾落地。太平天国文献《天情道理书》中说冯云山"籍隶广东,家道殷实",但据近年研究者调查的情况看,冯家在禾落地薄有田产,只是个亦农亦工、半耕半读、家道小康的普通人家。① 禾落地与官禄埗为邻村,相距约3里地。云山小秀全2岁,和他是"同窗书友",②后来又同做蒙馆塾师,两人志趣十分相投。

洪仁玕,生于1822年(道光二年),花县官禄埗人,又名谦益,号吉甫。他是秀全刚出五服的族弟,小秀全9岁,并曾从其受学一年。

在洪秀全为冯云山、洪仁玕两人施洗时,他们都已担任了村塾师。但在洪秀全的影响下,两人对上帝以外的所谓邪神偶像统统采取了毫不妥协的弃绝的态度,甚至连书塾中供奉的孔子牌位也一概除去。这使得他们也和洪秀全一样,很快失去了教席。

洪秀全深信《圣经》中"从未有先知受人尊敬于本乡及家中的"说法,③便与冯云山及另外两人于1844年春结伴,"遨游天下,宣传真道"(洪仁玕因年龄较幼,家中不许而未能成行)。他们沿途贩卖笔砚,借获

227

---

① 《太平天国印书》下册,522页。并参见钟文典《太平天国人物》,68页。

② 据《李秀成亲书供词》,第一叶上。也有研究者提及:冯云山与洪秀全乃是表兄弟,但未说明其根据,参见钟文典《太平天国人物》,103页,注11。按:1962年台北世界书局影印出版了曾国藩后人曾约农家藏的《李秀成亲供手迹》,1963年北京中华书局将其改题为《忠王李秀成自述》,影印线装出版。但这个影印本因原稿装订错误而有若干错页。本书所据,是本书作者根据原影印本重新整理校订的本子,页码与原书有所不同,故改题为《李秀成亲书供词》。参见姜涛:《重读〈李秀成自述〉》,载《近代史研究》2002年第5期。

③ 参见《圣经·新约全书·马太福音》第13章,57—58节。按:中文"和合本"此两节的标准译文为"他们就厌弃他。(厌弃他,原文作'因他跌倒')耶稣对他们说,大凡先知,除了本地本家之外,没有不被人尊敬的。耶稣因为他们不信,就在那里不多行异能了。"在太平天国印书《新遗诏圣书》(癸好三年新刻本)中,这两节的文字为,"耶稣曰:'圣人惟在本国本家非尊贵也。'然因其不信,故在彼不行多神迹也。"

微利以充旅费,先赴广州,继而由南而东而北,差不多在广东省内转了一圈,但成效甚微,只在清远感化了几位李姓人氏。到了粤北连山厅后,洪秀全打算自己深入八排瑶山地区,便吩咐冯云山等三人回家。另外两人怕跋涉辛苦,自行回花县了。但冯云山坚持留下来与洪秀全一道向瑶人进行宣传。由于语言不通,只感化了一位江姓老塾师。随后,他又和洪秀全一起去广西布道。两人由连山径趋广西贵县赐谷村,来到洪秀全之表兄黄盛均①家住下。

在这同说客家话且兼亲属关系的山村,洪、冯两人的才智得到了初步的展现。经过 3 个多月的宣传活动,皈依受洗者超过百人。由于表兄家生活较苦,洪秀全深感过意不去,便让冯云山和上年来的两个亲戚先回广东。他自己又留了 3 个月,于是年冬回到广东花县。这时他才知道冯云山留在广西浔州府并未回去。

洪秀全这次出游,前后有 8 个月的时间。回到广东花县后,他留在家乡教书,同时继续布道。

他在游广西和回花县家乡后,写了很多文章。其中最主要的有《百正歌》《原道救世歌》《原道醒世训》等。

据考证,《百正歌》是写于1844 年游广西时的宣传材料。② 全篇计421 字(不计标点),前后共出现 60 个"正"字。说是"百正",只是约数。这篇诗歌广泛征引了中国的历史典故,宣传了"正"的道德观念。但除了"能正可享天堂福,不正终归地狱境"等几句稍稍反映了《劝世良言》中的思想外,通篇充满了儒家思想的色彩。诗歌中所列举的人物,如尧、舜、禹、稷、周文、孔丘等,都是儒家所推崇的古圣先贤。而桀、纣、庄灵、齐襄、楚平、隋杨等,或是由于君臣、父子、夫妇,或是由于其他男女关系方面的不正,而遭到惩罚。它反映了洪秀全对社会上某些丑恶现象的批判。

写作于 1845 年的《原道救世歌》,提出"开辟真神惟上帝,无分贵贱拜宜虔"的观点,宣扬天父上帝为古今中外共同的独一真神,"上帝当

---

① 按:洪秀全的表亲本为王姓。太平天国因避"王"之讳,凡王姓均改作黄姓。
② 据王庆成《论洪秀全的早期思想及其发展》,见其《太平天国的历史和思想》,20 页,北京,中华书局,1985。以下关于《原道救世歌》与《原道醒世训》两篇的写作时间,亦据王著。

拜,人人所同",并非君王私自所专;并谆谆告诫"勿拜邪神,须作正人",具体地提出了"正道"的典范和反对"不正"的若干要求,即反对淫乱、忤父母、行杀害、为盗贼、为巫觋、为赌博以及吸洋烟、饮酒、堪舆、相命等等。可见,这是洪秀全对世人在宗教信仰及道德修养方面的具体要求。值得注意的是,洪秀全提出"第一不正淫为首",认为淫使"人变为妖""乱常败伦",是"天最瞋"的罪恶。只有去除掉以淫为首的种种"不正","鬼心既革",才能将"正道淑身","反璞而归真"。

同是写于1845年的《原道醒世训》,着重谴责了"世道乖漓,人心浇薄,所爱所憎,一出于私"的社会弊端,批判了国与国之间,省、府、县、乡、里,乃至族姓之间"相陵相夺相斗相杀"的丑恶现象,明确提出了"天下多男人,尽是兄弟之辈,天下多女子,尽是姊妹之群",不应存"此疆彼界之私",不应起"尔吞我并之念";热烈歌颂了唐虞三代之世,"天下有无相恤,患难相救,门不闭户,道不拾遗,男女别涂,举选上德"的"天下为公"的"大同"理想社会,号召天下凡间的兄弟姊妹,"跳出邪魔之鬼门,循行上帝之真道","相与作中流之砥柱,相与挽已倒之狂澜",如此则可"行见天下一家,共享太平"。显然,这是洪秀全所提出的改造社会的理想方案。值得注意的是,洪秀全在引用《礼运篇》中"天下为公"的现成词句时,有意回避了三代之世已进入"天下为家"的"小康"时代的提法,这就为他日后按《周礼》等传说中的三代古制创建太平天国埋下了伏笔。

四 与罗孝全的最初接触

洪秀全得到《劝世良言》,是在鸦片战争爆发之前;但他通过《劝世良言》而开始潜心研究基督教义,接受敬拜上帝,却已是在鸦片战争失败之后。而在此时,中国的大门已被英国的大炮轰开。清廷被迫同意取消对天主教的禁令,天主教、基督教等各个教派的大批外国传教士得以自由地在各通商口岸传教。

洪秀全的布道活动及其理论创作都是他独立进行的。他之接受敬拜上帝,是通过《劝世良言》这样的通俗宣传品,并又融进了他自己对儒家经典的理解,这就使得他所阐发的拜上帝的教义同西方的基督教有了很大差异。尽管如此,洪秀全的相关活动还是很快进入了西方传教士的视野。

1846年,正在广州传教的美国人罗孝全得知了洪秀全自行传道的经历,即由他的中国助手周道行写信邀约他前来"襄助宣教"。

罗孝全,1802年出生于美国田纳西州森纳县,于1821年受洗,1828年被委任为牧师。他于1837年到澳门,1842年移居香港,1844年5月到广州传教,1845年7月在广州正式成立了自己的教堂——"粤东施蘸圣会"。圣会的长老有4名,除罗孝全本人外,还有美国人裨治文、英国人吉勒司匹,以及中国人梁发,也就是《劝世良言》一书的作者。①

1847年3月下旬,洪秀全与洪仁玕来到广州罗孝全的教堂。罗孝全对他们甚表欢迎。他在3月27日致友人的信中写道:

> 三四天以前有两位问道者从二三十里外的乡村来,唯一的目的是来接受福音教导。他们都写了一篇材料,陈述他们对心性的修炼,这导致他们来此受教。他们所写的材料简明平易,叙事明白,令人满意,读后使我确信主已乐于感化他们的心,驱使他们抛弃偶像来寻求救主!……其中一位的陈述简直同罗马百夫长科尔乃略②的异象差不多。如果是在使徒时代,我就会用圣经语言坦白地说,他见到了天使的景象。天使们向他指示一些事物,教他一些他以前不知道的事物,其中有些他似已部分领悟,另一些他承认还不知道其意义。但他所陈述的这些事物,都是出于圣经的。他已学到的一件事是,偶像崇拜是错的,所以他很快就抛弃了偶像,并教别人也这样做。

罗孝全对洪秀全和洪仁玕的陈述很满意。他在信中说:"他们所陈述的经验是我迄今为止所听到的中国人经验中最满意的","这对我的

---

① 据王庆成《洪秀全与罗孝全的早期关系》,见其《太平天国的文献和历史——海外新文献刊布和文献史事研究》,399—400页,北京,社会科学文献出版社,1993。本节有关洪秀全与罗孝全早期关系的史实主要据王著,不再逐一注明。

② 科尔乃略,又译哥尼流,是虔诚而敬畏上帝之人,一次在异象中见到天使对他有所指示。见《新约·使徒行传》第10章。

工作是意想不到的额外的鼓励"。"他们现在在这里每天学习","我感到,我几乎相信,是主送他们来这里的;如果这样,不用很久他们就会加入我们的教会"。

洪秀全确有申请受洗并加入教会的要求。就在洪秀全滞留广州期间,1847 年 4 月 3 日,英国兵船突入虎门,钉塞炮台,强迫清朝地方当局同意两年后允许外国人入广州城。这引起了广东人民的仇外情绪。5 月 23 日、8 月 28 日,罗孝全的教堂曾两次遭到群众袭击。在这样仇外的氛围下,洪秀全不仅来到外国教堂学道,而且申请受洗,可见他的信念十分坚决。

教堂为此委派了一个委员会考察洪秀全的情况,向教堂提出报告。据洪仁玕后来回忆,当他们在教堂学习、研究约一个月后,罗孝全曾派周道行等人偕同洪秀全、洪仁玕回乡,在乡宣教数日,秀全与之偕返广州,仁玕则留在乡中未去。周道行等人对洪秀全调查的结果是肯定的。但罗孝全教堂的中国助手中有两位黄姓者,因怕秀全挤掉他们的饭碗而故意设下圈套。他们诱使他在公开考核的场合提出应许其每月得津贴若干,以便维持生活而可于受洗后继续学道。罗孝全此前深知一些动机不纯的中国人的惯用伎俩,因此怀疑洪秀全与他们是同一类人。洗礼被不定期地拖延了。

洪秀全对申请的结果深感失望,自知中了黄姓之计,但悔之已晚。他在广州期间的生活全靠周道行资助,没有津贴就根本无法继续维持,又不知何时才能受洗,于是决意离开广州,径赴广西寻找冯云山的行踪。

1847 年 7 月 21 日,洪秀全离开广州,又是周道行向他赠送了路费。他前后在罗孝全的教堂待了 3 个多月。

这 3 个多月的学习,对洪秀全此后的道路深有影响。首先,他在广州得以阅读全部新旧约《圣经》,他在此后所写的宣传教义的论文《原道觉世训》中,便有数处引述《圣经》为论据。太平天国在与西方来访者接触之前便已刻印《圣经》,显然也是由于洪秀全早已获有《圣经》的某种中译本。其次,罗孝全的神学观念是传统的基本主义的正统派,视其他一切宗教为异教和邪教,全力抨击本地人的偶像崇拜,这对洪秀全此后在广西屡次打庙毁偶像、斥邪神的行为显然也有潜移默化的影响。

五 走向紫荆山

洪秀全离开广州后,即经肇庆等地沿西江向广西进发,不幸在途中遭到十几个强盗的围堵抢劫,行李银钱被劫夺一空,只剩些替换衣服。他向肇庆府申诉,府官答以遭劫之地已属德庆州所管,但悯其境遇,给予铜钱 400 枚。洪秀全进退两难,最后还是决定搭船继续西行。因为盘缠不足,他每天只食一餐,幸得同船的几位客商热心相助,不仅代付了饭钱,又赠送了去浔州贵县的盘费,这才使他辗转来到贵县赐谷村。

在赐谷村黄盛均家,他得知冯云山在紫荆山一带活动,便迫不及待地要与冯云山会面。8 月 25 日,他在表侄黄为正的陪同下前往紫荆山,又经过两天的跋涉,终于和冯云山见了面。

洪秀全自此踏上了一条全新的道路。这一带有根本性意义的转折,甚至是他一个多月前身在广州时还无法想象的。

冯云山对洪秀全的到来喜出望外。3 年来,他一直在紫荆山教人敬拜上帝。

紫荆山,位于桂平县北部,北连平南、永安诸山,西通象州、武宣之界,四面高山矗立,中间丘陵错杂,沟壑纵横,林菁繁茂,是汉、壮、瑶等民族杂居的边远山区。紫荆山区总人口约 4 000 人,其中多为从广东迁来的客家人。山民的生计多以种田耕山为主。

冯云山初到紫荆山时,两手空空,囊空如洗。他虽有同属客家的乡民们的热情款待,但作为一个已届而立之年的汉子,总不能长期靠穷朋友们的接济,于是向人借来畚箕、扁担,开始靠拾粪和打短工度日。第二年,他到紫荆山高坑冲张家做雇工。书生出生的冯云山即使在劳动中也不忘吟诗明志,唱歌遣怀,于是他的处境发生了戏剧性的变化。据记载,有一天他去监生曾槐英家帮助割禾,担禾回来歇脚时,适逢一阵南风吹过。冯云山一时高兴,不觉迎风高歌道:

南风之薰兮,可以解吾民之愠兮;

南风之时兮,可以阜吾民之财兮。①

　　当时曾槐英正躺在南窗下的竹榻上乘凉,听了十分诧异,便问云山是否读过书,因何到此做雇工。云山答道:曾读书应试,在家乡以教蒙馆为生。久慕紫荆山奇水秀,想来观光。因人地生疏,不做雇工,便无缘前来。经过交谈,曾槐英深为冯云山的言谈举止所折服,他尊云山为客人,不久又把他推荐到大冲曾玉珍家做塾师。②

　　有了塾师职业的保障,冯云山更以主要的精力劝人敬拜上帝。1846 年(道光二十六年),他首先劝说在山内很有影响的曾玉珍父子信从上帝。此后,拜上帝的信徒大为发展,甚至有举家举族领受洗礼的。这些信徒们开始自行立会集结礼拜,不久就以"拜上帝会"之名而广为人知。③

　　冯云山拜上帝的知识来自洪秀全,他所宣传的对象又多为贫苦的农民。那他所宣传的内容到底是什么呢? 据后来的太平军战士、原拜上帝会信徒之一的李进富被俘后在供词中交代:"当初众人信他说,拜了尚弟(上帝)可消灾难,登天堂。"④同是拜上帝会的早期成员,后来成为太平天国军事统帅的李秀成也在回忆时提及:洪秀全自丁酉年大病还魂之后,"俱讲天话,凡间之话少言。劝世人敬拜上帝,劝人修善,云若世人肯拜上帝者,无灾无难,不拜上帝者,蛇虎伤人。敬上帝者,不得拜别神,拜别神者有罪。故世人拜过上帝之后,具(俱)不敢拜别神。为世民者,具(俱)是怕死之人,云蛇虎咬人,何人不怕? 故而从之。"⑤

　　冯云山所宣传的内容看来也应大体如此。一些口碑传说还提道:冯云山在与紫荆山父老交往时,有时故意冒犯被祭祀的神灵,引起父老

---

　　① 按:据说舜曾作五弦之琴以歌《南风》,冯云山所唱即是传说中的《南风》歌词。

　　② 据罗尔纲 1942 年去金田采访时曾槐英后代所述,见罗尔纲《太平天国史》第 3 册,1707—1708 页,北京,中华书局,1991。

　　③ 据《太平天国起义记》,见丛刊《太平天国》(六),853 页。按:"拜上帝会"一语,系据《太平天国起义记》英文原版所附汉字。可见当时的人们确以此称呼因洪秀全、冯云山等宣扬敬拜上帝而形成的这一宗教团体。但在"太平天国"自己的文献中,从无"拜上帝会"的提法,又可见这不是自称而是他称。本文从习惯,在提及拜上帝之人的组织时,仍称其为"拜上帝会"。

　　④《李进富口述》,见《太平天国续编》(三),273 页。

　　⑤《李秀成亲书供词》,第一叶。

的恐慌，以为他必遭报应，但他事后却安然无恙，从此祭拜神灵的人就越来越少了。这就为他赢得众多的信徒打下了坚实的基础。而拜上帝之人都认定上帝要比那些神灵更为有力。

洪秀全来到紫荆山区之后，不但与久别的老友冯云山见上了面，更为冯云山所发展的众多信徒而欢欣鼓舞。他立刻与冯云山携手合作，共同布道，每天一起"写书送人，时将此情教导世人，多有信从真道焉"。加之又有忠实信徒"四处代传此情，大有功力，故人多明醒也"。①

洪秀全此时所手写的书中，一部分是以上所提到的他以前的旧作，如《百正歌》《原道救世歌》《原道醒世训》等等；但也有新创，如总题为《太平诏书》三篇"原道"作品中的第三篇《原道觉世训》，大约就在此时写就。此篇与前两篇"原道"作品的不同之处，是第一次明确提到上帝的对立面，即各种妖魔邪神的总代表"阎罗妖"。他强烈谴责了所谓阎罗妖"注生死"的邪说，指出："阎罗妖乃是老蛇妖鬼也，最作怪多变，迷惑缠捉凡间人灵乩（太平天国自造字，同"魂"）；天下凡间我们兄弟姊妹所当共击灭之惟恐不速者也。"他还抨击了中国历代帝王"信邪神""僭越称帝"的错误："皇上帝乃是帝也。虽世间之主称王足矣。岂容一毫僭越于其间哉？救世主耶稣，皇上帝太子也，亦只称主已耳！……耶稣尚不得称帝，他是何人，敢腼称帝者乎？只见其妄自尊大，自干永远地狱之灾也。"②这应是洪秀全根据在罗孝全处得到的新旧约《圣经》的内容加以进一步发挥的结果。

在洪秀全、冯云山等人的努力下，拜上帝会的势力便以紫荆山为中心，向周围府县蔓延。当时还是普通信徒的李秀成后来回忆说："在家之时，并未悉有天王之事。每村每处皆悉有洪先生而已，到处人人恭敬，是以数县之人，多有敬拜上帝者，此也。"③

六 拜上帝会的发展

紫荆山地区拜上帝的信徒很快就超过了两千人。其中除大冲曾家

---

① 《太平天日》，见《太平天国印书》上册，47—48 页。
② 《太平诏书》，见《太平天国印书》上册，16—22 页。
③ 《李秀成书供原稿》，第二叶上、下。

及后来成为洪秀全居停主人的高坑冲卢六等人外,还有不久即崭露头角的平在山①杨秀清、萧朝贵等人。

杨秀清,祖籍广东嘉应州,客家人,1821年(道光元年)生于平在山之东旺冲。② 按家族的排名属于"清"字辈,是移居广西后的第四代。他5岁丧父,9岁丧母,由伯父杨庆善抚养成人。本人是身兼耕山与烧炭二业的贫苦农民。太平天国的官方文献《天情道理书》记叙他的家世时写道:"至贫者莫如东王,至苦者亦莫如东王,生长深山之中,五岁失怙,九岁失恃,零丁孤苦,困厄难堪。"③由于生活艰苦,成年后的秀清身材矮小,脸面瘦削,肉色青白,胡须微黄,耳目常有毛病,甚至还瞎了一只眼睛。④ 家境的贫寒,使得他没有机会读书识字。到后来,他在天京听下属奏事时也承认自己"失学不识字,兄弟莫笑。但缓读给我听,我自懂得"。⑤ 艰苦生活的磨炼,使他养成了坚韧倔强、机警过人的性格。秀清喜交游,广结纳,是个很有抱负的人。民国《桂平县志》记载说:"杨秀清,居宣二里平隘山,夙有异志。贫甚,以烧炭为生,而庐中常款接侠徒,以卖炭钱负竹筒入市沽酒,归而飨客。道上时引声浩歌,有掉臂天门之慨。"⑥

萧朝贵,生年不详,年龄大约与杨秀清相仿或略小。其生父蒋万兴,为桂平县平在山人。朝贵被送给萧玉胜为子,萧玉胜为武宣县人,后迁到桂平县平在山下古棚村居住。同治《浔州府志》记载说:"萧朝贵,武宣人。亦家桂平。与杨秀清比邻,遂相结纳。"⑦民国《桂平县志》也说:"萧朝贵,原籍武宣,移居于邑之宣二里平隘山,与杨秀清比邻。"⑧这些都是就萧家情形而论。下古棚北去八里,是杨秀清居住的新村。山里人烟稀少,相距八里就算是近邻了。朝贵个性刚烈,做事决

---

① 平在山,又称"平隘山",太平天国文献《天兄圣旨》中又称为"平山",为瑶、壮、汉三族人民杂居的地方。其地盛产竹木,人烟稀少,谋生较易。

② 关于杨秀清的生年与造反起事的年代,当地乡老口述:"道光皇帝登基,杨秀清出世;道光皇帝驾崩,杨秀清起兵造反。"这里显然是说杨秀清于1821年(道光元年)出生,于1850年(道光三十年)起兵造反。转据钟文典《太平天国人物》,158页,注5。

③《天情道理书》,见《太平天国印书》下册,522页。

④ 据钟文典《太平天国人物》,116页。

⑤ 张汝南《金陵省难纪略》,见丛刊《太平天国》(四),705页。

⑥ 民国《桂平县志》卷四十一,《纪人·杨萧诸人传》,1910。

⑦ 同治《浔州府志》卷五十六,同治十三年。

⑧ 民国《桂平县志》卷四十一。

断,同样以耕山烧炭为业。从《天兄圣旨》的记载看,朝贵应该有些文化,至少是识一些字的。①《天情道理书》说他"僻处山隅,自耕而食,自蚕而衣,其境之逆,遇之啬,难以枚举"。② 可见朝贵之处境比杨秀清也强不了多少。共同的命运遭际,使得他和杨秀清情同手足、亲如兄弟。

萧朝贵的妻子杨云娇,也是拜上帝会中的著名人物,甚至比萧朝贵更有名。云娇,在太平天国文献中又记作宣娇或先娇,本姓黄(或王。太平天国文献中,所有王姓均改为黄姓,无从细分),因与杨秀清认为兄妹而改姓杨。宣、先,在客家话中同音。云娇之所以改为宣娇、先娇,可能是为了避较其年长的冯云山之讳。据《太平天国起义记》记载,杨云娇也曾在 1837 年(丁酉年)患过一场大病,"卧床如死去"。她的灵魂升天后,有一老人对她说:"十年以后将有一人来自东方,教汝如何拜上帝,汝当真心顺从。"这可能是杨云娇本人故神其事,但她因此而成为拜上帝会中最为有名的女信徒。据说当时拜上帝会中有这样的口号:"男学冯云山,女学杨云娇。"③

拜上帝会的势力和影响迅速发展。除桂平和贵县外,其他毗邻地方,如平南、武宣、象州、郁林州、博白等地,都开始有人敬拜上帝。"有势力及有秀才、举人功名之人及其家族多人均入会。有势力者如韦正(即韦昌辉)及其多数族人,举人如胡某带其徒一体加入。"

凡敬拜上帝之人都必须弃绝偶像。信徒们会集礼拜的具体仪式,起初也是沿用中国古老拜神的方式,后来才随着知识和经验的增加而逐渐改进。据《太平天国起义记》叙述:洪秀全在敬拜上帝之初,对于宗教仪式之事并没有确定的主意。当他毁弃家里偶像的时候,只是以纸书上帝之名以代替,甚至用香烛、纸帛敬拜。但几个月之后,他知道这样做是错的,就撤去了香烛和纸帛。广西的信徒们聚集礼拜时,男女分座。他们先唱一首赞美上帝之诗,唱毕,则由主持人宣讲上帝的仁慈,或耶稣的救赎大恩,以及劝诫人悔改罪恶,勿拜偶像,真心崇事上帝,等

---

① 据《天兄圣旨》,萧朝贵在假借天兄下凡时常为他人题诗,且每将对方名字嵌入所题诗句之中而形成藏头诗。又:他在庚戌年(1850 年)八月初五日借天兄下凡时,曾"命韦正取纸笔来,写几字与天王"。可见朝贵是读书识字的。

② 《天情道理书》,见《太平天国印书》下册,522 页。

③ 《太平天国起义记》,见丛刊《太平天国》(六),857—858 页。

等。凡有人皈依教道而愿意入会为教徒，即施以洗礼。洗礼仪式如下：在神台上置明灯二盏、清茶三杯。有一张忏悔状，上写各求洗礼者的姓名。到行礼时，由各人朗声诵读，随即以火焚化使达上帝神鉴。乃问求洗礼者："愿不拜邪神否？愿不行恶事否？愿恪守天条否？"各人悔罪立愿毕，即下跪。主持人于是由一大盆清水中取水一杯灌于每个受洗者顶上，且灌且喃："洗尽从前罪恶，除旧生新。"行礼毕，新教徒起立，将清茶饮了，并以盆中水自洗心胸，以此表示洗净内心了。[①] 显然，这种仪式完全是中国化的，大致是在吸收了当地其他会门，尤其是天地会拜会仪式的基础上而加以改进的结果。

西方的传教士们对拜上帝会的相关仪式以及其他一些基于传统习俗的做法颇不以为然。根据洪仁玕口述而记录上述礼拜仪式的韩山文牧师即在注文中说："诸如此类及其他仪式，殊不合于基督教徒对上帝之纯洁礼拜，或为洪秀全所创，或为彼所认许，无论其出于误会真理，或出于沿用中国人长久之习俗，洪氏以为难于一时骤废，吾人则深望其能渐次改正也。"[②]

在洪秀全来到广西、拜上帝会的势力大为发展之后，更有一些惊世骇俗的举动，其中最主要的就是大肆捣毁偶像。洪秀全信仰上帝的最初几年，虽排斥佛、道，但并未有大肆捣毁偶像的举动。早在 1844 年，洪秀全在贵县赐谷村听说有间六窠庙（六乌庙）奉祀一双唱恋歌而死的男女，并听说此庙十分灵验。但因这双男女并非夫妇，洪秀全乃大加声讨，说是"淫奔苟合，天所必诛"，并作诗斥责：

举笔题诗斥六窠，该诛该灭两妖魔！
满山人类归禽类，到处男歌和女歌。
坏道竟然传得道，龟婆无怪作家婆。
一朝霹雳遭雷打，天不容时可若何！[③]

---

①《太平天国起义记》，见丛刊《太平天国》（六），858—859 页。
②《太平天国起义记》，见丛刊《太平天国》（六），859 页。
③《太平天日》，见《太平天国印书》上册，44 页。按：据罗尔纲考证，六窠乃六乌之误。庙在六乌山下的六乌坑口。

据说自这首诗传出后,本地人大怒,都愿神像显灵杀死洪秀全。但他竟然无恙,而生在庙中的白蚁却把神庙和神像都蚀坏了。[①] 当时神像的倒塌只是一个偶然事件。

1847年,洪秀全离开广州去广西后,打庙毁偶像、斥邪神之事屡有发生。据王庆成分析,这些事件的发生,"固然别有政治作用,而在宗教理论上也可能有罗孝全基本主义的影响"。[②]

但一开始也只是题诗斥责。据《太平天日》的记载,洪秀全在离开赐谷村到紫荆山之前,曾路过东乡"九妖庙",他命黄维正捧砚,自己在壁上题诗云:

> 朕在高天作天王,尔等在地为妖怪。
> 迷惑上帝子女心,腼然敢受人崇拜。
> 上帝差朕降凡间,妖魔诡计今何在?
> 朕统天军不容情,尔等妖魔须走快!

这里所说的"天王""天军"显然还只有宗教上的意义,当时依然没有捣毁偶像的实际行动。但两个月后,事情有了变化。此时,洪秀全已选择地势险固的高坑冲作为自己的栖息地,又有了一大批忠实信徒,于是便兴师动众地远赴象州打甘王庙。

"甘王"是桂东南著名的神道,据说本是叔侄俩,为五代十国时期象州人,生前均有法术,善决吉凶,能为祸福,死后为人所祀,但被合二而一,称"甘王庙"。甘王庙在浔州府属亦有多处,而以其本籍象州之庙最为显赫。这位在官修志书中颇有德行的甘王,在当地民间传说中却逐渐演变为有许多恶行的邪神。据说,他为了谋自身及子孙之后福,不惜杀母血葬;又曾逼其姐与一下贱浪子通奸;又最爱听淫荡歌曲;等等。而此邪神又曾借一少年之躯,阻拦州官之轿,要求为其加袭龙袍,州官竟然不敢拒其请。其恶名远扬之后,甚至连庙祝也不敢在庙中过宿。洪秀全乃于9月中旬偕同冯云山等人前往象州捣毁甘王偶像,撕烂其

---

① 据罗尔纲《太平天国史》第3册,1642页。
② 王庆成:《洪秀全与罗孝全的早期关系》,见其《太平天国的文献和历史》,407页。

袍服,打破其香炉及祭器。洪秀全不仅口数其十大罪,写十天条贴于壁上,还亲书檄文诗一首:

题诗行檄斥甘妖,该灭该诛罪不饶。
打死母亲干国法,欺瞒上帝犯天条。
迷缠妇女雷当劈,害累世人火定烧。
作速潜藏归地狱,腥身岂得挂龙袍?

冯云山也题诗一首:

奉天讨伐此甘妖,恶孽昭彰罪莫逃。
迫我弟妹诚敬拜,诱吾弟妹乐歌谣。
生身父母谁人打,敝首邪尸自我抛。
该处人民如害怕,请从土壁读天条。①

这在当时是一种惊世骇俗的举动,目的显然是为崇信"真神""正道"的拜上帝会立威。

事后,象州之人曾悬赏一百大元缉拿犯事者。但据说此邪神又附一童子身上说:"这些人都是诚心的,你们不能伤害他们,你们只有重修我的神像便算了事罢。"象州之人被迫取消了赏格。洪秀全声誉大起,信徒人数增加更速。

此后,拜上帝会又有数起捣毁神庙偶像的行动,它在广大贫苦而又处于弱势地位的劳动人民中获得了更多的支持。正如李秀成所说:"数县之人亦有从之者,亦有不从。每村或百家,或数十家之中,或有三五家肯从,或十家八家肯从,亦有读书明白之士子不从。从者,具(俱)是农夫之家、寒苦之家,积多结成聚众。"②

①《太平天日》,见《太平天国印书》上册,49 页。
②《李秀成亲书供词》,第一叶下。

七 冯云山被羁押

然而，拜上帝会势力的迅速发展，尤其是他们毁坏偶像，甚至"践踏社稷神明"的激烈行为，也引起了另一些人，即作为地方社会秩序维护者的地主士绅们的惊惧和仇视。

1847年12月初，洪秀全告别冯云山，返回贵县赐谷村。但月之下旬，即发生了当地绅士王作新捕捉冯云山的事件。

王作新是紫荆山石人村人，乃客家富户，与其堂兄王大作都有秀才的功名。冯云山初到紫荆山传教时，与其曾有来往。12月28日，王作新以突然袭击的方式，带领一些人捕捉了冯云山。拜上帝会卢六等人当即将云山抢回。王作新不甘善罢，先后具控江口巡检司和桂平县，声称冯云山是"妖匪"，被曾玉珍窝接至家教习，"业经两载，迷惑乡民，结盟聚会，约有数千余人，要从西番《旧遗诏书》，不从清朝法律。胆敢将左右两水（紫荆山内水分左右）社稷神明践踏，香炉破碎"，"伏乞严拿正办，俾神明泄愤，士民安居"云云。桂平知县在批示中指斥王作新"捏饰大题架控，是否挟嫌滋累，亟应彻底根究"，要求"严提两造人证质讯，确情办理，以遏刁风而肃功令"。江口巡检司于1848年2月1日差传冯云山、卢六到案解县。

冯云山针锋相对，据理申诉："遵旨敬天，不犯不法，乞究索诈诬控。"他又从儒家典籍中摘录多条有关"昭事上帝"的语句，作为佐证。然而，原告王作新却有意避而不见，屡传不到。卢六于羁押中病故。冯云山乃于5月底向浔州府控诉。在浔州知府的督责下，继任知县判定冯云山"并无为匪不法情事"，虽系童生，但毕竟是广东广州府花县籍，到此即为无业游民，于是便以"无籍游荡"之名将其递回花县原籍管束。①

冯云山在递解回籍途中充分发挥了自己雄辩的口才，他与两差役侃侃论道，行不到几里，两人即皈信上帝，并与其一道返回紫荆山，接受洗礼而成为教徒。

---

① 方玉润：《星烈日记》，见《太平天国续编》（七），9页。

　　冯案前后历时约近半年。在此期间,拜上帝会的弟兄们曾捐款集资营救,此举被称为"科炭"。①

　　冯案发生时,正在贵县赐谷村的洪秀全也曾赶回紫荆山,并亲赴广州,寻求周道行等人帮忙,拟走罗孝全教堂的门路,向两广总督耆英申诉,但终因耆英离粤内调而未果。

　　正当洪秀全风尘仆仆再返紫荆山时,已经获释的冯云山却又动身回广东花县原籍。② 两人于路途相左。

---

　　① 光绪《浔州府志》称敛炭徒钱谓之科炭。此说非是。据《贼情汇纂》卷十二:"凡盗首犯罪,大众敛钱经营调护,谓之科炭。其义无他,言雪中送炭也。"可见"科炭"实为江湖隐语。关于"科炭"一语在太平天国文献中的使用,可参见《天兄圣旨》,见《太平天国续编》(二),244—321 页。

　　② 按:冯云山之回花县应是被递解回籍。那两位解差虽然可以皈依上帝,并随其短暂地在紫荆山停留,但在拜上帝会尚未公开揭帜造反的前提下,他们还不可能公然违拗官府将冯云山递解回籍的命令。《太平天国起义记》说:"迨云山闻知秀全为营救自己而返粤,自己亦即首途回粤。"此应是掩饰之词。见丛刊《太平天国》(六),862 页。

第三节　金田起义

前后历时半年的冯云山案是太平天国开国史上的大事件。在此之前,由冯云山在紫荆山区首创的拜上帝会始终是一个公开传教的宗教团体。虽然在洪秀全到来后,曾有过洪、冯亲率会众外出捣毁邪神偶像的激烈举动,但从总体上说,拜上帝会的活动并没有超出中国传统社会秩序所能允许的范围。直到冯云山被官府羁押后,拜上帝会仍坚持以合法的手段抗争。冯云山在申诉时强调其敬拜上帝是"遵旨敬天,不犯不法",又引用儒家典籍中的相关论述作为佐证。洪秀全则试图通过广州传教士的教堂直接向两广总督耆英申诉。

但在此之后,拜上帝会开始秘密谋创立国,兴兵起义。它的性质也有了根本的转变。从客观上说,地方团练的相逼是迫使拜上帝会走上造反之路的外部条件。李秀成在追叙金田起义的起因时说过:"自道光廿七八年之上下,广西贼盗四起,扰乱城镇。各居户多有团练。团练与拜上帝之人,两有分别。拜上帝人与拜上帝人一和(伙),团练与团练一和(伙)。各争自气,各逞自强,因而逼起。"[1]

冯云山案件的发生,无疑起了一种催化剂的作用。而杨秀清与萧朝贵两人之脱颖而出并得以跻身领导层,是促成拜上帝会转化为革命组织的内部条件。

---

[1]《李秀成亲书供词》,第二叶下。

一　杨秀清与萧朝贵崭露头角

冯云山的被羁押以及随后被递解回籍,加上洪秀全的一度回广东,给精悍的杨秀清造成了崭露头角的机会。1848 年 4 月,他利用当地民间的"降僮"习俗,①声称"天父下凡",逐步控制了紫荆山区的拜上帝会。

同年 10 月,杨秀清的密友萧朝贵也假称"天兄下凡",从而取得了代"天兄"传言的资格。作为"皇上帝太子"的耶稣降临人间,是对"天父下凡"的必要补充,也是其合乎逻辑的发展。从此两人相得益彰,通过天父、天兄的频频下凡,左右了拜上帝会的活动及其进一步发展的方向。

耐人寻味的是洪秀全在此事件中的态度和所起的作用。洪秀全在宣扬拜上帝的教义时,曾作《原道救世歌》,中有"第五不正为巫觋,邪术惑众犯天诛"等句,可见其对"巫觋"之术深恶痛绝。但同是这个洪秀全,居然认可了杨、萧的神灵附体。究竟是什么原因造成了他的这一转变? 有人认为,洪秀全之所以承认天父、天兄附杨、萧之体下凡,是被迫作出的妥协。但这种说法经不起推敲,因为判别神灵附体之真伪的裁决权掌握在洪秀全的手里,他完全可以利用教主的身份一概否决这类下凡活动。事实上,在拜上帝会内部,与杨、萧同时出现神灵附体的尚有黄(王)姓等多人,并曾一度造成纠纷与混乱。而洪秀全仅承认了杨、萧的下凡活动,否决了所有其他的神灵附体。没有洪秀全的全力支持,杨秀清与萧朝贵是成不了气候的。

值得注意的是,按照《太平天国起义记》的说法,杨、萧先后下凡时,洪秀全与冯云山均不在紫荆山,只是到了 1849 年 6 月两人一起返回广西后,才认可了杨、萧代天父、天兄传言的资格。② 但从《天兄圣旨》的

---

① 关于"降僮",罗尔纲曾有解释:"降托显圣者,即降僮之术。盖浔州尚存越人好鬼遗风,民间流行降僮之术。降僮者,乃神灵附于人体使为灵媒也。此种人善预言,能治病与解答疑难,盖交感巫术一种,浔州民间笃信之。"见其《太平天国史稿》,74 页,上海,开明书店,1951。钟文典则指出:"降僮"多由男觋主持,且须跌卧地上为之,故又称"倒僮"或"落僮"。见其《客家与太平天国革命》,载《广西师范大学学报》1991年第 1 期。

② 《太平天国起义记》,见丛刊《太平天国》(六),866 页。

记载来看,并不是那么一回事。至少从 1848 年 10 月到 1849 年 2 月 13 日,洪秀全在紫荆山,并与天兄(即萧朝贵)有过多次对话。而这些对话反映出,所谓天父、天兄的降凡活动,与其说是杨、萧两人单方面的行为,更不如说是他们与洪秀全共同策划、导演的活剧。

如 1848 年 11 月洪秀全与天兄的一次对话。

天王问天兄云:

"天兄,我们天父身穿黑龙袍,小弟还记得也,但天父头上所戴,小弟却不记得矣。"

天兄曰:"尔升高天,见过天父多少,尔就忘记乎?天父金须拖在腹,头戴高边帽,身穿黑龙袍,其坐装两手覆在膝。"

天王曰:"天兄,小弟在狮旺①遇难时,见无数天使来救小弟。"

天兄曰:"那时不是差兵将救尔,恐尔难矣。"

天王曰:"有数妇人焉,是谁乎?"

天兄曰:"其中有一是高天尔妻子也。"

天王曰:"天兄,太平时军师是谁乎?"

天兄曰:"冯云山、杨秀清、萧朝贵俱是军师也。洪秀全胞弟,日头是尔,月亮是尔妻子。冯云山有三个星出身,杨秀清亦有三个星,萧朝贵有两个星,杨秀清、萧朝贵他二人是双凤朝阳也。即番郭②亦有一个军师。"

天王曰:"他姓什么?"

天兄曰:"姓蔡。"

天王曰:"既来中国否?"

天兄曰:"目下还在番郭也。"

天兄基督又谕天王曰:"洪秀全胞弟,星宿说及龙妖,尔还不觉乎?海龙就是妖魔头,凡间所说阎罗妖正是他,东海龙妖也,是他,总是他变身,缠捉凡间人灵[魂]。尔当前升高天,同天兵天将战逐这个四方头、红眼睛妖魔头,就是他。尔今就忘记乎?"

---

① 狮旺,地名,即思旺墟,属平南县。

② 番郭,即番国,指外国。下文所提及的蔡姓军师,身份不详。但 1954 年广西省文史调查团在紫荆山区调查时,瑶族干部赵文福说:"杨秀清和萧朝贵在鹏隘、紫荆起义时,还有其他两个头领,其中一个姓蔡的。"可与此参证。见广西省太平天国文史调查团《太平天国起义调查报告》第四章,北京,三联书店,1956。

天王曰:"微天兄说明,小弟几不觉矣。"①

又如是年冬(1848年12月)的一次对话。

天王问天兄基督云:"天兄,孔丘在天如何?"

天兄曰:"尔升高天时,孔丘被天父发令捆绑鞭打,他还在天父面前,及朕面前跪得少么? 他从前下凡教导人之书,虽亦有合真道,但差错甚多。到太平时,一概要焚烧矣。孔丘亦是好人,今准他在天享福,永不准他下凡矣。"

天王曰:"观音是好人否乎?"

天兄曰:"他是好人。他今在高天享福,亦不准他下凡矣。"

天王曰:"观音在高天享福,天兄呼他为何乎?"

天兄曰:"我呼他为妹。"

天王曰:"我呼他为何乎?"

天兄曰:"亦是呼他为妹。"

天王曰:"小弟当时升高天,天父及天兄送小弟下凡时,门首有纸票用银朱笔写云:'天王大道君王全'七字。其来历如何乎?"

天兄曰:"尔就忘记乎? 此七字是高天写来,那时天父同朕差兵权送此七字,在尔门首,畀尔作凭据。尔当时升高天战胜妖后,天父封尔为天王大道君王全。今高天尔有殿在东廊,尔就忘记么?"

天王曰:"天兄题起头,小弟却知尾矣。"

经过一段饶有趣味的对话后,天兄又叮嘱洪秀全:"但尔称王,不得称帝,天父才是帝也。"

洪答曰:"遵天兄命。小弟作《黜邪崇正书》,亦辨惟天父称帝;天父以外,皆不得僭称帝也。"

甚至洪秀全回广东的行动本身,也披上了遵天兄"旨意"而行的神圣外衣,如1849年2月13日洪秀全与天兄的对话。

天兄曰:"尔今回东,五月上来或冬时上来也。"

天王奏曰:"遵命。"

天王曰:"小弟问天兄,番人罗孝全是真心否?"

---

① 《天兄圣旨》,见《太平天国续编》(二),246—247页。本节以下天兄的降凡活动均出于此书,不再一一注明。

天兄曰:"是真心也,有牵连也。"

这一时期的《天父圣旨》缺失。但可以想见,在洪秀全与天父,也就是与杨秀清之间,应该还有不少他们共同编造的"亲承帝命"的神圣对话。

这种人"神"之间的对话,不但完全肯定了洪秀全此前处心积虑编造出的君权神授故事,而且大大丰富和发展了这一神话。天父、天兄可以随时随地下凡,可以直接参与若干重大决策活动,因而极大地方便了洪秀全由拜上帝教的教主向天下凡间的"真主"的转变。

由此可见,洪秀全之所以选择支持杨、萧的天父、天兄代言人的身份,是基于共同的利益关系。通过天父、天兄的一系列下凡活动,杨秀清与萧朝贵得以进入领导核心,权势急剧上升,而且在名义上也与冯云山一起成为洪秀全的开国军师。他们是当然的受益者,然而最大的赢家却是洪秀全。他不但通过杨、萧的天父、天兄下凡活动巩固了自己的教主地位,而且进一步明确了作为"天下万国真主"的统治者身份。以后拜上帝会的一切活动,包括天父、天兄的历次下凡,无不是朝着拥立洪秀全称王登极的方向而努力的。

二 "上帝小家庭"与领导核心的形成

1849年7月,冯云山在洪秀全陪同下从广东返回紫荆山。天兄当即"下凡",欲洪、冯"两位胞弟""安心","不须忧虑"。拜上帝会自此形成了洪、冯、杨、萧为首的四人核心。①

四人为此结成了异姓兄弟:洪秀全为二兄,冯云山为三兄,杨秀清为四兄,萧朝贵为妹夫(萧妻杨宣娇为妹)。他们自称是高天同胞兄弟,即同为上帝之子(或婿),耶稣则是其长兄。尽管这一做法已蒙上了一层宗教神话的色彩,却仍然是江湖结义的传统形式。洪秀全之只称二兄,除了必须把长兄的称谓留给耶稣外,与中国若干地区不愿称大哥而

---

① 萧朝贵从道光二十九年夏秋到次年二月洪秀全"登极"前,多次以天兄名义,欲"众小弟""识得洪秀全、冯云山、杨秀清、萧朝贵"(或用四人的隐语别称,如三星禾王、云开山顶、双青脚起、月婿等等),就是要众人承认和接受洪、冯、杨、萧四人的核心领导。

只称二哥的民间风习可能也有关系。①

后来这一神圣家族的成员有所扩大：比杨宣娇年长的韦正成了上帝的第五子(宣娇退而为第六女)，最年轻的石达开则成了上帝的第七子。② 韦正，一名昌辉，生于 1826 年，住桂平县紫荆山麓之金田村。韦氏家族究系土著僮族(现称壮族)还是客籍来人，这个问题在清代即已有不同说法。1954 年，广西省太平天国文史调查团曾一度"确认"韦氏为僮族。但根据多种《韦氏族谱》的记载，韦氏先人原籍广东，后迁至广西梧州、浔州平南，约在明末清初迁居桂平金田，其为客家人应毋庸置疑。③ 韦正之父韦元玠颇有家业田产，但有钱无势，曾遭受其他地主富户的欺凌。韦正本人是捐纳的监生，为人机敏。他正式成为上帝小家庭成员，系在 1849 年 9 月 24 日萧朝贵假托天兄下凡之时。

当时因贵县方面"十分传扬"，天兄便欲石达开等人将洪、冯二人送至金田韦家"藏沉"。就在此时，天兄突然问韦正："尔呼朝贵为何乎？"因为事情来得太过突然，这位素有"见机灵变之急才"④的韦正也一时不知怎样称呼，因而"语言迟出"。洪秀全却立即接过话头，反问萧朝贵："天兄，韦正在高天与小弟们是同胞否？"天兄也立即答复："他同朕们总是共条肠也。"

不久，萧朝贵到金田，又以天兄下凡的形式当面对韦元玠说："尔子韦正肉身是尔生尔养，亦是尔子；但在高天论，又是朕老弟。尔不好看小他也。"他又以韦正跟得起洪秀全做"大人"之事劝勉韦元玠道："他跟得去，尔亦跟得去。子有福，爷亦有福。一人有福，带涉满屋。一子受皇恩，全家食天禄。"韦正从此正式进入拜上帝会的领导核心。金田韦家也从此成为拜上帝会密谋策划的指挥机关所在地和主要的供给基地。

石达开，客家人，住贵县北山里之那帮村，于 1831 年出生于一个富有的农家。10 岁前后，其父母相继亡故，又无其他兄弟，因而很早就经

---

① 如山东武松的家乡一带，人们爱称二哥而不称大哥，因为武二郎远较武大郎威风。广西罗城的仫佬族也有不喜欢别人称其大哥而爱称二哥、二嫂的习俗。

② 谢介鹤：《金陵癸甲纪事略》，见丛刊《太平天国》(四)，652 页。

③ 参见钟文典《太平天国人物》，198—200 页。

④ 据《李秀成亲书供词》，第二叶上。

受了独立操持家务的锻炼,是一位颇具才干胆识、深孚人望的年轻人。李秀成说他"家富读书,文武备足"。[1] 已佚的太平天国史书中也有洪秀全访石相公的情节。[2] 石达开何时成为上帝小家庭的成员不详,但现存《天兄圣旨》中,初次提及石达开是在 1849 年 9 月 24 日(己酉年八月初八日),天兄在其家下凡。1850 年 1 月,石达开等人打破"妖窟"之后,天兄因顾虑粮草将尽,欲其"班师回朝",但年轻气盛的石达开却敢于当面"抗旨",宁愿自己顶起粮草而不肯就此罢休。天兄也即萧朝贵当时的处置手段是避而不答,转谕韦正等远处人马暂且班师。"有愿留者,分发一二十人在此。至近处兵,现停顿在此,待后天然后回归也",实际上是与其达成了妥协。石达开此时年方虚龄 19 岁,但"达开哥"刚毅的性格和在众人心目中的威望已可见一斑。

《天情道理书》说韦、石二人"亦是富厚之家,后因认实天父天兄,不惜家产,恭膺帝命,同扶真主",看来这也是二人得以跻身领导核心的重要因素。[3]

三 洪秀全于平在山登极

拜上帝会领导核心的形成与扩大,尤其是洪秀全"真命天子"地位的逐步确立,有力地保证了金田起义的发动。

洪秀全虽然很早就有了成为人间之王的梦想,但直到杨秀清、萧朝贵二人取得代天父、天兄传言的资格,并祭起"君权神授"的法宝后,他的梦想才有了实现的可能。洪秀全究竟何时由宗教的领袖而明确转为凡间的人王?从种种迹象看,应是在 1849 年(己酉年)到 1850 年(庚戌年)间。由于洪秀全之正式就任太平天王,是"亲承帝命"或"恭承帝命"的结果,除了他自己昔日的"异梦"而外,必须还有上帝的降言,也即托杨秀清之口的"天父圣旨"与之配合。可惜早期的《天父圣旨》已亡佚。但从现存的《天兄圣旨》中,仍可找出若干蛛丝马迹。

1849 年 1 月 1 日(戊申年十二月初七日),也就是洪秀全生日的前

---

[1]《李秀成亲书供词》,第二叶上。
[2] 据张汝南《金陵省难纪略》,见丛刊《太平天国》(四),719 页。
[3]《天情道理书》,见《太平天国印书》下册,522 页。

三天,萧朝贵在假托天兄下凡时,暗示洪秀全的几位表亲当晚就带上祭天的猪肉,恳求天父恩准洪秀全"早正大位"。由于这一时期的《天父圣旨》缺失,这次活动不知下文。看来是时机尚未成熟,没有得到天父,也就是杨秀清的首肯。

此后约有一年的时间,天兄不再提及洪秀全正位之事,只是在历次下凡中,不断地点化拜上帝之人要"识得"洪秀全,或"识得"秀全的别称"三星兄""二兄",为秀全的称王继续造舆论。当然,天兄也没有忘记要众人"识得"冯云山、杨秀清、萧朝贵这三位军师。

但到了1850年初(己酉年底、庚戌年初),《天兄圣旨》中对洪秀全的称呼突然变为"太平王""三星禾王"。这表明洪秀全此时业已称王,他作为"人王"或"真主"的身份已正式经天父认可。

剩下的事便是择日登极。果然,我们在1850年4月5日(庚戌年二月二十三日)的《天兄圣旨》中发现了洪秀全"穿起黄袍"的记载。这是经过长期精心策划的结果。

这一日,天兄"劳心下凡,时在平山"。①

天兄问洪秀全:"秀全,尔穿起黄袍么?"

秀全对曰:"然也。"

天兄道:"要避吉,不可命外小见,根基不可被人识透也。"

秀全对曰:"遵天兄命。"

洪秀全穿起黄袍,应是在此之前不久刚刚发生的事情。黄袍加身的意义谁都明白,这就是称王登极。问题是洪秀全此次穿起黄袍究竟是正式登极"正大位",还仅仅是一次登位的"预演"?

一些学者相信这仅仅是一次预演。因为他们接受了洪秀全于1851年3月23日(太平天国辛开元年,亦即咸丰元年辛亥二月二十一日)在广西武宣县之东乡正式登极的既成说法。然而太平天国自己并没有所谓"东乡登极"之说。迄今所发现的太平天国文献,未对洪秀全登极的时间、地点作过任何具体说明。

考"东乡登极"之说,最早见于郭廷以《太平天国史事日志》。此书

---

① 平山,即平隘山(今作鹏隘山),是紫荆山区的一部分。在太平天国文献中,多称作"平在山"。

于 1851 年 3 月 23 日条下标明："太平天国天王洪秀全登极（按：时在广西武宣台村东岭三里附近）。"

郭氏对此解释道："太平天国己未九年十月初七日天王诏旨中有：'二月二十一日是太兄暨朕登极节'，同年十月十四日诏云：'二月念一哥登极，亦朕登极人间和'。所谓'登极'，即指洪秀全正式即位而言。此二月二十一日，自系太平天国元年二月二十一日，亦即咸丰元年二月二十一日，以是时尚无所谓天历。"

显然，郭氏之所以认定洪秀全于辛开元年二月二十一日登极，遵循的是正式登极只能在揭帜起义之后的逻辑思路。

笔者在《洪秀全"登极"史实辨正》[①]一文中，论证了洪秀全之正式登极是在 1850 年 4 月 3 日（庚戌年二月二十一日）。其理由有二：第一，留存至今的太平天国官修史书《诏书》之一的《太平天日》中，载有洪仁玕在 1844 年（甲辰年）"染病见天启"之后所作的"预言"："兄三十八岁方登天子位也。"[②]

所谓"天启"，系指上帝向人显示其旨意及真理。这里的天启式预言，实际上是将后来已发生的事实作为当初的预言而加以描述，因而是可信的。洪秀全生于 1814 年 1 月 1 日（嘉庆十八年癸酉十二月初十日），按照中国传统算法，其 38 岁是在道光三十年庚戌。因此，其登极只能在庚戌年之内，即公历 1850 年 2 月 12 日到 1851 年 1 月 31 日这段时间。

第二，洪秀全登极的具体日期又只能在二月二十一日。除前引郭廷以所转述的天王诏旨中对登极日期的申明外，洪仁玕于 1860 年与英国传教士艾约瑟的一段对话中也强调指出：天王在规定二月二十一日之天兄暨天王登极节时，是想把救世主之被钉十字架与天王登极的时间统一起来的。但他没有采用犹太人的逾越节日期（二月十四日），而坚持采用二十一日，因汉字之二、十、一共同组成一"主"字。[③] 由此可见，二月二十一日是洪秀全心目中登极的吉日，这一日期也是毋庸置

---

① 姜涛：《洪秀全"登极"史实辨正》，载《历史研究》1993 年第 1 期。

②《太平天国印书》，45 页。

③ *North China Herald*，Aug. 11, 1860. 其译文可参见《艾约瑟牧师的报道》，见《太平天国续编》（九），232 页。

疑的。

综合上述两点理由，能够满足设定条件的洪秀全之登极日期只能是一个，即 1850 年 4 月 3 日（庚戌年二月二十一日）。

洪秀全之在平在山登极，也有间接的地点和人物方面的旁证。查 1860 年 12 月 22 日（太平天国庚申十年十一月十三日）的幼主诏旨，内有"平在山勋旧，俱升封义爵"之说。① 所谓"勋旧"，当指开国时的元勋，也即洪秀全登极时的一班旧臣。提"平在山勋旧"而不提"金田勋旧"或"东乡勋旧"，说明洪秀全之登极，确在平在山，而不在别的什么地方。再以幼主诏旨中开列的 17 人名单，对照洪秀全在平在山活动时期的有关天兄圣旨，其中就有 9 人的姓名先后出现过。考虑到只有与天兄下凡活动直接有关的少数人员的姓名才会出现在《天兄圣旨》中，这样高的比例应该是很能说明问题的了。

然而拜上帝会对于洪秀全的登极，并没有采取大肆张扬的做法，反而实行了极为严格的保密措施。天兄不仅在洪登极的第三天就告诫他要注意"避吉"，②不可被人识透"根基"；此后（1850 年 4 月 9 日）还一再叮咛在场的有关人员："太平事是定，但要谨口，根基不可被人识透也"；"千祈不好泄漏天机，不好讲太平事先"（同年 7 月 28 日）。所谓"太平事是定"，是指太平天王已即位，立国之事已定；之所以"不好泄漏天机"，是因为各地拜上帝人马有待发动，公开揭帜的时机尚未成熟。而这一切，正在紧锣密鼓地安排之中。

从《天兄圣旨》的记载看，庚戌年春、夏，各地拜上帝会的首脑人物及骨干分子均相继被召至平在山秘密朝觐洪秀全，并聆听天父、天兄的圣旨。神秘而庄严的氛围使得这些开朝元勋既诚惶诚恐，又振奋不已。他们纷纷表示效忠，甚至不惜变卖家产，捐献财物，用于太平天国的开创大业。曾随父亲蒙得恩参加过这种朝觐仪式的蒙时雍后来回忆说："窃自庚戌年二月敬拜天父上帝、天兄耶稣，为日无几，即随先父到平在山面觐真圣主天王圣颜，仰蒙面诏教导，指引甚属精详。侄与先父从此

---

① 《幼主封杨庆善等爵诏》，见太平天国历史博物馆编《太平天国文书汇编》，72 页，北京，中华书局，1979。

② 按："避吉"即"避凶"，以反语"吉"字代替"凶"字，意在求吉。

格外信实认真,去邪崇正。其时令甚严肃,不准轻泄机关,故此不敢轻与人言。"①

四 团方与团圆

此时,广西全省的社会矛盾已更趋激化,各种武装冲突愈演愈烈。其中影响最大的仍然是天地会所组织发动的武装起事。

被清朝方面称为"艇匪"的天地会的水上武装,兴起于1846年(道光二十六年)。他们大多是在鸦片战争后被裁撤的壮勇,"聚党于浔、梧江上,剽掠客贩货物,日益横肆"。② 洪秀全于1847年在西江遭劫,很可能就是这帮人所为。此时,他们更是截断了西江流域的水上交通线。这些人虽多系天地会信徒,但并没有明确的反清目标。湖南兴宁人李沅发所领导的起义军,转战于湘桂边界地区,直至1850年夏才最后败亡。陈亚贵为首的武装力量,则占据了广西的腹地。来土冲突,亦即土著居民与客籍居民之间的矛盾冲突,所在皆有,大规模械斗几乎是一触即发。各镇协的官军,几乎尽数为天地会武装所牵制。地方团练的实力,亦在上述武装冲突中遭受极大损耗。拜上帝会对这些武装冲突,尤其是清朝官军与天地会武装之间的冲突严守中立,采取了"待等妖对妖相杀尽殆",然后举事的策略。③ 起义时机已渐趋成熟。

1850年夏,各地拜上帝会的首领根据天父、天兄的旨意——即拜上帝会领导核心的决策,各回所在,分头发动群众。7月底,洪秀全的家属也已派妥人从广东接来。太平天国史上被称为"金田起义"的伟大斗争,就此揭开帷幕。

"金田起义"是太平天国自身文献中的用语。因此,考察一下太平天国人士所理解的金田起义,其确切含义到底是什么,它与今人的理解有何异同,看来还是有必要的。对于"起义"一词,《现代汉语词典》是这样解释的:"为了反抗反动统治而发动武装革命。有时指反动集团的武装力量背叛所属的集团,投到革命方面。"这是今人的理解。《辞源》的

---

① 《蒙时雍家书》,见《太平天国文书汇编》,472页。
② 光绪《平南县志》卷十八,2—4页。
③ 参见庚戌年四月二十二日的"天兄圣旨",见《太平天国续编》(二),280页。

解释只有四个字："仗义起兵。"这是它的本义。太平天国文献中的"起义"一词，用的正是其本义。有时或不用"起义"而代之以"勤王"，其义为"为王事尽力"，多指起兵救援王朝。如："溯自广西倡大义，金田各处起天兵"(《醒世文》);"金田起义，用肇方刚之旅"(何震川:《建天京于金陵论》);"自扶真主金田起义以来，万民响应，四方乐从"(《太平救世歌》);"恭祝万寿起义"(《洪仁玕自述》);"万方儿小别家庭，离乡立志做忠臣;前来勤王当虎豹，今知有主可成人"(《天命诏旨书》);"惟愿各各起义，大振旌旗，报不共戴天之仇，共立勤王之勋"(《颁行诏书》);等等。

结合有关记载看，太平天国所谓的"金田起义"有其特定的具体内容，大体是指以金田为中心的各路拜上帝人马团营举兵，"共扶真主"，也即仗义起兵勤王。

为适应起义斗争的需要，拜上帝会领导核心内部进行了分工。已经就任太平天王的洪秀全是起义的拥戴对象，又非本籍人，不便公开出面，因而接受了天兄对他的安排——和家眷一起密藏山人村胡以晄家"避吉"。对拜上帝会有首创之功的军师冯云山，同为外省人，又曾被桂平知县判决"递籍管束"，也不宜出头露面，因而亦被安排随同密藏。出面组织起义发动工作的，是另两位军师——杨秀清与萧朝贵。他们因有代天父、天兄传言的资格，已把最高权威掌握在自己手里。天父，尤其是天兄在此期间频频降凡，发布旨意，迅速果断地处理瞬息万变的军机，严厉打击借机下凡的其他"星宿"或"妖"——也即利用降僮之术对其权威进行挑战的会内其他派别与个人，从而在根本上保证了起义的组织实施。

在起义发动期间，由于杨秀清"代弟妹赎病"，"身体十分苦楚"，甚至一度口哑耳聋，几成病废，实际事务系由萧朝贵代为主持，而以干练的韦正(韦昌辉)襄理。但杨并非无所作为。从这一时期《天兄圣旨》中的用语"万事有天父主张，天兄担当"来看，重大决策可能都是由杨秀清做出的。而且，在起义动员过程中起了极大作用的上帝的有关降言，也只有通过杨秀清之口才能传出去。

杨、萧二人在发动起义的过程中充分显示了自己的才干和魄力，也因而进一步膨胀了权势欲。他们已不再甘心居于书生出身的冯云山之下,对同样因策划起义而权势急剧上升的韦正也怀有忌意。

1850 年 9 月 5 日,萧朝贵在冯云山、韦正都在场的情形下,借天兄降凡,假意对洪秀全说:"秀全,当前朕话谁人想出?"

秀全答曰:"是朝贵妹夫想出也。"

天兄曰:"是他想出,他都做得事。"

秀全答曰:"天下万郭都靠秀清、朝贵二人,岂有不做得事!"

天兄曰:"他二人又不识得多字墨,云山、韦正方扶得尔也。况天下万郭(国)又有几多帮手,又有珠堂①扶得尔也。"

秀全曰:"这边帮手不是十分帮手,秀清、朝贵乃真十分帮手。至珠堂,有好多人未醒,何能帮得手也!"

天兄叹曰:"秀全,朕天父天兄若不是差秀清、朝贵二人下来扶尔,尔实难矣。"

秀全答曰:"小弟知得天父天兄看顾扶持之恩矣。"

天兄又曰:"秀全,朝贵有大过么?"

秀全曰:"无也。秀清、朝贵,天父天兄降在他二人身,他二人分外晓得道理。朕从前曾对兄弟说曰:他人是学成、炼成,秀清、朝贵是天生自然也。"

天兄曰:"朕怕他有大条大胆,或行到路中辛苦,对尔面前称功道劳,就要打一百也。"

秀全答曰:"朝贵妹夫,瞒不得天兄,确是好人。天父亦曾称赞他曰:秀全,尔看尔妹夫这个样子,都知得他是好也。"

天兄曰:"为人总不好太过。众小弟放草、宽草,朕回天矣。"

经过如上的一番对话,杨、萧满意了。冯云山与韦正却当面遭到了贬斥与羞辱。大约也自此时起,三位开国军师的排名变成了杨、萧、冯。

金田起义的具体过程,在太平天国文献中又称"团营",可分为两个阶段。

第一阶段,各地拜上帝会众按地域分别团营,各自成军(在《天兄圣旨》中,这种按地域的分头集结被称为"团方")。起义之初,参加团营的

---

① 珠堂,暗语。以其偏旁指代洪秀全的表亲王姓家族,后改为黄姓。

拜上帝会众大致集结于如下几个地区：

（一）桂平的紫荆—金田地区，是为拜上帝会领导机关所在，也是团营起义的最后集中地，以杨秀清、萧朝贵、韦正等人为首；

（二）贵县、桂平交界的白沙地区，以石达开、秦日纲等人为首；

（三）平南的花洲地区，以胡以晄、蒙得恩等人为首；

（四）郁林州的陆川、博白地区，以赖世举（赖九）、黄文金等人为首；

（五）广东高州的信宜地区，以凌才锦（凌十八）兄弟为首。

上述各地的团营，以信宜的凌十八为最早，约于夏季集结，8月中下旬，已与本县练勇发生激烈冲突。平南的花洲地区，因洪、冯在附近的山人村藏身之故，迟至10月中下旬方正式团营。其余数处，包括金田基地，大约均在8月开始团营。以上各集结地，都分头秘密置办军械，以供团营的会众使用。据说，石达开率领的贵县队伍于8月在白沙驻屯时，甚至公然立辕门，开炉铸炮。慑于其声势，也因为官府方严办土来械斗之案，附近各团未敢起练往剿。

集结的会众大都是合家投营。这是因为拜上帝会的成员多为生活极不稳定的客家人，由于土来械斗的严峻局面，为本人及家属安全计，势必合家举族联合一体，共同抵御敌对势力。拜上帝会的舆论宣传显然也起了十分重要的作用。据传，上帝在1849年（己酉年）曾降言：庚戌年将遣大灾降世，"人将瘟疫，宜信者则得救"。后果然，故信者愈众。到了1850年（庚戌年），上帝又降言：过了9月（八月）以后，"有田无人耕，有屋无人住"。后土人、来人相杀，上帝的预言又得到了验证。上帝的降言成了最有力的团营令。参加团营的会众，"将田产屋宇变卖，易为现金，而将一切所有缴纳于公库。全体衣食俱由公款开支，一律平均。因有此均产制度，人数愈为加增。"①

团营的第二阶段，各路拜上帝人马向金田地区集中（《天兄圣旨》中称此为"团圆"），并在预定时间公开揭帜起义。

种种迹象表明，1850年11月4日（庚戌年十月初一日）是预定的

---

① 《太平天国起义记》，见丛刊《太平天国》（六），870页。

公开揭帜起义日期。但远方陆川、博白以及广东信宜的大股人马，由于种种原因的耽搁，根本不可能按期赶赴金田。10 月 29 日，萧朝贵在平南之洪山（鹏化山）借天兄下凡，紧急通知："千祈秘密，不可出名先，现不可扯旗，恐好多弟兄不得团圆矣。近处团方，现匝住马。密谕远方兄弟，预备多买红粉（火药），声信一到，就好团圆也。"

然而比萧朝贵更具权威的杨秀清显然不愿临时变更原定的起义计划。据《天情道理书》记载："及至金田团营，时维十月初一日，天父大显权能，使东王忽然复开金口，耳聪目明，心灵性敏，掌理天国军务，乃龛（太平天国自造字，意指"提携、援救"）天下弟妹。"①

这位在外人心目中似乎已成病废的天父代言人，突然于此时在金田公开露面，执掌兵权，只能与揭帜起义有关。李秀成在其亲书供词中说："道光卅年十月，金田、花洲、六[陆]川、博白、白沙不约同日起义。此之天机，变化多端，实不详周，是以拜上帝之人格而深信了。起义之时，天王在花洲山人村胡以晄家内密藏，并无一人得悉。那时东王、北王、翼王、天官丞相具[俱]在金田。"②

李秀成列举的在金田起义现场的主要领导人只有四位：杨秀清、韦正、石达开、秦日纲。可见，杨秀清是在远处"团方"人马未及齐聚金田，洪秀全、冯云山二人仍在山人村密藏，甚至连萧朝贵也未赶回金田的情形下宣布揭帜起义的。这样做显然是为了证明"天父"的旨意不可更改，以牢固树立自己的权威。值得注意的是，在李秀成亲供原稿中，"道光卅年"原作"咸丰元年"，后经删涂改正，但"十月"之期却始终未变，这说明"十月"举义在李秀成心目中已留下了深刻的印象。

起义之始，拜上帝会已有公开张贴告示的举动。③ 考其内容，应该就是后来收入《颁行诏书》的以军师杨秀清、萧朝贵共同发布的《奉天诛妖，救世安民谕》。这篇起义檄文着力宣扬了天父上帝"无所不知，无所不在，无所不能"的权能，尤其是戊申岁天父、天兄先后降凡所显示的"无数权能"，晓谕世人"好醒"，"亟早回头，拜真神，丢邪神"，敦促参加

---

① 《天情道理书》，见《太平天国印书》，520 页。
② 《李秀成亲书供词》，第二叶下。
③ 据清朝方面的钦差大臣李星沅于十二月初五日奏报："桂平之金田村，另有会匪聚集，号称万余，并帖伪示诱胁。"可见金田起义之始即已有起义文告发布。

团勇、壮丁的三合会党,不要忘记洪门歃血、结义拜盟时的反清誓言,号召各省有志之士"各各起义,大振旌旗,报不共戴天之仇,共立勤王之勋!"①。

五 "金田起义出大王"

金田及其附近村落,前控新墟②平原,背靠紫荆山麓,是理想的屯兵处所。11 月 4 日(十月初一日)以后,各路拜上帝人马便在杨秀清的统一指挥调度下,加速向金田地区集结。11 月 21 日,陆川、博白的起义者摆脱敌人的尾追堵截,抵达桂平境内的大洋。25 日,在金田方面的策应下,北渡黔江,进入金田。③ 到 12 月下旬,除广东信宜凌十八的队伍外,各路兵马已齐会金田。④ 活跃在大湟江口的天地会水上武装的首领罗大纲(又名罗亚旺)与张钊(大头羊)、田芳(大鲤鱼)等人也在此时入金田投营。张钊与田芳等人不愿遵守太平军纪律的约束,又"见拜上帝之人,不甚强庄(壮),非是立事之人,故未投也。后投清朝向提台矣。至罗大纲,与大头杨(羊),两不相和,后罗大纲投之"。⑤ 罗大纲终于留了下来,后来成为太平军的一位著名战将。

其时,连同陆续来投的客家人与天地会武装,总人数大约已达 2 万。杨秀清、萧朝贵等着手将此 2 万男妇编组成一支统一的军队,即太平军。太平军在初组建时,可能是按地域编制的。保存至今的《太平军目》在论述旗制时,提及每面旗帜上均须书有"太平某省某地某旗"字样,并列举了广西贵县、平南、武宣、桂平、博白、苍梧和广东归善、湖南道州等地名。看来在揭帜起义之初,各路勤王兵马公开打出的就是此

---

① 《颁行诏书》,见《太平天国印书》上册,107—108 页。按:一些研究者认为这篇文告始发布于太平军占领永安州之后,但考其内容,应属于起义文告,在永安再次修订发布而已。

② 按:广西地名中,"墟"多简化作"圩"(音 xū),为不致与下文所提及江淮一带地名"圩"(音 wéi)相混,本书均恢复其本字"墟"。

③ 参见中国社会科学院近代史研究所近代史资料编辑室编《太平天国文献史料集》,72 页,北京,中国社会科学出版社,1982。

④ 按:凌十八的队伍自七月间与信宜练勇发生冲突后,接受了高州知府的安抚,庚戌年内始终未离信宜地界。因而前引《李秀成亲书供词》与郑祖琛的奏稿在述及拜上帝会起义时都未提到广东信宜地方。这部分拜上帝会众直到辛亥年(1851 年)正月才动身前往广西,拟到金田投营。然此时金田周围地区已有大批清军集结,加之传闻太平势渐败,凌十八乃自立军师、先锋,转攻郁林州城,拟据为根本。后因久攻不克,又退返广东。七月,占罗定州之罗镜墟,一直坚守到壬子年(1852 年)七月粮尽,始被围困的清军攻破。凌十八及余部均战死。

⑤ 《李秀成亲书供词》,第三叶上。

类旗号，而在后来的军制中仍予以保留。

太平军有着严明的纪律。洪秀全于1851年1月初旬返回金田后即诏明5条军纪："一、遵条命；二、别男行女行；三、秋毫莫犯；四、公心和傩，各遵头目约束；五、同心合力，不得临阵退缩。"①太平军的编制仿照《周礼》司马之法，以五人为伍，五伍为两，四两为卒，五卒为旅，五旅为师，五师为军，一军足员为13 156人，各级首长称军帅、师帅、旅帅、卒长、两司马等。但在金田时期，军制尚未健全。全军计编成前后左右中五军。前、左两军设有军长，后、右两军设有副军长，其下则有百长、营长等统兵将领。前、左二军且设有先锋长，各统带500名兵将。②直到驻军茶地，扩编为十军，始废军长等职，按《太平军目》设立军帅以下各官。但每军仍不足员。

从现存太平天国的家册中，不仅可以看出太平军初起时的严密组织，还可以看出拜上帝会众全家投军后，男女老少分别入营、各尽所能的状况："后二军军帅梁立泰，年三十四岁，广西浔州府桂平县白沙墟人，庚戌年七月在金田入营，八月封前营长东两司马，九月升前营旅帅，辛开元年十一月封后二师帅，十二月蒙天父天兄天王东王大开天恩，封为后二军军帅。父梁万铸在家升天，母胡大妹随营封为后四军女军帅，妻廖大妹在绣锦衙，妹梁晚妹北殿内贵使，子梁小保幼，女梁二妹幼，以上俱随营。……"③

1850年12月下旬，杨秀清下令蒙得恩等率军往攻思旺墟，大败浔州协副将李殿元所部兵勇，拔除了清军安置在平南、桂平交通要道上的这一据点。28日，洪秀全以及冯云山等人终于结束了长达数月的密藏"避吉"，在大队"扶主"人马的拱卫下，胜利返回金田。月末，驻扎浔州的黔兵周凤岐部来犯，于金田附近的望鳌岭陷入太平军的包围中。黔兵七营"相率宵遁"。统带该部兵勇的清江协副将伊克坦布"策马回走"，坠于蔡村江桥下被杀。周凤岐驰援，"堵御一昼夜，围始解"。④

---

① 《五大纪律诏》，见《太平天国文书汇编》，31页。
② 《天兄圣旨》，辛开元年二月二十八日。
③ 《梁立泰家册》，转据《贼情汇纂》，见丛刊《太平天国》（三），126—127页。
④ 《浔州府志》卷五十六，转据《太平天国革命时期广西农民起义资料》编辑组编《太平天国革命时期广西农民起义资料》，139页，北京，中华书局，1978。

两役的胜利,极大地鼓舞了初兴的太平军的士气。1851 年 1 月 11 日(庚戌年十二月初十日),在胜利的喜庆气氛中,全军在金田热烈祝贺了洪秀全的 38 岁寿辰。这次祝寿活动标志着历时数月之久的金田起义终于有了一个圆满的结局。凡参加此次祝寿者,后来都得到了"功勋加一等"的殊荣。大约亦在此时,洪秀全以太平天王的身份,封立长子洪天贵①为幼主,并宣布以明年为太平天国辛开元年(改地支"亥"为"开")。之所以建国号为太平天国,显然是因其为太平天王所治理的国家。② 太平者,治之至也,反映了自古以来中国人民对安定的理想社会的追求,"天国"(the kingdom of heaven)之称,则源于基督教之《圣经·新约》。③

金田祝寿后的第三天,太平军沿大湟江而出,占领了位于浔江与大湟江交汇处的江口墟。由于方言中湟、王同音,当地百姓的口碑传说中,便把太平军的这次胜利进军称作"金田起义出大王"。

这里有必要对所谓的起义日再作一番辨析。迄今为止,史学界对金田起义之日主要有两说:一是十二月初十日(1851 年 1 月 11 日)起义说,这是已经写到教科书里的说法;另一是十月初一日(1850 年 11 月 4 日)起义说,这是后来提出的一种说法。

十二月初十日起义说的主要依据是洪仁玕被清方俘获后写在供词中的几句话:

> 此时天王在胡豫光[以晄]家中驻跸,乃大会各队,齐到花洲,迎接圣驾。合到金田,恭祝万寿起义,正号太平天国元年,封立幼主。④

洪仁玕的叙述很有些含混之处。如"乃大会各队……恭祝万寿起义"云云,主语便不可能是洪秀全,而只能是拜上帝会中的其他领导人。

---

① 后改名洪天贵福,清方因误将其玺印中的"真王"二字合一,称其为洪福瑱。
② 太平天国将"國"写作"囯",内中为"王",含王居中治理天下之意。
③ 按:《圣经·旧约》(太平天国称《旧遗诏圣书》)中无"天国"之说,《新约》(太平天国称《新遗诏圣书》或《前遗诏圣书》)则多处提及。如《马太福音》第 3 章第 2 节(和合本):"天国近了,你们应当悔改。"《太平天国印书》中此节文字作:"天国迩来,尔当悔罪矣。"
④ 《洪仁玕自述》,见《太平天国文书汇编》,552 页。

再如祝寿之事在庚戌年,太平天国元年已是辛开[亥]年,祝寿之时是不可能同时"正号元年"的。但洪仁玕的叙述至少透露了这样两个信息:第一,金田起义的领导人不是洪秀全本人;第二,洪秀全早已登极正位,因而在庆贺寿辰时才会有"封立幼主"之举。

笔者赞同十月初一日起义之说。其主要依据,便是前已引述的《李秀成亲书供词》《天情道理书》以及《天兄圣旨》。值得注意的是,李秀成自言有关洪秀全等人"应立开基""出身起义"等情节的叙述,系据太平天国官修史书《诏书》的记载,且"一片虔心写就,并未隐瞒半分"。可见,"十月不约同日起义"之说,是太平天国官方正式的提法。所谓"不约同日起义"当然是故神其事,实际是指各路人马在约定的同一天公开打出旗号,也就是萧朝贵假托天兄所说的"扯旗"。强调其为"不约",又列举金田等几处地名,说明这一天起义者并未齐聚金田,否则便无任何神奇可言,李秀成也就不会说"此之天机,变化多端,实不详周"了。因而揭帜起义之日,绝不可能是给洪秀全祝寿之日,而只能是杨秀清"复开金口"的十月初一日。

清方的奏报也可作为十月起义说的佐证。1850 年 12 月 8 日,广西巡抚郑祖琛等奏报:"查桂平县属之金田村、白沙、大洋,并平南县属之鹏化、花洲一带及郁林州属,现据该州县禀报,均有匪徒纠聚,人数众多。"[1]

州县之得知起义信息当要更早些。而且有意思的是,郑祖琛列举的几处地方几与李秀成所述完全一致。如果不是几处人马同时公开揭帜,清方的探报是不可能如此准确的。[2]

1851 年 1 月 6 日(十二月初五日),抵达广西的钦差大臣李星沅在奏报中又提及:"桂平之金田村,另有会匪聚集,号称万余,并帖伪示诱胁。"[3]这表明清方所探知的金田村的起义者张贴告示之举至迟也在

---

① 《郑祖琛等奏报捕获钟亚春等并进剿金田等处情形折》,见中国第一历史档案馆编《清政府镇压太平天国档案史料》第 1 册,97 页,北京,社会科学文献出版社,1992。
② 按:凌十八的队伍自七月间与信宜练勇冲突后,接受了高州知府的安抚,庚戌年内未有揭帜,也未离开信宜地界。因而郑祖琛奏报与前引《李秀成亲书供词》都未提到广东高州之信宜地方。
③ 《李星沅奏报抵广西暂住柳州及沿途探访统筹战略情形折》,见《清政府镇压太平天国档案史料》第 1 册,116 页。

1851年1月6日之前——这还不算准确的探报传到钦差大员手中所迁延的时间。如果我们取十二月初十日起义说,就会得出拜上帝会(太平军)在洪秀全生日时公开揭帜,而在此前多日就已有起义文告发布的自相矛盾的结果。仔细推究这份奏报,不难发现,李星沅所奏正是十月金田起义之始的情形,当时各路拜上帝人马尚未齐集金田,因而在金田村聚集的人数只是"号称"万余。对于刚刚抵达广西的李星沅来说,这确实是新发现的一个更值得注意的重大目标,尽管从时间上说金田村"会匪"们的起事已经过去了整整两个月。

综上所述,在太平天国文献中,广义的金田起义是指1850年(庚戌年)秋历时数月之久的各路拜上帝人马向金田地区团营的全过程,起义的确切含义是仗义起兵勤王;狭义的金田起义日,即公开揭帜的日期,则是太平天国官方史书《诏书》记载而为《李秀成亲书供词》所沿用的1850年11月4日(庚戌年十月初一日)。无论就广义或狭义来讲,金田起义的领导人只能是杨秀清、萧朝贵等,而不是洪秀全本人。因为他已于1850年4月3日(庚戌年二月二十一日)正式登极就任太平天王,从而成为金田起义所拥戴的对象。

第四节　清廷及广西当局的对策

　　1850年2月（道光三十年正月），道光帝旻宁病逝，由其四子奕詝继位，改明年为咸丰元年。到了太平天国起义发动前的9—10月间，也即入秋之后，广西全省形势急趋恶化，天地会武装已分股活动于广西七府之间（广西全省计十二府），被人讥为"专务弥缝"的巡抚郑祖琛再也无法加以掩饰了。清廷为广西局势的糜烂所震惊，赶忙调兵遣将，并着手改组广西方面的军政领导。9月13日，清廷令两广总督徐广缙带兵驰赴广西，起用前云南提督张必禄驰赴广西会剿。30日，著向荣调补广西提督，"驰驿前往"，并会同郑祖琛"迅筹剿办"，并"谕知湖广、贵州各督抚，拣派精兵协剿"。①10月17日，清廷更起用前云贵总督林则徐为钦差大臣，令其"驰驿迅赴广西，会同郑祖琛、向荣、张必禄，督率藩司劳崇光，悉心剿抚"。上谕强调指出："林则徐受皇考简任重恩，前在云南办理汉回军务，迅速蒇事，朕所夙知。著即星驰就道，荡平群丑，绥靖严疆，毋违朕命。"10月26日，清廷又将前广西提督闵正凤革职，"来京听候查办"；11月27日，谕令将广西巡抚郑祖琛革职，由钦差大臣林则徐暂署，督同向荣等尽力剿捕。

　　清廷对上年因病休致、当年4月才返回故里的林则徐寄予厚望，希望在他的统领之下，能够迅速扭转广西的局面，并竟然不顾他的病情，催促其"兼程驰赴"，并接二连三地下达了一系列谕令。面对危难的时

---

　　①《谕内阁著前任云贵总督林则徐作为钦差大臣速赴广西悉心剿抚》，见《清政府镇压太平天国档案史料》第1册，51—52页。按:本节所叙清廷相关谕令和地方督抚奏报多据本书，除必要者外，不再逐一注明。

局,林则徐义无反顾,再一次承领钦差大臣的重任。他于11月1日接奉谕旨后,5日即由福州原籍"力疾登程";15日,行至闽粤交界的诏安,"因沿途劳顿,又发脾泄旧症,每日泄泻至二十余次,犹勉强兼程前进"。但行至离潮州不远的普宁县城,他终于无力再行。1850年11月22日辰时,这位伟大的爱国者于广东普宁逝世,临殁时曾高呼"星斗南"。[①]此时,距他由福州起程仅17天。

12月15日,清廷获悉林则徐逝世,对此"殊深悼惜","著加恩晋加太子太傅衔,照总督例赐恤,历任一切处分悉予开复"。同时,清廷召起前两江总督李星沅为钦差大臣,以前漕运总督周天爵署广西巡抚。

早在11月中,广西各有关州县已得悉金田等处拜上帝人马公然揭帜造反的情报。12月8日,广西巡抚郑祖琛等据此向清廷奏报了金田等处"匪徒纠聚"的情形,并奏称:"桂平、平南、郁林均属连界,防其串合纠结,臣郑祖琛现将梧州随营兵勇调派五百名,饬令署抚标中军参将成安督带,驰赴平南一带,相机剿捕。"[②]这是金田起义的信息第一次出现于清朝大吏的奏报之中。但直到此时,清朝官员尚不知道这是与天地会造反截然不同的拜上帝会起义,甚至完全不清楚起义领袖是些什么样的人,当然更不可能预见到这些"纠聚"的"匪徒"行将成为大清王朝的劲敌。

李星沅于1851年1月初到达广西后,得知"金田会匪"才是清朝的主要威胁。他向皇帝奏报说:"柳州、庆远诸贼甫经奋勇追剿,而左、右江数属势尚蔓延。即如浔州府之大黄江,现有贼匪结伙,排船伺劫。桂平之金田村,另有会匪聚集,号称万余,并帖伪示,诱胁附近平南、郁林等处。贼踪出没诡秘,人数恐尚不少。"[③]此时张必禄已在浔州病卒。已赴前敌的向荣主张"先灭金田大伙,然后以得胜之师,分别剿捕,用力

263

———

① 福州和普宁民间普遍流传林则徐系被广州十三行"食夷利者"贿其厨子投毒害死的故事,并解释林则徐所说的"星斗南"三字,即指广州十三行附近的"新豆栏"街(福州方言,"星斗南"和"新豆栏"同音)。参见杨国桢《林则徐大传》,631—632页,北京,中国人民大学出版社,2010。

②《郑祖琛等奏报捕获钟亚春等并进剿金田等处情形折》,见《清政府镇压太平天国档案史料》第1册,97页。

③《李星沅奏报抵广西暂住柳州及沿途探访统筹战略情形折》,见《清政府镇压太平天国档案史料》第1册,116页。

较易"。① 他坚欲调集几万重兵，不赞成速战，"大题小做"。但在李星沅的催促下，他只得勉强与太平军交战数次，互有胜负。

太平军驻屯江口期间，人数有所增长。在清军切断粮道后，太平军只能日食两碗稀粥，遂于 1851 年 3 月初进据武宣东乡。

署巡抚周天爵时已年逾古稀，不甘留守省城桂林，请缨亲赴武宣前敌。知县刘作肃迎谒道上。周天爵询问守御情形，知县回答：武宣县城民徙城空，"卑职仅备一绳"，说罢"反袂大哭"，因所谓"一绳"者，只能是供自尽之用。② 然而太平军却未进攻县城，只在东乡一带，继续"招齐拜上帝之人"。附义者多达 70 余村。

周天爵与向荣亲自督率兵勇，与太平军在 60 多天中大战两场。太平军虽有伤亡，但清军损失更重。周天爵向皇帝报告："自二月十七日（3 月 19 日）开仗，至三月初二（4 月 3 日）等日进兵，虽则相持，而实无一胜。"③于是清军不敢轻言进攻，乃创所谓"坐战"之法，意欲坐困太平军。

在武宣期间，太平军的给养，主要是食盐开始短缺，造成了部分人员的死亡和广大战士的精神疲乏。太平军乃于 4 月末出奇兵重返桂平之新墟，掠盐而去，缓解了一时之急。5 月中，太平军又主动撤离武宣，向北进入象州地界，在其东南部之中坪地区停留了 50 天，招齐象州拜上帝人马。其时，李星沅已在武宣病逝。

清廷又任命大学士、首席军机大臣赛尚阿为钦差大臣，调集安徽、云南、贵州、湖南、广东、四川等省军队前往镇压。7 月，赛尚阿到达桂林指挥。

在清廷续派的钦差大臣赛尚阿还未赶到时，在前线与太平军相持的仍是周天爵和向荣，以及刚调到广西帮办军务的广州副都统乌兰泰。清军兵勇已增至 1.4 万人，大大超过太平军可用于作战的人数。然而清军士气低落，尤其是乌兰泰督带的黔兵，战斗力极差。6 月 9 日交战时，太平军壅流设伏，斩杀、淹毙黔兵达 300 余人，担任侧翼掩护的 7 名

---

① 《向欣然提军》，见李星沅《李文恭公文集》卷九，芋香山馆，同治三年。
② 李滨《中兴别记》，见太平天国历史博物馆编《太平天国资料汇编》第 2 册（上），20 页，北京，中华书局，1979。
③ 《周天爵奏》，军机处录副，中国第一历史档案馆藏，革·太，第 520—3 号。

太平军勇士冲入威宁兵营，黔兵千人竟"全行弃营，哄然由山顶溃下"。连乌兰泰本人也不得不承认"以一千官兵不敌七贼，实出情理之外"。他为此而自请治罪。①太平军在象州又遇给养方面的困难，乃于6月初经武宣东乡返回桂平之紫荆山及金田、新墟一带。

太平军转战半年，基本上未脱离紫荆山或其毗连地区，这主要是出于一种保守战略的需要。

首先，太平天国领导人有据两粤以为根本的意向。据太平军被俘人员供称："因官兵层层扎紧，这两个月都打不过去，打算要从后路双髻、黄坡两界窜回，便抢船只，一路抢掠到广东花县去安身。因大头子、二头子都系花县人，暗中也有人在广东传教，他们原说东省做东京，此处为西京。到去兴旺，大家享福……万一打败，也好投到英吉利国去。"②当然，这一设想后来并没有成为现实。

其次，他们要招齐各地未及团营的拜上帝会众。很多在金田团营时未及投营的会众便是在此时陆续来归的。经过半年的"招齐""团集"，太平军的人数大为增加，已由最初的五军扩编为十军。

清军也陆续增调兵力，不断向太平军发起新的进攻。前路新墟一带，太平军与乌兰泰军互有胜负，但后路猪仔岭、双髻山却于8月11日被向荣攻占。9月初，紫荆山前之要隘风门坳失守，太平军陷入凶险的处境。

9月11日，太平军全军乘夜撤离新墟等地，转入平南鹏化山区。撤退中的太平军保持了良好的行军秩序。尾追的向荣军于思旺墟附近遭萧朝贵、冯云山率军反击，锅帐、军械、辎重尽失，各将帅仅以身免。向荣经此之败，失去了继续追击的勇气，顿兵平南，连旬不进。

265

---

① 《乌兰泰奏报督黔兵于独鳌山接仗获胜并误败损将伤兵自请治罪折》，见《清政府镇压太平天国档案史料》第2册，38—45页。
② 《李进富口述》，见《太平天国续编》(三)，272页。

第五节　太平军向南京的进军

太平军乃得从容分水旱两路向永安州进军。陆路旱兵由萧朝贵、韦正、秦日纲等指挥,水路则由杨秀清、冯云山等统领。

天王洪秀全在舟中发布诏令,欲"众兵将千祈遵天令",他告诫众人:"眼前不贪生怕死,后来上天堂,便长生不死。尔若贪生便不生,怕死便会死。又眼前不贪安怕苦,后来上天堂,便永安无苦。尔若贪安便不安,怕苦便会苦。总之,遵天诫,享天福;逆天令,落地狱。"①

1851年9月25日(辛开元年又八月初一日②),陆路兵以罗大纲为先锋,攻克了永安州。这是太平军自金田起义以来所攻占的第一座州县城池。

在进军途中,太平军人数又有增长,如太平天国后期的主要将领、藤县大黎里人李秀成即于此时参军。据他回忆其参军的经过如下:"此时(指金田起义之时)我在家,知到(道)金田起义之信,有拜上帝人传到家中,后未前去,仍言(然)在家。……西王、北王带旱兵,在大黎里屯扎五日,将里内之粮谷、衣食等,逢村即取,民家将粮谷盘入深山,亦被拿去。西王在我家,近村乡居驻,传令凡拜上帝之人,不必畏逃。仝(同)家食饭,何必逃乎! 我家寒苦,有食不逃。临行营之时,凡是拜过上帝之人,房屋具(俱)要放火烧之。家寒无食之故,而随他也。乡下之人,不知远路,行百十里外,不悉回头。后又有追兵,而何不畏。"③

① 《太平天国文书汇编》,33页。
② 按:太平天国辛开元年时尚未颁布天历,仍沿用《时宪书》,闰八月称为"又八月"。
③ 《李秀成亲书供词》,第三叶下至四叶上。

李秀成的这番遭遇，可能是那些未及参加金田起义而后来被陆续"招齐""团集"的普通拜上帝会众都经历过的。

一　永安建制

进驻永安后，太平军全军人数已达 3.7 万人。太平天国抓紧时机在永安开展了各项军政建设。

首先是加强军队纪律。

天王洪秀全为此发布了一系列诏令。他告诫全军将士，"各宜为公莫为私"，"继自今，其令众兵将，凡一切杀妖取城，所得金宝、绸帛、宝物等项，不得私藏，尽缴归天朝圣库，逆者议罪"。

又下令"通军大小男女兵将，千祈遵天条"，"特诏令清胞、贵妹夫、山胞、正胞、达胞①暨各军各头领，务宜时时严查军中有犯第七天条否。如有犯第七天条者，一经查出，立即严拿斩首示众，决无宽赦"。②

所谓第七天条是"不好奸邪淫乱"，但在此时却连夫妇同宿也予禁止了。

为鼓励将士奋勇杀敌，天王在诏令中还规定了奖功罚罪的具体办法，严令各军记录在案。

其次是建立健全各级官制。

1851 年 8 月间于茶地移营时，太平军已确立了五军主将制，即萧朝贵为前军主将，石达开为左军主将，同统前、左各军开通前路，杨秀清为中军主将，统中一、中二等军护中，冯云山为后军主将，韦正为右军主将，同统右、后各军押后。此时又进一步明确了军帅以上，经监军、总制、侍卫、将军、指挥、检点、丞相等直达军师的各级职官，并且许诺："上到小天堂，凡一概同打江山功勋等臣，大则封丞相、检点、指挥、将军、侍卫，至小亦军帅职，累代世袭，龙袍角带在天朝。"女子也有各级职官之设。对于打仗升天的功臣，也规定了若干具体的办法。③

---

① 按：即杨秀清、萧朝贵、冯云山、韦正、石达开。
②《太平天国文书汇编》，33、34、33 页。十款天条要点如下：一、崇拜皇上帝，二、不好拜邪神，三、不好妄题皇上帝之名，四、七日礼拜颂赞皇上帝恩德，五、孝顺父母，六、不好杀人害人，七、不好奸邪淫乱，八、不好偷窃劫抢，九、不好讲谎话，十、不好起贪心。参见《天条书》。
③《太平天国文书汇编》，35 页。

右军主将韦正进入永安后，"托赖天父天兄开恩，差作天王军师"，即经杨秀清、萧朝贵两人假托天父、天兄下凡的形式而正式成为太平天国的第四位军师。[①] 正、副四位军师均称"王爷"，并分获九千岁递降至六千岁的尊呼；不久，天王洪秀全正式下达分封五王诏旨，使得身为左军主将，但不是军师的石达开也能称王，并得到了五千岁的尊呼。封王诏旨曰：

前此左辅、右弼、前导、后护各军师，朕命称为王爷，姑从凡间歪例，据真道论，有些冒犯天父，天父才是爷也。今特褒封左辅正军师为东王，管治东方各国，褒封右弼又正军师为西王，管治西方各国，褒封前导副军师为南王，管治南方各国，褒封后护又副军师为北王，管治北方各国，又褒封达胞为翼王，羽翼天朝。以上所封各王，俱受东王节制。[②]

这一诏旨认可了杨秀清以左辅正军师东王的身份总揽太平天国军政事务，使他取得了"一人之下，万人之上"的独特地位。杨秀清既独揽军政大权，又可借天父下凡挟制洪秀全，这就使得太平天国权力中心出现了一种很不稳定、很不协调的二元结构。封王诏旨强调了中央集权，如所封各王俱须受东王节制，但又流露出欲在取得全国政权后分茅裂土的"封建"意向。这说明太平天国领导人在国家政权建设问题上的认识是相当粗浅、幼稚的。

太平天国在永安还有"改正朔"之举，即制订《天历》，并从1852年（壬子二年）起正式施行。

天历据称系南王冯云山于1848年（戊申年）受困于桂平之狱时所创制，但从历理上看，壬子二年的天历应是参照了咸丰二年的岁实。[③] 据当时曾亲见壬子二年历书式样的张汝南记载："又制伪历，其签标：《真天命太平天国历书》。首页有'小弟杨秀清、萧朝贵、冯云山、韦昌

---

① 《天兄圣旨》，见《太平天国续编》（二），320页。韦正大约于此时起以"昌辉"之名行。
② 《太平天国文书汇编》，36页。
③ 按：从是年的立春日丙申到下一年的立春日壬寅，正是366日，合于《尧典》数据。但若进一步取其立春具体时刻的间距，则仅为365.2430日，与一回归年的平均长度365.2422日相差无几。

辉、石达开、蒙得天①等，敬遵天父排定日期，月月好，日日好，时时好'等语。每日下止书干支二字及二十八宿名。成开闭破及吉星凶星宜忌等俱无，惟每七日下书'礼拜'二字(礼拜先一日，洪贼悉焚七日内所著里衣)。以单月为大月，月三十一日；双月为小月，月三十日。每年定为三百六十六日，不置闰。有时晦日可以见月，望日才死魄。"②

由此可见，与十分注意阴阳调和、"居阳而治阴"的中国传统历法相较，《天历》最大的特异之处即在于它完全置朔望月于不顾，而采用了以二十四气为依据的纯阳历形式。③ 它还公然废除一切吉凶宜忌，又于每七日注明一次"礼拜"之期。《天历》有简单易行的优点，但它过分追求复古及单月单数(31 日)、双月双数(30 日)的形式上的"平匀圆满"，④不惜采用《尧典》中 366 日的过大数据作岁实，很快就造成了节气的后天，以致 8 年后不得不有改历之举。⑤

由于某种迄今尚不清楚的原因，《天历》自颁行之初即已错前一日，造成了它的纪日干支、日宿比《时宪书》提前了一日，其礼拜之期也比西历的礼拜日(星期日)早了一日。⑥ 此外，《天历》中还有若干改字，如干支中，"丑"改为"好"，"卯"改为"荣"，"亥"改为"开"；纪日和纪月的二十八宿中，"壁"改为"璧"，"鬼"改为"魁"；等等。

除颁布《天历》外，太平天国还刻印了大量书籍。1851 年(太平天国辛开元年)及 1852 年(壬子二年)新刻的"旨准颁行"的书籍中，有相当一部分是在永安时期刻印的。

在永安驻扎时期，还发生了一件在太平天国内部震动极大的事件——天父揭露并处决周锡能的案件。

269

---

① 原名蒙上升，后因避"上"字讳，改名"得天"，又因避"天"字讳，复改名"得恩"。
② 张汝南《金陵省难纪略》，见丛刊《太平天国》(四)，717—718 页。
③《天历》以立春、惊蛰、菁明(即清明)、立夏、芒种、小暑、立秋、白露、寒露、立冬、大雪、小寒 12 个节气为 12 个月的初一日；以雨水、谷雨、夏至、处暑、霜降、冬至 6 个中气为单月的十七日，春分、小满、大暑、秋分、小雪、大寒 6 个中气为双月的十六日。
④ 按：在指导思想上，太平天国有所谓"天朝万事满足，不准丝毫欠缺"之说，见其早期告示。参见张德坚《贼情汇纂》卷十二，见丛刊《太平天国》(三)，327 页。
⑤ 参见《天历每年四十年一斡旋诏》，见《太平天国文书汇编》，46—47 页。
⑥ 参见姜涛《太平天国天历干支、礼拜提前一天考》，载《南京大学学报》丛书《太平天国史论丛》1980 年 5 月第 2 辑，280—289 页。

周锡能，广西博白县人，金田起义之后受封为军帅。[①] 1851年6月太平军驻扎新寨时，他曾恳求杨秀清恩准其回乡，"团集"当初未及齐来的"真道兄弟姊妹"。杨秀清批准了他的请求，并派人"与之偕往"。至11月驻扎永安时，周锡能却未能把博白的兄弟姊妹带来，甚至连与其同行的黄超连也不见踪影。据周锡能自己辩解说，因为清军"各处卡口把守查察甚严，以致兄弟姊妹裹足不前，仅带有兄弟数十余人，充当妖魔壮丁而来，现今投在妖魔营内，不能脱身，意欲少待一二日再往妖营设计，令伊等潜踪逃出"。而黄超连"业已先返，小弟曾办资斧，送伊渡江"，"今日尚未转回，不知是何缘故"。杨秀清开始对周锡能产生怀疑，随即派人监视其活动，在发现了若干疑点之后，便以天父下凡的形式予以揭露，周锡能不得不承认"出外错从妖人，被其诱惑，曲从妖计回来，以为妖魔内攻外应"。[②] 北王韦正当即承天父命，在东殿前晓谕兵将，大声唱道："众兵将！今我们托赖天父皇上帝权能，破残妖魔诡计，指出周锡能反骨偏心，谋反对天。众兵将同心踊跃，立志顶天，天做事，天担当，齐要放胆，时刻要记念天父权能恩德，每事要加时长灵便。"众兵将则"同心唱叹天父皇上帝无所不知，无所不在"。周锡能也于临刑前"一时良心发见"，大声呼喊："众兄弟，今日真是天做事，各人要尽忠报国，不好学我周锡能反骨逆天。"[③]

清朝方面确有策反太平天国人员之举，如乌兰泰等人以胡以晄策反其兄胡以晃而遭失败之事，在当事人的日记中即有记载。[④] 但现存清方文献中于周锡能事件却毫无反映。究竟是周锡能真心投敌，还是杨秀清为显示"天父"权能而一手制造冤案？后人对此已无法予以辨别。但通过周锡能案的处理，太平天国领导人，尤其是东王杨秀清，达到了大显天父权能，从而以宗教迷信团结群众的目的。

太平天国虽偏处永安一隅，却没有忘记自己推翻清朝统治的根本使命。于《奉天诛妖救世安民谕》之后，杨秀清与萧朝贵又相继共同发布了《奉天讨胡檄布四方谕》及《救一切天生天养中国人民谕》。[①] 前一篇檄文突出了民族革命的主题。后一篇檄文则以更多的宗教色彩论述了"天下一家，四海皆兄弟"的道理，重申了阎罗妖即东海龙妖是"妖头鬼头"，各菩萨偶像皆是其妖徒鬼卒，号召那些"从前不知大义，误帮妖胡，自害中国者"醒悟，"反戈替天诛妖，以奖上帝主意"。

应该说，以杨、萧共同名义发布的几篇檄文，从文字到内容都不怎么高明。如《奉天讨胡檄布四方谕》中，因为攻击"鞑靼妖胡"，竟连带攻击了以北京方言为基础而形成的"京腔"，说是"中国有中国之语言，今满洲造为京腔，更中国音，是欲以胡言胡语惑中国也"。太平天国的领导者们甚至对中国人口的多寡也毫不知情，从而沿袭了两千年前西汉时期的人口数字："予总料满洲之众不过十数万，而我中国之众，不下五千余万，以五千余万之众受制于十万，亦孔之丑矣！"

在那些受过正统儒学熏陶而又不知太平天国造反背景的人士看来，这些檄文即使不是大逆不道，也起码属于荒诞不经的东西。然而这些偏激的、充斥着浓郁宗教气息和狂热民族仇恨的文字，却正是为宗教激情所引起的南国贫苦农民发自内心的呐喊。它们表达了这些昨天还处于社会最底层的人们的一种信念和追求，一种对于现存社会秩序极其可畏的破坏力量。

二　虎兕出柙

太平军攻克永安，使得负责围剿的清朝钦差大臣赛尚阿声威大跌。他本人被"交部议处"，向荣等人也受到摘去花翎、顶戴，戴罪自效的处分。统兵将领之间，尤其是乌兰泰与向荣之间的矛盾斗争更显突出，因而始终未能对坚守永安的太平军发动有力的攻势。

太平军在永安驻守了整整半年，与清军形成了相持的局面。但长期相持对被围的太平军不利。据《天情道理书》说："壬子岁时在永安，

---

① 《颁行诏书》，见《太平天国印书》上册，105—112 页。

粮草殆尽,红粉亦无,妖魔数十万四面重围,无路可出。"①除了"妖魔数十万"是过分夸张外,可知太平军确实是在粮草、火药耗尽的情况下被迫突围的。

1852年4月3日(壬子二年二月三十日,咸丰二年二月十四日),②天王洪秀全向全军男女将士发出突围诏令:

> 通军男将女将,千祈遵天令,欢喜踊跃,坚耐威武,放胆诛妖。……高天差尔诛妖魔,天父天兄时顾看。男将女将尽持刀,现身着衣仅替换;同心放胆同杀妖,金宝包袱在所缓;脱尽凡情顶高天,金砖金瓦光焕焕。高天享福极威风,最小最卑尽绸缎。男着龙袍女插花,各做忠臣劳马汗。③

4月5日傍晚,太平军丢弃辎重,轻装乘雨向东突破古苏冲防线。直到次日凌晨,赛尚阿才得知太平军已全部撤出州城,赶紧布置追堵。7日凌晨,乌兰泰的追军乘雾偷袭,"杀死天朝官兵男女二千余人"。太平军见其势逼太甚,"大众次日齐心与乌军死战,复杀死乌军四五千。"④长瑞、长寿、董光甲、邵鹤龄等四总兵阵亡,乌兰泰仅以身免,就连接应的向荣部也折损800多人。清军元气大伤。

赛尚阿在向咸丰帝的奏报中说:"不意兵勇连日苦战,又兼露宿饥寒之后,大雨淋漓,山径险滑,适值云雾罩合,被贼拼死冲突,一经挫折,以致垂成功败。……奴才当此几于力竭心殚,仰天叫苦,抚膺顿足,愧愤难名。"⑤

为了掩盖败绩,多少挽回一些脸面,赛尚阿亲自导演了一出生擒所谓天德王洪大全⑥并献俘北京的丑剧。洪大全实有其人,原名焦亮,湖

---

① 《天情道理书》,见《太平天国印书》下册,520页。按:红粉系指火药。

② 以下凡太平天国纪事,除正文采用西历外,重要日期且采用夹注《天历》和《时宪书》(中历)日期的方式。

③ 《永安破围诏》,见《太平天国文书汇编》,37页。

④ 《李秀成亲书供词》,第七叶上。

⑤ 《赛尚阿奏报收复永安生擒洪大全因雨受挫现分投堵截情形折》,见《清政府镇压太平天国档案史料》第3册,56页。

⑥ 按:洪大全,清方文献中有时也作"洪大泉",正如洪秀全有时作"洪秀泉"一样。本书一律作"洪大全"。

南兴宁人,廪生出身,有文名。但他根本不是什么天德王,而只是天地会下属一个山堂——招军堂的首领。他与其弟焦玉晶分别娶许月桂、许香桂姊妹为妻。其弟及许氏姊妹也因而成为天地会招军堂的重要人物。太平军攻克永安后,焦亮前往投奔,上天王用兵策,并建议向湖南进军,他愿率湖南天地会为前驱。由于他对太平天国的若干政策大加指斥,不久便由座上宾变成阶下囚。永安突围时,他戴着镣铐、锁链上路,因而在太平军后队失败时即被清军俘获,解送赛尚阿大营。赛尚阿在奏报中捏称焦亮为太平天国的天德王洪大全,说他与洪秀全"同驻州衙,凡贼中运谋定计,皆该犯一人之力"。他又捏造供词,将其作为"首要逆犯",槛送北京。①

当时清朝官员中即有人尖锐地指出:广西拿获的"贼匪伪军师洪大全","不过供贼驱策,并非著名渠魁。从前查奏逆首姓名,亦并无此人。嗣因贼众窜出永安,于无可如何之时,不得不张皇装点,藉壮国威,并以稍掩己过。……应请特降谕旨,将洪大全之不值解京,明白宣示,饬令沿途督抚,无论该犯行抵何处,即行就地正法。"咸丰帝也明知洪大全"系从贼伙党,原非首要之匪",但"既槛送在途,仍著解至京师,以凭讯究"。②

太平军反败为胜、粉碎清军的追堵后,东王杨秀清即下令由小路过牛角瑶山,出荔浦之马岭,经高田墟、六塘,于4月18日直抵桂林城下。此时全军男女已增至5万人。

省城桂林兵力空虚,仅有数百名乡勇和一些团练,广西官员自巡抚邹鸣鹤以下"莫不惶惧"。乌兰泰于次日赶到,在与太平军交战时身受重伤,数日后不治而死。但向荣却率军昼夜兼程,先太平军一日抢入桂林城布置守御。

太平军围攻桂林整一个月,在当地民众的积极支援下,先后使用了云梯、吕公车等多种器械攻城。吕公车又称临冲吕公车,大约是在宋、

273

---

① 《赛尚阿奏报收复永安生擒洪大全因雨受挫现分投堵截情形折》,见《清政府镇压太平天国档案史料》第3册,57—61页。并参见罗尔纲《太平天国史》卷七十八之"焦亮传"。
② 《陈坛奏请将洪大全就地正法以符国体片》《谕内阁著再申谕赛尚阿等勿蹈故辙并将洪大全仍著解京师讯究》,见《清政府镇压太平天国档案史料》第3册,133—135页。

明之间,综合古人临车和冲车的基础上所形成的一种大型攻城器具。①明末天启年间,叛乱的永宁土司在进攻成都时曾使用过。据记载,这是一种长达50丈的大旱船。② 太平军所使用的吕公车则是大竹所制,"其车高与城齐,宽二丈,每车有云梯七具,可连袂而上。车有数层,每层可容百人。第二层储满火药包。"③吕公车制作颇费时日,但究系竹木结构,加之形制蠢笨,根本无法抵御城头清军所投掷的火药包以及火炮的轰击。太平军仅在5月15日夜间使用了一次即遭受惨重失败。进攻文昌门的吕公车,刚向城上飞火药包时,即被清军所飞火药包引燃二层火药起爆,车上残存人员被迫仓促撤退。进攻南门的吕公车,尚未驶近城边,亦被清军开炮轰仆。太平军"用计两旬",动用多人制作的秘密武器,竟然在顷刻之间即遭失败。此后,他们在攻城时便废弃了这种过时的蠢笨器具。④

太平军因攻坚无望,便于1852年5月19日(壬子二年四月十五日,咸丰二年四月初一日)主动撤围。他们于象鼻山束草人为疑兵,又以长绳引药线燃炮。清军对太平军撤围竟毫无知觉。⑤ 守御桂林的将帅们"藉坚城为坐镇,贼来不能击之使去,贼窜又恐其复来"⑥,迟至5月26日仍不敢开城门解严,钦差大臣赛尚阿只能登云梯入城,从而坐失了战机。

太平军乘此有利时机北上,于21日进至兴安县属之海阳坪,兴安县署知县先期逃避。22日,太平军前队冲入兴安县城。其主力继续北上,向全州进发,24日即已进抵全州。署理知州曹燮培全力堵御,但因"城中所存者止千余人,寡不敌众",只得以血书向清军统兵将领求救。⑦ 援军刘长清、余万清两部因太平军扼守要冲,无法迫近城垣。太平军无后顾之忧而全力攻城。他们占领了城外的江西会馆,"穴墙置

① 按:明末茅元仪所著《武备志》卷一百九中有"临冲吕公车"图,是为五层战车。但宋代曾公亮《武经总要》中未见著录。
② 谷应泰:《明史纪事本末》卷六十九《平奢安》,点校本,1111—1112页,北京,中华书局,1977。又参见谈迁《国榷》卷八十五,见《明史》卷二百四十九《朱燮元传》。
③ 《时闻丛录·粤西桂林守城记》,见《太平天国史料丛编简辑》(五),71页。
④ 《贼情汇纂》说:"贼攻城曾用吕公车,被创,遂废此法。"见丛刊《太平天国》(三),157页。
⑤ 光绪《临桂县志》卷十八,63页,1905。
⑥ 《清文宗实录》卷五十九,咸丰二年四月癸巳。
⑦ 民国《全县志》卷十三,408—409页,1942。

炮,轰击西门,守陴者不能立。乃匿民房穴城,下置火药十六石。"①6 月
3 日隧道竣工,乃实施爆破,城崩二丈余,突击队于西城缺口攻入城中。
守城官兵少数乘乱逃散,大部战死。从此,穴地攻城成了太平军最主要
的,也是最有效的攻城战术。

攻克全州后,太平军北进湖南的态势已十分明显。湖广总督程矞
采为此奏报说:"查永州水陆两途均紧与全州接壤,水路尤为迅捷。江
永防兵分布要隘,兵力本不甚厚,又经两次抽拨赴粤应援,现调湖北之
兵,因道远刻难赶至。贼氛猝近,实觉单薄堪虞。"②

太平军克全州后,未及停留,即于 6 月 4 日夜间撤出全州,沿湘江
水陆北进,突入湖南,沿途且"大张伪示,欲直扑长沙,湖南民情
浮动"。③

楚勇头目、湖南兴宁人江忠源为防止太平军入湖南,在全州城北十
余里的蓑衣渡伐树填河,予以堵截。在前有堵截、后有追兵的情况下,
太平军于 6 月 7 日被迫放弃水路,全部改由小路陆行。仓促间,部分船
只、辎重被清军虏获,一些掉队的老弱妇孺惨遭杀戮。尤为可惜的是,
南王冯云山在攻克全州后不幸牺牲,太平天国丧失了一位极为重要的
领导人。④

三 转战两湖

在湘南的天地会众,也即所谓"土匪"的导引下,太平军由山径间道
向永州进发。由于沿途没有遭遇清军的设防堵截,一路进军神速,6 月
9 日即已进抵永州城外。由于潇江水大涨,加之守城官吏撤去江面船
只,且焚烧对岸民居,太平军无法渡江,随即放弃攻城,在天地会人员向
导下,从容逾险,乃于 6 月 10 日越过双牌,次日袭取道州。

道州位于湘粤桂三省边境,为湘南要冲,易守难攻。前湖南提督

---

① 民国《全县志》卷四,68 页。
②《程矞采奏》,见《剿平粤匪方略》卷十二,23 页,扬州,江苏广陵古籍刻印社,1985。
③《程矞采片》,见《剿平粤匪方略》卷十三,13 页。
④ 关于南王之死,清方的记载有两种不同的说法:一说是在进攻全州时战死,一说是在向湖南进军时
于蓑衣渡中炮而死。据罗尔纲分析:可能是在全州城外中炮,迁延至蓑衣渡死亡。参见其《太平天国史》卷
四十三之冯云山传。

余万清部以及守卒合计仅 500 人，见无法守御，竟然"私将所垒西门撤开，带兵数百，如鱼窜鸟飞，由江华奔去"，太平军见西门未闭，"蜂拥直入"。①

道州的攻克，使得太平军获得了落脚之地和可贵的休整之机。清朝方面则对丢失道州的官员严加追究，余万清等分别受到斩监候及从军、革职等惩处。

太平军又相机攻克了江华、永明。三城互为椅角，形成了有利的防御态势。在湘南，太平军"向富户讹索谷米银钱，并叫村人仍做生意"。②清方的记载也说他们"假饰仁义，笼络乡民，不甚杀戮"。"粤逆志在择肥而噬，下户穷檐搜求不暇，且或以时诈示仁义，愚弄吾民，买饭求浆，多给市值。至于不法兵勇，罔知号令。方其攫取奸污，则穷苦之家，亦鲜除免。于是民不怨贼，而反怨官兵矣。"③这支新兴的农民军得到了湘南人民的热烈欢迎。自入永州以后，"土匪之迎降，会匪之入党，日以千计"，④不仅很快恢复了元气，而且新组建了"道州大旗"等队伍。

太平军经补充兵员和整顿之后，军力大增，在湘南地区转战期间逐步取得了战场的主动权。但在决定下一步前进方向时，领导集团有了分歧。据张德坚《贼情汇纂》记载："道州四面山险，惟一线可通，鸟道崎岖，人力难逞。贼亦因踞此休歇，以避炎夏。扬言伪太平王生长子庆贺，弥月后方议行兵。其实仍系前术，蓄意以伺我隙。尽掳州民暨沿途裹胁之众，编伍而部署之，大封有功，增修战具，补益军目，制备军火。七月（8—9月）成军欲出。群贼怀土重迁，欲由灌阳而归，仍扰广西。秀清独谓非计，曰：'已骑虎背，岂容复有顾恋？今日上策，莫如舍粤不顾，直前冲击。循江而东，略城堡，舍要害，专意金陵，据为根本。然后遣将四出，分扰南北。即不成事，黄河以南，我可有已。'洪逆等深然之，遂转掠郴、桂，欲由衡郡下犯。"⑤

———————————

① 光绪《道州志》卷六，12—13 页。
② 蒋光明供，见《太平天国续编》(三)，276 页。
③ 光绪《道州志》卷十二，8 页；江忠源：《条陈军务疏》，见《江忠烈公遗集·文录补遗》，8 页，光绪吴县槐庐刻本。
④ 江忠源：《答刘蓉书》，见《江忠烈公遗集·文录》，1 页。
⑤《贼情汇纂》，见丛刊《太平天国》(三)，291 页。

张德坚所述有些史实的错误,如洪秀全长子并非于道州出生。而从此后太平军的作战方向来看,也并非此时即已确定"专意金陵"。但说杨秀清建议"舍粤不顾",向长江流域发展,且得到洪秀全等人的赞同,应该还是符合实际的。在广西近两年的徘徊,已给了太平天国的领袖们以极其深刻的印象:必须决然地跳出广西。从此虎兕出柙,以排山倒海之势迅猛发展了。

8月10日,太平军趁夜撤离道州,转向郴、桂方向。12日,破嘉禾县城。14日,克桂阳州。15日,和春统率的清军进抵嘉禾。太平军乃一分为二,一部在桂阳州设防,一部则进取郴州。

8月17日,和春等部1万余人进逼桂阳州城下,城内数千太平军出击,阵毙敌千总以下官兵多人,清军败退20余里。同日,另一路太平军攻克郴州。在桂阳州的太平军乃于当日夜间从容出东门,"络绎前往郴州大路"。赛尚阿等人向皇帝汇报说:"此次贼踪飘忽,旬日之间奔窜数百里。我军节节追剿,其势万难合围。犹幸贼至嘉禾、桂阳,和春大军紧追,奋力剿杀,贼众奔窜,两城旋即克复。"①

统兵主帅的谰言,遭到了咸丰帝的痛斥:

逆匪自窜湖南以来,势甚剽悍,连陷数城,如入无人之境,固由土匪勾结内应。何以各州县地方官兵,既不能事先侦探,又不能婴城固守?迫至贼匪弃城逃窜,又复任其所之,全无抵御?该大臣奉命出征一年有余,粤楚各处,纷纷失守。历次奏报军情,不过派兵尾追,并未迎头截击,出奇制胜。所谓调度者安在?程矞采筹办防堵,为日已久,何以地方文武毫无布置?遇贼扑城,竟不能相持数日,以待外援耶?!现在贼已越过永郡,踞守郴州,势将下窥衡郡,竟图长沙,似此蔓延滋扰,何所底止?!赛尚阿现赴衡州与程矞采会筹防剿,若再失机,自问当得何罪?!②

郴州为湘东南重镇,水陆两路均可直通长沙。湖南省城为此一片恐慌。和春主力远在郴桂边境,赛尚阿等人手中没有机动兵力,只得截

---

① 《赛尚阿、程矞采奏》,见《剿平粤匪方略》卷十五,31页。
② 《清文宗实录》卷六十七,咸丰二年七月下。

留川陕等省官军守城。

太平军入郴州后,继续休整、扩军。据时人记载,"贼全股屯踞郴州,收永、桂、郴、衡之斋匪、游民,其众遂多。"①

但据现存当时被俘的29名太平军人员的供词,这些在湘南投入太平军的人员看来并没有教门或会党的背景,而且除从事小买卖的商贩2人,替别人做佣工的5人外,其余似均从事耕种。考虑到农村中的佣工主要也是从事耕作等农业劳动,可以说,普通农民参军者占了绝大多数。②

此时太平军的人数,较前有了较大的增长。据李秀成回忆:"招得湖南道州、江华、永明之众,足有二万之敷(数)。此时追军,即向、张两军。后移师到柳(郴)州,入柳(郴)州亦招二三万众,茶凌(茶陵)州亦得数千。"张德坚也估计:洪秀全等在道州两个月,"整顿军容,补益卒伍,故尽掳州人并妇孺而行,除即时逃回不计外,尚余男妇三万余人,由江、永而至郴、桂,更得挖煤矿徒刘代伟之党,已倍前数。"③则此时太平军总人数当已在六万以上。

在计议进攻方向时,西王萧朝贵认为长沙"城卑防疏",建议以轻兵倍道袭取。这一方案得到洪秀全、杨秀清等人的赞同。于是萧朝贵率曾水源、林凤祥、李开芳等统带2 000名老战士,以郴州天地会众为向导,先后攻取永兴、安仁、攸县,他的队伍也迅速扩充至4 000余人。9月7日寅刻由攸县起程,昼夜兼程,8日子刻即占领醴陵。9日寅刻又于醴陵起程,10日申刻即到长沙,离城十里扎营。由于萧朝贵部避实就虚,进军迅即,且严密封锁消息,长沙守城的清军对其长途奔袭竟毫无察觉。甚至当长沙城外有人入城报警之时,城内文武居然"怒其无公文,执将斩之"。④

9月11日,太平军与驻扎在石马铺一带的清军展开激战,辰刻进兵,至巳刻即已"破连营七八里,杀死大小妖官数十余员","所得军粮大小炮甚多,红粉四千余,骠马不计其数"。这支清军几乎全军覆没。12

---

① 佚名:《粤匪犯湖南纪略》,见《太平天国续编》(五),6页。
② 黄非瀑等供词,原件藏英国公共档案局,见《太平天国续编》(三),274—285页。
③ 《李秀成亲书供词》,第五叶下;丛刊《太平天国》(三),296页。
④ 王闿运:《湘军志》(一),《湖南防守篇》,3页,长沙,岳麓书社,1983。

日,萧朝贵开始指挥攻城。他的部属曾水源、林凤祥、李开芳等正准备发起攻击,"回禀西王带牌刀手往各门进攻",不料清军突然放炮,"打着西王胸膛乳上穿身,十分危急,口眼俱呆"。他们不得不暂停攻击,并联名向东王等禀报了西王负重伤的不幸消息。在禀文中,他们一方面希冀能得天父照顾,"效天兄故事",出现奇迹;另一方面,则恳请东王"遣上将统带多少圣兵,凡兵各带干粮三斤,前来同进取城"。①

然而奇迹并没有发生。萧朝贵终因伤重不治而亡,太平天国失去了一位杰出的军事统帅和主要领导人。这是太平天国继南王牺牲之后的又一重大损失。

萧朝贵死后,曾水源等继续督军攻城。负责防守的清前湖北巡抚罗绕典、提督鲍起豹等全力抵御,并动员城中士绅协防。他们先后两次破坏了太平军所开挖的地道,挫败了太平军的进攻。随着清军各处援兵的不断聚集,曾水源部兵力渐形不支,只得转取守势,等待主力的到来。清军和春、江忠源等部或入城,或在城外驻扎,就连业已决定遣戍新疆的向荣,也经皇帝同意,"带罪图功,以观后效",并率军与曾水源部太平军激战。

萧朝贵的牺牲,促使洪、杨率全军向长沙进发。1852 年 10 月 13 日(太平天国壬子二年九月初十日,咸丰二年九月初一日),全军开抵长沙城下。同日,咸丰帝谕令著钦差大臣赛尚阿等"严饬带兵镇将,合力兜剿,迅将长沙城外贼匪,全数扑灭,其郴州、永兴一带窜出贼伙,赶紧分投截击,使贼首尾不能相顾,毋得再任迁延贻误,致干重罪"。但第二天,即因赛尚阿调度乖方,劳师糜饷,日久无功,"著革职拿问,由徐广缙派员解交刑部治罪"。湖广总督程矞采亦"著即行革职,仍留军营办理粮台事务"。已在长沙城内的骆秉章、鲍起豹等也受到了训斥。②

此时陆续调集的清军各路兵马已号称十万之众,但兵多怯战。各部在进攻曾水源部太平军先后遭受挫败后即取守势,两军处于相持局面。太平军主力到达后,除继续攻城外,又与外围清军展开了激战。17

---

① 《曾水源林凤祥李开芳为西王萧朝贵中炮伤重上东王杨秀清等禀报》,见《太平天国续编》(三),1页。

② 《清文宗实录》卷七十一,咸丰二年九月戊申朔、己酉。

日,翼王石达开分兵数千西渡湘江,占领了长沙的西路要冲回龙潭。31日,清军向荣部数千人前往争夺,痛遭伏击,"两健将战殁,士卒死者千余",向荣与河北镇总兵王家琳以"骑善马得免"。长沙城上"诸军望见,为之夺气"。①

太平军三次穴地攻城均未成功。据李秀成说:"天朝官兵,有粮无有油盐可食,官兵心庄(壮)而力不登,是以攻城未就。"②11月30日,太平军乃夜撤长沙之围,西北走宁乡、益阳,主动结束了历时80天的围攻长沙之役。城上守军竟毫无知觉。次日,"将帅闻报,皆愕且惧,无敢言贺"。③

12月3日,太平军进抵益阳。由于有着严明的军纪,受到当地人民焚香执花的热烈欢迎。④ 原"欲靠洞廷(庭)湖边而到常德,欲取河南为家",因在益阳"忽抢得民舟数千,后而改作顺流而下,过林子(临资)口而出洞廷(庭),到缶(岳)州,分水旱而下湖北"。⑤ 湖北巡抚常大淳此前曾亲赴临资口,花了经月时间"沉大船载巨石,以塞湖口,归而侈然自得,以为片帆不能飞渡矣"。但太平军水路兵马到达后,"役民夫数万人去沉船,一日而通"。⑥ 12月13日,太平军陆路兵马不战而得岳州。

岳州为洞庭湖通往长江的门户,是稻米、木材、油盐等重要物资的集散地,也是清军军饷停驻转运之所,但防务十分薄弱。湖北提督博勒恭武统带800名兵丁驻守城外,在太平军攻城前即已自行溃散,逃回武昌。岳州营本有额兵500余名,但已被先后调走300名赴长沙省城防堵,加上护解军饷、火药者100余名,实存兵丁仅80余人。博勒恭武与弃城而逃的岳州知府廉昌、巴陵知县胡方谷、署岳州营参将阿克东阿事后均被按律问斩。⑦

太平军在岳州又征集到数千艘民船。素孚人望的水手唐正才被杨

---

① 《江忠烈公行状》,见《江忠烈公遗集》附录,光绪吴县槐庐刻本。
② 《李秀成亲书供词》,第五叶上。
③ 《湘军志》,见《湖南防守篇》。
④ 参见佚名《粤匪犯湖南纪实》,见《太平天国史料丛编简辑》(一),65、66—67 页。
⑤ 《李秀成亲书供词》,第五叶上。
⑥ 张曜孙:《楚寇纪略》,见《太平天国史料丛编简辑》(一),72 页。
⑦ 廉昌与胡方谷因先后病故,"著毋庸议",但畏罪潜逃的博勒恭武和阿克东阿均在皇帝亲自过问下被处斩。

秀清封为典水匠,职同将军,筹建太平军水营。17 日,起出 170 余年前吴三桂留下的大炮军械,"从岳州起程,千船健将,两岸雄兵,鞭敲金镫响,沿路凯歌声,水流风顺",①直趋武汉。所过城镇,望风披靡。

1852 年 12 月 22 日(壬子二年十一月十九日,咸丰二年十一月十二日),太平军占领汉阳。29 日,占领汉口,即由唐正才负责跨江修建浮桥两道,"上由鲇鱼套口至汉阳东门,下由草埠门外大堤口至汉镇龙王庙"。② 桥宽丈余,临流下有铁锚,人马来往,如履坦途,是为中国建桥史上前所未有的壮举。长江浮桥既成,方便了大军对省城武昌的攻击。其时武昌与汉口、汉阳的联系已控制在太平军手中,9 座城门悉被围困。

湖北巡抚常大淳等焚毁城外民房,大火几昼夜不息,民情激变,纷纷投向太平军。向荣等部援军,则被远远堵在洪山以外。1853 年 1 月 12 日(壬子二年十二月初九日,咸丰二年十二月初四日)黎明,太平军由地道轰城,文昌门城颓 20 余丈。陈玉成等数十名敢死的童子兵扬旗先登,林凤祥等随即率大军蜂拥而入。常大淳以下 100 余名清朝文武官员死难。

武昌为太平军兴以来所攻占的第一座省城。此役显示了太平军的强大军事威力。

1 月 15 日,天王等分驻巡抚衙门等处,且在武昌度过了癸好(丑)三年元旦(2 月 3 日)。2 月 9 日,各军依次撤离武昌,顺江东下。此时太平军总人数据估计已高达 50 余万人。③ 武昌居民,"男子从者十之九,女子从者十一二",但其中有相当部分是被"裹胁"而从军的。④

天王与东、北、翼三王及秦日纲、罗大纲、赖汉英等由水路东进,林凤祥、李开芳、胡以晄等统带陆路之兵护卫。时人形容道:"其由武汉下江南也,帆幔蔽江,衔尾数十里。"⑤

---

① 李汝昭:《镜山野史》,见丛刊《太平天国》(三),5 页。
② 陈思伯:《复生录》,见《太平天国续编》(四),343 页。
③ 《贼情汇纂》卷十一,见丛刊《太平天国》(三),296 页。
④ 佚名:《武昌兵燹纪略》,见丛刊《太平天国》(四),572 页。
⑤ 《贼情汇纂》卷五,见丛刊《太平天国》(三),141 页。

四　东下南京

武昌的失守引起了清朝方面的巨大震动。清廷对太平军的下一步行动捉摸不定,感到防不胜防,而又不得不到处设防。早在太平军进军武昌途中,咸丰帝在上谕中即指出:"该省(指湖北省城武昌)沿江直下,经九江至安庆,瞬息千里,防不胜防。而对江之汉口,尤为贼所垂涎。北由孝感,西由荆州襄阳,则河南震惊。贼势剽急,所陷城池,掳掠即行,并不似永安、道州,尚为久踞之计,其心叵测。"①

1853年1月12日,也就是武昌被太平军攻克的当天,咸丰帝还在部署:以钦差大臣徐广缙署理湖广总督,与向荣二人专办两湖军务;以两江总督陆建瀛为钦差大臣,督率水陆官兵,驰赴长江上游;以署河南巡抚琦善为钦差大臣,兼程前赴楚豫交界,三面合剿。

武昌失守后,咸丰帝迁怒于徐广缙,将其逮治,而以湖南巡抚张亮基署湖广总督,以署湖北提督向荣为钦差大臣,专办军务,并以云贵总督罗绕典专防荆襄。陆建瀛与琦善仍进防江皖与楚豫。

向荣的数万军队始终在武昌前线,与太平军保持着接触。武昌以北,琦善所部1万多兵勇也陆续开至河南,分赴豫鄂边界设防,其后续之八旗马队、陕甘绿营也在集结途中。河南防务渐趋充实。武昌西北的荆襄方面,兵力亦增至1万多人,且可得到琦善在河南方面的支援。

相形之下,武昌以东,也即江皖方面的兵力最为薄弱。咸丰帝为此十分忧虑。他多次在上谕中提及江皖方面兵单力弱,又是财赋之区,若太平军水陆齐下,大势将不可问。为此他曾责令拥有重兵的向荣"分拨精兵,保护下游";又令琦善选派精兵,由河南陆路驰赴安徽一带,"绕出贼前,合力兜剿"。但皇帝的部署一再落空。面对太平军的锐利兵锋,向荣、琦善所部仅能自保,根本不可能分兵支援东路的陆建瀛。

但太平军顺江东下的意图已越来越明显。向荣从太平军搬运粮食、辎重上船的举动中揣测太平军的动向。他于2月7日向皇帝的奏报中正确地分析道:"该逆于城内掳取官民财物货具极多,均已搬入船

---

① 《清文宗实录》卷七十六,咸丰二年十一月癸亥。

内,辎重满载。该逆断不肯舍水就陆。"但他又在后面缀了一句:"是下游之九江、上游之荆襄,及岳州回窜之路,在在均关紧要。"①

两江总督陆建瀛在皇帝的一再催促下,于1853年1月5日离开丰北河工,15日返回南京。23日,他将江苏防务移交由苏州赶往南京的江苏巡抚杨文定,迁延至2月2日,方才统带3 000名兵勇赴九江上游迎剿。10日,到达九江;11日,到湖北广济龙坪镇,令寿春镇总兵恩长为翼长,率水陆兵勇2 000余人溯流赶赴下巢湖左右驻扎,增防北岸老鼠峡。此时,驻守在武穴上下游的江南三省兵力约为5 000人。

2月15日,顺江东下的数十万太平军人马已过黄石、蕲州,当晚即以数千船只冲破老鼠峡一带江防。清水陆军溃走,恩长自沉长江。陆建瀛"见势难敌,弃师先奔。舟至小孤山,兵弁跪接,乃大呼曰:'贼势浩大,快走逃生!'兵皆感之。"②他置九江、安庆于不顾,一气逃回了南京(别称金陵,时为江宁府城,但习惯上仍沿明代旧制称为南京)。然而他回南京后也无所作为。这位封疆大吏被太平军的浩大声势吓垮了。驻节南岸瑞安的江西巡抚张芾则逃往德安,所带兵勇,不战而溃。退回南昌省城时,其所从者已寥寥无几。

2月18日,太平军占领已成空城的九江,随即东下安徽。21日,攻占小孤山要塞。23日,太平军数千艘船进抵安庆江面。24日,发起对安庆的攻击。守城官兵已无斗志,纷纷逃散。安徽巡抚蒋文庆于起草遗疏后自杀。城中所有饷银、仓米以及炮位等均为太平军所获。

太平军在九江、安庆虏获了大量的军资储备,更加壮大了自己的声势,但均未作停留。2月25日,太平军水师前卫从安庆出发。26日,克池州。28日,占铜陵。3月3日,据芜湖。沿江各城守城清军望风披靡,文武官员率先逃遁。人民群众则根据自己的判断,对太平军采取了热烈欢迎的态度。据时人记载:"贼由九江东下,皖省各处纷传伪诏,官府告示止用短条,不写咸丰年号,称贼为西兵、西骑。甚至绅士胁其令长预造烟户册,欲俟贼至,郊迎三十里,跪而投册纳印者,有门首黏一黄纸顺字者,有箕敛银钱、粮米、食物馈送者。闻有某处馈物甚微,而有生

283

---

① 《向荣奏稿》卷一,见丛刊《太平天国》(七),26页。
② 李召棠:《乱后记所记》,见《近代史资料》,总34号,180页。

姜、山药并装一桶(引者按:寓'江山一统'之意),用黄纸糊之,贼嘉而受纳。"①

3月5日,太平军水师突破梁山江防。督带清军水师艇船的福山镇总兵陈胜元阵亡。太平军陆师则轻取东西梁山要塞。通往南京的陆路已全部敞开。

6日,太平军水师前队占江浦县之石碛镇。次日,李开芳的陆师前队进抵聚宝门。12日,太平军主力赶到。自大胜关至七里洲,太平军停泊的船只有1万多艘,南京的门户已为太平军所扼。当时正在城中的汪士铎记太平军的威势,说是"勇而众",并分析道:"然其勇犹可,其众难敌也。破江宁日,号称二百万,七八十万人足数也。……故或登三山门望之,自城外至江东门,一望无际,横广十余里;直望无际,皆红头人。……既众且整,吾人望之夺气。"②

284

南京有13座城门,城池规模远超过武昌。但清军守城总兵力仅5 000人,不得不借助练勇的力量。藩司祁宿藻根据南京绅民于鸦片战争时期齐心抗英的经验,早在1852年底即号召成立保卫局。然而这一次,"省民颇不踊跃",先后成立的保卫局和筹防局徒有其名。祁宿藻哀叹:"官不尽力,兵不用命,富者吝财,贫者吝力,城虽大,不可保也!"③他在绝望中呕血死去。

1853年3月19日(太平天国癸好三年二月十四日,咸丰三年二月初十日)凌晨,太平军采用穴地攻城法,轰塌北城仪凤门城墙。林凤祥部数百人先登,涌入城内。陆建瀛欲遁入满城(今明故宫),却为祥厚所拒绝,被赶来的太平军路斩于小营。在守城清军的反击下,太平军的这支先头部队不久又循原路退出城外,但已牵动了清军其他各处守城兵马,甚至祥厚的旗兵也一度反击至仪凤门。城南的李开芳等部乘虚支云梯攻入,并撤去塞城土袋,大开城门。大队人马鼓角而进。南京城内的各街区遂为太平军所控制。江南提督福珠洪阿等战死,前广西巡抚邹鸣鹤等被杀于街市。上元县令刘同缨"公服坐大堂",将库项及宦囊

---

① 海虞学钓翁:《粤氛纪事诗》,见《太平天国史料丛编简辑》(六),378 页。
② 汪士铎:《乙丙日记》卷一,16 页下一17 页上。
③《张继庚遗稿》,见丛刊《太平天国》(四),757—758 页;并参见张汝南《金陵省难纪略》,见丛刊《太平天国》(四),687 页。

所蓄银两堆桌前,嘱攻入的太平军收此银为城中的百姓开一条生路。太平军对于穿戴清朝官服的人员本来都是一律要杀死的,至此亦认为此人是好官,"不忍加害",但这位效忠于清王朝的官员后来还是自杀身死了。[①] 次日,太平军攻克满城。江宁将军祥厚自杀,守卫满城的旗兵除数百人突围外,均被消灭。旗人之老弱妇孺也于几天之后被驱赶至朝阳门外予以屠戮。

太平军克南京后,一面在城外设防,堵御向荣的追击,一面分兵继续东下。3月31日,克镇江,由罗大纲、吴如孝等据守。4月1日,克扬州,由林凤祥、李开芳等据守。自此,三城鼎立的局面形成了。

---

① 《时闻丛录》,见《太平天国史料丛编简辑》(五),85页。并参见其他时人纪事。

第六节　太平天国建都天京及其社会经济政策

　　南京为六朝古都,扼东南形胜,自古为兵家必争之地;加之地处江南富庶之乡,人文荟萃,工商发达,明清以来已发展成东南第一大都会城市。扬州、镇江为南北漕运通长江的重要枢纽。尤其是扬州,虽于嘉庆、道光以来逐渐中落,仍不失为繁华的商业都会。三城的攻占,无疑是太平天国自金田起义两年多来,尤其是自永安突围近一年来所取得的最为辉煌的胜利。如何巩固和扩大这一胜利,在太平天国领导层内部出现了不同的意见。

一　建都之争与朝政建设

　　天王洪秀全提议分军镇守江南,而以主力继续北上"取河南为业",这是他在长沙撤围时就曾提出的设想。河南号称"天下之中",是洪秀全心目中理想的建都之所。但他对河南的现实状况可能并无多少了解。掌握实权的东王杨秀清否定了洪的提议。而杨本人也是在听取了一位老年湖南水手的建议后才改变了初衷的。李秀成回忆此事的经过时说:

　　此时天王与东王上(尚)是计及分军镇守江南。天王心欲结往河南,欲取得河南为业。后有一老年湖南水手,大声扬言,亲禀东王,不可往河南,云:"河南河水小而无粮,敌困不能救解。尔今得江南,有长江之殽(险),又有舟只万千,又何必往河南。南京乃帝王之家,城高池深,民富足余,上(尚)不立都,尔而往河南何也?"他又云:"河南虽是中洲

（州）之地,足备稳殆（险）,其实不及江南,请东王思知!"后东王复想见这老水手之言,故而未往。此水手是架（驾）东王坐舟之人。被该水手说白,故而改从。后即未往,移天王驾入南京,后改为天京。①

显然这一场争论是在舟中,于南京尚未攻取之时就已开始了。而自益阳以后,经岳州到武汉三镇,再顺江东下,太平军能迅速机动并取得一系列重大胜利,水师的舟楫之便无疑发挥了巨大作用。因而这位老年湖南水手的建议,不能不对身为军事统帅的杨秀清产生决定性的影响。

1853 年 3 月 28 日,东王杨秀清自水西门入城。第二天,他亲率诸王百官至江干龙舟恭迎天王洪秀全入城,即以原两江总督署为天朝宫殿（俗称天王府）。5 月起,更大兴土木,予以改建和扩建:"毁行宫及寺观,取其砖石木植,自督署直至西华门一带,所坏官廨民居不可胜记,以广基址。日驱男妇万人,并力兴筑,半载方成,穷极壮丽。"可惜工甫成即毁于火。两个多月后,于 1854 年 2 月又在原址兴工重建,"外曰太阳城,内曰金龙城,殿曰金龙殿,苑曰后林苑","雕琢精巧,金碧辉煌"。② 天朝宫殿之南为一大型广场,广场中建有一高台,名曰"天父台"。此台平时并不禁人登,"惟登台者,必令下跪,明敬天父意也。跪起任人眺望,于城外四处,无不在目。"③

然而洪秀全并不安于"以江南为业"。天朝宫殿的被毁,可能重新触发了他建都于天下至中之地的念头,于是他又有了迁都河南的动议。杨秀清不得不以天父下凡的名义,最终予以否决。天父极为严厉地谴责天王的迁都之议是"变妖"行为,当受杖刑的责罚。④

何震川等文臣受命撰写《建天京于金陵论》计 41 篇,一致拥护建都南京。论文集于 1854 年初（癸好三年末）付梓。何震川的论文说:"欲立永久之基,必得至当之地。斯能历久而不易,亘古而常尊者也。金田

---

① 《李秀成亲书供词》,第五叶下至第六叶上。
② 《贼情汇纂》,见丛刊《太平天国》（三）,164 页。
③ 《时闻丛录》,见《太平天国史料丛编简辑》（五）,79 页。
④ 时人纪事诗中提及:"惊传天父来凡间……或言天王思迁河南都,变妖当扑臀之肤,否则天王研头颅。"马寿龄:《金陵癸甲新乐府·天下凡》,见丛刊《太平天国》（四）,736 页。

起义，用肇方刚之旅；金陵定鼎，平成永固之基。京曰天京，一一悉准乎天命，国为天国，在在悉简乎帝心。"袁名杰的论文则说："建都必先择地，而择地尤必取广大。金陵为天下一大都会，虽地势稍下，而紫金山高凌云表，城内各山，亦不平衍，此天父预设所以待我天王来登大宝也。外此若河南为天下之中，四达之地，土厚水深，而要不若天京雄踞东南，足以壮天威而成王业者也。"① 这些论文，曲折地反映了建都论争的再起与最终的解决。

杨秀清的东王府在规制上稍逊于洪秀全的天朝宫殿。东王入城之初，居聚宝门内江宁藩署（今瞻园），随即迁往明故宫（即满城）的江宁将军署。后因离东门清军江南大营过近，"惧城外炮子飞入"，又迁汉西门地势较高的黄泥冈一带，在前山东盐运使何其兴宅的基础上进行了改建和扩建。② 东王府四周同样有高大的黄色围墙。大门东侧为承宣厅，西侧为参护厅。大门外还有大鼓一面，专供民间告状之用。有事无论大小，皆于门前击鼓，内中即有女官出问。时人曾有诗嘲讽："制军署作天王府，黄泥冈作东王府。东西对峙相抗衡，不辨谁臣又谁主？"③

北王、翼王以及已去世的西王、南王等，也各有府第，但规制要小得多，基本上是利用原有的大户人家的宅院。太平天国的王侯所居，都称为"府"，所以民间也有将天王洪秀全的"天朝宫殿"误称为"天王府"者。官员所居，则称为"衙"。其他均称为"馆"。

太平天国实行军师负责制。军师是"朝纲之首领"，也即政府的首脑。因此，供职于天朝宫殿的数千朝内官，没有一员是管理行政的；而东王以下各王府，却均有六部之设。东王府的吏、户、礼、兵、刑、工六部，每部有尚书12人。北王府每部有尚书6人，翼王府每部有尚书1人。后来增封的燕、豫二王，则有六部书之设。侯爵以下，也有六部掌书之设。④ 建都天京后，军政各务日繁，制度大备，所设职官日多，但办事效率极高。一般政事，通常由侯相商议停妥，具禀于翼王，不行则寝

① 《建天京于金陵论》，见丛刊《太平天国》（一），249—280页。
② 《贼情汇纂》，见丛刊《太平天国》（三），164—165页。
③ 涤浮道人：《金陵杂记》，见丛刊《太平天国》（四），628页；马寿龄：《金陵癸甲新乐府》，见丛刊《太平天国》（四），737页。
④ 据《贼情汇纂》卷三，见丛刊《太平天国》（三），86、88页。

其说,行则代东王写成诰谕,差翼王府参护送东王府挂号传进,盖印发出后,即由东王府参护送北王府登簿,再送翼王府汇齐,由佐天侯发交疏附官分递各处。"虽层层转达,而毫无窒碍,曾于一日之内发谕至三百件之多。"①如扫北军主将林凤祥等人的军情禀报,于1853年5月28日送达南京,杨秀清"午刻接阅",当日即发出复谕。

李秀成于多年后还衷心赞许道:"东王佐政事,事事严整。""严严整整,民心佩服。"②

二　天京成了大军营

南京既成了太平天国的首都——天京,如何管理这个城市,如何对待居住在城中的数十万居民——其中有一部分昨天还属于敌对的营垒——成了摆在太平天国领导人面前的头等大事。他们采取了一系列激烈的,然而在短期内却很有效的措施——将全体南京居民强行纳入军事化或准军事化的管理体系。按照当时人的说法,就是"欲将阖城之人皆胁为贼兵"。③

首先是拆散家庭,严分男行女行。

分别男行女行,本是金田起义之初为安置合家举族投军者和加强部队战斗力所采取的临时性措施。在建都前所占大城市,如武昌,也曾在部分愿意"拜上"的本城居民中实行过。对于建都后是否在天京的全体居民中推行这种做法,也即是否将所有居民家庭都拆散并按男女重新编组,太平天国领导层内部曾有过不同意见。

据记载,金田起义的元老蒙得恩即建议:"当安民。毋用男行女行法,但抽丁为兵,先定江南,再图进取,如明初故事。"但他的这一主张却引来了东王杨秀清的震怒,斥责他"何以不能认实天父,欲妄改天父排定章程",并从此不得重用。④

3月23日,也即破城后的第四天,开始实行男女别营。年力精壮

---

① 《贼情汇纂》卷三,见丛刊《太平天国》(三),192页。
② 《李秀成亲书供词》,第六叶上。
③ 涤浮道人:《金陵杂记》,见丛刊《太平天国》(四),621页。
④ 张汝南:《金陵省难纪略》,见丛刊《太平天国》(四),719页。

的男子充作"牌面"，必须随时准备外出执行作战任务；60 岁以上 15 岁以下及有残疾者为"牌尾"，差使较轻，不出打仗，但"不各另处"。有技艺专长者则入专门的馆衙。后因巡查周才大的建议，在城内专设老民残废馆，每馆 25 人，自立馆长，"每日藉检拾字纸打扫街道为事"，也可逐日领取米谷；并又衍生出菜园豆腐馆、掩埋馆、水龙馆等等。① 妇女除部分善女红者入绣锦营外，亦被单独编为女军，并须经常承担各种劳务，如劈竹签、挑砖、负米等。据家住南京的孙亦恬回忆：3 月 23 日辰刻，全家所有老幼男女均被赶出家门，每人只准带家常被褥、粗布衣服，其细软、金银珠宝等件概不准取，所有书画立时毁坏。出门后，男女各分住处。孙亦恬本人被分派在前三军黄姓旅帅名下当了一名"圣兵"。他的两位叔祖被派作牌尾。女眷则被分至前六军女姊妹馆。他的眷属曾参与拆西华门城墙，将城砖运至制台衙门和黄泥冈的工作。②

其次是实行人无私财的圣库制度。

圣库制度亦形成于金田起义之初，且与严别男行女行相辅相成，对维系军心、保障供给起了极为重要的作用。这一制度在金田起义后逐步发展完善。建都天京后，由于在城市居民中拆散了家庭，相当彻底地实行了严别男行女行，从而保证了同样彻底地实现人无私财。圣库及其各种衍生机构也应运呈现出空前的繁盛。金银珠宝、参茸、钱钞、衣服等物，由圣库负责收藏。粮米的收纳支放，设有典入圣粮和典出圣粮。日用百货及副食供应，则设有典买办、典油盐、典茶心、典天茶、浆人衙、宰夫衙、药库等，将各类货物分别集中调拨使用，原有的各种私营店铺一律取缔。其中，典茶心"供茶食果品"；浆人衙"供酒浆作料及小菜"；宰夫衙是"杀猪养鸡鸭供给各王者，各军领肉亦于此"，③每逢礼拜之期，杀猪动以千计。私营手工业也被准军事性的诸匠营和百工衙所取代。"百工技艺，各有所归，各效其职役，凡军中所需，咄嗟立办"，"各储其材，各利其器，凡有所需，无不如意"。④

其三是强令蓄发变服、敬拜上帝。

---

① 涤浮道人：《金陵杂记》，见丛刊《太平天国》(四)，621—622 页。
② 《时闻丛录》，见《太平天国史料丛编简辑》(五)，75—88 页。
③ 张汝南：《金陵省难纪略》，见丛刊《太平天国》(四)，709 页。
④ 《贼情汇纂》，见丛刊《太平天国》(三)，117、139 页。

太平军入城后,即布散《旧遗诏圣书》《太平军目》《太平条规》《幼学诗》《十全大吉诗》《三字经》等,"令人诵读"。"又有词句赞美上帝为天圣父云云,约十余句,令人于早晚两饭时,无论男女孩童,均须诵念。违者即加鞭扑;有谓天父并无者,立将其人五马分尸。"①

诵经的程式大约是这样的:每日平明,各处公馆或击柝,或鸣锣,于是众人皆起身齐集,分站两旁。馆中负责的官员则居中朝外立,各人开始背诵经句。中间摆设 1 张桌子,上置 2 盏油灯、3 碗茶、3 碗饭,不用香烛。诵经完了,令各朝外跪。官员开始默诵其他经句。待其默诵结束,各人才能起来吃饭。对于所诵经句,要求必须记得烂熟。途中互相遭遇时,蓦提一句,必须随接下句。如接不出,就有可能作为奸细论处。城中男女,有不少因不能背诵经句而被鞭扑,甚至有因此而自尽者。②

这里所谓的经句,应是指《天条书》所载《七日礼拜诵赞皇上帝恩德》的十余句赞美诗,其词曰:

赞美上帝为天圣父,赞美耶稣为救世圣主,赞美圣神风为圣灵,赞美三位为合一真神。真道岂与世道相同,能救人灵享福无穷。智者踊跃接之为福,愚者省悟天堂路通。天父鸿恩广大无边,不惜太子遣降凡间。捐命代赎吾侪罪孽,人知悔改乩(魂)得升天。③

但在建都天京后,其词句又有所发展变化,并增添了对东西南北翼等五王的赞美:

赞美上帝为天圣父,是独一真神;赞美天兄为救世主,是舍命代人;赞美东王为圣神风,是赎病救人;赞美西王为雨师,是高天贵人;赞美南王为云师,是高天正人;赞美北王为雷师,是高天仁人;赞美翼王为电师,是高天义人。④

① 涤浮道人:《金陵杂记》,见丛刊《太平天国》(四),611—612 页。
② 涤浮道人:《金陵杂记》,并参见《时闻丛录》,见《太平天国史料丛编简辑》(五),77 页。
③ 《天条书》,见丛刊《太平天国》(一),77—78 页。
④ 《天条书》,见丛刊《太平天国》(一),83 页,注释 22。

为加强意识形态方面的专制统治,除继续实行捣毁一切庙宇邪神偶像的政策外,还下令焚除一切孔孟诸子百家等所谓"妖书邪说",并严禁买卖藏读。虽有开科取士之举,但试题必须以太平天国官方刊印的宣扬拜上帝教义的典籍为准。

除此而外,太平天国还极为严厉地禁止了吸食鸦片、黄烟和饮酒、嫖娼等种种恶习。度量衡方面,则有改制的"钦定天朝正尺",比当时常用之尺长 7 分。交易中使用钱文,也规定一律使用足钱,不准扣串,因为"天朝万事满足,不准丝毫欠缺"。① 顺便说一下,以 366 日为岁实,以 12 个节气为月首的纯阳历的《天历》,也正是在这一原则指导下予以制定的。这一完全置朔闰于不顾的新历法,同样挟新政权建立之威而强行推广到民间。②

这一切都是有条不紊地进行的,因而受到太平军内贫苦农民出身的老兄弟、老姊妹们的热烈赞扬。李秀成即回忆道:"东王佐政事,事事严整,立法安民。将南京城内男女分别男行女行,百工[归]亦是归行。愿随营者随营,不愿随营者各民家,出城门去者,准手力拿,不准担挑。妇女亦由。男与女不得谈及,子母不得并言。严严整整,民心佩服。"他还特别强调指出安民者令行禁止所带来的好处:"安民者,出一严令,凡安民家,安民之地,何官何兵,无令敢入民房者,斩不赦。左脚沓(踏)入民家门口,即斩左脚;右脚沓(踏)民家门口者,斩右脚。法律严,故癸丑年(1853 年)间,上下战功利,民心服。"③

然而这一切却不为城市居民,亦即所谓的新兄弟、新姊妹们所拥护。因为它使得具有多重社会经济职能的城市,蜕变为几乎只具单一军事职能的大兵营。城市的原有生活节奏遭到了彻底的破坏。一些污泥浊水固然被荡涤了,但城市的生机也被扼杀了。尤其是太平天国的宗教信仰,强迫本不信教的城市居民敬拜上帝,凡有告示,无论何事起首均大谈"天父大开天恩,命我天王为真命主,定鼎金陵"等等,最为时人所诟病。涤浮道人的《金陵杂记》即议论道:太平天国的教义"哄诱山

---

① 《贼情汇纂》卷十二,见丛刊《太平天国》(三),327 页。
② 参见本章第五节"永安建制"中有关《天历》的论述。
③ 《李秀成亲书供词》,第六叶上、下。

洞蛮野之徒则可,今至金陵,虽三岁孩童,亦知其诈。即在前被胁之人,明知其假,但不敢当面道破,缘贼匪残杀太重故也"。① 严刑峻法下的专制统治,是绝不允许批评意见存在的。曾有人针对太平天国的官制及各种馆衙之设作一对句曰:"天朝一统四十二里半;文武各官三百六十行。"此人被查出后,"以其语涉越侮也,斩于市,于是众莫敢言。"然而"腹诽"并不因此而被阻止。南京人孙亦恬曾问一熟悉的广西人:"尔从之久,曾见天父如何模样?"其人曰:"可见汝不真心,故不得见。"固问之,乃曰:"天父两目并瞽。"孙"愕然不解所谓",其人则曰:"天父若有眼,何不令此辈速灭也!"② 可见,即使"老兄弟"中也有不以为然者。

三　《百姓条例》的颁布与贡献政策的实施

太平天国在推行上述措施的过程中,逐步形成了自己的一套社会改革方案。约在1853年3—4月间,也即占领南京后不久,太平天国发布了体现其社会经济政策基本构想的《百姓条例》。③ 这一条例,可以说是《天朝田亩制度》的先声,在太平天国社会经济政策发展史上占有重要的地位。《条例》原文已佚。根据《金陵述略》的记载,其内容大约如下:

> 不要钱漕,但百姓之田,皆系天王之田,每年所得米粒,全行归于天王收去,每月大口给米一担,小口减半,以作养生之资。所有少妇闺女俱备天王选用。店铺买卖本利,皆系天王之本利,不许百姓使用,总归天王。如此魂得升天,不如此即是邪心,即为妖魔,不得升天,其罪极大……④

上述并非《条例》的原文,而是《金陵述略》的作者用敌视的语言所作的转述。从内中提及对农、商、妇女等不同对象分别采取相应措施的

---

① 涤浮道人:《金陵杂记》,见丛刊《太平天国》(四),612页。
② 《时闻丛录》,见《太平天国史料丛编简辑》(五),80—81页。
③ 据查有关记载,在述及该条例时分别作《内有传百姓条例》《内有待百姓一条例》《内有百姓条例》等等,并无一致的、正式的名称。本书为叙述的方便,统一作《百姓条例》,简称《条例》。
④ 金毓黻等:《太平天国史料》,481页,北京,中华书局,1959。着重号均为引者所加,下同。

情形来看,《条例》的原文当更为周详。但太平天国贯彻于这一文件的指导思想却还是一目了然的。

《难民陈述贼情》(《顺天府府丞张锡庚存呈难民所述贼情》之简称)和《金陵被难记》所记与上述大略相同,唯分配标准出入甚大。这两种书中作"每年大口给米一石,小口减半,以作养身(生)","年"与"月"虽系一字之差,却悬殊 12 倍。

张德坚主编的《贼情汇纂》,提及太平天国在设立乡官后曾出有告示。从所述内容看,亦很像《百姓条例》:

> ……逮虏劫既尽,设立乡官之后,则又出示曰:天下农民米谷,商贾资本,皆天父所有,全应解归圣库,大口岁给一石,小口五斗,以为口食而已。此示一出,被惑乡民方如梦觉,然此令已无人理,究不能行,遂下科派之令。①

显然,这也是对"告示"的敌视性的转述。对比前引《金陵述略》的叙述,首先,没有提及"不要钱漕"的政策规定;其次,"天王所有"变为"天父所有","全应归于天王收去"亦相应成了"全应解归圣库";第三,"养生之资"进一步蜕变为"口食",除"月给一担"和"岁给一石"的差异仍存在外,又把"小口减半"具体化为"小口五斗"。

这几种文本中所提及的不同粮食供应标准很值得辨析。

表面上看,"月给一担"和"岁给一石"只是量的差异。但这种量的差异,却可产生截然不同的影响:从食粮来说,"岁给一石"连最低限度的生活也不能维持,而"月给一担"似乎又过高了些。

张德坚在评述"岁给一石"的告示时说:"此令已无人理,究不能行。"这句话怎么理解? 罗尔纲曾把"无人理"解释为"没有人理会",并误认为张德坚所记内容与《金陵述略》所记完全一致。② 但有人早在1957年就已指出:"无人理"应理解为"违反人性"。③ 笔者赞成这种见

---

① 丛刊《太平天国》(三),275 页。
② 罗尔纲:《天朝田亩制度的实施问题》,见其《太平天国史事考》,200、199 页,北京,中华书局,1979。
③ 杜德凤等:《太平军在江西的土地政策》,载《科学与教学》1957 年第 2 期。

解。参见《贼情汇纂》中其他几处关于"无人理"的记载：

> 贼之枭张,则全恃行军有法;贼之灭亡,则在虐民无人理(《卷八·伪文告下》)
>
> 览其书,听其言,皆耶稣之禁令,观其行则残杀无人理……(《卷九·贼教》)。

由此可见,张德坚是说有关规定"违反人性",不可能得到执行;而不是说由于没有人理会,因而行不通。尽管如此,研究家们在论及《条例》的有关规定时,仍往往以"岁给一石"之说为是。如郦纯即认为"岁给一石"是太平天国的规定标准。《金陵述略》中"月"当为"年"之误。但他又说"大口岁给一石也显然不够食用"。[①]

这就使人们不得不思考这样一个问题:《百姓条例》规定的粮食分配标准,究竟是"月给一担"还是"岁给一石"?

如果是后者,为什么太平天国会在建都伊始就作出这种显然"无人理"的规定? 如果是前者,制定这种过高标准的目的又何在呢?

首先需要对述及《条例》的原始资料作详细考察。考现存记有《百姓条例》的著述共有如下三种:

(1) 咸丰三年五月二十三日(丁卯)上谕附《顺天府府丞张锡庚存呈难民所述贼情》(即在前所称《难民陈述贼情》);

(2) "上元锋镝余生"著《金陵述略》;

(3) 佚名《金陵被难记》。该文系由两篇记载撮合而成,前半部分相当于《难民陈述贼情》《金陵述略》的内容。[②]

这三种著述实际上出于同一来源,只是经过辗转传抄,而具有不同面貌。严格地说,它们只能称作同一著述的三种不同"版本"。该文原作者是谁?《难民陈述贼情》《金陵被难记》均未署名。《金陵述略》署

---

① 郦纯:《太平天国制度初探》(增订本),16—17 页,北京,中华书局,1963。

② 《顺天府府丞张锡庚存呈难民所述贼情》,转据《向荣奏稿》,见丛刊《太平天国》(七),150—152 页,并参见《清文宗实录》卷九十五,咸丰三年五月丁卯谕;"上元锋镝余生"著《金陵述略》,英国不列颠博物院藏,见金毓黻等编《太平天国史料》,477—482 页;《金陵被难记》,北京图书馆藏同治六年《蛮氛汇编》钞本,见丛刊《太平天国》(四),747—752 页。

295

"上元锋镝余生洒血泣志",显然也不是真名。但当时英人在上海所办周报 *North China Herald*(《北华捷报》)却提供了这方面的信息。该报 1853 年 8 月 13 日的一期译载了《金陵述略》,文前的"编者按"说:

本报最后一版刊载的这一文件(按:即《金陵述略》),曾于上周在北门张贴。尽管是匿名的,士人仍皆知是前松江知府洪玉珩(Hung Yuh-hing)所作。他在南京曾被叛军俘虏,但后来得以逃脱。文章的跋不知何人所写,相信是出自别人之手。

若不是得自传闻,很难解释这位府尊大人是如何去探知他所述事实的真相的——除非看守他的卫兵过于松懈自己的职守。——鉴于他处于被俘的境遇之下,我们认为他的陈述是大有问题的,可能不仅仅是为了做损害敌方事业的宣传,而更是为了博得皇上的青睐。

自本篇翻译以来,它业经删略并由该城慈善组织辅元堂(Poo-Yuen-tang)出资印成小册子,现已在居民中广为流传。①

"编者按"说明了这样两个问题:(1) 该文的原作者是前松江府知府洪玉珩;(2)《金陵述略》系直接从原文删略而成。

洪玉珩实有其人。据查,他是贵州大定府人,道光十三年进士,道光二十四年署松江知府。辅元堂则创立于道光二十三年。太平天国时期,"江宁苏常失守,难民来者日众,皆集捐留养"。② 据有关记载,太平军攻破南京时,身为候补道的洪玉珩正在城内。城破当日的清晨,有人还看到他和邹鸣鹤等人在筹防局中审问"拿获之匪",并以为他和邹一起死于乱军之中。③ 但他却隐藏了下来,并在向荣军队进据孝陵卫后伺机逃出。

三种"版本"对勘的结果,《金陵述略》确系更接近原始的记载,因其记叙较详,文笔亦较流畅,且注意前后呼应。而《难民陈述贼情》在词句上有所缩略。《金陵被难记》则出入较大,错、漏、改动之处颇多。应该

---

① *North China Herald*,No. 159,Aug. 13,1853.
②《松江府续志》,光绪十年刻本。
③《时闻丛录》,见《太平天国史料丛编简辑》(五),76、85 页。

说，《金陵述略》里保存的《条例》的原始信息更多一些。而恰恰正是《金陵述略》提及《条例》的规定是"月给一担"。

洪玉珩自称"锋镝余生"，当然不会去美化他的敌人，所述粮食分配标准自是可信。而且值得一提的是，现藏英国不列颠博物院的《金陵述略》一书，每一段都有另一位熟悉南京情形的读者所做的眉批。正如罗尔纲所指出的：

> 这一个读者不知道是什么人，他的态度还算严肃，遇到著者错误或诬蔑太平天国的地方，他都指出，或说无其事，或将其真实情况写出订正，但在上引这一段记事之后，却说："按此皆有之"，就是说明据他所见所闻这段记载是真确的。[①]

由此可见，有关"月给一担"的记叙确是可靠的。

为慎重起见，再考察一下《条例》颁布时南京的粮食供应情况。据谢介鹤《金陵癸甲纪事略》：

> 贼初入城，发粮无数，来取者即与之，既有名数可稽，始议每日发米数。男馆如泥水木匠一斤半，各伪衙一斤四两，各匠一斤，牌尾半斤。女馆湖南以前，每名一斤，湖北以前每名六两。[②]

据《贼情汇纂》载，天京城内"设立门牌，逐户编查"始于癸丑六月。[③] 可见，在《条例》颁布之时，还是"发粮无数，来取者即与之"，即"各取所需"的；即使在六月议定口粮之数后，男馆泥水、木匠的供应仍达到约每月近50斤的水平，而牌尾（老人、幼童）的供应也都大大超过"岁给一石"。

此时扬州所发口粮数还要略高些，据咸丰三年六月初高邮禀报：扬州城中"计每人每日均得口粮二斤"。[④]

---

① 罗尔纲：《太平天国史事考》，198页。
② 丛刊《太平天国》（四），656页。
③ 丛刊《太平天国》（三），237页。
④ 《时闻丛录》，见《太平天国史料丛编简辑》（五），151页。

《贼情汇纂》也说:"贼所入其道四五,迹其出,只口粮一事。此贼之所以不虞匮乏欤?伪官虽贵为王侯,并无常俸,惟食肉有制。伪天王日给肉十斤,以次递减,至总制半斤,以下无与焉。其伪朝内各官一切衣食,皆向各典官衙取给,军中亦然。虏劫充足,恣取浪掷,来源不继,亦甘淡泊。……惟礼拜钱及粮米油盐一律皆有定制:伪官每人每七日给钱百文,散卒半之;每二十五人每七日给米二百斤,油七斤,盐七斤而已。"①张德坚所叙粮米发放标准,已是据 1854 年的探报和采访所得。此时,太平天国对普通居民"大锅饭"的供给已近尾声。但即在此时,每人每日平均仍在一斤左右,远超出所谓的"岁给一石"。

《贼情汇纂》称:"贼中米谷皆以斤两计,故无斗斛。"《金陵癸甲新乐府》诗中亦有"稻堆不用升斗量"之讥。②《金陵述略》所述《条例》中所记作"担"(重量单位),而不记作"石"(多用做容量单位),上述《金陵癸甲纪事略》等,包括《贼情汇纂》所记发米数均为斤两,应即是此原因。考虑到当时天京等城居民的供应,除粮食外,衣着等日用开支都由政府包下来;而《条例》规定所发粮食是做"养生之资"(即"生活资料",包括"口食"和其他日用开支),因此,有关"月给一担"(引者按:重量单位)的记叙应是可信的。而"月"之改为"年",乃至"大口岁给一石,小口五斗(引者按:均为容量单位),以为口食而已"云云,当系别有用心的篡改和歪曲。

《条例》为什么规定"月给一担"?道理很简单,正如后来的《天朝田亩制度》所指出的,是"务使天下共享天父上主皇上帝大福,无处不均匀,无人不饱暖也"。革命性的变革是应该在分配问题上体现出来的。《条例》在生活资料的分配上明确规定只按年龄体现差别("小口减半"),对成人则不问性别,一视同仁("每月大口给米一担")。它的可贵之处,正是在于确立了分配上的"均匀"和"饱暖"的原则。洪玉珩急于攻击太平天国,却无意中替太平天国作了反宣传,这可能是他始料未及的。这也应是除《金陵述略》外,其他的相关记载都将"月给一担"篡改

---

① 《贼情汇纂》卷十,见丛刊《太平天国》(三),277—278 页。
② 《贼情汇纂》卷十二,见丛刊《太平天国》(三),327 页;《金陵癸甲新乐府》,见丛刊《太平天国》(四),730 页。

为"岁给一石",并攻击其为"无人理"的原因之所在。

《百姓条例》中一个十分重要的内容是"不要钱漕"。虽转述者仅用了四个字加以概括,但其中却蕴涵着赋税政策变革的极为丰富的内容。

"不要钱漕"的大前提是"百姓之田皆系天王之田"。罗尔纲根据太平天国的"教义"和《贼情汇纂》所记,将《条例》中的"天王"之处都径改为"天父"。[①] 其实这大可不必。太平天国的公有思想,带有"凡物皆天父所有"的强烈的宗教色彩。但当太平天国业已立国,洪秀全成为至高无上的君主——"天王"以后,这种"公有"思想就更多地和"国有"及"王有"的思想糅合起来,而形成"公有—国有—王有"三位一体的指导思想,即所谓"普天之下,莫非王土;率土之滨,莫非王臣",[②]因为"天王"就是"天父"所"特命"的在凡间的代表,而洪秀全早在1837年就宣布过:"天上至尊的老人,已令全世之人归向我了,世间万宝皆归我有的了。"[③]

在实践中,太平天国宣传"天王所有"与"天父所有"一样不乏其例,两者并行不悖。如南京人伍承组在1853年所作《山中草》诗中写道:"万物难私归上帝(贼谓凡人所有皆天父之所有,故必以进贡)。"[④]而安徽黟县人黄德华在同年秋所作《纪贼》诗的自注中却说:"贼谓之曰:天下之田皆天王之田,天下之货皆天王之货。"[⑤]因此,《条例》的具体规定中究竟是"天王"所有还是"天父"所有,对于太平天国本身来说,并无实质上的差异。

《百姓条例》否定了地主和小农土地所有制,否定了私营工商业。很显然,它勾勒了一幅将全部生产、生活资料归公,而由国家保证生活资料分配的新制度的蓝图。一方面,它提出了"每月大口给米一担,小口减半,以作养生之资"的过高分配标准,显示了"济众博施""救民于水火之中"的豪迈气概;另一方面,它又公然宣扬"百姓之田皆系天王之

① 罗尔纲:《太平天国史》第二册,777、925页。
② 《殿左一检点普天养等晓谕》,《太平天国续编》(三),7页。
③ 丛刊《太平天国》(六),842页。
④ 《太平天国史料丛编简辑》(六),419页。
⑤ 黄德华:《琐尾吟》,见南京大学太平天国研究室编《江浙豫皖太平天国史料选编》,314页,南京,江苏人民出版社,1983。

田""所有少妇闺女俱备天王选用"，表露出"普天之下，莫非王土；率土之滨，莫非王臣"的帝王思想。朴素的公有理想与极端的专制主义在《条例》中得到了统一。这没有什么可奇怪的，因为在太平天国人士的心目中，"公有—国有—王有"三位是一体的。

太平天国虽然在指导思想上视所占城邑土地、子女玉帛均归天王所有，但在实践中只能对所占城市——主要是天京的居民实行较为严格的管制。而对广大农村地区，则在相当长的时间里采取了以贡献取代赋税的做法。之所以如此，是因为太平天国根本不承认土地的私有。他们对建立在土地私有基础上的现有赋税制度也持彻底否定的态度，而"以下供上"的贡献制度显然较能体现"公有—国有—王有"三位一体的指导思想。①

1853年8月，太平军在西征安徽途中发布"晓谕"，号召广大农民"放胆宽心，以勤稼穑"，并正式宣布："普天之下，莫非王土；率土之滨，莫非王臣"，"我天朝断不害尔生灵，索尔租税，尔等亦不得再交妖官之粮米"。② 同年秋，安徽黟县人黄德华在《纪贼》诗中写道：

> 助彻取民制，贼乃不谓然。民货皆其货，民田皆其田。诛求猛如虎，蝗过无稍稍（贼谓之曰：天下之田皆天王之田，天下之货皆天王之货）。③

贡助彻相传为夏殷周三代的租赋制度。诗中特别言明太平天国否定"助彻取民制"，即是指太平天国以"贡献"代替征收钱漕的赋税制度。

值得注意的是，广大农民对太平天国的相关规定采取了热烈欢迎的态度。

张德坚记叙是年太平天国收受农村进贡的情形时说："贼知邪说已验（指太平天国有关"不要钱漕"的宣传已得农民拥护），肆毒愈深，遂创造贡单，阳为安抚之名，阴寓搜刮之意。……无目者见其牌票朱标印信

---

① 《书·禹贡》："任土作贡。"疏云："不言作赋而言作贡者，取下供上之意也。"又说："赋者，自上税下之名"，"贡者，从下献上之称"，可为太平天国以贡献取代赋税之举作注解。
② 《殿左一检点曾天养等晓谕》，《太平天国续编》（三），7页。
③ 《江浙豫皖太平天国史料选编》，314页。

累累,几欲倚为护身符矣。"①

南京郊区。太平天国对"乡中百姓有人进财者,登名注册,愚人毫无有犯"。② 汪士铎记陈墟桥蔡村的情形时说:"通村千余家……民皆不识字,而仇恨官长。问:'官吏贪乎? 枉法乎?'曰:'不知。'问:'何以恨之?'则以收钱粮故。问:'长毛(指太平军)不收钱粮乎?'曰:'吾交长毛钱粮不复交田主粮矣。'"③

江西地区。邹树荣《蔼青诗钞》记太平军围攻南昌时农民进贡情形:"贼围新城、澹台、章江三门,南、新二邑以豕鸡鹅鸭银米进贡者不知凡几,相见皆呼以兄弟,甚属亲热。即报以《太平诏书》《天条书》《幼学诗》《三字经》数卷,执帖一张,物重者或报以棉花油盐衣服等物,乡民皆快焉。"④

湖北地区。张德坚说:"蚩蚩之民,竟为贼卖,甚至贼至争迎之,官军至皆罢市。此等悖惑情形,比比皆然,而以湖北为尤甚。"⑤

安徽地区。李召棠记皖南贵池农村情形:"九月中旬……出见他村进贡皖省。……斯时也,伪示遍悬,小人得志,流言煽惑,一乡之人皆若狂。欲与之辩,口众我寡。愤闷之心,无从发泄。"⑥朱景昭记皖中庐州郊区情形时也说:"贼来尚远,余讽谕乡民以大义,且为陈事后之利害,无不目笑者。既而供献迎贼,所在如狂。……言之使人闷闷。"⑦两人都只用一个"狂"字,即道出了当时乡村农民的普遍心态。

四 《天朝田亩制度》的空想

在《百姓条例》提出的基础上,太平天国于 1853 年 12 月(癸好三年十一月)制定了更为系统、翔实的纲领性文件——《天朝田亩制度》。⑧全文虽仅 3000 字,内容却十分丰富,从田产均耕的土地制度、兵农合一

---

① 《贼情汇纂》,见丛刊《太平天国》(三),235—236 页。
② 佚名:《金陵述略》眉批,见《太平天国史料》,431 页。
③ 汪士铎:《乙丙日记》卷二,19 页上—19 页下。
④ 中国科学院历史研究所第三所近代史资料编写组编:《近代史资料增刊·太平天国资料》,72 页,北京,科学出版社,1959。
⑤ 《贼情汇纂》,见丛刊《太平天国》(三),272 页。
⑥ 李召棠:《乱后记所记》,载《近代史资料》总 34 号,180—181 页。
⑦ 朱景昭:《无梦轩遗书》卷九《劫余小记》。
⑧ 见丛刊《太平天国》(一),319—326 页。凡下引《天朝田亩制度》原文均据此,不再一一注明。

的基层社会组织,直到宗教与教育、司法、选举与黜陟等等,几乎囊括了社会生活的各个方面。但其核心为"田产均耕"的土地制度,全篇亦因此而得名。

《天朝田亩制度》开篇即宣布:"功勋等臣世食天禄,其后来归从者,每军每家设一人为伍卒,有警则首领统之为兵,杀敌捕贼;无事则首领督之为农,耕田奉上。"可见,该制度是为"后来归从者",亦即普通百姓(恰切地说是普通农民)所设计的一幅理想生活的蓝图。其根本指导思想是:"务使天下共享天父上主皇上帝大福,有田同耕,有饭同食,有衣同穿,有钱同使,无处不均匀,无人不饱暖也。""盖天下皆是天父上主皇上帝一大家,天下人人不受私,物物归上主,则主有所运用,天下大家处处平均,人人饱暖矣。此乃天父上主皇上帝特命太平真主救世旨意也。"

"田产均耕"规定的要点如下:

凡田分九等;

凡分田照人口,不论男妇,算其家口多寡,人多则分多,人寡则分寡,杂以九等;

凡天下田,天下人同耕。此处不足则迁彼处,彼处不足则迁此处。凡天下田丰荒相通,此处荒,则移彼丰处以赈此荒处;彼处荒,则移此丰处以赈彼处荒;

凡男妇每一人自十六岁以上,受田多逾十五岁以下一半;

凡天下树墙下以桑,凡妇蚕绩缝衣裳。凡天下每家五母鸡,二母彘,无失其时。凡当收成时,两司马督伍长,除足其二十五家每人所食可接新谷外,余则归国库。凡麦豆苎麻布帛鸡犬各物及银钱亦然;

凡二十五家中,设国库一⋯⋯两司马居之。

从以上所述内容不难看出,"田产均耕"的第一要义是土地所有权归公。该制度虽未明确宣布土地为国家所有,但从"凡天下田,天下人同耕。此处不足则迁彼处,彼处不足则迁此处"等规定来看,实际仍是否定了包括地主土地所有制在内的土地私有制,企图建立土地公有制。

这比起"普天之下，莫非王土""田皆天王之田"的提法，更能为广大群众所接受。

其次是按人口平分土地。《百姓条例》只强调了分配的均等，但分配是由生产决定的。粮从田出，没有土地，"居住有所，衣食有资"只能是一句空话。《天朝田亩制度》强调按人口平分土地，明确规定妇女可与男子一样受田，更是对古代仅男子可受田的均田制的重大突破。但16岁以上"受田多逾十五岁以下一半"云云，显系"多逾十五岁以下一倍"之误，也即实际受田应是15岁以下的两倍，因下文还有"十五岁以下减其半"之说。从《天朝田亩制度》的这一规定，可以看出它对《百姓条例》中有关"每月大口给米一担，小口减半"规定的承继关系。这种按人口平分的精神，正是和《条例》一脉相承的。不过平分的对象已由粮食进而变为土地。

其三是有关取民政策。与《百姓条例》相较，主要体现了由"全部征收、重新分配"到"剩余归公"的原则性变化。值得注意的是，《天朝田亩制度》以25家的"两"为基本单位，甚至所谓"国库"之设，也是以此25家为单位的，说明太平天国所试图建立的土地国有制是以农村公社经济为基础的。

《天朝田亩制度》对婚娶弥月喜事及其用度也有所规定："凡二十五家中所有婚娶弥月喜事俱用国库，但有限式，不得多用一钱。如一家有婚娶弥月事给钱一千，谷一百斤，通天下皆一式。""凡天下婚姻不论财。""凡两司马办其二十五家婚娶吉喜等事，总是祭告天父上主皇上帝，一切旧时歪例尽除。"

25家的"两"又有礼拜堂之设，兼有宗教与教育的功能："其二十五家中童子俱日至礼拜堂，两司马教读《旧遗诏圣书》《新遗诏圣书》及《真命诏旨书》焉。凡礼拜日，伍长各率男妇至礼拜堂，分别男行女行，讲听道理，颂赞祭奠天父上主皇上帝焉。"所谓《旧遗诏圣书》和《新遗诏圣书》现译为《旧约》和《新约》，是基督教的经典。《真命诏旨书》应是指《天命诏旨书》《天条书》《三字经》等太平天国官方所印颁的宣扬拜上帝教义的文献。

除此而外，《天朝田亩制度》对司法、选举和黜陟等也有若干具体的规定。

按人口平分土地是《天朝田亩制度》的菁华所在，并进而成为太平天国立国的一个重要原则。

1854 年 6 月，来访天京的英国人曾询问："我们是否共同占有我们的土地、房屋和其他财产，因而没有人可能有非分之占用？"东王杨秀清在答复时郑重声明："田产均耕一事是也。人人皆是上帝所生，人人皆当同享天福，故所谓天下一家也。"①

"田产均耕"是为保证"人人不受私，物物归上主"，"天下大家处处平均，人人饱暖"服务的。基于分配制度上的平均主义原则，《天朝田亩制度》一方面抓住土地所有权不放，不愿土地成为农民的私产，另一方面抓住对分配的控制权不放，只许农民过"通天下皆一式"的生活，而将剩余产品都收归国家。这样，它便从根本上与农民对土地的现实迫切要求脱节了。

农民渴望土地，但这必须是自己的土地。《天朝田亩制度》虽然提出"田产均耕"的方案，但土地所有权是属于国家的。农民要求减轻赋税负担，希望有定额的、稳定的赋税制度。但《天朝田亩制度》不仅未能做到这一点，反而作出了"剩余归公"的原则规定，即农民剩余劳动所生产的一切，都必须无偿交纳国家。这是比"量力捐输"更为彻底的贡献制度。农民既不能通过土地的占有和赋税制度的规定改善自己的经济地位，从而发展和扩大自己的财富，就必然淡薄对《天朝田亩制度》的感情。

因此，尽管"田产均耕"的宣传比起"田皆天王之田"的说法进了一步，但"剩余归公"实不及"不要钱漕"更得人心。就是说，是《百姓条例》而不是《天朝田亩制度》更具有对农民群众的号召力。

《天朝田亩制度》没有能够起到其应有的指导运动的作用。它属于恩格斯所批评的那种仅是从头脑中产生出来的解决社会弊端的空想方案，因而，"越是制定得详尽周密，就越是要陷入纯粹的幻想"。② 它终

① 《太平天国续编》(三)，20、29 页。
② 恩格斯：《社会主义从空想到科学的发展》，见《马克思恩格斯选集》第三卷，724 页，北京，人民出版社，1995。

于被束之高阁。《百姓条例》于颁行之初还曾轰动一时,而《天朝田亩制度》却连一点这方面的迹象也没有,以至清朝方面专门搜集太平天国情报的张德坚多方打探,仍对其一无所知,并怀疑其是否"梓行"了。①

五　过激措施走向反面

随着时间的推移,太平天国所实行的各项过激措施的消极方面愈益显露,迫使太平天国领导人在实践中不断加以修正。

文化政策中,太平天国于建都后即开始大规模地禁毁儒家经典及其他古籍。

早在 1837 年经历"异梦"时,洪秀全即已在幻觉中听闻"衣皂袍之老人斥责孔子,谓其于经书中不曾清楚发挥真理。孔子似自愧而自认其罪。"②到了 1848 年冬,他更与萧朝贵一起上演了一出"天兄下凡"的活剧,明确了将于"太平时"也即太平天国建国后要将儒家经典一概焚毁的决心。③

1853 年建都天京后,太平天国即行规定:除官方印行的《旧遗诏圣书》《新遗诏圣书》及《真命诏旨书》等三种"真道书"外,"凡一切孔孟诸子百家妖书邪说者尽行焚除,皆不准买卖藏读也,否则问罪也"。"凡一切妖书,如有敢念诵教习者,一概皆斩。"④

时人记叙天京搜禁"妖书"的情形时说:"尔本不读书,书于尔何辜。尔本不识孔与孟,孔孟于尔亦何病! 搜得藏书论担挑,行过厕溷随手抛。抛之不及以火烧,烧之不及以水浇。读者斩,收者斩,买者卖者一同斩。书苟满家法必犯,昔用撑肠今破胆。"⑤

对于禁毁儒家经典乃至一切古书的极端做法,东王杨秀清可能早

---

① 张德坚:"凡贼中伪书首一章必载诸书名目,末一条即系伪《天朝田亩制度》,应编入'贼粮门'内。惟各处俘获贼书皆成捆束,独无此书,即贼中逃出者亦未见过。其贼中尚未梓行耶?"《贼情汇纂》,见丛刊《太平天国》(三),260 页。

② 《太平天国起义记》,见丛刊《太平天国》(六),842 页。

③ 据《天兄圣旨》记载:1848 年冬,洪秀全主动问正在"下凡"的天兄:"天兄,孔丘在天如何?"天兄答曰:"尔升高天时,孔丘被天父发令捆绑鞭打,他还在天父面前,及朕面前跪得少么? 他从前下凡教导人之书,虽亦有合真道,但差错甚多。到太平时,一概要焚烧矣。孔丘亦是好人,今准他在天享福,永不准他下凡矣。"见《太平天国续编》(二),248 页。

④ 《诏书盖颁行论》,见丛刊《太平天国》(一),313 页;《贼情汇纂》,见丛刊《太平天国》(三),232 页。

⑤ 马寿龄:《金陵癸甲新乐府》,见丛刊《太平天国》(四),735 页。

就有着不同的见解。为笼络人心,1854 年 3 月 2 日,他终于假借"天父下凡",公开宣布了对四书十三经和历代史鉴的肯定评价:

(天王)前曾贬一切古书为妖书,但四书十三经,其中阐发天情性理者甚多,宣明齐家治国孝亲忠君之道亦复不少,故尔东王奏旨请留。其余他书,凡有合于正道忠孝者留之,近乎绮靡怪诞者去之。至若历代史鉴,褒善贬恶,发潜阐幽,启孝子忠臣之志,诛乱臣贼子之心。劝戒分明,大有关于人心世道。再者,自朕造成天地以后,所遣忠良俊杰,皆能顶起纲常,不纯是妖。所以名载简编,不与草木同腐,岂可将书毁弃,使之湮没不彰?今又差尔主天王下凡治世,大整纲常,正是英雄效命之秋。彼真忠顶天者,亦是欲图名垂万古,留为后人效法。尔众小当细详尔天父意也。①

南京居民对家庭和私有财产的破坏深感怨愤。但在分设女馆后,由于军令极严,无人敢入内侵扰。虽时常派有苛重的工作,安全和衣食还是有所保证的。然而夫妻不能完聚的状况,甚至老兄弟、老姊妹们也不能长期忍受。1854 年 3 月,东王杨秀清即因丞相陈宗扬夫妇触犯天条"私合"并想勾合其他姐妹之事,假借天父下凡,将其夫妇一同斩首示众,并将位居侯爵而私合的卢贤拔革职下狱治罪。此事在天京城内引起极大震动,以至 4 个月后不得不以东王名义发布对天京城厢内外所有兄弟姊妹的诰谕,内称:

城破之日,本军师号令森严,约束兵士,只准诛戮妖魔之官兵,不许妄杀良民一人。此时兵士谨遵天令,尔城厢内外兄弟姊妹保全性命者不下数十万……迨其后仰承天意,分为男行女行,以杜淫乱之渐,不过暂时分离,将来罪隶(即直隶——引者注)诛锄,仍然完聚。在尔民人,以为荡我家资,离我骨肉,财物为之一空,妻孥忽然尽散,嗟怨之声,至今未息。尔等不知往古来今更换朝代,凡属兴师问罪者,当城破之日,

---

① 《天父圣旨》,见《太平天国续编》(二),323—324 页。

无不斩杀殆尽，玉石俱焚，血流成渠，不留鸡犬。有似我天朝不妄杀一人，犹给与衣食，视同一体者乎？……自谕之后，尔等须要一心认识天父天兄生养之恩，才能保得性命。性命既在，享福自然有时也。①

天京居民的嗟怨之声并不因太平天国"给与衣食，视同一体"而稍减。他们的不满情绪被一些效忠清朝的敌对分子所煽动利用。其中最为突出、对太平天国领导人震动也最大的便是吴长松、张继庚等人于1854年3—4月间谋划打开神策门，接应江南大营的事件。连太平天国的官书也承认："似此祸起萧墙，变生肘腋，事机之难测，莫有过于此者。"②

但家庭和私有财产的恢复，直到圣库供给制难以为继之后才成为现实。

太平天国在向南京进军途中，就以收缴、纳贡等各种方式获得了大量银米财物。在占领南京等城以后，接管的公私财物及丰备、复成等仓储米谷更是不计其数。这是太平天国得以在天京推行圣库供给制的强大物质基础。然而数十万军民的浩繁开支不能不成为太平天国的沉重负担。

以粮食供应为例。太平军在初入南京城时，对城内所有新老兄弟姊妹的粮食发放根本无数，"来取者即与之"。到了六月"设立门牌，逐户编查"以后，"既有名数可稽，始议每日发米数"。到1854年初，也就是癸好三年年终盘存时，丰备仓、复成仓、贡院三处屯贮谷127万石、米75万石。但这些米谷仅足支放4个月的口粮。张德坚在《贼情汇纂》中记有上述数字。但他对这一数字开始是持怀疑态度的。后据句容探报，到1854年5月间，"贼粮仅存十余万石"。张德坚即按他在1854年得到的供应标准算了一笔账："江宁贼众与被虏之民，男妇不下数十万，即以五十万人为断，所发钱米如贼中定制，每二十五人每七日发米二百斤……以此核算，每月应发米十七万石有奇……益以伪官加倍之数，统

---

① 《太平天国文书汇编》，114—115页。
② 《天情道理书》，见《太平天国印书》，526页。

计所发米钱与难民所述之数实相去不远。"①天京的实际人口,很有可能超过 50 万之众。但即使按张德坚所说,维持对天京粮食的供应也是十分沉重的负担。到 1854 年 6 月间,太平天国当局不得不下食粥之令。而到 8—9 月间,竟出现断粮的紧急状态,城内大批男女不得不出城"割稻自食"。② 可见,天京一城的"大锅饭"就已使太平天国力不从心了。

一位对太平天国抱敌意的士人曾对此加以嘲讽:

妄称天父与天兄,拜上相交若有情。
穷困求粮需掳掠,豪华屠狗供粢盛。
岁时朝贡无些礼,朝暮饔飧有诵声。
济众博施良不易,百般勉强盗虚名。③

太平天国是否在"盗虚名",不同的人自然会有不同的看法。但"百般勉强"一语反映了太平天国确实在为自己的理想而竭尽各种努力。

天京的粮食供应历来靠上游地区。太平天国西征的首要目的即是采集粮食。④ 然而贡献政策却因没有法定的统一标准而给采、供双方都带来了不便。据《贼情汇纂》记载:

……乡民方幸领得贡单,高揭门首,可为护符。孰知不数日,二起三起收贡之贼又至……甚至一月之中,收贡之贼五六至。乡民疲于奔命,所贡之物亦渐次减略。如初贡也,富厚之家必千金数百金,谷米数百担,猪数口,鸡数十只,配以群物。以次递减,最后之贼至,即斗米只鸡亦可塞责。⑤

贡献政策的上述特点,还使得太平天国人员不去注意各地区的合理

① 丛刊《太平天国》(三),278—279 页。
② 谢介鹤:《金陵癸甲纪事略》,见丛刊《太平天国》(四),656—658 页。
③ 佚名:《金陵纪事》附诗,见《太平天国史科丛编简辑》(二),52 页。
④ 《贼情汇纂》卷十:"贼之他窜或有别意,于江广则专为虏粮。"见丛刊《太平天国》(三),275 页。
⑤ 丛刊《太平天国》(三),270 页。

负担问题。太平军基于船运的方便,收贡往往囿于近水地方,其他地区则很少或没有任何贡献负担,有些僻远山区竟成了所谓的"桃花源"。①

到了 1854 年,除新占地区外,老区的贡献实际已无法进行了。正如《贼情汇纂》所述:"今沿江数百里农民知贼之贡单无益,鲜有贡者……其初陷之处,贡单仍盛行焉。"②

人们不愿主动进贡了。天京粮食供应的紧张使得太平军的一些部队采取了强制征收的极端措施,并名其曰"打贡"。③ 安徽英山和湖北蕲水等县,都是太平天国业经设官安民之地,但在 1854 年春,竟都出现了强索钱米的"打贡"。这就激化了太平天国政权与当地人民的矛盾。如应山,太平军于 1854 年 4 月 11 日占县城,13 日失守,19 日又夺城,"分股掠乡,将弥一月"。初次入城,"索贡招降,不假掳掠,一似果有奇术者。及二次郡城贼来,所过……烧庙如故,而入城暴虐则较甚"。"又伪檄勒贡,分股掠乡,每日寅出申入,每出以烧立威,烟焰障天,毁巢无算。所至村庄……壮者被掳,老者被胁。勒贡不到,索银不与者杀之,又并其屋焚之。致使秧青麦黄,民不敢归家者一月,果有神奇作如是状乎?……民亦将起而为仇矣。……至二次身受贼害,渐识贼情,遂各乡有杀贼之举。……此以见贼不足畏,民能杀贼,贼亦畏民也。"④

甚至一些同情太平天国的人士也不赞成彻底否定征收钱漕的举动,如湖南安化的李汝昭说:

又看粤王声势,动辄掳掠为主,毫无王者之举动,全非霸者之经营……虽然,也是天厌本朝奸贪,助逆诛逆耳。⑤

六　照旧交粮纳税

国家应是一种表面上凌驾于社会之上的力量。任何政府只有把各

---

① 《乱后记所记》,载《近代史资料》,总 34 号,181 页。
② 丛刊《太平天国》(三),236 页。
③ 按:"打贡"之"打"并非攻打、进攻之意,而表示通过一定手段完成某项任务,在此处即是通过强制手段征收贡献之物。
④ 同治《应山县志》卷二十一《兵荒》。
⑤ 李汝昭:《镜山野史》,见丛刊《太平天国》(三),9—10 页。

种冲突保持在"秩序"的范围以内,才能维护自己的统治。在取民政策上,太平天国舍"照旧交粮纳税"一途,已别无选择。1854年,东王杨秀清等正式向洪秀全要求准予"照旧交粮纳税",其本章曰:

> 小弟杨秀清立在陛下暨小弟韦昌辉、石达开跪在陛下,奏为征办米粮,以裕国课事:缘蒙天父天兄大开天恩,差我主二兄建都天京,兵士日众,宜广积米粮,以充军储而裕国课。弟等细思,安徽、江西米粮广有,宜令镇守佐将在彼晓谕良民照旧交粮纳税。如蒙恩准,弟等即颁行咨谕,令该等遵办,解回天京圣仓堆积。

洪秀全立即批准了这一奏议:

> 御照:胞等所议是也,即遣佐将施行。①

《贼情汇纂》所载的"照旧交粮纳税"本章原文并没有标明发布时间。从其原文提及江西(1854年4月以九江为省会设省),没有提及湖北(武昌省城于同年6月再次克复),以及太平天国于1854年春在已占各县业已普遍设立监军的情形综合考察,可以推断这一本章大致应发布于1854年夏初。

目前所见到的最早关于"照旧"征税的记载,是1854年7—8月太平天国在安徽潜山县"征地丁银"。②

1856年,一位笔名为"T"的人在给《北华捷报》的通讯中写道:

> 至于有关太平军税收的陈述,两年前就已听说过了。根据现在的传言,自那时以来,他们已经在相当广大的地区征收了正规的赋税。③

也就是说,据他所知,太平天国从1854年开始征收正规的赋税。

---

① 张德坚:《贼情汇纂》,见丛刊《太平天国》(三),203—204页。
② 储枝芙:《皖樵纪实》,见《太平天国史料丛编简辑》(二),93页。
③ *North China Herald*, No. 316, Aug. 16, 1856.

征收正规的赋税,就是照旧交粮纳税。从夏初开始发布命令,到各地佐将"晓谕良民"遵照执行,需要一个时间过程。因此,过了两个月才出现"征地丁银"的记载,是毫不足怪的。"照旧",就得按旧章程分"上忙""下忙",实际上在1854年夏熟之前也不可能予以征收。①

1853年起,虽然太平军已占领很多地方,编立军旅,设造户册,给发门牌,但各有关县志和私人记载都没有提及太平天国在1854年夏季以前有征收赋税的举动。曹蓝田在《与邓太守书》中记述安徽铜陵情形时说:

> 敝邑地滨大江,贼于去秋(1853年秋)颁伪檄、索户册,良民皆知其不可,而奸民从中煽惑,愚民随声附和,遂成牢不可破之势。贼中数百人,旋于十二月既望蜂涌(拥)至东乡顺安镇,剽掠无余,阖邑近水之粮,掠取殆尽。
>
> 今春一、二奸民,迎伪官及贼党百余来踞县城,禁制繁多,诛求无已,民甚苦之。顷复限于八月初一日征收钱米……②

铜陵靠近安庆,且无清军盘踞。该县于1853年秋即已安民造册,并于1854年春设立监军,但直到农历的八月初一日方才开始"征收钱米"。这是说明太平天国的照旧交粮纳税政策始于1854年夏秋而不是始于1853年的很好佐证。

但此前,还在贡献政策的执行过程中,为征收钱粮的方便,已经有了定额捐输的现象出现。

如《贼情汇纂》中记有按亩均摊钱粮的情况,张德坚认为这是"科

---

① 清政府于雍正十三年(1735年)规定,地丁钱粮上期在农历二月开始,五月截止,名"上忙",下期八月接征,十一月截止,名"下忙"。太平天国由于"照旧"征税的命令下达较迟,上忙期间开征已不可能。这从安徽桐城粮户朱浣增于甲寅四年下忙既纳米又纳银(《朱浣增下忙执照》,见《太平天国资料》,5页)和太平军在铜陵"限于八月初一日(1854年9月22日)征收钱米"[《太平天国史料丛编简辑》(六),53页]两例中可以得到反映。但桐城、铜陵都是1853年就为太平军所控制的地区。安徽地区的上、下忙钱粮执照自1855年起改称春、秋纳执照(见《太平天国文物图释》及《太平天国资料》),但有关准备工作似在1854年11月就已进行了。参见1854年11月13日秦日纲复杨秀清的禀奏:"兹蒙我东王金谕,所有船户门牌并春秋完纳银米执照,现下翼王恭承天命,出师安省,卑爵即禀报翼王,听候裁酌。"(《太平天国文书汇编》,224页)

② 《太平天国史料丛编简辑》(六),53页。

派"之始：

> 嗣贼蹂躏沿江，往来络绎，习见不怪，故于每村镇各举数耆老设一公所，贼至作黍，使耆老周旋其间，哀告贫苦，输纳钱数百千，粮数百石，求免穷搜，贼去则按亩而摊之，此科派之始也。①

这种贡纳一定数量的粮款，然后按亩均摊的做法，属于地方"耆老"的应付之举。在太平天国方面，也有人早在西征之初就有了按亩定量交纳的打算。

1853 年 8 月 26 日，太平军高级将领十七指挥在安徽太平"近城各乡邀乡老数人，口称现在田稻将割，每亩交纳粮稻卅斤"。可是由于乡老们推托"要向田主去说"，该部太平军又随即"开船而去"，看来是议而未行。②

《贼情汇纂》还记有太平军在湖北下"科派之令"的情况：

> 稽查所设乡官，一军之地共有田亩若干，以种一石终岁责交钱一千文，米三石六斗核算，注于册籍，存伪州县监军处备查，无上下忙卯限诸章程。催粮之贼不绝于道，赖数乡官支吾而供给之。③

这种科派看来仍应属于贡献政策执行时期。这可能是湖北的某些地方在 1854 年春设立州县监军后，太平天国地方当局和当地人士（乡官）共同拟定的对贡献钱粮的变通做法。但这和太平天国最高当局后来决定的在安徽、江西"照旧交粮纳税"已无本质区别。④

太平天国为什么要照旧交粮纳税？这是因为太平天国自己已提不出新的赋税制度以适应变化了的形势，而贡献政策的执行又陷入了危机。

进入 1854 年后，太平天国日益面临着两个迫切需要解决的问题：

① 丛刊《太平天国》（三），274—275 页。
②《太平天国史料丛编简辑》（五），382 页。
③ 丛刊《太平天国》（三），275 页。
④ 湖北已发现有 1855 年（乙荣五年）的钱粮执照，据此，湖北至迟 1855 年已开始"照旧交粮纳税"。

一是粮食供应,一是安定社会秩序。太平天国选择了照旧交粮纳税的出路,这也是在当时的条件下所能选择的最好出路。

保证天京和广大太平军的粮食供应,这是改行照旧交粮纳税政策的根本目的之所在。很多著述指出:1854年上半年,天京的粮食供应曾十分紧张,上述那份关于照旧交粮纳税的文件本身就提到"宜广积米粮,以充军储而裕国课"。

曹蓝田在《与邓太守书》中也说:

> 夫贼之绌于力者,以粮储匮缺,逃亡复众故耳。一旦就沿江郡县勒征钱米,啸聚失业流民,则其势可以复振……①

利用现成的征收钱漕的制度,可以方便地、有保证地得到大量的钱粮收入,这是没有疑问的。

但天京和太平军粮食供应的匮乏并不直接导致改行照旧交粮纳税的政策。前已指出:天京粮食供应的紧张,促使征粮部队在湖北一带加紧"打贡",强行向农民征收余粮或部分必需的口粮,使得当地人民一听到"张瞎子"(张子朋)、"罗矮子"(罗琼树)等主管人员的名字就"为之股栗"。这虽然是一种为渊驱鱼、自毁长城的做法,但仍可迅速获取补给。相比之下,"照旧"政策却不能立竿见影地提供大批粮食。

最早关于照旧征税的记载是潜山县于1854年7—8月间(咸丰四年秋七月)"征地丁银"。这比正常的下忙开征期提早了一些,但首先征收的是银钱而不是粮食。紧靠江边、离南京较近的铜陵县则按期一直拖到9月22日(八月初一日)才起征(中间隔了一个闰七月),但南京城内早在一个月前就已断粮,城内大批男女已不得不出城"割稻自食"了。照旧征税不解燃眉之急。

显然,东、北、翼三王之所以会衔提出在安徽、江西照旧交粮纳税有其更为深刻的动机,这就是"安民",稳定统治区的社会秩序。

据《金陵癸甲纪事略》记载:1853年秋,翼王石达开到安徽后,"稍

---

① 《太平天国史料丛编简辑》(六),53页。

易东贼苛制，皖民少受害"，"得皖人心"。① 那还是贡献政策盛行时期，为了安民，他已注意到放宽政策了。

1854年，石达开所部太平军在安徽境内"督修河堤，以卫民田，故民不乏食"。② 人民手中有粮，这是社会秩序安定的基础，但还需要有相应的稳妥的取民政策作保证。太平天国在自身的赋税政策的发展陷入困境的同时，也面临着失去群众的危险。太平天国曾给广大贫苦农民以希望，但它却不能及时满足贫苦农民对土地的要求。贡献政策也只适应于一时，不能长期推行。据汪士铎估计，当时坚决拥护太平天国的所谓"奸民"约占总人口的十之三四。③ 没有一个适宜的政策，不仅占人口十之六七的其他人民中的大多数不能归顺，连稳定自己的基本队伍也成了问题。并且，更为严重的是，这还给敌对势力组织力量反扑提供了可乘之机。

安徽是太平天国占领较早、统治较为巩固的地区，但1854年已"安民"之地却纷纷出现当地乡绅组织团练反抗的情况。六安州城的被攻陷，就完全是地方团练所为。④ 这不能不给太平天国领导人以很大震动。

照旧交粮纳税的重要性在于它从承认既有的赋税制度出发，实际上也就承认了包括地主在内私人占有土地等生产资料的合法性。因而，随着田赋征收走上轨道，关税、营业税等税收也相继得到了恢复。当然，照旧交粮纳税并不是要恢复横征暴敛的陋习。主持西征全局的石达开十分注意轻徭薄赋，因而逐步取得了江西、安徽等省人民的信任和拥护。

清朝方面在评论这一政策的主持者石达开时说：

观其所为，颇以结人心、求人才为急，不甚附会邪教俚说。⑤

关于太平天国前期照旧交粮纳税的具体情况，由于史料不足，还不

① 丛刊《太平天国》（四），670页。
② 周振钧：《分事杂录》，见《太平天国史料丛编简辑》（二），20页。
③ 汪士铎云："贼踞一城，而城外之人即不归附。贼踞一壁，而城内之民即不迎降。其思贼之来为贼所用此等奸民十居三四，则皆国法太宽以酿之也。"见其《乙丙日记》卷三，5页下。
④ 同治《六安州志》："六安官绅急公举义，不费公家一兵一卒，力克坚城……"
⑤ 左宗棠：《与王璞山》，见《左宗棠全集·书牍》卷四，17页。

能描绘出一幅完整的画面。但据现有史料,其大体脉络如下:

江西、安徽两省从 1854 年起开始照旧交粮纳税。湖北省也发现有 1855 年(乙荣五年)的钱粮执照。据此,照旧交粮纳税的做法迟至 1855 年已在太平天国统治区全面推开。但这种"照旧"的做法,一开始仅仅是在赋税征收方面简单地借用了旧有的形式,还谈不上有什么改革、变动。据《金陵杂记》说:

> 皖、楚、江右沿江内外逆匪所陷各省府县亦照旧设立伪郡县……其县伪监军西搜查从前征册,索收钱漕渔芦牙税。……仅剩民间田房交易,尚不知令其投税。①

这里的所谓"不知令其投税",实际上反映了太平天国当局尚不承认田产的私有和买卖。

太平天国自己也把依清制"照旧交粮纳税"视为权宜之计。1855 年,太平天国仍未制订出自己的赋税制度。这一年 4 月,"前玖圣粮刘"在江西都昌发布的"晓谕"中说:

> 本大臣恭奉王命,莅临斯土,催办钱漕,兼收贡税。田赋虽未奉其定制,尔粮户等,亦宜谨遵天命,暂依旧例章程,扫数如期完纳。②

在 1854—1855 年,也未发现有太平天国减轻赋税额的明确记载。

显著的变化发生于 1856 年。是年 8 月 4 日,一位署名"T"的人在给《北华捷报》的通讯中写道:

> 一位书商前几天告诉我,据一些士兵回来说,太平天国在安徽的田赋和关税率都比清政府通行的为低。

> 杭州的一位学者告诉我,有一位行商曾见过叛军领袖的布告规定

---

① 丛刊《太平天国》(四),642 页。
② 《太平天国文书汇编》,118 页。

了征税率。①

同年 10 月 4 日，《北华捷报》刊登的另一篇报道说：

太平军（在江西）减税至半额，禁止部下屠杀耕牛。凡有暴行祸民者皆严刑惩罚，以故深得民心。②

1856 年，太平天国控制区已大为增加。"T"在通讯中写道：

在现时他们征收赋税的地区有：湖北的一部，安徽的大部，江西的全部——南昌府除外。

叛党领袖们已成了这富饶和人口众多的地区的无可争辩的主人。

他们可以被认为，完全有权被认为，是一个事实上的政府。③

太平天国在这一广大地区实行轻税薄赋政策，其影响是极其巨大的。

邹树荣在 1856 年所写的《纪平江勇事》诗中虽还称太平军为"贼"，却充满了赞叹的口气：

传闻贼首称翼王（名石达开，号翼王），
仁慈义勇头发长，所到之处迎壶浆，
耕市不惊民如常，贼至犹可兵则殃。
……④

甚至对太平天国抱敌视态度的雷寿南也不得不说：1856 年，太平军在江西"假仁义使地方相安……赋又善取之，轻取之，民遂渐有乐于

---

① *North China Herald*, No. 316, Aug. 16, 1856.
② *North China Herald*, No. 323, Oct. 4, 1856. 译文据简又文《太平天国史》（下），1329 页。
③ *North China Herald*, No. 316. Aug. 16, 1856.
④ 《太平天国资料》，78 页。

相向之意"。① 他强调指出了太平天国在 1856 年征收赋税的两个特点，一是"善"，一是"轻"。而他所说的"渐有乐于相向之意"的"民"，已不是汪士铎所说的仅占人口十之三四的"奸民"，而是指相对于"官"的人民大众。这说明太平天国此时的赋税政策渐趋成熟，已能为绝大多数民众所接受和拥护了。

七 恢复正常家庭生活

1854 年 9 月 29 日，亦即江西、安徽等省开始实施照旧交粮纳税之时，由于太平天国"扫北"的军事行动失败已成定局，"罪隶"（直隶）的收复遥遥无期，东王杨秀清终以天父下凡的形式，允许"一班小弟小妹团聚成家"。② 太平天国为此设立了婚娶官。原有家室者得以团圆，未经婚配的男女也得以建立家庭。但"男女配合须由本队主禀明婚娶官，给龙凤合挥方准"。③ 所谓"龙凤合挥"，就是男女结婚证书。没有领取结婚证书的私合，仍被视为触犯天条的行为。城市的正常生活至此得到了相当程度的恢复。甚至一些外逃的南京居民也陆续返回城中与家人团聚。④

还是那个李汝昭，也终于改用赞赏的语气评论太平天国了：

是时武昌、南京属管之地，粤人出示安民，开科取士，禁头变服，按例征粮，农工商贾，各安其业，俨然有王者风。⑤

---

①《禀骆中丞》，见《雷竹安先生文集》，转引自王天奖《关于太平天国的土地制度》，载《史学月刊》1958 年第 11 期。
②《天父圣旨》甲寅四年八月二十四日，见《太平天国续编》（二），330—331 页。
③ 陈庆甲：《金陵纪事诗》，见《太平天国史料丛编简辑》（六），403 页。
④ 参见王永年《紫萍馆诗抄》，见《太平天国史料丛编简辑》（六），391—399 页。
⑤ 李汝昭：《镜山野史》，见丛刊《太平天国》（三），11 页。

第七节　列强与太平天国的对外交往

早在太平天国金田起义之前,英国驻广州领事馆的官员们就已开始关注发生在广西的动乱,并认为这些动乱对公众安宁所构成的威胁要远比官方报道的严重得多。太平天国兴起后,身在广州和香港的西方人投入了更多的关注。随着战事逐渐向北方的长江流域推进和太平军向长江下游的进军,上海成了西方列强更好的观察前沿。天主教和基督教新教的教士们在得知太平天国运动带有奇特的宗教性质后,很自然地开始搜集情报,推测其宗教的源头。太平天国占领南京并将其定为自己的首都之后,英、法、美三国的驻华使节相继访问天京,与太平天国领导人进行了短暂而审慎的接触。他们对太平天国运动的长远前景把握不定,但对其显而易见的执着、力量和成就却有着深刻的印象。另一方面,太平天国领导人虽然对同拜上帝的"洋兄弟"们给予了应有的欢迎,但对他们的非分之求却保持着高度的警惕。太平天国的一系列做法使得在华的西方人开始倾向于对其持否定的态度。

一　西人传闻中的太平天国

1849 年 4 月,英国驻广州领事约翰·包令向他的上司提交了两广总督关于辖区内骚乱情形奏折的译件。他在附函中评述道:"根据我们所掌握的有关事态的不完全的消息,我倾向于相信,叛军对公众安宁所构成的威胁要远比这些官方报道严重得多。"①约翰·包令消息的来源是领事馆的年轻翻译密迪乐,这是一位热衷于研究中国的情报官员,后来更直接和太平天国打过交道。在香港的英国官员也有过一些简要的报告。所以,早在这场席卷全国的大革命还在孕育之时,在华南的英国官员们就已在关注着事态的发展了。

但直到1851年春夏之间,太平天国已正式揭櫫大半年后,传来的消息依然是混乱的。西方观察者们宁愿相信造反者们与朱明王朝有着千丝万缕的联系,而不愿接受他们是敬拜上帝者的事实。5月23日的《中国陆上之友》报道说:

人们辗转流传说,新皇帝是明朝后裔,是一位罗马天主教徒,正用一个狂热者的一切猛烈手段来摧毁偶像和寺庙。也有人说他是信"上帝"者(新教传教士之信徒的统称),但此说比起前一种说法更不可能是事实。联系过去的事件看,前一种说法倒可能有几分真实性。在密切注意事态发展的人们看来,新皇帝(我们不应称他为僭主,因为一旦他获胜,只不过是恢复其皇位)信奉基督教的传闻,不过是大清的拥护者故意捏造出来的,其目的是引起人们对他的不满——他采用全非基督教性质的"天德"称号,也证明这种传闻不大可能是事实。②

一个月后的6月21日,尽管不能得到更多的情报,密迪乐还是依据自己敏锐的嗅觉对太平天国的性质作出了判断:

我认为,不可以把一支不少于2万人,在整整一年内大体上始终恪守这些目标和条令的队伍称为"盗匪"……我觉得指出这一点十分必要,因为广州和香港的期刊全都将眼下的动乱说成是类似于苏格兰高地数股盗贼和匪徒的行为,仅有香港的一家期刊例外,它很早就持与之截然相反的观点。清政府认为这一事件不仅是我们所说的叛乱,而且是一

---

① 英国外交部档案(FO)228/100,第88号,1849年4月20日约翰·包令致文翰函,转据《太平天国续编》(九),20页。

② 《太平天国续编》(九),24—25页。

场极为严重的叛乱,这可以从它所采取的对策得到明显的验证……①

在此后的一年里,"上帝会""太平王""总统领杨秀清""副元帅萧朝贵"等等夹杂着错误信息的有关太平天国的情报开始越来越多地出现在外文期刊和报告中。

1852年,洪秀全的族弟洪仁玕为逃避广东地方当局的搜捕,辗转来到香港。他向巴色会的瑞典牧师韩山文讲述了洪秀全和太平天国的事迹。美国浸礼会牧师罗孝全由此突然发现:被人认为是德国传教士郭士立信徒的那位太平天国领袖原来是跟自己学的基督教教义,而与韩山文讲述其事迹的应该就是和洪秀全一同到广州但很快就回家的那位先生。罗孝全在1852年10月6日写于广州的一封信中兴奋地说:

据说,叛军的部分成员是由一个自称为"上帝会"(the Seongti society)的社团组成。有些人说郭士立先生的一个信徒参加了叛军,但我没有想到就是这个人,更没有想到他已成为叛军领袖! 此前我对这场斗争的性质并没有足够的认识。……我现在开始同情他们的斗争,并期待着重要的结果。天意十分奇妙,对外战争却出人意料地带来了中国的开放。如果目前的叛乱能废除中国人的偶像崇拜,为福音在他们中间的广泛传播开辟道路,那么,这一结果将是同样的奇妙!②

罗孝全的信刊登于1853年2月出版的《中国传教志》第2卷第9期。此时太平军已占领了地处长江中游的湖北省会武昌,并开始向长江下游进军。位于长江口的开放口岸上海成了比广州、香港更好的观察前沿。英美驻华公使相继离开香港、澳门,而于3月下旬到达上海。在上海出版的英文周报《北华捷报》也开始关注太平天国,并逐渐成为刊载西方报道和评论这场运动的主要媒体。

1853年3、4月间,也就是太平军占领南京前后,《北华捷报》曾先后四期译载了"叛军文告",分量之重,前所未有。它们分别是:"后明太

① 《太平天国续编》(九),25—26页。
② 《太平天国续编》(九),32—33页。

平王元年三月六日"(该报注:1852年4月23日)"五路兵马纪功得胜二次先锋臣曾三秀恭抄示"的《奉天承运皇帝诏》;"总理军机镇守湖北等处地方大司寇郭"的晓谕;杨秀清、萧朝贵会衔的《救世安民谕》;[①]"奉天承运太平国统理军机都督大元帅洪"的晓谕;"特授开国军师平满统兵大元帅杨秀清"的晓谕;[②]"贴南京城外"的《六言告示》;以"天德"名义发布的一些布告的部分内容节录;[③]"特授江南路宣抚使开国定远侯刘"的晓谕;以及"叛军首领罗、黄"的晓谕;[④]等等。

与这些文告同时刊登的还有一些清方的"探报",署明是从苏州"藩署"方面得来的。

上述充斥于报章中的所谓叛军文告,实际上只有一篇真正是属于太平天国的,这就是杨秀清、萧朝贵会衔的《救世安民谕》。可是具有讽刺意味的是,报纸的编者们偏偏对此唯一真品的印象欠佳。该报3月12日的一则编者按语说:这三篇文告(指该报当天译载的《奉天承运皇帝诏》、"总理军机镇守湖北等处地方大司寇郭"的晓谕和杨、萧会衔的《救世安民谕》)"阐发了叛军反对鞑靼统治的行动的准则。前两篇似乎相当有道理,后一篇则大量充斥了盲信的狂热。假如造反真是对现王朝民族仇恨的结果,它的扩展将是无可怀疑的……但从造反的主要领导人物,即所谓'太平王'的团体的实质来看,很像是一派没有得到公众感情上认可的阴谋集团"。文告的译者麦都思在其译后记中也说:"这些布告中的最后一篇,就其风格而言,远逊于前两篇。"[⑤]

二 列强与太平天国的交往

由于太平天国业已占领南京,来自实地的观察要比分析混杂的传闻更利于作出明确的判断。在1853—1854年间,英、法、美三国的外交官和西方传教士们陆续访问了太平天国,形成了一个访问的热潮。[⑥]

---

① *North China Herald*, No. 137, Mar. 12, 1853.
② *North China Herald*, No. 138, Mar. 19, 1853.
③ *North China Herald*, No. 140, Apr. 2, 1853.
④ *North China Herald*, No. 141, Apr. 9, 1853.
⑤ *North China Herald*, No. 137, p. 126, Mar. 12, 1853.
⑥ 本小节以下内容主要据茅家琦《太平天国与列强》第4章,南宁,广西人民出版社,1992;并参考了《太平天国续编》(九)中所译《西方关于太平天国的报道》,不再一一注明。

1853 年 4 月，英国公使文翰首先访问天京。为他打前站探路的是此时已担任英国驻上海领事馆翻译官的密迪乐。密迪乐打探到的信息主要有两点：一是太平军"老长毛"的人数有 3 万—4 万，连同新参加者，总数在 8 万—10 万人之间。防守南京的，除新参加者外，约有"长发"主力军 3 万人。防守镇江者共 3 000 人，其中 1 000 人为"长发"者。二是太平军的"特异"之处是其狂热的清教徒性质。"全军在饭前必事祈祷，奸淫与吸食者处以死刑，吸烟草者则笞之。在战地俘得之妇孺，使其分驻别馆，均给予衣食及教育。"

4 月 22 日，文翰乘"神使"号兵舰沿长江上溯，27 日驶抵南京。由
于事先没有打招呼，"神使"号在经过镇江和到达南京时，都遭到了太平军的炮击。密迪乐等人奉命登岸请求会见。太平天国北王韦昌辉和翼王石达开接见了他们。密迪乐向北王解释了文翰此行的目的是"表达英国政府在他们与满洲人的争斗中严守中立的愿望，了解他们对我们的感情，以及他们的军队一旦进军上海时的打算"。但北王更感兴趣的是宗教信仰问题。他说：作为同一上帝的子女和敬拜者，大家都是兄弟。在他听取了密迪乐对十款天条也即十戒的回答后，便十分友好地将手搭在后者的肩上，大声说："和我们的一样！和我们的一样！"

在安排文翰与洪秀全的会见时，由于太平天国方面声称天王为"天下万国之真主"，遭到了文翰的拒绝。但在太平天国方面表示了歉意之后，文翰却顾虑在礼仪上如遇有困难，可能对双方已获得的好感产生影响，最终还是取消了对天王和东王的拜访。英国公使向太平天国领导人转交了与清王朝所订立条约的中译本，在信中要求太平天国承认英国根据不平等条约在中国取得的特权，重申其"中立"的立场，并再次打探太平天国今后的军事行动计划和对外政策。太平天国以东王杨秀清和西王萧朝贵名义会衔复信，对太平军是否准备进攻上海以及是否承认不平等条约问题，都没有明确地答复。信中虽不再提洪秀全乃"天下万国之真主"，但仍有"归顺我朝"一类的话语，说明他们还不了解近代民族国家相互间应有的外交礼节。他们也不了解外国兵舰在中国内河航行必须得到中国政府的同意，实际上向外国侵略者出让了"内河航行权"。

5月5日，文翰一行回到上海。5月7日的《北华捷报》即根据他们的观感得出这样的印象：

在运动的领袖和创始者中间，明显存在着一种良好影响力的迹象。我们相信并且衷心希望，这种影响力最终会传播到民众中去。……令人欣慰的是……共同的宗教信仰使他们用一种坦诚的友善态度来看待"外国兄弟"。而根据过去的经验，很难想象中国人会持这种态度；但我们真诚地相信，他们会尽一切努力在他们的思想中培养和树立这种态度。倘若叛军获胜，别的不说，单是对我们商业利益的好处，就会胜过数百艘战舰和庞大的军队所能带来的好处。

美国公使马沙利也急于了解太平天国的情况。他于3月27日到达上海后，4月2日即乘坐"色士奎哈那"号兵舰起程去南京，比英国公使还早了20天。可惜的是，兵舰刚由吴淞口进入长江就遇礁搁浅，被迫返回上海。与他同行的美国监理会传教士戴作士后来改乘中国帆船到太平天国统治区访问。6月4日起，他在镇江小住了3天，受到驻军首领罗大纲的礼貌接待。他对太平军严明的纪律和高昂的斗志乃至高超的军事技术都留下了深刻的印象，但也认为太平天国领导人对外国缺乏了解。马沙利将戴作士的活动报告了美国国务卿。

法国公使布尔布隆也很想了解太平天国的情况，尤其是太平天国统治区天主教徒的情况。1853年7月，在他正式访问之前，法国驻上海领事曾同意两位传教士访问太平军控制下的南京。这两位传教士身着中国服装，头盘中国式发辫，沿途不断受到清军的盘查，不到一个月就被清军"护送"回上海。于是布尔布隆亲自乘"加西尼"号兵舰离沪，于当年12月6日到达南京，并于10日会晤了太平天国的负责官员。

布尔布隆本想直接拜会太平王本人，但只见到了天官正丞相秦日纲，甚至还为座椅的摆设发生了争执。结果大家来到了接见大厅隔壁的房间，在那里进行了"不拘礼节"的会谈。布尔布隆介绍了法、英、美三国国旗的式样，希望太平天国领袖们多了解与清政府订立条约的国家的情况，他还解释了各国对于中国内战的积极的中立态度，并表达了各国对于天王洪秀全和他的追随者信奉基督教的兴趣和同情。布尔布隆最后说:太平天国地区内有不少天主教徒,法国政府对他们的处境特别关心。秦日纲告诉他:天主教徒从未受到压迫,也丝毫没有受到骚扰,他们一直能够自由地信守教规。

熟悉华语的葛必达神父继续与太平天国方面举行了宗教会谈。但这位神父没有谈宗教,而是和主人辩论了政治和外交事务。太平天国夏官正丞相黄玉崑等人谴责了布尔布隆给天王的信件,因为信中对法国是否承认太平天国为合法政权故意含糊其辞,信件也没有签名和盖章,甚至还称咸丰为皇帝。黄玉崑问葛必达:究竟是赞成太平军,还是赞成咸丰? 葛必达回答说:既不赞成这个,也不赞成那个。黄玉崑气愤地指出:"小妖头(指咸丰皇帝)是如此可爱……因而,你们是他的朋友。……我们是叛乱分子……你们是我们的敌人。为了帮助你们的朋友,你到我们这里来侦察我们的情况,弄清我们力量的弱点!"处境尴尬的法国神父只得强调法国人不是作为敌人,而是作为朋友来到这里,他们与太平天国同拜上帝,不仅是朋友,而且是兄弟。

布尔布隆一行在天京了解到许多情况。他们在一份报告中说:

南京的局面是最可惊异的。与其说它是一个城市,不如说它是一座大兵营。人数众多而秩序和纪律良好。这显示了统治者的巨大权力和富有效率的工作。城内的房舍并没有被烧毁,但仍留有显示曾被暴力撬开的痕迹,现在则有居民住到那里去了。粮食和衣服似乎实行共产制度,大家都是一样的,不过官阶高者,享用略为丰富一点而已。穿过街道时就可以看到,妇女完全与男人分开,另外居住在一个地区,一切劳动苦工,似乎都由她们负担。她们也是军事编制,以 13 000 人为一军,由女性的各级官长管理。每一军的最高官长是军帅,只有军帅才能与高级官员发生联系。内城(原来的满城)有广西妇女万人防守,她们一如男性士兵。据说,全城有妇女 48 万人,而男人则不下五六十万。这两个数目,似乎难以置信,但据此次亲到城内观察的法国人估计,这个数目与实际情况并无不符之处,是可靠的,至少是妇女的人数。这是因为革命军占领各地以后,往往把居民征集到天京。

至于太平天国对外国的态度和政策，报告中说：

这些广西革命军人对于外国人的态度，可以说的确是友好亲善的。这种感情仅仅从他们对我们普遍称"弟兄"，对他们的敌人称"妖"称"魔"一事中，就可以得到证明。在下层太平军中，这种友好感情更为坦率而真诚。……至于太平军领袖们的态度，则比较漠然冷淡，表现出不大愿意与外国人多打交道的样子。这种态度可能是真实的，也可能是故意做作的。

法国外交代表得知南京城中的天主教徒确实大都平安，并未受害。

美国新任公使麦莲对天京的访问比法国公使晚了近半年。早在1853 年 11 月，麦莲就得到了美国国务卿麻西的训令，要求他尽可能争取在中国沿海捕鱼、自由使用中国港口和江河的权利等等。训令且告诫他：在这些方面签订互惠条款是不明智的。即使没有多少理由惧怕中国人会利用它，也要考虑和其他国家签订条约时，这些国家"可能为她的人民向我们要求同样的特权"。训令特别强调：如果中国出现分裂，组成了几个政府，而在它们控制的地区以内形势稳定，那么，对每一个政府，"你要以美国外交代表的身份出现，并和它们分别地谈判这些条约"。这个训令成了麦莲在中国活动的原则。为了在对付中国的问题上统一步调，1854 年 4 月 20 日，麦莲到香港拜会了英国新任驻华公使约翰·包令。由于当时英国政府的兴趣已经转移到和清政府进行修约谈判上，同时由于英、俄矛盾，英国在香港的军舰被调往他处，约翰·包令暂时也不可能有所作为。两国公使没有就共同关心的问题取得实际的解决办法。

麦莲于 4 月 26 日到达上海，意图是首先和太平天国打交道。但他又事先把去天京的打算通知了上海的清政府官员。由于此前英法两国公使访问天京都没有履行这样的手续，清朝官员感激涕零，连呼"米酋恭顺"。

5 月 21 日，麦莲乘"色士奎哈那"号兵舰自吴淞泊地起航，25 日到镇江，27 日抵天京。

麦莲很想拜访"太平王军队的总司令、首相杨秀清阁下"，却在以舰长布嘉南名义发出的一份"照会"中提出了这一要求。太平天国的官员们研究了这份照会，认为是擅用照会，大不合理，因而拒绝转呈东王，并在复照中要求布嘉南"进贡来朝"。

美国公使不再要求会见杨秀清，而是再以布嘉南名义"回照"，要求太平天国遵守美国和清政府签订的不平等条约。"色士奎哈那"号在太平天国境内活动了9天，舰上的美国官员在天京、芜湖等地搜集了大量的情报，许多官员进入天京城内。

此时的太平天国，适逢"扫北"军事行动惨遭失败（扫北军主力已被分别切割包围，两次援军均已失败）、天京等处实行的各项社会经济政策遭遇重重困难、人心思变的重要转折关头，所以麦莲一行在天京的观感与他们的英、法同行们也很不一样。

舰上的助理军医法斯在给麦莲的报告中，汇报了他对太平天国宗教的印象：

他们新创立的宗教似乎很注重虔诚和献身精神，在遵守宗教礼节和仪式方面，他们是很规规矩矩的，甚至是狂热的。这种宗教似乎是基督教和异教的混杂物。他们认为他们的天王是神的血统，因此应该受到所有人的尊敬。正是这种对太平王的狂热的忠诚激励着他们并使他们得以夺取他们现在所占据的许多城池。如果他们要成功地推翻现存的王朝，那还需要有很长的时间。即使成功了，无政府和混乱状态——这一对民众普遍狂热所养育的双生子——则可能代替希望中的和平和安宁。

法斯还报告了他所看到的天京城内的情况：

城的布局在一定程度上是很整齐的，许多街道宽广而又笔直，而且也很清洁。……谈到城里的人，我坦率地说：就我们这一次的所见所闻来判断……他们中的大多数，即使是官员也都是大老粗，几乎不接受什么道德和人格规范的约束。军队也不过是一群没有经过训练的游手好闲的乌合之众，唯恐天下不乱。官员们对他们的影响是极为有限的。

官员们的命令他们几乎是全然不顾。

麦莲在综合众人观感的基础上于 6 月 14 日向麻西发出了访问太平天国的报告。报告直指英、法公使访问天京所传开的印象是"最不充分的",只有他们一行对太平天国的了解才算比较充分。报告对形势的分析主要讲了三点:

第一,太平军"既不信仰也不了解基督教"。

虽然,世界上的文明国家对这个运动给予希望,现在明显的是,他们既不信仰也不了解基督教。如果他们取得了政治权力的话,那么,无可怀疑,在平等的基础上进行交往是不可能的。而且,不幸的是,他们的对内政策和他们的宗教事业紧密地混杂在一起,任何反对他们对圣经真理的荒谬误解,都会招致政府机构的惩罚。

第二,太平军完全能够打败清王朝。

他们差不多完全是由无知的和不文明的内地人组成的,在数量上不超过 5 万到 10 万人……但是,帝国军队却完全不能够抵抗他们,在可以预见的将来,也没有恢复已经失去的主要城市的希望。

第三,不能从太平天国那里得到什么好处。

这些人(指太平天国的官员和军队)配不上文明世界的尊重。他们或许也不能在被占领的城市的城墙外巩固行政管理。……我首先要请你注意革命运动的性质和此时与他们进行任何令人满意的外交性质的交往差不多是不可克服的困难。

英国人紧随美国人之后又一次开展了自己的搜集太平天国情报的工作。英国公使约翰·包令坐镇上海,委派驻上海领事馆官员麦华佗和自己的儿子卢因·包令乘兵舰到天京等地活动。他们的任务是尽可能搜集有关太平天国政治、组织、宗教、家庭和社会习惯等一切值得注意的情报，调查煤的供应能否满足英国人公务的需要，了解镇江、南京一带的物产和市场情况，以及其他各方面的情况和实物的样品。搜集这些综合情报的目的是为英国扩大在华的特权和利益，主要是为商业利益服务。

麦华佗和卢因·包令一行乘"响尾蛇"号和"冥河"号兵舰于6月18日到达镇江。20日离开，当天到达南京。他们试图入城与太平天国官方接触，但太平天国当局这次却闭门不纳，也禁止普通军民与其往来。两艘兵舰在天京停泊整整10天，却没有一个当地人到船上参观。这使来访的英国人感到十分奇怪和不解。东王杨秀清以忙于军务为借口，拒绝和英国人会面，但赠送他们一批印制精良的书籍，以便其了解太平天国的制度、律例。英方遂以舰长麦勒西的名义致函东王，要求答复他的一系列问题。杨秀清于6月24日得到麦勒西的信件后，命令石达开和黄玉崑"闭户三日"代他作"诰谕"答复英国人所提出的30个问题，同时又提出50个问题，要求英国人回答。6月28日，麦华佗和卢因·包令得到了这份"很不寻常的文件"。

东王杨秀清的"诰谕"涉及内容十分广泛，其中对外交往方面的内容大致可概括为三点：

第一，太平天国仍然以"天朝大国"自居，以"夷"对待外国，它说："本军师……深嘉夷弟住居海外，不远千里而来王，遵领天国制度律例，实为有心。……我主天王是上帝亲子，天兄胞弟，为天下万国太平真主。"又说："不单准上海闽广党（指上海小刀会起义军）投降，天下万国皆要来降也。"

第二，关于与外国通商贸易问题，它说："平定时，不惟英国通商，万国皆通商，天下之内兄弟也。立埠之事（指开放通商市镇）之事，候后方定，害人之物为禁。"当前的通商贸易亦有临时措施，即"前月花旗国炎轮船（即美国火轮船）来京者，经诰谕他，不但许伊国通商，至万国亦许往来通商。但通商者务要凛遵天令。凡欲来天国通商者，准到镇江焦山下听守镇江大员办理。"

第三，关于煤炭供应问题，"诰谕"则断然加以拒绝："天地皆是天父所造,地产万物,煤炭谅亦随处皆有。凡归贮天朝之煤而无出贩。贵船自后凡欲贩运煤炭者,请免来也。"

以东王名义所问的 50 个问题,绝大多数与宗教教义有关,内中一些更是太平天国自拜上帝会以来的新创造,其目的是敦促来访者认同太平天国的教义,从而承认天王为天下万国的真主。这当然不能为英国人所接受。但要答复这些"既恶毒又荒谬"的问题也颇为不易。于是,这些为商业利益而来的英国人不得不在 29 日专门召开了宗教会议。30 日,以舰长麦勒西名义的回函送交城里。

回函中对 50 个问题逐一作出了明确的答复。其关于外交与政治方面的要点是:

我们来到这里不是为了所谓的"扶主""朝主",而是为着今后建立商务关系而调查现状。我们不相信太平王是被上帝指派为世界各国的真主,英国也绝不表示臣服。上帝才是真正的万王之王,但他的国不在这个现实世界上,因此,我们不可能向他朝贡。太平王自称是万国真主,乃是最无根据的臆说。他抛掉这个称号越快越好,只有这样他才能避免触怒其他国家的国君,避免他自己陷入困境。至于煤炭的问题,那只不过是一种商品。考虑到你东王声称要增进友谊,那就请你立刻准予供应。

由于不可能在太平天国辖区得到煤炭的供应,两艘兵舰没有再向西上驶,而于 30 日当天即东返上海。

7 月 7 日,麦华佗与卢因·包令回到上海。他们在提交给约翰·包令的报告中分析了镇江、南京等地的防务现状,认为太平军的防御设施很容易被停泊在江边的外国兵舰所摧毁,但清军却不可能做到这一点。报告对太平军与清军的战斗力作了对比,认为太平军的确充满了可观的战斗热情,他们的活力和机警与清朝军队的迟钝和愚蠢形成了强烈的对比。清朝军队畏惧地看待自己的对手,承认不能与他们相对抗。报告探讨了太平军获胜的可能性,认为他们在长江以北的态势还不稳定,他们最终的胜利和巩固自身的能力令人怀疑。在过去的一年里,他们在征服这个国家方面没有取得真正的进展。他们的确已占据了若干城镇,并且一直在向前推进,但他们极少能保住已夺取的地盘。起初,当他们宣称他们的目的是把民众从清朝官吏的压迫下拯救出来,

329

免除租税,重建纯粹的古代中国统治的时候,民众对他们这一边寄寓同情并非没有可能。但他们所许诺的这些福音和利益一直没有兑现。他们的进军带来的是破坏和废墟。民众似乎明显对他们不抱同情。他们没有采取任何举措来改善人民的处境。在他们毁坏性影响蔓延的地方,商贸活动完全销声匿迹,他们也没有采取任何措施来恢复它。

报告专门分析了太平天国对外交往的态度。它说:

至于他们对外国人的倾向,我们有责任指出,那是极为冷淡的,在傲慢无礼、自命不凡方面,他们甚至超过了现政权中那些傲慢自负的官吏。……他们将外国人视为劣等民族和蛮夷,而不是当作平等的朋友对待。原本以为一个年轻的刚刚通过斗争而生存的势力,将会是一心渴望能得到欧洲人的帮助和合作,无论就欧洲人援助的能力而论,还是就叛军从外国人翻译和传播的《圣经》中汲取其宗教教义的基础这一事实而论。然而,实际情形并非如此。在发生一场其结果会向他们证明西方国家在力量和资源上优于他们的冲突之前,他们目前所沉湎的其宗教、民族和社会超人一等的臆想是不会消除的。……东王写给我们的信便流露出一种傲慢与兄弟般感情相混杂的奇特意识。

报告对扩大商务关系提出了自己的看法:

他们并不是一个渴望发展商业,专意开发它的资源的巩固的政权,而仅仅是一个和现政府进行战争,力争优势,宣布剿灭满洲王朝的军事组织。准确地说,贸易是完全不存在的。……与人口稠密的扬子江流域发展商业交往更大可能是通过与叛军发生一次冲突而取得,而不是通过我们和他们可能存在的友好关系。

在这次访问之后,直到1858年,西方列强与太平天国的接触中断了。在华的西方人不再特意去搜求有关太平天国的新情报。因为他们已开始专注于发生在广州等地的事态,这些事态使西方的在华利益得到了更大的希望。

第五章
清王朝面对危局与太平天国的发展

　　太平天国占领南京,并将其确定为自己的首都——天京之后,一个与清王朝相对峙的新政权崛起了。尽管它暂时只是占领了南京、镇江、扬州三个城市,但与以前对城市旋占旋弃、以流动作战为主的态势已截然不同。清王朝对太平军围追堵截,企图将其扼杀于初兴而未央的策略至此已告失败。面对一个日益强大、几乎可以置自己于死地的敌人,清王朝陷入了空前危急的局面。咸丰帝试图变革,走出困境,首先是调整统治枢机,开始重用汉族大臣,甚至起用曾是自己争夺帝位的劲敌——恭亲王奕䜣,并着手整顿吏治。前线的军政大员在屡遭败绩和不断撤换调整之后,也不再墨守成规,开始自行筹备战守。其中最典型、最成功的便是曾国藩组建湘军出征。一个似乎已经毫无希望的政权,终于在生死存亡的紧急关头激发出自己的活力。

　　为了攻取北京,推翻清王朝的统治,太平天国派出自己的精锐主力进行“扫北”之役;同时,为夺取长江中游地区以作天京屏障和供给基地,又发动了西征之战。扫北的太平军因不适应北方的严寒而失去机动作战的能力,终因后援不继以及优势清军的围困而告失败。西征军因遇到强劲的敌手——曾国藩的湘军也屡遭挫折。鹿死谁手,一时还难见分晓。

第一节　清廷挽救危局的努力

　　太平天国定鼎南京之时,清王朝在位的是咸丰帝。他于 1850 年(道光三十年)即位之初就着手调整统治枢机,斥革前朝重臣穆彰阿、耆英等人,重用汉族臣僚,有意摆出了不偏袒旗员和"满汉一体"的姿态。进入 1853 年,也就是在与太平军进入胶着的战时状态后,他更着手改革各种不适应的成规,有意向汉族官员开放了更多的权力。[①]

一　调整统治枢机

　　咸丰帝奕詝(1831—1861),是道光帝的第四子,曾受过较好的儒学教育,但即位时还不到 20 岁,又生长在深宫,于民情军政,既乏了解,更无经验。他迫切需要建立起一个能够应对危局的统治枢机。为此,他登极后不久,就对军机处,首先是对领班军机大臣进行了调整。

　　长达 30 年的道光朝,虽不能说毫无作为,也不乏值得肯定之处,但军、财、吏诸政的积弊愈演愈烈,鸦片战争的丧权辱国更是空前奇耻。社会舆情关注的焦点也正集中在这两个方面,尤其是后者。林则徐和穆彰阿成了人们议论中正反两面的代表人物。穆彰阿,字鹤舫,满洲镶蓝旗人,嘉庆十年进士,1827 年(道光七年)入值军机处,1837 年起一直为领班军机大臣。他希宠固位,迎承道光帝暮年不事振作、只图安静的老年人心态,对鸦片战争中的屈膝求和,乃至对林则徐等人的迫害,负

---

　　① 本节和第三节的内容主要参据龙盛运主编《清代全史》第七册第三章《咸丰朝的危局和湘淮军集团的崛起》(龙盛运执笔),沈阳,辽宁人民出版社,1993。

有不可推卸的责任。咸丰帝对此早已耳闻熟知，下决心拿他开刀。在起用林则徐为督办广西军务的钦差大臣后不久，1850 年 12 月 1 日，咸丰帝即"颁朱笔罪穆彰阿、耆英"，将穆彰阿"革职永不叙用"，将另一军机大臣、文渊阁大学士耆英"降为五品顶带，以六部员外郎候补"。在长达 800 余言的朱谕中，他斥责穆彰阿等"身任大学士，受累朝知遇之恩，不思其难其慎，同德同心。乃保位贪荣，妨贤病国；小忠小信，阴柔以售其奸；伪学伪才，揣摩以逢主意。从前夷务之兴，穆彰阿倾排异己，深堪痛恨……耆英之无耻丧良，同恶相济……自本年正月，朕亲政之初，遇事模棱，缄口不言。迨数月后，则渐施其伎俩。……其心阴险，实不可问。潘世恩等保林则徐，则伊屡言林则徐柔弱病躯，不堪录用，及朕派林则徐驰往粤西……又屡言林则徐未知能去否。伪言荧惑，使朕不知外事"。他在朱谕中还表白："办理此事，朕熟思审处，计之久矣。实不得已之苦衷，尔诸臣其共谅之。嗣后京外大小文武各官，务当激发天良，公忠体国。俾平素因循取巧之积习，一旦悚然改悔！"①

　　咸丰帝这样揭露穆彰阿倾排异己，以及自己不顾穆的一再拦阻，毅然起用林则徐的过程，再加上林死后，又命李星沅继任，明确宣示了他重视汉族官僚、不偏袒旗员、满汉一体的新姿态。

　　穆彰阿、耆英被革职，以及在此之前，军机大臣陈孚恩自行请退回籍，揭开了军机处改组的序幕。穆彰阿被革职的当天，咸丰帝命蒙古八旗贵族赛尚阿为协办大学士，领班军机大臣。次年，又升其为殿阁最高的文华殿大学士。但由于赛尚阿不久就被任命为钦差大臣离京，军机处官位最高、资历最深（1841 年入值军机处）的汉族官僚、体仁阁大学士祁寯藻成为领班军机大臣。自有军机处以来，汉人任此职连祁在内不过 3 人，加之太平军兴起以来先后任命徐广缙、陆建瀛、向荣等人为督办军务的钦差大臣，连同林则徐、李星沅，在咸丰帝即位的前 4 年中，共有 5 位汉族官员享此殊荣，与同时期的旗员钦差大臣人数恰好相同。这更是清代空前未有的事。在生死存亡之秋，清王朝终于对汉族官僚作出了较多的权力开放。

----

① 《清文宗实录》卷二十，道光三十年十月丙戌。

祁寯藻,字春圃,山西寿阳人,嘉庆十九年进士。累为学政、主考官,"提倡朴学,延纳寒素,士林归之",①被誉为"儒宗",在士大夫中享有很高声望。但他长期沉溺于传统儒学,又受因循习气熏陶,遇事力求平稳。承平时应付常规政事,尚可勉力以赴;非常时期,就因无胆识,处处捉襟见肘。

1853年秋冬之际,太平天国扫北军进逼直隶,最北到达独流、静海,京畿危急。10月13日,咸丰帝命恭亲王奕䜣署领侍卫内大臣,办理巡防;11月7日,又命其在军机大臣上行走;次年,更升其为领班军机大臣。在此情形下,祁寯藻只得称病引退。在此之前,军机处于道光时连任下来的陈孚恩、赛尚阿、季芝昌、何汝霖等人,均已先后罢值。与此同时,各部满汉尚书的道光时旧人也多有更换。1854年,吏、兵、户三部汉尚书分别由翁心存、朱凤标和周祖培接任。至此,军机处和各部尚书道光时期连任下来的旧人已为之一空。统治枢机人事上的新旧更替虽告完成,但并不稳定。军机处尤为突出,奕䜣更是首当其冲。

恭亲王奕䜣(1833—1898),是道光帝的第六子,咸丰帝的异母弟,因其聪慧机敏,很得晚年的道光帝钟爱。他与咸丰帝同为立储的竞争者,彼此心存芥蒂,本无入值军机并受重用的可能。清廷为防止宗室近支亲贵擅权生事,不仅自有军机处以来,只有个别亲贵入值,且严禁朝臣与诸王私下往来交接。咸丰帝继位以后,又于1852年2月重申:"嗣后除奉旨会办事件及因公接见外,诸王与在廷大小臣工,各宜凛遵圣训,引嫌自重,固不得私信交通,致启贿托之渐。虽文墨细事,亦不得有唱和之风。"并下令宗人府、各部院旗务衙门并各督抚将军等衙门"各录一通,敬谨悬挂用资儆惕"。② 半年后,咸丰帝又将违反这一规定的定郡王载铨、刑部尚书恒春、侍郎书元等分别交宗人府或交部严加议处。③ 但险恶的军事形势,终于迫使咸丰帝打破了常规。他在任命恭亲王奕䜣的前后,还任命其叔惠亲王绵愉为奉命大将军、表兄科尔沁郡王僧格林沁为参赞大臣,主持京畿防卫战。1855年,太平天国扫北军

335

①《清史稿》列传一七二《祁寯藻》。
②《清文宗实录》卷二十三,咸丰元年十二月己巳。
③《清文宗实录》卷六十六,咸丰二年七月戊辰。

林凤祥、李开芳两部先后败亡。"北路军务，业已告蒇"。军机大臣奕䜣等因"赞襄军务，夙夜勤劳"，受到"从优议叙"的加恩优眷。但亲贵统军秉政的外部条件至此亦不复存在。6月23日，举行凯撤典礼，绵愉等恭缴大将军印信和参赞大臣关防，京城巡防事务亦随即裁撤。两个多月后，9月2日，咸丰帝颁朱谕，以恭亲王奕䜣在康慈太后的丧事中"于一切礼仪，多有疏略之处"为名，将他赶出军机处，并免去其宗人府宗令、正黄旗满洲都统的职务，也不准他再"恭理丧仪事务"，而是责令其"仍在内廷行走，上书房读书"。① 康慈太后为奕䜣生母，所谓"礼仪疏略"只是借口。

在奕䜣被赶出军机处的当天，咸丰帝即命户部尚书文庆在军机大臣上行走，接替其位；命吏部尚书翁心存"恭理丧仪"；以怡亲王载垣为宗人府宗令。

文庆，字孔修，满洲镶红旗人，道光年间即屡官各部侍郎、尚书、内务府大臣，并两度为军机大臣，具有丰富的从政经验。《清史稿》说他："醇谨持大体，宣宗、文宗深知之。屡踬屡起，眷倚不衰。"也正因如此，他才能够破除种族成见，力主重用以曾国藩为首的湘军集团。1854年10月，湘军一举攻下武昌。咸丰帝闻讯大喜过望，立刻任命曾国藩署理湖北巡抚，欲使其兼握军政大权。但某军机大臣却说："曾国藩以侍郎在籍，犹匹夫耳。匹夫居闾里，一呼，蹶起从之者万余人，恐非国家福也。"② 咸丰帝默然变色，终于收回成命，赏其兵部侍郎衔，仍令其领军东征。曾国藩无法利用一省政权，筹集军饷物资，扩充湘军，反而要仰仗清廷乃至地方大吏的支持，才能维持现有的部队。清廷达到了对曾国藩既使用又限制的双重目的。

但文庆却密请破除满汉畛域，不拘资格以用人。他指出：欲办天下大事，"当重用汉臣，彼多从田间来，知民疾苦，熟谙情伪，岂若吾辈未出

---

① 《清文宗实录》卷一七三，咸丰五年七月壬午。
② 薛福成：《书宰相有学无识》，见《庸庵文续编》卷下。按：薛文未点出这位军机大臣的名字，一般认为是指军机大臣、大学士祁寯藻。但也有人认为，这位军机大臣不是祁寯藻，而应是彭蕴章。参见朱东安《促使咸丰皇帝收回曾国藩署理鄂抚成命者并非祁寯藻》，见《太平天国学刊》第二辑，178—182页，北京，中华书局，1985。

国门,懵然于大计者乎?"①出身满洲世家名门的大官僚能如此剖析旗籍和汉族贵族官僚,其"深识伟量"和勇气,在当时旗人中确是出类拔萃的。文庆力主重用湘军首领曾国藩、胡林翼。1855年,西战区湘军和湖广总督统带的绿营多次大败,武昌第三次易手。文庆趁机力言,咸丰帝也迫于形势,不得不对既使用又限制的方针有所松动,破格提拔胡林翼。3月1日,咸丰帝将其由湖北按察使升为布政使。4月18日,于湖北巡抚陶恩培殉难后,咸丰帝更命其署理湖北巡抚。有了湖北这块地盘,再加上湖南,就为湘军集团经营两湖后方的基地,从而为其进一步发展壮大创造了条件。

文庆有门第、有资历,更有见识、有才干,自然也就有威望。他出任领班军机大臣,不仅为八旗王公所敬信,且深为咸丰帝所倚任。在一年多时间里,他先后升为协办大学士、文渊阁和武英殿大学士,并充任上书房总师傅。但文庆在任仅一年多,即于1856年12月病逝。

咸丰朝前半期的7年(从道光三十年也即1850年算起),军机大臣中由道光朝连任下来的赛尚阿、祁寯藻等5人,在前5年均已相继罢值。咸丰帝自己选任的彭蕴章、穆荫、杜翰、舒兴阿、邵灿、麟魁、瑞麟、奕訢、文庆共9人,除前3人一直留任外,其他6人,短的只有几个月,长的也不到两年。领班军机大臣从赛尚阿、祁寯藻、奕訢到文庆,前后4人,平均不到两年就换人。统治枢机人事更替之频繁,充分反映了战争局势的严峻,但也表明咸丰帝在自己统治的前7年中尚未能建立起稳定的辅佐班子。

二 面对军事危局

清朝军队的腐败,在嘉庆白莲教之役已有相当明显的表露。在1840—1842年的鸦片战争中,清军更暴露其"外战外行",在对外战争中已不堪一击。1850年秋拜上帝会金田揭帜起义之后,清军即开始了"围剿"的军事行动。但历时数年的围剿作战,清军不断遭到败绩,不仅未能消灭太平军,反而使对手日益坐大,越战越强。面对军事危局,清

---

① 《清史稿》列传第一七三《文庆传》。

廷竭尽全力予以挽救。但军事上的腐败已是积重难返，清廷一时还很难有所作为。

首先是统兵大员多不习军事，指挥调度无方。

继林则徐为钦差大臣的李星沅，于1851年1月赶到广西后，虽然在众多起事的造反队伍中，敏锐地觉察出洪秀全一军，"恃众抗拒，水陆鸱张，实为群盗之尤，必先厚集兵力，乃克一鼓作气，聚而歼之"。[①] 但他与一般科甲出身的大官僚一样，根本没有军事实战的经验，且与署广西巡抚周天爵意见两相抵牾，时人讥其"妄自尊大，苛责仪节，喜谀信谗，将士离心"。[②] 由于兵力匮乏，且战斗力差，几个月下来，李星沅就忧心忡忡地丧失了信心。正如其幕僚所记："公忧贼甚，寝食失常度，恒曰：'此贼非眼前诸公可了。'"[③]不久，他即病死军中。接任的赛尚阿位虽尊，但兵事亦非其所长。在宣布任命后月余，就有人将其与李星沅相提并论，"今赛尚阿、李星沅一日不撤，则军心一日不定，迁延愈久，败坏愈甚"。[④] 其所带随员，更有"专务蒙蔽，致误事机，婪取金银，满载而归者"，[⑤]赛尚阿身受其累，终致兵败名裂。

随着战事向长江中下游及黄河以北蔓延，清廷又相继任命徐广缙、陆建瀛、讷尔经额、琦善、向荣、胜保、托明阿、和春、官文等人为钦差大臣。其中徐广缙、陆建瀛、讷尔经额分别为现任两广、两江、直隶总督，琦善在道光年间也屡任总督，均有能名。但除琦善曾于战争有所接触外，这三位现任总督都与李星沅、赛尚阿一样，于军事，特别于指挥作战是外行。

陆建瀛初时曾主动请缨，"意气甚盛，每对将佐陈说慷慨，以为群盗指日就擒"，但当他由江宁率师溯江西上迎堵，一见太平军船队"蔽江数十里"，就"惶惑不知为计，遽登轻舟"，逃回江宁。[⑥] 徐广缙昏庸怯懦一

① 《李星沅等奏报桂平金田大股会众抗拒官兵丞筹攻剿并请简提镇大员折》，见中国第一历史档案馆编《清政府镇压太平天国档案史料》第1册，北京，社会科学文献出版社，1992。
② 樗园退叟：《盾鼻随闻录》，见丛刊《太平天国》（四），356页。
③ 《记李文恭公遗札后》，见朱琦《怡志堂文集》初编第六卷，同治三年刊。
④ 《请派员专办广西军务折》，见袁甲三《端敏公集》第一卷，宣统三年刊。
⑤ 《忆昭楼时事汇编》，见太平天国历史博物馆编《太平天国史料丛编简辑》（五），323页，北京，中华书局，1961。
⑥ 《安徽巡抚蒋公神道碑》，见鲁一同《通甫类稿》续编下，咸丰九年刊。

如陆建瀛,太平军攻长沙,他逗留湘潭;太平军围武汉,他远在长沙,并说武昌之围可解,但数天之后,即告失陷。咸丰帝说:"该大臣如此料贼,殊堪浩叹。"①讷尔经额之昏庸更有过之,他要山西兵由平定州入直隶增援,竟墨守平时成规,上奏请饬,咸丰帝责问他:"何不即行咨照,免费周章?"②最为荒唐的是,直隶筹防近三个月,当太平军由山西突入时,部分清军竟无武器,以致"徒手御贼"。咸丰帝愤慨斥责:"自贼窜怀庆之时,节次谕令该督,严防畿辅要隘。即该督迭次奏报,亦似各处皆有准备。何以贼踪窜及,一战即溃!且军火器械,为兵丁卫身击贼之具。自贼匪西窜,该督漫无布置,竟置军械于后。致令如此劲旅,徒手御贼。事后归咎车辆不敷,亦已无及。即此一节,该督调度无方,已可概见。"③

琦善似比此三人略知节制军队,但畏敌怯战则相同。太平军由武昌东下,琦善奉命由河南东援,他却借口募夫扛运恐用人过多,必致泄漏军情,而骡马又不易征集,遂节节逗留。这是明显的托词。咸丰帝责问:"募夫多不可靠,须用骡驮载。骡夫岂尽属可靠耶?"④

其余几人中,向荣、和春、托明阿是道光朝出身行伍或旗籍的将领,具有作战经验,但于军事学问少讲求,只能勉力从事战役指挥。向荣年老体弱,行动艰难,应付紧张激烈多变的战局,更是力不从心。胜保则是飞扬跋扈,胡作非为,上任不久即被人专折奏参。由此可见,清廷所任命的统兵大员多不具备统帅素质。

其次是军队因循玩泄,矛盾丛生,作战不力,纪律败坏。

李星沅说:"咎在提镇因循,将备弁兵毫无顾忌,见贼辄走,已成故套。"⑤向荣对"镇将以下,皆视功令如具文"表示"愤懑万分,几于挽回无术"。1853年3月,他自武昌尾追太平军东下,派员分头命各营加速前进,但"往往南岸之船开过北岸,不过里许又复停泊,必须一夜数催,

---

① 《寄谕徐广缙著即赴武昌会合向荣兜剿并知照罗绕典陆建瀛严防截击》,见《清政府镇压太平天国档案史料》第4册,238页。
② 《清文宗实录》卷九十五,咸丰三年五月丁卯。
③ 《清文宗实录》卷一○五,咸丰三年九月癸卯朔。
④ 《清文宗实录》卷八十三,咸丰三年正月乙亥。
⑤ 李星沅:《周敬修中丞》,见《李文恭公文集》卷十一,芋香山馆,同治三年。

方肯前进，相率成风"。① 统兵将领往往因意见不合，互相猜忌，严重者甚至在战场上各顾各，败不相救。一般兵弁之间，不仅兵与勇由于待遇、生活经历等多方面的差异而时起纠纷，且经制兵，由于来自不同省县的营汛，也往往大起矛盾，即所谓"兵与勇不和，楚兵与黔兵不和"，甚至同为湖南的"镇篁兵又与常德兵不和"。② 这种不和常常导致平时械斗、临阵不能一致对敌，"此军大败奔北，流血成渊，彼军袖手旁观，哆口而微笑"。③

清军纪律的败坏也已到了无以复加的程度。来自浙江的台勇，于1854—1855 年间在皖南"肆行抢掠，以至郡城（徽州）又为之一空"，在本省"处处台勇皆闹事，甚至动百姓公忿，齐心杀之"，"前在上海者尤与盗贼无异，子女玉帛满载而归"。④ 而为害最烈、最广的潮勇的兽行更是罄竹难书。八旗、绿营经制兵的表现也与勇营相去无几。如胜保所统带的吉林马兵，纵马食民麦，又入村滋扰，被村民捆缚拷打，胜保竟派副都统常亮带马队 300 名前往剿洗。村民闻讯逃避，但房屋被焚毁，衣物被抄掳。据当时随营的清朝官员张集馨说："营马食麦，各营皆然。军不恤民，主将不能无咎，即僧营（指僧格林沁的军队）亦复如此。"山东百姓在控词中说："发覆掘藏，穿墉毁屋，民之苦兵，甚于苦寇。"⑤曾国藩的笃友吴敏树在致其信函中也不得不承认："官军尾贼之后，随路淫掠，民之走避者，畏官军，非畏贼也。"⑥清军所至之处，人们只得纷纷逃避。有的被迫反抗，则招致清军肆无忌惮地抢掠、屠杀，有的更愤而加入反叛者的行列。1854 年初，湖广总督吴文镕军在黄州堵城驻扎，因无柴薪烤火，竟将数十里内民房尽毁，以致在太平军进攻时，"民衔兵勇之毁其庐舍也，群起助贼为大围，死伤甚众，吴公薨于行阵"。⑦

清廷面对这些严重情况，却只有头痛医头式的简单应急措施。对

---

① 《斥革副将郑魁士折》，见丛刊《太平天国》（七），66 页。
② 姚莹：《平贼事宜疏》，见《中复堂遗稿》第二卷，同治丁卯《中复堂全集》。
③ 曾国藩：《与李少荃》，见《曾文正公全集》，《书札》第四卷。
④ 《何桂清致自娱主人等书札》，见苏州博物馆、江苏师院历史系、南京大学历史系《何桂清等书札》，9、11—12 页，南京，江苏人民出版社，1981。
⑤ 张集馨：《道咸宦海见闻录》，158 页，北京，中华书局，1981。
⑥ 吴敏树：《京师寄曾侍郎书》，见《桥湖文集》第七卷，思贤讲舍刊。
⑦ 张曜孙：《楚寇纪略》，见《太平天国史料丛编简辑》（一），74 页。

将领临阵退缩的问题,咸丰帝曾特赐遏必隆刀,准许赛尚阿和徐广缙等钦差大臣对副将及其以下将弁便宜处置,严加惩处。但他们或自承"不忍杀人,辜负圣恩",或"以人数较多,碍难概行参奏"塞责。① 鉴于李星沅时将帅不和,号令难行,咸丰帝特命赛尚阿督师,以为如此则"事权归一,自必节制严明,激励将士,信赏必罚,力矫前此漫无纪律之恶习"。② 但结果,除了赛尚阿因权位太高,无人敢与其公开对立外,其他矛盾依旧,向荣与乌兰泰更闹到几乎水火不相容。对不断出现的失地丧将帅,咸丰帝也只知不断撤换。先以文职大员为钦差大臣,在其相继被罢斥拿问之后,又转而任命向荣、托明阿、和春等武职大员。这些武将是比文官们稍强些,但他们最多也只是支持数年,最后一样败下阵来。

　　再就是兵力不足的问题亟待解决。

　　八旗兵虽有 20 万之众,但早已丧失战斗力。绿营额兵 60 万,由于吃空额等弊端,实额已大为减少,且其中尚有老弱病残。咸丰帝于 1853 年 4 月间宣布已征调 20 余万人,再加上各地尚须留兵镇守,能续调者当不会超过 10 万人。为补兵力不足,清廷不得不调东北和察哈尔等处满蒙兵(这不在关内八旗编制之内)入关作战。至 1857 年夏,黑龙江兵入关兵额已达 1.3 万人。但此类兵为数既少,加之水土不服,马匹倒毙,其作战能力极为有限,对全局起不了多大作用。

　　清军增加兵力主要靠募勇。早在广西永安州围城时,清军所募东勇即达 2 万余人。1853 年秋,有人估计各省所募之勇已达 30 余万人。有的战区,更是勇多于兵。但是将帅募勇一般是救急,"仓卒之际,调兵则耽延时日,募勇则取之目前",稍有点政治头脑的则认为"多募一勇,即少添一贼"。③ 在这样的指导思想下,自然是来者不拒,以致"应募者大抵市井负贩之徒,乞丐无籍之辈,甚且盗魁恃为逋薮,奸民借以寄食"。④ 有的在奖赏多的情况下,也可能"骁勇异常",但临阵不听号令,平时恣意抢掠,不利时就一哄而散。有的甚至与太平军暗通往来。所以,有的将帅即主张不募勇或少募勇,或因屡出问题而裁勇。如向荣在

---

①《清史稿》列传第一七九《赛尚阿传》;《清文宗实录》卷七十八,咸丰二年十二月己卯。
②《清文宗实录》卷三十三,咸丰元年五月己亥。
③《剿平粤匪方略》卷十,咸丰二年一月二十八日,扬州,江苏广陵古籍刻印社,1985。
④《剿平粤匪方略》卷七十八,咸丰四年二月九日。

1853 年即将 8 000 名乡勇裁去 7 000 人。可是,受兵少不足用这一基本状况的制约,又不得不再募,以致形成此军裁、彼军招,今年裁、明年招的状况。招勇这一权宜之计,也因而陷入了无可解救的怪圈之中。

清廷面对军事危局的最后一着是办团练。1853 年 2 月 15 日,也即太平军攻克武昌之后,行将东取安庆、南京之时,咸丰帝发布上谕,要求各地办团练以自保。谕令说:

> 念自逆匪滋扰以来,由广西而湖南,由湖南而湖北。所过城池,多被蹂躏。现复围陷武昌省城,数万生灵,惨遭荼毒。即未被贼地方,亦复闻警远避,备极流离颠沛之苦。总由地方官吏,平日既不先事预防,临时又复张皇失措,甚至望风先遁,以致居民失其所恃,不得不转徙他方,以全性命。……固思嘉庆年间,川楚教匪,蔓延数载。嗣行坚壁清野之法,令民团练保卫,旋就荡平。即今广西、湖南地方,多有团勇保护乡里,贼不敢逼,且有杀贼立功者。况各处乡村,良民多而莠民少,若得公正绅耆,董理其事,自不致别滋流弊。即地方间有土匪,一经约束,亦将去邪归正,共保乡间。惟在良有司素得民心,必可收众志成城之效。著各该督抚,分饬所属,各就地方情形,妥筹办理,并出示剀切晓谕。或筑寨浚濠,联村为堡;或严守险隘,密拿奸宄。无事则各安生业,有事则互卫身家。一切经费,均归绅耆掌管,不假吏胥之手。所有团练壮丁,亦不得远行征调。……凡土著良民,各有产业。与其仓皇迁徙,抛弃田庐,转不免土匪乘机抢掠,何如坚守乡里,以子弟卫父兄,以家资保族党乎。①

清廷委派现任官员回籍,更多的是委任赋闲在籍的官员为各省团练大臣。如山东就委派前山西巡抚萼涵等十余人,江苏委派前闽浙总督季芝昌等十余人,湖南委派前兵部侍郎曾国藩。团练的绅办性质使它起不了战略作用。除了少数地方,如皖北之六安、合肥、桐城,皖南宣城之金宝圩,湖北之随州、麻城,浙江诸暨之包村,认真举办,并对太平

---

① 《清文宗实录》卷八十一,咸丰三年正月癸丑。

军进行顽强抵抗外，一般都"苟且涂饰，未经实力讲求，或募勇以充数，徒取外观；或借端以营私，转成欲壑。无事则恃以为威，吓扰乡间，有警则首先遁逃，流为盗贼"。①

团练本身是柄双刃剑。一些地方团练甚至借机抗粮、闹事，与官府形成对抗。如山西、河南"因粤寇之乱，兴联庄会，凡山西接壤州县，均借以抗粮"。② 山东"自钦使督办团练，尽侵官权，酿成骄横，民不知有上，抗漕抗粮，几于比比皆是"。③ 皖北之苗沛霖始则拥众观望，继则公开对抗，成为皖豫之交清廷的大祸害。团练大臣与督抚不和，互相掣肘，互相参劾，因而妨碍大局者，也时有所闻。

三 吏治及其整顿

太平天国的兴起，对清王朝来说，标志着一个动乱时代的到来。有人认为："当兹时而求安民殄寇，拨乱返治之方，舍察吏选将之外，无可期必效者。"④有的更认为军事镇压是治标，整顿吏治才是治本。咸丰帝也意识到官吏腐败风气能否扭转，关系清王朝之生死存亡。正是基于这一认识，咸丰帝在有关诏旨中反复告诫。早在1850年，他就在那份斥责穆彰阿等人的著名朱谕中指出："方今天下因循废堕，可谓极矣。吏治日坏，人心日浇，是朕之过。然献替可否，匡朕不逮，则二三大臣之职也。"⑤此后，他多次为整饬吏治发布上谕，"苦口训诫，何啻再三"。⑥ 1853年2月（咸丰三年正月），他更颁布《训臣工戒因循》亲笔朱谕，内中说：

内外文武诸臣，抒忠宣力，视国如家者，固不乏人。然泄泄沓沓，因循不振，禄位之念重，置国事于不问者，正复不少。朕虽非贤主，断不忍诿咎于诸臣。试问诸臣五夜扪心，何忍何安。若不痛加改悔，将来有不

---

① 沈兆霖：《条陈办团事宜疏》，见《沈文忠公集》第一卷。
② 王应昌：《闻治道》，见《尊闻录初稿》卷上。
③ 吴廷栋：《与方存之学博书》，见《拙修集》第九卷。
④ 左宗棠：《举劾两湖各属文武折》，见《张大司马奏稿》第四卷。
⑤ 《清文宗实录》卷二十，道光三十年十月下，丙戌。
⑥ 《清文宗实录》卷二十六，咸丰元年正月乙卯。

堪设想者矣！是用诞告尔大小臣工：自今日始，仍有不改积习，置此谕于不顾者，朕必执法从严惩办，断不姑容。①

9月间，他更有针对性地就吏治废弛问题提出了具体要求。长期以来，大吏为调剂属员，多纳贿赂，州县官多一年一换，甚至数月一换，不能久于其任。咸丰帝指出：

自军兴以来，被贼滋扰地方，固因奸民煽乱，亦由吏治废弛酿成巨患。即有一二循良之吏，力求整顿地方者，或因资格较深，循例迁擢；又或因该管上司调署他缺，未能久于其任。致令司牧之官，视职守为传舍，置地方利弊于不问。民风何由而淳？吏治何由而饬？

为此，他提出严禁频繁更换：

现在被兵省分，疮痍未复，亟须廉明之吏，拯我群生。著各该督抚察看该省紧要缺分，及凋敝之区，慎简贤员，俾令弹压抚绥，力图补救。如果抚驭有方，著有实效，即行奏请给予升衔，仍留本任。数年之后，政成报最，朕必破格施恩超迁不次。其余各直省地方，并著各该督抚等随时体察，如有人地相宜，不须更调者，亦可奏请加衔留任，俾得尽心民事，兴利除弊，日起有功。朕将求才于循吏之中，备他日封疆重寄。其各勉图报称。以副朝廷任官惟贤之意。②

但大吏们对皇帝的谆谆训诫置若罔闻。迟至1857年（咸丰七年），江苏州县依然是"缺出，而府委随之，道委随之，司委又随之，有数月而三易牧令者矣"。③ 而新上任之州县官，不仅遇事敷衍，委之后任，且既快又多地大肆贪污。如山西，"下吏引疾，府经奉檄而来，仅四十余日，而攫四千金去。民间怨恨之声，至不忍闻，且有聚众闹堂之事"。④ 再

---

① 《清文宗实录》卷八十二，咸丰三年正月己未。
② 《清文宗实录》卷一二，咸丰三年八月辛巳。
③ 尹耕云：《请查捐输积弊停止抽厘疏》，见《心白日斋集》第二卷。
④ 龙汝霖：《上藩司郑筱山敦谨书》，见《坚白斋集》《杂稿》存二。

如四川,由于"贿赂公行","百姓怨痛既深,辄复聚众相抗",广安、达县、营山、东乡、南江、巴州等州县相继爆发"围城大哄,数日始解"的严重事件。① 这类事件在整个咸丰朝可以说是屡见不鲜。州县官如此贪污自肥,很大程度上是由于大吏向他们进行种种勒索。四川州县"无不以上司到任及节寿陋规为苦",多者县令"年送一万数千,中下者依次递减"。② 山西各县此类陋规,每年每县亦"非万金不可"。

除收受陋规外,通过其他渠道的各种名目的勒索还很多。政以贿成,必然要严重影响各项政令的贯彻。如当时为了筹集军饷,解决财政困难,普遍推行捐输、厘金,乃至发行大钱票钞,但经办者却趁机贪污。如山西有"富民愿捐五百者,必勒令捐一千,迨至遵捐一千,则又只令书五百,其余五百",被"暗饱私橐"。③ 地方官吏的勒捐严重干扰了捐输的推行,军饷筹措因而更加困难。又如直隶各州县,地方官征收田赋,只收现银,上交税款,却搭解大钱票钞。如此转移之间,就能利用大钱钞票严重贬值而大发其财,大钱票钞则更难以流通,"故近京百里以外,大钱不能行使"。④ 连咸丰帝也认识到:"外省钞票不甚通行,实由于不肖官吏,征银于民,易钞于官,以致民间置钞票于无用。"⑤

咸丰朝吏治的败坏,固然是由于积习已深,但当时盛行的军功保举和捐官致使仕途更形拥挤,客观上也起了推波助澜的作用。1854年(咸丰四年),有人就已指出:四川的地方官员中,"由科甲出身者,不及一半"。⑥ 捐官者本即为利而来,表现尤为恶劣。如"历任贪鄙,声名甚劣"的王某,先捐升实缺知府,指省广西,后又捐升道员。至陕西后,此人百般取巧钻营,竟得署布政使,不仅"终日吸食洋烟,邀同亲友演唱昆曲",还与署盐道韩某勾结,大肆贪污,"一切支发高下其手"。而这个韩某原为成都知府,"贪婪性成",被勒令病休后,又捐升道员,至陕西就与王一拍即合,"成为川陕著名劣员"。⑦

---

① 骆秉章:《参蓓司张副将片》,见《骆文忠公奏稿》,《续刻四川奏议》(骆天保刻本)卷三。
② 何绍基:《请旨饬裁陋规折》,见《东洲草堂文钞》第二卷。
③ 王茂荫:《条陈时务折》,见《王侍郎奏议》第一卷。
④《清文宗实录》卷一八三,咸丰五年十一月丙子。
⑤《清文宗实录》卷一九三,咸丰六年三月丙子。
⑥ 何绍基:《敬陈地方情形折》,见《东洲草堂文钞》第二卷。
⑦ 朱潮:《陕西失机奏报不实折》,见《宝善堂遗稿》第二卷。

　　咸丰帝在吏治问题上虽然反复告诫，言之谆谆，但对听之藐藐的官僚们，尤其是大官僚们，却不愿也不敢采取严厉措施，不能痛加惩处。在他所统治的前7年中，不仅未揭露一件贪污大案，甚至对丧师失地的大员，也仅处死湖北巡抚青麐一人。其他如赛尚阿、徐广缙、讷尔经额、胜保、托明阿、西凌阿和杨霈等人，虽被革职，甚至被判为斩监候，但很快就被开释，不数年，又入官场，有的甚至复为高官。皇帝如此，各级官僚亦相率效尤，所谓吏治整顿也就无法落到实处。咸丰朝的君臣们虽身处战争的非常时期，却迟迟不能从嘉道姑息的阴影中走出。

第二节　太平天国的"扫北"及其失败

1853 年 3—4 月间,太平天国继占领南京后,又分军东下,分别占领了位于长江南北的镇江、扬州两城,从此形成了三足鼎立的局面。不久,尾追太平军之后的清军向荣部在南京城东的孝陵卫一带扎营驻屯,建立江南大营。与此同时,由另一钦差大臣琦善统率的清军在扬州城外建立江北大营。这两座大营的设立,对太平天国首都天京,尤其对无险可倚的扬州城构成了威胁,也遏制了太平军向苏南的常州、苏州一带以及苏北里下河地区的进一步发展。但东王杨秀清为了尽快推翻清王朝的统治,决定置两个大营的清军于不顾,于 5 月间派出由林凤祥、李开芳两位战将所统率的精锐主力北伐——按太平天国自己的说法是"扫北",紧接着又发动了西征之战。

一　清军江南、江北大营的建立

1853 年 3 月 19 日(咸丰三年二月初十日),也就是太平军攻克南京外城的同一天,尾追在后的清朝钦差大臣向荣由南岸经水路抵达安庆,与由北路进军的直隶提督、年逾七旬的老将陈金绶会合。第二天,另一钦差大臣琦善赶到,两人会晤细商,决定向荣仍由南岸水路前进,琦善、陈金绶等率部由北岸陆路驰行,约定在东、西梁山地方彼此再行知会,合力拯救金陵。24 日(十五日),向荣抵芜湖,此时他应能得知南京失守的消息,但可能出于推脱责任和做足表面文章的考虑,他于 26 日(十七日)向皇帝奏报军情时,竟仍大言不惭地说已由芜湖登陆驰救金陵,并附录了准备在南京张贴的《晓谕江宁军民告示》。咸丰帝为此斥责道："向荣于十五日即抵芜湖,距江宁不远,何以于十七日奏报尚不知江省失守之事? 岂沿江一带,毫无侦探耶? 殊不可解!"[1]27日,向荣军抵板桥,进逼南京西路。同一日,琦善在安徽庐州得知南京失守,决定驰赴浦口,防止太平军北上。

由于太平军对南京城防守极严,向荣乃决定绕道南路秣陵关,插入南京城东的孝陵、淳化镇一带"度地扎营,相机进剿"。这一带,"地势宽敞,进攻较易,兼可扼贼窜苏、常之陆路",[2]选择在此处构筑营盘,确是向荣的得意之笔。但他未料到太平军又先其一步,已于水路迅猛地向镇江、扬州进军。向荣军推进至孝陵卫筑垒时,守卫在钟山营垒的四五千太平军曾企图乘其立足未稳,将其逐走,但被击退。向荣军从此在孝陵卫一带驻屯下来。其所建大营,或因主帅而称"向荣大营",或因驻地而称"钟山大营",但在清朝官方文书中多与琦善等人所建的"江北大营"对称而被冠以"江南大营"。[3] 江南大营以钦差大臣向荣为统帅,以内阁学士许乃钊帮办军务,按察使彭玉雯为总粮台,所辖兵勇 3.2 万余人。

太平军进克镇、扬之后,向荣除分军 2 000 人驰赴常州,协同江苏巡抚杨文定防堵东路外,集中主力进攻钟山,试图以此为"围魏救韩"之计,迫使进驻镇、扬的太平军回救。但守卫钟山营垒的太平军并不接仗,只是在墙内开放枪炮,守城部队又能增援城东营垒的防守。两军互有胜负。向荣的江南大营终未能突破钟山防线,但仍设法廓除了太平军在城外的一些营垒,在城东对太平军的城防构成了一定的威慑。

琦善统帅的清军于 3 月 30 日赶到江浦。4 月 4 日,逐走浦口太平军守军吉文元部。5 日,又在浦口东山外赶赴江边,以偷袭方式烧毁太平军水师船只 20 余艘。停泊江心和在南岸的太平军船只虽不断施放大炮,但均未驶赴北岸,清军"多方引诱不出",只得收兵。琦善在向皇帝的奏报中感叹道:"臣等伏思,贼匪自粤西军兴以来,迄今三载,虽情势猖狂,而豕窜狼奔,而有时而穷蹙。自岳州舍陆登舟,我兵由旱路进

---

[1]《清文宗实录》卷八十六,咸丰三年二月己亥。
[2]《向荣奏稿》卷二,见丛刊《太平天国》(七),70—71 页。
[3] 据查《清文宗实录》,"江南大营"一语首次出现于卷九十五,咸丰三年五月乙丑的上谕中;"江北大营"出现得更早些,见卷九十一,咸丰三年四月甲午的上谕。

剿,尽落其后,彼逸我劳,到处肆扰。大江上下,一任横行。其意实恃舟为藏身之固。此时京兵已抵北岸,而又坚避不出,意在疲老我师。"①清军在浦口已无所作为,而此时扬州已告失守。琦善决定由陈金绶、胜保等先行带兵驰赴六合、仪征一带,而由他本人飞催吉林、黑龙江弁兵前来,除酌拨留守外,亦即驰赴下游,以为接应。

北路陆续调集的清军组建成江北大营,并在扬州附近驻屯下来。江北大营以钦差大臣琦善为统帅,陈金绶、胜保帮办军务,前后征调的兵员有 2.4 万多人。江北大营对无险可倚的扬州构成了较大的威胁,也遏制了太平天国向苏北里下河一带的发展。但其兵员来源较杂,战斗力差。统帅琦善亦因此而过于持重,只是在扬州的东、北、西三门外逼城扎营,围而缓攻。扬州的战事比南京更为消沉,以致年少气盛的胜保愤而上疏,狠告了琦善一状。

咸丰帝一直视胜保为"可用之才",但对他的"意气陵人"也早有觉察。4 月 16 日,借其奏报谢恩,咸丰帝告诫他说:"将在外,能葳大事者,未有不和衷能胜者也。汝非不能和衷之人,但恐稍有意气陵人,则于事大无益也。"②后来在太平天国扫北军出征之后,更将其由江北大营调出,驰赴安徽承担"进剿"太平扫北军的任务去了。

二 太平天国扫北军出征

太平天国之占领南京、镇江、扬州三城,以及不久后正式以南京为首都(称作"天京"),表明其战略态势已从此前的流寇式游动作战转变为有稳定后方的机动作战。尽管在此期间有过反复,如洪秀全曾一度流露出打算迁都河南的想法,但终被杨秀清以天父下凡的形式予以否决。③ 此时太平军的总人数据估计应不少于 50 万人。其作战部队,在攻克武昌后已扩编为 25 军,克南京后更扩至 50 军,总兵力大约为 10 万人。而江南、江北两个大营的清军加起来不过 5 万人左右,且战斗力

---

① 《琦善等奏报焚烧浦口敌船并江岸苇垛拟先分起进剿折》,见《清政府镇压太平天国档案史料》第 5 册,398—400 页。
② 《清文宗实录》卷八十七,癸丑三年三月癸丑。
③ 参见本书第四章第六节。

不强。太平军并不以这两个大营的清军为对手。但面对业已筑垒的敌军，真正动手解决亦颇费时日。太平天国领导人并没有花费精力去解决这两个大营的问题，而是在1853年5月相继发动了北伐和西征。

北伐，按照太平天国自己的说法是"扫北"，[①]其战略目标是攻取北京，推翻清王朝的统治。太平天国领袖们于扫北之初所发布的指令现已无法知晓，但天王洪秀全在当年所颁布的《贬直隶省为罪隶省诏》中说：

> 今朕既贬北燕地为妖穴，是因妖现秽其地，妖有罪地亦因之有罪，故并贬直隶省为罪隶省。天下万国朕无二，京亦无二，天京而外，皆不得僭称京。故特诏清胞速行告谕守城出军所有兵将共知：朕现贬北燕为妖穴，俟灭妖后方复其名为北燕；并知朕现贬直隶省为罪隶省，俟此省知悔罪，敬拜天父上帝，然后更罪隶之名为迁善省。[②]

诏旨中所谓的"北燕"即北京。

东王杨秀清于扫北军出发后不久给林凤祥等人的一件诰谕中也提及送信之人"果是真心"，已奏封其为监军，"至到北京之日，即与监军袍帽，光宠其身"。[③] 于此可见，扫北的战略目标确是北京。

《清史稿·洪秀全传》中载有天王洪秀全给扫北军将领的诏令："师行间道，疾趋燕都，无贪攻城夺地縻时日。"[④]但这一说法靠不住。《洪秀全传》中的有关记载，来源于罗惇曧撰于1913年的《太平天国战纪》，所述相关情节系出于编造。且不论洪秀全是否有过这个诏令，在杨秀清总揽军政大权的前提下，他能否直接向扫北军将领发布诏旨都还是个问题。

---

① 参见《李秀成亲书供词》："误国之首，东王令李开芳、林凤祥扫北败亡之大误。"干王洪仁玕在南昌府之亲书供词也说天兵于下扬州后，"乃发兵扫北"。又，陈思伯《复生录》："林逆复奉伪旨扫北，先破河南归德府，后窜汴梁。"方玉润《星烈日记》亦说："先是粤贼既据金陵，即分林凤祥、李开芳二股，渡江北犯，名扫北军。"可见"扫北"乃太平天国官方对北伐的正式称谓。

② 洪秀全：《贬直隶省为罪隶省诏》，见太平天国历史博物馆编《太平天国文书汇编》，41页，北京，中华书局，1979。

③ 《东王杨秀清西王萧朝贵命天官副丞相林凤祥等封彭福兴张大里等为监军诰谕》，见《太平天国文书汇编》，175—176页。

④ 《清史稿》卷四七五，列传二六二《洪秀全传》。

扫北军统帅为天官副丞相林凤祥、地官正丞相李开芳和春官副丞相吉文元。三人均久历战阵,林、李二人更是太平军中最为骁勇的战将。当时洪、杨、韦、石诸王以下,天、地、春、夏、秋、冬六官丞相仅封及六人,扫北军统帅就占了一半,①按照东王杨秀清在诰谕中的说法,他们已是"官居极品",可见太平天国对扫北之役的重视。

扫北军共有 9 个军的番号,②出发时的总兵力约 2 万人,在太平军当时所有的 50 军中,是战斗力最强的主力部队。其中两广老战士多达3 000 人,也远远超出其余各军。③

东王杨秀清关于扫北的诰谕大约于 1853 年 4 月中旬即已发布,④而作为扫北军主力的林、李所部当时正镇守扬州。春官正丞相胡以晄奉命前往协调扫北和城守事宜。1853 年 5 月 8 日(太平天国癸好三年四月三日,咸丰三年四月初一日),林凤祥和李开芳率部乘船千余艘离扬州,留指挥曾立昌、陈仕保等率少量部队镇守。

5 月 13 日,林、李与吉文元共统带 6 个军,从天京出发,是为扫北军前队,也是扫北军的主力。⑤ 13 日当天,扫北军前队分三路于浦口登岸,随即击溃清军防守的山东兵和黑龙江马队,并夺获部分马匹军械。清军在察哈尔都统西凌阿等人统带下退至安徽滁州。16 日,扫北军用大炮轰开滁州城门,知州死难。清军又不战而退至池河驿、红心驿一带,西凌阿更远避至定远。扫北军随即经池河驿、红心驿、总铺,于 5 月18 日占领临淮关,并在此驻扎暂休,等候后续部队。清将西凌阿因畏战而被革职。

殿左三检点朱锡琨、殿左七指挥许宗扬、殿右十六指挥黄益芸等统率扫北军后队 6 个军,于 5 月 15 日在浦口登岸,当即赶至六合县龙池,

---

① 另三人是:天官正丞相秦日纲,地官副丞相陈承瑢,春官正丞相胡以晄。据《李开芳又供》,见故宫博物院明清档案部《清代档案史料丛编》第 5 辑,167 页,北京,中华书局,1980。
② 九军的番号,据《张维城供》,分别为前一、前二、前三、前五、后一、后三、中五、左二、右一。见《太平天国续编》(三),287 页。
③ 相比而言,西征军出征时仅八九千人,到进攻两湖时,两广老战士"亦只千人数百人而已"。参见卷十一,见丛刊《太平天国》(三),292 页。
④ 据《贼情汇纂》卷二之林凤祥、李开芳传。按:林传中有"三日杨贼行伪诰谕,令凤祥率众北犯"等语,"三日"当系"三月"之误。李传中作"三月初旬,杨贼行伪诰谕"云云。见丛刊《太平天国》(三),52—53 页。
⑤ 按:林、李、吉所统带的 6 个军,应是前一、前二、前三、前五、后一、后三军。

击败知县温绍原的团勇。但夜间宿营时突然起火，引起火药爆炸，延烧甚烈，将士多人被焚死。炎四总制林绍璋统带 1 个军（前四军）安全撤回天京，受到杨秀清的褒奖。朱锡琨、黄益芸统带 3 个军①继续北上，赶往临淮关与前队会合。其余两个军似损失极为严重，残部在许宗扬带领下逃回天京。东王杨秀清以朱锡琨、黄益芸两人带队继续北上之功上奏天王，升二人为秋官正、副丞相。② 但二人升职的信息似未送达扫北军中。③

5 月 28 日，扫北军克凤阳府，并分军回迎后队。同日，杨秀清接到林、李、吉三人的禀报，当即指示："尔等奉命出师，官居极品，统握兵权，务宜身先士卒，格外放胆灵变，赶紧行事，共享太平。其左军及右军错路兵士，于初十日起行，至十一日俱各回朝，现今铺排镇守天京。前时既行诰谕示知，未识收到否？谕到之日，尔等速急统兵起行，不必悬望。"④

杨秀清在诰谕中隐去了扫北军后队在六合遭遇损失的情节，只含糊说其已回朝，并已安排镇守天京。而这一诰谕发出之时，天京方面除守备宁、镇、扬三城的部队外，西征诸军也已布置完毕，正待命出发，已不可能再抽出机动兵力加强扫北的力量。

清朝方面在长江以北的兵力，以琦善的江北大营处于第一线，其余主要部署在黄河下游。1855 年 6 月，黄河在河南铜瓦厢决口改道之前，是向东走山东曹、单两县南部，由江苏砀山经徐州东南至清江浦夺淮入海。早在扬州失守之时，鉴于扬州以北防守兵力较单，漕运总督杨殿邦即建议："启放各闸坝，洩尽淮水，使贼舟滞行，不能上窜。……若贼至高宝，或竟决洪湖，使水下注，俾全股淹没。"咸丰帝在谕旨中说：

---

① 按：朱锡琨和黄益芸所统带的 3 个军，应是中五、左二、右一军。

② 参见《贼情汇纂》卷之二朱锡琨、黄益芸传，见丛刊《太平天国》（三），54 页。按：《贼情汇纂》说朱锡琨、黄益芸都死于六合，杨秀清"讳言其死"，而以功奏天王升其职，不确。朱锡琨后在朱仙镇曾与林、李、吉联名上北王禀报，黄益芸因职务较低（出发时为指挥）未得列名。但据后来与林凤祥一起被俘的黄益芸峰交代：其族兄黄益沅在南京出发前已为指挥，甲寅年十二月在连镇战死。其任监军、总制、将军、指挥的时间、地点，均与《贼情汇纂》所载黄益芸相同，当系审讯者笔录所误。沅与芸（云）音近，此系审讯者笔录所误。

③ 如林凤祥直到被俘后仍说杨秀清派其与地官正丞相李开芳、春官副丞相吉文元以及检点朱姓统带 9 个军兵渡黄河。《绵愉奏审林凤祥等人供词折》，见《清代档案史料丛编》第 5 辑，161 页。

④《东王杨秀清西王萧朝贵命天官副丞相林凤祥等速急统兵前进诰谕》，见《太平天国文书汇编》，175 页。

"事至危急,或可相机应变。但恐贼匪未能全股淹没,而吾民又遭昏垫之苦,朕心益增悯恻。该督等斟酌行之,不必拘泥。"①由于形势的变化,这一以水代兵的计策终未实行。

此后,清廷进一步加强了苏北、山东两省,尤其是黄河两岸的防守,以防太平军由扬州直接北上。江南河道总督杨以增已率部驻防清江浦,又令江宁将军托明阿、刑部侍郎奕经等率军增援清江浦、王家营,令署金州副都统杭州将军瑞昌带盛京兵赴淮、徐,会同署四川总督慧成布防。山东巡抚李僡已率部前出江苏宿迁迤北,又令其就近督同兖州镇总兵百胜等统带弁兵,分扼要隘。并知照托明阿、奕经,互相联络,以壮声援。曹州府属之刘家口、董家口等处,也都派兵防守。②

当时由南京(江宁)北上的大路,是从浦口渡江,再进入安徽滁州,由定远县、凤阳府渡淮,北至灵璧、宿州分为两路,东北由江苏徐州府渡黄河至山东兖州府界,西北则由河南永城县趋归德府,渡黄河至山东曹州府界。③ 安徽巡抚李嘉端等也曾竭力要求加强对滁州、凤阳一线的防守。但安徽本省仅残存数百兵丁,咸丰帝只得下令截留已入皖境的山东兵、陕甘兵。在得知太平军自浦口、六合"窜扰"至滁、凤一带之后,他更于5月30日下令"统领江北诸军"的钦差大臣琦善统筹兵力,并酌派陈金绶、胜保二人中的一人,"前赴滁州一带剿办"。④ 由于陈金绶年已老迈,琦善"商属"胜保带兵赴皖,咸丰帝于6月9日得知后认为此举"甚妥",并特许胜保"酌量调拨"兵力,"不必处处札商"。⑤

就在咸丰君臣忙于加强皖北防务之时,太平扫北军前后队已在临淮、凤阳一带会师,并改道西北方向挺进。6月2日,克怀远。6日,克蒙城。10日,克亳州。蒙、亳一带的捻子和其他群众纷纷加入扫北军。当地流传的民谣说:"咸丰二年半,长毛捻子会了面。"⑥扫北军途经蒙、亳,引发了捻子由地下状态发展为武装起义的捻军。亳州为安徽进入

---

① 《清文宗实录》卷八十七,咸丰三年三月乙巳朔。
② 《清文宗实录》卷八十九,咸丰三年三月丙寅。
③ 据李嘉端《厚集兵力防贼窜折》,见张守常编《太平军北伐资料选编》,170页,济南,齐鲁书社,1984。
④ 《清文宗实录》卷九十二,咸丰三年四月丁酉。
⑤ 《清文宗实录》卷九十三,咸丰三年五月丁未。
⑥ 《安徽歌谣》,187页,合肥,安徽人民出版社,1961。

河南的门户。扫北军自此即在捻子的导引下由皖入豫，开始了远离后方的"扫北"征战。

当时太平天国上下对形势估计普遍持乐观态度。镇江守将、殿左五检点罗大纲于1853年6月上旬致函上海英国领事时估计，可在今后的"三两月之间，灭尽妖清"。①

三　扫北军的攻势作战与清王朝的防御

河南巡抚陆应谷为防御太平军入境，事先已有所布置。除派参将苗樟率部前出至安徽亳州外，又派南阳镇总兵柏山前赴陈州，其本人则亲率3 000兵至归德、商丘一带堵御。6月12日，扫北军在升家楼击败副将锡普常阿的清军前队。13日，扫北军又与陆应谷部主力战于宋家集，杀死清军400余人。陆部溃散过半，陆本人率残兵数百人狼狈逃至柘城。扫北军随即攻入归德府城，将城内"妖兵妖官尽杀，约杀有三千之多，得红粉（火药）二万有余斤，铁炮无数"。② 陆应谷因归德府城被"窜陷"而革职留任。

扫北军攻取归德府后，诸将商议进一步行动，当即由林凤祥、李开芳二人率领5军兵将连夜赶赴距归德府约40里地的刘家口搜取船只，准备在此抢渡黄河。但清朝地方当局早已采取措施，控制、销毁了大批船只，扫北军不得不改变进军路线，折而向西。14日，吉文元、朱锡琨率后队与反扑的清军在归德府城外大战获胜，连夜统兵于15日赶至刘家口与前队会合。15日，"一同统兵"西进，进克宁陵。16日，克睢州。17日，克杞县。18日，克陈留。19日，"至河南省城外，深深沟两重，周围并无房屋，离黄河二十里亦无船只"。太平军到开封的主要目的是寻找渡口，初攻不克后即放弃攻城。由于在开封附近没有船只，加之清军追兵已赶到，几位将领当即决定："四十里至朱仙镇，即时前往扎宿，近黄河七十里，亦点兵前去取船。"③

---

① 《殿左五检点罗大纲致上海英国领事馆书》，见《太平天国文书汇编》，295页。按：其时罗大纲已由殿左一指挥升任殿左五检点。
② 《林凤祥李开芳吉文元朱锡琨回复北伐战况上北王韦昌辉禀报》，见《太平天国续编》（三），5—6页。
③ 《林凤祥李开芳吉文元朱锡琨回复北伐战况上北王韦昌辉禀报》，见《太平天国续编》（三），5—6页。

6月21日,扫北军在朱仙镇以林、李、吉、朱四人共同名义向天京汇报了战况。禀报中最后说:"自临怀[淮]至此,尽见坡麦,未见一田,粮料甚难。兵将日日加增,尽见骑马骡者甚多。忖思此时之际,各项俱皆丰足,但欠谷米一事。临怀[淮]至此,着人带文回朝数次,未知至否?如此山遥水远,音信难通,兹今在朱仙镇酌议起程,过去黄河成功,方可回禀。"[1]但我们所见到的这一份禀报并没有送达天京,而是被清方截获了。

由于扫北军攻势凌厉,军纪严明,一路虽未多所逗留,沿途河南民众参军者却络绎不绝。除捻子而外,丰口河工所解散的饥民数千人及在皖北所遣散的团勇亦纷纷入伍。此时扫北军总人数已达4万余人。扫北军在朱仙镇停留二日,得民众报告,知巩县洛河停有运输煤粮的船只,于是全军继续西行,6月22日克中牟,23日克郑州,24日过荥阳,25日至汜水,26日克巩县。27日,扫北军从洛河取得运煤船只,开始在汜水口北渡黄河。因船少人众,至7月4日主力方渡尽,并在摆渡中折损了一些人员和船只。

6月24日,清军托明阿、善禄两部抵达开封,西凌阿统带的黑龙江马队也于同日前往会合。三部合军已有5000余人。他们在给皇帝的奏报中说已"驰抵汴城,贼匪败窜"。但皇帝在谕旨中批驳道:"并未与贼打仗,贼已先窜,断非因畏兵到而逃。著赶紧进剿,勿堕贼诡计。胜者论功,挫者罚罪。无别言可谕也。"[2]

7月1日,清军抵达汜水,遭到扫北军后卫的拦截。4日,扫北军主力已尽渡,后卫部队才撤出汜水,折回巩县。

这支约千人的小部队因西路偃师方向亦有清军,遂越巩县南山,转向东南密县方向,反旆南下。南归部队人数虽少,"余氛犹足蔽日"。[3]7月8日,占密县。9日,抵新郑。10日,入长葛。11日,进逼许州。许州城"城坚濠深",但太平军架起云梯攻城,又以火烧城门。陆应谷急调数千兵马驰救。13日,太平军乃拔营南走,一路过临颍、郾城,经西平、

355

---

[1]《林凤祥李开芳吉文元朱锡琨回复北伐战况上北王韦昌辉禀报》,见《太平天国续编》(三),5—6页。
[2]《清文宗实录》卷九十五,咸丰三年五月丁卯。
[3] 陈善钧:《癸丑中州罹兵纪略》,见丛刊《太平天国》(五),175页。

遂平、确山、罗山、大胜关,于 7 月 30 日入湖北境。又由湖北黄安、麻城经罗田,于 8 月 10 日入安徽境。中旬,自英山到达太湖。扫北军的这支南归部队,与三省官军周旋,历时 1 个多月,转战 1 500 余里而不溃散,虽余众无多,但终得与西征的部队会合。

已渡河的扫北军主力从此走上了更为艰险的历程。7 月 2 日,扫北军攻占温县,并分军至武陟。8 日,开始进攻怀庆府城。此时,扫北军 9 个军的总兵力有 3 万余人,其中又以前一、前二两军实力为最强,共有 1 万余人,其余 7 个军共约 2 万人。①

怀庆府城为河北镇总兵驻地。镇标兵经数次调拨,所余不过两三百人,但武器弹药仍多。其地势西高东低,沁河经城北流过,与丹河会合后注入黄河,交通便利。怀庆城周围 9 里,城高 3.5 丈,宽 2 丈,池深 2.5 丈,阔 5 丈,亦利于防守,知府余炳焘等率留守的清军及团练壮勇据守。扫北军攻击怀庆,据被清方盘获的太平军的供词说,其目的是"林凤祥志在破城固守,以待南援"。但初攻不克,遂将城之四关围困。7 月 15 日起,扫北军数次用地雷轰塌城墙,均被城内守军截击抢堵,未能得手;挖掘地道 20 余处,亦遭城内守军破坏。怀庆守军的顽强抵抗和攻城屡遭挫折,无疑激发了扫北军继续围攻的斗志。扫北军屯扎怀庆城外,也吸引和调动了北方各路清军向这一带集结。

扫北军久攻怀庆不下,外围的清军却越聚越多。尾追而来的江宁将军托明阿、贵州提督善禄、已革都统西凌阿等均已率部渡过黄河。内阁学士胜保率部由扬州经安徽继至。山东巡抚李僡亦率山东兵至。7 月 13 日,清廷命大学士、直隶总督讷尔经额为钦差大臣,统领河南、河北诸军,并所有各路官兵统归节制。理藩院尚书恩华、江宁将军托明阿帮办军务。胜保率部到达后,咸丰帝又任命其帮办军务。②

讷尔经额统带的清军各部,首先在怀庆东北方面摆开拦阻的架势,并逐步对扫北军形成南、东、北三面的围堵。扫北军围攻怀庆城之初,采取了积极进攻的姿态,后因屡攻不下,转取围困战术。在增援的清军陆续抵达后,扫北军又不得不分出部分兵力对付外围的清军。但扫北

① 《张维城供》,见《太平天国续编》(三),288 页。
② 《清文宗实录》卷九十六,咸丰三年六月辛巳;卷九十九,咸丰三年七月丁未。

军将士能战能守,林、李等又身先士卒,加之得到济源、孟县百姓的接济,因而能与清军长期对峙。在外围的清军不断聚集后,扫北军终于放弃了对怀庆的围攻,于 9 月 1 日悄然撤围,9 月 3 日西出济源而入山西。据当时身为扫北军战士的陈思伯回忆:"捉获城内逃民,询知内已无粮,人多饿毙,贼有不愿入城之意。因城外扎有多兵,恐被追袭,密令各营悬挂羊犬,使脚击鼓,并焚草入灶,俾官兵远望有烟,然后拔队北窜。贼去数日,官军始探知,已偷越八百里太行山矣。"①

怀庆之战,前后历时 56 天。扫北军因战斗减员以及后附者逃散而减至 2 万余人。

扫北军全师"遁"走后,钦差大臣讷尔经额等于 9 月 3 日会衔,编造出兵分五路、攻破贼巢、毙贼殆尽的赫赫战果,并由八百里驰奏。咸丰帝闻讯大喜,明发上谕以宣布胜利,并对所有"有功人员"恩赏有加。但扫北军以突入山西的实际行动,揭穿了讷尔经额等人的谎言。

山西是清朝防守较为薄弱的省份。为尽快摆脱在怀庆周围集结的清军,并绕开已有设防的泽州府,扫北军选择了向西经济源,过封门口,再经邵原镇到山西垣曲的路线。330 里山路,扫北军强行军,"昼夜跣足狂奔",仅 3 天就赶到了。自 1853 年 9 月 4—14 日,扫北军连克垣曲、绛县、曲沃、平阳,并分军克洪洞,又折而向东,于 19 日在曲亭会齐,继续东进,于 24 日克潞城,25 日克黎城。扫北军在山西取得了人员和大批粮弹的补充。山西巡抚哈芬先因垣曲被窜扰而被革职留任,后更因"调度乖方,畏葸无能"而被革职拿问。陕安镇总兵郝光甲最先带兵入晋追赶,曾在平阳以北设伏而使太平军遭受了一些损失,但终在曲亭镇遭到扫北军前后队的夹击而大败,郝本人仅以身免。胜保则率部抄越扫北军,赶到洪洞城北上纪落镇拦截。9 月 23 日,咸丰帝以胜保"临阵奋勇争先,战功屡著"而特授其为钦差大臣。恩华、托明阿仍令帮办军务,并著讷尔经额派员将钦差大臣关防,赍送山西军营,交胜保祗领。此前,原钦差大臣讷尔经额因扫北军"西窜晋省,毫无准备",且无论何路何事,"必待请旨而后行"而受到咸丰帝的严词申饬。②但在郝部大

---

① 陈思伯:《复生录》,见《太平天国续编》(四),346 页。
② 《清文宗实录》卷一〇四,咸丰三年八月癸巳;卷一〇三,咸丰三年八月庚寅。

败后,胜保与托明阿等部或在后追赶,或抄前拦截,都不敢过分逼近扫北军寻战。扫北军因而常砍斫木牌,上书"胜保免送"等字于其来路加以嘲讽。①

9月26日,扫北军复入河南境,克涉县。28日,克武安,当夜东渡观音岭,入直隶境。

清直隶总督讷尔经额自怀庆"凯撤"后,对扫北军突入直隶竟然毫无防备。他随身仅带弁兵数十名,于9月28日晚行抵临洺关,"见有武安逃出之商旅",方才就近调集兵力,紧急布防。②

29日午,扫北军前锋至,讷尔经额命官兵出战,永年县的500多名"乡民"也在一位监生带领下助战。未几,太平军大队"跟接蜂拥,漫山而来",官兵溃败,伤亡兵卒400余人,助战的"乡民"亦全部阵亡。讷尔经额狼狈逃至广平府城,"军火衣物饷银一概失落"。③ 此后他株守广平一隅,贻误了直隶全省和京畿防卫的事机,终于也受到了被革职拿问的惩处。

扫北军继克临洺关后,立即北上,从9月30日起,又连克沙河、任县、隆平、柏乡、赵州、栾城、藁城、晋州,10月9日,进克深州。扫北军如此神速的进军,显然是想在隆冬到来之前,迅速占据有利地位,以便发动对北京的攻击。然而,因部队连续行军作战,过于疲劳,不得不在深州稍事休整,并击败西凌阿之追军。同日,胜保军至藁城西十余里,得桂良飞咨太平军已到定州,即北驰救援。

扫北军胜利攻入直隶的消息传到天京,东王杨秀清奏请天王洪秀全,封林凤祥为靖胡侯,李开芳为定胡侯,吉文元为平胡侯,朱锡琨为剿胡侯,黄益芸为灭胡侯。

10月10日,北京误传太平军已攻至定州,清廷大震。次日,咸丰帝在乾清宫行授印礼,任命惠亲王绵愉为奉命大将军、科尔沁郡王僧格林沁为参赞大臣,部署京城防务。

僧格林沁率京营兵四五千人赴京南涿州防堵,胜保亦率军火速北

---

① 马振文:《粤匪陷临清纪略》,见丛刊《太平天国》(五),184页。
② 《清政府镇压太平天国档案史料》第10册,491页。
③ 《张集馨致英棨函》,见《太平军北伐资料选编》,383页。

上保定迎截。清军摆下了欲与太平军在北京城下决一死战的姿态,但此时也正是北京朝野最为惶恐不安的时刻。时人记载道:"发逆北犯直境,讹传已到定州,众情惶乱。是日上御乾清门,颁奉命大将军印绶,惠亲王为大帅,京师戒严。……各官竟有抽身出都者。自本年二月,部院各衙门纷纷告假,至是部曹几乎一空。"①然而扫北军却未由保定方向直扑北京,在深州停留休整期间也是"但据州城,未扰支县"。② 其时胜保所部清军已由保定南下。10 月 16 日起,两军在深州城外数次交战,各有伤亡。21 日,两军又战。薄暮,扫北军趁清军收队之际,绕出敌后横击。清军协领三福等 1 000 余人阵亡。

22 日夜,适逢暴风天气,扫北军乘间东去。23 日薄暮,克献县。25 日,克交河。26 日,到达运河边上的泊头镇,"造桥渡河,搜括米物,装载运船,水路[陆]并进"。③ 大部队沿运河向北挺进,绵亘十余里,颇为壮观。27 日,在沧州城南杀败驻防旗兵与当地汉回兵勇,并进克沧州。扫北军于沧州受损较大,进城后杀人也最多。28 日,占青县。29 日,占据静海县城,并分军继续向北占领独流镇,前锋经良王庄到达杨柳青。

天津一带时值大水,"茫无所向,惟一堤可抵津郡"。10 月 30 日,太平军前锋乃沿堤进抵天津西郊的稍直口,遭天津知县谢子澄所募雁户排枪伏击,"受枪伤甚多"。④

扫北军经此挫败,更由于将士过度疲惫,不得不退返独流、静海等处扎营。此时部队虽有较多减员,但仍保有 9 个军的完整建制,总兵力超过 3 万人。

四　从胜利到失败的转折

太平天国扫北军在独流、静海屯扎的 3 个多月,是它由胜利走向失败的转折时期。其间,胜保、僧格林沁所率清军主力相继抵达,扫北军

---

① 崇实:《惕庵年谱》,见《太平军北伐资料选编》,538 页。
② 吴汝纶:《深州风土记》,见《太平军北伐资料选编》,416 页。
③ 佚名:《畿辅平贼纪略》,见中国科学院历史研究所第三所近代史资料编辑组编辑《太平天国资料》,69 页,北京,科学出版社,1959。
④ 方玉润:《星烈日记》,见《太平天国续编》(七),41 页;《张兴保供词》,见《清代档案史料丛编》第 5 辑,170 页。

在兵力上渐处劣势。然而真正给扫北军带来致命威胁的，不是胜保和僧格林沁的马队，也不是他们从京营调来的大炮，而是北方隆冬的严寒。

　　早在1852年秋太平军进攻长沙之时，清方统帅徐广缙即认定太平军"生长炎荒，畏寒喜暖，将来仍必回窜，断不北行"。[①] 太平军将士们以其实际行动打破了徐广缙的判断，但太平天国所占据的长江流域，从自然地理的区域划分来说，仍然属于南方。[②] 在太平天国人士的认识里，北方的直隶，"其地苦寒"，"北方之地，风沙无际，寒暑过严"。[③] 因此，黄河以北的隆冬不仅对出生于两广的太平军老战士，即使对两湖三江的"新兄弟"们，也是前所未有的考验。

　　这一年北方的冬天来得很早。10月7日，扫北军徒涉滹沱河时，河面即已结有薄冰。当时，正值秋分已过，欲交寒露之时（10月8日交寒露）。陈思伯在其回忆录中写道："途中过滹沱等河，新秋水面已有薄冰。过河后着衣复行，不知下身腿足全受冰锋划伤，甫行数日，血出沾衣，竟脱不下，忍痛解衣，真苦境也。"[④]

　　扫北军于10月29日（太平天国癸好三年九月二十五日，咸丰三年九月二十七日）入据静海，并分兵占领独流和杨柳青。此时的节令，霜降已过，立冬将临。扫北军在初攻天津于稍直口受挫后，没再坚持继续攻城，看来是吸取了对怀庆久攻不克的教训，以免在隆冬季节顿兵于坚城之下。他们抢在敌军到来之前在独流与静海修筑木城，以利长期据守。所谓木城，实即木料扎成的营垒，内实以土，外开有门。独流是静海县城以北的一个大镇，地处运河西岸，子牙河、大清河在其北交汇，并东流入天津，地理位置十分重要。稍直口一战之后，扫北军"分股为二，前队退扎独流镇，后队踞静海县，相去十八里，中间联络小营十余

　　① 郭振墉：《湘军志平议》，见王闿运《湘军志》，196页，长沙，岳麓书社，1983。
　　② 按：当代中国的自然科学工作者将整个中国概分为三个范围十分广阔的自然区域，即东部季风区域、西北干旱区域和青藏高寒区域。其中宜农的东部季风区域大体上相当于清代内地的十八省以及东三省的大部分地区。由于东部季风区域南北跨度较大，其地带性明显地表现出纬向分布的特点，因而再以秦岭—淮河线为界，进一步细分为南方亚热带湿润地区和北方温带亚湿润地区。在清代咸丰五年黄河改道以前，淮河下游为黄河所占。黄淮以北，均属北方之地。
　　③ 语见《贬妖穴为罪隶论》中武建文、邓辅廷的两篇论文，见丛刊《太平天国》（一），288、295页。
　　④ 陈思伯：《复生录》，见《太平天国续编》（四），346—347页。

座"。① 在独流,是跨运河两岸修筑木城,静海因有城墙,系在城门外修筑木城。杨柳青在独流东北 30 里,驻扎此处的太平军更是抓紧时间,用船只向独流抢运粮食等物资,往来樯帆不断。11 月 7 日,当胜保率军进攻杨柳青时,太平军即主动撤出,收缩了自己的战线。

胜保趁扫北军收缩兵力之际,由杨柳青进至西距独流不到十里的良王庄扎营,自 11—19 日,先后发动了四次攻击。但太平军坚守木城,并不轻易出战。双方进入了相持阶段。

鉴于太平军将士"善于狂奔,肆志窜扰",胜保向皇帝提出:"非设法合围使其无路可走,不能悉数灭尽。"然而他又苦于太平军"踞于静海、独流二处,相距十八里",根本无法合围。② 清军只能布置在四处堵截的位置上,重点是在北面,主要是防止太平军向北"窜扰"北京。而太平军的兵力部署,重点也在独流。据清方 11 月中旬侦察,驻扎静海者"不过十之二三"。直到 3 个多月后的南撤前夕,兵力部署仍变化不大。据陈思伯回忆,"独流约有一万七八千人,静海约有一万三四千人",仍以独流方面为重。清军无法合围,自然也就无法切断太平军与周围百姓的联系。在独流、静海驻屯期间,太平军能够不断地得到粮食和其他物资的供应,甚至连火药也能设法向周围地区寻取,这是他们得以与清军长期相持的一个重要条件。

在皇帝的不断催促下,处于一线的胜保各军不得不向筑垒固守的太平军发起攻击。然而太平军方面,"濠日挑宽,垒日加厚,密排枪炮,负固深藏";清军方面,则是"兵勇行进[近]贼垒,即有心寒迟进之意",少数冒死向前者,也因太平军的枪炮"密如雨下"而不能扑进。③

12 月 23 日,清军各营列队阵前,以便逼近木城修筑营垒。太平军乃分三路主动出击,阵斩清营统带炮兵的副都统佟鉴和统带天津练勇的天津知县谢子澄。佟乃二品大员,是太平军整个"扫北"过程中所打死的官阶最高的"妖头",但其名并不为太平军所知。谢子澄在稍直口战后已引起了扫北军的注意。得知打死了此人,太平军营中"互相庆

---

① 陈思伯:《复生录》,见《太平天国续编》(四),347 页。
② 《胜保奏报筹剿静海独流等处并绘图贴说折》,见《清政府镇压太平天国档案史料》第 10 册,461 页。
③ 《胜保奏报筹办围剿及防堵窜逸等情折》,见《清政府镇压太平天国档案史料》第 12 册,98 页。

贺"。① 胜保为此受到了降四级留任和拔去花翎的处分。他设法逼近太平军木城高筑炮台,但日间未能筑成,夜间即遭太平军平毁。后来炮台总算筑成,可昼夜放炮,但太平军坚守如故。胜保又设法在太平军的五里庄营垒附近构筑营盘,企图隔断独流与静海之间的联系,但直至太平军南撤,也始终未能如愿。清军既不能冒死强攻,远处施放枪炮又达不到杀伤太平军人员的目的,胜保于是总结出一条万全之策,即"围而不攻","俟其食竭力尽而取之,事当易如反掌"。② 这一"万全之策",后来僧格林沁在连镇和冯官屯合围扫北军时果然奏效了。但此时咸丰帝却因军饷筹措的困难,不准许他无限期地拖延下去。皇帝的谕旨说:"一切布置尚妥,是时万不可令窜逸,今岁总要灭尽。朕志已定,不可漫视。……今独流之贼,迥非昔比。虽木垒有似于两金川,然今日之饷,岂能延以待之,必至无继而后已!"③

咸丰帝欲在年内消灭扫北军的决心根本无法实现。胜保所统率的一线兵力有2万余人,加上僧格林沁摆在二线的数千人,总数虽已逾3万,但还远不够对坚守的太平军形成合围。之所以未再增添兵力,筹饷困难是最主要的因素。

扫北军在年内并没有被"灭尽",但也没有"窜逸",而是在独流、静海整整驻屯了3个多月。在这3个多月的时间里,形势发生了不利于扫北军的逆转。除了使清王朝得以厚集兵力对扫北军予以围堵外,更重要的是使它有了足够的时间稳定住北方,尤其是京畿和直隶的局势。北京城在扫北军攻入直隶前已有大量官民逃离,在其进至独流、静海后,更暴露出"军备未严,民生日蹙"的严重问题。有人向皇帝汇报说:"巡防之效,至缉匪犯而止;团练之效,至堵拿鼠窃而止,猝有缓急,皆不足深恃也。京师绿旗各营,素多虚籍,自寇警渐逼,京师之精壮者大半调赴近京各处,其现存者皆挑选之余与暂雇充数耳";"各街巷十室九空,户口日减"而"穷民较往年加增","推原其故,皆由富绅出京过众,小民佣力无从,谋食艰难,生计日绌,非流离外徙,即冻饿待毙"。④

---

① 《张亮基奏陈截获贼营遣出头目讯明正法片》,见《太平天国史料丛编简辑》(五),355页。
② 《胜保奏陈目前敌情及攻剿对策片》,见《清政府镇压太平天国档案史料》第11册,522页。
③ 《清文宗实录》卷一一五,咸丰三年十二月甲申。
④ 《凤保等奏陈都城军备未严民生日蹙折》,见《太平天国史料丛编简辑》(五),346—349页。

但京城防守的架势毕竟已经拉开,民生问题也已受到关注,阵脚总算站住了。更重要的是,整个畿辅地区的局势得到了控制。太平军突入直隶之后,许多衣食无着、无以为生的贫苦群众趁势起而造反,其中有些加入了扫北军的队伍,但多数并未得到扫北军的有力支持。清朝方面一旦得到喘息的机会,便利用手中握有的政权,官绅结合,大办团练,并坚决镇压趁乱而起的"土匪""乱民"。本来官绅们对操办团练并无迫切感,经费也往往无法筹措。但"土匪蜂起""大肆掠夺"的结果,使得他们有了生死攸关的切肤之痛,从而变得空前"大方"起来,经费、粮食乃至人员等等很快都有了着落。多养一个团丁,即少出一个"土匪",这笔账,官绅们还是算得过来的。扫北军的支持者或潜在的支持者们随着时间的推移而大为减少了。这一正一反的出入,使得扫北军孤军之势已成。形势和3个多月前已很不一样了。

林凤祥、李开芳等率扫北军坚守独流、静海,一直在等候天京再发兵来。在此期间,太平军往来南北的情报人员络绎不绝。据僧格林沁奏报,有从"贼营"逃出之人供称:"有逆匪妇女扮作乞丐,往南搬取救援,并南省之匪二月可到各等语。"①署山东巡抚张亮基在直隶、山东边境查获太平军侦探,所供情节也与此相同。援军肯定要北来,这没有疑问;但是否"二月可到",却没有把握。林、李等人鉴于形势的恶化,决定提前拔营南撤,主动迎接北上的援军。从1854年1月24日起,扫北军连续派兵外出探路。28日(咸丰三年除夕),更派出3 000余人的队伍,向西南大城县方向出击,占领了几个村庄,由此试探出清军在这一方向防守的薄弱,并最终选择全军从此方向突围。

陈思伯在回忆中记述了当时的情况:

相持至十二月,湖中冰冻、人能行走。贼情迫,派人查探冰路。不意湖中三村泊有兵船百号,排立三营,营外破冰为沟,阻不得出。贼造冰车二十四架,高宽各五尺,内外木板,中空一尺,以书实之,每车列炮眼二,下有圆铁小轮四,左右用铁环钩笐,分则一人推行甚速,合则勾连

---

① 《僧格林沁奏报探查近日敌情及拿获征办抢劫各犯折》,见《清政府镇压太平天国档案史料》第12册,77页。

俨如月城。又以长木系草二三束,在车后随行,遇有冰沟,抛木入水,北风凛冽,草易结冰,片时冻成冰桥,贼可长驱前进。除夕连破三营,兵民船户皆被戕害,无一逃者。夜半,官军大营尚有赏号冰船八只,不知失守情形,突来被害,船物悉为贼有。①

冰车的巧妙构造,足见扫北军中不乏能工巧匠。

1854年2月5日(太平天国甲寅四年正月初二日,咸丰四年正月初八日),独流的太平军向静海集中。6日,扫北军全军趁夜踏冰向西南大城方向急速转移。

突围的时机、地点和方向的选择,甚至利用湖水冰冻、人能行走,这都没有错,充分显示了扫北军统帅在军事指挥上的智慧。可是有一条他们却万万没有料到,这就是在严寒的天气条件下,连夜踏冰行军所造成的极为惨重的人员伤亡。

据陈思伯回忆:

甲寅四年正月初间,林逆在独流约会驻扎静海李逆传令,夜由冰上踏雪急走。行冰路六十余里,东方渐明,始上大堤。虽出重围,而冰上冻死休息贼尸,沿路皆有。次早见堤上或坐或卧之贼甚多,初以为睡熟,迨呼唤不醒,推之应手而倒,始知全行冻死。至午前犹有大呼热急,自行解衣饮雪,倒卧雪中滚死者,周身红色,想是外受寒逼,阳气内攻于心耳。②

这一触目惊心的惨景,使得本来甚有组织的南撤成了恐怖的逃亡。此次突围行军,扫北军战士冻死极多,未死者足部也大都冻伤。损失之大,超过了以往任何一次战斗减员。陈思伯本人侥幸逃得一命,但冻伤也十分严重:

予履冰一夜,足未停趾,次日行至午后稍为歇息;又行一夜,幸身带

---

① 陈思伯:《复生录》,见《太平天国续编》(四),347页。
② 陈思伯:《复生录》,见《太平天国续编》(四),347页。

面食,得以不饥。至第三日,闻前队驻扎陈谷庄,问距静海县,已行三百余里矣。予因衣履结冰甚厚,不少溶化,两腿冻直,难于行走,中途在已熄灰火内少立片刻,忽然掣痛,岂知因此一立,竟将足趾煨熟,到陈谷庄剪开鞋袜,见十趾黑色,又休息三日,双趺始渐溃烂,两手拳曲,半月不能稍伸,不但手与面上退去黑壳一层,且将左手二指冻死半节,可谓奇冷矣。①

清军觉察到扫北军在西南方向的异动,2月3日,僧格林沁统带马队千人前往静海正西的王家口扎营。此前,他已奉旨移营前进,与胜保合为一军。2月5日,胜保"收复"独流,因不知太平军的去向,竟向西转入霸州进行防堵。但僧格林沁得到了准确的情报,率马队跟踪追击。据清方的探报说:僧格林沁"于初九日(2月6日)誓师出队,往前追逐,贼匪披靡,并无斗志,尽力追杀无数,天明至白杨桥。此百余里,贼尸遍野,可称大胜"。② 时在胜保大营的张集馨于2月8日晨随军从王家口出发,记沿途所见,也说是"天气严寒,贼尸遍野,系为僧王马队追戮"。③ "贼尸遍野"当是事实,但结合前述陈思伯的回忆,沿途扫北军人员的倒毙,绝大多数应是严寒天气所致。僧格林沁所率领的马队,此前并没有实战的经验,但他们趁扫北军南撤冻馁之后,已无斗志之时进行跟踪追击,取得初战胜利,确实鼓舞和激励了士气。

2月7日,扫北军入据河间县的束城村,列队抗拒僧格林沁的追兵。僧部因兵少,且轻骑不能携带大炮,也不敢遽行攻扑。太平军后队的人员如陈思伯等,约于8日赶上大队。

2月10日,胜保率军前往束城与僧格林沁会合。此前由于胜保恶人先告状,咸丰帝曾有意让位高权重的僧格林沁将统带的军队交胜保指挥,以一事权,并严令其不得掣肘。但胜保一再失机,僧格林沁却咬住了敌人,并取得追击的胜利。咸丰帝于是收回成命,承认了前线指挥权的易位,清方的统帅便由以胜保为主变成以僧格林沁为主了。

---

① 陈思伯:《复生录》,见《太平天国续编》(四),347—348 页。
②《文瑞等为胜保等追敌及僧格林沁擒获伪相事致绵愉呈文》,见《清政府镇压太平天国档案史料》第12 册,276 页。
③ 张集馨:《道咸宦海见闻录》,137 页。

僧格林沁（1811—1865）是道光帝为其守寡的姐姐挑选的过继儿子，袭科尔沁郡王爵，自幼出入宫廷，是咸丰帝倚为亲信的姑表哥。此次带兵出征，又是在乾清宫皇帝亲自授印的参赞大臣，无论身份、地位或威望都比胜保高得多，其年龄也长胜保10岁。他对胜保嘴上说得漂亮但实际做不到极为鄙视，敢于也能够依照前线的实际情形采取有效措施。清军主帅的易人，使得形势朝着更加不利于扫北军的方向发展。

扫北军在束城等村构筑营垒，清军并不敢近战强攻。僧格林沁与胜保一起向皇帝奏报："去岁地多积潦，兹届冰雪乍融，平地泥深尺许，逼近贼巢，泥水更甚，步队扑击，殊形费力。……再四筹度，除无分昼夜用炮轰击，并随时相机进攻外，惟有开挖深壕，以资围困。该逆如不肯坐以待毙，必然拼死奔扑，我兵即可奋力前截后袭。倘竟如前死守，我兵只须严此长围，不日贼巢粮尽，即可不攻自溃，彼时亦易剿殄。"①这确是对付扫北军最为狠毒也最为有效的手段，但依然被咸丰帝斥为"仍属敷衍"，并表示"断不能再宽时日"。

在束城的扫北军也面临着两难的选择：固守，条件已不如独流、静海，粮食将尽，且清方已加紧开挖长壕；突围，行军中部队易受马队的袭击而遭损失，且有大量伤足的战士尚未康复。但3月7日深夜，太平军还是趁大雾迷漫之际，从东南方向涉水突围了。

8日，太平军再次占领献县。9日，前队进占阜城，但后队尚在40里之外的富庄驿。当晚，胜保率马队追至阜城。僧格林沁留在富庄驿，并派兵在驿南树林中设伏。10日凌晨，太平军后队行军遇伏，"不战自乱"，"四路奔溃"，经前队接应，才于当日黄昏进入阜城，或扎营附近村庄。但次日黎明时分，城外各营又遭到清军马步队"一齐合围，四面攻击，彼此不能相顾"。由于是连夜扎营，未及修筑较为坚固的防御工事，前二、前五两军的营盘首先被攻破，仅逃出70余人；上午，后一等军的营盘又被攻破，逃出一队，经清军冲杀，"剩有百数十人入城"。午后，右军先锋营的营盘又被踏陷一半，经朱锡琨率众用砖石奋力抛击，又得城

①《僧格林沁胜保等奏报敌受创负固不出现仍设法进击折》，见《清政府镇压太平天国档案史料》第12册，437页。

中战士出援,才将清军击退。① 这是扫北军第一次有几个营盘同时为清军所攻破。据陈思伯说,"此败由于足冻不能得力也"。清方的奏报说"毙贼六七千名",②数字容有夸大,但扫北军无疑是遭到了空前的损失。

陈思伯本人的冻足,是后来到连镇驻扎时,"得八宝珍珠散药力,能去死骨,至八月后将冻死九趾用剪刀断筋,逐渐收口学步,又月余步履如初"。也就是说,直到当年10月,他才重新学会了走路。

3月23日,扫北军三丞相之一的吉文元阵亡。清方奏报说:"骑马贼目头戴黄风帽,我兵即开炮向击,吉林、黑龙江马队枪箭齐施,射中该逆腰胁等处。旋见该贼目身带三箭,跌马倒地,群逆抢回。"当时还不知道这位"贼目"究竟是谁。后来"据连日投出难民等供称,二十五日(3月23日)我兵进攻东门外贼巢,伪丞相吉文元额角中有炮伤,腰胁中箭数枝,登时毙命。逆众当将尸身抬回,埋在县署后院,并有欲将伪指挥黄姓推为丞相,等语"。③

统帅层将领的阵亡,这在扫北军也是前所未有的事。其时在天京和南方战场,将领们提升很快。但扫北军仍维持了出发时的职位,如林、李、吉仍是丞相。吉文元死后,传说林凤祥等欲将指挥黄姓(即黄益芸)推为丞相,这应是扫北军统帅人事上的重大变动,但并未成为现实。④ 而比黄益芸职位高的检点朱锡琨却未见提及,其后事迹也始终不彰,很可能是在不久后的战斗中阵亡了。⑤

综计扫北军自独流、静海突围以来,直到阜城驻扎时,沿途冻死及被追兵所杀的足有1万多人,加上逃散和掉队的,减员总数可能已高达

---

① 据陈思伯《复生录》。按:陈思伯原文仅说是"右军贼目朱检点",应即是朱锡琨。
②《僧格林沁胜保等奏报敌受创不出现筹进剿情形折》,见《清政府镇压太平天国档案史料》第12册,566页。
③《僧格林沁等奏请将射死敌目吉文元之吉林甲兵奖励片》,见《清政府镇压太平天国档案史料》第13册,45页。
④ 据黄益峰供词,其族兄黄益沅(即黄益芸)直到连镇才"得了检点",可见在阜城欲将其推为丞相之说并未成为现实。据《绵愉奏审录林凤祥等人供词折》,见《清代档案史料丛编》第5辑,161—164页。
⑤ 按:据清方记载,在阜城期间,"三月二十六日(4月23日),毙贼二三百名,内穿黄衣贼一名、穿红衣贼十余名、执黄旗贼目数十名。昏黑之后,毙贼不知数目。"朱锡琨很可能即于此时阵亡。见《清政府镇压太平天国档案史料》第13册,416页。

2 万人。虽其骨干力量尚存,但人数已大为下降,应只有 1 万人或稍多。① 扫北军丧师过半,加之冻足者多未痊愈,已不能轻易突围转移;即使突围,也无法摆脱在数量上占绝对优势且能快速机动的清军的围追堵截,他们把希望寄托于援军的来救上。

五　扫北援军的败亡

对于扫北,天京方面早就有再发兵的打算。据李开芳被俘后的供词说,是洪秀全等太平天国领导人打发他们过黄河,到天津扎住,然后告诉南京方面,再发兵来。② 扫北军早在山西境内时,就已在打探由山东东昌到天津,也即沿运河前进的路线。进入直隶后,扫北军不走西路旱路,径由保定北上,而是绕至东路,走运河沿线至天津,不仅多花费了时间,且遭遇未曾料到的困难(直隶本年大水,天津一带更成釜底)。这一执着的进军路线,显然是坚守了"到天津扎住"的预定计划的结果。

天京方面,扫北援军早就应该派出,但却迟迟未能发兵,主要是兵力不足。扫北军出发不久,1853 年 6 月初,西征军约八九千人由胡以晄、赖汉英、曾天养等率领出发,兵力要比扫北军少得多。此时还不可能征调援军扫北。直到 1853 年末,扬州守军缺粮告急,杨秀清将已克武昌的部分西征军调回,接应守军撤离,留少量部队守瓜洲,其余均西上安庆。1854 年 1 月,胡以晄攻克庐州,引起清王朝的恐慌,生怕其"觊觎北窜"。但庐州的太平军并未趁势再向北方发展。扫北援军系从天京、安庆抽调兵力组成,由夏官又正丞相曾立昌、夏官副丞相陈仕保、冬官副丞相许宗扬等统率,共 15 个军的番号,总人数在出发时约 1 万人。③ 其目的也正是到天津解围。

扫北援军于 1854 年 2 月 4 日(太平天国甲寅四年正月初一日,咸

---

① 据僧格林沁奏报:"自独流、静海窜出,经臣屡次痛加剿洗,毙贼万余",见《僧格林沁奏》(1854 年 4 月 10 日到京),《剿平粤匪方略》卷八十五,3 页。又据胜保 3 月 31 日奏报:"阜城垂毙之贼,数不盈万",见《胜保奏报接据东省警报即日分兵南向并北路布置情形折》,《清政府镇压太平天国档案史料》第 13 册,90 页。僧格林沁在后来也提及"该逆前在阜城约有万人",见《清政府镇压太平天国档案史料》第 14 册,83 页。
② 《李开芳又供》,见《清代档案史料丛编》(五),167 页。
③ 据张守常《太平天国北伐援军军数人数考》,扫北援军 15 个军的番号,可以确定的有 14 个,即前八、前九、前十、后七、后九、中一、中三、中四、左一、左三、左九、左十、右六、右十。见其所著《太平军北伐丛稿》,济南,齐鲁书社,1999。

丰四年正月初七日)自安庆出发。6日到桐城,8日过舒城。东北方向的庐州周围有清军聚集,援军为避免纠缠,由西北方向走六安。14日,前队入六安城。16、17两日,援军大队到达。21日,到正阳关,即在此处北渡淮河。3月1日,到达蒙城。由于安徽北部的清军都在庐州外围,扫北援军自出发直到蒙城,始终未与清军遭遇。清方也一直未弄清楚这支太平军北上的意图,更由于沿途有大量本地群众参加,甚至怀疑可能是"土匪"假充的太平军。既到蒙城,清军才弄明白来者确是真太平军,"贴有伪示,前列伪官许、陈",且"于蒙城北关搭盖浮桥四道,有窜扰宿州并直趋徐州之意"。[1]

3月6日,援军前队进至河南永城。7日,进至夏邑。清军的一位副将率部与其交战,至阵前才发现是由"长毛"领队,赶紧撤走。但当地的乡勇不知情,仍继续作战,结果战死280多人。8日晨,扫北援军攻克夏邑县城。当晚,援军前队拔队前赴江苏砀山,但后队自永城来者仍络绎于途,直到10日傍午才过完。

扫北援军于砀山、萧县之间寻渡黄河。3月10日,到萧县西北黄家口,遇到当地乡团的抵抗。徐州附近的这些乡团都是地方乡绅为对付近年日益增多的饥民而建,目的是保护自己的身家财产不被来自饥民的"土匪"所抢掠。扫北援军过境,他们不愿也不能"走避",但迎战的结果都是被打垮,遭到或多或少的死伤。于是当地"土匪"进一步兴起。援军在黄河南岸找不到渡船,便继续沿河下行,13日进据丰工(丰北厅下汛三堡决口之河工)下游的包家楼。时值枯水期,而此处漫流水浅,扫北援军即于附近村庄拆屋取料,搭桥扎筏。自14—16日日落时,扫北援军大队陆续渡完。

援军后队尚未渡河,接南京方面的探报,说是庐州被攻紧急,许宗扬即率后队两三千人折回,说明随后仍来直隶。21日,自永城东郭外南下。25日,在颍州府西北南渡颍河,当日抵正阳关,从而返回安徽战场。但这支部队回到安徽后,并没有改变庐州被清军围攻的局势,后来也未再北上支援直隶。

---

① 《袁甲三奏报敌由蒙城分窜并请饬北南路遇截折》,见《清政府镇压太平天国档案史料》第12册,480页。

已经北上的扫北援军主力于 17 日克丰县,并由此进入山东境内。此时的援军大约拥有 13 个军的番号,总兵力已增至两三万人,甚至有说超过五万的,但其中的能战之士仍不足万人。

参加援军的群众主要有江苏、山东两省交界的大量饥民。自 1853 年春太平天国占领南京后,"南漕改折,或海运,挽夫、游民数十万无可仰食,丰北黄河连岁溃决,饥民亦数万,弱者转沟壑,壮者沦而为匪,剽劫益炽。"①这些人随时随地参加到太平军中来,数量很大,但游离性也很大。

参加到扫北援军中的还有些有组织的队伍,主要是捻党、幅党和溃勇。

捻党即捻子,是来自皖北捻乡的农民,在农闲时"装旗"(集合编队)出发,远到数百里外"打梢"(掠取富有者的浮财),春耕时再各自回家。扫北援军过境,正值他们农闲"打梢"之时。他们虽附入太平军,但保留了很大的独立性。

幅党,清朝官方称之为"幅匪",主要是运河沿线"随漕逐末"的江苏、山东两省的群众,"恒以匹布分幅帕头,私相雄长,阴有部曲",时有剽劫商旅的行为。②

溃勇是指以李三闹为首的自扬州溃逃的乡勇。李三闹,江苏徐州府睢宁县人,1853 年春因聚众抢粮散给饥民,而被追缉。后他带数百人赴扬州投河标游击冯景尼营充乡勇。是年冬,太平军接应扬州守军突围,冯景尼部军溃。李三闹等逃至泗州,又聚众数千。援军得其众为前导,方从河南永、夏来到徐州府属之萧、砀、丰境。

这些群众乃至有组织的武装队伍的加入,固然使扫北援军的人数大为增加,但也使得它的成分日趋复杂,终于形成尾大不掉之势。

在山东境内,援军主要在运河以西向北推进,行动很快。16 日,其先头部队即已与金乡的练勇发生战斗。18 日,击败单县勇。19 日,太平军大队攻入金乡,杀其知县。22 日,克巨野,知县以下战死者达 1 300

---

① 《山东军兴纪略》卷十七,见中国史学会编《中国近代史资料丛刊·捻军》(以下简称丛刊《捻军》)(四),332 页,上海人民出版社、上海书店出版社,2000。

② 据《山东军兴纪略》卷十七,见丛刊《捻军》(四),332 页。

余人。23 日,不战而入郓城。25 日,分两路北进的援军在运河沿线的张秋镇会师,造成浩大声势。

清廷对扫北援军的北进和扫北军这只"将毙之虎,又添双翼"的可能表示了极大的忧虑。3 月 20 日,针对僧格林沁奏折中所说阜城的扫北军坚守不出,咸丰帝的上谕中说:

> 览奏焦急实深。数日来满望可接捷书,何以令该逆又成死守之势。挑挖长濠,固为扼吭之善策。第此时贼之不出,非尽穷蹙,实故意老我师,以待彼之南援。彼时腹背受敌,或兼顾不暇,皆在意中。无异于将毙之虎,又添双翼也。著僧格林沁等设法诱出,尽行歼灭,万不可再任窜逸。①

围困阜城的清军一方面加紧了对扫北军的进攻,另一方面不得不派出部分兵力南下对付扫北援军。最先从阜城南下的善禄共有马步队 3 000 人,于 24 日来到东昌。面对援军的浩大声势,清军不敢再向南迎击,而是依托府城以自保。援军方面也有意避开东昌府城,26 日在阿城镇集中,向西攻击没有任何防守力量的阳谷。27 日,占阳谷,杀其知县。28 日,克莘县,知县逃走。29 日黎明,到冠县。知县闭门守城。援军支云梯攻城,忿其闭城顽抗,杀知县以下人员颇多,并烧毁官署和部分民居。30 日,分两路向北挺进。31 日,到达临清。

临清北距阜城仅 200 余里,其州城于 1851 年重修完毕。独流、静海的扫北军南撤以来,居住在土城的"商民闻北警,已将财货妇女辇运入城";扫北援军从南来,附近村庄之人又"争避入城,街衢填溢"。② 临清州城内积聚了大量财富。援军停顿下来攻打州城,历时近半月之久,于 4 月 13 日将其攻克。其间,清军已迅速向临清集结。其中以胜保从阜城率领南下的 6 000 余名官兵为最大股,其他有山东巡抚张亮基、山东布政使崇恩以及善禄等带领的官兵,总计 1 万多人。但清军作战不力,军纪也很差,几乎坐视了扫北援军将临清州城攻克。

---

① 《清文宗实录》卷一二二,咸丰四年二月辛卯。
② 马振文:《粤匪陷临清纪略》,见丛刊《太平天国》(五),179—181 页。

4月15日夜,扫北援军继续向北进军。至红庙遇伏,所抬药篓又误将火绳碰着,自相践踏,死伤极多,沿途参军的捻、幅、游民等饱掠之余,已不愿继续作战,趁机大量逃散。曾立昌等带人追赶,逃散者竟然反戈相向。援军将领已无法驱使全军继续北行。在此期间,在临清的曾立昌、陈仕保突然接到据说是阜城林凤祥、李开芳的来信,"言伊等足以自了,不须来援,催其南窜;又云官军马队利害,须于要隘取民间桌椅横塞,以防马队冲突。"由于后附入的队伍"各欲雄长,日寻干戈",援军"遂无固志"。① 这封显然是伪造的信件,促使了扫北援军全军的南撤。21、22日,村民中有胆大者到太平军在城外建立的木城中掠物,清军让他们进城探视,才知太平军已全部撤走,遂入城大肆搜掠。有人形容清军官兵的行为说:"万户焚皆尽,三军喜欲狂。拨尸搜屋底,遍发窖中藏。"琦善的侄子在胜保营中带勇,其住所中"四壁堆钱甚多,书籍、衣服亦复不少,自云从临清城里取来者"。②

扫北援军从临清连夜分股南撤,后参军者又趁夜纷纷逃遁,军中从此"号令不行"。清军看出扫北援军的溃散之象,一路紧追不舍,颇有杀伤。太平军南撤至清水镇时,尚有2万人。曾立昌组织南来的老战士千余人于4月25日夜间冲至清军营帐,乘风纵火,"火随风烈,各营盘顷刻延烧,官兵奔避,势如山裂"。他主张趁势追杀,并"从此反辙往北",继续救援扫北军,但"众贼目坚不相从",只得再往南撤。③

4月26日,扫北援军南撤至冠县。当地乡团"知贼败回",其后还有官军追赶,胆子大了起来,于是与胜保的追军前后夹击,使援军遭受了数千人的损失,逃散者更多。曾立昌"怨众不于纵火时追扑,坐失事机,又因违令歇息,官兵始能追及。若止乡勇百姓,尚易设法制胜,何至一败至此",结果"众怒欲杀曾"。身为援军统帅的曾立昌大约即于冠县悲愤自缢身死。④ 此后援军人心更为涣散,自冠县南撤时,"各头目擅自分股,每人或带千余人,或数百人,分路四窜",结果遭到沿途清军和

① 张集馨:《道咸宦海见闻录》,145页。
② 马振文:《粤匪陷临清纪略》,见丛刊《太平天国》(五),187页;张集馨:《道咸宦海见闻录》,147页。
③ 姚宪之:《粤匪南北滋扰纪略》,见《太平天国续编》(四),86页。
④ 姚宪之:《粤匪南北滋扰纪略》,见《太平天国续编》(四),86页。一说他可能是在退入江苏丰县境内黄河北岸时被追敌赶下急流而死,参见罗尔纲《太平天国史·曾立昌传》。

乡勇的截杀。① 5 月 2 日经郓城境分股南奔时,马步已不足万人。3 日晚,进入丰县城的有两三千人,这支队伍于 4 日晚抢渡黄河时被追及的清军压入河道,或是陷在泥泞中被枪箭杀死,或是卷入激流淹死。只有少数随陈仕保渡过黄河,仍由萧县、永城一路南行返回安徽,又聚集起两三千人。但陈仕保等在凤台县境内遭团练夜袭被杀,其余部由颍上渡过淮河,经霍邱归六安。许宗扬于 8 月间回天京,被杨秀清"收入东牢"。②

1854 年 5 月,东王杨秀清将顶天侯秦日纲由安庆召回天京,晋封其为燕王,令其统兵二次北援。同时封胡以晄为豫王,"将使往河北以通南北粮道"。秦日纲率兵到舒城杨家店败回。其禀称"北路妖兵甚多,兵单难往",不愿再向北行,奉旨赴安庆安民。不久,胡以晄亦因战败而被革去王爵。③ 二次援军中道夭折。此后,由于西征战事又渐转危,太平天国再也无力派兵北援。

六 英雄末路

从 1854 年 3 月 31 日(胜保于是日自阜城分军南下,同日扫北援军到达临清)直到 4 月 21、22 日(援军于攻克临清后南撤),前后有 20 多天时间。阜城的扫北军如能在此期间突围南下,应是和援军会师的极好机会。但扫北军竟然错失了这一时机。究其原因,应是信息不通。阜城的太平军虽屡屡派出侦探,但多被清军或各州县乡勇所截获。此时清军不仅在城周扎营,且挖深、宽各一丈多的长壕两道,又加一层树栅。太平军的侦探人员即使能探得有用信息,也已无法入城。扫北军鉴于在独流、静海突围时遭遇极大人员伤亡,也不能轻易突围转移,到最后下定决心突围并一举成功之日,却正是扫北援军兵败黄河之时。这次成功的突围已不能挽回扫北军最后失败的命运。

1854 年 5 月 2 日(太平天国甲寅四年三月二十七日,咸丰四年四

---

① 姚宪之:《粤匪南北滋扰纪略》,见《太平天国续编》(四),86 页。
② 张德坚:《贼情汇纂》,见丛刊《太平天国》(三),62 页。
③ 参见《贼情汇纂》,丛刊《太平天国》(三),50 页;谢介鹤:《金陵癸甲纪事略》,见丛刊《太平天国》(四),671 页;《李秀成亲书供词》。

月初六日）夜,扫北军突然攻击东南方向的培成营,顺风纵火烧毁清军营帐,填平重濠,并派兵坚守住突围的缺口。5 日夜,全军突围,分一股断后,大股向东南移至运河沿线的连镇。

连镇属河间府吴桥县,地处东光、吴桥交界,是跨运河两岸的大市镇。清军追及时,扫北军已做好抵御的充分准备。僧格林沁迟迟不敢发动攻击,甚至其营垒也遭到扫北军的夜袭。5 月 19 日,胜保率军从南线返回。从此僧格林沁部在北,胜保部在南,但仍不能对扫北军形成周密的合围。

此时,有一位能道各省语言的广东妇女历尽艰险,来到连镇,送来密信,扫北军始知南京方面续派的 13 军已到山东临清州。林凤祥即商令李开芳督带一千马队,前往会合。① 李开芳为此精心挑选出 630 余名身手过硬的"先锋",于 5 月 27 日夜半,骑马突围,南下山东探明情况并作接应。

5 月 29 日中午,李开芳所率马队进入德州正南的恩县城,在此已确知在临清的扫北援军早已南撤且败没,遂不再向西南去临清,而于当天下午向南突入高唐州,未遇多少抵抗即占领城池,并关闭城门予以据守。

林凤祥率扫北军主力坚守连镇待援。除在东西连镇之间的运河上架设两座浮桥外,太平军还在镇外挖濠垒墙,构筑木城,又在附近的几个村庄扎营筑垒,以为犄角。连镇与各庄之间挖有地壕,人员往来俱从地壕中行。

清军面对扫北军的坚强防御,不敢强行进攻。他们仍采取在阜城的老办法,在太平军阵地的外围开挖长濠。濠之外再垒墙,圈成土城。由于须躲避太平军的炮轰,土城的圈很大,"周围土城不下六七十里,高一丈五六,厚八九尺"。② 入夏之后,连降大雨,运河水涨,僧格林沁又策划在运河两岸修筑套堤,以便截水浸灌,以水成围。这都是亟须人财物力的浩大土方工程。但在僧格林沁的严令之下,周围各州县动用政权的力量,劝谕士绅,竭资助饷,且逐日征民夫数万人,分界兴筑,结果

---

① 据陈思伯《复生录》,见《太平天国续编》(四),349 页。
②《太平军连镇被围图》说明,见《太平军北伐资料选编》,666—667 页插页。

很快就完成了。

以水浸灌的计划，因连镇南面河堤被水冲决，而雨季之后，水亦退去，未能实现。但清军兴筑的几十里范围的大濠墙却成了太平军难以逾越的屏障。更重要的是，这道濠墙圈子，从此隔绝了太平军与周围乡民之间的联系。

僧格林沁已胜券在握。早在 5 月 16 日，即胜保所部即将回防、李开芳的马队尚未突围之时，他就向皇帝奏报说：

> 该逆前在阜城约有万人，屡经官兵殄剿及大炮轰击，毙贼究有若干，彼时原不能知其确数。今日阜城居民在阜城城内南关、东南关红叶屯、塔儿头地内，掘出贼尸二千余具。自窜连镇之后，连日进攻，毙贼亦不下千有余名。以此计之，现在逆匪亦不过七八千名。但人数虽系无多，惟该逆窜扰数省，曾经百战，其狡猾诡诈之状，笔难尽述，且自知断无生路，众心结成死党。该逆若出巢抵敌，殄灭诚不费手；若坚匿不出，破之殊非易事。现据生擒逆匪及逃出被裹难民供称：该逆互相嗟怨，深悔渡黄北犯，现在惟有向南回窜，又恐马队追杀，是以到处盘旋。查东省之贼亦经剿灭，此股溃败之贼亡命南窜，似无北犯之虞。所有京师各路防兵，似宜酌量撤回，既可以息兵力，兼可节省帑项。……再，近日屡经拿获乡民代该逆购买马匹、硝磺、火药以及食物，业经讯明，就地正法。[①]

濠墙修筑之初，清军仍有进攻之举。6 月 24 日，清军列队进攻时阵亡 30 多名兵勇，副都统达洪阿亦身受重伤，并于不久后死去。此后清军为避免伤亡，不再轻易入濠墙内作战，而是派兵在濠墙上严密把守。

连镇太平军并不甘心坐以待毙，但侦探人员无从外出，"选水贼由运河出探，悉被滚钩鱼网捉去"；高唐方面派来联络人员，要求连镇太平

375

---

① 《僧格林沁等奏报攻剿连镇获胜并请撤京师防兵折》，见《清政府镇压太平天国档案史料》第 14 册，83—84 页。

军突围至高唐,也被清军俘获。① 扫北军于夏秋间先后数次组织突围,其间曾用过吕公车、云梯等,均告失败,遂坚守不出。但其贮存于河东的谷米,多遭水淹,米麦渐缺,不得不开始食用黑豆。部队内部也开始出现离心倾向。

入冬后,清军开始运水浇淋土城外墙,竟成冰城,冰滑更难攀登。但太平军竭力据守,坚不出击,清军也无计可施。此时,僧格林沁从投降人员口中得知,李开芳曾和林凤祥约定,若回援时将于夜间施放喷筒火弹为号,就此设下骗局。12 月 8 日,清军有意将在濠墙内割草被俘的一个太平军战士释放,并故意让他听到高唐太平军已到吴桥的假情报。9 日凌晨,清军在连镇以南施放喷筒火弹,并派叛徒在围墙上跳舞呐喊,造成高唐援军已占领围墙的假象。连镇的扫北军将士"欢声鼎沸",纷纷冲出营垒。但就在接近围墙时,扫北军却遭到清军的连环枪炮轰击,措手不及的扫北军遭受了重大人员伤亡,只得拖拉尸体,踉跄回奔,一时间又"哭声振野"。② 这次假冒援军的伏击行动对扫北军士气的挫伤极重,军中日益弥漫着绝望的气氛。各种怪异现象接连出现,甚至有笨拙火夫自言耶稣附体,竟然得到林凤祥的极度信任,为之设军师府,供给甚丰,唯命是从。后得知其"僭妄相欺",又"将正副军师一并斩讫"。③

随着粮食短缺愈益严重,叛投清营的人员开始增加。1855 年 1 月 21 日,叛降清军并已得六品顶戴的施绍恒带领陆续投出的两百多人跑到太平军营垒前叫骂。为严惩叛徒,检点黄益芸亲自带队出战迎敌,但不幸在阵前被清军用大炮轰击身亡。林凤祥失去了一位最为得力的左右手。僧格林沁在奏报中说:"查伪检点黄姓为逆贼中狡悍兼全之人,所有贼巢布置及制造攻具、带队奔扑,林凤祥皆赖该逆一人,洵为穷凶极恶之贼。此次被炮轰毙,实属大快人心。"④

---

① 陈思伯:《复生录》;《载龄奏报连镇股众亟思南窜及拿获高唐密探片》,见《清政府镇压太平天国档案史料》第 14 册,382 页。
② 《僧格林沁等奏报连镇诱剿获胜现赶紧筹攻折》,见《清政府镇压太平天国档案史料》第 16 册,122—124 页。
③ 陈思伯:《复生录》,见《太平天国续编》(四)。
④ 《僧格林沁等奏报连镇大股出巢及督师攻剿获胜折》,见《清政府镇压太平天国档案史料》第 16 册,493—494 页。

由于施绍恒等叛徒为湖北籍，僧格林沁开始有意识地使用离间计，故意对两湖之人网开一面，屡次令已投降者写信招降，并公开张贴告示，要求投降之人必须携带广西人的首级，从而挑起扫北军内部不同省籍人员之间的矛盾和猜忌。2月上旬，僧格林沁借此成功地策反了"人极强悍，谋勇兼全"，曾深得林凤祥信用，但此时已引起林凤祥疑忌的湖北人詹启伦。他在奏报中也深以这次成功的策反为自得。① 此时，投降清军者已增至 2 000 余人。

2月中旬，扫北军断粮的严峻时刻终于来临。"圣粮馆已报粮绝，无粮可发。各军先杀骡马，次煮皮箱刀鞘充饥；或掘沙土中马齿苋、当归、一切野菜者；亦有剥榆树，取皮研末，造作面食者；甚至捉获官兵、逃贼，无不割肉分食。维时伪天朝将军以上各馆，尚有麦豆口粮。"② 陈思伯即在此时与另一湖北人相约，拼死逃出，投到僧格林沁营内。此时，陆续逃出投降者已增至 3 000 余人。

僧格林沁将投降者编为"义勇"，发给口粮，但只许在长濠之内扎营，而且必须有"杀贼"立功的表现后才能剃发。1855 年 2 月 17 日（太平天国乙荣五年正月十三日，咸丰五年正月初一日），他驱使"义勇"打头阵，与清军合力环攻三昼夜之久，终将西连镇和附近营垒攻克。清军官兵伤亡 10 余人。"义勇"阵亡 100 余人，受伤 800 余人。林凤祥率余部退守东连镇。此后又有六七百人陆续投降，但僧格林沁认为他们"自知万无生路，始行投出，希图幸逃，断难宽宥"，"当即随时正法"，其领队者甚至被凌迟处死。③

东连镇的扫北军余部已不足两千人，在粮食罄尽的情形下，于营内"遍掘新埋男女尸身，归入圣粮馆中，按人分肉"，又坚守了 19 天之久。3 月 7 日，清军对东连镇发起最后的攻击。扫北军余部"半死刀枪之下，半死运河水中"。④ 身受重伤的林凤祥与少数部属藏在地洞中，打

---

① 《僧格林沁等奏报近日督师进攻连镇获胜情形折》，见《清政府镇压太平天国档案史料》第 16 册，661—664 页。按：《清史稿》之《僧格林沁传》中，亦以"毙伪检点黄某"和"悍党詹启伦出降"为其在连镇攻剿时的重要业绩。

② 陈思伯：《复生录》，见《太平天国续编》（四）。

③ 《僧格林沁等奏复连镇敌势及近日攻剿情形折》，见《清政府镇压太平天国档案史料》第 17 册，30—32 页。

④ 陈思伯：《复生录》，见《太平天国续编》（四）。

算在清军撤离后伺机逃走。但地洞口被叛徒施绍恒发现。已服毒的林凤祥被抬至清军大营施救。3月14日，林凤祥等被槛送到北京。次日下午，在菜市口被凌迟处死。林凤祥就刑时，"刀所及处，眼光犹视之，终未尝出一声"。①

李开芳率领的630多名精骑，于1854年5月29日下午占据高唐州城。当晚，胜保的马队追至，于城北扎营。待其大批步队调到，城内的太平军布防已妥。李部600余人坚守高唐孤城，与十数倍于己的清军对峙，前后达九个半月之久。其间，李开芳曾多次派人到连镇送信，嘱林凤祥不必再等救兵，即刻从连镇南下，一起回南。但送信之人多被清方查获。林凤祥也多次组织突围，但一直突不出来。李开芳始终未能等到连镇的大部队南下。李部人数不多，但极为精干。他们常常趁夜晚骚扰敌人，"无日兵勇不为所害，至下半月黑夜尤甚"，且"每晚至附近村庄抢粮"。胜保虽骄横，但不可能像僧格林沁在连镇那样修筑周围几十里的大濠墙以切断城内太平军与四乡群众的联系，甚至其所统带的川、楚等勇，也有暗中与太平军通气者。"是以官军声息，贼尽知之；而贼之情形，官军反不能知。"②

咸丰帝对此也有所闻。11月25日，他在给胜保的上谕中指出："逆匪在高唐城出入自由，并无阻隔，其掳掠米粮，召集党与，为势所必。"并痛斥其"数月以来所筹办者，皆毫无成效。不过每阅数日，敷衍入奏，以为搪塞地步。似此庸懦无能，殊堪痛恨"。③

胜保各军攻城不力，扰民肆虐却无所不用其极。礼科给事中毛鸿宾在参奏胜保的折中说："胜保营中，散漫无纪。兵勇在外掠人财物，淫人妇女，无所不至。甚或执持器械，结党骑马，白昼闯入庄村，纷纷攘夺，远近二三十里无得幸免。"当时在胜保营中的张集馨对毛鸿宾的指控评价是"真伪参半"，但对胜保"派兵洗民村庄"一款，则承认"确有

---

① 潘士安：《见闻杂记》，转据罗尔纲《太平天国史》卷五十《林凤祥传》。
② 张集馨：《道咸宦海见闻录》，152页。
③ 《寄谕胜保著迅克高唐若再不知奋勉绝不宽贷》，见《清政府镇压太平天国档案史料》第16册，30—31页。

其事"。①

在咸丰帝的严责下,胜保自 1854 年冬加紧了对高唐州城的攻击。1855 年 3 月 7 日,他更采取挖地道、埋地雷的手段攻城。但所埋两万斤炸药非但未能轰塌城墙,反而炸了自己。守备定某以下官兵数百人被炸死,胜保本人也受了轻伤。城上太平军"大肆喧笑,锣鼓并作",并趁势开城出击,清军被"践踏烧死者,又数百人"。②

3 月 9 日,僧格林沁率部南下。11 日,到达高唐,即传旨将胜保拿问解京治罪。

敌方主帅易人,李开芳由此知道连镇林凤祥已经失败。17 日夜,他率所剩 500 余骑冲出高唐,沿途打探前去黄河的路径。18 日拂晓,进至距高唐 50 余里的冯官屯。上午,僧格林沁所率马步官兵和"毛勇"(即所谓"义勇",因本系"长毛",故又有是称)也已赶到。冯官屯属茌平县,是个有 500 多户人家的集镇,分前后寨,有寨墙,墙外有壕沟,粮食也充裕。李开芳遂率部在此据守。僧格林沁"令毛勇攻击,互有杀伤"。③ 但"毛勇"中有一位原担任土将军的刘子明,竟然趁机逃进了屯内。

僧格林沁以重兵围困冯官屯,且亲自督兵进攻,但均被击退。在 4 月 19 日夜的围攻中,僧格林沁坐骑被击伤,随从戈什哈亦被击毙。此时冯官屯外围的清军已是太平军残部的 20 倍以上,却始终不能攻入。僧格林沁还是采取了在连镇的老办法,修筑濠墙,长期围困。为利用旧有河道引水淹灌地势较高的冯官屯,他还"移咨东河总督、山东巡抚,委员复加细勘,赶紧设法修理"。④ 总长 120 多里的运河,历时 1 个多月竣工。修成后即引运河水入濠,又征集二三千民夫,日夜用水车、笆斗将水灌入围墙。李开芳的这支小部队,原在屯中开挖有地道,可以灵活地出击敌人。但大水灌淹后,地道塌陷,溺毙数十人,所藏火药也被淹

① 《毛鸿宾参奏胜保折》,见《清代档案史料丛编》(五),217 页;张集馨:《道咸宦海见闻录》,158 页。参见本章第一节的相关叙述。
② 张集馨:《道咸宦海见闻录》,156—157 页。
③ 张集馨:《道咸宦海见闻录》,159 页。
④ 《僧格林沁等奏报近日围剿情形并设法引水灌淹冯官屯折》,见《清政府镇压太平天国档案史料》第 17 册,159—161 页。

没。围墙以内,高处水深三四尺,低洼之处水深五六尺不等。屯内遍地皆水,只剩下两三丈干地,"为李开芳支床处",其他人都处于泥淖之中。由于水秽臭多蛆,饮水也成了问题。①

在此"万无生路"的情形下,僧格林沁抓紧了诱降的活动。5 月 26 日,清军"用箭缚扎手谕","予限三日,投诚免罪"。27 日以前,太平军陆续投出两湖等处人 222 人。僧格林沁"宽其一线,当即收录",但仍采取和在连镇相同的做法,即令其"在围隄以内安扎水营,攻贼赎罪"。28 日,李开芳的先锋指挥黄近文率 140 余人,夹在数 10 名茌平、高唐的难民中,"一起拥出,纷纷凫水,叫喊投降"。但僧格林沁认定其为诈降,将黄等 140 余人渡引出墙外,"全数诛戮"。31 日上午,李开芳与最后剩下的 100 余人投出。除李开芳等准备送北京"献俘"的少数人外,其余 100 余人被"悉数正法"。那位逃进冯官屯的土将军刘子明更遭到凌迟处死的极刑。② 李开芳最后的表现,据当时在现场的张集馨记载:

> 余到大营,问知李开芳在僧帐内坐,见余等入,亦知起立。该逆头裹花洋布手巾,身穿月白紧袖小袄,青色绉绸单裤,短袜,红色绣花鞋。面色黄白,瘦颧耸立,双目下注,两鬓皆长发。……申正后,僧王回营,牵李手入帐。该逆跪称小的。僧王故意抚循曰:"我既准汝降,我断不杀汝。将来江南,我还要带汝同去立功,不卜平定江南,汝有何计?"李逆曰:"江南瓜镇各营,我可招致,若专恃兵力,转难得手。"僧王曰:"汝论甚善。大将军惠亲王欲见汝一面,即打发汝回,随我南下。汝在京谅无多耽搁也。"③

很显然,两下说的都是假话。李开芳等于 6 月 9 日被槛送到北京。11 日,被凌迟处死。

李开芳之死,标志着太平天国扫北军的彻底败亡。

太平天国的扫北以失败而告终。李秀成后来总结"天朝十误",扫

---

① 陈思伯:《复生录》;张集馨:《道咸宦海见闻录》,162 页。
② 《僧格林沁等奏报冯官屯军务告藏及敌首李开芳就擒折》,见《清政府镇压太平天国档案史料》第 17 册,296—297 页。
③ 张集馨:《道咸宦海见闻录》,163 页。

北及其援军的失败就占其三。而"误国之首",即"东王令李开芳、林凤祥扫北败亡之大误"。① 洪仁玕在被俘后的供词中也说:"后乃发兵扫北。虽所到以威勇取胜,究系孤军深入。……覆没忠勇兵将不少。"②

但扫北军时近两年的征战,还是在北方的人民群众中留下了深刻的印象。即在扫北军最后失败的山东,数十年后仍流传着这样的民谣:

"长毛哥! 长毛哥! 一年来三遍也不多。"③

---

① 《李秀成亲书供词》,第七十四叶。
② 《干王洪仁玕自述》,见《太平天国续编》(二),410—411 页。
③ 转据简又文《太平天国全史》上册,663 页,香港,简氏猛进书屋,1962。

第三节　曾国藩组建湘军

　　由于八旗和绿营正规军的溃败，咸丰帝于 1853 年初下令大江南北各省在籍官绅举办团练，组织地方武装。湖南在籍侍郎曾国藩所组建的湘军，在所有地方武装中最为典型、最具成效。

　　曾国藩（1811—1872），字伯涵，号涤生，湖南湘乡人，道光进士。1852 年前，曾任四川乡试正考官、翰林院传讲学士、内阁学士兼礼部侍郎等职，并历署兵部、工部、刑部、吏部等部侍郎。1853 年初，他因母丧在籍，受命帮办团练。他以罗泽南、王鑫的湘勇为基础，"别树一帜，改弦更张"，打破了办团练不能脱离乡土，不能取代正规军的束缚，组建了一支不同于绿营的新军——湘军，在与太平天国的战争中脱颖而出，从而成为清王朝维系其统治的重要支柱。但在 1856 年太平天国发生内乱之前，湘军的战绩是胜少败多。1856 年的"天京事变"，不仅使曾国藩和湘军摆脱了覆灭的命运，而且使其得以日渐壮大，终于成为太平军最为凶恶的死敌。

一　湖南社会与地主士绅

　　湖南是多民族杂居的地区，山区面积几占全省总面积的一半。先进的中原文化虽然早经传入，但真正普及已是迟至明代。明清之际，湖南又遭到近半个世纪的战乱破坏，直到吴三桂叛乱平定后，"上抵辰州，下至龙阳，惨毒异常，数百里人烟俱绝。历二十年，陆续得归者，十仅

二、三。"①清初,湖南仍是经济文化较为落后的地区。统治者自己也往往将其视为化外,认为"湖南地邻苗崮,罔识礼义纲常,幸赖天朝德化"。② 正因如此,清初湖南仍因袭明制,设偏沅巡抚。直至雍正初年,省的建制才最终确定下来。

经过康、雍、乾三朝一百多年的休养生息,湖南的经济文化有了长足的发展。洞庭湖沿湖地区,每年均有巨量稻米外销,甚至祁阳这样的丘陵地带,每年外销稻米也多达 10 余万石。经济作物如茶叶,仅安化一县,道光时每年的产值亦将近百万。工矿业在当时虽不占社会经济主要地位,但桂阳州之砂铜、渣铜年产量已达三十六七万斤,黑白铅年产量亦近 40 万斤。湖南的煤产量为数亦巨,且大量销往外省。随着农、林、工、矿各业的发展,湖南的文化也逐步发展,在国内的政治影响也有所增强。如进士中额,乾隆朝 60 年,共 27 榜,每榜 5 人左右;嘉道 55 年,也是 27 榜,每榜平均多至 8 人,增加十分显著。学者、作家也多了起来,正如王闿运所说,"嘉道以后,才彦辈出,始洗蛮风"。③ 为官出仕者,特别是高级官员的人数,也有显著的增加。湖南籍人士官至巡抚、侍郎以上者,顺治至乾隆凡 150 余年,不到 10 人;而道光朝 30 年,官至督抚者已有 7 人。

但湖南的社会阶级矛盾也十分尖锐突出。经济的发展,使得湖南地主士绅手中积聚了巨额的财富,有人甚至"岁积谷钱无所用,直刳大竹盛之,委阶庭间"。④ 但饥民"食草根俱尽,继食白泥","道殍相望","死者盈途"的记载也触目皆是。农民们抢米、吃大户的自发行为和白莲教、天地会的有组织的起事交织在一起,在嘉道年间愈演愈烈。而湖南之多民族杂居,也使得它成为少数民族起事的多发地区之一。湖南的汉族地主士绅说过:"苗瑶切肤灾也","苗势日炽","苗害相寻无已"。⑤

白莲教传入湖南已久。在嘉庆早期的三省白莲教大起义时,湖南因与首义的湖北州县紧邻,也有众多教徒起而响应。如龙山"邑人多附

① 嘉庆《常德府志》卷一,《大政纪》,嘉庆十八年。
② 同治《长沙县志》卷二十,朱前治:《条陈利弊详》,同治十年。
③ 王闿运:《与李子正论湘中文学》,见《中和》第 3 卷,第 4 期。
④ 王代功:《湘绮府君年谱》卷一。
⑤ 《何分守璘遗爱碑记》,见罗汝怀辑《湖南文征》卷一一三,同治十年原刻本。

从者","土寇乘而起",①甚至长沙府也出现动荡。进入道光后,白莲教及其分支教派的秘密传播更广,至 1851 年(咸丰元年),有人向皇帝汇报说:"湖南衡、永、宝三府,郴、桂两州,以及长沙府之安化、湘潭、浏阳等县,教匪充斥。"②天地会经过长期渗透,至道光时,在湖南南部(湘南)也已牢牢扎根,形成气候。早在 1835 年(道光十五年),有人即指出:"湖南之永、郴、桂,江西之南、赣与两广接壤处所,会匪充斥,结党成群,披刀持械。……该处良民及商旅经由者,亦多出钱挂名入会,借免抢劫之害。"③鸦片战争后,天地会势力更为膨胀。永州府属之宁远县,甚至"各乡均有头目,称大哥","时有放台之举,一调码,顷刻云集"。④其武装起事的频繁、激烈,在全国仅次于广西。

但湖南地主士绅的力量要远比广西强大得多。首先是政治地位较高。湖南为官出仕者远较广西为多,这就决定了湖南士绅在国家事务中有着更多的发言权。其次是应变能力较强。湖南民风强悍,社会矛盾突出,这使得湖南的地主士绅,尤其是湘南、湘西的汉族地主士绅也养成了好武斗狠的传统。在苗民和三省白莲教大起义时,有关州县士绅即曾纷纷自组团练,积极参与镇压。1847 年,新宁县的瑶民雷再浩等起事,以江忠源为首的新宁团练于官军到来两旬之前即已将起事者围困。而官兵到后,仍令"乡兵居前,官兵居后"。⑤雷再浩起事被镇压后,新宁团练仍固结不散。1849 年,当李沅发起事时,新宁团勇很快就投入了战斗。1850 年秋,太平天国金田起义爆发后,江忠源等人的团勇武装密切注视,并积极配合清军前往广西镇压。1852 年 6 月的蓑衣渡之战,正是江忠源团勇武装的设伏,使初出广西的太平军遭受了严重损失。

日益积累的社会问题,日趋激化的社会矛盾,还使得湖南士人更多地讲究经世之学,以求问题和矛盾的解决。早在嘉庆初年,即有严如熤编写《苗防备览》等实践在前,中经陶澍、贺长龄等人大加鼓吹,至道光

---

① 光绪《龙山县志》,《邓拜巖传》《何呈瑞传》,光绪四年。
②《清文宗实录》卷三八,咸丰元年七月乙巳。
③《清宣宗实录》卷二六九,道光十五年七月辛卯。
④ 光绪《宁远县志》卷六,《纪事》,光绪二年。
⑤《清代档案史料丛编》第 2 辑,72 页。

年间,湖南经世学已风靡一时,取得巨大成就。湖南不仅出版了由贺长龄主持、魏源编辑的经世学百科全书式的巨编《皇朝经世文编》,以及汤鹏的《浮邱子》、陈启书的《南言》和魏源的《海国图志》等著作,而且涌现出曾国藩、胡林翼、江忠源、左宗棠、罗泽南等一批人才。他们热心研究地理、水利、盐政、河务,乃至吏治、兵法等等。左、胡等人甚至商议要觅一险僻之处,以躲避他日的兵乱。

太平军兴,蓄志已久的湖南会众教党纷起响应,全省出现前所未有的动荡局面。严峻的局势使得湖南的士绅与官府更为紧密地结成一体。除江家军外,士绅们纷纷集团自保。左宗棠更进入巡抚张亮基幕中,深得其倚重。有着共同政治抱负和相投思想志趣的湖南士绅们希望能够团结、联合起来,改变其各自为战、自保身家的状况,他们急需一个众望所归的领袖人物作为政治上的旗帜和代言人。出身"寒门",有着乡居经历,而又较早出仕,37 岁即已官居二品的曾国藩成为最合适的人选。

二 曾国藩组建湘军

曾国藩出生于世代农家。至其祖、父,虽已数代为地主,但财产不多,也无秀才一类功名。直至 1838 年(道光十八年)他中进士,才开始有了较大的改变。此后十余年,曾国藩为京官,家产并无多少增加,但其个人因得穆彰阿的赏识保荐,连次超升,1849 年已官至礼部侍郎。他与唐鉴、倭仁等讲习程朱理学,与梅曾亮等研讨为文之法,在学界也颇有名声。咸丰帝即位后,为挽救江河日下的形势,下诏征言。曾国藩为此连上奏章。1851 年 5 月,在其友人的支持、激励下,这位 41 岁的臣下鼓足勇气,向 21 岁的皇上进呈一篇谏疏,把批评的锋芒直接指向了皇帝本人。其要旨有三:一曰防琐碎之风,二曰杜文饰之风,三曰去骄矜之气。总的意图是希望皇帝能够抓大计,求实际,虚心听取臣下意见,兢兢业业革除弊政。不久,曾国藩又连上《备陈民间疾苦疏》和《平银价疏》,要求清廷关心民瘼,固结民心。这一系列奏疏,可以说是尚在形成时期的这一集团的政治纲领和宣言书,然而在当时却未受到清廷应有的重视和采纳。据说,咸丰帝在接到那篇题为《敬陈圣德三端预防流弊》的谏疏以后，气得"怒捽其折于地"，只是当时正为用人之际，所以才又给以"优诏褒答"。

曾国藩成了湖南士绅心悦诚服的领袖。士人们称颂他"兼经师人师之望"；"道义文章高绝今世，而前日立朝之风，天下人所仰望"。①江忠源、陈士杰等拜其为师。刘蓉、郭嵩焘、罗泽南等则是其挚友。正因为如此，当1852年10月曾国藩因母丧回籍时，正在办团练的刘蓉、王鑫等便立即向他请教。1853年1月，清廷令他帮同办理本省团练。郭嵩焘、左宗棠唯恐他固守丁忧惯例，拒不就任，而由郭兼程至湘乡劝其出山。

张亮基、左宗棠也有意让曾国藩筹建新军，札调由罗泽南、王鑫等带领的湘乡团练千余人来长沙，并于1853年1月27日上奏："欲委明干官绅，选募本省有身家来历，艺高胆大之乡勇一二千名，即由绅士管带，仿前明戚继光束伍之法行之。"②

1月29日，曾国藩至长沙，出任团练大臣，次日即上了一个主旨与上折相同的奏折，提出省城兵力单薄，而湖南各标兵丁多调赴大营，因此必须"于省城立一大团，认真操练，就各县曾经训练之乡民，择其壮健而朴实者，招募来省"。他还指出，军兴以来所用之兵，"无胆无艺"，所以"欲改弦更张"，"以练兵为要务"。咸丰帝的上谕中，对其所奏"训练章程宜仿成法，但求其精，不求其多；既可防守省垣，复可查拏土匪"云云大加赞赏，认为"办理甚为妥协"，并"著张亮基、潘铎会同该侍郎悉心筹办"。③曾国藩以办团练为名，实质上是编练新军的计划就此获得皇帝的批准。

身为团练大臣的曾国藩还有意将"团"与"练"拆开，分别予以解释："团者，即保甲之法也。清查户口，不许容留匪人"；"练则必制器械，造旗帜，请教师，拣丁壮"，定期训练。"团则遍地皆行，练则择人而办"。④

———————————

① 《冯树堂六十寿序》，见郭嵩焘《养知书屋文集》第十四卷，光绪十八年刊；《上曾侍郎》，见吴敏树《柈湖文集》第六卷。
② 《筹办湖南堵剿事宜折》，见左宗棠《张大司马奏稿》第一卷。
③ 《清文宗实录》卷八二，咸丰三年正月癸亥。
④ 曾国藩：《复文任吾》《复吕鹤田侍郎》，见《曾国藩全集·书札》卷二、卷四，北京，中国致公出版社，2001。

2月,张亮基前赴武昌署任湖广总督,左宗棠随同北去。练兵建军实际上由曾国藩一人主持。6月,太平军开始西征。不久,南昌被围,湖北吃紧。曾国藩又招募和编练了曾国葆、储玫躬、周凤山等营,并应江南大营帮办江忠源之请,招募楚勇、湘勇3000余人;同时,着手整顿省城绿营,亲督绿营与湘军一同操练,并专折奏保既耐劳苦又忠勇奋发的抚标中营参将塔齐布。塔部数百人,也扩编为两营,归入湘军建制。

经曾国藩亲自严格训练的罗、王等营,在本省及江西各次战斗中表现突出。但应江忠源之请,所招之楚勇、湘勇暴露出的问题却很多。如江忠淑所带之楚勇,骄悍不驯,成分复杂,且根本不买曾国藩的账。南昌解围后,又争饷闹事,甚至自行散归湖南。未经严格训练的援江西湘勇,初战即严重挫败,且不断闹事。两者鲜明的对比,于曾国藩触动很大。

曾国藩在省城训练湘军,也引发了他与省中大吏乃至绿营将领的矛盾。前者认为他"诛斩匪徒、处分重案"是"攘臂越俎";后者则纵容绿营兵弁向湘军挑衅滋事。为避免与文武大吏的矛盾进一步加剧,再加上湘南天地会起事日益频繁,必须就近加以弹压,曾国藩遂离开省城,于9月末移驻衡州,一方面镇压天地会起义军,一方面继续编练湘军。他吸取前段在省城练兵时的经验教训,制定营制营规,注意严格训练,并强化了他个人对部队的控制。

在此期间发生了与湘军发展极有关系的两件大事。其一是王鑫擅自扩军,不听节制。王鑫本是湘乡的一个青年秀才,咸丰初年,成为本县办团练的骨干人员;湘军建军后,又是最初的3个营官之一。在镇压衡山、桂东等地天地会起事中,王鑫因有突出表现,声誉大起。他有此资本,便趁曾国藩命他回湘乡招募新营之机,擅自扩大数额,招至3000人,并与省中大吏直接挂钩,渐渐流露出不听约束、欲自成一军的倾向。曾国藩要求王鑫除原带一营外,新招者只留二营或三营,且营官须由曾处任命,并按统一营制编练。但湘抚骆秉章却不令裁撤,命其加紧操练,驻省听调。曾于是断然将王逐出教门,并割断与其一切联系,甚至不择手段阻止王部的进一步发展。此后,王鑫所部被称为"老湘军",以别于曾国藩所统辖的湘军。

其二是建立水师。身在江西前线的江忠源曾为此数次致书曾国藩，尤其在 11 月中旬的一封信中指出编练水师的重要性："方今贼据长江之险，非多造船筏，广制炮位，训练水勇，先务肃清江面，窃恐江南、江西、安徽、湖南北各省永无安枕之日。"[①]而能主持此事者只有他的老师曾国藩，而能领水师作战者也只有江本人和罗、王等湘军将领。这就把水师的战略意义，及自造、自制、自练、自统四项建军大纲一一指明。同月，曾国藩下决心创立水师，并先后在衡州、湘潭设厂造船，派人至广州采买洋炮，命褚汝航、杨载福、彭玉麟等为营官，招募水勇。

至 1854 年春，湘军已粗具规模，计有陆师 13 营，5 000 余人；水师 10 营，5 000 人，船舰近 500 艘；加上各种夫役，全军多达 1.7 万人。此外，尚有暂不归曾国藩统带的罗泽南、李续宾两营，归湘抚节制的王鑫一军，共 3 000 余人。

三 营制营规和其他建军措施

湘军最初沿袭了湘乡团练的编制，以 360 人为一营。湘乡团勇调往长沙时，即为 3 营共 1 080 人。但湘军在作为正规军编练时不能不考虑到人员与武器的搭配问题，所以人数不断有所调整变化，最后确定为每营 500 人，营官除直辖亲兵 72 人外，又统带前后左右 4 哨，每哨 107 人，加上营官本人和 4 个哨官，每营的实际编制为 505 人。其具体构成如下表：

---

① 《答曾涤生侍郎师书》，见江忠源《江忠烈公遗集》，《文录》，光绪吴县槐庐刻本。

营官	亲兵(营官自带)	一队劈山炮 二队刀矛 三队劈山炮 四队刀矛 五队小枪 六队刀矛	每队什长、伙勇各1人,正勇10人,共计72人。
	前哨(哨官、哨长、伙勇各1人,护勇5人)	一队抬枪 二队刀矛 三队小枪 四队刀矛 五队抬枪 六队刀矛 七队小枪 八队刀矛	每队什长、伙勇各1人,抬枪队正勇12人,刀矛、小枪各队均正勇10人,共计100人。
	后哨(同上)	(同上)	(同上)
	左哨(同上)	(同上)	(同上)
	右哨(同上)	(同上)	(同上)

资料来源:《曾国藩全集·杂著》卷二,《营制》。

营官另有帮办和其他办事人员若干,不在编制之内。其经费开支,由营官在公费银内自行支出。从上表可以看出,曾国藩非常重视各种武器的配置,刀矛利肉搏,而近、中、远程则可分别用小枪、抬枪和劈山炮。每营另有长夫180人,虽穿号褂,但一般不参加战斗,行军时运输物资武器,扎营后则筑墙挖壕。长夫的设立,既有利于弁勇休息体力,全力作战,又可避免因征用民夫,甚至强捉民夫而延误行军,恶化军民关系。

水师营制主要考虑大、中、小各型战舰的配置。初时每营500人,其中大型快蟹一船多至45人,中型长龙24人,舢板14人。后来经过实战的不断检验,发现内河水系,其湖河港汊复杂,大型船笨重,不利灵活作战,终于形成去大、减中、增小的方针。至1856年,每营长龙8艘、舢板22艘,人数也相应减少。以后续有变动,长龙数目更少。

湘军的骑兵组建较晚,始于1859年。

湘军士兵的来源,仍靠招募。湘军最初3营是湘乡团勇,全是本乡本土的农民。后来成立新营,曾国藩采取先委派营官,然后令其各回本县募勇的办法。水师之褚汝航等因在湘潭监造船舰,系由别人代募,再加上他们为外省人,结果所招虽为湘乡农民,但不服褚等管束,甚至闹事。这使曾国藩更坚定了必须由营官自招的募勇方式,而所募勇弁必须是农民,且与营官必须有某种同乡关系。随着湘军的发展,形成逐层递选制度,即"先择将而后募勇,有将领而后有营官,有营官而后有百长(哨官)"。① 为保证勇丁必须是合格的农民,曾国藩在《营规》中明确规定:"须择技艺娴熟,年轻力壮,朴实而有农夫土气者为上,其油头滑面,有市井气者,有衙门气者,概不收用",同时还须"取具保结",登记府县、里居、父母、兄弟、妻子、名姓、箕斗,存档备查。②

为严密控制部队弁勇,曾国藩制定了各种条规,要求各营从凌晨到晚间二更,站墙子、看操、点名各两次,每月营官亲自点名看操四五次。同时,还严禁赌博、鸦片、奸淫,对"造言谤上,离散军心""妖言邪说,摇惑人心""结盟拜会,鼓众挟制"者,轻则严究,重则斩首。③

湘军对招募的弁勇厚给粮饷。曾国藩定正勇月饷4.2两,亲兵护勇略过此数。营官月饷50两,外给公费银159两,以为支付帮办等人月薪、置办旗帜号衣等费用。但其结余归入营官私有。水师营官、舱长、炮手分别与陆营营官、什长、正勇相同。营官以上之统领的饷银,则视所统营多少为定,3 000人以上者,每月加银百两,5 000人以上者,加200两。湘军粮饷虽不及其他勇营中之最高者,但已大大优于绿营。正勇月饷高于绿营马兵一倍,高于战兵、守兵三四倍,与一般农民的年收入更有天渊之别。因粮饷丰厚,农民踊跃应募,甚至有出钱贿买入伍者。

湘军有自己的后勤保障体系。清廷定制是兵饷分离,统兵将帅只管带兵,平时由户部按定制拨发,出征则另派大臣主持粮台,办理各种后勤工作。太平军兴后,清王朝国库日绌,饷源日窘,有时甚至无款可拨,只能听任将帅自筹。曾国藩初时依靠抚藩拨款,但不久即决计自筹,拟定章程,派人设局劝捐。同时,又自行设厂造船,制造军火武器,

① 《援军将领滥收游勇偾事请旨革讯折》,见左宗棠《骆文忠公奏稿》第七卷。
② 《营规》,见《曾国藩全集·杂著》卷二。
③ 《营规》,见《曾国藩全集·杂著》卷二。

甚至雇用大批民船,与水师同进止,储运部队各种作战和生活物资。在当时的条件下,湘军不如此即无以自立,更谈不上发展了。

曾国藩"改弦更张"编练湘军,最重要的还是选将,在初期实际上就是选营官。曾国藩痛切地感到:"不难于勇,而难于带勇之人。"为此他提出带勇之人必须具备四个条件:"第一要才堪治民,第二要不怕死,第三要不急急名利,第四要耐受辛苦",这四条又可以归结为"忠义血性",有则"四者相从以俱备",否则"终不可恃"。[1] 他选拔将才不论资格、官阶,只看是否符合这四个条件,尤其看是否为"忠义血性"之人。为此他提拔了一批出身寒微但饱受程朱理学熏陶的士人,这些人在实践中表现出干练的才能、踏实吃苦的作风,从而与腐败的官场和绿营习气形成了强烈的对照。他为了杜绝绿营腐败习气的侵入,还强调"赤地新立"的原则,"须尽募新勇,不杂一兵,不滥收一弁"。[2] 但对于小官僚和绿营的下级军官,只要表现好的,他也一样予以吸纳。

据统计,他在 1853—1854 年,录用的军政骨干人员计 79 人,绿营武弁只有 13 人,占总数的 16%,且均为平时能吃苦、临阵奋勇、声名较好之人。就籍贯言,除不明者 5 人外,非湘籍只有 15 人,占总数的19%;湘籍 59 人,占总数的 75%。这样,再加上弁勇几乎全是湖南人,就使湘军具有浓厚的地方色彩。而湘籍中家庭为地主者 44 人,个人为士人者 40 人,分别占湘籍总数的 75% 和 68%。[3]

外省籍的 15 人中,有 5 人为水师专门人才,如陈辉龙即为实缺水师总兵。其余 10 人中,大都也是在湖南多年,颇得地方士绅赞许的小官吏。如李翰章、林源恩均为知县,官声甚好,前者且为曾之同年好友之子。罗泽南、王鑫等只有生员一类功名,甚至还有不少白丁,亦与李、林等现任知县和陈辉龙等武职大员同被委任为营官。湘军于是形成了其特有的用人制度。这种制度"只论事寄轻重,不在品秩尊卑";"有保至提镇,而仍当哨官、什长,保至副、参、游,而仍充亲兵散勇者,有在他

391

---

[1] 曾国藩:《与彭筱房曾香海》,见《曾国藩全集·书札》卷三。
[2] 曾国藩:《与李少荃》,见《曾国藩全集·书札》卷四。
[3] 据龙盛运主编《清代全史》第七册,272—273 页。百分比有所订正。

军充当统领,而仍在此军充当营官者"。① 这样,既有利于选拔人才,又有利于将帅以个人亲疏恩怨取舍人员,为他们培养亲信、控制部队创造了条件。

与绿营之兵均为世兵且兵将分离的状况不同,湘军之勇均为招募,应募入伍为勇,出伍则仍为民;将弁中,高级将领由大帅亲自选拔,各级弁目则为逐层递选。这就使湘军上自将官、下至弁勇,视选拔他们的各级头目为恩主,把优厚的粮饷视为恩主的私惠。正如曾国藩日后作为成功经验所总结的:"口粮虽出自公款,而勇丁感营官挑选之恩,皆若受其私惠。"②各将领对曾国藩更是感恩戴德。此外,曾国藩等大帅还提倡师生、戚友、同族、兄弟同入湘军,同在一军,甚至同在一营。如曾国藩之弟国葆、国华、国荃,江忠源亲弟忠浚、忠济、忠淑,族弟忠义、忠珀、忠信、忠朝,王鑫兄勋,族弟开化、开琳、开来,族叔文瑞等,以及肖启江、启淮,张运兰,桂兰,李续宾、续宜等,都是兄弟同入湘军,同在一军。更有一些人本非师生兄弟,入军后通过拜师、结金兰,也成了师生和异姓兄弟。

曾国藩等大帅精心维护这种私人关系,特别是他们个人对部将的恩主的地位。对于那些敢萌"他念"、背离恩主、另找靠山的人,他们则予以毫不留情的打击。

湘军中既有着军队等级森严、制约性极强的上下级关系,又有着如上所说的同乡、师生、戚友、家族和恩主交叉重叠的私人关系网。胡林翼、左宗棠,特别是曾国藩,既是统帅,又是这种特制关系网的总纲。具备这两套系统的湘军,成了排他性很强的兵为将有的军队,唯曾、胡、左之命是听,他人根本无法指挥。处于生死危难关头的清廷,于无奈之中默认了曾国藩等人与湘军的这种特殊关系。

四 湘军出征与《讨粤匪檄》

从 1853 年初(咸丰二年底)曾国藩开始编练湘军,直到 1854 年 2

---

① 左宗棠:《吴士迈擅杀游击朱德树案由折》,见《左文襄公全集·奏稿》卷三十九,萃文堂刊,长沙,岳麓书社,1986。
② 曾国藩:《复议直隶练军事宜折》,见《曾国藩全集·奏稿》卷二十八。

月(咸丰四年正月)湘军出征,全国的战场形势有了重大的发展变化。大致说来,可分为东、北、西三个战区。

东战区:太平天国方面,以防守首都天京为中心,包括镇江、扬州等城;清朝方面,主要是江南、江北两个大营的军队。双方形成对峙,但太平天国方面基本取守势,且最终撤出了在江北的扬州等城。

北战区:太平天国派出扫北军,采取凌厉的攻势作战,转战皖、豫、晋、冀等四省;清朝方面,则有先以讷尔经额、后以胜保为钦差大臣所统帅的各路军队,其后又增加了僧格林沁所统帅的京旗和关外的满蒙马队。至1854年初,扫北军已遭到清军的围困,失去了攻势作战的势头。

西战区:太平天国继扫北军之后,派出军队西征,在安徽、江西、湖北、湖南等四省的广大地区与清王朝展开全面的争夺战,并逐步发展为两军交战的主战场。

至1853年末,太平天国领导人已认识到分兵四出的战略错误,开始收缩战线。12月,撤出扬州守军,西调至安庆,并在此基础上组建了扫北援军。同时全力夺取安徽,并于1854年1月攻占庐州,清朝新任安徽巡抚江忠源兵败自杀。1854年2月,得到加强的西征军在黄州一举歼灭湖广总督吴文镕的军队,并乘势攻克汉口、汉阳,并进围武昌。

早在1853年12月12日,咸丰帝于安徽局势紧张之时,即谕令曾国藩督带湘军水陆路赶赴安徽战场,与江忠源会合。曾国藩则以"一俟战船办齐,广炮解到,即行起程"奏报。此时曾国藩的湘军,尤其是水师尚未编练完毕,但在形势的逼迫下,已不得不出征了。1854年2月23日,衡州船厂毕工。25日(咸丰四年正月二十八日,太平天国甲寅四年正月二十二日),曾国藩即于衡州率军起程,并随即开往长沙,准备北上迎击太平军。全军共计陆路大小13营,5 000余人;水路10营,5 000人,各式船舰360余艘。各舰共配置洋炮320尊,其他炮250余尊,外雇辎重船百余艘。此外,还有陆路各营长夫、随丁,水路雇船之水手和粮台之员弁,合计全军1.7万余人。[1] 王鑫所部2 000余人虽归湖南巡抚统辖,但也随曾军一起行动。因此,出征的湘军总兵力达2万余人。

① 曾国藩:《报东征起程日期折》,见《曾国藩全集·奏稿》卷二。

罗泽南、李续宾两营留守本省,以随时弹压群众起事。

出征伊始,曾国藩发布了讨伐太平天国的檄文,即著名的《讨粤匪檄》。这篇约一千字的檄文,表达了曾国藩和以他为代表的湖南士绅们的共同心声。

檄文首先申讨了太平天国军兴5年来"荼毒生灵数百余万,蹂躏州县五千余里"的所谓罪行:"所过之境,船只无论大小,人民无论贫富,一概抢掠罄尽";"男子日给米一合,驱之临阵向前,驱之筑城浚濠;妇人日给米一合,驱之登陴守夜,驱之运米挑煤";等等。檄文又试图以乡土观念,挑起人们对以两广人为首的太平革命的仇恨:"粤匪自处于安富尊荣,而视我两湖、三江被胁之人,曾犬豕牛马之不若。"但初兴的太平军军纪严明,其"不要钱漕"的贡献政策也颇受农民的欢迎。而清军之腐败扰民则是人所共知的事实。就连曾国藩自己也不得不承认:"近日官兵在乡,不无骚扰,而去岁潮勇有奸淫掳掠之事,反谓兵勇不如贼匪之安静。"他声称欲把湘军练成一支"秋毫无犯"的军队,"以挽民心而塞民口","以雪兵勇不如贼匪之耻"。① 因此,檄文对太平军的造谣、诬蔑起不了什么实际的作用。

曾国藩发布檄文的主要目的是激发饱受儒学熏陶的地主士绅起而保卫纲常名教和私有制度的神圣不可侵犯。太平天国宣传敬拜上帝,号召反满革命,抨击"尔吞我并""所爱所憎,一出于私"的私有制,憧憬"有无相恤,患难相救""天下一家,共享太平"的大同社会,并认为"天下多男人,尽是兄弟之辈;天下多女子,尽是姊妹之群"。曾国藩的檄文则极力回避满汉问题,但明确宣示"君臣父子,上下尊卑,秩然如冠履之不可倒置",并利用人们仇恨外国侵略者,重视家庭伦常的心理,诬蔑太平天国"窃外夷之绪,崇天主之教,自其伪君伪相,下逮兵卒贱役,皆以兄弟称之,谓惟天可称父,此外凡民之父,皆兄弟也;凡民之母,皆姊妹也"。檄文回避了太平天国"不要钱漕"的贡献政策,但抓住"农不能自耕以纳赋,而谓田皆天王之田;商不能自贾以取息,而谓货皆天王之货"之言进行了抨击。

---

① 曾国藩:《与张石卿制军》,见《曾国藩全集·书札》卷二。

此外，他还抓住太平天国的"反儒"不放："士不能诵孔子之经，而别有所谓耶稣之说，《新约》之书。举中国数千年礼仪人伦，《诗》《书》典则，一旦扫地荡尽。此岂独我大清之变，乃开辟以来名教之奇变，我孔子、孟子之所痛哭于九原。"这样，他就把与太平天国的斗争提高到维护传统社会秩序的根本原则的高度。在这样的斗争中，所有士人都不能旁观，没有任何妥协的余地："凡读书识字者，又乌可袖手安坐，不思一为之所也。"当然，他更不允许思想上的任何怀疑和反抗。

为了加强对底层民众的号召力，檄文还借太平天国毁坏庙宇偶像的过激做法，乞灵于人们对于鬼神的敬畏，说太平天国"无庙不焚，无像不灭。斯又鬼神所共愤怒，欲雪此憾于冥冥之中者也。"

檄文最后则是对所有可能加以利用的对象的分别号召：

倘有血性男子，号召义旅，助我征剿者，本部堂引为心腹，酌给口粮；倘有抱道君子，痛天主教之横行中原，赫然奋怒，以卫吾道者，本部堂礼之幕府，待以宾师；倘有仗义仁人，捐银助饷者，千金以内，给予实收部照，千金以上，专折奏请优叙；倘有久陷贼中，自拔来归，杀其头目，以城来降者，本部堂收之帐下，奏授官爵；倘有被胁经年，发长数寸，临阵弃械，徒手归诚者，一概免死，资遣回籍。[①]

檄文表面上的冠冕堂皇和威势，并不能掩盖其作为批判武器的实质上的苍白无力。

批判的武器不能代替武器的批判。真正解决问题还要到战场上见分晓。西征的太平军很快发现：一个难以对付的新的敌人出现了。

---

① 曾国藩：《讨粤匪檄》，见《曾国藩全集·文集》卷三。

第四节　太平天国的西征与长江中下游的争战

太平天国西征决策的形成，在时间上大约与"扫北"同步。扫北，目标很明确，是要攻取清王朝的首都北京，以推翻清王朝的统治。西征的主要目的，是夺取长江中上游地区以作天京屏障和供给基地，并进而规取整个南部中国。①

太平天国在占领南京并将其定为自己的首都之后，并没有东征苏、常或是进军苏北，而是回过头来西征皖、赣、两湖。这固然是因为清军江南、江北两个大营的建立，阻碍了太平天国在苏南、苏北的进一步发展，但更重要的是基于南京和长江中上游的关系。太平天国印书《建天京于金陵论》的一组论文中，即有多处提及金陵为"楚尾吴头"，"襟三江而带五湖，包东吴而连北越"，"西通川广，东望浙闽"。太平天国后期的领导人之一洪仁玕也很强调上游之于天京的重要性。他把长江比为长蛇，"湖北为头，安省为中，而江南为尾"。②

南京的粮食供应，历来靠其上游地区。迟至 1927 年，南京下关商会在一份请恢复江苏米市的报告中还这样说道："下关毗连皖境，而沿江米之性质，产在上游，销在下游。苏境多在南京之下游，苏米多聚于锡，绝无逆运南京之理。是下关所承接者，上游邻省之米。"③在轮船运输业已兴起的 20 世纪初叶尚且如此，在 19 世纪中叶的太平天国时代，情况当更是这样。《建天京于金陵论》中有一篇即强调指出："夫天下之

---

① 参见裨治文 1854 年 7 月关于太平天国的通讯《西方关于太平天国的报道》，见《太平天国续编》（九），150 页。

② 洪仁玕于南昌府亲书供词，见《太平天国续编》（二），412 页。

③ 1927 年 8 月 3 日南京下关商会"请恢复江苏米市"的报告，见第二历史档案馆档案，No. 5394。

形势,湖北、河南、金陵皆为天下之中。然湖北、河南皆有水患,惟金陵地势崇隆,民情富厚,且天下粮食尽出于南方,如江西、安庆等省,顺流而下,运粮亦甚便易。"[1]曾国藩的情报专家张德坚也说过:"贼之他窜,或有别意,于江广则专为虏粮。"[2]

但西征亦有其军事上的考虑。据记载,天京有一位叫龙凤瓅的士人曾向太平天国领导人上书建言:不要轻率与江南大营的清军作战,而要环城固守,以使清军日久疲惫;再分兵出略,以牵制清军之势。以安庆作为天京的门户,伺机夺取江西。上书后,他被授予承宣之职。从西征的军事实践看,他的建议应是得到了采纳。

西征作战充分利用了水营的舟楫之便和清王朝在长江流域军事力量的薄弱,并采取了攻城据守、设官安民等与扫北截然不同的做法。太平天国自身文献中从没有"西征"之说,这一历时数年、范围达数省的反复争战被冠以"西征"之名,完全是后来的研究者所为。西征的太平军各部队,也从未被冠以"西征军"的名义。西征之于太平天国生死存亡的重要性是逐步显露的。一开始西征只派出不足万人的部队,到后来除扫北军之外,几乎所有将领都先后投入作战,翼王石达开更数次亲赴前线主持全局。太平天国在西征中投入了自己所能调动的全部力量。

西征也颇多曲折。但在1856年天京事变之前,太平天国在与清王朝的争战中已逐步掌握战场的主动,发展壮大了自己,并取得了一系列的胜利。

一　进围南昌

1853年6月3日(太平天国癸好三年四月二十九日,咸丰三年四月二十七日),首批西征部队近万人在春官正丞相胡以晄、夏官副丞相赖汉英、殿左一检点曾天养等率领下,分乘数千号船,离开天京上驶。同日,占领安徽和州。4日,于太平府击败向荣之子向继雄所统带的清军水师,并占领芜湖。9日,进抵安庆。当时清朝已改庐州为安徽省

---

① 《建天京于金陵论》,见丛刊《太平天国》(一),261页。
② 张德坚:《贼情汇纂》,见丛刊《太平天国》(三),275页。

会。负责防守安庆的按察使张印塘等仓皇逃至集贤关和舒城等地。胡以晄等即留守安庆。10日,赖汉英率殿右八指挥林启容、十二指挥白晖怀等部继续西行。13日,占领江西彭泽。18日,进据湖口,并由此进入鄱阳湖。22日,占南康府。当地人民缚清朝知府、知县和都司等迎献于军前,并争相进贡银钱米物。23日,过吴城镇,分军登陆,清朝守军不战而溃,地方官员逃匿无踪。

同日,省城南昌"士女纷纷迁徙,肩摩毂击,堙塞街巷,哭声嘤嘤"。清朝江西当局于当日下午下令闭城。为避免太平军利用城外房屋迫近发起攻击,又派人缒出城外,焚烧附郭庐舍。一时间,"火光烛天,剥剥烈烈,怨声沸耳",连古代名胜滕王阁亦被焚毁。24日凌晨,太平军1000余艘船只进抵南昌城下,环泊德胜、章江两门外。将士们旋即"纷纷登岸救火,城上兵勇股慄色愕"。[①] 赶来协防的湖北按察使、江南大营帮办军务江忠源下令施放大炮,太平军当即开炮还击。历时93天的南昌攻城战就此揭开帷幕。

太平军有着良好的军纪,所到之处,"秋毫无犯"。城外的百姓纷纷进贡。南昌、新建二县"以豕鸡鹅鸭银米进贡者不知凡几,相见皆呼以兄弟,甚属亲热"。[②] 同属南昌府的市汊、丰城,乃至附近的饶州、广信、抚州、建昌、临江、瑞州等府也都纷纷进送钱米。

太平军亦派出小分队前往附近州县征粮。他们在江西获得大量的粮食后,即分批装船顺流而下,解赴天京。直到8月间,清江西巡抚张芾还在其奏疏中说:"前月初旬,江西贼船百余,满载米粮,远馈江南之贼,今值秋成伊迩,野有余粮,贼匪转输甚易,恐江南之贼,永无坐困之期。"[③]

粮食的征收颇有成效,但攻城始终没有突破性的进展。太平军的老对手江忠源率部先一日抢入南昌省城布防,已取得先机。6月上旬,江忠源率楚勇1300余名自湖北广济东下,本拟由皖入豫与太平天国扫北军作战。11日,军抵九江时,适逢太平军大举溯江西上,其前途受

---

① 彭旭:《江西守城日记》,见《太平天国史料丛编简辑》(二),391页。
② 邹树荣:《蔼青诗钞》,见《中国近代史资料增刊·太平天国资料》,71—72页。
③ 李滨:《中兴别记》,见《太平天国资料汇编》(二),135页。

阻。清江西当局驰檄江忠源与九江镇总兵罗玉斌"弃九江空城,赴南昌会保省垣"。[1] 江乃率队疾驰三昼夜,赶在太平军之前到达南昌省城。江西巡抚张芾,在籍帮办团练、前任刑部尚书陈孚恩等大员均视其为救星。张芾更谕令文官府、道以下,武弁参、游以下一切战守事宜,俱听其节制。由于南昌守军兵单,且未经战阵,江忠源将所部楚勇以700人分布7门协守,"每四五堞以一楚勇督数守卒,有缒城逃者,辄斩以徇",他还亲自督官吏晨夕巡城,"有玩泄者,辄斩之"。[2] 浮动的军心得以稍安。

6月24日,太平军在扑救南昌城外的大火后,随即占领尚未被焚毁的北兰寺、文孝庙等处,树棚筑垒,开挖地道。29日,挖通德胜门地道。当夜,爆破成功。但主帅赖汉英记错了埋雷数目,误将仅有一雷当做还有第二次爆破。当将士们摩厉将登时,他竟然戒勿动。"久待不发,城口复完",受到将士们的埋怨,他还不相信。赖汉英再检视土将军的文报,才发现确实只有一雷,"乃大悔恨"。[3] 但此时破城的最佳战机已经失去,守城清军加强了戒备。清军不仅用瓮听(于城根埋瓮,使人坐其中侧听)、于城外开挖明壕等方法对地道加以破坏,且多备布袋囊沙及多备石块以为随塌随筑之用。清军后又将布袋所盛之沙改为湿棉,以便提携。以后太平军所掘地道多遭破坏。7月9日、28日,太平军虽有两次成功轰塌德胜门之举,但均被江忠源率清军"拼力死拒",并立即堵塞缺口。太平军突击队在遭受重大伤亡之后,不得不主动撤出战斗。

章江门外的制高点文孝庙对守城清军形成了较大的威胁。江西巡抚张芾一日在巡城时突遭太平军抬枪袭击,其前后随从人员均被击毙。张芾"以身躯短小,故得免,然以此惊悸成疾,久始愈"。[4] 守城清军将文孝庙视为眼中钉,伺机实施反扑。7月3、4两日,清军曾两次缒勇往烧文孝庙,都未能得手。6日,更分两路出队,与太平军交战。并俟两军交战正酣时,再派人往烧文孝庙。江忠源坐镇城头督阵。进犯文孝

---

① 李滨:《中兴别记》,见《太平天国资料汇编》(二),119 页。
② 民国《南昌县志》卷五十四,《兵革》。
③ 杜文澜:《平定粤匪纪略》附录三。
④ 毛隆保:《见闻杂记》,见《太平天国史料丛编简辑》(二),74 页。

庙的清军初战时颇有气势,直逼太平军营垒。太平军坚守不出,挫其锐气。趁风雨交作之时,太平军突然杀出,清军遭受重大伤亡,甚至连抬枪亦尽弃阵前,被太平军缴获。

太平军由于兵力不足,不能对南昌形成合围,甚至大部人员仍宿营于船上。赖汉英等久攻南昌不克,不得不向天京方面请求援军。自 7 月底 8 月初,援军陆续抵达,总兵力最高时达 2 万多人。但清军守城兵勇增加更速。太平军薄城时,城内守军有五六千人,几与攻城的太平军相埒。此后各府县赴援兵勇陆续调到,即已增至万余人。太平军援军陆续抵达时,清军省外援军也已相继开赴南昌战场。甚至向荣亦从江南大营抽调兵力驰援,以卫护江西粮饷基地。据时人记叙,江西战场云集的官兵,"已有五万之众",①即比太平军入赣总兵力的两倍还多。

太平军攻城的兵力被迫分散了,一度形成了攻守两军"皆安堵"的局面。9 月 2 日,太平军再次发起对南昌城的猛烈攻击,"蜂涌(拥)围城下如长蛇",但守城清军已能镇静对敌,一时间"万枪并发,如沸如腾",攻城的太平军"惊溃"。3 日,守城清军于都司署内炮局发掘出康熙年间为征台湾所铸的旧炮大小 600 余尊,其中两三千斤重者 30 余尊。经清洗,有 300 余尊可用,甚至比守军当时所用者还要"利害"。太平军的营垒渐次为清军炮火所摧毁,"日以避炮为事,不暇攻城矣"。②

9 月 24 日(太平天国癸好三年八月二十日,咸丰三年八月二十二日),太平军撤围南昌,从水路沿赣江出鄱阳湖。赖汉英被召回天京革职。

二 分兵皖鄂

1853 年 9 月 25 日,从南昌撤围的太平军与接应的国宗石祥祯、韦俊③所部会合。同日,翼王石达开亦奉命率船 600 余艘溯流赴抵安庆,取代胡以晄主持西征全局。其所统带的有地官又副丞相刘承芳、殿左

---

① 毛隆保:《见闻杂记》,见《太平天国史料丛编简辑》(二),62 页。
② 毛隆保:《见闻杂记》;彭旭:《江西守城日记》,见《太平天国史料丛编简辑》(二),75—76、399 页。
③ 按:国宗为太平天国首义诸王兄弟的封号,其职与丞相同。石祥祯为翼王石达开之兄,韦俊为北王韦昌辉(韦正)之弟。

二十一检点覃炳贤、殿左二十三检点梁立泰、殿左七指挥许宗扬、殿右十指挥张潮爵、殿左二十七指挥曾天浩等将领及精兵 6 000 余人。此前数日,殿左一检点曾天养所部亦从江西饶州、浮梁经由都昌出鄱阳湖,于 22 日占领彭泽。次日,即由赣入皖,占东流,遂渡江至安庆与翼王石达开会合。

安庆此前于 1853 年初被太平军攻破后,城垣残缺,居民稀少。清廷格于形势,将安徽省会移至庐州。留守安庆的少量清军根本无力与西征的太平军对抗,一遇太平军过境即赶紧撤离。但太平军入安庆后驻兵不多,亦未设防。翼王石达开抵赴安庆后,开始大力进行城防建设。原城墙周围仅 9 里,高不及 2 丈。石达开将其增高 5 尺,并于各城门设望楼;城外筑土城,建炮台,江边泊水营船队;又封筑 5 门,仅留小南门供出入。安庆建成了一座军事要塞,真正成为天京上游的坚强门户。

攻赣的太平军沿水路北出鄱阳湖后,抢在救援的江西清军之前于 9 月 29 日攻克九江府城,留林启容分兵驻守。其主力在石祥祯、韦俊等率领下沿江继续西进。10 月 1 日,攻占湖北广济之武穴。次日,分水陆两路攻扑由湖北清军防守的田家镇营盘。长江在田家镇一带呈西北、北—东南、南走向,江面狭窄,江流湍急。位于长江左岸①的田家镇,与壁立于对岸的半壁山(一作半面山)之间的江流仅 170 余丈。署湖广总督张亮基于太平军往攻江西时即部署在田家镇洲尾安设木筏大炮,于洲上扎营,以重兵镇压其间。太平军连攻数日,均未得手。8 日,攻占田家镇对岸的半壁山。江忠源得知湖北情况紧急,率军经江西瑞昌、湖北兴国前往增援,于 10 月 14 日抵达田家镇。他发现湖北防军悉住北岸(左岸),而南岸(右岸)半壁山无军,赶紧商议欲于半壁山上游添扎营盘。但 15 日黎明,太平军即于半壁山发炮轰击敌营,并趁东南风大作,水陆大举,对田家镇清营发起猛攻。经两日鏖战,守军及江忠源援军近万人,死伤逃亡殆尽。督带守军的督粮道徐丰玉、黄德道张汝瀛

---

① 按:这里所说长江"左岸"的判定,系根据水流方向,即面向河流下游,其左手一侧为左岸。这与古人所谓的"江左"(今长江下游之江南一带,习惯上又称作"江东")、"江右"(又称"江西",即今江西一带)概念不同,特此说明。

等阵亡。江忠源亲随楚勇20余人亦血战阵亡大半，仅存数人与其一起逃往广济。

太平军乘胜占领蕲州。省城武昌门户大开。新任湖广总督吴文镕与湖北巡抚崇纶飞咨江西，将贵州兵2 000名迅拨来楚应援；飞咨荆州将军署湖北提督台涌，带领旗兵2 000名来省堵剿；飞札署臬司唐树义，将带赴广济的兵勇2 000名折回省城防守。但清廷最为担心的是太平军可能由湖北的蕲水、麻城阑入河南的光山、汝阳等处，其战略重点是"遏贼北窜"。又因安徽庐州方面吃紧，因而只令台涌带领旗兵2 000名以及曾国藩率湘军赴援武昌，而一再令江忠源赴皖就新任，又令湖北方面将防守重点放在豫鄂交界之处。

太平军仍是利用其舟楫之便，继续沿江西上。10月17日，攻克黄州府和武昌县。20日，未经战斗即占领汉口、汉阳，船队且进泊汉水。同日，太平军分兵渡江，并架云梯攻武昌省城，终因兵力不足，未能得手。当晚，太平军又于武胜门外江边筑成营墙一片，准备扎营。在守城清军烧毁城外民房后，已过江的太平军全部下船，船只开往北岸停泊。在此期间，太平军先后分军攻占汉川、孝感等县，兵锋逼近德安府。其船队则活跃于距省城上下数十里沿江村镇及湖汉河港，筹粮筹款。

11月初，西征湖北的太平军开始收缩战线。占据汉川、孝感等地的部队先行撤返汉口。5日（太平天国癸好三年十月初一日，咸丰三年十月初五日），太平军全部撤离汉阳、汉口，以部分兵力退保黄州、蕲州一带，而以国宗韦俊、石镇崙率主力"悉载其辎重，还师入皖"，与已在安徽的胡以晄等部会合。

安徽方面，翼王石达开正筹划进攻清朝临时省会庐州的战役，并为此而调集部队。

自太平军开始西征，原在安庆的清军即退守集贤关。集贤关在安庆城北18里，形势险要，南下可直接威胁安庆府城，北上可经桐城、舒城而达庐州。守关兵力几经调整，最多时可达2 600余人。

10月25日，太平军在胡以晄、曾天养、曾锦谦等统带下，对集贤关的清军发起攻击。在太平军的前后夹击下，清军游击赓音泰、伍登雍以下600余人战死。余众在已革安徽按察使张熙宇、汉中镇总兵恒兴等

率领下弃关逃往桐城县城。11 月 3 日,清军组织反击,太平军一度退
出集贤关。7 日,得到加强的太平军在胡以晄等统带下,自安庆分路往
攻桐城。14 日,占领桐城,并在当地民众向导下,出城追歼逃匿山中的
兵勇。28 日,留殿左二十三检点梁立泰守桐城,胡以晄与秋官又正丞
相曾天养等统军继续北进,往攻舒城,当日即与清军在桐、舒交界之大
小关激战。次日,攻占舒城县城。清帮办安徽团练大臣吕贤基等投水
自杀。怯战而先期逃往庐州的张熙宇、恒兴等后来被清廷正法。

三　攻克庐州

舒城被攻克后,庐州即暴露在太平军面前。清廷对太平军占领庐
州并可能由此北上接应扫北军万分忧虑,任命江忠源为安徽巡抚,并催
促其驰赴庐州上任。11 月 11 日,江忠源率部由汉口动身,经黄陂赴安
徽。27 日,抵安徽六安。29 日,留总兵音德布守六安,自己抱病带兵勇
2 700 余人兼程前进,于 12 月 10 日,也即抢在攻城的太平军之前 2 日
抵达庐州。

12 日,太平军大队人马进抵庐州城下,开始了为期 34 天的攻城
战。石达开在此期间被召回天京,顶天侯秦日纲奉命前往安庆代理。
皖北庐州前线则由胡以晄主持。

庐州城垣比安庆大得多,共有 7 座城门,各门均有月城相屏蔽。城
周围计有 26 里,上有 4 570 多个堞口。城外且有护城河相环绕。守城
的兵勇丁壮加上江忠源所带来的兵勇,共近 8 000 人。城内的米粮也
较充裕。[①]

但无论是守城的江忠源,还是远在北京的清廷,都深深感到局势的
严峻。皖北的防守,本有安徽巡抚李嘉端、督办安徽团练大臣吕贤基和
协办安徽团练防剿事宜之周天爵共同负责。但周天爵已于 10 月 17 日
病死。李嘉端于同月 20 日被参革职。吕贤基则于 11 月 29 日于舒城
投水自尽。庐州城守的重任,落在新任巡抚江忠源的肩上。守城兵勇

---

① 据袁甲三于太平军攻克庐州后奏报:"庐州城内米粮尚足,火药缺乏。"见《清文宗实录》卷一一七,
咸丰四年正月壬寅。

虽多,却为初集之众,缺乏应有的训练,更重要的是缺乏得心应手、可供调遣的官员。而江忠源自己最为得力的楚勇主力还远在武昌守城。

早在赴任之前,江忠源即已派员返湘募勇以充兵力。曾国藩也曾信誓旦旦地对其表示将再募勇六千,"合成万人,概交阁下为扫荡澄清之具"。① 但此时远水已救不了近火。曾国藩所编练之湘军虽经清廷严催,却始终未赴援。江忠源只能赶紧征调留守六安的总兵音德布、驻守巢县东关的寿春镇总兵玉山和已革按察使张印塘,以及接替周天爵督练乡团事宜的兵科给事中袁甲三和皖北团练头目臧纡青等,速率兵勇团练驰援庐州。清廷在接到江忠源奏报后,也严催驻守河南陈州的陕甘总督舒兴阿和驻守扬州一带的漕运总督福济速赴庐州,又谕令已到徐州接办军务的江南提督和春及驻扎蒙城的袁甲三率军赴援庐州,并命湖广总督吴文镕、湖北巡抚崇伦,"迅饬原带此项兵勇之都司戴文兰,并备弁人等,赶紧将江忠源原带兵勇全数带赴庐州,听候调遣。万勿迟误。"清廷又飞谕江西巡抚张芾"拨银十万两解皖",复令河南、山东"无论何项银两,迅速筹解安徽,以应急需"。②

攻城的太平军不给江忠源以喘息的机会。胡以晄吸取了南昌攻城时由于兵力过少、不能合围的教训,厚集兵力,对庐州实施环攻。攻城期间,太平军于7门外遍筑木城、土垒,"如星旗罗布,四围几无隙地"。③ 太平军又将近城道路挖断,分兵阻敌援军。12月17日,张印塘与玉山督带的兵勇2 000名赶到庐州。18日,与太平军接仗时,即遭聚歼。玉山等当场毙命。张印塘落荒逃到店埠,仅搜集到残破兵勇600余名。19日,音德布统带的援军由六安赶到,江忠源闻讯派都司马良勋统带兵勇缒城接应。但援军在城西十里铺遭到阻击,大败而退扎城西三十里冈,连接应的马良勋部也无法再行入城。

陕甘总督舒兴阿统带5 000兵马于11月中旬自河南陈州动身,由水路取道颖上县正阳关、寿州,再由寿州改陆路,于1854年1月3日才抵达庐州水西门外。次日,已革总兵郝光甲等所统带的前队3 000人

---

① 曾国藩:《与江岷樵》,见《曾国藩全集·书札》卷二。
② 《清文宗实录》卷一一二,咸丰三年十一月庚申。
③ 张德坚:《贼情汇纂》卷四,见丛刊《太平天国》(三),133页。

与攻庐的太平军接仗,大败而退至离城20里之高桥地方。舒兴阿更扎营于庐州西北30里地的冈子集。1月7日,两军再次交战,舒兴阿所督带的马队四溃,舍骑而徒,有的走匿松林中,"骈坐而泣",甚至"引颈受刃"。①

这支曾被清廷寄予厚望的八旗绿营正规军,不仅姗姗来迟,而且甫经交战,即被打得大败。出于对舒兴阿行动迟缓的不满,同时考虑到和春兵力较单,咸丰帝下令将其所部拨3 000名交与和春统带。但和春的行动也不快捷,率部驻扎距庐州40里之店埠即不再前进,声称欲待到兵力稍厚,自当迅速进攻。舒兴阿则坚决不肯将陕甘官兵分拨和春。庐州城外援兵云集,但事权不一,意存观望,竟坐视了庐州城被攻陷。1月16日,咸丰帝下令所有一切进剿机宜,责成和春妥速筹办,以一事权,但庐州在此前一日即已被攻陷。

江忠源一到庐州,就出示毁拆城外民房。但尚未兴工,太平军即已赶到,并利用城外民房开挖地道。江忠源根据在南昌守城的经验,用瓮听法从城内迎掘,多次破坏了太平军的地道。太平军则采用"旁掘以乱其声"的办法,使其"迎掘相左",并曾四次成功引爆地雷。由于守军竭力堵御,太平军未能攻入。第五次,太平军采用新法,即在南门外分上下两层,两次引发地雷。1854年1月15日凌晨,南门地雷初发,轰塌城垣五六丈,待守城兵勇抢堵完固后,下层地雷再发,城溃十余丈,守城兵勇死散。太平军一部由缺口冲入,另一部在已革庐州知府胡元炜所部兵勇的接应下,由拱辰门缘绳攀登入城。坚守34天的庐州城终于告破。江忠源见大势已去,自刎未遂,又投水关桥旁的古塘自杀而亡。布政使刘裕鉁、池州知府陈源兖等亦于同日死难。在官场倾轧中失势、早已是戴罪之身的胡元炜投向了太平军。

17日,庐州全城肃清。城中百姓多有被征入伍者,称为"合肥新兄弟",妇女也有入"姊妹馆"者。能识字、读书者,均受到优待,称之为"做先生",充当文书、书手。太平天国的安民告示说:"士农工商各有生业。愿拜降就拜降,愿回家就回家。"②胡以晄以克复庐州功封护国侯(不久

---

① 李滨:《中兴别记》,见《太平天国资料汇编》(二),182页。
② 周邦福:《蒙难述钞》,见丛刊《太平天国》(五),70页。

改护天侯），1854 年 6 月（太平天国甲寅四年五月）更晋封为豫王。他在庐州驻守、治理达 8 个月之久。除庐州而外，太平天国在安徽 20 多个州县建立了自己的地方政权。

清廷在庐州失守后，即以江南提督和春专办庐州军务，以漕运总督福济为安徽巡抚，会办军务，并责令其务必率军夺回庐州。原陕甘总督舒兴阿被革职，并被"责令戴罪自效"，不久又饬令其"即行回旗，不准逗留"。其所带之兵，统归和春管带。① 自此，原为救援庐州而来的近 3 万清军，又和据守庐州的太平军展开了长达两年之久的攻防战。

四　挺进两湖

1853 年底，西征的太平军集中主力攻打庐州，仅留石祥祯等少数部队防守湖北黄州。留守的太平军在黄州府城外东、北两面筑起三处土垒，西南一面自赤壁山下筑垒直抵江岸，为壕二重，设有木桩、竹签等物。傍南岸之得胜洲亦扎有营垒，三江口设有关卡。黄州江边和巴河及黄石港均泊有船只。太平军半在船中，半在城垒。清湖广总督吴文镕趁势率水陆军 7 000 余名"进剿"。1854 年 1 月 18 日，清军进驻黄州以北 25 里的堵城，随即筹划对黄州的攻击：一路由堵城大路进攻黄州，一路由太平寺间道绕出赤壁山下进攻太平军营垒。水路则由三江口顺流破卡出击太平军的船队。但时值严寒大风，按察使唐树义所统带的水师受阻。坚守营垒的太平军则"伏匿不出"。② 吴文镕的进剿受挫。清军拆民房举炊，"数十里内民房皆毁，犹不足供，军民皆怨"。③

1 月 23 日辰刻，清军乘雪止再次发起对黄州的攻击。但行至距城数里的龙王山地方，即遭到太平军数千人分三路予以阻击。双方交战至晚，各有伤亡。清军仍未有任何进展。

2 月 2 日、3 日，双方在黄州以北的上巴河一带又有小规模的战斗。但此时太平军已攻克庐州，随即腾出兵力，由国宗韦俊、石镇崙等率同

---

① 《清文宗实录》卷一一六，咸丰三年十二月甲午；卷一一七，咸丰四年正月壬寅。
② 《吴文镕奏报督兵进逼黄州探明敌情筹划进剿折》，见《清政府镇压太平天国档案史料》第 12 册，5 页。
③ 张曜孙：《楚寇纪略》，见《太平天国史料丛编简辑》（一），74 页。

国宗石凤魁、国相韦以德①、地官副丞相黄再兴、春官又副丞相林绍璋、恩赏丞相张子朋等统带大军增援湖北。秋官又正丞相曾天养亦率军前往。黄州前线太平军的兵力增至 4 万余人。

兵力已占绝对优势的太平军向吴文镕的堵城大营发起攻击。堵城滨江临壑，三面皆水。吴文镕的大营 11 座，排比屯扎，已犯兵家之忌。加以连日大雨，清军冻毙甚多，士气低落。当地民众深恨大营官兵毁其庐舍，纷纷帮助太平军围攻。2 月 12 日，黄州太平军大举出动，从正面发起猛攻。吴文镕急忙派遣兵勇迎敌。此时预伏于大营侧后冈林间的太平军部队潜来扑营，当即将 11 座营盘全部焚毁。清军腹背受敌，全行溃散。湖广总督吴文镕、总兵德亮、知府蔡润生等殒命。唐树义率水师炮船，逃遁金口。

太平军趁势沿江推进，于 2 月 16 日第三次占领汉口、汉阳。太平军水营于 20 日攻占金口，唐树义座船被击沉，其本人亦殒命。湖北清军水陆全部覆没。

咸丰帝接到崇纶和青麟关于黄州兵败的奏报，于"诧异"之余所想到的仍是北方的战局，绝不能让皖、楚两省的太平军"北窜"与已被围困在直隶束城一带的扫北军会合。为此，他一面催促湖南方面赶紧派兵援鄂，尤其是欲曾国藩"统带炮船兵勇，迅速顺流而下，直抵武汉"；另一方面，又严令鄂、豫、皖等省大吏和带兵将领，大力加强楚豫、皖豫边境的堵御。② 他任命荆州将军台涌为湖广总督，兼署湖北提督，令其由德安"进剿"，兼扼荆襄要隘。台涌所统带的军队，主要是从荆州调防安陆，后改驻德安的旗兵 2 000 余人，加上收集到的由堵城败散的兵勇，其防守的重点是湖北的北路。以荆州右翼副都统官文为荆州将军，统带留守荆州的八旗、绿营，其防守重点是湖北的西路。武昌方面，由湖北巡抚崇纶、学政青麟统带兵勇 7 000 余人守城。

太平军于攻克汉口、汉阳后，随即分军为三：石祥祯、林绍璋等先后南下湖南；韦俊、石凤魁等渡江围困武昌；曾天养与陈玉成等带领其他部队进取附近州县。

---

① 为北王韦昌辉之侄。
② 参见《清文宗实录》卷一一九，咸丰四年正月戊辰；卷一二一，咸丰四年二月辛巳。

克汉阳后不久，太平军即沿汉水西上，占领汉川。2月26日，分兵占领沔阳州。3月5日，进据孝感，旋退去。7日，占领黄陂，16日退出。3月31日，曾天养、陈玉成等再次占据孝感。4月2日，分军占领监利，延至5月24日重为清军攻占。4月6日，北取云梦。7日，太平军五六千人分三路由云梦进攻德安，击溃布克慎的抵抗，斩知县，捉知府，总督台涌败退武胜关。占领云梦、德安两地的太平军于5月5日南撤。10日，占应城，延至6月2日南撤。11、19日，两次占领应山，驻守近月后撤走。25日，攻取安陆府。28日，攻取潜江。5月2日，曾天养自安陆进占荆门州。荆州将军官文派游击王国才率兵勇1700名扎营于荆州东北龙会桥死守。5月9日，曾天养率军往攻不克，撤走，于18日经当阳境攻占宜昌府。其侦察人员甚至进入四川境内，夔州、巫山因此戒严。27日，清军反攻，重占宜昌。曾天养乃沿江而下，经宜都、枝江，于6月3日占领松滋。6月8日，曾天养军一度距荆州仅十数里，终因兵力不足，放弃进攻荆州。乃经虎渡口，过公安县，折入湖南。

鄂东方面。蕲州太平军于2月27日攻占罗田。3月1日、25日，两次占领麻城，杀其知县。3月24日、5月11日，两次攻占黄安。但当地团练于5月15日反攻，太平军佐将李三元阵亡，黄安复失。3月23日，蕲州太平军占黄梅，旋退走。29日，安徽太平军再往占之。

鄂东南之崇阳、通城一带，自1854年初即为太平军活动地区。当地群众"多已蓄发"，并乐为太平军所用。原钟人杰起义的余党，更是纷纷投向了太平军。曾国藩说："官兵到境，无土人为之向导，无米盐可供采办，人心之坏，实堪痛恨。"[①]

围困武昌的太平军，一开始并没有全力进攻，而是先略取周围州县，断敌接济。双方相持达4个月之久。后在东王杨秀清严令之下，韦俊调集湖北各地的太平军，分别进占武昌上游60里之金口、下游70里之白湖镇、正东60里之豹子澥等要津，多则七八千人，少则三四千人。同时，自鹦鹉洲猛攻省城，昼夜不休。湖广总督台涌株守德安，以严防

---

① 曾国藩：《报崇通剿匪胜仗折》，见《曾国藩全集·奏稿》卷二。

北路为词,决意不来省会。西安将军舒伦堡、固原提督桂明于 6 月 5 日进驻应山,亦不愿拔营前往武昌。6 月 25 日,攻城的太平军扎营鲁家巷。26 日,韦俊由青山一带分路进抵武昌城外之塘角、洪山等处,从鹦鹉洲攻占鲇鱼套。青麟派兵勇出城抵御。但陈玉成已率 500 勇士从梁子湖绕到城东宾阳门、中和门一带,凭借夜色,缒城而上。群众开城欢迎太平军。巡抚青麟、前巡抚崇纶等逃走。布政使岳兴阿、按察使曹懋坚等被杀。

杨秀清令石凤魁守卫武昌。陈玉成因攻克武昌战功,由殿右十八指挥升为殿右三十检点。这位少年英雄从此威名远扬。张德坚说:"玉成舍死苦战,攻城陷阵,矫捷先登,贼中之最为可恨者。"①

清廷以武昌失守,将台涌革职,并将远逃至长沙的青麟交荆州将军官文就地正法。以杨霈为湖北巡抚兼署湖广总督,令其率兵勇及团练反扑。

五　湘潭覆军

国宗石祥祯等于攻占汉阳后即分兵挺进湖南。1854 年 2 月 27 日,攻占岳州府,杀巴陵知县朱元燮。3 月 4 日,攻占湘阴。7 日,占领靖港。11 日,占领宁乡,即遇湘军的顽强抵抗。

此前,曾国藩始终不愿让尚未编练成功的湘军轻易出征,在其好友江忠源赴任庐州、急需支援时,他顶住朝廷的压力,拒不出兵。他自己的解释是:"此次募勇成军以出,要须卧薪尝胆,勤操苦操,养成艰难百战之卒,预为东征不归之计。若草率从事,驱不教之士,执盅脆之器,行三千里之远,以当虎狼百万之贼,未与交锋,而军士之气,固已馁矣。……欲竭此二月之力,昼夜训练。……庶几与此剧贼,一决死战。断不敢招集乌合,仓卒成行,又蹈六月援江之故辙。虽蒙縻饷之讥,获逗留之咎,亦不敢辞。"②

---

① 《伪殿右三十检点陈玉成传》,据张德坚《贼情汇纂》卷二,见丛刊《太平天国》(三),66 页。按:陈玉成于甲寅年八月升任殿右十八指挥,九月即升任殿右三十检点。

② 曾国藩:《复夏憩亭》,见《曾国藩全集·书札》卷三。

但太平军自黄州战败湖广总督吴文镕后,在湖北境内迅速推进,并威胁到湖南的安全,终于迫使湘军出动。2月25日,曾国藩率刚编练成的湘军1.7万余名于衡州起程,向湘潭集结。

陆路湘军于3月上旬自长沙开赴靖港、乔口,对南下的太平军予以阻击。湘军大队陆续北上,11日,进抵宁乡。太平军兵力不足,在靖港、宁乡战斗中失利。19日,石祥祯撤出湘阴。21日,又撤离岳州,自湖南撤回湖北。塔齐布跟踪追击。3月30日,曾国藩率湘军水陆主力驻扎岳州,令胡林翼统湘军千余驰援塔齐布。4月3日、4日,太平军在湖北通城上塔市、石南桥两次与湘军交战,均告失利。

汉口的太平军得知入湘部队退回湖北后,即由春官又副丞相林绍璋率军前往增援。据曾国藩得到的情报,林绍璋与十一指挥沈姓、十七指挥黎姓、侍卫李八等督带前十一军6 000余人、中十军7 000余人、后六军1万余人,计3万余人,其中以"湖南老贼居多"。①

4月5日,王鑫所部湘军与自蒲圻南下的太平军发生遭遇战。王鑫等渐不支,溃退折回岳州。太平军即发起对岳州的攻击。此时在岳州的计有曾国葆、邹寿璋、杨名声等营近5 000人。曾国藩也以为岳州"可保无虞"。当日,湘军水师船只在岳州附近水面被大风吹沉24号,撞损数十号,兵丁溺毙不少。7日,太平军大队围攻岳州,城外湘军各营依次溃散,竟不能止。太平军三面攻城,"城内居民早空。无米无盐,士卒已不食二日,势极危急。"②曾国藩急调水师炮船驰赴西门,开炮环击。城内湘军千余人乘机缒城出逃。湘军水陆均无斗志,狼狈逃回长沙。当日,太平军占领岳州。曾国藩飞檄胡林翼、塔齐布等军回援。11日,曾国藩退至长沙。

太平军乘胜水陆大举南下。陆路各军散据于岳州、湘阴等境。水营船队数千号分布于临资口、樟树港、乔口、靖港等处。随后,聚泊于靖港港外,环列战船,修筑炮台。4月21日、22日,湘军水师各营驰赴靖港,轮番向太平军进攻,但均被击退。

---

① 曾国藩:《探明前路贼踪片》,见《曾国藩全集·奏稿》卷二。
② 曾国藩:《岳州战败自请治罪折》,见《曾国藩全集·奏稿》卷二。

鉴于长沙防守较严,攻湘的太平军由石祥祯扼守靖港,林绍璋率主力近2万人,由陆路经宁乡疾趋湘潭,以便南北夹击,围攻长沙。4月22日,太平军一举歼灭扼守宁乡的三营湘军。24日,攻占湘潭,当即于湘潭城北赶筑木城,又收民船数百只,编组水营,控制湘江水面,并进占株洲、渌口等地。

太平军占据的湘潭与靖港"互为首尾",对长沙形成夹击之势。曾国藩对于太平军的这种"以守为战,反客为主"的战法甚感忧虑。他于27日派水师5营增援已前赴湘潭的塔齐布,自己于28日亲自率领大小战船40余只、陆勇800名,自长沙驰赴距靖港20里之白沙洲。当日午间,西南风陡发,水流迅急,战船顺风驶靖港,不能停留,当即遭到靖港太平军守军炮台的轰击。落帆后,湘军炮船陷入进退不得的挨打境地。水勇纷纷弃船逃命。陆军到达后,在太平军的进攻下,亦争相逃跑。曾国藩仗剑督战,立令旗于岸上,大呼:"过旗者斩!"结果士兵都绕从旗旁而过,全军大溃。曾国藩于沮丧羞愤之下,两度投水自尽,都被幕僚救起。他甚至已起草好遗嘱,准备再次自尽,忽传来湘潭战报,这才转悲为喜。

4月25日,塔齐布、周凤山率湘军1800余人赶到湘潭城外高岭地方,当即向营垒未固的湘潭太平军发起攻击。仓促投入战斗的太平军未能取胜,连夜赶造的木城也被湘军焚毁。是夜,太平军仍在原处竖立木城。26日晨,又被湘军焚毁。27日,太平军又在原处修筑木城4座、望楼1座,又被湘军所攻毁。湘军兵力渐增至5000余人。湘潭的太平军两日恶战均未能取胜,所筑木城、望楼又屡为敌所毁,处于被动地位。

湘军水师5营在褚汝航统带下,恃其船坚炮利,于27日、28日两次发起对太平军新建水营船队的攻击,将这些刚由民船组建的船队焚毁净尽。

湘潭太平军屡战不胜,致使内部新老战士之间互相猜忌、内讧迭起。据曾国藩所得到的情报称:"粤楚满发老贼,及皖鄂新附贼党,经此番历次痛剿之后,相向痛哭,群起怨尤。老贼恶新贼之不为尽力,新贼疑老贼之暗泄军情,彼此猜忌。初二、初三两日(即4月28日、29日)

败回收队之后,在潭城分党哄斗,自相屠戮者,约计数百之多。"①

4月29日,太平军由湘潭城北退守城南沿江一线,在潭城窑湾地方高竖望楼,据沿江街市民房以御敌。与此同时,他们又于上游征集民间大货船数百只,于是夜四鼓驶向窑湾地方,满载兵将,乘风向上游撤退。但这一行动又为湘军所侦知。水师营官彭玉麟和杨载福于4月30日清晨督带两营战船跟帮紧追。及至中午,于下摄司追上船帮,当即开炮轰击。船帮赶紧四向散驶,湘军炮船乘势急进,遇船即烧。"是时北风甚劲,顺风纵火,遇船即著。自卯至未,烧贼船六七百只,长发、短发,逐浪漂流;红巾、黄巾,随波上下。"甚至连船户、水手也惨遭毒手。曾国藩认为此举"事虽惨而功则奇。水战火攻,未有痛快如此者。"②太平军残部弃船登岸返回湘潭,又遭到伏击,"仓猝缘城窜逸"。湘潭太平军至此已不复成军。林绍璋仅以四骑夤夜奔回靖港。

湘潭覆军,于太平军西征全局影响至大,它助长了湘军的嚣张气焰,引发了其后太平军在两湖境内的一系列失败。李秀成后来将其列为"天朝十误"之一:"四误不应发林绍璋去湘潭。此时林绍璋在湘潭全军败尽。"③

5月4日,石祥祯、林绍璋等率靖港的太平军北撤岳州。石祥祯更率军回援助攻武昌。在湖南的太平军采取守势。原在湖北活动的老将曾天养率部辗转入湖南境,于6月间先后攻占澧州、安福。随即与占领龙阳的林绍璋会师,于6月11日攻占常德府。13日,占桃源,并进至辰州之辰龙关。6月29日、30日,在得知湘军将大举进攻后,又先后退出桃源、常德,将各处筹集到的银钱米谷,用船经洞庭湖运载回岳州。太平军在岳州添筑木城、土城20余座。新墙对河及阁镇市等处,四路设卡,拆毁桥梁,为久守之计。

湘军方面损失也很大,短期内无法再次发动对太平军的攻击。其水师战船损失大半。曾国藩抓紧时间,在衡阳、湘潭设厂续造战船60号,"较前更加坚致"。在长沙亦设厂修理船只百数十号。水师仅留在

---

① 曾国藩等:《会奏湘潭靖港水陆胜负情形折》,见《曾国藩全集·奏稿》卷二。
② 曾国藩等:《会奏湘潭靖港水陆胜负情形折》,见《曾国藩全集·奏稿》卷二。
③ 《李秀成亲书供词》,第七十四叶。

湘潭获胜的 5 营 2 000 人,其余全数遣散。更在两广招募水勇,购置洋炮 700 门。陆师则留塔齐布等营 3 000 余人,又调留守衡阳的罗泽南、李续宾两营赴长沙,准备进攻岳州,并出省援鄂。经过两个月的长沙整军,湘军"规模重整,军容复壮"。

7 月 7 日,湘军水师在后营兼营务处道衔山西即补知府褚汝航、副后营升用同知夏銮、左营即选知县彭玉麟、右营即补守备杨载福等人的率领下,合以先锋、向导等船,共约 2 000 人,自省河头帮起行,进泊鹿角,以遏太平军水营上行之路。陆路以署提督塔齐布所率原驻新墙的陆营为中路,增派保升知府罗泽南带湘勇 1 000 名,新授岳州府知府魁联带宝勇 1 000 名,以及周凤山所带湘勇,由新墙直趋岳州,搭造浮桥,约期水陆并进。[①] 并以同知林源恩、训导江忠淑等所带湘勇和道员胡林翼所带壮勇为东西两路,作侧翼配合,东出平江,西趋常德,水陆共约 2 万人。

7 月 16 日,塔齐布自新墙向岳州进攻。太平天国秋官又正丞相曾天养率队亲赴新墙前线,但初战失利。21 日,湘军水陆均已兵临城下,岳州岌岌可危。曾天养在给翼王石达开的禀报中说:"妖魔作怪,难以取胜,恐岳州城池难守。"石达开于 7 月 30 日接到禀报,当即答复:"如若岳州城池十分难守,弟等可即退赴下游,坚筑营盘,静候东王诰谕遵行。"[②]但 24 日夜,太平军已主动放弃岳州,全军退守城陵矶。27 日,在曾天养的督带下,太平军水营兵分三路,与湘军水师在洞庭湖大战竟日。终因战船不如湘军炮船灵活快捷,炮火亦不及湘军洋炮猛烈,三路皆败,被迫退往下游。

7 月 30 日,国宗提督军务韦俊自武汉来援。曾天养、林绍璋等再次率战船发起反攻,但因湘军绕攻其后,结果转胜为败,被烧毁船只 400 余号,损失约 2 000 人。8 月 7 日,两军于城陵矶至螺山一带继续交战,未分胜负。8 日,曾国藩与广东水师总兵陈辉龙行抵岳州。陈辉龙"急思杀敌自效",于次日凌晨即自坐拖罟,督率所部前行。至城陵矶,遇太平军水营船队上攻。两军交战时,正遇大风,陈辉龙之拖罟"船

---

① 据曾国藩《水师克复岳州南省已无贼踪折》,见《曾国藩全集·奏稿》卷三。
② 《翼王石达开复秋官又正丞相曾天养岳州战守事宜训谕》,见《太平天国文书汇编》,176 页。

身重大，胶浅于漩涡激流之中"，当即陷入重围。陈辉龙被击毙。湘军水师总统褚汝航急忙前往拼救，亦遭围歼。残余湘军水师船只"冒死突围"，逃往上游。太平军水营虽取得此次胜利，但因系民船土炮，亦未敢冒进上攻。

8月11日（太平天国甲寅四年七月初六日，咸丰四年七月十八日），太平军由城陵矶舍舟登陆，准备踞险扎营，并分三路发起对岳州的反攻。塔齐布驻营岳州北门5里许，当即督陆师出队，亦分三股迎战。太平军主帅、年已六旬的老将曾天养单骑提枪直冲敌阵，戳伤塔齐布坐骑，却不幸被塔齐布亲兵用矛刺翻马下，湘军兵勇一拥向前，顿时将其砍毙。曾所部太平军因而溃败，被敌乘势追杀800余人。曾天养身材高大，张德坚说"奸首级重十余斤，其躯干之伟，可以想见"。[1] 岳州和湖北的太平军特意为曾天养之死"茹斋六日"。曾国藩说："曾天养殁后，胁从者始敢逃散，数以万计。该匪关系贼势盛衰。"[2]曾天养之死，是太平天国西征的一个重大损失。

14日，塔齐布乘胜发起对城陵矶的攻击。国宗韦俊预先设伏，予其重大杀伤。18日，国宗石镇崙率军1.9万人自武汉来援。双方在岳州城外展开反复争战。太平军且一度攻入岳州。但22日，曾国藩乘太平军专注于陆路的争夺，令水师乘隙偷袭城陵矶得手。24日，湘军再次乘隙由水路进攻。由于后路被抄截，太平军陆路亦于25日开始后撤。26和27两日，湘军水师乘势沿江"穷追二百里"，已不见太平军踪影。至此，太平军已全部退出湖南。

太平军在湖南战场先后投入五六万兵力，未能克敌制胜，固然是由于主帅林绍璋指挥无能，但与太平军战线拉得太长，造成兵力分散，以及武器装备落后于湘军也很有关系。正如曾国藩所说："湘潭、岳州两次大胜，实赖洋炮之力。"[3]

林绍璋因湘潭覆军而被革职，并被调回至湖口协同守城。

---

① 张德坚：《贼情汇纂》卷二，见丛刊《太平天国》（三），61页。
② 曾国藩：《查明贼目奸毙状及贼中各情片》，见《曾国藩全集·奏稿》卷三。
③ 曾国藩：《请催广东续解洋炮片》，见《曾国藩全集·奏稿》卷三。

六 湖北败绩

在太平军退出湖南以后,湘军即正式开始其所谓的"出境东征"。此时胡林翼已升任四川按察使,奉旨留湖南军营,办理防剿事务。江西巡抚陈启迈又向曾国藩来咨,请仍饬罗泽南等带勇赴援江西。曾国藩为此向皇帝请求将"军中万不可少"的胡林翼以及能够"独当要隘,以寡击众"的罗泽南均饬令随其东征。他特意申明:"臣等非敢意存畛域,实因武汉为东南必争之区,理合全力并注,迅图克服。目下水陆官军尚嫌单薄,岂可更分兵力,致有顾彼失此之虞。"①湘军在当时已是湘、鄂、赣、皖四省清朝军队中最为强大的一支。曾国藩本人也早已将"数省军务,一身克当",连咸丰帝也说他"平日漫自矜诩,以为无出己之右者"。②但"东征"并非直接往攻皖、江,而是首先攻取并守住武昌。早在 1854 年 1 月 19 日,也即庐州最为危急的时候,曾国藩即在《沥陈现办情形折》中申辩:"论目前之警报,则庐州为燃眉之急;谕天下之大局,则武昌为必争之地。何也? 能保武昌则能扼金陵之上游,能固荆襄之门户,能通两广四川之饷道。若武昌不保,则恐成割据之势,此最可忧者也。"③

湘军对于出境作战,采取了"慎重"之道。陆路以塔齐布率队进攻崇阳,水路则曾国藩亲自率领,"步步为营,遍搜支湖小河,然后扼险要以麾之"。④9 月 4 日,湘军进占嘉鱼县城。15 日,湘军前、左、中三营水师乘胜直下金口。金口下距武昌仅 60 里,两岸有山对峙,关锁谨严,为水路必争之地。19 日,太平军乘湘军大队未齐,当即分水陆两路发起对金口的攻击。但鏖战竟日,未能夺回金口。其时,因广东红单船驶抵长江后,在天京上游采石矶一带切断天京水路接济,国宗韦俊、石祥祯、石镇嵛等已率大队人马赶回天京。太平军防守湖北,尤其是防守省城武昌的力量大为减弱。8 月 30 日,江忠淑攻占通城。9 月 25 日,塔

---

① 曾国藩:《胡林翼罗泽南随同东征片》,见《曾国藩全集·奏稿》卷三。
②《清文宗实录》卷一一四,咸丰三年十二月丁丑。
③ 曾国藩:《沥陈现办情形折》,见《曾国藩全集·奏稿》卷二。
④ 曾国藩:《水陆官军叠获胜仗新正剿办情形折》,见《曾国藩全集·奏稿》卷三。

齐布攻占崇阳。30日,罗泽南攻占咸宁。10月6日,湘军已进抵距武昌60里的纸坊。新任湖北巡抚兼署湖广总督杨霈、荆州将军官文等也派兵配合湘军的进攻,对武汉形成三面包围的形势。

10月8日,塔齐布、罗泽南等湘军大将齐会金口,与曾国藩共商进兵事宜,决定:以水师进攻武汉江面,隔绝武昌与汉口、汉阳之间的联络;陆路则先攻武昌,再攻汉阳。太平军主要防守武汉的是国宗石凤魁、地官副丞相黄再兴及殿右三十检点陈玉成等,总兵力约2万人。但面对强敌,太平军已有弃守武汉的设想。

武昌城守,由国宗石凤魁分守望山门一带城头街道,地官副丞相黄再兴分守大东门一带城头街道,后二军分守保安门一带城头街道。另于武昌上游江边20里之白沙洲地方并排筑营三座,分别由水营前二军、水营前三军和中十五军把守。汉阳城内则由三十九指挥古隆贤和秋官又正丞相之弟曾水保带领兵士镇守。汉阳上游20里之上关地方,沿江扎营二座,分别由左十七军和左十五军把守。汉口未立营盘。由此可见,太平军之守城乃按照"不守陴而守险"的原则,但由于防守力量较为薄弱,终于未能抵挡武器装备及数量均占优势的湘军的进攻。

湘军在从容扫荡城外太平军营垒及廓清江面太平军水营船只之后,于10月12日(太平天国甲寅四年九月初七日,咸丰四年八月二十一日)正式发起向武昌的攻击,"水旱并进,先破鹦鹉洲营盘,后攻汉口及白沙洲对岸营盘,至鲇鱼套打转"。

12日当天,陈玉成即于汉口撤退,他在致燕王秦日纲的禀申中说:"不料水路有曾妖头炮船下来,甚属利害,旱路又有塔、杨二妖头前来,十分作怪,小卑职所统带后十三军兵士并水营前四军兄弟,苦战不能取胜,只得弃船下退,保守圻、黄。闻对江武昌城内国宗大人及地官副丞相大人亦守不住,大约也要退守兴国、大冶一带。"[1]

秦日纲接到陈玉成的禀申后,当即令其在圻州(蕲州)地方"坚筑营盘,约束兵士,小心灵变,加意防范,毋使妖魔拦入"。[2]

13日,湘军烧汉阳、汉口地方。太平军退入武昌城内。14日,石凤

---

[1]《殿右三十检点陈玉成上燕王秦日纲禀申》,见《太平天国文书汇编》,221页。

[2]《燕王秦日纲命殿右三十检点陈玉成坚守圻州诲谕》,见《太平天国文书汇编》,178页。

魁、黄再兴等率武昌守军主动撤离,汉阳守军亦于同时撤出。分驻于汉水两岸的太平军部队,于次日乘船由蔡甸顺流而下,但于河口被湘军水师大船堵住,只得弃船登岸,退往下游。船千余只被湘军烧毁,所幸人员伤亡不大。按照东王杨秀清的说法,"湖北之回来兵士甚多,足用有余"。退保蕲州、黄州及长江对岸之兴国、大冶一线的太平军仍有数万人之多。

清朝方面视湘军攻占武汉为大胜。咸丰帝当即著曾国藩署理湖北巡抚(但不久即收回任命),并在谕旨中迫不及待地令其继续向东分路进剿:"此次两城克复,声威大振。北窜余匪,复经杨霈迭次剿杀,渐就廓清。是楚省大局已定。即应分路进剿,由九江、安庆,直抵金陵,扫清江面。"①曾国藩也与湖广总督杨霈等商定三路进兵的具体策略,即南路由塔齐布率湖南兵勇进攻兴国、大冶等处;北路由杨霈派令固原提督桂明等率各营兵勇进攻蕲州、广济等处;水师由江路直下,杨载福、彭玉麟率前帮先发,曾国藩督同李孟群等率后帮继进。还商定:抵黄州时,与陆路北军一会;抵田家镇、富池口时,与陆路南军一会。甚至还确定由南军剿办九江之后再渡江而北,疾捣安庆。

太平天国方面,东王杨秀清对武汉的弃守极为震怒。他派秦日纲详细了解武昌失守的情况,并将石凤魁、黄再兴二人押回天京问斩。

奉旨在湖北稽查的燕王秦日纲,赶紧在田家镇一带部署防守。东王杨秀清下令"筑起坚固营盘,并造木簰水城,在江心挽泊堵御",甚至亲自督造能上水木簰一座,派东王府承宣涂镇兴押送田家镇前线,并令秦日纲"依式整造多座,安好炮位"。②秦日纲依式造木簰三座,湾泊江心,并饬匠赶紧打造粗大铁链,两岸牵泄,以阻拦湘军水师船只。

10月25日、26日,黄州府城及武昌县城先后被湘军攻占。11月11日,兴国州城、大冶县城同时被湘军攻占。太平天国进士、兴国州守将胡万智死难,身受数刃时犹呼"天父东王洪恩,当以死报"。③

湘军水陆逼近田家镇。23日,湘军集中兵力攻击南岸之半壁山。

---

① 《清文宗实录》卷一四四,咸丰四年九月辛未。
② 《东王杨秀清命燕王秦日纲在田家镇安簰置炮诰谕》,见《太平天国文书汇编》,180页。
③ 张德坚:《贼情汇纂》卷二《胡万智传》,见丛刊《太平天国》(三),73页。

秦日纲亲带官兵前往救援，但两处营盘已被烧毁。守军殿左四十七指挥黄凤歧、北殿承宣吉志元等阵亡。当日，国宗韦俊、石镇嵩及国相韦以德等自芜湖率援军赶到。24 日，韦俊等率军分三路渡江对马鞍山的湘军发起反攻。但太平军不敌气势正盛的湘军，三路俱败。国宗石镇嵩、国相韦以德等"被妖追赶下河，矛刺升天"，土八副将军梁修仁阵亡。"兵士受伤冲散者约数百名，升天者约数百名"。韦俊所带兵士亦损失数百名。秦日纲首尾受敌，奋战竟日后亦不得不由河下上船而回。半壁山陷入湘军之手。太平军将士"统计千余人升天享福"。①

12 月 2 日，湘军水师乘胜分四队发起攻击：第一队斩拦江铁锁，第二队攻太平军船只，第三队焚烧船只，第四队留守老营。湘军以预先装备好的洪炉大斧，一节一节地熔斩铁锁。其水师船队冲破拦江铁锁后，抢在太平军船队之前驶赴下游，反过来向上游一路纵火焚烧太平军船只，"百里内外，火光烛天"，被焚船只竟达 4 000 余号。田家镇太平军亦于当夜自焚营垒，全数撤往广济、黄梅。湘军乘胜东进九江。曾国藩在奏报中说："臣等一军，陆路杀贼之多，无过初四半壁山之战；水路烧船之多，无有过于是日者。"②

田家镇之败，是太平天国金田起义以来最为严重的军事失败。尤其是数千船只的被毁，使得太平军水营基本覆灭，丧失了长江江面的控制权。秦日纲因田家镇之败被革除王爵。

七　湖口之战

1854 年 12 月 8 日（太平天国甲寅四年十一月初三日，咸丰四年十月十九日），彭玉麟统带的湘军水师前队进抵江西九江府江面，沿途继续焚毁太平军船只百余号。据其观察，"九江城外已无贼踪，城内贼亦无多"。③

12 月 10 日，曾国藩在奏报中很乐观地分析了当前形势："逆贼经

---

① 《燕王秦日纲上东王杨秀清报告半壁山败退国宗石镇等牺牲禀奏》《国宗提督军务韦俊上东王杨秀清报告田家镇战况禀奏》，见《太平天国文书汇编》，225—227 页。

② 曾国藩：《官军攻破田家镇烧尽逆船收复蕲州折》，见《曾国藩全集·奏稿》卷四。

③ 曾国藩：《水师前队已抵九江片》，见《曾国藩全集·奏稿》卷四。

屡次大创,前后焚毁逆船约计万余号。长江之险我已扼其上游;金陵贼巢所需米石、油煤等物,来路半已断绝。逆船有减无增,东南大局似有转机。"本来他很担心江面不清,造成割据之势;现在他又担心江面一清,"或成流贼之患"。而他本人所统带的湘军,"以肃清江面,直捣金陵为主",势难兼顾。所以他请旨饬下诸路带兵大臣及各省督抚,"择要堵御,预防流贼之患"。①

但曾国藩未免过于乐观了。太平天国方面,翼王石达开已再次受命主持西征全局,并亲赴湖口前线部署防御。九江府城,仍由殿右十二检点林启容坚守。江北岸之广济、黄梅,有秦日纲、陈玉成各率数万部队驻扎。护天豫(由豫王削爵改封)胡以晄、冬官正丞相罗大纲等一批能战之将亦奉命率军前往增援。罗大纲部本在江西饶州一带"征粮",此时亦从陆路经都昌到达九江。他与三十三指挥赖桂英等率军2万人驻守九江对岸之小池口、孔垄驿一带。胡以晄部则随翼王石达开由安庆上驶来援。

太平军在战术上也有明显的变化。此前的太平军水营都是民船,因此在与湘军水师作战时吃尽了苦头。此时除在安徽仿照湘军船式新造战船30余号外,又从江西清军水师抢得船炮。并专用小划,夹护战船,紧贴岸营。曾国藩等人发现了太平军战术上的这一变化,但他们"反复筹思,不得所以破之之法"。②

太平军的陆路部队也尽量避免与气势正盛的湘军主力正面交锋。湘军陆路塔齐布督同罗泽南等军,在田家镇悉数渡过江北后,于12月16日攻占广济。23日,攻占黄梅。秦日纲、陈玉成等部后撤至安徽境内宿松、太湖一线,并于24日占据英山。湘军志在夺取九江。南岸的江西官军战斗力极差,颇不足恃,12月间两次与太平军交战均大败而归。湘军水师顿于九江城下,无陆师护卫而孤悬大江,"情形颇觉危险"。已在江北的湘军陆师主力,只得再行南渡。

12月26日,罗泽南督同李续宾、彭三元、普承尧等率湘军营勇4 000人自黄梅拔营南行,行至濯港地方,即遭罗大纲所率太平军由孔

① 曾国藩:《请饬各路带兵大臣督抚择要防堵片》,见《曾国藩全集·奏稿》卷四。
② 曾国藩:《水师小胜并陈近日剿办情形折》,见《曾国藩全集·奏稿》卷四。

垄驿前来阻截。湘军"卓旗小驻"，太平军即来挑战；但湘军返回予以追击时，太平军即行退去。"如是者四五次"。28 日，塔齐布率队冒雪拔营至濯港。31 日，湘军 8 000 人全师进攻孔垄驿。太平军在予湘军以重创后即行撤离。1855 年 1 月 1 日夜，太平军又自小池口全数渡江至湖口。3 日，曾国藩进泊九江城外江面。同日，塔齐布率军至小池口，湘军水陆会合。水师大队直下湖口。陆师当即渡江，以图攻取九江。[①]曾国藩此时已感到湘军陆路的单薄，"北渡则不能兼顾南岸，南渡则不能兼顾北岸"。为此，他又调驻武穴之胡林翼部 2 000 人，鄂军王国才部 4 000 人前来助攻。

420

　　1855 年 1 月 9 日（太平天国甲寅四年十二月初四日，咸丰四年十一月二十一日），湘军主力 1.5 万人进围九江。但太平军在九江的守卫力量也已得到了加强。守将殿右十二检点林启容沉着应战，乘湘军罗泽南部半渡时出队袭击，加之以地雷轰击，使得湘军"各营骁将追贼最猛者"几乎全被歼毙。罗泽南本人亦被石击伤。湘军"各勇忍饥鏖战，帐房均未渡毕。夜间雨雪交加，多露立于风寒泥淖之中"。湘军的进攻一开始就遭到挫败。但曾国藩讳言失败，只说是大胜之后的小挫。14 日起，湘军又连续发动攻击，均被太平军九江守军击退。曾国藩虽在奏稿中竭力铺陈其所谓的"胜利"，但也不得不承认九江太平军"负固死守，其坚悍凶顽，实出计意之外。连日陆军攻城，伤亡甚重"，并决定转攻湖口、姑塘，以翦除九江太平军的羽翼，并切断其粮道。[②]

　　湖口的防守也很坚固。太平军守军"排数十丈横亘江心，排侧有炮船，排外有铁锁、篾缆，层层固护，两岸营墙，百炮轰击，皆以坚守此排"。湘军水师"百计攻之，终不能冲入排内"。太平军水营船队"坚匿不出"，根本不与湘军水师交战，但"夜夜以陆师千余，火箭、火球大呼惊营"，弄得湘军水师"彻夜戒严，不敢安枕"。[③]延至 1 月 23 日，湘军水师攻破木排。太平军守军连夜将大船凿沉江心，实以沙石，仅西岸留一隘口，拦以篾缆。29 日，湘军水师斩断太平军水卡篾缆，各营的长龙、三板等

---

① 曾国藩：《官军濯港大捷浔郡江面肃清折》，见《曾国藩全集·奏稿》卷四。
② 曾国藩：《水陆屡胜围逼浔城折》，见《曾国藩全集·奏稿》卷四。
③ 曾国藩：《浔城逆党两此扑营均经击败折》《水陆屡胜围逼浔城折》，见《曾国藩全集·奏稿》卷四。

120余号轻便船只冲入卡内,并"乘胜追至姑塘以上",将太平军在鄱阳湖内的战船"焚烧略尽"。湘军本以为突破水卡冲入鄱阳湖和内河,可以切断太平军粮道,九江、湖口守军亦如在田家镇可以不攻自溃。但未料到的是,太平军守军在翼王石达开、冬官正丞相罗大纲等人指挥下,乘势将湘军水师分割为二。太平军一面迅速堵死水卡隘口,不使湘军水师轻便船只返回长江;一面立刻出动小划20余只,围攻湘军水师的快蟹大船,并当即焚毁数只。是夜三更,太平军再以小划三四十号,攒入湘军水师老营,两岸太平军官兵数千,"火箭、喷筒,迷离施放,呼声震天",湘军水师因失去小船的庇护,共被焚大载船9号、小者数号、杂色坐船30余号。残余船只不等号令,纷纷挂帆上驶,狼狈逃回九江大营。曾国藩至此不得不承认:"百余轻捷之船,二千精健之卒,陷入鄱湖内河,业被贼卡隔绝。外江所存多笨重船只,运棹不灵。如鸟去翼,如虫去足,实觉无以自立。"①

2月2日,太平军罗大纲部再次攻占九江对岸之小池口。湘军水师大营已无法立足于九江江面,只得于11日退驻南岸官牌夹,并调原驻梅家洲的胡林翼、罗泽南两部夹岸守护。当夜,九江与小池口的太平军各抬小划数十只入江,乘月黑迷漫,攒入湘军水师大营船夹内,火弹、喷筒,百支齐放,当即又焚毁部分湘军船只,并虏获了曾国藩的坐船,其管驾官、监印官等阵亡,文案全失。曾国藩改乘三板小船狼狈逃至其陆师营垒。太平军再次偷袭湘军外江水师成功。曾国藩羞愤已极,竟然要策马赴敌寻死,被其部属劝阻。

太平军湖口、九江连战皆胜,沉重打击了湘军的气焰。湘军外江水师屡经挫败,几乎溃不成军。石达开乃令林启容继续坚守九江,而以在北岸的太平军主力向湖北发起大规模的反攻。

八 三克武昌

湘军主力自江北悉数渡江围攻九江后,留在江北的清军主要是湖广总督杨霈所统带的湖北官军。在湘军压迫下退入安徽的秦日纲等

---

① 曾国藩:《水师三次获胜两次败挫折》,见《曾国藩全集·奏稿》卷五。

部,乘湘军水陆主力均胶着于九江、湖口外围时,于 1 月 10 日分兵入鄂,再次攻占黄梅。驻守在广济的杨霈当即令参将刘富成等带兵勇驰赴黄梅堵剿,均被太平军击退。罗大纲部北渡小池口后,更进一步增强了北岸太平军的力量。

1855 年 2 月 15 日,湘军罗泽南、李续宾、蒋益澧等部由九江北渡,企图夺取小池口,塔齐布亦亲往督阵。但湘军渡江的部队遭到太平军的"大围包抄","后队旗靡,前队亦不能按住阵角",纷纷溃败,只得再次退返南岸。①

2 月 16 日(太平天国乙荣五年正月十二日,咸丰四年十二月三十日)为清《时宪历》之除夕。在北岸的太平军秦日纲等部突然发起对湖北广济的攻击,清湖广总督杨霈统带兵勇上万人不战而溃。据《湘军志》说:"杨霈之败也,实未见寇,乱民一呼而万众瓦解。"②17 日,太平军攻占蕲州。19 日,进占蕲水。21 日,进占黄州。同日,杨霈逃至汉口,部署抵御。23 日,太平军第四次攻占汉口、汉阳。杨霈督带兵勇抗拒,遭太平军旁出抄袭,伤亡极多。他以防御太平军北上为借口,率残兵逃往德安。

2 月 25 日,国宗韦俊分军由田家镇渡江过富池口,攻占兴国州,并于 3 月上旬连克通山、崇阳、通城、咸宁等地,随即北上,与秦日纲等部形成对武昌的夹击之势。

在九江前线的曾国藩不得不分军西上救援湖北。他派已升任湖北布政使的胡林翼率都司石清吉等督带兵勇 3 000 余人回援武汉,水师外江船队则由李孟群督带 40 余号炮船一并西上。曾国藩本人率湘军陆师主力仍留江西,并安辑被困于内湖的水师船队,设厂添造大船,以自成一军。

留驻九江上游的湘军外江水师处于"欲全回武汉,则恐下游江面仍为贼有;欲坚扼浔江,则恐上游船少,不敷剿办"的两难境地。但 2 月 20 日、21 日,因东北风大作,漂沉长龙、三板 22 号,击坏 20 余号,其余存者"亦俱撞损漏裂,柂折缆断"。曾国藩只得下令将坏船委弃,而令略

---

① 曾国藩:《陆军剿小池口贼并陈近日军情折》,见《曾国藩全集·奏稿》卷五。
② 王闿运:《湘军志》,《湖北篇》第三。

好者 70 余号,全数开赴上游,直趋武汉,"名为连剿上犯之贼,实则修整已坏之船"。① 这些船只实际上已失去战斗力,回湖北也只是在沔阳之新堤船厂整修船只,以确保荆湘门户。至于防守武汉,则根本谈不上了。

在得知杨霈已于 2 月 21 日败回汉口之后,曾国藩又急令湖北副将王国才率部 3 000 余人取道武宁、兴国一带赶回湖北。

留在九江前线的湘军,急切攻九江不下。不久,又因饶州告急,不得不令罗泽南率军 3 000 人赴援。除湖口留有李元度的 3 000 人外,九江前线仅剩塔齐布的 5 000 人,力单势孤,"锐气销挫",但主坚守,已无力再发起对九江的攻击。

在湖北的太平军一面加强对武昌的围攻,一面四出抗击清军的增援部队。湘军水陆前锋部队虽于 2 月间即已赶回湖北,但水师进攻汉阳受挫,胡林翼部因兵少,"见贼势盛,不即进,营于汉阳之沌口",名义上是与水师会攻汉阳,实际上是坐观武昌胜败,避免与城同存亡的责任。巡抚陶恩培飞檄召其入武昌助守,他也拒不应命。王国才所部 3 000 余人,出发既迟,加之曾国藩令其绕道武宁、兴国,兼防鄂南太平军南下江西,迟至 4 月初才赶到武昌城外。武昌守城兵勇不足 2 000 名,被围月余,没有得到一兵一卒的救援。陶恩培等大吏又素不知兵,根本无法抵御太平军的进攻。

1855 年 4 月 3 日(太平天国乙荣五年二月二十七日,咸丰五年二月十七日),太平军第三次攻克武昌,清湖北巡抚陶恩培、武昌知府多山等死难。是夜,王国才率军抵达武昌,尚不知省城已易手,在呼门入城时遭太平军痛击。

4 月 18 日,清廷以胡林翼署湖北巡抚、按察使文俊为布政使、李孟群为按察使。② 时胡林翼统湖北清军,"屯金口,倚水师自保",并增募 2 600 人,加上王国才等军,"号六千"。在湖南强有力的支援下,胡林翼所统湘军得以壮大。

太平军在攻克武昌后,即飞报天京,请以翼王来守。但石达开须兼

① 曾国藩:《大风击坏战船并陈近日剿办情形折》,见《曾国藩全集·奏稿》卷五。
②《清文宗实录》卷一六一,咸丰五年三月乙丑。

顾皖赣战场，不仅未能西上武昌，连秦日纲等部亦在攻克武昌后即行东调，而由国宗韦俊等镇守武昌，并转入守势。

鄂西方面，太平军自进克汉阳、汉口后，即由汉川分兵进至沔阳州之仙桃镇。清荆州将军官文遣军前往争夺，双方在汉川、仙桃一线互有进退。

鄂北方面，太平军陈玉成等部与湖广总督杨霈、西安将军扎拉芬等所统带的清军在德安、随州一带展开了反复的争战。5 月 13 日，太平军攻占德安。28 日，太平军由德安经平林进攻长林岗，击败总兵杨昌泗等部清军。30 日，太平军在望城岗再败署湖北提督讷钦、副都统常亮等军。31 日，太平军在随州五里墩又败扎拉芬等部清军。扎拉芬战死。杨霈退守河南唐县。清廷将杨霈革职，以荆州将军官文为湖广总督。此时，李开芳所部已在冯官屯覆军，太平天国扫北军业已全部失败。清廷得以腾出兵力加强豫鄂沿边的防御，即以在冯官屯之江宁副都统绵洵为荆州将军，未到任前以荆州副都统载增署理，命察哈尔都统西凌阿为钦差大臣，统冯官屯所存之兵赴河北督办军务。在连镇、冯官屯投降清朝的两湖籍"义勇"3 000 人亦在候选知府刘衡、游击徐廷楷管带下赴鄂备用。

6 月 13 日，陈玉成部自随州退守德安。7 月 8 日，清新任湖广总督官文在襄阳接印任事，当即调兵前出至安陆府之天门、京山一线，以便相机夺取应城。17 日，清钦差大臣西凌阿率军进抵湖北随州。8 月 10 日，新任荆州将军绵洵至西凌阿军营。官文督军与炮船，自襄阳顺流而下，对太平军形成夹击之势。太平军云集德安，地方团练乘虚进据云梦、应城。14 日，德安太平军分三路发起攻击，烧毁清军营盘 40 座，进占随州平林市。原为扫北军战士的"义勇"中有 600 多人反正，复归于太平天国的旗帜下。清廷将西凌阿、绵洵等革职留任，后又以官文为钦差大臣督办湖北军务。西凌阿等于随州收集残军得 8 000 余人，又就近札调郧阳镇营兵 2 000 名。官文亦派四川参将颜朝斌带兵勇 5 000 人自应城来援，但多次被德安太平军击退。不久，"义勇"中又有一千数百人反正，最后仅剩不足 500 人被押送河南信阳，并转往扬州大营。迟至 1855 年 11 月 13 日，德安的太平军才因武汉危急而南撤。其余各州县的太平军亦陆续撤退。

胡林翼初署巡抚时,其号令不出 30 里,其所统带的湘军水陆师也已是残败之余。但因守卫武汉的太平军向南取守势,胡林翼的湘军得以重新发展壮大,并很快成为武汉太平军的严重威胁。

1855 年 5 月,休整后的湘军水陆师兵分三路进逼武汉:左路遣副将王国才部渡江,与李孟群部水师驻屯沌口,距汉阳 30 里;右路由湖南守备谌琼林所带兵勇,由金口、纸坊驿进攻武昌之背;中路由胡林翼本人率部循岸攻击武昌之南。5 月中旬起,三路清军先后发起对汉阳、武昌太平军的攻击。至 6 月中旬,守卫武汉的太平军已多次挫败湘军的来犯,但始终未能给以致命的打击。6 月下旬,太平军探知湘军后方纸坊、金口防守单薄,当即潜师夜出抄袭其后路,以求全歼来犯的湘军。这一行动为胡林翼所得知,预先作了防备。太平军的抄袭未能得手,但已足以使其寒心后怕,迫使其加强了防守的力量。此后较长一段时间内,武汉外围已无大的战事。双方僵持于蔡甸、夅山、军山和金口一线。

九 大战江西

太平军在长江北岸发起对湖北的攻击并第三次攻克武昌后,湘军对九江、湖口的围攻已被瓦解。但曾国藩仍坚持顿兵于九江城外,并安辑被分隔于内湖的湘军水师,以与江西太平军抗衡,并避免江西的太平军全力压向两湖。太平军方面,除在九江、湖口屯以重兵,并分兵江北岸之小池口外,同时调集皖南的太平军,以用于赣东;调集鄂东南的太平军,以用于赣西,并对江西省会南昌形成包围之势。

赣东方面。1855 年 3 月,皖南太平军白晖怀部自建德入江西饶州,在莲花桥击败已革总兵赵如胜所部江西清军,并分兵进至景德镇、乐平县。罗大纲部将胡鼎文率军自湖口、都昌前往,与白晖怀部会师,并攻占饶州府。太平军在赣东的行动,不仅威胁到江西省城南昌的安全,而且直接威胁到清王朝江浙转饷和江西奏报入京之路。已在南昌的曾国藩急调都司萧捷三等率战船 60 多艘进泊康山,以护卫江西省城;又派在九江的湘军将领罗泽南率部 3 000 人经由南昌绕至湖东;与江西巡抚陈启迈合募平江勇 4 000 人,由候选同知李元度统率,同赴东路。

3月29日,饶州太平军主力东进,占德兴。4月19日,占弋阳。5月初,罗泽南等率军来攻。太平军退出弋阳,北走德兴、乐平、浮梁一带。与此同时,太平军范汝杰部自皖南婺源进入江西,经由德兴先后克兴安和广信府。罗泽南等自弋阳来攻。5月10日、11日,两军激烈交战。12日,范汝杰部退出广信,经浙江常山、开化、遂安,退回皖南。13日,饶州太平军亦撤出。赣军都司吴锡光率部进驻。罗泽南部进驻景德镇。

赣西方面。鄂南太平军千余人于1855年4月上旬自兴国州进入赣西北的武宁县境,遭已革知府林樊勋所率兵勇的抵御。中旬,太平军两三千人又入武宁县境,但与清军接仗未能取胜,又退回兴国州。5月30日,鄂南太平军万余人在丞相钟廷生①率领下,自湖北崇、通一带绕由湖南平江进入江西义宁州。6月22日,钟廷生部挖地道,用地雷轰塌城墙,攻克义宁州城。26日,击败自饶州府来援之赣军吴锡光部,并阵毙吴锡光。自此,赣西之太平军又形成威胁南昌之势。新任赣州镇总兵刘开泰自江南大营入赣,清朝江西当局拨兵勇1 000余人交其管带,沿途收集溃散兵勇,往攻义宁州。清军又调湘军罗泽南部自赣东赴南昌,以为刘部后援。

1855年8月6日(太平天国乙荣五年六月三十日,咸丰五年六月二十四日),罗泽南率部自南昌出发。17日,进至义宁州之梁口。同时,林樊勋部进驻三都,刘开泰部进驻黄沙桥,对义宁州太平军形成三路夹击的态势。太平军乃于20日主动出击,往攻梁口,但为罗泽南部湘军所败。在25—27日的战斗中,太平军又连遭败绩。8月28日,罗泽南会同刘开泰部进逼州城。钟廷生率所部太平军自杭口西撤,退回湖北。义宁州重为清军所夺取。

义宁州6月为太平军所攻占,8月又为清军所夺回。两次战役之惨烈,在江西战场是很突出的。清朝同治年间所修的地方志中说:义宁州城中编保甲有10.67万多口,但在太平军攻城时,仅逃出不满万人,

---

① 按:清朝方面有关义宁州之战的奏报中均只提"丞相钟姓",兹据胡林翼《水陆追剿克复武昌县黄州府城池即乘胜东下疏》和涤浮道人《金陵杂记》确定。

其余均死难。后清军收复州城,又杀死太平军战士多人。战后收敛尸骸,于城北凤凰山下建有"十万人墓"。[1] 但据时任江西巡抚陈启迈奏报,太平军攻克义宁州时,"城内兵勇商民万余人,俱被惨杀。……州中逃出兵民不及十之一二。"而罗泽南收复州城时,前后杀死太平军战士累计亦约1万余人。[2] 清朝官员对战果的奏报容有夸大之处,但两次战役合计死亡人数亦只有2万余人。战前的1851年,义宁州全州统计人口为284 701人,其城市人口绝不可能达到10万人。所谓"城中编保甲十万六千七百有零",应包括其近城的郊外人口。由此看来,方志中所谓"十万人墓"至少将死难人数夸大了好几倍。

九江方面。塔齐布所部湘军在九江城外扎营时,即暗挖地道以攻城。1855年2月22日,罗大纲率2 000余人进城增援林启容防守九江。太平军在城内深挖壕沟,添筑子城,东城门且增作木垒以制敌之地道。塔齐布得知此情报后,即于3月6日停挖地道,甚至连新营器物都运走了。太平军攻占汉口、汉阳之后,湘军王国才等部回援,九江外围已基本无战事。太平天国翼王石达开回驻安庆,罗大纲亦调回天京,仍留林启容坚守九江。

湘军水师轻捷船只陷入鄱阳湖内湖之后,曾国藩即赶赴吴城等处抚慰。3月4日,他又亲去南昌同江西巡抚陈启迈商定,将江西所造长龙50号拨归湘军内湖水师,并添造快蟹大船10余号,以增强内湖水师作战能力;又新募平江勇4 000名,交候选同知李元度管带,以与内湖水师相护卫。4月28日,得到增强的湘军水师进扎南康府城。5月28日,曾国藩移驻南康,令内湖水师前队进泊青山,以进逼湖口,伺机冲出外江。但此时太平军的水营船队业已改变了此前仅以民船改造,不讲船式,也不讲战术、队形的做法。他们仿照湘军船式,建立起自己的船队,水战之法亦尽仿湘军水师。6月3日,太平军水营船队驶向正在青山水面操演的湘军水师,发起猛烈攻击,迫使湘军水师后撤,并焚夺湘军水师坐船。太平军水营的崭新面貌使湘军水师大觉惊骇。曾国藩发

---

　　① 同治《南昌府志》卷十八《武备·兵事》;同治《义宁州志》卷十四《武备志》。
　　②《陈启迈奏报义宁州失陷派兵往剿并请恤阵亡人员折》《陈启迈奏报进剿义宁获胜克复城池并请将罗泽南等优奖折》,见《清政府镇压太平天国档案史料》第17册,361—363页,463—468页。

现:太平军水营船队机动速度更快,因每支桨均有两人而不是一人"搉送";但其炮子不能及远,这又是其不如湘军水师的地方。此后数次交锋,两军互有胜负。曾国藩说:"今年内湖水师共开四仗,两胜两败,湖口一关,竟难遽行打出,不胜焦灼!"①

湘军内湖水师单凭自身力量已无法打出湖口,曾国藩改以陆路为主,再次试图攻占九江、湖口两城。7月26日起,塔齐布派副将周凤山往攻九江东门,自率兵勇往攻西路新坝炮台。但两路均未能得手,参将彭三元以下多人受伤,守备黄明魁等毙命。塔齐布久攻九江不下,忧愤成疾,竟于8月30日出队攻城时陡患"气脱之症",昏迷而死。曾国藩于次日赶往九江布置军务。塔齐布所部3000余人由周凤山接统。在攻击九江的同时,李元度率平江勇3000余人由南康渡湖至东岸,在水师配合下发起对湖口的攻击,先后攻占了湖口外围的一些据点。9月4日,湘军水陆两军合攻湖口县城。陆勇一度冲入湖口城内。水师则一度冲出外江,但统带水师的都司萧捷三被击毙。由于太平军仍坚守下钟山营垒,与梅家洲对峙据险,湘军陆勇未敢进驻湖口而退守苏官渡,水师仍退泊湖内青山等处。曾国藩急于次日赶往青山安辑,并札调彭玉麟来江西统带内湖水师。

塔齐布、萧捷三之死,并没有改变曾国藩坚持攻湖口以断太平军上下游联络,绝天京百货来源的决心。他调罗泽南率部3000余人自义宁州东归,由南康东渡,督同李元度等往攻湖口。9月18日,湘军水陆师分攻湖口上、下钟山,但均被太平军守军黄文金、胡鼎文等部击退。水师且损失船只20余号。19日,太平军船队更一度反攻南康、青山。湘军水陆师"坐困于中段",迫使曾国藩等改变先破湖口的作战方案,决定由罗泽南统带6000人"回剿武汉",以"雄踞长江之上游"。罗泽南也"慨然以援鄂为己任"。9月26日,他率湘军主力5000人起程,仍于义宁州一带入鄂。②

湘军外江水师驻扎湖北金口后,由副将杨载福回湖南岳州添船募勇,又成十营。署湖北巡抚胡林翼即留陆军3000余人交李孟群管带,

---

① 曾国藩:《致澄温沅季四位老弟》(咸丰五年五月二十六日、六月十六日),见《曾国藩全集·家书》。
② 曾国藩:《调派罗泽南一军由崇通回剿武汉折》,见《曾国藩全集·奏稿》卷六。

配合水师镇守金口,自己亲率兵勇 4 000 人,于 1855 年 8 月 21 日渡江北上,往攻蔡甸、汉口,并一度攻入汉阳城。9 月 12 日,太平天国国宗韦俊等自武昌统军,会合由江西义宁州撤回的丞相钟廷生等部,分六路猛攻金口,击溃湘军水陆师。14 日,太平军又大败胡林翼于多山。胡林翼羞愤至极,索马欲陷阵寻死,为其马夫所救止。为此,他亦奏请调派罗泽南军援鄂。

罗泽南率湘军主力援鄂,引起太平天国方面的重视。10 月中旬,翼王石达开自安庆率护天豫胡以晄、卫天侯黄玉崑、春官丞相张遂谋、夏官又副丞相曾锦谦、检点赖裕新、傅忠信等,统带太平军二三万人西上,承宣张子朋等统率水营随行。

10 月 7 日,罗泽南率部自义宁州杭口拔营,进入湖北境内,并与湖南巡抚骆秉章所遣平江勇会合。16 日,攻占通城。24 日,攻占崇阳,随即北上。此时,石达开所率太平军亦已赶到武昌县。两军在鄂东南展开了争战。11 月 4 日,太平军大败湘军,阵毙湘军将领彭三元、李杏春等。5 日,罗泽南率部自崇阳西走羊楼峒,选择有利地形予以据守。同日,太平军再占崇阳。韦俊率太平军 2 万余人数攻羊楼峒,均未能取胜。14 日,石达开大败平江勇于通城,即拨数千人增援韦俊,自统主力 1 万多人进入江西。

韦俊所部虽增至 3 万人,但战罗泽南、胡林翼不胜,渐次从蒲圻、咸宁、金口等地撤退,固守武昌。湘军水陆师由南路进逼武昌。北路清军亦在官文、李孟群等统带下进至汉口、汉阳外围。在此后的两个多月间,双方交战多次。湘军急于求功,付出很大伤亡,但始终未能攻破武昌、汉口两城。1856 年 3—4 月间,太平军自九江、黄州、大冶、兴国等处来援。4 月 6 日,分路大举出击,大败罗泽南军于武昌城西。罗泽南负重伤不治而死。胡林翼以记名道员安庆知府李续宾接统其军。胡此时深悔力攻武昌之非计,即以曾国藩之弟曾国华率勇 4 000 余人援救江西。武汉外围战事趋缓。

石达开率军于 1855 年 11 月下旬由湖北崇、通一带进入江西。11 月 23 日(太平天国乙荣五年十月十七日,咸丰五年十月十四日)进至义宁州境之马坳地方,与赣州镇总兵刘开泰所率清军相遇。24 日,两军展开激战。太平军阵斩刘开泰等。清军残部逃回州城。太平军遂南进至瑞州府境。12月9日,占新昌。同日,分军占上高。在新昌、上高,太平军与经由湖南茶陵州进入江西的广东天地会起义军数万人会合,实力大增。

此时在江西的清军力量,曾国藩系湘军,陆师有李元度3 000人、周凤山4 000人,水师有彭玉麟所统带的8营约4 000人,主要集中于九江、湖口外围和鄱阳湖内的几个据点。江西本省的防兵,仅省城南昌有2 000余人。全省募勇1.5万余人,分为二三十队,且各不统属。江西清军已无法抵挡石达开大军的凌厉攻势。

12月18日(太平天国乙荣五年十一月十二日,咸丰五年十一月初十日),石达开兵分北、中、西三路,同时对江西各府州发起攻击:

北路:以检点赖裕新为首,于12月18日由新昌经棠浦镇进攻瑞州,击毙湘军营官、知县刘希洛、李锟,于19日占领瑞州府城。1856年1月,又自瑞州分军北上占领奉新。2月,又先后占领靖安、安义。

中路:由翼王石达开亲自统率,以丞相张遂谋为先锋,于1855年12月18日自上高经界埠、阴冈岭进占临江府城。21日,东出进占樟树镇。1856年1月1日,分军进占新淦。此时,天地会起义军已攻占吉安府之泰和,正向吉安推进。于是张遂谋率部于1月8日自新淦占领吉水。其先头部队更进抵吉安城下,与天地会军会师,并开始联合攻打吉安府城。1月12日,中路太平军分军自峡江攻占永丰。

西路:石达开部将胡其相率军于1855年12月18日自上高南下攻占新喻,23日占峡江,26日占万载。胡以晄、黄玉崑等自临江率军增援,于1856年1月6日占领分宜。8日,占领袁州。14日,占领萍乡。

曾国藩急调周凤山撤九江围,经南昌南下;又调内湖水师1营带战船30号驶赴南昌,会同江西水师战船巡防赣江。1855年12月25日,九江太平军乘周凤山拔营之机,遣队出城突袭,毙其千总吕国恩等。26日,周凤山全军撤围九江南行。1856年1月,周凤山所部湘军自南昌往攻樟树镇。太平军守军因兵力较少,不战自退。

九江太平军林启容部会同湖口太平军黄文金、胡鼎文等乘周凤山军南下之际,发起对湘军李元度部的攻击,但未能取胜。此后,九江及赣北的太平军于1856年4月初开始南下,先后占德安、南康、建昌、义宁、瑞昌等城。

中路太平军久攻吉安不克。石达开亲赴前线指挥。1856年3月1日,终以地雷轰城夺取吉安,江西按察使周玉衡、知府陈宗元、知县杨晓昀等清朝官兵全部被歼。吉安既克,太平军即以傅忠信守府城,并分军占领府属之永新、安福、永宁、莲花、万安、龙泉等县。

太平军开始围攻吉安时,清朝江西当局即请调周凤山军往援。周凤山军在占据樟树镇以后,也已于1856年1月17日南下夺取了太平军防守的新淦县城。但曾国藩以悬军深入、恐有不利为由,令周凤山全力扼守樟树镇,并伺机进攻临江府,以拱卫南昌。樟树镇为四达之地,地理位置十分重要,据曾国藩说:"樟树镇者,西近瑞(州)、临(江),东接抚(州)、建(昌),(赣江)两岸之关键,省城(南昌)之咽喉。"①石达开自攻克吉安后,即回师临江,部署夺取樟树镇。1856年3月17日起,太平军从临江多次派出小股部队袭击敌人,诱敌疲惫后,于3月22日集中优势兵力,分四路向樟树镇发起猛攻。经过两天激战,湘军溃败,营垒全部被毁。粮台委员、前任知县马丕庆,候选训导林长春等及兵勇1 000余人被歼。周凤山率余部狼狈逃回南昌。曾国藩以"失机于前,贻误于后"为名,奏请将周凤山革职留营效力,并自请交部议处。

太平军乘势东向发起对抚州、建昌两府的攻击。1856年3月20日,检点黄添用、军略余子安等率军占领乐安。3月29日,进克抚州府城。30日,分军占领府属之崇仁、金溪等县。当时在浙江的外国传教士丁韪良据其得自一位书商的消息,报道了太平军占领抚州的经过:

> 府城原有三千官兵驻守,一遇险象发生,即弃城而遁。留下大炮,甚至其他军械,尽资敌人。太平军到,屯东城下,居民开城迎之。乃先遣八人骑马先入,巡行各街道,安抚百姓。大队乃继之进城。其后派队四出在各村镇募兵,持有"奉命招兵"大旗,迅即招得志愿兵几至万人。……本地绅士被邀合作,有被任重职者,而一般士人则被雇用为

---

① 曾国藩:《会筹各路堵剿情形折》,见《曾国藩全集·奏稿》卷七。

书手先生。……太平军减税至半额,禁止部下屠宰耕牛。凡有暴行祸民者,严刑惩罚,以故深得民心。而清军则尽反其道,肆行强暴,屠宰农民耕牛,强掳人民妻女,勒索人家财物。太平军政治严明而有力。①

4月4日,太平军未经战斗即占领建昌府城,继而占领抚州府属之宜黄,建昌府属之南丰、新城等县。

抚州被太平军攻占后,曾国藩急调仍在湖口一带的李元度军由饶州绕回,"进剿抚州,以保广信",调青山水师退扎吴城镇,青山陆兵调赴省城。他在向皇帝的奏报中极为沮丧地说:"上年九江湖口水陆万余人,今全数撤入内地。长江之大局莫顾,东北之藩篱遽弛。前功尽弃,回首心伤。然腹地无兵可调,舍此亦别无他策。"②

曾国藩困守南昌,急向两湖求援。但其与两湖的联系已基本被切断,所派人员也多被太平军所截获。就在南昌孤城岌岌可危之时,杨秀清调石达开率军回天京往攻江南大营。曾国藩得到了喘息的机会。

自1855年11月石达开率军突入江西,到1856年4月,前后仅5个月时间,太平军即连克7府47县。加之先前占领的九江、湖口等地,太平军在江西实际占有8府50余县,占全省13府1直隶州79州县的大半。石达开审时度势,并未全力进攻清朝江西当局重点设防的省会南昌,而是迅速占据了江西的腹地,并大大增强了自己的军力,从入赣时的万余人迅速发展为10万人。③ 仅抚州一地,据前述丁韪良通讯,即新招兵员上万。④ 关于太平天国招兵之事,时人有一首《招兄弟》诗可见其概貌:

白旗下乡招投军,市井游手词色欣。

新兵入城老兵喜,营中别有相见礼。

---

① 《北华捷报》323期,转据简又文《太平天国全史》中册,1163—1164页,香港,简氏猛进书屋,1962。

② 曾国藩:《抚州失陷调回水陆各军片》,见《曾国藩全集·奏稿》卷七。

③ 据曾国藩《专催崑授赴江南并及江省军情片》估计,但10万人中应有妇女在内,参见《曾国藩全集·奏稿》卷八。

④ 丁韪良所述,应是较为保守的估计。据时人汪士铎的记载,抚州一地即招兵4万人。见其《乙丙日记》卷三,1页上。

尊者为兄卑为弟,不问亲戚俱一体。①

为稳定江西基地,石达开采取了一系列行之有效的措施:严军旅,缉盗贼,委派乡官,建立基层政权,管理地方行政,鼓励和保护人民各安其业。在贯彻照旧交粮纳税政策时,还注意断禁勒折浮收,并降低税额。人民群众从切身利益中,对太平天国与清王朝孰优孰劣作出了自己的判断。

石达开率主力离开江西后,曾国藩总算领悟到石达开的战略是:"该逆诡计,盖欲坚守各城,使我疆土日狭,饷源日竭,省会成坐困之势。"②他向清廷奏报说:"三月初间,逆首石达开窜扰皖南,带去男妇三万余人。然所带者多系江西新掳之民,非尽两广久从之贼。江西贼势仍未见其衰落。……足见此贼以全力围困江西,未尝有一处之瑕隙,一日之松懈也。"③

石达开走后,1856年4—6月间,太平天国由翼贵丈黄玉崑主持江西军务;7—8月间,改以北王韦昌辉主持。

---

① 林大椿:《粤寇纪事诗·招兄弟》。
② 曾国藩:《江西近日军情片》,见《曾国藩全集·奏稿》卷七。
③ 曾国藩:《专催崑授赴江南并及江省军情片》,见《曾国藩全集·奏稿》卷八。

第六章

太平天国的军事胜利与内乱

　　太平天国兴起并定都天京，激发了各地各族风起云涌的反清起义。这些起义有力地声援和配合了太平天国革命。但太平天国对起而响应的群众斗争，大多未能予以有力的支持或策应。太平天国的军事形势于 1856 年得到根本好转。西征战场的得胜之师赶回天京之后，取得了攻破江北、江南大营的胜利。其老对手向荣兵败身死。东王杨秀清被胜利冲昏了头脑，假借天父下凡，逼天王洪秀全封其为万岁，从而激化了他与太平天国其他领导人之间的矛盾。洪秀全密召北王韦昌辉等赶回天京"诛杨"。韦昌辉与秦日纲、陈承瑢等在以突然袭击的方式杀死杨秀清后，更大肆屠戮东王部属，株连无辜，甚至连翼王石达开的家属也不放过。石达开起兵"讨韦"，迫使天王洪秀全诛杀韦昌辉等人。他被合朝推举为义王，但其所为始终受到洪秀全的猜忌和掣肘。石达开忿然分裂出走，不仅使太平天国主战场陷入危境，也使他自己走上了败亡之路。天京的大变乱，断送了太平天国有可能取得的全国性胜利，使自己的敌人得到了喘息和反扑之机。

第一节　各地风起云涌的群众起义

太平天国的兴起,激发了全国各地各族人民的反清起义。在南方各省的汉族居住区,主要有天地会各支派的起义;在西南多民族杂居地区,主要有广西壮民起义、贵州苗民和号军起义、云南回民起义和川、滇边李永和、蓝大顺起义;在西北地区,则有陕西和甘肃回民起义。其中天地会各支派的起义,与太平天国关系较为密切。

一　南方各地天地会的热烈响应

从爆发金田起义的广西,直到太平天国建都所在的江苏,长江以南的南方各省几乎都有天地会的组织及其成员的活动。鸦片战争以后,粤、湘、桂三省此起彼伏的天地会起事,是太平天国运动的直接前驱。金田起义后,尤其是永安突围后,太平军及太平天国政权的存在,又成为鼓舞天地会党人起义的榜样和动力的源泉。各地天地会群起响应,造成了很大声势。整个东南半壁,几乎燃遍了反清斗争的烈火。

如何充分利用这一早已存在的反清秘密会党组织,如何协调自己与各地天地会起义军的相互关系,是摆在太平天国领导人面前的一个重大任务。

太平天国起义之初,与天地会的关系并不融洽。洪秀全说过:

我虽未尝加入三合会(按:天地会之别称),但常闻其宗旨在"反清复明"。此种主张,在康熙年间该会初创时,果然不错的,但如今已过去二百年,我们可以仍说反清,但不可再说复明了。无论如何,如我们可以恢复汉族山河,当开创新朝。如现在仍以恢复明室为号召,又如何能号召人心呢?况且三合会又有数种恶习,为我所憎恶者。例如,新入会者必须拜魔鬼邪神及发三十六誓,又以刀加其颈而迫其献财为会用。彼等原有之真宗旨今已变为下流卑污无价值的了。①

金田起义前夕,拜上帝会将清朝军队与在广西活动的天地会武装都斥为"妖",欲"待等妖对妖相杀尽惫",然后举事,②因而对天地会武装的反清斗争采取了两不相助的中立立场,坐视了陈亚贵等天地会起义军的覆灭。金田起义之始,太平军对前来投靠的天地会武装,亦责令其敬拜上帝,舍弃旧习,否则不予接纳。因此,在金田投营的几股天地会武装,除罗大纲留下外,其余几股如大头羊(张钊)、大鲤鱼(田芳)及侯志、关巨等,都先后叛降了清朝当局。太平军驻扎永安期间,天地会招军堂首领、湖南兴宁人焦亮前来上"兴王策",竟因言语悖逆,而被逮系牢狱。

太平天国与天地会之间的不和谐关系在永安突围以后,尤其是进军湖南以后,开始有了转变。这首先是因为太平军胜利破围,自此军威大振,使得世人刮目相看;其次,加于太平天国的种种带有神秘色彩的传说不胫而走,也使得各地的天地会党人多认其为同道。其间,清方导演的献俘闹剧起了推波助澜的作用。清钦差大臣赛尚阿为掩饰永安败绩,借被俘的焦亮编造了所谓"擒获天德王洪大泉"的神话。③ 这一做法,加深了人们认"太平王"为朱明后裔,视太平军为天地会武装的错误印象。

两湖素为天地会渊薮,曾爆发过多起反抗官府的起事,但都遭到残酷的镇压。因而,当太平军挺进两湖时,当地的天地会众便纷纷投军。曾国藩记叙其事说:"湖南会匪之多,人所共知。去年(即咸丰二年,1852年)粤逆入楚,凡入天弟(地)会者,大半附之而去。"④江忠源更具

---

① 《太平天国起义记》,见丛刊《太平天国》(六),872—873页。
② 《天父天兄圣旨》,45页。
③ 参见本书第四章第五节。
④ 曾国藩:《严办土匪以靖地方折》,见《曾国藩全集·奏稿》卷二,北京,中国致公出版社,2001。

体指出:"(太平军)自入永州境,土匪之迎降,会匪之入党,日以千计。"①益阳、岳州一带的船户、水手,亦多为天地会党人,从军后,成了太平军水营的骨干。湖北钟人杰的余党,则于太平军西征时投入了曾天养的部队。②

在太平军向江南进军期间,各地天地会党人更辅以空前的宣传攻势。自长沙以下,武昌、九江、安庆,直到南京、苏州,乃至当时仍为中等县城的上海,到处都有起义军告示传抄张贴。其中有少数确是太平天国的,但绝大部分属于天地会系统。

如上海《北华捷报》在1853年3—4月,亦即太平军攻占南京前后,曾分四期译载了大量的"起义军文告",内中仅一篇,即杨、萧会衔的《救世安民谕》是太平天国文告的真品,其余都是天地会人员以各种名义精心加以编造的。有意思的是,该报编者按认为其余各篇"似乎颇有道理",唯独对那篇真品印象欠佳,直指其"充满了盲信的狂热"。③而其余的各篇,除了不提"敬拜上帝"之外,几乎无一不强调自己对朱明王朝的承继关系和拥有的传统文化色彩,也几乎无一不申明剿除贪官污吏、救民于水火之中的决心。其中部分告示还透露了新王朝行将免粮减赋的信息。除极少数文告外,民族仇恨的色彩均较淡薄。

这些告示,实际上表达了东南各地广大人民对清王朝贪官污吏横征暴敛的切齿痛恨和对新王朝减免租赋的热切希望。正是这些铺天盖地而来的天地会文告,赢得了民心,瓦解了清王朝各级政权的斗志,有力地配合了太平军向江南的进军。

太平天国定都南京以后,天地会活动有基础的地区更爆发了响应太平天国的起义。它们或是效法太平天国的榜样建号称王,如"升平天国""定南王""镇南王"之类,或自称元帅、都督,遥奉太平天国或"大明天德皇帝"为正统,用"太平""天德"等年号。太平天国方面,也有意加强了与各地天地会的联系。有些起义,甚或就有太平天国人员直接参与策划。然而由于太平天国在宗教信仰上的排他性和自身策略上的失

① 江忠源:《答刘霞仙茂才书》,见《江忠烈公遗集·文录》,光绪吴县槐庐刻本。
② 汪士铎:《乙丙日记》卷三,9页上。
③ *North China Herald*, No.137, p.123, Mar.12,1853.

误，更由于兵力不足、地理上相距较远等客观原因，加之天地会各山堂互不统属的内在性缺陷，太平天国对这些起义既未能在全局上加以充分的组织利用，也未能在军事上予以有力的策应支援。一些颇具声势的天地会起义因孤立无倚而相继失败。部分起义队伍辗转与太平军会合，进而成为太平天国运动的有机组成部分。

影响较大的天地会起义主要有如下这些：

1. 桂北、湘南"升平天国"等起义

桂北、湘南早就是天地会活跃的地区。太平天国兴起后，在这一带活动的，主要有胡有禄、朱洪英等人建立的升平天国和其他若干较小的起义武装。

胡有禄（一作吴有禄），广西武宣县人，早年入天地会。1846 年 8、9 月间，曾攻打湖南宁远。1847 年，又与其兄胡有福及罗大纲等一同率队攻打过广西阳朔县城。战败，其兄胡有福被俘死。朱洪英（又作朱声洪、朱胜红），湖南东安县人，以木匠为业，入天地会后学得一身武艺，成为天地会公义堂的首领。1852 年（太平天国壬子二年，咸丰二年）9 月，胡、朱两人在广西南宁共同宣布起义，旋即向桂北、湘南一带发展，屡次攻陷两省边界各县城池。清朝官员称其"所纠党伙皆各省游匪，而广东、广西、湖南边界剧贼巨盗及广西遣散乡勇尤多，其犷悍之状，不亚金田初起诸逆"，广西、湖南两省为此有两年多不得解严。① 1854 年 10 月 9 日（太平天国甲寅四年九月初四日，咸丰四年八月十八日），两军会同攻克广西灌阳县，即在此地建立"升平天国"，奉"太平天德"年号。胡有禄称定南王，朱洪英称镇南王，拥众三四万人。

1855 年 3 月，时任太平天国冬官正丞相，正经略江西一带的罗大纲致函胡有禄，邀约其前往与太平军会合。胡、朱乃下令蓄发，各率所部万余试图经湘南北上。在湘南一带活动的萧元发、焦玉晶、许氏姊妹②等亦率军配合行动。清湖南巡抚骆秉章为阻止天地会武装与太平军会合，调集省内湘军和各县团练前往进剿。9 月，胡有禄部于湖南祁阳、邵阳交界之四明山覆军。其部将何文秀（即何贱苟，曾任太平军总

---

① 骆秉章：《东安剿贼分扑祁新官军大捷生擒首逆折》。
② 姊许月桂为焦亮之妻，妹许香桂为焦玉晶（焦亮弟）之妻。她们与焦玉晶同为天地会招军堂首领。

制)等战死。胡本人被执牺牲。朱洪英等部遂退至广西、湖南交界的全州、新宁等地活动,并一度攻克湖南永明,斩清军副将周云耀。延至1856年2月,朱洪英等在永明、江华一带覆败。萧元发自杀,焦玉晶与许氏姊妹先后被执死。仅朱洪英只身走脱,潜入瑶洞深藏。直至1874年(同治十三年),朱洪英乘东南沿海各省调兵布防,再度于湖南耒阳起义,湖南震动。湖南巡抚王文韶急派兵进剿。朱洪英于宜章兵败,被俘死。

2. 福建小刀会、红钱会起义

福建是天地会的发源地。小刀会与红钱会均为天地会支派。前者于乾隆年间在台湾创立,后传至南洋。道光年间,海澄人江源、江发又从南洋带回本地加以发展传播。后者系利用康熙年间所铸铜钱,在字上用刀刻三划,并涂以红色,因而得名。主要在福建的邵武、建阳、顺昌、崇安、将乐、沙县一带流传,后又在永春州得到迅速发展。

1853年(太平天国癸好三年,咸丰三年)5月,受太平天国向江南进军消息的鼓舞,又乘闽兵外援造成福建内虚的有利时机,小刀会和红钱会先后发动起义。5月13日,小刀会首领、同安人黄德美、黄位(一作黄威),于海澄起兵,众渐至万余。先后克漳州、厦门及附近各县,打死清总兵曹三祝、兵备道文秀及水师游击郑振缨等。黄德美称"汉大明统兵大元帅",在厦门设立帅府,遥奉"大明天德皇帝",并以"天德"为年号。他在起义告示中说:"父老苦清苛法久矣。贪官污吏,政皆流为虎之苛;竭髓竣脂,民皆叹夫鼠之硕。以致山崩海溢,年凶岁饥;盗贼蜂起,黎庶鱼类。"他自称是"奉旨征厦,应天顺人"。

红钱会首领林万青(即林俊)于海澄小刀会起义后,亦于家乡永春州起兵,德化、大田、尤溪、永福、仙游等五县群众起而响应。林万青称"钦命统兵大元帅",遥奉"大明圣祖裔孙"为正统,亦用"天德"年号。清朝当局一面动员组织当地团练,一面飞速调集广东、浙江两省军队入闽镇压。1853年11月11日,厦门在清军围攻下失守,黄德美突围后被执死。黄位等乘海艇退至海上,1855年曾反攻厦门,直到1858年仍在鸡笼海面游弋,伺机向台湾进军。黄位晚年侨居越南。林万青则乘清军进围厦门之机,于1853年9月攻克仙游,进攻兴化府。小刀会在厦门失败后，林万青率众退出仙游。1854年11月，小刀会在清军大举进攻的压力下，转入深山活动。福建会党起义后，曾派代表到天京请归附。太平天国于1854年8月派使者前往联络，甫入福建境即遭清军逮捕牺牲。但林万青等仍与太平天国保持着联系。1857年，他在策应太平军入闽时且一度攻克大田等数县。1858年（太平天国戊午八年）3月，林万青再次率队前往闽北接应太平军入闽，于光泽遭团练伏击战死。

3. 上海小刀会起义

上海为华东沿海重要商埠，鸦片战争后得到迅速发展。上海小刀会成立于1849年（道光二十九年），对外以"义兴公司"为名号。其成员有城市手工业工人、店员、水手、码头搬运工、无业游民，甚至还吸收了本地的部分农民。该会大体按成员的地籍分为广东的广帮、潮帮、嘉应帮，福建的建帮、兴化帮，浙江的宁波帮以及上海本地的上海帮等不同的帮派。

1853年（太平天国癸好三年，咸丰三年）春，太平军进军江南。清朝上海地方当局招募勇营，小刀会成员纷纷应募，乘机积蓄力量，策划响应太平天国。福建小刀会起义的消息，更使他们受到鼓舞。9月5日，嘉定小刀会在周立春率领下率先起义，攻克嘉定县城，他们以"义兴公司"名义发布告示，声称起义目的"志在扫除贪官污吏"，宣布"一应赋税钱粮，全行蠲免"。① 9月7日，上海小刀会起义，迅即占领县城。广东各帮的首领、广东香山人刘丽川被一致推为"统理政教招讨大元帅"，福建龙溪人李咸池被推为"平胡大都督"，另两位福建人陈阿林、林阿福被推为"副元帅"。起义之初，以"大明"为国号，改元"天运"，队伍很快由数千人发展至上万人。其势力范围亦由上海、嘉定扩展到周围六县。起义者在文告中指斥清朝统治的暴虐："暴敛横征，野皆狼心狗行之吏；卖官鬻爵，朝尽兔头獐脑之人。有钱生，无钱死，衙门竟同市肆；朘民膏，剥民脂，官府直如盗贼。"并宣布："乡间钱粮，不征三年，大有仁德之

---

① 《义兴公司告示一》，见中国科学院上海历史研究所筹备委员会编《上海小刀会起义史料汇编》，28页，上海，上海人民出版社，1980。

风。"①刘丽川于起义之后即派人赴天京联络,以"未受职臣"名义上奏天王,求其"早命差官莅任,暨颁赐誊黄,以顺天心,以慰民望"。他当时可能以为太平天国领袖们亦同属天地会系统,所以在"附奏"中还特地交代了自己曾于 1845 年接替劳德择成为香港天地会首领,"于是暗招军士"的经历,并为自己"直至今日,有以效力于主上陛下"而感到"不胜厚幸之至"。②

太平天国方面,可能并未意识到上海战略地位的重要,也可能是力不从心,再加之信仰方面的不认同,只是令其"率众来归"。以东王杨秀清名义发出的信中说:"盖闻识时务者为英雄,知进退者为俊杰。观当今之大局,知真主为天王。三月间曾据钦差大臣罗大纲弟来禀,知弟等请攻苏常,弟等在上海愿为内应,本军师不胜欣慰。何以迁延至今? 如果率众来归,必当奏请封加显爵。何去何从,希自谅之!"③

上海小刀会起义者不久即正式改奉"太平天国"国号,1854 年更明确宣布"崇拜天父上帝",④以图进一步向太平天国靠拢。太平天国镇江守将罗大纲也曾在仪征各码头制造皮篷小船 600 只,准备冲过清军水营,直下上海,接应小刀会。但终因北伐、西征战事紧张,兵力不敷而未果。上海小刀会还曾向福建方面求援。起义后不久,福建帮首领李咸池即亲赴厦门见黄位,求其拨鸟枪兵 2 000 人增援上海。然厦门小刀会正陷于清军围攻之中,旋即失败。李咸池虽得突围,潜归龙溪,但不久亦被执,牺牲于漳州。

上海是漕粮海运北京的出口,上海海关的关税又是江南大营重要的军饷来源。清廷严令江苏当局迅速加以克复。钦差大臣向荣即派江南大营帮办军务、署理江苏巡抚许乃钊带兵往剿。小刀会起义军于 1853 年 10 月间即已失去嘉定等所有外围县城,周立春等在嘉定被俘牺牲。起义军被迫退入上海县城内。清军陆师围困了县城的西南两

---

① 《平胡大都督李示》,见《上海小刀会起义史料汇编》,4—5 页;《太平天国统理政教招讨大元帅刘示》,见《上海小刀会起义文献》,载《近代史资料》1979 年第 4 期,21 页。

② 《未受职臣刘丽川上天王奏》,见《上海小刀会起义史料汇编》,11—12 页。据罗尔纲《太平天国史》卷八十《刘丽川传》所载内容校订。

③ 涤浮道人:《金陵杂记》,见丛刊《太平天国》(四),626 页。

④ 《大明太平天国统理政教招讨大元帅刘示》,见《上海小刀会起义史料汇编》,23—24 页。

面，水师封锁了县城东南的黄浦江，唯北门外之洋泾浜为租界，清军没有建立营垒，只在租界以西的泥城浜驻扎。1854 年 4 月 4 日，租界的英、美两国军队以一些偶然事件为借口，发动所谓"泥城之战"，向清军示威，迫使清朝地方当局作出较多让步，并作出绝不侵犯租界的保证。起义军则通过租界打通火药、粮食的接济。1854 年 7 月，清廷以许乃钊督师上海，日久无功，且"处处为英夷所挟制"，将其革任，改授吉尔杭阿为江苏巡抚，"著即督率各路兵勇，迅速筹攻，务将沪城克期收复。"①

小刀会起义军坚守上海孤城达 17 个月之久。在此期间，在上海的外国侵略势力逐步撕去中立伪装。他们在向清朝地方政府取得上海海关和扩大租界的种种特权后，便于 1854 年 10 月由洋泾桥起，沿浜筑起砖墙，堵塞了城内外的交通。这堵砖墙曾被起义者摧毁，但最终仍于 1855 年 1 月 20 日筑成，完全断绝了城内起义军的补给。1855 年 1 月 6 日，法军且与清军协同作战，一度突破北门城墙。起义军在陈阿林指挥下奋起挫败了法军与清军的联合进攻。小刀会处境日益困难，内部危机也逐渐加深。早在 1854 年 6 月，福建帮首领之一的林阿福即已率众分裂出走。10 月，嘉应帮富商李少卿叛变投敌。在城中存粮已尽的情况下，刘丽川与陈阿林于 1855 年 2 月 17 日（太平天国乙荣五年正月十三日，咸丰五年正月初一日），分领小刀会起义军弃城突围。刘丽川在沪西虹桥战死。女将军周秀英（周立春之女）等被执牺牲。陈阿林逃亡海外。上海帮首领潘起亮（小禁子）因得上海方言的掩护，辗转到达天京，投入了太平军。

4. 广东三合会起义与大成国

天地会系统响应太平天国的起义中，声势最大的是陈开、李文茂等领导的广东三合会起义。陈开，广东三水县人，箍桶为业（一说佛山镇人，驾船为业）。李文茂，广东鹤山县人，原为粤剧艺人，精通少林武技，富有江湖侠气。二人均为佛山三合会首领。三合会是天地会的别名，道光元年（1821 年）即已在广东进行秘密活动。鸦片战争失败，暴露出清朝官军武备的废弛，但民间团体在反侵略战争中得以发展壮大，并为

---

① 《清文宗实录》卷一三三，咸丰四年六月庚辰。

三合会这样的"反清复明"秘密组织提供了滋生的土壤。当时的佛山镇,在中国四大镇中最为繁盛,各省商贾云集,人员五方杂处。佛山镇也因而成为广东三合会最为活跃的地方。

太平天国金田起义后,广东三合会开始活跃起来。当两广总督徐广缙带兵前赴高州镇压凌十八起义军时,三合会即在广州北门张贴告示,悬赏1万两,购拿徐广缙。1853年(太平天国癸好三年,咸丰三年)春,太平天国定都南京。广州的反清浪潮更形高涨。外国的观察者写道:"这个大城市的人民都毫不隐瞒地向新朝表同情,并且都竭力祈祷推翻清朝。这种情绪在广东省非常普遍……在各大城市中,愤恨清朝的情绪在官员的眼前高涨。时髦的年轻人剪去辫子,穿著明代服装,来进行反抗。"①1854年(太平天国甲寅四年,咸丰四年),太平天国派人经上海乘轮船回广州联络三合会,同谋起义。6月8日,何禄于东莞首先发难。18日,克东莞县城,广州震动。同日,陈开在佛山举兵,宣言为明朝复仇。各地会众亦几乎同时发动。起义军蓄发易服,头裹红巾,自称"洪兵"。"旬日之间,连陷数十县。西至梧州,北至韶州,东至惠湖,南至高廉,贼垒相望,道路梗塞。……会城势孤援绝,濒危者屡矣。"②起义军以陈开为盟主,于7月间分三路围攻广州城。清肇庆协副将崔大同率总督标兵及八旗兵出北门迎战,兵败被杀。两广总督叶名琛急令闭关发炮轰击。由于有城外的拱极炮台等要塞的拱卫,三合会起义军无法近城,只能在外围封锁广州的对外交通。守城清军得英、美、法等国轮船帮助接济武器弹药和粮食,有恃无恐。起义军武器装备落后,又系各自为战,围城半年之久,毫无进展。

1855年初,起义军主动分途撤围。叶名琛乘势反扑,在全省实行了极为恐怖的屠杀政策,先后有十多万起义者和无辜群众惨遭杀害。据时人记载说,仅1855年夏在广州刑场被杀者,即达7.5万人,"其中强半,皆无辜冤死"。"场中流血成渠,道旁无首之尸纵横遍地","刑场四围二千码以内,空气恶劣如毒雾"。③

---

① [法]加勒利・伊凡原著,[英]约・鄂克森佛译补:《太平天国初期纪事》,148页,上海,上海古籍出版社,1982。

② 同治《南海县志》卷二十六,同治十一年。

③ 容闳:《西学东渐记》,30页,长沙,湖南人民出版社,1981。

撤围的起义军，一部分在何禄带领下转移至湘南，攻占郴州等城。原在粤北活动的陈荣等部亦前往会合。1856 年 1 月，在湘军和湘南团练的大举进攻下，何禄等战死，陈荣等则由茶陵州突入江西境内。原在粤北活动的葛耀明等则早于 1855 年夏已向江西转进。当年冬，上述进入江西的广东三合会武装与太平军石达开部会合，后即成为太平军中的"花旗"。

陈开、李文茂等则率起义军主力沿西江挺进。1855 年 3 月，克肇庆。5 月弃守，而以强大的水师向广西进军。一路经梧州、藤县、平南，进抵浔州府城。广西的天地会武装如黄鼎凤、李文彩等纷纷归附，陈开等人的势力大增。8 月 26 日，攻克浔州府城，改称"秀京"，即以此为首都，建立"大成国"，建元"洪德"。陈开称镇南王（后改平浔王），为大成国最高领袖。李文茂称平靖王，梁培友称平东王，区润称平西王，梁昌称定北王。大成国设置了各级政权，势力最盛时曾控制广西 40 余州县。1858 年春，大成国大举向广西省会桂林进军。清广西巡抚劳崇光被迫向湖南求援。湖南巡抚骆秉章乃调派蒋益澧等率湘军入桂。李文茂所统率的西路军于 5 月在苏桥战败。6 月，弃柳州，改向贵州苗区进发，不久在贵州黎平再次受挫。11 月，退返广西。李文茂于怀远县山中呕血而亡。进至阳朔的东路陈开等，在西路败后亦被迫退兵，转取守势。移至 1861 年（太平天国辛酉十一年，咸丰十一年）8 月，大成国军主力遭湘军歼灭。陈开走至贵县被执，解回浔州就义。

二　西南、西北各族人民的反清斗争

西南、西北地区有众多的少数民族聚居或与汉族杂居。这些地区在清代得到了进一步的开发，与内地的政治、经济联系也有所增强，但各少数民族所受清政府的压迫、剥削也随之加深。由于各级官府在处理民族问题时往往采取歧视政策，挑拨离间，分而治之，严重伤害了这些少数民族的感情，反抗斗争早已蓄积待发。太平天国兴起后，清政府在这些地区的统治力量有所削弱，部分军队被调走，但人民的负担却因筹捐助饷更形加重，这就为各族人民的反清起义创造了条件。从 19 世纪 50 年代中（咸丰年间）到 60 年代初（同治初年），西南、西北各族人民起义先后兴起。其中影响较大的有广西壮民起义，贵州苗民与号军起义，云南回民起义，川、滇边区李永和、蓝大顺起义及陕、甘回民起义。其中除转战于四川各地的李、蓝起义军和广西壮民起义在太平天国失败前即已较早地为清军镇压外，其他的起义都坚持了十多年时间，直到太平天国失败后的 70 年代中（同治末年），才在清军大举进攻下最后覆败。

1. 广西壮民起义

广西是壮民①的主要居住区。太平天国金田起义及在广西境内活动时，便有很多壮民参加。两广的三合会响应太平天国举行大规模起义后，壮民的领袖人物李文彩、吴凌云、黄鼎凤等又与三合会起义军相联络，或归附三合会建立的大成国，或自成一统。在大成国失败后，他们又坚持反清斗争多年。

李文彩，广西横州人，以理发为业，行七，人称"李七哥"。1850 年（道光三十年）举事，1852 年（咸丰二年）曾一度受官府招抚，但不久即在永淳县平朗地方攻破地主巨富村寨，截夺过往的佛山船上的货物和洋炮，"富足称雄"。此后，他又与永淳县十三屯壮民接上关系。十三屯壮民，相传明代从左江调来驻屯的士兵之后，清初因兵差供应繁重，有外来客民愿为承纳相关负担，代为出入衙门，壮民亦以为便。但后来"其粮户则收入客户，永远代纳，名旧住人为佃户，彼为业主"，②世代自耕自垦的壮民屯户从而变成了佃户，受尽业主的盘剥。1851 年，十三屯壮民呈递革租承粮的状纸，诉明从前被骗原委，要求革除业主受租，承纳官府粮赋。但官府竟将为首请愿的壮民关押，强令各屯交齐租后再予以释放。十三屯壮民因而激变，但无得力之人指挥，战斗经年，屡遭挫败。他们"见李七英雄无比，遂奉以为主，统辖横、永僮匪，收租征饷。僮（壮）匪任其科敛不怨，驱使争先"。③ 1856 年春，李文彩转移至

---

① 按：壮民之"壮"，清代文献记载中均作"獞"。族称加"犬"旁，本是汉人对有着盘瓠崇拜的南方诸少数民族的一种分类判别，但亦含有歧视成分。因此，民国以后即将"獞"转写作"僮"。1965 年，僮族改称壮族。本书正文一律作"壮"。引文则均仍其旧，后人所编资料，将"獞"转写为"僮"者，亦照录不改。
② 玉鸣凤口述《抗租记》，见《太平天国革命时期广西农民起义资料》编辑组编辑《太平天国革命时期广西农民起义资料》（下），328 页，北京，中华书局，1978。
③ 《永邑十三屯僮（壮）为逆暨李七作乱纪略》，见《太平天国革命时期广西农民起义资料》（下），309 页。

贵县,投奔大成国,被封为"定国公"。1957年春,李文彩率军先后攻克永淳县城和横州城,即以十三屯佃农首领杨廷猷为知州。1860年春,石达开部将石镇吉军队经永淳,李文彩为其向导。同年秋,其平朗据点被清军攻陷,李文彩遂率部从桂北入贵州,投石达开部将李福猷。后他又与贵州的苗民起义军及黄号军取得联系,在贵州继续坚持抗清活动。

吴凌云,又名元清,广西新宁州人,家素富,其本人为州附学生员。1851年(咸丰元年),竖旗聚众,号为全胜堂。1853年冬,率众数千攻克新宁州陇朴村,即以此为据点,号召各村拜台入会,其势力达附近南宁、太平两府地方。1861年,吴凌云在太平府称王,建立延陵国,铸"延陵玉玺",蓄发易服,封官拜爵。① 1862年,清军攻陷太平府,吴凌云退守陇罗。1863年春,在率众突围时遭清军伏击,伤重而死。

黄鼎凤,广西贵县人,乳名特旁,行三,生于1830年(道光十年)。雇农出身,少年时给陆姓地主家放牛,受尽欺压,曾激愤地以歌明志:"这个皇天冇②平均,总是富者欺贫人。若我黄三有天日,破你陆家不留人。"

1849年(道光二十九年),三合会张嘉祥在贵县一带起事,以"上等的人欠我钱,中等的人得觉眠,下等的人跟我去,好过租牛耕瘦田"四句口号相号召。已成年的黄鼎凤前往投奔。张嘉祥后投降清朝,改名张国梁,隶钦差大臣向荣部下,从广西一直打到江南。1853年(咸丰三年)夏,黄鼎凤辗转从江南逃回贵县。他在家乡覃塘墟设英雄馆,在黄练墟设洪顺堂,又在黄练峡建岐山寨,招兵买马。1854年,三合会在广东起义,广西的会党也纷起响应。黄鼎凤等三合会起义军曾一度攻克贵县城。1855年,陈开的三合会军克浔州府城,建立大成国,黄鼎凤被封为将军。1857年,进封隆国公。1861年秋,清广西布政使蒋益澧率湘军进攻大成国,陈开等死难,黄鼎凤等假作愿受招抚,率部退回覃塘,四散掩藏。蒋部湘军开拔浙江后,黄鼎凤于1862年(同治元年)夏在覃塘誓师,召集大成国各路散军,发展成为广西最强大的一支起义军。1863年,黄鼎凤在贵县小平天山建要塞,置宫殿,称建章王,宣言出师

① 据光绪《新宁州志》卷四;《平桂纪略》卷三、卷四。
② 系粤语方言,作"没有"解。

长江,与太平天国相呼应。1864年,在清广西布政使刘坤一所率湘军的攻击下,黄鼎凤战败,接受招抚,但其本人仍拒绝下山。后因其老母和妻子劝说,下寨投降,被凌迟处死。

2. 贵州苗民与号军起义

贵州各族人民起义中,声势最大的是以张秀眉为首的黔东南苗民起义和以灯花教刘仪顺为首的黔东北号军起义。

张秀眉,贵州台拱厅苗民,幼时父母即亡故,早年靠做长工过活。因不堪清朝官府的压迫,曾于1853年(咸丰三年)秋与其他苗民领袖参与瓮安县汉民老刘所策划的榔党起义,且被推为榔首之一。榔党号召有二三万群众,但因事机不密,起义遭清朝地方当局的镇压而失败。张秀眉等从中吸取了经验教训,回台拱后进行了深入而隐蔽的组织发动工作。他走村串寨,邀约一班同志,共同商量打官府之事。1855年5月初,镇远府官员于台拱厅苛征重索苗民,激起苗民结队围城反抗。此时黄平州汉族地主在官府唆使下,扬言十万大团,择日举事,告示中且以"灭苗清产,安屯设堡"相威胁,并聚团巡行,向苗寨示威。苗民大愤。张秀眉乘机串联各寨同时举义,并被推为大元帅。千里苗疆,纷起响应。7月16日,苗民起义军首先攻占台拱厅西北的要塞岩门司。10月23日,攻占丹江厅。1856年夏秋间,又先后攻占胜秉、凯里和施秉县城、清江厅城、台拱厅城、黄平州城。到1858年,苗民已控制黔东南苗族居住的大部分地区,并先后攻克了包括都匀府城和镇远府城在内的若干州县城池,兵锋直抵贵阳城下。起义的苗民夺回了"皆其祖业"的清军屯地,甚至将攻克的台拱、清江等州县厅城池都夷为耕地,"重山复岭中,纵横盘踞七八百里,安居乐业以抗官兵"。[①] 他们勤劳耕作,囤积的粮食不仅足够自用多年,还常常支援与之协同作战的号军等其他起义武装。由于张秀眉十分注意民族团结,天柱、思州一带汉族民屯数百,都蓄发相从,遵其法度。清朝当局认其为"苗疆祸首","于诸苗最为黠鸷"。[②] 而在苗族人民史诗的记载中,张秀眉是这样回答清朝统治者

---

① 莫友之:《上李中堂书》,转据沈云龙主编《近代中国史料丛刊·咸同贵州军事史》第6册,131页,台北,文海出版社,1967。

② 据清同治十一年五月十二日湖广总督李瀚章、署理湖南巡抚王文韶奏。转引自罗尔纲《太平天国史》第4册,2531页,北京,中华书局,1991。

的："我没有山高,我没有水深,我和常人一样。我个人的力量,搅不浑江水,乱不起地方;大家的力量,才搅得浑江水,才乱得起地方。"①

号军以汉民为主体,是依托白莲教组织起来的起义队伍。教首刘仪顺,湖南宝庆人,在西南各地传教多年,拥有众多信徒,因四川搜捕紧急,潜逃入贵州,改用灯花教名义组织反清起义。号军以头巾和旗帜的颜色为标志,分为红、白、黄、青等号。各有首领,并不统一。1855年(咸丰五年),红号军首先在黔东北铜仁府举义,提出"反清复明"的口号。这支队伍屡颠屡起,于1863年(同治二年)才最后失败,余部归入白号军。白号军起于1857年冬,尊刘仪顺为教主,而以朱明月为秦王,提出"兴汉灭满"的口号,建元"江汉",为号军中势力最大者。主要活动于思南、石阡两府所属州县。

3. 云南回民起义

云南回民起义爆发于1856(咸丰六年),其直接起因是回、汉地主商人争夺楚雄石羊银矿而引发的械斗。本来采矿的多为本地回民,矿产很旺。1854年,有一批在他朗开金矿的汉人率众来夺,彼此斗杀。事经两年,未得解决。1856年春,双方爆发大规模械斗,一直打到昆明20里外的板桥地方。清朝官府只顾保持矿税收入,根本不断是非曲直,在冲突扩大后,则诬指回民作乱,屠杀大批无辜回民。5月19日,清云南巡抚舒兴阿下令在昆明城内外搜杀回民三日,又下令各府厅州县横直剿灭回民八百里。② 各地回民被迫揭竿而起,并很快汇合成两大支:一支在迤西(云南西部),以杜文秀为首;一支在迤东、迤南(云南东、南部),以马德新、马如龙为首。

杜文秀,永昌府保山县人,生于1827年(道光七年),廪生出身。1845年,永昌回民8000余人惨遭屠戮。杜文秀幸免于难。1847年,他辗转赴京告御状,曾轰动一时。③ 永昌惨案在清廷的过问下,终以惩治部分凶手而告结束,但残存的回民却被官府强制迁离,其田地、房产

---

① 据马少侨编著《清代苗民起义》,武汉,湖北人民出版社,1956。
② 马观政:《滇垣十四年大祸记》,见中国史学会编《中国近代史资料丛刊·回民起义》(以下简称丛刊《回民起义》)(一),上海,神州国光社,1952;佚名:《滇西变乱小史》,佚名:《滇南杂记》,见丛刊《回民起义》(二)。
③ 参见《清宣宗实录》卷四四四,道光二十七年七月乙未。

等亦被霸占。这使杜文秀对清廷的腐败及其民族歧视政策印象极深。金田起义的消息传到云南后，他因以兵法组织回民，大家都很信服他。1856年9月，大理府杀灭回民事起，杜文秀即亲率蒙化回民万余人来救，于9月9日袭取下关，占领大理府城。迤西起义的回民公举杜文秀为总统兵马大元帅。他在《兴师檄文》中说：

窃思滇南一省，回、汉、彝三教杂处，已千百年矣，出入相友，守望相助，何尝有畛域之分。慨自满清僭位以来，虐我人民二百余年（于）兹矣。妖官偏袒为计，石羊起衅，池鱼皆殃；强者逞鸱张之威，弱者无鼠窜之地。……民不聊生，人心思乱。本帅目击时艰，念慝民莫（瘼），不忍无辜之回为汉所杀，更不忍无辜之汉被回所伤，爰举义师，以清妖孽。志在救劫救民，心存安回安汉。

……遥奉太平天国南京之号召，革命满清。①

大理政权先后控制了滇西50多州县，几占云南全省的一半。它注意兴修水利，发展农业，促进工商，轻徭薄赋，滇西得小康。尤其可贵的是，它能够较为妥善地处理好民族问题。以至于多年后，在清王朝治下遇到民族纠纷不能解决时，人们还常怀念说："若杜公在，何至于是！"②

杜文秀在迤西起义后，迤东、迤南的回民起而响应，推马德新和马如龙为领袖。马德新为伊斯兰教阿訇，早年曾往麦加"朝圣"，回国后讲经授徒，很有声望。马如龙则为武秀才出身。其起义文告中声称"请司民之命，兴仁义之师"，"只论良莠，何分回汉"，③并一再表明"止欲报仇，不敢为逆"。④ 1857年7月间，迤东、迤南回民军进攻昆明，清云贵总督恒春因堵截计穷，竟于7月21日（咸丰七年六月初一日）夜与其妻在署自缢身死。⑤

---

① 中国史学会编：《中国近代史资料丛刊·回民起义》（以下简称丛刊《回民起义》）（二），131页，上海，上海人民出版社、上海书店出版社，2000；丛刊《回民起义》（一），29页。
② 《新兴河西纪闻》，见丛刊《回民起义》（二）。
③ 《建水回民檄文》，见丛刊《回民起义》（二），55页。
④ 桑春荣奏，《钦定平定云南回匪方略》，见丛刊《回民起义》（一），322页。
⑤ 《清文宗实录》卷二三〇，咸丰七年六月乙亥。

1860 年 6 月，署云南提督褚克昌率清军往攻大理，受到迤西和迤东、迤南回民军的夹击。9 月 9 日，回民军斩褚克昌于宾川州太和村，褚部清军被击溃。杜文秀的大理政权于 1862 年 1 月 30 日（同治元年正月初一日）蓄发改制，恢复中华古代衣冠，并在大元帅之下，分设大司衡、大将军、大都督等一系列官职。马德新、马如龙则于稍后成功地向清政府接洽投降。马德新被封为"二品伯克滇南回回总掌教"，马如龙得到了署理总兵的官衔。①

4. 李永和、蓝大顺起义

李永和（即李短鞑），云南昭通人，生于 1836 年（道光十六年），曾习书史，有智略。蓝大顺，本名蓝朝璧，亦为昭通人，通晓书史，为人尚侠重义。两人同为川滇边秘密会党哥老会的首领。哥老会也是天地会的一个支派，道光末年在四川得到发展。其成员主要是从农村失地流亡出来的农民和其他无业游民，其人数不下一二十万。昭通府与川南交通频繁，哥老会亦由川南渗透到昭通府。

鸦片战争后，川、滇间出现了专门贩运云南鸦片到四川的烟商及其雇佣的保镖组织——烟帮。烟帮都配备有鸟枪、刀剑等武器，实际上是一种准军事组织，其成员则大都加入了哥老会，并依靠哥老会的组织相互联系。1859 年（咸丰九年）夏，烟帮成员在宜宾为清朝官府所捕杀，此事即成为起义的导火线。李永和、蓝大顺聚众近千人，声称"入川报仇"，于同年 9 月向川南进军。川南会党闻风响应，纷纷加入，军锋所至，"如入无人之境"。1860 年 1 月下旬，起义军攻克自流井盐场，缴获大批给养装备，声威大振。起义军以"大明顺天"相标榜，李永和称"顺天王"，亦以"顺天"为年号。起义军打出"替天行道"的旗号，并以诛杀贪官污吏和打富济贫号召群众。② 起义军极盛时，人数已近 20 万。清廷急调湖南巡抚骆秉章"驰赴四川，督办军务"。③ 由于起义者没有明确的政治目标，所到之处又不能建立巩固的政权，更没有严整的军事组织形式，在入川湘军的打击下，日渐陷于困境。1862 年（太平天国壬戌

---

① 《清穆宗实录》卷二十六，同治元年四月乙亥。
② 按：据《名雅遭贼记》记载，李永和有对联曰："杀贪官以救民，原为黎民造福；分豪户而济众，但愿大众归心。"
③ 《清文宗实录》卷三二三，咸丰十年六月己丑。

十二年,同治元年)春,石达开军进入四川东南境,李、蓝联名上书欢迎,并恳请"同为合兵"。但石达开攻取长宁后即受阻不得进,于同年夏退回川、黔边界。10月,李永和部在犍为覆败。蓝大顺部在遭受沉重打击后于同年夏由川东入陕南,延至1864年春,在陕南安康县覆灭。

5. 陕、甘回民起义

陕西回民久受清政府歧视和汉族地主欺凌。1862年(太平天国壬戌十二年,同治元年)春、夏间,太平军陈得才部和蓝大顺起义军分别进入陕西。渭南回民派人前往联络。一些汉族地主团练借口"回民造反,先行剿灭",在华阴、渭南、朝邑等县任意杀害回民。曾参加云南回民起义的任武、赫明堂等人乘势领导回民起义。此时陕西清军多出援他省,回民军未经多少战斗就占领了渭南、华州、华阴、高陵、大荔等县,并进围省城西安。清廷先后派胜保、多隆阿为钦差大臣带兵入陕镇压。1863年春,多隆阿攻破大荔、渭南等回民军据点,并解西安、凤翔围,陕西回民军遭受重大损失,部分投降了清政府,大部退往甘肃。

甘肃回民在陕西回民起义的影响下,亦于1862年揭竿而起,并逐渐汇聚为四个中心:宁夏府之金积堡,以马化龙为首;兰州府之河州,以马占鳌为首;西宁府,以马尕三、马桂源、马本源为首;肃州,以马文禄为首。这些领袖人物都是当地回民的上层分子,他们起兵的目的在于维持和发展自己既有的权力和地位,因而往往首鼠两端,与清朝地方当局的关系维持不断。

第二节　太平军连破江北、江南大营

　　在天京及其周边地区,清王朝所设立的江南、江北两个大营经常构成对太平天国首都的威胁。1856 年(太平天国丙辰六年,咸丰六年),东王杨秀清借解镇江、瓜洲之围,厚集兵力,经几个月的奋战,终于先后攻破江北、江南两个大营。

一　天京战场的攻防战

太平天国开展扫北和西征之后,天京及扬州、镇江三城即始终处于清军江南、江北两个大营的钳制之下。1853 年 12 月 26 日(太平天国癸好三年十一月二十二日,咸丰三年十一月二十六日),扬州弃守。①1854 年,江北仅存瓜洲一孤立据点,由镇江守将殿左五检点吴如孝统一督理水陆军务。

天京的防务初由北王韦昌辉主持。由于太平军主力均先后出征,天京防守力量有所削弱。但太平军在城东北的紫金山到龙脖子,已修筑深壕重垫,并力据守;城南又有设在雨花台和报恩寺的坚固营垒。韦昌辉乃集中兵力防守东南城垛,"城上布满吠犬,壕沟内外钉满竹签,联系铜铃"。江南大营的清军每欲偷袭,一拔竹签则犬吠铃响,无隙可乘。1854 年初,石达开回京主持防务,又得扬州、瓜洲撤回的数万将士,他改变专恃城防的战术,令部分将士移驻城外,"欲于太平门外及上方桥

---

① 据《清文宗实录》卷一一四,咸丰三年十二月甲戌。

一带步步立营,意图包抄大营后路"。① 他又派队出城,与清军反复展开对七桥瓮、高桥门等地的争夺。双方损兵折将,却均未取得实质性的进展。1854 年 9 月 7 日,清朝的江宁将军苏布通阿中火弹负伤,不久殒命。9 月 10 日,太平天国的国宗提督石祥祯在与清军将领张国梁(即张嘉祥)交手时,已将其生擒过马来,但未料到张国梁抽出身佩利刀猛刺其足胫,石祥祯反被暗算身亡。石祥祯绰号"铁公鸡",为太平军著名猛将。他虽被刺身亡,但其生擒叛徒张嘉祥的事迹在当时即已流传。曾一度在向荣大营逗留的张集馨甚至还亲自向咸丰帝讲述过。②

江南大营既已无力从陆路攻击天京,向荣即向清廷建议派广东红单船从水路进入长江,在天京上游扼要停泊,断长江南北的连通以及天京的运粮之路。1854 年 7 月,广东红单船 50 艘驶至天京附近江面,切断天京上游水路运输线。太平军两次遣水营往攻,都被红单船击退。天京粮食供应得不到补给,继下食粥之令后,又于 9 月下旬令妇女出城获稻,乘机遣散妇女三四万人。太平军渗入浦口沿江洲地,威胁红单船的补给线,又从上游调集数千战船,终于迫使红单船从天京上游退走,恢复了天京江路的畅通。太平天国自此加强了对下关江面的截江防卫,"于夹江、九洑洲之间,用粮船排列;复于下关南北两岸,用铁链中贯巨木,横截江面;并有炮船十七只,每船安桨数十把,炮位甚多,时于两岸游弋。"③与此同时,陆路又加强了在江南大营外线的活动。驻守太平府(当涂)、芜湖等沿江城市的太平军向东进窥黄池、高淳、东坝一线。驻守天京的太平军则南出向秣陵关一带出击。本是江南大营后方的皖南成了太平天国首都的补给基地。向荣被迫派出邓绍良在太平、高淳一带游击。他在奏报中分析太平天国的战略意图是:

> 该逆⋯⋯恃其水陆可通,火药米粮可以源源接济,因以固守,老我之师,匮我之饷。而彼转得分其凶党,四出攻扰,陷一城即守一城,陷一镇复守一镇。使我兵力处处为其牵缀,而该首逆得安坐雄城。故贼之

---

① 《向荣奏稿》,见丛刊《太平天国》(七),247、258 页。
② 据《向荣奏稿》,见丛刊《太平天国》(七),335 页;张集馨:《道咸宦海见闻录》,188 页,北京,中华书局,1981。
③ 《向荣奏稿》,见丛刊《太平天国》(七),358 页。

力常有余,而我之兵转不足。①

湘军进逼九江后,石达开受命前往主持西征全局。太平军在天京及其周边地区维持守势。江南大营的清军"诱之不战,袭之不破"。向荣只得再度提出"先靖江面,力争上游"的方案,认为只有这样,才可以"断贼援而制其命"。② 在清廷的严令下,温州镇总兵吴全美所督带的红单船水师于 1855 年 3 月再度上犯,但未能突破太平军的拦江铁链。4 月下旬,因春汛已到,江涨日宽,截江铁链、浮桥等失去作用,清军水师得以突破太平军截江防线。5 月,再破三山营防线。太平天国急令罗大纲等率军由上游驰援。7 月中旬,清军水陆攻陷太平,冲破梁山防线。水师驻泊弋矶,陆师由黄池逼近芜湖。8 月 1 日,清军再次攻占芜湖。太平军各部队由两岸向芜湖附近集结,力图收复芜湖。但清军在芜湖"军威甚振",太平天国地官又副丞相刘承芳、冬官正丞相罗大纲等先后中炮身亡。③ 11 月,太平天国弃守庐州。即将由皖北撤出的部队用于芜湖战场,清军守住了芜湖的孤立据点。但太平天国仍控制着天京至芜湖之间的江路,又在和州和东、西梁山开辟新的水上粮道,转运皖北粮食,保障了天京的粮食接济。

二 镇江解围战与攻破江北大营

1855 年(太平天国乙荣五年,咸丰五年)冬,镇江与瓜洲的形势又开始严峻起来。

早在 1855 年春,清廷在镇压了上海小刀会起义后,即令江苏巡抚吉尔杭阿"驰往钦差大臣向荣军营,帮办军务"。④ 他率在上海的 3 000 余名兵勇于 3 月开赴镇江,与原就在镇江前线的江南大营余万清部会合,清军声势大振。4 月,吉尔杭阿更取代余万清直接指挥镇江军事。镇江太平军守军在吴如孝指挥下,沉着应战,多次击退清军的进攻。同

① 《向荣奏稿》,见丛刊《太平天国》(七),350 页。
② 《向荣奏稿》,见丛刊《太平天国》(八),405 页。
③ 涤浮道人:《金陵续记》,见丛刊《太平天国》(四),641 页。
④ 《清文宗实录》卷一五六,咸丰五年正月戊寅。

年秋，清军逼近太平军防线，加强封锁，并武装监督农民抢割城外水稻。吴如孝乃通过江北瓜洲据点获取粮食，维持了部分接济。11 月间，天京方面几次派出援军，但均被向荣堵回。吉尔杭阿更收缩了对镇江的包围圈，并派兵分扎东阳、高资，与江南大营声势联络。

太平军自撤出扬州后，只在江北保留了瓜洲一个据点，由镇江太平军统筹防务。瓜洲太平军于原有的砖城外，在江边加筑了土木结构的营垒，沿岸遍钉木桩，在运河北岸添挖深沟数道，又将旧城加高，城根安置炮眼，将瓜洲建成了坚固的要塞。水营船队联络于瓜、镇之间，使得两岸守军互为应援。因此江北虽仅此孤立的据点，却有力地牵制了江北大营的清军。

江北大营的兵力本即少于江南大营，战斗力则更差，尤其是军饷供给更形拮据。江北大营驻扎于扬州地区，但其粮饷却归河南布政使郑敦谨的粮台支放，常常一拖就是数月，无法予以切实保证。钦差大臣琦善为此在奏报中向皇帝警告说："军无见粮，士有菜色，阵亡召补无人应募。"与江南大营相较，"责战则同，饫军则异，揆诸事理，未可谓平。万一军心涣散，恐至不可收拾。"①帮办扬州军务的刑部右侍郎雷以諴所统练勇数千人，几乎全靠捐款维持。在军饷来源面临严重危机的情形下，雷以諴与已革扬州知府张廷瑞等筹划，利用当地商人行会抽厘办公的习惯和民间以"一文愿"集资赈灾的做法，首先于 1853 年 9 月在仙女庙、邵伯等处试行捐厘助饷。1854 年 4 月，雷以諴将试行情况和准备在里下河地区推广厘捐的计划奏报咸丰帝，得到皇帝的完全同意，认为其"所奏自系因时变通之法，尚属筹办得宜。著琦善即饬雷以諴将里下河一带商民，谆切晓谕，实力劝捐"。同时，他还要求两江总督怡良、江苏巡抚许乃钊等军政大员，"各就江南北地方情形，妥速商酌。若事属可行，即督饬所属劝谕绅董筹办。其有应行变通之处，亦须悉心斟酌。总期于事有济，亦不致滋扰累，方为妥善。"②这就是近代臭名昭著的"厘金"的起源。说是"不致滋扰累"，只能是自欺欺人的假话。实际上，自咸丰帝首肯后，"扬州以下沿江各府州县三四百里之内，有十余局拦

---

①《琦善片》，见《剿平粤匪方略》卷七十八，扬州，江苏广陵古籍刻印社，1985。
②《清文宗实录》卷一二五，咸丰四年三月癸亥。

江设立,以敛行商过客,名曰捐厘,实同收税"。而且"局愈多而民愈困,弊愈滋矣"。①

江北大营的主持者、钦差大臣琦善已届意气衰朽的晚年。太平军坚守扬州时,虽有咸丰帝的一再严令催促,但他对皇帝所谓的"蕞尔扬州"始终无可奈何。太平军自扬州撤退后,他对"蕞尔瓜洲"依然是无所作为。1854年8月,琦善在扬州军中病故。清廷以前任江宁将军托明阿继任钦差大臣。但托明阿由连镇战场赶赴扬州后,依然久攻瓜洲不下。咸丰帝对此大感失望,他在1855年7月的一份上谕中说:

> 托明阿自到扬州督兵以来,打仗未尝不力,然往往胜负参半。蕞尔瓜州[洲],并无城池可守,何至被贼久踞,攻剿费力,竟与坚城相等? 恐调度或未尽善,抑带兵诸将,恃勇而不济以谋耶?②

对于皇帝的指责,托明阿辩解道:

> (太平军)将上中下三洲分筑外石内沙之垒,炮弹遇沙即止,不能穿过,较之砖城尤为难攻。又于要路连筑数营,峻垒深濠,回环包路,且中隔运河,与镇江对峙,互相应援。我军分围东西两路,地处沮洳,亥延四五十里,路程纷歧,沟坎错出,大队无从展布。或逼近进攻,该逆凭高击下,枪炮如雨。隔水则地雷难掘,登陴则无处可梯。终经百计诱引,贼终坚匿不出。以故屡次攻城,总未能痛加剿洗。③

托明阿根据连镇修筑长围对付扫北军的成功经验,也在瓜洲周围大筑长围。1855年冬,长围完工。托明阿乘势将大营前移,沿围墙驻扎。瓜洲太平军野无所掠,已成坐困之势。1855年末,在镇江、瓜洲两城都陷于十分危险的境地时,太平天国终止了对芜湖的攻击,除已在芜湖和皖北撤出的部队外,更从湖北德安调回部队,共集结数万人的优势

---

① 《王茂荫奏报江苏捐局林立官私杂出并请敕查折》,见《清政府镇压太平天国档案史料》第16册,585页,北京,社会科学文献出版社,1992。
② 《清文宗实录》卷一六八,咸丰五年五月壬午。
③ 《托明阿奏》,见《剿平粤匪方略》卷一三二。

兵力，"水陆齐进，下援瓜、镇"。① 其统帅为已复燕王爵的秦日纲，主要将领有春官正丞相涂正坤、冬官正丞相陈玉成、地官副丞相李秀成、夏官又正丞相周胜坤、夏官副丞相陈仕章等。

1856 年 1 月底（太平天国乙荣五年十二月，咸丰五年十二月），秦日纲等部已进至天京郊区的栖霞、龙潭一带。向荣和吉尔杭阿赶紧从江南大营和围攻镇江的清军中抽调兵力进行堵截。清军连营 30 余里，节节堵扼。但太平军"势众且悍"，"用全力下窜"。自栖霞至镇江一百数十里，"处处皆可内犯，处处皆可下窜"，向荣已深有"地大兵单之虞"。② 清军密切注视对腹地的防守，但太平军已在沿江逐步渗透。3月中旬，太平军召开诸将会议，决定由陈玉成乘小船冲破清军水师防线，进入镇江与吴如孝会合。"水面皆是清军炮舟拦把，虽言（然）严密，陈玉成舍死直冲，到镇江，当与吴如孝计及，抽军由内打出。"③而李秀成等部则由外发起攻击。陈玉成突入镇江后，即与吴如孝等率守军主力占据沿江洲地。

3 月 18 日（太平天国丙辰六年二月十一日，咸丰六年二月十二日），太平军涂镇兴部突袭并焚毁严巷一线清军营垒，与黄泥洲吴如孝军隔河相望。李秀成率部转据汤头岔河清军旧垒。吉尔杭阿于当夜偷袭镇江，结果被守军击退。19 日凌晨，太平军发起全面攻势。涂镇兴、陈仕章、周胜坤等部由炭渚、汤水边分击吉尔杭阿和张国梁军，李秀成部由汤头岔河出奇兵，袭吉、张两军后路。镇江守军在吴如孝、陈玉成率领下乘势突出，冲抵桥头。援军与守军"两下接通，那时欢天喜地，内外之兵，和作一气，大锐声张"。④ 19 日天明之后，太平军大败吉尔杭阿，毁其营垒 16 座，并进屯金山、金鸡岭、九华山等处，紧逼其大营。镇江城围立解。

吉尔杭阿大营防守严密，太平军一时还难以攻破，乃于 1856 年 4 月 2 日（太平天国丙辰六年二月二十六日，咸丰六年二月二十七日）调集船只，北渡瓜洲。吉尔杭阿发现金山有船只北渡后，一面密函知会江

---

① 《向荣奏稿》，见丛刊《太平天国》（八），557 页。
② 《向荣奏稿》，见丛刊《太平天国》（八），568、573 页。
③ 《李秀成亲书供词》，第十二叶下。
④ 《李秀成亲书供词》，第十三叶上。

北大营托明阿等人,欲其"加意防范,严阵以待";一面于 3 日调派队伍,围攻太平军在黄泥洲的营垒,"冀其返顾"。① 但太平军主力于 4 月 2 日夜北渡长江后,3 日黎明即发起对江北大营长围的攻击。而江北大营清军适于 4 月 2 日晚在雷以诚营中为其做寿,托明阿以下,"参游、都司、千百户齐集雷以诚大营,飞觞上寿,猝得吉抚军示警羽书,犹尽欢而不为之备"。② 清军防守松懈,遂为太平军所乘。西路土桥首先被攻破,总兵松龄等仓皇逃走。太平军分两路深入,托明阿即与副都统德兴阿等率马步兵勇分头堵截。德兴阿在费家桥与太平军相持。秦日纲乃遣队由小芦庄沿围墙向北扫荡,"施放喷筒、火弹、火箭,将沿墙营盘焚烧"。长围缺口继续扩大,清军首尾不能相顾。守围兵勇"因各营焚烧",大半溃散。③ 托明阿、德兴阿等逃至三汊河参将毛三元营中躲避。陈金绶、雷以诚营在东岸,得以保全,当即派兵勇支援西岸。少詹事翁同书与陈金绶渡河扼守西岸八里埠炮台,雷以诚由桂花庄驰至协防,但均不敢出战。4 日,太平军乘胜扩大战果,由八里埠东渡,经桂花庄抄截清军后路,东岸 43 营"鼓噪一空"。太平军又出奇兵直捣三汊河,毛三元率三汊河防兵逃遁。陈金绶退走沙头。雷以诚更渡霍家桥河走杭家集、仙女庙,"所部勇卒列伍肩枪走殆尽"。④ 太平军横扫清军大小营垒 120 座。江北大营处心积虑修筑的长围及所有营垒终于一朝倾覆。但其有生力量未遭聚歼。

4 月 5 日,太平军在内应壮勇接引下袭取扬州。知府世焜走避不及,束手就擒。7 日,太平军取得大批粮秣辎重,运往镇江。托明阿等召集溃兵,又得吉尔杭阿渡江增援兵勇和浦口、江浦来援兵勇,开始反攻扬州。但清军连日数次进攻均被击退。咸丰帝眼见江北大营大局已坏,营盘连失,府城复陷,主事者又互相倾轧,推卸责任,便以托明阿调度无方,陈金绶、雷以诚惟怯无能为由,将三人均行革职。赏加正白旗汉军副都统德兴阿都统衔,授为钦差大臣,并著詹事府少詹事翁同书帮

① 《向荣奏稿》,见丛刊《太平天国》(八),588 页。
② 佚名:《咸同广陵史稿》,见《太平天国续编》(五),93 页。
③ 《托明阿奏报瓜镇大股冲毁土桥等处营盘并自请治罪折》,见《清政府镇压太平天国档案史料》第 18 册,171—172 页。
④ 倪在田:《扬州御寇录》,见丛刊《太平天国》(五),115—116 页。

办军务，"先就现存兵勇择要严扼，毋令该逆扰及清、淮一带。其由扬州旁窜之路，亦即分投堵剿，毋稍疏忽"。① 清廷最关心的还是防止太平军"北窜"。

为策应秦日纲等军在江北的行动，天京方面于 4 月 4 日派出数千将士突袭江浦。由于江浦清军已被调往扬州，县城空虚，遂为太平军所得。4 月 16 日，太平军攻取浦口。太平军在天京江北取得两浦，意图是进一步打通六合，东取仪征，与瓜洲连成一片，以接应秦日纲等由西路南渡。江南大营遂派悍将张国梁率军渡江救援。16 日，张国梁部于石埠桥渡江。17 日，驰抵六合，筑营扼堵。太平军猝不及防，被张国梁军及六合团练前后夹击，损失严重，败归浦口。23 日，在清军水陆两路进攻之下，太平军被迫弃守浦口，退走九洑洲和江浦。26 日，太平军弃守江浦，返回天京。

秦日纲等则于 4 月 17 日撤出扬州，向西推进。数万大军，联络四五十里间，清军西路马队不足 3 000 人，无法处处堵御。但德兴阿统江北大营兵勇连日与太平军交战，迟滞了太平军的西进。4 月 28 日，秦日纲等占领仪征。5 月 4 日，弃守仪征，向六合转进。六合、两浦均为清军所占。秦日纲等军前途受阻，无法由浦口返回天京，只得重行退返瓜洲，仍留部分兵力据守，以作镇江屏蔽，其余各军"不得已，各尽心，拼命合为一气，仍由金山渡江而回"。②

秦日纲等军自 4 月 2 日北渡攻破瓜洲江北大营长围，到 5 月下旬再由瓜洲南渡，在江北的军事行动持续了 50 多天，取得了攻破江北大营和再次攻占扬州的胜利。但此次行动的主要目标是破瓜洲长围和取得补给接济镇江，因此除瓜洲据点外，其他所占地方，包括扬州府城，都先后弃守，甚至连江北大营清军的有生力量也未能聚而歼之，以致其不久后又恢复了元气。

三　攻破江南大营

秦日纲等军北渡瓜洲后，清江苏巡抚吉尔杭阿等乘机对留守的太

---

① 《清文宗实录》卷一九二，咸丰六年三月甲子。
② 《李秀成亲书供词》，第十四叶上。

平军各据点发起反攻。1856年4月3日（太平天国丙辰六年二月二十七日，咸丰六年二月二十八日）起，张国梁、虎嵩林、秦如虎率军进攻下蜀等据点。4日，吉尔杭阿率军自高资、东西堰出击。虽有上下游太平军的增援，下蜀、桥头、炭渚等据点仍陷敌手。6日，张国梁、余万清等部在水师配合下，又对黄泥洲发起猛攻。太平军营垒被毁，被迫退往夹江、金山。镇江又处于清军包围之中。但不久，邓绍良北渡驰援扬州，张国梁西去援救两浦，秦如虎南下调往浙江，清军兵力大为削弱。而镇江太平军得江北接济，士气高涨。这又是和解围战之前大不相同之处。因此吉尔杭阿虽多次组织发起对镇江的攻击，甚至悬赏兵勇开凿隧道，却均被太平军击退或加以攻毁。

4月中旬，太平天国翼王石达开率江西将士数万转进皖南。5月2日，攻克宁国府城。中旬，进抵天京外围。19日起，与张国梁等军在秣陵关展开激战。江南大营腹地危急。

5月26日，秦日纲等军由瓜洲络绎南渡，至金山之下洲地扎营。几天内，陆续集结的兵力已达数万，遂发起对镇江外围清军各营垒的攻击。清军分散在京岘山、九华山、高资等处，兵单力怯，无法抵御优势太平军的进攻。31日，吉尔杭阿等退入烟墩山。秦日纲在四面筑营紧逼，"枪炮日夕相持"。6月1日，吉尔杭阿在绝望中"用短洋炮（按：即手枪）当心门，自行打死"。[①] 清军见主帅身死，各军自乱。知府刘存厚死于乱阵之中，副都统绷阔被马掀跌落河中淹毙，仅总兵虎嵩林带伤突围逃出。高资6营悉被太平军攻克。3日，太平军乘胜进攻九华山。清军30余营夜间溃逃者即已达十之四五。当太平军进抵山下时，各营兵勇不战自溃。迨太平军攻至前营时，营中仅剩已革湖南提督余万清及亲兵、幕友13人。余万清乃戴罪之身，不敢逃走，当下欲自杀身殉。文案卜乃谳以其本守京岘山而非九华山加以劝止，随即逃往京岘山，指挥京岘山、东马头所剩7营共3000名兵勇予以固守。4日，太平军进据丁卯桥、都天庙一带，三面围逼京岘山，余万清负固不出。太平军未

---

① 《向荣奏稿》，见丛刊《太平天国》（八），621页；《李秀成亲书供词》，第十四叶上。按：向荣奏稿中说吉尔杭阿"被贼枪中伤胸膛，登时阵亡"，受伤部位与李说相同。又《吴清鹤致吴煦函》称，据传闻，吉尔杭阿之死，实系其手下兵勇因纪律过严，兼以欠发口粮，乘其巡城时放冷枪所致。可存其说。见太平天国历史博物馆编《吴煦档案选编》（一），142页，南京，江苏人民出版社，1983。

能打通东进苏常之路。6 日,太平军合围西路破岗子清军营垒,并掘地道将其轰塌。镇江西路肃清。①

向荣接镇江败讯,即调张国梁部 3 000 人,由帮办江南大营军务的西安将军福兴统领驰援。江北大营亦遣兵勇 1 700 名渡江增援。清廷以余万清能力扼京岘山,使镇江前线尚不致"全行决裂",简授其为云南鹤丽镇总兵,并命其帮办江南大营军务。②

其时,石达开大军已分布于上新河、大胜关、小丹阳等处,并遣队入天京,增强了太平、神策两门外的兵力。向荣四处应接不暇,为此深感焦虑。他在向皇帝的奏报中说:

> 镇江逆焰方张,金陵贼又冲至,蔓延蚁聚蜂屯,四出窥伺。万一上下两路窜并石埠桥,扼截甚难。而由仙鹤门一带横冲,更可抄断大营后路。小丹阳咫尺溧水,直趋东坝、高淳。现当宁、芜未平,更虑贼乘隙分扰。东南全局情形,实属不堪设想! 臣惟有惮尽血忱,勉力撑持。③

这位钦差大臣以其职业军人的敏感,确已预见到江南大营的败亡。但他对此无能为力。向荣虽为钦差大臣,但未兼督抚,无权在地方自行筹饷,从而在根本上制约了江南大营兵力的扩展。甚至现有兵员因欠饷而寻衅闹事的情形亦时有发生,严重影响了战斗力的发挥。向荣本人年过六旬,腿足患疾,已不能上阵指挥,诸事往往"委之参游";又不能令行禁止,对于军营内部矛盾无力驾驭,只好曲意弥缝。将弁建屋置产,娶妻纳妾,宿娼狎童,有的甚至长期告病请假,避战营私;兵勇纪律败坏,恶行劣迹,罄竹难书,有的甚至拦路行劫,杀人越货。向荣老友、曾在四川共事的张集馨受其邀请,于 1856 年春前赴江南大营,在孝陵卫见"各兵勇与本地居民结为婚姻,生有子女,各怀室家之念","贼有固志,兵无斗心",即已感不妙。向荣让他充当翼长,但这位在宦海浮沉多年的老官僚深知"用兵日久,粮饷维艰。将懦兵骄,已成痼疾,若稍加整

---

① 卞乃谲:《从军纪事》,见丛刊《太平天国》(五),96—98 页。
② 《清文宗实录》卷一九八,咸丰六年五月丁卯。
③ 《向荣奏稿》,见丛刊《太平天国》(八),623 页。

顿，必有倒戈相向之祸；若听其凶暴，又恐酿生事端"。他只在向营稍作逗留，即坚辞旋里。①

张国梁所部为江南大营最为能战的机动力量，但连续数月转战大江南北，奔突宁镇之间，已成疲老之师。6月8日，张国梁在丹徒之上下区地面与太平军发生遭遇战。"两家迎敌，自辰至午，胜负未分。至申时候，有镇江守将吴如孝带领人马千余，前来助战，将张国梁马军先破。步军并进，张军大败。"②

6月9日，秦日纲等得胜之师返回天京。但东王杨秀清下令：必须将孝陵卫向荣大营攻破，才准入城。各军只得在燕子矶一带屯扎，"逼得无计，将兵怒骂"。秦日纲率诸将入城，"同东王计议，不欲攻打向营"，因"向营久扎，营坚，不能速战进攻"。结果"东王义怒"，表示"不奉令者斩"。诸将不敢再求，乃作决战准备。③

向荣见势危，急令福兴、张国梁率部于14日驰回大营。但石达开已于13日遣兵轻取溧水。"溧水咫尺东坝，接连溧阳，均系入苏常要道。"因大局攸关，向荣除令在句容、湖熟的江长贵、明安泰等军抄前堵御外，又从大营抽派兵勇1500名，交张国梁统带，于15日驰赴溧水。④江南大营兵力更形薄弱。

6月17日，驻守太平门、神策门外营垒及龙脖子的太平军增强了对紫金山大营清军的骚扰。当夜，秦日纲等部太平军将士七八千人前出至大小水关、冯家边，在仙鹤门外筑垒进逼。18日，驻屯天京北路的芜湖、金柱关增援部队转进姚坊门、仙鹤门一带，扎营数十座，与秦日纲各军连成一气。太平军总兵力增至5万，已是江南大营留守部队的十倍。向荣只得再令张国梁统带2000余人连夜回防。19日，两军在仙鹤门交战，清军败回营垒负固。同日，张国梁率部驰回，在青马群一带抢筑营垒，控扼紫金山东路要隘。

6月20日（太平天国丙辰六年五月十四日，咸丰六年五月十八日）清晨，太平军发起对张国梁等军的攻击。"两家列阵想（相）迎，各出门

---

① 张集馨：《道咸宦海见闻录》，171—173 页。
② 《李秀成亲书供词》，第十四叶下。
③ 《李秀成亲书供词》，第十四叶下至十五叶上。
④ 《向荣奏稿》，见丛刊《太平天国》(八)，633 页。

旗答话。步战汉兵，马战满兵，两交并战，自辰至午。"①天京守军乘势从南门与通济门杀出，直扑七桥瓮清军营盘。向荣亲率 1 200 名兵勇前往增援。午时，石达开率生力军由灵谷寺后翻山围扑马队的 4 个营盘，将其焚毁。又乘胜焚毁台勇、苏兵营垒 2 座。天京守军又从洪武、朝阳等门发起对江南大营正面的攻击。由于各营均只有少量兵勇留守，在太平军凌厉的攻势下，其湖南、广东、四川、贵州官兵及广勇营盘相继被攻破。张国梁等军在青马群与太平军交战，"各营火药、铅弹俱已打完"，②亦陷入危境。石达开带曾锦谦、张遂谋等引军加入战斗，清军骑兵因失巢先败，张国梁脚受枪伤，继之亦败逃七桥瓮营垒。孝陵卫一带满汉营盘 20 余座均被太平军摧毁，仅剩向荣左右数营及七桥瓮张国梁营垒未被攻破。但当夜，向荣即在张国梁掩护之下，仓皇逃至淳化镇。太平军未予追击。③ 江南大营损失惨重，仅阵亡的将官即有副将巴图，参将陈明志，都司李发荣、刘秀珠、李振甲等多名。

向荣在淳化镇亦未能站住脚跟。他与诸将商议，认为从大局考虑，以退至丹阳最为合适，于是"令即拔队分起驰赴丹阳，将城守一切布置设防，并于城外择要赶筑营盘，俾资战守"。④

东王杨秀清下令将缴获的江南大营器械、杂物等战利品运入天京城内，又"将官兵扎息数日，大赏众军"。⑤

6 月 27 日，秦日纲率部向丹阳进军。此时，石达开已率军赶回湖北，增援武汉。向荣调集力量，加强了对丹阳的防守。太平军与丹阳大营的清军相持月余，始终未能突破丹阳城防。8 月中旬，太平军开始转攻金坛。

7 月 2 日(太平天国丙辰六年五月二十六日，咸丰六年六月初一日)，清廷以江南金陵军营失利，退守丹阳，将钦差大臣、湖北提督向荣，帮办军务西安将军福兴均革职留任。⑥ 8 月 9 日(太平天国丙辰六年七

---

① 《李秀成亲书供词》，第十五叶上。
② 《向荣奏稿》，见丛刊《太平天国》(八)，639 页。
③ 《李秀成亲书供词》，第十五叶下。
④ 《向荣奏稿》，见丛刊《太平天国》(八)，640 页。
⑤ 《李秀成亲书供词》，第十五叶下。
⑥ 《清文宗实录》卷二〇〇，咸丰六年六月丙戌。

月初三日,咸丰六年七月初九日),向荣于丹阳军中病故。① 两江总督怡良暂署钦差大臣。清廷以丹阳大营关系江浙两省保障,而江南提督和春曾在向荣大营随同打仗,熟悉江南情形,令其即由皖北战场驰赴丹阳,协力相机堵剿。9 月 8 日,清廷正式任命和春为钦差大臣,督办江南军务。

---

① 《向荣奏稿》,见丛刊《太平天国》(八),673 页。按:一说向荣系自缢身亡,见《李秀成亲书供词》第十六叶上。所谓自缢之说虽为罗尔纲《太平天国史》等著作所取,但不确。向荣久历战阵,与太平军交战,曾多次经历战败乃至大败的挫折,并多次受到"革职留任"甚至更重的处分。此次江南大营虽兵败,但他系主动撤至丹阳,且已稳住阵脚,击退秦日纲所部太平军的多次进攻。清廷也只是革其湖北提督之职,仍留钦差大臣、督办江南军务之任。他似无自杀的理由。但向荣久病,大营兵败的突然变故足以使其病情转危。其于 8 月 3 日(七月初三日)的奏折中即已数次提及自己身体不适,"自顾年近七十,气血已衰,病躯至此,朝不保夕"云云,可见其已自觉将不久于人世。本书因此不取"自缢"之说,而取德兴阿奏报中的"病故"之说。

第三节 杨秀清逼封万岁与"诛杨""讨韦"事件

太平天国的老对手向荣死后,东王杨秀清肆无忌惮,假借天父下
凡,逼迫天王洪秀全封其为万岁,太平天国高层的矛盾激化。其结果,
酿成了被后人称为"天京事变"的血腥惨剧。洪秀全密召韦昌辉等"诛
杨",在北王韦昌辉的屠刀下,东王及其部属数万人被杀。翼王石达开
起兵"讨韦",又迫使洪秀全诛杀了北王韦昌辉等人。

一 太平天国高层矛盾的加剧

太平天国在西征取得一系列胜利,尤其是于 1856 年 6 月攻破清军
江南大营之后,已从根本上扭转了自建都以来军事上的被动局面。然
而军事上的这些胜利,并没有成为太平天国事业成功的保证,反而激化
了领导集团内部的矛盾。

太平天国在定都天京以后,其政权体制已日趋完善,并表现为不可
逆转地向君主政体的演化。在这一过程中,它的领导人之间原本相当
亲密的结义兄弟关系,也日益为等级森严、名分各异的君臣关系所
取代。

张德坚的《贼情汇纂》说:

夫首逆数人起自草莽结盟,寝食必俱,情同骨肉。且有事聚商于
一室,得计便行。机警迅速,故能成燎原之势。今踞江宁,为繁华迷
惑,养尊处优,专务于声色货利,往之倚为心腹股肱者,今乃彼此暌

隔，猜忌日生。①

这一叙述大体勾勒出了太平天国领导层从"情同骨肉"的结义兄弟到建都后君臣上下之间矛盾日益加深的变化。但"寝食必俱"云云，出于推测，并不符合实际。因为太平天国初起即极重名分。其起义过程是"先登极，后起义"，即先有洪秀全于1850年4月3日（庚戌年二月二十一日）的称王登极（平山登极），后有杨秀清等人于11月4日（十月初一日）的起兵勤王（金田起义）。② 起义之初驻军大湟江口石头脚时，洪秀全就已拥有了15个娘娘，也即王妃，并有劳天父下凡教导"众小媳"们"孝顺"其丈夫，服事"二姊"（指洪秀全元配赖氏）"国母也一样"。③可见在当时，至少洪秀全就已不可能与其他兄弟们"寝食必俱"了。但太平天国领导层的矛盾冲突，确实是到了建都以后才愈演愈烈的。而矛盾冲突的焦点，集中于太平天国正军师、东王杨秀清的身上。

太平天国大革命的洪流，不仅将失意书生洪秀全推上了"太平天王"的宝座，也使另一位昔日的卑贱者、以种山烧炭为业的贫苦农民杨秀清成了总理太平天国军政事务的正军师。李秀成说：杨秀清在家种山烧炭时，"并不知机"，但自从敬拜上帝之后，"件件可悉"，为此他感慨道："不知天意如何化作此人！"又说：天王对杨秀清"顶而信用，一国之事，概交于他，军令严整，赏罚分明"。④

杨秀清和他的多数臣僚们一样，不识字或粗识字，然而这并不影响他对一国军政大事的治理。据记载，他曾对入读奏章的书手们说过："五岁丧父母，养于伯，失学不识字，兄弟莫笑；但缓读给我听，我自懂得。"⑤

洪秀全处心积虑地利用繁文缛节的礼仪和中国传统的尊君观念，

---

① 张德坚：《贼情汇纂》卷六，见丛刊《太平天国》（三），第172页。
② 参见本书第四章第三节的叙述。
③ 据《北华捷报》第654号，1863年2月2日，转据简又文《女位考》，见《太平天国典制通考》（中），1251页，香港，简氏猛进书屋，1958；《天父诗》第112—114首，见《太平天国印书》（下），589—590页，南京，江苏人民出版社，1979。
④《李秀成亲书供词》，第二叶上。
⑤ 张汝南：《金陵省难纪略·贼首居止》，见丛刊《太平天国》（四），705页。按：太平天国的官书《天情道理书》中说东王杨秀清"五岁失怙，九岁失恃"，即母亲在其九岁时才去世。张汝南此处所记稍有差错。

以确保自己作为君主的至尊地位。然而他的一切努力,并不能阻止来自杨秀清的有力挑战。

洪秀全说:"生杀由天子";"只有人错无天错,只有臣错无主错";"臣不敬君失天伦"。杨秀清却说:"君有未明,良臣启奏,君则当从";"君使臣以礼,臣事君以忠"。他迫使洪秀全表示:"自今以后,兄(指其本人)每事必与胞商酌而后行,庶不致有误也。"

洪秀全说:"内言内字不准出,敢传出外五马分;外言外字不准入,敢传入内罪同伦。"其待宫内女官过严,雨雪寒冻,仍紧逼凿池挖塘,不得休息,还不准将其内情外泄。杨秀清假借天父下凡,认定洪秀全有过错,迫使其俯伏受杖(因洪表现恭顺,实际未予杖责),并"恩免天朝四女师理事",不仅使石达开与他自己的姊妹石汀兰、杨长妹两位"分属王姑,情同国宗"的女官各回王府,免受洪秀全的责罚,甚至还顺带将朱九妹两姊妹也强行夺到东王府"安享天福"。接着,他又以东王身份进谏,使得洪秀全不得不当众宣布:"尔为官者,须知尔东王所言,即是天父所言也。尔等皆当欣遵。"①

杨秀清在太平天国的体制中具有极其独特的身份:在宗教信仰方面,他拥有代天父传言的资格及"劝慰师""禾乃师""赎病主"等一系列神圣的头衔,是太平天国"最高指示"的实际发布者;在世俗的政权体系中,他作为太平天国的正军师、东王,又拥有节制诸王以及群臣的极大权力。他的尊呼"九千岁"只比"万岁"之尊的洪秀全少一千岁,上朝奏事时可"立于陛下"而不必下跪,也即所谓"一人之下,万人之上"。

在天兄代言人、西王萧朝贵于攻打长沙之役阵亡之后,东王杨秀清成了太平天国与上天沟通的唯一媒介。"天父下凡"是太平天国压倒一切的头等大事。每当天父依附杨秀清的肉身下凡时,哪怕是在深更半夜,东王府的官员们都必须翔实记录在案,并以最快速度通知在京的诸王和朝臣们前往聆听教诲并切实贯彻执行;而当天父需要召见天王时,就连洪秀全也不得不匍匐于杨秀清的脚前。杨秀清于天父附身下凡时所说的每一句话,都是"天父圣旨",任何人都必须不折不扣地贯彻

---

① 以上两段所引洪秀全诗句均见《天父诗》,见《太平天国印书》(下),571—650 页;杨秀清所说及假借天父下凡之事以及洪秀全的应答,均见《天父下凡诏书》(第二部),见《太平天国印书》(下),470—484 页。

执行。

存世的《天父圣旨》第三卷,记有起自 1854 年 3 月 2 日(太平天国甲寅四年正月二十七日,咸丰四年二月初四日),迄于 1856 年 8 月 15 日(太平天国丙辰六年七月初九日,咸丰六年七月十五日,也就是杨秀清被杀前 18 天)的历次天父下凡的情形。[①] 这些下凡活动,有些属于对处理国家大计的定夺,如改变对古书一律加以禁毁的过激政策(太平天国甲寅四年正月二十七日,1854 年 3 月 2 日);暂停刊印新旧约《圣经》,并对天父天兄历次下凡的圣旨进行斟酌和修订(同年六月初一日,7 月 7 日);让一班小弟小妹团聚,恢复天京的正常家庭生活(同年八月二十四日,9 月 28 日);等等。但有些下凡活动,似乎只是显摆威风。如 1855 年 8 月 25 日(太平天国乙荣五年七月十九日)半夜三更,天父突然下凡,要到天王洪秀全的天朝宫殿去,闹得动静极大。北王韦昌辉、翼王石达开及众朝官等随行,各位王宗"齐执军装步行",在舆左右护卫。到了天朝宫殿后,北王、翼王亲令典天炮官点放圣炮,又令典天锣、典天鼓等锣鼓齐鸣。洪秀全虽令女官们速开朝门,但因"天朝朝门紧闭数重,实难骤开",天父竟为此"大发义怒",诏曰:"咁[②]久还不开朝门,真是该打!"不过在洪秀全跪奏请求"恩赦小子迟延之罪"后,又予以宽恕。此次下凡,除当众宣布两项人事上的处分外,竟然只是要单独召见洪秀全的正宫赖氏,欲其"时时虔敬天父",敬其夫主,并教管好其他众王妃。但这位正宫娘娘半夜三更从梦中惊起,跪听天父教诲时的真实感想究竟如何,也只有天知道了。

天父更多的下凡,是对具体人事,甚至是对一些琐事的处置。各级官员乃至东王府的属吏,动辄因琐事而受到天父的责难或惩罚。有的还受到过于严厉的惩处,甚至被处以极刑。如冬官又正丞相陈宗扬夫妇,因偶犯"天条"私合,又欲勾引他人,即被一同处斩。天官正丞相曾水源及东殿吏部一尚书李寿春,因听女官议论"东王若升天,尔们为官的都难了"这句话未予告发、驳斥,先是由天父下令锁押东牢,旋即又由天父二度下凡命令立即斩首示众。1856 年 7 月 17 日(太平天国丙辰

---

① 《天父圣旨》,见《太平天国续编》(二),322—345 页。
② 咁,音 gàn,粤语方言,这;这些;这样。咁久,就是这么久。下文的咁大,就是这么大。

六年六月初九日)天父下凡时,甚至连洪秀全的二哥洪仁达也被下令锁押东牢。而此时距天父最后一次下凡仅一个月时间。

在日常的为人处事中,杨秀清与韦昌辉、石达开等首义诸王及其他高层人士也不融洽。

《贼情汇纂》在论述杨秀清与韦昌辉的关系时说:

> 昌辉曾读书,小有才,为杨秀清所忌,虽封伪王,事杨贼为谨。……昌辉位下杨贼一等,其奸诈相似,阳下之而阴欲夺其权,故杨贼加意防范。咸丰甲寅五月,杨贼命昌辉上犯湖北,令下多日,杨贼私嘱群下禀奏挽留,佯作不准,濒行,忽改遣韦俊、黄再兴等。八月复令昌辉赴湖北、安徽,行次采石,杨贼复下令调回,改遣石达开往。张子朋激变水营,杨贼杖昌辉数百,至不能兴。又诡称天父附体,时挫折之。①

韦昌辉虽身为北王、副军师,但在杨秀清面前"尚有惊恐之心,不敢十分多言"。②他觊觎着杨秀清的权位,在杨的打击和凌辱下,采取了韬光养晦的策略。韦昌辉平时百般谄媚,杨"舆至则扶以迎,论事不三四语,必跪谢曰:'非四兄教导,小弟肚肠嫩,几不知此。''肚肠嫩',浔州乡语,犹言学问浅也"。韦兄与杨的姜兄争夺房产,杨秀清大怒,发其议罪。韦昌辉为讨好杨,不仅判其兄死刑,而且竟"请以五马分尸,谓非如此,不足以警众"。③

杨秀清对年轻有为的石达开还是信用的。《贼情汇纂》说:"达开铜(乳)臭小儿,毫无知识,每见杨贼诡称天父附体造言时,深信不疑,惶悚流汗,尊奉洪、杨、韦三贼若神明。杨贼喜其诚悫,故屡委以军事。"④但即使如此,在涉及人事处理时,杨秀清照样丝毫不给情面。

燕王秦日纲王府有一牧马人,在杨秀清的同庚叔⑤从府门前经过时,未按礼仪起立行礼,不仅立遭鞭子毒打二百下,还被这位同庚叔送

---

① 张德坚:《贼情汇纂》卷一,见丛刊《太平天国》(三),48页。
② 《天父下凡诏书》第二部,见《太平天国印书》(下),474页。
③ 谢介鹤:《金陵癸甲纪事略》,见丛刊《太平天国》(四),669页。
④ 《贼情汇纂》卷一,见丛刊《太平天国》(三),48页。
⑤ 同庚叔,契兄弟的叔父。

471

给燕王。燕王未及处理，又将其送到主管刑讼的卫国侯黄玉崑处要求加以杖刑。黄玉崑认为既受鞭刑，可不必再杖责，婉转地加以劝慰。但这位同庚叔竟然推倒黄玉崑的公案，转向杨秀清控诉。杨秀清大怒，要求石达开拘捕黄玉崑。黄玉崑乃石达开岳父，即以无法执行职权提出辞职。身为朝内官首领的兴国侯陈承瑢以及燕王秦日纲也相率辞职。杨秀清不仅不作反省，反而将秦日纲等全部锁押北王韦昌辉处，杖秦日纲一百，杖陈承瑢二百，杖黄玉崑三百，并将其革去侯爵，降为伍卒。牧马人则被五马分尸。黄玉崑被杖后羞愤投水自杀，经人救起，后在翼王府办理事务。①

太平天国的高层人物大都被杨秀清以各种借口欺压羞辱过。其本人是"威风张扬，不知自忌"；众人则是"积怒于心，口顺而心不息，少怒积多，聚成患害"。② 他与太平天国其他高层之间，尤其与天王洪秀全及北王韦昌辉之间的矛盾冲突，甚至连太平天国的敌人都看得十分清楚。曾国藩的情报专家张德坚早在事变发生的一年前就分别在《杨秀清传》与《韦昌辉传》中分析说："秀清叵测奸心，实欲虚尊洪秀全为首，而自揽大权独得其实。其意欲仿古之奸权，万一事成则杀之自取。""杨贼与昌辉互相猜忌，似不久必有并吞之事。"③事态的发展正如其所言。而引发导火线的，正是杨秀清本人。

二　杨秀清逼封万岁

尽管杨秀清可以代天父传言，可以立于陛下奏事，且拥有九千岁的尊呼，他的九重天府（东王府）的规格也仅稍逊于天王的天朝宫殿，但在现实世界里，他与洪秀全的君臣界限却无法逾越。洪秀全依然拥有诛杀杨秀清的君权。对于这一点，杨秀清本人也是心知肚明的。就在1853年12月26日（太平天国癸好三年十一月二十二日），也就是他假托天父下凡欲杖责洪秀全的第三天，他上殿安慰洪秀全。洪秀全称赞

① 谢介鹤：《金陵癸甲纪事略》，见丛刊《太平天国》(四)，671页。
② 《李秀成亲书供词》，第六叶下。
③ 《贼情汇纂》卷一，见丛刊《太平天国》(三)，46、48页。按：《贼情汇纂》书成于"咸丰五年乙卯七月中浣"，即1855年8月23日至9月1日之间。

他说:"清胞真是古之所谓骨鲠之臣。……自后在尔幼主之世,凡为臣者,当如清胞今日之直言,方尽为臣之道也。"杨秀清对曰:"小弟虽足为臣者法,但后日幼主以后,亦要法我二兄海底之量,能受臣直谏,方尽为君之道也。自古以来,为君者常多恃其气性,不纳臣谏,往往以得力之忠臣,一旦怒而误杀之,致使国政多乖,悔之晚矣。"①

这段对话,充分流露出杨秀清内心深处对拥有君权而又性烈如火的洪秀全的戒惧。然而他所采取的对策却是尽可能与洪秀全平起平坐,甚或取而代之。他的参护衙(卫队衙门)的联句就公然露骨地说:"参拜天父永为我父,护卫东王早作人王。"②

1856 年太平军攻破江南大营后不久,终于发生了杨秀清"逼天王亲到东王府封其万岁"的事件。据李秀成说,东王"权托太重过度。要逼天王封其万岁。那时权柄皆在东王一人手上,不得不封。逼天王亲到东王府,封其万岁"。③ 但他没有交代东王究竟是在什么时候逼天王亲到东王府去的。存世的《天父圣旨》第三卷中倒是记载了天王亲去东王府的时间——1856 年 8 月 15 日(太平天国丙辰六年七月初九日,咸丰六年七月十五日),这是洪秀全仅有的一次亲去东王府聆听"天父圣旨",从时间上来说,应是毋庸置疑的。此时,清军江南大营的主帅向荣已死去 6 天。杨秀清想来应已知道了向荣的死讯。他选择于此时逼封万岁,显然已是解除了后顾之忧。而太平天国核心层的几位重要人物,翼王石达开已远赴湖北武昌的洪山前线,北王韦昌辉则在江西主持军政,燕王秦日纲则在忙于进攻向荣的丹阳大营,杨秀清完全可以肆无忌惮地逼洪秀全亲到东王府去。

可惜的是,《天父圣旨》对此次下凡的记载只有如下寥寥数语:

丙辰六年七月初九日早,天父劳心下凡,诏曰:
"秦日纲帮妖,陈承瑢帮妖,放烧④烧朕城了矣。未有救矣。"
午时,天王御驾至九重天府。天父复劳心下凡,降圣旨云:

---

① 《天父下凡诏书》第二部,见《太平天国印书》(下),481—482 页。
② 《贼情汇纂》卷八,见丛刊《太平天国》,第 3 册,247 页。
③ 《李秀成亲书供词》,第六叶下。
④ 放烧即放火,太平天国避上帝爷火华(现译作耶和华)讳,凡火字均改作意思相近的他字。

"朝内诸臣不得力,未齐敬拜帝真神。"

诏毕,天父回天。①

这一天,天父前后两度"劳心下凡",却只有总共不到 100 字的记录,而且根本没有透露出一点有关"逼封万岁"的信息。天父既指出秦日纲与陈承瑢"帮妖",其性质之严重远非曾水源等人听女官议论而不举报所能比,但却未对其采取任何行动,这也是很反常的。显然这是洪秀全在给杨秀清平反昭雪后,于《天父圣旨》刊刻出书时对相关的内容作了修改和删节。由天父之口点出秦、陈二人"帮妖",实际上是为后来诛杀秦、陈二人寻找依据,并开脱洪秀全自己。

但时人的记载中却有十分生动的描述。张汝南的《金陵省难纪略·东北贼递杀大略》中是这样记载的:

> (杨秀清)一日诡为天父下凡,召洪贼至。谓曰:
> "尔与东王均为我子,东王有咁大功劳,何止称九千岁?"
> 洪贼曰:"东王打江山,亦当是万岁。"
> 又曰:"东世子岂止是千岁?"
> 洪贼曰:"东王既万岁,世子亦便是万岁,且世代皆万岁。"
> 东贼伪为天父喜而曰:"我回天矣。"②

涤浮道人(知非子)的《金陵续记》中记载说:

> 咸丰六年秋,东贼杨秀清欲夺洪秀全伪位,先将洪党分调出城,遂私刻"太平天国真命主杨秀清"伪戳,于七月间,假称天父下凡,传洪逆之子不至。
> 洪自往焉,入东巢。
> 杨逆踞坐不起,云:"天父在此。"
> 洪逆即跪。盖贼等本系串惯伎俩,互相诞语,以愚党下,有是语不

---

① 《天父圣旨》,见《太平天国续编》(二),345 页。
② 张汝南:《金陵省难纪略》,见丛刊《太平天国》(四),703 页。

得不跪也。

> 杨逆假天父语问洪逆云：
>
> "尔打江山数载，多亏何人？"
>
> 答云："四弟。"
>
> 杨云："尔既知之当何以报？"
>
> 答以愿即加封。随出向众党云：
>
> "嗣后均宜称东王为万岁，其二子亦称万岁。"
>
> 贼众诺，杨色稍霁。……①

联系前文李秀成所述和《天父圣旨》的记载，除具体细节有出入外，时间（太平天国丙辰六年七月初九日，咸丰六年七月十五日，也即秋七月间）、地点（东王府）、事件（逼封万岁）等均可一一对应。但张汝南所记亦称万岁的"东世子"并不是涤浮道人所误解的东王的两个儿子，而只是指东王 7 岁的长子东嗣君。②

杨秀清显然对洪秀全的回答表示满意。他终于获得了与洪秀全平起平坐、同称万岁的资格。但这种君臣不别、二人并尊的局面是根本不可能维持下去的。③ 在"天无二日，土无二王"的传统君主政体下，他于洪秀全，要么取而代之，要么被其诛杀。杨秀清大概根本没有料到会是后一种结局。事实上，仅仅 18 天后，他就为自己"逼封万岁"的行为付出了生命的代价。

三　洪秀全决意诛杨

洪秀全在维护自己君权的根本问题上从来没有含糊过。就在他于

---

① 涤浮道人：《金陵杂记·金陵续记》，见丛刊《太平天国》（四），640 页。按：也有记载说，洪秀全在杨秀清以天父意旨欲称万岁时，曾问道："亲（清）胞称万岁，将何以称兄？"杨秀清答曰："二兄当称万万岁。"李滨《中兴别记》，见太平天国博物馆编《太平天国资料汇编》第二册（上），459 页，北京，中华书局，1979。

② 据太平天国辛开元年新刻的《太平礼制》："东世子，臣下称呼：东嗣君千岁；第二子，臣下称呼：东二殿下万福……"见《太平天国印书》（上），52 页。

③ 按：在英国国家图书馆藏《太平礼制》一书中东王世子称谓条上，有当时的一位无名读者所作的书眉批注："东王显与太平敌体。古时大都耦国犹能为乱，况大事未集之时乎？决然不能成事。"从太平天国的礼制规定中即看出东王与天王敌体（当时尚未称万岁），且预言其不能成事，这位读者洞隐烛微，眼光确实厉害。参见王庆成《太平天国的文献和历史——海外新文献刊布和文献史事研究》，166 页，北京，社会科学文献出版社，1993。

癸好三年末（1853年12月）那次盛赞杨秀清为"骨鲠之臣"，并在金龙殿内大摆宴席款待杨秀清、韦昌辉、秦日纲等人时（石达开时在安庆主持西征军务），还特地申明："朕同胞等皆是亲承帝命下凡，顶天父天兄纲常者。以理而论，惟朕及胞等始可在此金龙殿设宴。若至幼主以后，皆不准人臣在金龙殿食宴。设若臣有功者，欲赐宴以奖其功，只准赐宴于朝厅，断不准在金龙殿内君臣同宴，以肃体统也。此一事极为关系，当记诏以垂永远也。"①

杨秀清逼封万岁，使洪秀全措手不及。在此危急的情势下，洪秀全一面佯许以天历八月十七日（1856年9月23日）杨秀清生日那天举行称万岁典礼，以稳住对方；一面赶紧在天朝宫殿周围所筑土城上密布枪炮，以防止杨秀清前来暗算；又派心腹密召在江西的韦昌辉回天京，以部署诛杨。②

参与诛杨密谋的至少还有秦日纲和陈承瑢。③

但据李秀成说，石达开也参与了诛杨密谋，而且主要是韦、石二人有密议：

东王自己威风张扬，不知自忌。一朝之大，是首一人。韦昌辉与石达开、秦日纲，是大齐一心，在家计议起首共事之人，后东王威逼太过，此三人积怒于心，口顺而心不息。少怒积多，聚成患害，积怒仇深。东北翼三人不和。北翼二人同心，一怒于东，后被北王将东王杀害。原是北[王]与翼王二人密议，独杀东王一人。因东王，天王实信，权托太重过度，要逼天王封其万岁。那时权柄皆在东王一人手上，不得不封。逼天王亲到东王府，封其万岁。北翼两王不服。君臣不别，东欲专尊。后北与翼计杀东王。翼与北王密议，单杀东一人，杀其兄弟三人，原清、辅清而已。除此以外，俱不得多杀。后北王杀东王之后，尽将东王统下亲

---

① 《天父下凡诏书》第二部，见《太平天国印书》（下），479页。
② 据李滨：《中兴别记》，见《太平天国资料汇编》第二册（上），460页；涤浮道人：《金陵杂记·金陵续记》，见丛刊《太平天国》（四），640页。
③ 此二人在韦昌辉伏诛后也作为天京屠杀事件的主犯而被处决。参见前引《天父圣旨》及后文的叙述。

戚属员、文武大小男妇尽行杀净,是以翼王义怒之。①

李秀成的这段叙述后来成为不少史学论著判断石达开参与诛杨密谋的依据,因此有必要略加辨析。

李秀成的叙述很有些前后错乱或含混不清之处。首先,秦日纲、陈承瑢事实上参与了密谋。但在李秀成的叙述中,虽然一开始提到秦日纲,说他也是"积怒于心",却根本未提及陈承瑢。而在说到韦、石密议时,竟然把秦日纲也排除在外了。其次,对韦、石二人密议杀杨的时间交代不清。先说"原是"韦、石二人密议,似是在杨逼封万岁之前;但后又说,天王封杨万岁,韦、石两人不服,所以密议杀杨。仔细推究原文,实际是说杨秀清逼洪秀全封其万岁才引起二人不服,起意杀杨。但杨秀清逼封万岁时,韦、石二人,一在江西,一在湖北,根本不可能有机会碰头密议。若说密议是在攻破江南大营后,二人分赴江西、湖北之前,则他们不可能未卜先知,预先为当时还未成为事实的逼封万岁而密议杀杨,更不可能在如此密议之后还能坦然奉杨之令各赴前程。再次,退一步讲,如韦、石二人确有密议,在洪秀全密召时,石达开理应与韦昌辉一起赶回天京。因从行程上说,武昌并不比瑞州更远;且二人一同回京解决杨秀清及其兄弟数人的问题更易得手,更有把握,也根本无须大肆屠戮,株连其部属。若两人先有密议而届时只韦一人赶回,则石亦陷韦于不义。从石达开的为人来说,似亦不会如此行事。最后,在太平天国的体制中,杨秀清的地位极其崇高,又集军政大权于一身(《贼情汇纂》即将洪、杨二人并称"首逆"),如果他没有逼封万岁的举动,如果洪秀全不下定决心,任何其他人,即使如韦、石这样的首义之王,也是没有条件而且不敢私下密议"诛杨"的。何况石达开实际上深受杨秀清信用,其本人并未受过杨秀清的责罚,与韦、秦二人多次遭受刁难打击因而对杨秀清深怀忌恨还是有着质的区别的。当时清方的情报分析也只是认为杨、韦之间势成水火,必有并吞之事,而根本未将石达开搅入其中。总之,"韦石密议"之说疑点多多,不足为据。李秀成在天京事变发生时还

---

① 《李秀成亲书供词》,第六叶下至第七叶上。

只是在外带兵的将领，不可能了解多少真实的内情，所述只能是得自传闻。

种种迹象表明：石达开对洪、韦之"诛杨"，事前并不知情。

石达开自己是这样说的："杨秀清平日性情高傲，韦昌辉屡受其辱。七年达开在湖北闻有内乱之信，韦昌辉请洪秀全诛杨秀清。洪秀全不许，转加杨秀清伪号。韦昌辉不服，便将杨秀清杀死。"①

这是石达开于1863年兵败大渡河之后在清营所录下的供词（不是其本人所写），除将"六年"（即丙辰六年，1856年）误记成"七年"外，对洪、韦诛杨过程的交代也有不确之处，但所透露出的信息还是很明白的，即他本人并没有参与诛杨密谋，只是"在湖北闻有内乱之信"。而他对诛杨过程叙述之不确，似亦可反证他并未参与其事。

在此之前，他于1857年出走后所公开张贴的告示中也说过："去岁遭祸乱，狼狈赶回京。"表白其事前确不知情。

涤浮道人的《金陵续记》中也说："先是翼贼石达开奉东贼令分股窜湖北迤上等处。韦、洪既杀杨逆，又调石逆回城，几亦被杀。石逆旋与伪卫天侯曾锦谦、伪春官正丞相张遂谋缒城逸出，不知何往。"②

涤浮道人写作《金陵续记》时，天京城内的变乱尚未到结局阶段。他当时所了解到的信息是：石达开奉杨秀清之令到湖北前线，洪、韦杀杨之后才将其调回天京，石旋即又缒城逃出。

清朝方面，两江总督怡良所得到的探报虽不很准确，但也大致勾勒了事件的脉络：

查各路探报，有云伪北王韦娟灰（昌辉）由丹阳败回金陵，杨逆闭门不纳，逆首洪秀全开门放进，因此起衅，互相戕杀。又有云八月十二日

---

① 《石达开自述》，见丛刊《太平天国》（二），781页。按：清人毛祥麟《三略汇编》中辑有别本《石达开供词》，语句与此稍有出入："杨秀清平日性拗，韦昌辉屡受其辱。七年，达开自江南带人到湖北，听闻洪秀全们在金陵彼此疑忌，韦昌辉请洪秀全杀杨秀清。洪秀全本欲杀杨，口中不肯，且故意加杨秀清为万岁，韦昌辉忿气，把杨秀清杀了。"似为本书所引之《石达开自述》的原始记录。

② 涤浮道人：《金陵杂记·金陵续记》，见丛刊《太平天国》（四），641页。按：据涤浮道人（知非子）自叙，他之写作《金陵续记》一编，是有感于天京城内的变乱是一可乘之机，"攻贼者必审夫贼之根株，而后害可以去"，他欲为清朝当局提供"铸怪之鼎，照妖之镜"，所以均据"知之最详，言之最确"的"遇难播迁之人"及"被掳脱出之辈"所述，并"参以己见"，也即下了一番考辨功夫。《金陵续记》所记内容，具有较高史料价值，不同于一般耳食者。

杨逆向洪逆索取伪印,意图并吞,洪逆将韦逆调回,杀死杨逆及其亲属。伪翼王石达开闻信赶回,与韦逆又起争端,石逆逃赴上江,纠集党与,欲图报复。所闻不一,而其内乱则不为无因。①

诛杨之事风险很大,必须一举成功。揆诸情理,洪秀全也只能借助韦昌辉之手而不可能寄希望于与杨秀清关系较深的石达开。

四 韦昌辉血腥屠杀

洪秀全的密召,给了韦昌辉除掉杨秀清、实现自己野心的最好机会。1856 年 8 月下旬,他在江西瑞州率亲兵 3 000 人,乘船 200 余只下驶,取道鄱阳进往安徽建德。9 月 1 日,抵达天京登岸。② 当夜,韦昌辉与秦日纲的军队悄然从南门进城,立即控制了所有的要害部位,并包围了东王府。

1856 年 9 月 2 日(丙辰六年七月二十七日,咸丰六年八月初四日)凌晨,韦昌辉等以迅即的行动攻破东王府,杀死杨秀清本人及其家属。据传闻,领头抓捕杨秀清的为北殿右二十承宣许宗扬,也即曾因扫北援军的败绩而被杨秀清收入东牢的那位许十八。并传闻,韦昌辉在杀死杨秀清之前,曾当面对他说:"尔欲夺位,我奉二哥令杀尔。"③除杨秀清全家外,在其府中服役的所有 500 名女子也被杀死。围绕东王府的侍从馆闻有变,"各持械出",但均被韦昌辉的部队击退。④

天亮以后,韦昌辉将杨秀清的首级呈送洪秀全,"请标为老奸头"。洪秀全即下诏,诛贬杨秀清为"东孽",并贴出告示,宣布其"窃据神器,妄称万岁,已遭天殛"的罪状。同时还关闭所有城门,下令凡"老奸"所属,无论官兵男女必须悉数自首,有藏匿者连坐。几天时间逮捕了两万

479

---

① 《怡良奏复金陵内讧实情并拟派间谍设法离散情形片》,见《清政府镇压太平天国档案史料》第 18 册,656 页。
② 据《德兴阿翁同书奏》,见《剿平粤匪方略》卷一六一;张汝南:《金陵省难纪略》,见丛刊《太平天国》(四),703 页。
③ 涤浮道人:《金陵杂记·金陵续记》,见丛刊《太平天国》(四),640—641 页。
④ 张汝南:《金陵省难纪略》,见丛刊《太平天国》(四),703 页;"在南京生活数月的两名欧洲人"的叙述》,见《太平天国续编》(九),188 页。

多人。①

当时秦日纲军中有两名欧洲人，他们作为目击者叙述了自己的见闻：

一天早晨约4点左右，我们被炮声惊醒，一发炮弹就落在我们住所的附近。我们立刻起身，想跑到街上去，但被阻拦住了。街面上排列着许多士兵，禁止任何人离开房屋。黎明时分，我们出了屋，吃惊地发现满街都是死尸——我们辨认出这些是第二位（引者按：指东王杨秀清，下同）的士兵、下属官员、司乐、文书和家仆的尸体。我们还看到一具女尸。此时，数千名第五位（指北王韦昌辉）和第七位（指燕王秦日纲）的士兵，甚至第二位的属下，正在第二位的宫殿里抢劫。……在几个小时内，宫殿被洗劫一空。全城在那一天处于极度的骚动状态，大多数人不知道事件的原委，所有的城门都紧闭着，城墙上也有人看守。②

韦昌辉和秦日纲得以深夜顺利入城，迅即举事，使杨秀清猝不及防，与陈承瑢的内应大有关系。那两位欧洲人称陈承瑢为第八位。③据他们说，他们在先前受东王接见时，这一位居第八的人物曾从室内带领两个伶俐俊美的小孩，也即东王的两个儿子，出来和他们见面。可见其与东王关系之密切。但后来又是这个第八位者将东王妄图篡位的阴谋向天王告密，并表示愿负扫除奸党的重任。

天京城内的东王余部为自卫计，曾进行了顽强的抵抗。据涤浮道人记述：东殿尚书傅学贤曾率部与北王韦昌辉的军队相对峙，又有国宗

---

① 张汝南：《金陵省难纪略》，见丛刊《太平天国》（四），703—704页；李滨：《中兴别记》卷二十九，见《太平天国资料汇编》第二册（上），466页；《吴熙致吴煦函》，见《吴煦档案选编》（四），116页。

② 《"在南京生活数月的两名欧洲人"的叙述》，见《太平天国续编》（九），181—182页。并参见《裨治文关于东王北王内讧的通讯报导》、麦高文著《东王北王内讧事件始末》（均为章克生译），见北京太平天国历史研究会编《太平天国史译丛》第二辑，北京，中华书局，1983。三篇系出于同一来源，但叙事互有详略。本书引述时或以其中某一篇为主，并参据另两篇。凡下文引目击者所述均据此三篇，不再一一注明。

③ 按：太平天国除首义六王外，排名第七、第八的应为燕王秦日纲和豫王胡以晄，但胡以晄其时已在江西临江府病逝，而陈承瑢为朝内官首领，地位仅次于豫王，因有是称。参见罗尔纲著《太平天国史·杨秀清传》的《本传考证》。

兄杨某某与其会合，约坚持了月余时间。“韦初小挫，随后东党势衰”，遭到屠杀。为何东王部属先能一度挫败北王的部队而后却又势衰遭屠杀？涤浮道人没能说出所以然。但据知情者说，为彻底肃清所谓“东党余孽”，韦昌辉、秦日纲等人曾玩弄了阴谋手段。先由天朝宫殿女承宣官传达天王诏旨，谴责韦、秦杀人太多，令受杖责；又说明“东孽”逆谋是自天泄露，余党一概赦宥不问，召其前往观刑。仍据那两位欧洲目击者所说：

韦昌辉与秦日纲一同跪在洪秀全天朝宫殿的门前，每个人的脖子上都套着锁链，头裹蓝巾。他们并不像犯人一样被拘禁着。天朝宫殿的一位女承宣官出示一块朱笔书写的大黄绸，放在他们两人面前。他俩便读上面的诏文，许多东王部属也挤上去看。诏旨很快就念完了，被递出来贴在正对天朝宫殿的墙壁上。韦、秦二人退到一个小屋里一同商议，并屡次通过这些女承宣官传递消息。最后，女承宣官宣布他们每人将被责打500下。随即有人递过了5根棍杖，韦昌辉和秦日纲便被自己的军官带去受刑。在这场虚假的惩处过程中，他们的部属号啕大哭，并纷纷把手伸到棍杖底下，以代为受刑。当场有东王的5 000多名部属放下武器，听凭关押。经特别指定，两座大房子暂充他们的收容所。关押在这两个大房子里的东王部属们后来被韦昌辉和秦日纲的军队所消灭，其中一个房子里的人未作抵抗即遭屠杀，但另一个房子里的人们殊死抵抗了6个多小时，他们遭到枪炮的轰击，还被扔进去几个炸药包。他们用来抵抗的武器不过是墙壁上的砖块。后来这些尸体都被抛到一片荒野上，无遮无盖。

欧洲目击者所言也得到了中文资料的印证。而相关记载指出，献计策划这场观刑阴谋的正是洪秀全的妻子赖氏：

城中东党闻变恟惧，遂与北党日相斗杀，东党多死亡跳匿。秀全妻赖曰：诛之不尽，或留后祸。因说秀全诡罪昌辉酷杀，予杖慰谢东党，召之来观，可聚歼焉。秀全用其策，而突以甲围杀观者东党殆尽，盖前后所戮不下三万人。①

清朝方面的情报说:9 月 23、24 等日(咸丰六年八月二十五、二十六等日),"见有长发尸骸不可数计,由观音门口内漂淌出江,内有结连捆缚及身穿黄衣黄褂者,当经探得金陵逆贼内乱,自相戕害,首逆杨秀清已被杀死,并杀杨逆之党与多人。"除此而外,还有大量尸骸"由西水关流出至下关江口"。②

又有情报说:"近有金陵城内逃出难民,据称八月初间,亲见杨逆枭首通衢,系伪北王韦昌辉所杀。杨逆之眷属及所统伪官伪卒,亦于八月中旬(1856 年 9 月 9 日至 18 日)后悉聚歼。"③

由此可以推测,大批集中屠杀的事件大约发生在杨秀清被杀的 20 天之后。这大约也就是观刑阴谋实施的时间。

据目击者说:在集中屠杀事件之后,城里每户人家都得报告家中所有男女老幼的人数,每个人被发给一块小木牌,佩戴在胸前,一旦发现东王的人就得抓住。在几周之内,被抓获的东王的人五人一队,十人一队,甚至成百成千地被押到刑场斩首。所有吃过东王饭的妇女儿童也都不能幸免。对东王追随者的屠杀持续了 3 个月,据估计约有 4 万名成年男女和儿童丧命。④

目击者还说:有好些受害者,自信无辜,高叫冤屈,向上帝严肃地呼吁;另一些受害者,则请求那几个外国人行刑,但求速死。

李秀成也说:"北王杀东王之后,尽将东王统下亲戚属员、文武大小男妇尽行杀净。"⑤

在外地的一些东王亲信也被解除职权、调回天京加以杀害。据涤浮道人说:"凡杨逆遣窜各处之东党贼目,均令先缴伪戳,只身回金陵,至上河洪逆取设伪头关处所,到即杀讫。其率股匪踞陷各处之贼,在外

---

① 李滨:《中兴别记》卷二十九,见《太平天国资料汇编》第二册(上),466 页。
② 《德兴阿等奏报水师石埠桥获胜及金陵内哄尸漂出江片》,见《清政府镇压太平天国档案史料》第 18 册,635 页;涤浮道人:《金陵杂记·金陵续记》,见丛刊《太平天国》(四),641 页。
③ 《德兴阿奏》,军机处录副,革·太,第 848—4 号。
④ 按:韦昌辉已于 11 月 2 日被诛杀。因此,他对东王部属的屠杀持续时间应不超过 2 个月。欧洲目击者此处所述有误。
⑤ 《李秀成亲书供词》,第七叶上。

日久,虽系伪东殿名下者,俱未杀,悉改为伪殿前字样,仍令在彼。"①

但也有身在外地而遭杀害者。如洪秀全即下令在安庆的殿右四检点(一说已升任春官丞相)张朝爵"将杨国宗(秀清之兄)杀了,并杨姓三人皆杀之"。②

东王部属中,已知有4位封为侯爵的高级官员在屠杀中殉难,他们是助天侯、东殿刑部一尚书刘绍廷,翊天侯、东殿户部一尚书吉成子,扶天侯、东殿礼部一尚书傅学贤,补天侯、殿前国医李俊昌等。③ 而在天京事变前,先后封侯的高级官员,除去已升王爵的秦日纲、胡以晄(已病逝)和已牺牲的林凤祥、李开芳等扫北军5统帅外,共有12位。其他8位侯爵是兴国侯陈承瑢、卫国侯黄玉崑、镇国侯卢贤拔、赞天侯蒙得恩、襄天侯林大基、相天侯黄期升、匡天侯黄维江、卫天侯曾锦谦。其中镇国侯卢贤拔(为杨秀清妻兄或表兄,曾执掌东王府事,后主持删书衙)和匡天侯黄维江(为杨秀清姊夫或姑丈,总典圣粮)两人与杨秀清有戚属关系,天京事变后也不再听到他们的任何讯息,看来都死难于事变之中。此外,作为翼王石达开得力助手的卫天侯曾锦谦,在跟随石达开回京之后,事迹即不显。据简又文推测:很可能翼王出城时仅带张遂谋而留曾锦谦在京兼顾公私事,而北王在屠杀石达开全家及翼王府留守人员时也将其一并杀害了。④ 如此事属实,太平天国前期的12位侯爵中,就有7位,即超过一半死于韦昌辉的屠刀之下!

五 石达开起兵讨韦

在外地的太平军,除杨秀清的部属外,看来多已接受了诛杨的事实。武昌、汉阳的守军(其首领为韦昌辉之弟韦俊)在答复敌人的劝降书时说:"我东王之所以被杀也,乃其有篡弑之心,故北王讨之,戮其全家。"⑤清朝方面也有人证实,安徽宁国贴有太平天国的告示,内有杨秀

---

① 涤浮道人:《金陵杂记·金陵续记》,见丛刊《太平天国》(四),641页。
② 汪士铎:《乙丙日记》卷三,24页下。
③ 据涤浮道人《金陵杂记·金陵续记》,见丛刊《太平天国》(四),645页。
④ 参见简又文《太平天国全史》(中册),1381页,香港,简氏猛进书屋,1962。
⑤ 方玉润:《星烈日记》,见《太平天国史料丛编简辑》第3册,99页。

清"窃据神器,妄称万岁,已遭天殛"等语。①

但接踵而来的大肆搜捕和屠杀东王部属的行为就不为人们所认可了。据传闻,当韦昌辉大肆搜捕东王部属时,洪秀全曾使人传话说:"尔我非东王不至此,我本无杀渠意,而今已挈戮之,此属又何辜,毋乃伤天父好生心,以宽纵为宜。"韦昌辉怒道:"我为渠除大害,今反责我而欲沽名耶?"遂将所拘捕的东王部属全行杀害。韦昌辉自此以后"诸务皆自专,所为益横于东贼"。洪秀全畏其所逼而又无可如何,"又急使人召翼贼"。②

翼王石达开仅带卫天侯曾锦谦、春官正丞相张遂谋等少数人员赶回天京,于 1856 年 9 月 26 日(太平天国丙辰六年八月二十日,咸丰六年八月二十八日)进城。③ 此时太平天国首都的肃杀氛围,已不可能让他为杨秀清及其主要助手们说什么公道话,但他还是为东王的广大无辜部属请命,"计及免杀之事"。已杀红了眼的北王韦昌辉根本听不进去,甚至起意要杀石达开。翼王见事机不好,连夜缒城逃往安庆。他在天京城里所逗留的时间大概还不到一天。据李秀成说:"后翼王在湖北红(洪)山,知到(道)京城害杀许多之人,在湖北红(洪)山营中,带同曾锦兼(谦)、张瑞(遂)谋狼辈(狈)赶回京都,计及免杀之事。不意北王顷起他心,又要将翼王所杀。后翼王得悉此事,吊城由小南门而出,走上安省计议报仇。〈此时北王将翼王全家杀了。〉后移红(洪)山之军下攻救宁国。"④

时人的记述大致相同:"翼贼归……不得入,射书城上,转请于北贼,令只身入。入即见洪贼,得其情。然后见北贼,语不合,知有害己意,俟暮缒城出。"⑤

那两位欧洲目击者的叙述要稍详些:

约在第二位(即杨秀清)被杀的六周后,第六位(即石达开)和他的

① 《吴熙致吴煦函》,见《吴煦档案选编》(四),116 页。
② 张汝南:《金陵省难纪略》,见丛刊《太平天国》(四),704 页。
③ 石达开回京时间据汪士铎《乙丙日记》卷三,25 页上。
④ 《李秀成亲书供词》,第七叶上。
⑤ 张汝南:《金陵省难纪略》,见丛刊《太平天国》(四),704 页。

部分人马进了城,赶往第一位(即洪秀全)处,在那里与第五位(即韦昌辉)和第七位(即秦日纲)相遇。第五位和第七位给他看了他们的行动记录,第六位说:"你们为什么杀了这么多为我们作战的长发兄弟? 难道第二位和他的几个要员的死还不能使你们满足吗?"第五位回答说:"你是贼!"第六位回敬道:"你也是贼! 我们都在为同一个事业战斗,因此我们都是贼。"第五位接着说:"既然你们已一意孤行到如此地步,你可以自己了结这件事,这与我根本不相干。"当夜,他悄悄地集合了他的部队来到西门,但因未经第五位的许可而被拒绝通行。他便杀了门卫,同他的大部分属下出了城。如果那天夜里他没有出城,他就会被斩。不少人也乘机出了城。第二天早上,全城处于极度的骚动状态,每个人都携带着武器。他们四处出动,欲逮捕第六位,但不能断定他走的是哪条路。他们洗劫了他的住宅,杀死了他的妻子和小孩,以及夜间没有出走的他的所有部下。

这两位欧洲目击者说翼王回京时间是在东王被杀的 6 个星期以后,则应当在 10 月 14 日前后,与前引 9 月 26 日相差两个多星期,因无更多资料加以判别,可与前一说两存。但其说翼王在西门"斩关而出",与中文资料(包括《李秀成书供原稿》)均说翼王"缒城而出"不同,有可能是出于想当然。即如其所说第二天早上北王在全城搜捕,且不能确知其出走路线的情节来看,翼王也不可能是"斩关而出",因为那样一来,北王即可轻易地断定他已出城,并分析其出走的大致路线。

有记载说:韦昌辉在石达开逃离天京后,果然率众围攻翼王府,但没有找到石达开,怀疑其在洪秀全处,便将石达开的妻小押至天朝宫殿,要挟洪秀全。"洪力白其无,乃杀之,暴示翼贼反顾偏心罪,悬赏格,有得翼贼者,官丞相,金六百两。"①

这段记载有含混之处,从中并不能准确判定下令杀翼王家属和悬赏格购其首级的究竟是韦还是洪。清朝方面的情报表明,悬赏是以洪秀全的名义发出的。咸丰帝的上谕指出:

---

① 张汝南:《金陵省难纪略》,见丛刊《太平天国》(四),704 页。

据福济奏，有石达开现踞安、桐之语。朕闻金陵贼党内乱，杨逆被杀，石逆不服，逃出金陵。洪逆现悬重赏购其首级，石逆之不返金陵，金陵之不助石逆已可概见。既据该抚探知，该逆现在安（庆）、桐（城）一带，急当乘其众心涣散之时，督饬兵勇，一鼓歼捡。①

天京城内的屠杀仍在继续，死难者除东王部属外，又增加了翼王的家人和部属。而这一切，不管是否出于韦昌辉的胁迫，毕竟都是洪秀全认可的。

浙江巡抚何桂清于 10 月 4 日（咸丰六年九月初六日）奏报说："再，臣闻八月中旬后，即据各路探报均称：金陵贼首于七月二十二日起闭城自相戕害，首逆杨秀清已被韦逆杀毙，凡杨逆党与均多被杀，一月有余尚未开城语。臣初闻之未敢深信，半月以来，又接各营探报，皆称确有是事。"②

新任督办江南军务的钦差大臣和春于 10 月 20 日（咸丰六年九月二十二日）得抵丹阳大营。他于 4 天后奏报说："现闻各首逆在金陵城内自相残杀，连日大江流出浮尸不少，是其恶贯满盈，故天夺其魄，诚为难得之机。"③

可见至迟在 10 月中旬，天京城内仍有浮尸流出。屠杀仍未结束。

石达开回到安庆之后，立即部署起兵讨韦，并公开提出要为杨秀清报仇。为此他动用了正在湖北洪山前线援救武汉的机动部队，翼贵丈黄玉崑亦从江西临江赶来。但镇守江西的各地守军均未调动，其全省军务则由九江守将林启容主持。石达开在芜湖、宁国一线集结了 6 万—8 万人的大军。④ 他上奏天王，针锋相对地提出要得到韦昌辉的首

① 《寄谕和春等著饬红单船听候福济调遣并督兵歼擒石达开》，见《清政府镇压太平天国档案史料》第 19 册，14 页。

② 《何桂清奏报金陵内部自相戕害杨秀清被诛等情片》，见《清政府镇压太平天国档案史料》第 18 册，640 页。

③ 《和春奏报行抵丹阳接受钦差大臣关防八赴句容督剿片》，见《清政府镇压太平天国档案史料》第 18 册，660 页。

④ 按：石达开所部人数，系据先在秦日纲军中，后又投入石达开部队的两位欧洲目击者所说。曾国藩据探报说石达开"纠集匪党十余万人前往金陵"，不确。《吴熙致吴煦函》（1856 年 11 月 23 日）说"石大（达）开带兵四万，由景德而窜泾县"，似亦未将在此集结的全部兵力算在内。

级,否则,他的军队将要攻打天京。①

　　清朝方面看出有机可乘。咸丰帝为此接二连三地发出上谕,要求前方将帅和江、鄂、皖、赣等省督抚,乘太平天国内乱,加紧克复城池,并注意策反招降。他听说石达开"系湖南拔贡,现因与韦逆不睦,颇有投诚之意",更要求曾国藩"豫为筹画,经权互用,以收实效"。②

　　曾国藩在奏报中答复说:"臣等伏查贼首之在江西主持军务者,自上年十一月至本年二月底,以伪翼王石达开为主,三、四、五月,以伪翼贵丈黄玉崑为主。六、七月以伪北王韦昌辉为主。曾于八月初六日,附片具奏在案。自韦昌辉在瑞州战败,窜回金陵,被杨秀清斥责。洪韦二贼谋杀杨秀清,并诛其宗族党与。于是石达开自湖北洪山归去,黄玉崑自江西临江归去,并赴金陵,谋为杨秀清伸冤复仇。"

　　曾国藩向皇帝说明:石达开不是什么湖南拔贡,而是"广西浔州府桂平县大梭村人"(当然他的这个情报也不准确)。而且就是这个石达开,曾在皖鄂赣战场多次使官军受挫,后来又"招纳广东新附之匪,连陷江西数府"。

　　他说:"现据各路探报,石逆纠集匪党十万余人,前往金陵,誓杀洪韦二贼,为杨秀清报仇。以臣等愚见揆之,如果洪韦胜而石逆败,则投诚乃意中之事。若其石逆胜而洪韦败,则该逆挟诡诈以驭众,假仁义以要民,方且飞扬自恣,未必遽有投诚之心。"

　　又说:"假令石达开自知大势之已去,识天威之难犯,翩然归命,稽颡投诚,则臣招抚之法,当令其立功赎罪,献城为质。以大局言之,北岸安庆,南岸九江,该逆之所必争也。以江西言之,瑞州、临江为根本,抚州、吉安为膏腴,亦该逆之所不肯轻弃也。能于此六城中献一二城为质,则可信其为真心归附。"③

　　曾国藩所设计的这一套招抚方案,只是为了应付皇帝,恐怕连他自

----

　　① 据两位欧洲目击者所述。按:简又文、章克生等所译裨治文(布列治门)通讯均作"班师回朝,攻灭天京",似不妥。查其原文为"or his army would attack the Heavenly Capital","attack"虽有以暴力攻击之义,但并没有"灭"的意思。

　　②《寄谕曾国藩等著乘金陵内讧之时克复数城并招降石达开》,见《清政府镇压太平天国档案史料》第19册,31页。

　　③《曾国藩等奏复石达开在安徽动向及江西近日军情折》,见《清政府镇压太平天国档案史料》第19册,76—77页。

己也根本不相信有可能付诸实施。

燕王秦日纲在翼王石达开逃离天京两个星期后，受命调集了约1.5万人的部队予以追击。在芜湖附近的江北小镇西梁山，他的部队攻击了翼王的守军，并抢掠了该镇。但在重上征程时，他们得知：天京以外的太平军全体弟兄都表同情于翼王石达开，而翼王正统率着一支占有压倒优势的强大部队。这一情报促使秦日纲改换目标，转而向附近的清军发起攻击。

在天京的北王韦昌辉做好了顽抗的准备。为防止翼王的部队利用城南的制高点大报恩寺塔，也即著名的琉璃塔，韦昌辉下令将其炸毁。

但滥杀无辜的韦昌辉已彻底丧失了人心。天京城内的军民也都一致同情翼王。洪秀全终于屈从了石达开的主张。1856 年 11 月 2 日（太平天国丙辰六年九月二十七日，咸丰六年十月初五日），天京军民"合朝同心"，擒杀了北王韦昌辉。他的家人，包括其老父韦元玠也都被杀戮。此时上距杨秀清被杀已 61 天，按天历计算正好两个月。但所幸的是，传令对其部属"皆不问"。"诛韦"没有扩大化。整个诛韦之役据说所杀不过 200 人，且交战仅两日。

传闻中的诛韦过程颇具戏剧性：

> 一日，（韦昌辉）率众至洪贼居请朝，索翼贼。洪惧不敢见。薄暮，陈三千人于洪居前，谓不出翼妖，即火攻。洪乘墉与对垒，枪炮互施，逾时无胜负。洪居服役亦女人，悉使裹发效男装，各持械，启门则竖伪制翼贼旗，大呼出冲阵。北贼不意其遂出，又见翼旗，谓石果久伏洪所，与同谋，大惊，众遂溃。其先锋某率众趋朝阳门，斩关尽奔出。洪乘胜围北贼居，尽杀其妻小，比晓传令，北贼所属皆不问，第知北奸隐处者急首告……

韦昌辉本人未及逃出城。3 日后，其被一守栅者发现，并在盘问口号时露出破绽，守栅者"因大呼捉北奸"，"四街守栅人俱至，围而擒获之，果北贼，盖其日众奔而独留也。缚送洪"。洪秀全下令处以极刑。"支解之，割其肉方二寸许，悬城中各栅，标曰：'北奸肉，只准看，不准取。'"洪秀全还将韦昌辉首级函送至安徽宁国石达开军营,"收灭前赏格,召之还"。[①]

11月中旬,打着翼王旗号的部队连日乘船驶入天京内河,并分股潜渡北岸增援江浦。20日,石达开在皖南前线指挥了救援宁国的战斗。

秦日纲尽管也十分卖力地与清军作战,但他并没有得到石达开的谅解。在翼王的强烈要求下,他被解除军权,并被召回天京。镇江守军的第二号将领带领500人接统了秦的军队。11月28日,石达开迫使洪秀全处决了参与诛杨密谋及天京大屠杀的燕王秦日纲及佐天侯(原兴国侯)陈承瑢。据那两位欧洲目击者说:"第六位对第五、第七和第八位的死感到满意,但并不准备杀死他们的任何一位手下,仅要求将从他家抢去的物件(事发于他匆匆离城的那天夜间)归还给他,对抢劫者也不予追究。"

腥风血雨的天京大变乱至此方告结束。

关闭了两个多月的天京城门终于又像杨秀清被杀之前那样洞开了,在大屠杀期间所中止的一切宗教活动也重新得到了恢复。但两个月前还巍然耸立着的琉璃塔,这时已成了一片废墟。

---

① 张汝南:《金陵省难纪略》,见丛刊《太平天国》(四),704页。

第四节　石达开主政与分裂出走

太平天国合朝文武推举石达开为"义王"，洪秀全亦任命他为通军主将。在石达开的主持下，一度恶化的战场形势得以扭转。洪秀全封自己的两个兄长为安、福二王，加强了对石达开的防范和掣肘。石达开负气出走，公然走上了分裂的道路。但在数年的转战中，这位人们曾寄予厚望并拥有众多精兵良将的领袖人物，却已尽失昔日的锐气和风采。在其回广西之后，大批部属纷纷离他而去，回到太平天国的主战场。石达开企图取四川以自立，终于兵败大渡河，为清朝四川当局所杀害。

一　义王石达开

石达开于秦日纲和陈承瑢二人被处死后不久返回天京，受到合朝文武的热烈拥护，"同举翼王提理政务，众人欢说（悦）"。[①] 大家喜其义气，共推其为"义王"。但石达开本人不肯受。洪秀全则任命他为通军主将，并授其"圣神电"的封号。

在太平天国的赞美诗中，除赞美上帝和耶稣外，还有赞美东西南北翼五王的诗句，说他们上应天象，是风云雨雷电光之敷布。因此除以天王本身为日而外，又以杨秀清为风，萧朝贵为雨，冯云山为云，韦昌辉为雷，石达开为电。其中赞美翼王的一句即为"赞美翼王为电师，是高天义人"。[②] 义王之称，既与翼王音近，似也与翼王的这一句赞美诗有关。

---

① 《李秀成亲书供词》，第七叶上。
② 参见本书第四章第六节的相关叙述。

圣神电的称号,也完全是从电师演化而来。这已与杨秀清所曾拥有的"圣神风"的称号处于同一等级了。石达开接受了"通军主将"的任命和"圣神电"的封号,即使在其分裂出走以后直到最后败亡,他自己的名衔称呼始终是"太平天国圣神电通军主将翼王"。

　　所谓"圣神风"本是"圣灵"的早期中译,在西方基督教神学中,是三位一体的第三位,圣灵是上帝感化人、鼓舞人的精神力量,但它也是有位格的神,就是上帝。① 东王杨秀清称圣神风,引起在华外国传教士的非议,认为他僭用亵渎神权的头衔。美国传教士麦高文于 1857 年 1 月 27 日记录欧洲目击者有关天京事变的叙述时,就毫不掩饰地表达了对这位"极端狂妄的王位僭窃者"被杀的欢欣鼓舞,说这是"恶贯满盈的棍徒自食其果"。但对翼王的电师称号,他却不表异议,说这正表示"他在军事上的雄才大略和性格",而且事实可以证明,"石达开确是杨秀清的宗教欺诈行为的受愚弄者,而不是同谋"。麦高文说:"这位青年领袖,作为目前太平军的中坚人物,各种报道都把他描述成豪侠好义——勇猛无畏,耿介正直,无可非议。……他的性情温厚,赢得万众的爱戴,即使那位采取颇不友好态度的《金陵摭谈》②作者,也承认这一点;惟该书作者为了抵消上项赞扬所造成的美好印象,故意贬低他的勇敢的胆略。正如其他清朝官方人士以及向我们口述其历险经过的外国水手所声称的,翼王在太平军中的威望,驳斥了这种蓄意贬低的说法。"他还说:"现在,与其从道德观点来看南京政府,还不如从军事和政治观点来看它,更有前途,更有希望。"③

　　当时还是湖南巡抚骆秉章幕僚的左宗棠,对石达开也有这样的评价:"狡悍著闻,素得群贼之心,其才智出诸贼之上。而观其所为,颇以结人心,求人才为急,不甚附会邪教俚说,是贼之宗主,而我之所畏忌者。"④

　　然而,摆在石达开面前的形势是极为严峻的。

---

　　① 参据王庆成《圣神风、圣神电的历史和意义》,见其《太平天国的历史和思想》,339 页,北京,中华书局,1985。
　　② 谢介鹤:《金陵摭谈》,又名《金陵癸甲纪事略》,见丛刊《太平天国》(四)。
　　③ [美]麦高文:《东王北王内讧事件始末》,见《太平天国史译丛》(二),90—91 页。
　　④ 左宗棠:《与王璞山》,见《左文襄公全集·书牍》卷四,长沙,岳麓书社,1986。

首先是太平天国高层领导的凋零和政府机构被摧残。李秀成后来在其供词中多处提及石达开分裂出走后，"国中无人""朝中无将，国内无人""朝中无人掌管，外无用将"。但朝中无人的现象并不是由于石达开出走，而完全是韦昌辉的大屠杀所造成的。

太平天国最高层的首义六王，在建都天京前已有南王冯云山和西王萧朝贵先后阵亡。后虽加封秦日纲为燕王、胡以晄为豫王，但胡已在天京事变前病逝。天京事变中，东王杨秀清、北王韦昌辉先后被杀，平定变乱后秦日纲亦被诛死。事变后仅存天王洪秀全和翼王石达开。

诸王以下的 12 位侯爵，被韦昌辉杀掉的大约是 7 位，再加上平定变乱后被诛杀的陈承瑢，事变后仅存黄玉崑（似未恢复侯爵，后一直以翼贵丈名义在石达开军中）、蒙得恩、林大基和黄期升 4 位。

执掌太平天国政务的东王府各级职官及其属员则全部遭到杀害。可以说，杨秀清几年来苦心经营的太平天国中枢政府机构，已遭到洪秀全和韦昌辉的毁灭性打击。

其次是战场形势的恶化。在天京事变前，随着在江西的胜利和攻破江北、江南两个大营，太平军已基本上掌握了战场的主动权。但天京事变的突然爆发，不仅使得太平军在各个战场转取守势，而且使得清军有了喘息乃至反扑的机会。其中形势最为危急的武汉两城，已被迫于 1856 年 12 月间弃守。

好在京外的太平军各部队，除少数为杨秀清族人或亲信的将领遭到杀害外，基本未在事变中遭受损失。甚至杨秀清的兄弟行中，杨辅清因领兵在外也幸免于难。后来在追究天京屠杀事件的罪魁祸首时，更未株连韦、秦、陈三人的族人。因此在石达开主政时，还不是"外无用将"，而是"外有用将"，这就为石达开扭转战场局势提供了良好的基础。

最为严峻的还是思想上的混乱和人心的涣散。杨秀清在世时，每以"天父无所不在，无所不知，无所不能"以及"天父看顾""天父作主""天父担当"等等，激励广大太平军将士放胆诛妖，勇往直前地为太平天国事业的胜利而奋斗。

但在天京城内的大变乱中，有着代天父传言莫大权力的杨秀清，不仅自己的性命不保，甚至连其家人和部属也都未能"看顾"。他们的悲惨结局,象征着上帝权能无边神话的破灭,使人们失去了精神上维系的力量。

太平天国后期的领袖之一、干王洪仁玕曾说过:

> 即我天朝,初以天父真道,蓄万心如一心,故众弟兄只知有天父兄,不怕有妖魔鬼。此中奥妙,无人知觉。今因人心冷淡,故锐气减半耳。①

太平天国的赞美诗中说:

> 真道岂与世道相同,能救人灵,享福无穷。
> 智者踊跃,接之为福。愚者省悟,天堂路通。②

但同为上帝之子的首义诸王却自相残杀。代天父传言的杨秀清死了。曾经毁家纾难、全力促成金田起义的韦昌辉也死了。更多的兄弟姊妹们没能走上通往天堂的道路,而是倒在大屠杀的血泊中。触目惊心的变乱,使人们意识到:天堂之路走不通了。当时太平军内部即流传着这样的歌谣:

> 天父杀天兄,总归一场空,打打包裹回家转,还是做长工!③

有人逃走了,也有人在清朝的招抚政策下"乘间出投",甚至还有人趁天京的变乱自立山头,另树旗号。④

然而太平天国依然有其雄踞东南的客观条件。事情并非不可为。

---

① 《开朝精忠军师干王洪宝制》,见《太平天国印书》(下),703页。

② 《天条书》,见《太平天国印书》(上),31页。

③ 1959年搜集于昆山的太平天国时期歌谣,转据罗尔纲、周邨《洪秀全论》,见《太平天国史论文选》下册,896页,北京,三联书店,1981。按:载于《人民音乐》1954年第2期的类似歌谣作品:"天父杀天兄,江山打不通,回转故乡仍旧做长工。"转据钟文典《太平天国人物》,166页注129,南宁,广西人民出版社,1984。而在太平天国时期,有苏州人逃难至常熟者,则将此歌谣记作:"天父杀天兄,江山打不通。长毛非正主,依旧还咸丰。"显然是流传在敌视太平天国的人们中的版本。见沧浪钓徒《劫余灰录》简辑(二),163页。

④ 参见《德兴阿等奏报射书招降瓜洲股众情形片》《福济等奏报拿获桐城首犯段立刚解巢营讯明正法片》等,见《清政府镇压太平天国档案史料》第18册,667—668、670页。

1856 年浙江杭嘉湖地区大荒,但官府"不察人情,仍要完漕二三不等"。农民到官府抗漕,官府则派兵弹压。农民于无奈之下,只得勾结"土匪"以武力相抗。时人评述说:如果太平军真的打过来,"还有什么漕粮","天年如此,世事如此,已到极头田地"。但在太平天国控制下的"湖北、江西大熟。楚米每石七百文,即江西每石不过十三四千。成熟省分尽资贼粮,荒歉省分逼令为贼,是非倒置,岂非天意,实使本朝无立足之地,可为长叹!"①

1857 年上半年,在石达开主持下,太平天国逐步扭转了自天京内乱以来军事上所处的逆势。据清安徽巡抚福济奏报:"窃粤匪窜踞金陵,上自湖北、江西,下至瓜洲、镇江,皆其藩篱屏蔽,上下游一日不清,则皖省一日不安,而金陵巨薮未除,上下游廓清非易。迩幸天心悔祸,贼首自相残杀,其存者猜忌日深。缘自韦昌辉杀死杨秀清后,石达开为之报复,突入金陵,将韦逆杀毙,遂为贼中主谋。本年围攻桐营,连陷舒、六等处,并救援溧水,虐焰复炽者,皆石逆之计。"②可惜的是,洪秀全的猜忌和防范,使得石达开不可能放手施展其所为。

二 洪秀全的防范和掣肘

早在洪秀全密召韦昌辉杀死杨秀清后不久,时人汪士铎对其就有评价说:"政由宁氏,祭则寡人,洪秀全优于曹髦。然自坏长城,尚未闻土崩瓦解之势,真劫运使然也。"③

意思是说,具体政务可由杨秀清主持,但国家最高权力仍必须由洪秀全自己掌控。三国时魏国的曹髦做傀儡皇帝,终为司马昭所杀。洪秀全之优于曹髦,是因为他采取果断的措施,将杨秀清及整个东党翦除。但这完全是自毁长城的做法。当时之所以没有土崩瓦解,正如汪士铎所说是"劫运使然",也即有着主客观多方面的原因。从其内部说,是因为还有那么一批忠勇而有为的将士,石达开即为杰出的代表。

---

① 《吴熙致吴煦函》(1856 年 11 月 23 日),见《吴煦档案选编》(四),120 页。
② 《福济等奏陈金陵内讧石达开出走饬湖北江西防剿折》,见《清政府镇压太平天国档案史料》第 19 册,420 页。
③ 汪士铎:《乙丙日记》卷三,25 页上。"政由宁氏,祭则寡人",语出《左传·襄公二十六年》。

　　然而石达开的才略和声望,却使天王洪秀全产生了疑忌和恐慌,他生怕石达开成为另一个杨秀清或韦昌辉。因此,他虽然任命石达开为"通军主将",却不给他以军师的名号。按照洪秀全自己的说法,这是"主是朕做,军师亦是朕做"。[1] 他对石达开不仅"不授以兵事,留城中不使出";[2]更加封自己的长兄洪仁发为安王、次兄洪仁达为福王,处处予以掣肘。李秀成说:"后翼王回京,合朝同举翼王提理政务,众人欢说(悦)。主有不乐心,专用安福两王。安王即是王长兄洪仁发,福王即王次兄洪仁达。主用二人,朝中之人,甚不欢说(悦)。此人又无才情,又无算计,一味古执,认实天情,与我天王一样之意见不差,押制翼王。是以翼王与安福王三人结怒,被忌押制出京,今而远征,未肯回者,因此之由也。"[3]

　　清朝方面的探报说:"据本地探卒报称:客商有自下游回者,言金陵各伪王忌石逆之能交结人心。石逆每论事则党类环绕而听,各伪王论事,无肯听者,故忌之,有阴图戕害之意。"[4]

　　石达开自己也说:"(洪秀全)有谋害达开之意,旋即逃出金陵。"[5]

　　洪秀全是否要"阴图戕害"石达开,没有确切的证据。但过度的防范和掣肘,尤其是不学无术的安、福二王借天王的威势,以"农民式的狡狯"所作出的种种无理刁难和挟制均可想见。年少气盛的石达开对此自然无法容忍。洪秀全在石达开出走后不得不将自己的两个兄长革去王爵,可见他自己心里也很明白,他对石达开确实做得有点过分了。

三　石达开负气出走

　　1857 年 6 月 3 日(太平天国丁巳七年四月二十六日,咸丰七年五月十二日),石达开借到城南雨花台讲道的机会,悄然逃离天京,经东梁山至铜陵、无为州,前往安庆。此时他的情绪已消沉到了极点。他在到达皖南东梁山自己驻军所在地时,竟要解散部队,"劝令皆散去,其党不

---

① 《王长次兄亲目亲耳共证福音书》,见《太平天国印书》(下),714 页。
② 张汝南:《金陵省难纪略》,见丛刊《太平天国》(四),704 页。
③ 《李秀成亲书供词》,第七叶上、下。
④ 李续宾:《又复望王观察》,见《李忠武公遗书·书牍》卷下,光绪十七年刊。
⑤ 《石达开自述》,见丛刊《太平天国》(二),781 页。

肯散"。① 部属既不肯散，而他本人又不愿再回天京，唯一可行的办法只能是拉起队伍，"出师表真"。他在沿途张贴的布告中为此表白道：

> 为沥剖血陈，谆谕众军民：有愧无才智，天恩愧荷深。
> 惟矢忠贞志，区区一片心。上可对皇天，下可质世人。
> 去岁遭祸乱，狼狈赶回京，自谓此愚衷，定蒙圣鉴明。
> 乃事有不然，诏旨降频仍。重重生疑忌，一笔难尽陈。
> 疑多将图害，百喙难分清。惟是用奋勉，出师再表真。
> 力酬上帝德，勉报主恩仁。惟期成功后，予志复归林。
> 为此行谆谕，谆谕众军民。依然守本分，各自立功名。
> 或随本主将，亦一样立勋。一统太平日，各邀天恩荣。②

石达开的"出师表真"告示，将他与天王的矛盾公之于世，不啻是一篇公开分裂的宣言书，因而在太平天国内部又一次引起了极大的震动。天京和各地的太平军将士依照自己的判断进行了抉择。

6月9日（太平天国丁巳七年五月初二日），石达开和他的一些部属到达无为州西南之黄姑闸。翼殿礼部赞书吕姓对六安州总制掌书陈凤曹说："翼王见天王疑忌实深，故私自出京，誓不回去。随后络绎随翼王而出京者，官员兄弟约有五七万人，将来天京必定空虚。溧水现在大败，不知此后却是何如。目下必有诏旨来六安一带调兵，兵去则六安难保。"他还面约陈凤曹随其而去，并表示"必不相亏"。陈凤曹"因世事总难预知，只得含糊对答，不便应亦不便辞"。③

清朝方面，据江北大营7月初探报：天京自6月初石达开去后，洪秀全屡遣人追赶，皆为石达开所留，或竟遭其杀害。一些广西老兄弟担任职务者，亦多借追亡为名，中途均各远遁。"甚至自散谣言，谓官兵大队已至，并不候令，争先出城交仗，借此脱逃。"洪秀全"甚为惊慌，因将

---

① 李续宾：《又答王观察》，见《李忠武公遗书·书牍》卷下。
② 《福济等奏陈金陵内讧石达开出走请饬湖北江西防剿折·附石达开出走告示》，见《清政府镇压太平天国档案史料》第 19 册，421—422 页。
③ 《六安州总制掌书陈凤曹上六安州总制陈敬禀》，见《太平天国文书汇编》，231 页。

城门紧闭"。又以石达开尚在安庆，"多方邀留，以图固结其心"①而自天京陆续抵达安庆者，已"先后不下数万人"。②从溧水、句容等失守城池撤出的部队，则辗转进入皖南池州、江西饶州等地，归入翼王的旗下。严峻的形势，迫使洪秀全削去洪仁发、洪仁达的王爵，并铸义王金印，及合城大小各职官求救表章送往安庆，千方百计地欲将石达开迎回，"其情词惨迫，反复不休"。洪秀全为此患了头风症，兼以便血，日夜不安。但石达开拒受金印，"誓不回去"。③

大批精兵良将追随石达开而去。但也有一些杰出的青年将领，如陈玉成（陈承瑢之侄）、李秀成等，坚持留了下来。

石达开的分裂出走可以说是天京事变的延伸和继续，它所造成的后果同样也是极其严重的。李秀成后来在临刑前所总结的"天朝十误"中，第五误是"东王、北王两家相杀，此是大误"，第六误即是"翼王与主不和，君臣而忌，翼起狈（背）心，将合朝好文武将兵带去，此误至大"。④

四　转战回广西

石达开出走后的情绪即已十分低落消沉。到安庆后，他稍有振作，并聚积起数万将士。但他既不愿听命于洪秀全，又抱定"惟期成功后，予志复归林"的念头，这就使得他日后的军事行动变得漫无目标，因而处处陷于消极被动。

石达开出走安庆后，江西的形势发生逆转。他调已在福建活动的石镇吉、杨辅清两部援赣，结果被湘军王鑫部击败。1857 年（丁巳七年）10 月，石达开亲率主力由安庆进援江西，并表示不再回安徽。他在乐平、临江、吉安、抚州、广信、广丰等地转战半年之久，又被湘军击败。翼贵丈黄玉崑战死于吉安。检点程赢、总制陈保泰等叛变。石达开立

① 《德兴阿等奏报石达开逃往江北尚未探明去向片》，见《清政府镇压太平天国档案史料》第 19 册，436—437 页。

② 《福济等奏复石达开欲往福建之说似尚可凭等情折》，见《清政府镇压太平天国档案史料》第 19 册，433 页。

③ 据《福济等奏陈金陵内讧石达开出走请饬湖北江西防剿折》及《何桂清奏陈遵筹各路军务情形片》，见《清政府镇压太平天国档案史料》第 19 册，420、511 页。按：金印，何桂清原片作"铸义王金牌一道"，但据罗尔纲考证，吴煦档案所载探报作"铸义王印信一颗"，因据改。

④ 《李秀成亲书供词》，第七十四叶下。按："君臣而忌，翼起狈心"中的"而"与"狈"，曾国藩朱笔改为"相"和"猜"。实际上李秀成之所谓"狈"，乃背离、背弃之"背"。

足于江西的意图遭受挫折。坚守九江的林启容不愿跟随其分裂行动,石达开则坐视了九江的陷落。

1858 年(戊午八年)4 月,石达开由江西东入浙江,进围衢州,并分兵占领处州等地。但衢州久攻不克,外援的清军陆续入浙,石达开四面受敌,无法在浙江立足。8 月,他率师进入较为贫瘠的福建北部,先后占领浦城、崇安、建阳、邵武等地。此时,杨辅清已脱离石达开的控制,重新听命于天京。石达开的部属也有自行返回江西者,检点胡其相更率部投降清军,但其精锐被消灭,其本人被处死。10 月,石达开率部重回赣南。1859 年初,石达开令石镇吉、赖裕新等分军进入广东、湖南。1859 年(己未九年)5 月,石达开率主力直逼湖南宝庆府,试图由湘西进入四川,但大战 70 余日,依然劳而无功。

在两年多的时间里,石达开先后转战江西、浙江、福建、广东、湖南数省,总是避敌主力,不愿决战,虽亦有攻城略地之举,却不能坚持,稍遇挫折,即行转移。清方将帅已看出他的"流贼之象"。曾国藩在 1858 年(咸丰八年)奉命率师援闽时还说:"伏查贼渠以石逆为最悍,其诳煽莠民,张大声势,亦以石逆为最谲。"①但不久,他就发现石达开所部人数虽众,但"气散而不整,迥不似石逆往年情形"。②骆秉章也说他行动"纷纭杂乱,迥异从前"。③清朝方面不再把他看作可怕的对手。

石达开作战一再失利,除行动无坚决目标外,与其没有后方基地的依托,无法保证物资的供给也很有关系。在其率十万大军围攻宝庆,湖南全省震动时,曾国藩即很冷静地指出:"贼至十万之多,每日需食米千石,需子药数千斤,渠全无来源,粮米掳尽,断无不走之理,可不须大胜仗也。"④曾国藩说他"既钝于浙,钝于闽,入湘后又钝于永、祁,钝于宝庆,裹胁之人,愿从者渐少,且无老巢以为粮台,粮米须掳,子药须搬,行且自疲于山谷之间",⑤他的行为,渐滋物议。部队的士气逐渐低落。

---

① 曾国藩:《遵旨移师援闽片》,见《曾国藩全集·奏稿》卷十。
② 曾国藩:《陈明石逆情形片》,见《曾国藩全集·奏稿》卷十。
③ 骆秉章:《皖军失利闽贼远窜陈敬管见折》,见《骆文忠公奏议》卷九。
④ 曾国藩:《致澄侯四弟》(咸丰九年五月二十四日),见《曾国藩全集·家书》。
⑤ 曾国藩:《复胡宫保》,见《曾国藩全集·书札》卷五。

1859 年(己未九年)8 月,石达开久攻宝庆不克,临时变计,南下广西北部与石镇吉会师。他试图攻打桂林,但在湖南清军驰援广西之后,又放弃攻城的行动。10 月 15 日,他率部占领桂北的庆远府城,取得回师广西的重要立足点。在庆远府的 8 个月时间里,他改旧府署为翼王府,改庆远府为龙兴郡,并筑垒连营 200 余里。1860 年(庚申十年)3 月下旬,他在庆远庆祝了自己的 30 岁生日。4 月间,他还和部属一起登临宜山,在白龙洞留下了唱和的题壁诗。在刻石的诗篇中,他表述了自己"毁佛崇天帝,移民复古风"的意愿,即仍坚守了太平天国的基本理想。①

此时以能战著称的石镇吉攻打百色厅失利,在率残部折回庆远府时,途中遭土司练勇伏击,被俘死难。随翼王回师广西的不少老兄弟,在经历了天京内讧和十年征战后,已深深感到江山打不通,沿途纷纷脱离队伍,仍返回老家务农做工去了。② 而石达开本人"一返故乡,便有归林之说",甚至还更改了太平天国的官制礼文,大批来自三江两湖的将士终于纷纷离他而去。1860 年 1 月,即有少量部队向广东进发。1860 年(庚申十年)3 月,更多的人马结队而去。虽有元宰张遂谋的高压,甚至杀害了策划东返的高级将领,但仍无法抑制广大将士的不满情绪与离队风潮。7 月,乘石达开经略郁林、围攻南宁之际,驻留庆远地区的彭大顺、朱衣点、童容海、吉庆元等部 5 万余众亦"誓师出江",脱离石达开而去。东返的部队,多数被敌人打散而遭覆败,但也有一些突破了清军的重重堵截和追剿。其中最重要的一支,也即在彭大顺等将领统带下的部队,一路血战,"万里回朝,出江扶主",于 1861 年(辛酉十一年)秋在江西与忠王李秀成的大军会合。此时,该部已扩至 20 余万人。天王洪秀全得知奏报,大喜,命名该部为"扶朝天军"。③

----

① 原诗全文为:"挺身登峻岭,举目照遥空。毁佛崇天帝,移民复古风。临军称将勇,玩洞羡诗雄。剑气冲星斗,文光射北虹。"这也是石达开唯一传世的诗篇。据简又文《太平天国全史》(中册),1478 页。

② 据钟文典教授在广西各地的调查,这些回乡人员不少至今仍有后裔。参见钟文典《太平天国人物》,280 页注 118。

③ 参见《吉庆元朱衣点等六十七将缕陈军情请准暂居原职共图报效本章》,见《太平天国文书汇编》,171—173 页。

五 兵败大渡河

石达开众叛亲离，其直接掌握的部队已"十不存二"，即由入桂时的20万人降至不足4万人。又因清朝当局的悬赏严拿而无法藏身，他只得在广西重新招集人马，并于1862年（壬戌十二年）春突出广西，经湖南、湖北，分三路进攻四川之石砫厅，并西进至涪州，队伍又发展至20万人。但石达开三次抢渡长江都未获得成功，遂以主力南下贵州。1863年（癸开十三年）春，他率部再由云南入川。其先锋赖裕新已先由东川巧家厅渡过金沙江入川，并于3月入越巂境。另一大将李复猷率3万余众为后队，于同年3月由昭通入贵州，沿川黔边绕道出川东，以分散敌人兵力。但赖裕新在战斗中被土兵用滚木礌石压死，其余部后辗转进入陕西与陈得才部会合。石达开本人亦在横江战败，率众绕至米粮坝时，已无法与赖裕新部取得联系。本应互为应援的三队人马成了各自为战的孤军。

1863年4月15日（太平天国癸开十三年三月初三日，同治二年二月二十八日），石达开由巧家厅渡金沙江。5月初，由西昌入冕宁，以重金赠松林地番族土司王应元、田坝彝族土司岭承恩等，请允让路，皆获承诺。石达开全军3万余人遂由小路向北推进。但他没有想到的是，杀害赖裕新的，正是岭承恩等人。

5月14日（太平天国癸开十三年四月初一日，同治二年三月二十七日），石达开率军进抵大渡河与松林河交汇之紫打地。当时大渡河沿岸并无清军驻防。不料河水无雨而暴涨数丈，石达开以山洪陡发，其涸可立而待，并不以为意。但山洪暴发毕竟迟滞了他的行动。而四川总督骆秉章已檄调各路兵勇迅速形成包围圈，又解银1 000两，并以"破贼之后，所有资财，悉听收取"为条件，收买了土司王应元、岭承恩等。前者斩断了松林河铁索桥，以土兵1 800人截断上走泸定桥之路；后者则以巨石、古木堵塞了南边山隘，切断了石达开的退路。5月17日，山洪稍退，石达开即组织抢渡，未得成功。7天时间，3次抢渡，均告失败。将士死者以万计。经历20余天的血战，粮食也已吃尽，食及草根乃至战马。石达开自知已陷入绝境，在敌人信誓旦旦的诱降下,写信给四川总督骆秉章,表示"求荣而事二主,忠臣不为,舍命以安三军,义士必作","大丈夫生既不能开疆报国,奚爱一生;死若可以安境全军,何惜一死"。① 6月12日,他先叫王妃5人怀抱2个幼子"投河以殉"。6月13日,他本人携5岁的幼子石定忠及宰辅曾仕和等人径赴洗马姑清营。但石达开走后,留在对河大树堡寺庙的余部,除新参加者与老弱被遣散4 000多人外,其部将200多人、精悍战士2 000多人,均遭屠戮。石达开本人被押至成都,于6月26日(太平天国癸开十三年五月十四日,同治二年五月十一日)被凌迟处死,终年33岁。据骆秉章说:石达开临刑时,"其枭桀之气,见诸眉宇,绝非寻常贼目等伦"。② 另一刽子手刘蓉也说:石达开"枭桀坚强之气,溢于颜面,而词句不卑不亢,不作摇尾乞怜语","临刑之际,神色怡然"。③

501

---

① 《翼王石达开致清朝四川总督骆秉章书》,见《太平天国文书汇编》,161页。
② 《生擒逆首伪翼王石达开等并剿灭发逆巨股折》,见《骆文忠公奏稿》卷六。
③ 《复曾沅浦中丞书》,见《养晦堂文集》卷六。

第七章

第二次鸦片战争与国家领土主权的严重损失

英、美、法等国侵略势力在鸦片战争之后的十多年间,一直在努力从东南沿海向内地扩张。与此同时,英、法等国对西藏地方的侵略活动也日益加紧,力图打开中国西南的大门。由于清政府即时加强了对西藏地方的管理以及当地自然条件的恶劣,这一侵略势头暂时得以阻遏。① 太平天国的兴起和向长江流域的进军,又使它们感到有机可乘,企图以帮助清政府镇压太平军为条件,迫使清政府与之签订新的通商条约。只是由于太平军迅速占领南京,以及其后势如破竹的扫北、西征,它们才被迫相继宣布"中立",采取观望态度。1853—1856 年间,英、法等国与俄国之间爆发克里米亚战争,无疑也迟滞了它们在中国的进一步行动。克里米亚战争以俄国失败、签订《巴黎条约》而结束。英法两国在近东问题上暂时得到了满足后,重又开始把侵略矛头指向远东的中国。而作为战败国的俄国在南下受挫后,也转身向远东谋求发展。美国则积极主张在侵略中国问题上与英、法等国合作,借以从中渔利。

1854 年(咸丰四年),中英《南京条约》届满 12 年。英国借口中英《虎门条约》中片面最惠国待遇条款规定的"一体均沾"原则,援引中美《望厦条约》中第 34 条关于12 年后酌行变通的规定,向清政府提出全面修改《南京条约》,要求中国全境开放通商、鸦片贸易合法化、进出口货物免交子口税、外国公使常驻北京等。法美两国也分别要求修改条约。但这些要求一概遭到了清政府的拒绝。1856 年(咸丰六年),中美《望厦条约》又届满 12 年,美国在英法两国的支持下,再次提出修改条约的要求,英法两国也乘机提出同样的要求,结果再次遭到清政府的拒绝。于是英法

---

① 有关英国觊觎西藏及中国边疆危机的进一步阐述,请参阅《中国近代通史》第三卷第五章。

两国便在俄、美的支持下,联合发动了新的侵华战争。因为这一场战争的实质是鸦片战争的继续和扩大,所以被称为"第二次鸦片战争",也称"英法联军之役"。

　　战争从 1856 年 10 月(咸丰六年九月)英国借口"亚罗"号事件进犯广州开始,直到 1860 年 10 月(咸丰十年九月)清王朝被迫与英、法交换《天津条约》批准书并订立《北京条约》,前后持续了 4 年。西方列强的蛮横侵略与清王朝的妥协投降,使中国在半殖民地的道路上迅速下滑。沙俄割占大片领土,不仅使中国的领土完整遭到极大破坏,而且对以后的中国历史具有深远的影响。①

　　① 本章以下各节的叙述,主要参据丁名楠等《帝国主义侵华史》第 1 卷,北京,人民出版社,1973。

第一节　西方列强的虚伪中立

以英国为首的西方列强,在太平天国兴起后,即打算利用中国的内战加紧侵略中国。1852 年 1 月,上海英国领事阿礼国就建议公使文翰利用太平天国起义、清王朝处境困难的时候,对它施加压力,并断定清王朝必然会答应英国的要求。[①] 1853 年 3 月,江苏巡抚杨文定命令前同顺行行商、当时的买办官僚上海道吴健彰向上海英、美、法等国领事乞援,要求外国兵船开入长江,帮助清军守卫南京。阿礼国乘势向在香港的文翰发出紧急公文,建议由"大不列颠一国,或是在中国海面拥有舰队的三个强国联合起来,去制止这个毁灭性的战争"(意即帮助清军镇压太平军)。阿礼国还建议"趁(清朝)皇帝还据有能够缔结条约的地位时,向他取得这种干涉的报酬"。其主要内容即英国等西方列强可以无限制进入中国内地和沿海一切口岸,在北京建立直接外交关系,以及鸦片贸易合法化。[②] 文翰接信后,于 3 月 21 日匆匆赶到上海。当天他即命令阿礼国答复吴健彰说,英国全权大臣已到上海,"高级当局之间的接洽比较方便了,如果两江总督阁下要求援助,或就当前局势与全权大臣有所洽商,应由总督正式行文致公使本人,而不要由次级官员转达";他并且声明"一经收到来文,对其中内容当即予以最善意的考虑,

---

① Alcock's Despatch to Bonham, January 13, 1852, A. Michie. *The Englishman in China*, Vol. 1, pp. 428—432.

② 1853 年 3 月 3 日阿礼国致文翰机密报告,参见严中平《太平天国初期英国的侵华政策》,载《新建设》1952 年第 9 期。

并及早答复"。①

但太平军已于 3 月 19 日攻克南京,两江总督陆建瀛则于城破后被杀。太平天国的胜利,迫使外国侵略者相继宣布"中立",采取观望态度。在文翰和阿礼国等人的策划下,外国侵略者在上海租界建立武装,构筑工事,将这部分中国领土直接置于他们的控制之下。

4 月下旬,文翰乘坐英国兵舰"神使"号访问已成为太平天国首都的南京。英国公使的这次访问,既是为了亲自考察太平天国的实况,更是为了刺探太平天国领导人的对外态度。② 他在致太平天国的照会中重申了英国对中国内战的中立立场,对清朝官员散布的"借西洋国火轮船十数只由长江直上"与太平军作战的传闻予以驳斥,并表示:"查我英国往各国贸易、居住,凡各该处有兵戈,向例均不干预,今在中国焉有借用火轮船相帮之理?"他强调:"总之贵王与满洲相敌,我英国情愿两不干预。独是英国在上海建造许多房屋居住,并礼拜堂及堆货栈房,黄浦江内是有英船多只来往停泊。刻下贵王已抵金陵,与上海近在咫尺,闻得贵王军兵欲到苏松一带,后至上海,时贵王之存心立意,欲与英国如何办理之处,先愿闻之。"③他还向太平天国表示:"英国人在上海的极大利益正处于危险之中,太平军进抵上海时,希望不要干扰英国人的生命财产,万一他们遭到了侵犯,那么必将引起愤慨,正如以签订 1842 年《南京条约》作为结束的战争时期所引起的相同的愤慨一样。"这就是说,不管中国内战的结果如何,英国仍然要坚决保持它已经取得的特权,它在中国的地位是绝不容许改变的。为此,他将《南京条约》的一份中文约本送给太平天国。④

文翰回到上海后,向英国政府报告说:

如果举事者成功,至少传教士的活动可望获得完全的容忍。这些

---

① Consul Alcock to the Shanghai Taoutae, March 22, 1853, Papers Respecting the Civil War in China, p. 4.

② 文翰与法、美等国公使访问天京的经过,参见本书第四章第七节。

③《英使文翰致太平天国照会》,见国立北京大学文科研究所、国立北京图书馆编《太平天国史料》,178 页,上海,开明书店,1955。

④ Bonham to Clarendon, May 6, 1853; same to same, May 11, 1853, Papers Respecting the Civil War in China, pp. 22—24.

人看到外国人一般地都和他们遵奉同样的教义,因而当他们得势时,可能对外国人怀抱友善态度。他们无疑会允许通商的;不过从他们的出版品以及他们的行为上看,我们可以推断他们将严禁鸦片——不像现在这样的有名无实,而是真正的禁止。……目前唯一可行的政策,是保持不卷入这一斗争中去,力避与双方发生正式的联系,但(在中国的)外国人必须准备好足够的武力,来击败举事者们可能施与他们的任何攻击。①

在英国公使之后,法国公使布尔布隆与美国公使麦莲于 1853 年 12 月和 1854 年 5 月相继访问天京。法国公使本来倾向于清朝方面,但在访问天京后却对太平军的严明纪律和天京城的稳定秩序留下了深刻的印象,因此,只得建议法国政府继续采取"中立"政策。半年后,美国公使麦莲访问天京时,适逢太平天国扫北失败、西征受挫、人心思变的转折关头,他的观感因而与此前访问天京的英法两国公使大不一样。这位美国公使很快就得出结论:必须从各方面支持清王朝,并借此取得新的侵略特权。紧随美国公使之后去天京搜集情报的英国驻上海领事馆官员麦华佗等人,也得出了与麦莲相同的结论。英国政府的兴趣逐渐转移到与清王朝进行修约谈判上。②

英、美、法等国所谓"中立"政策的侵略性和虚伪性,于 1853—1854 年(咸丰三至四年)在上海和广州已经充分表现出来。

1853 年 9 月初(咸丰三年八月初),属于天地会系统的小刀会在上海发动了响应太平天国的起义,并很快占领县城。清朝地方政府立刻瓦解,当地军队逃散一空。外国侵略者于此紧要关头宣布上海租界"中立",无论小刀会或清军都不得利用租界进行军事进攻和防御。这一行动本身就是对中国主权的严重破坏。小刀会无法进据租界这一在军事上、经济上十分重要的据点,使清朝地方当局获得了喘息的机会。小刀会起义军在上海前后共坚持了 17 个月。在此期间,英、法、美等国不仅进一步巩固了上海租界,而且控制了上海海关。发生在 1854 年 4 月 4

---

① General Views of the Chinese Insurgents, Papers Respecting the Civil War in China, pp. 43—44.
② 参见本书第四章第七节《列强与太平天国的对外交往》的有关论述。

日(咸丰四年三月初七日)的所谓"泥城之战",①则是外国侵略者与清朝地方当局加强合作的转折点。这一天,英美两国以清朝军队的兵勇进入租界为借口,向泥城桥的清军发起攻击。清军并没有认真作战,而是立即后撤。一直在租界以清朝官员身份活动的吴健彰第二天即表示希望今后不再发生敌对行为,并代表清朝地方当局向英、美、法等国赔礼道歉,并明确承认了"租界不可侵犯"的原则。这一战的结果并没有恶化英、美等国侵略者同清朝地方当局的关系,反而使这种关系融洽起来。

小刀会起义后,位于租界内的上海海关为群众所捣毁。外国侵略者乘势派兵予以占据,清政府海关职员逃避一空。9月9日,英国驻上海领事阿礼国在征得美国公使马沙利的同意后,在上海海关实行了"领事代征"制度,由英、美领事代替中国海关向英、美商人征税,从而开始染指中国海关,控制中国关税。1854年6月29日(咸丰四年六月初五日),上海道吴健彰与英、美、法三国领事订立《上海海关协定》9条,同意聘用外国人任海关监督的助手,英、法、美三国各派一人组成关税管理委员会,海关各级属员由委员会选用;外国船舶进口仍由领事报关征税;海关购置武装缉私船一艘,由外国人担任船长等。而当作交换条件之一的缴还欠税,其中英国部分为40多万两,后来借口中国政府未尽到保护上海英商的责任而一笔勾销;美国欠税30余万两,拖延两年多只交出7.3万余两,其余以代征手续费和其他借口,也一起赖掉了。7月12日,上海海关关税管理委员会成立,英国领事指派其副领事威妥玛、美国派出其驻领馆武官卡尔、法国派出其领事馆译员斯密司出任税务司。从此,中国海关由外国人管理的殖民地制度初步形成,上海海关便完全被列强控制了。关税征收和海关管理关系到国家的财政命脉。西方列强通过不平等条约破坏中国关税自主权,攫夺中国海关行政管理权,操控关税,纵容走私,对中国经济发展造成空前危害,也使清政府财政由独立自主逐步向依赖外国殖民统治机构转变。这一严重损害中国国家主权之举,也促使中国封建统治与外国殖民统治势力互相勾结、

---

① 参见本书第六章第一节《各地风起云涌的群众起义》中有关上海小刀会起义的部分。

联合掠夺中国社会财富、镇压中国人民反抗斗争局面的形成。

泥城之战后，英、美、法三国驻上海领事协议采取措施，企图迫使小刀会起义军退出上海县城。他们切断了租界和上海县城之间的交通。城内的小刀会起义军在外来接济断绝的情形下，只得于 1855 年 2 月 17 日（咸丰五年元旦）突围。其领袖刘丽川和其他许多战士牺牲。突围出城的一部分辗转参加了太平军，有些逃到租界内的起义者则被租界当局"引渡"给清军。在此过程中，法国的海军陆战队曾积极配合清军作战。清朝地方当局为感谢法国人的帮助，承认将十六铺一带的沿黄浦江地段划入法租界。

1854 年（咸丰四年），广东各地的天地会发动起义。广州附近各城镇的起义军包围了广州。两广总督叶名琛致函英国驻华公使（兼香港总督）包令，要求英国海军帮助官军共同摧毁进攻广州的"叛党"。包令则正式发布公告，说是英国人对于发生在广东的内战严守中立，不得参与内战的任何方面。但英国在中立的名义下实际上在广州实行了干涉。英国海军帮助清朝地方当局打破了天地会党对广州城的水上封锁，攻击驶出海岸的天地会党的武装船只，甚至以海盗名义把俘获的会党人员交给清朝地方当局。但两广总督叶名琛对此并不领情，他的倨傲态度使英国人感到十分恼火。一位英国人记述道：对于叶名琛的要求，包令当然只能回答说他无权干预中国的内部事务。"但是他带了一支强大的海军力量去保卫广州的洋行，无疑的，这支海军的来到对压平叛乱是起了作用的。包令本来以为在这种情况下，叶会邀请他到他的衙门内进行会晤。但事实上，什么会晤也没有。"①

---

① S. Lane. Poole. *The Life of Sir Harry Parkes*, Vol. 1, p. 221.

第七章 第二次鸦片战争与国家领土主权的严重损失

第二节 "修约"讹诈与酝酿新的侵略行动

鸦片战争后,以英国为代表的西方资本主义国家以所谓的"坚船利炮"敲开了中国长久闭锁的国门,西方殖民扩张势力对中国的经济掠夺、政治压迫与军事侵略也逐步升级,中国社会由此发生巨大变化。西方列强通过逼迫,与清政府订立了一系列不平等条约,攫取了许多特权,并通过由不平等条约确立的片面最惠国待遇和利益均沾的原则,使欧、美等国侵略者得以共同分享其中任何一个资本主义国家从中国获取的侵略特权,从而初步形成了构建近代中外关系基本格局与趋向的不平等条约体系。利用这些不平等条约的保护,西方列强以条约口岸为据点与基地,从沿海地区到中国腹地,大肆地倾销其机器化生产的廉价商品,掠夺中国传统的丝、茶等农产品原料,把中国变为其巨大的商品销售市场和原料供应基地。同时,西方列强以不平等条约相关条款的规定为借口,进一步扩大其在华侵略权益,勒索租界,建立租界"政府",控制中国海关,使租界地成为游离于中国主权之外的"国中之国",更使中国领土的完整继香港被英国割占、澳门为葡萄牙强占之后受到严重的损害,使中国的行政司法权、关税自决权、海关行政管理权、领海权等受到严重的破坏。中国国家权益严重流失,国家安全受到巨大威胁。更有甚者,西方列强在不平等条约体系之下与中国进行所谓的"合法"贸易的同时,不改其殖民主义侵略者的本性,对中国进行更大规模的鸦片走私贸易,使鸦片烟毒较鸦片战争爆发前更形严重;而且,以英国为首的西方列强,还公然由条约口岸出发,劫掠、贩卖数以万计的华工至其海外殖民地。

当英、美、法等国强迫清政府与它们签订最初的一批不平等条约之际，西方殖民主义者曾经一度为之欣喜若狂，他们认为从此便可以无限度地向中国倾销商品，牟取高额利润。五口开放通商后，英国资本家，尤其是纺织业资本家曾充满幻想地认为"只消中国人每人每年需用一顶棉织睡帽，不必更多，那英格兰现有的工厂就已经供给不上了"。1852 年 3 月，英国驻广州全权代办密切尔在一份报告书中也兴高采烈地写道："一想到和三万万或四万万人开放贸易，大家好像全都发了疯似的……璞鼎查告诉他们，说是他已为他们的生意打开了一个新世界。这个世界是这样的广阔，'倾兰开夏人全部工厂的出产也不够供给他一省的衣料的'。"①他们把大量棉纺织品和其他商品源源不断地运到中国，甚至把普通中国人根本不使用的餐具刀叉和钢琴之类的商品也大批运进来。②

然而，事实并未如西方资产阶级预料的那样令他们满意。虽然在五口开放通商的最初数年间，英、美等国对中国的贸易额有所增加，但占其对华贸易额总数高达 70％以上者，只是英、美等国的机器棉纺织品，而且在中外所谓的合法贸易中，即便由不平等条约规定的协定税则所造成的中外贸易不平等地位，加上侵略特权保护下的走私偷税，使其对华贸易处于有利地位，西方国家依然没有改变其逆差地位，这正如本书第三章第七节讨论鸦片战争后中国社会经济变化时所揭示的事实。而以鸦片走私所产生的贸易额，虽然能够弥补其对华贸易逆差，甚至使列强对华贸易处于出超地位，但是这种非法的罪恶贸易所带来的暴利，即使在"文明世界"中也受到道义的谴责，而其所产生的利润，绝大部分也仅仅落入了那些鸦片贩子们的私囊之中。这与资本主义国家扩张海外市场，倾销其工业化生产的商品的意图有所背离。

中国传统的自给自足的经济形态在历史上延续了数千年之久，同样也形成了其独特的生命力。虽然在五口开放通商后，西方廉价商品蜂拥而入，对传统经济形态造成巨大的冲击，而且西方商人对中国传统

---

① 严中平：《英国资产阶级编织利益集团与两次鸦片战争史料》，见列岛编《鸦片战争史论文专集》，北京，三联书店，1958。
② 参见马克思《英中条约》，见《马克思恩格斯全集》(12)，601 页，北京，人民出版社，1962。

的丝、茶等农产品的大规模采购，也在客观上促进了东南地区以商品经济为其特征的桑、茶垦殖业的畸形发展，并进而对中国传统经济造成了破坏，但是，在五口开放通商最初的十多年间，中国传统经济远未到土崩瓦解的地步，其对西方商品的抵抗也同样表现得极为顽强，中国绝大部分的农村地区对洋货的需求量仍显微乎其微，西方商品在中国的销路并未能很快得到拓宽。另一方面，第一次鸦片战争后，清政府虽然维系着形式上的严禁鸦片贸易政策，但已徒具空文。西方殖民主义商人在利益的驱动下，借不平等条约的庇护，对中国进行了更加肆无忌惮的鸦片走私贸易，其规模已远远超过鸦片战争之前。中国社会的鸦片需求量也远远超过对西方洋货的需求量，鸦片在中国的销路同样也远比洋货宽广，几乎深入到中国社会的每一个角落。鸦片的超常入口，在造成中国社会财富巨大消耗、普通民众日益贫困的同时，也造成了中国市场购买力的日趋低下，从而形成对中外合法贸易的严重排挤。正如马克思在其《鸦片贸易史》一文中所指出的那样："中国人不能同时既购买商品又购买毒品；在目前条件下，扩大对华贸易，就是扩大鸦片贸易；而增加鸦片贸易是和发展合法贸易不相容的。"①在《英中条约》一文中，马克思还指出："人们过高地估计了天朝老百姓的需求和购买力。在以小农经济和家庭手工业为核心的当前中国社会经济制度下，谈不上什么大宗进口外国货。"②

　　19 世纪 50 年代，西方主要资本主义国家的经济迅速发展。其中，英国的工业发展最快，经济实力占据世界第一的位置。法国居其次，美国的经济也有长足的进展。经济的增长，也使得列强对国际市场的扩张要求日趋迫切，而它们对华贸易的被动局面正与这种迫切要求不相符合。于是，在第一次鸦片战争结束约十年之后，英、美等国列强已然不能满足于从中国业经攫取的侵略特权，急切地希望进一步从中国获得更多的权益，扩张其商品在中国的销售市场。为此，英、美、法等国从 1853 年开始，向清政府提出了"修约"的要求，企图以此形式，实现其新的侵略要求。

---

① 马克思：《鸦片贸易史》，见《马克思恩格斯全集》(12)，585 页。
② 马克思：《英中条约》，见《马克思恩格斯全集》(12)，605 页。

所谓"修约"，就是英、法、美等国企图通过修改《南京条约》《黄埔条约》和《望厦条约》等不平等条约，以扩张这些不平等条约的侵略内容，进而从中国夺取更多的殖民权益。其主要内容是中国全境开放通商、北京设立使馆、鸦片贸易合法化。

早在 1845 年，英国即曾向清政府提出修约要求，几经交涉，未有结果。1853 年 5 月，英国政府训令其驻华公使文翰向清政府提出修改《南京条约》的问题，以实现其扩张在华侵略权益的目的。英国的企图是，在新的商约中迫使中国毫无保留地开放全国城市和港口给英国人通商，英国人随意走遍全中国而不受任何限制。但文翰接到这份训令时，正值太平军之"扫北"部队挺进到天津附近时，他认为在中国将由太平天国还是清朝来统治的局面尚无法判明时，向清政府提出修约是不适当的，因此便将这项训令暂时搁置起来。同年 7 月 4 日，美使马沙利也在会见两江总督怡良时提出修约问题，要求中国政府宣布，"中国境内宗教思想信仰自由，允许一切与中国订有友好通商条约的外国人在全中国一切地方自由出入"，[1] "开放长江及支流"以及"设立外交机构"。他还表示，如果清政府满足了这些要求，美国就可援助清政府镇压太平军。同时，马沙利还要求进京"呈递国书"。[2] 但当时清朝封建统治者对外国武装干涉尚心存疑惧。因此，7 月 20 日，咸丰帝谕示怡良，令其向美使"明白晓谕，杜其妄念"，并不准其入京。[3] 马沙利的修约活动也未能达到目的。

本来，在 1842 年中英《南京条约》和 1843 年中英《虎门条约》中，并未作出有关修约的规定。1844 年订立的中美《望厦条约》第 34 条规定："和约一经议定，两国各宜遵守，不得轻有更改；至各口情形不一，所有贸易及海面各款恐不无稍有变通之处，应俟十二年后，两国派员公平酌办。"[4] 同一年订立的中法《黄埔条约》第 35 条也有"恐不无稍有变通

---

① House Documents，第 123 号，译文引自卿汝楫《美国侵华史》第一卷，139 页，北京，三联书店，1956。
② 中国史学会编：《中国近代史资料丛刊·第二次鸦片战争》（以下简称丛刊《第二次鸦片战争》）(三)，5 页，上海，上海人民出版社，1978。
③《军机大臣寄两江总督怡良杜绝美人入觐上谕》，见丛刊《第二次鸦片战争》(三)，6—7 页。
④《中外旧约章汇编》第 1 册，1—6 页，北京，三联书店，1957。

之处,应俟 12 年后两国派员公平酌办"的规定。①

虽然在中英条约中没有规定修约的内容,但英国首先向清政府提出了修约要求。它所据的借口是 1843 年中英《虎门条约》第 8 条中有关片面最惠国待遇的规定:"设将来大皇帝有新恩施及各国,亦应准英人一体均沾,用示平允。"②英国认为,清政府既然在中美《望厦条约》和中法《黄埔条约》中给予美国、法国以 12 年后"变通修约"的权益,则根据"一体均沾"的原则,英国也享有同等的权益。

在 1853 年英美两国公使向清政府提出修约问题不得结果之后,1854 年 4 月包令继任为英国驻华公使,英国外相克拉兰敦曾训令他:"有些条款最好弄到手,它们甚而是我们根据条约本应享有的。在它们当中,我将加以指出的,是与中国官方无限制的来往和自由进入一些中国城市特别是广州的问题。"③美国也另遣麦莲代替对英怀有猜忌的马沙利担任驻中国公使,以期在侵华问题上与英国形成合作。同时,由于在欧洲克里米亚战争中英、法联合对俄国作战,两国在远东关系方面也更趋密切。这样,在对华修约交涉问题上,形成了以英国为首,并由美法两国积极支持和合作的局面。

1854 年,时届中英《南京条约》满 12 年。4 月 13 日,包令抵驻华公使任。他立即与法国公使布尔布隆和美国公使麦莲勾结,以"利益均沾"为借口,联合向中国政府展开了第一次"修约"讹诈活动。英国向清政府提出修约的主要内容是中国全境开放、鸦片贸易合法化、废除进出口货物的子口税、外国公使常驻北京;美使麦莲提出要在长江及其支流的任何口岸城市及港湾进行贸易,美国人可以进入中国内地传教、居住,并取得租赁、建筑的自由;法国公使除提出类似的要求外,还要求释放非法潜入陕西从事间谍活动而被逮捕的法国传教士。显然,他们所要求的"修约"内容,绝不是如《望厦条约》和《黄埔条约》尾款所规定的那样,对条约某个条款的"稍有变通",而是要签一个包括更广泛的侵略特权要求的不平等条约。

---

① 《中外旧约章汇编》第 1 册,1—6 页。
② 《中外旧约章汇编》第 1 册,36 页。
③ 《克拉兰敦勋爵至函包令(节录)》,见丛刊《第二次鸦片战争》(六),25 页。

1854年4月17日,包令即致函当时清政府负责夷务的钦差大臣、两广总督叶名琛,称中英《南京条约》"扣计十二年期满,自宜会同贵官宪商议,因世情今不同昔,必须将旧定条约变通办理,俾两国皆有裨益",要求约期会谈。① 叶名琛未予回复,同时向清廷奏报英使等要求会晤修约情形。咸丰帝即于6月23日谕令叶名琛:"该夷意在要求,尤当不动声色,加之防范。届时惟有随机应变,以绝其诡诈之谋。叶名琛在粤有年,熟悉情形,谅必驾驭得宜,无俟谆谆告诫也。"②4月25日,包令再次致叶名琛照会,要求叶名琛在广州城内或叶氏官邸与其会晤,商谈广州入城和中英两国官员个人之间往来等问题。③ 叶名琛对外国情形其实毫无了解,他的"不动声色,加之防范"的办法,就是以"天朝臣下无权,但知谨守成约。其重大事件,必须奏明请旨"为由,婉拒侵略者的修约要求。④ 5月7日,叶名琛照复包令,同意于5月22日与其会谈,并指定"在城外广州河边浩官的仓库接见"。但包令当即回函表示:"除开在城内总督官衙的正式会见外,谢绝任何其他的会见。"⑤

6月初,英、美公使先后到达上海,又相继访问了太平天国首都。麦莲在昆山向两江总督怡良提出修约要求,并对其施展利诱和威吓手段。怡良以五口通商事务"向归广东钦差大臣总理",自己无权代奏为由,虚以应付,后仍让他们回广东商办。⑥ 麦莲回上海后,又与包令、赐德龄同江苏巡抚吉尔杭阿会谈,吉尔杭阿也劝麦莲等回广东,但他自己主张接受英、美的要求。他建议清政府说:"兹麦酋固执十二年变通之约,欲由长江直至汉口设立马(码)头,势将无从阻止。莫若将机就计,钦派资深望重之大臣,前来议定妥协章程,允其所请。"吉尔杭阿又说:如果"一朝决裂,乘金陵未复之时,闯入长江,诸事不复受商,动辄为所挟制,一误再误,长江中又添一巨患矣"。⑦ 吉尔杭阿的建议没有被接受。咸丰帝指示叶名琛:"设法开导,谕以坚守成约,断不容以十二年变

① 《英夷呈递节略》,见丛刊《第二次鸦片战争》(三),16页。
② 《清文宗实录》卷一三一,咸丰四年五月丙寅上谕。
③ 《包令爵士致函叶钦差》,见丛刊《第二次鸦片战争》(六),25—27页。
④ 《江苏巡抚吉尔杭阿奏英美公使坚欲赴津议约折》,见丛刊《第二次鸦片战争》(三),14页。
⑤ 《包令爵士致克拉兰敦》,见丛刊《第二次鸦片战争》(六),28—29页。
⑥ 《两江总督怡良奏英美投递公文办理情形折》,见丛刊《第二次鸦片战争》(三),10页。
⑦ 《筹办夷务始末(咸丰朝)》第1册,299—300页,北京,中华书局,1979。

通之说，妄有觊觎。"①

包令、麦莲等在上海交涉未果，遂于7月29日动身南返，回到香港。临行之前，他们宣称：如果此行回粤后，"难与叶督宪商办，仍须前往天津与北京大宪会商，大约闰七月即回上海。"②8月28日，包令、麦莲、布尔布隆在香港会谈，决定拒绝与叶名琛谈判，共同到白河与清朝全权大臣交涉修约。而叶名琛仍然故技重演，不予接见。三国公使于9月底又回到上海。9月30日，江苏巡抚吉尔杭阿等与三国公使晤谈。三国公使坚执12年期满修约要求，并以协助清政府镇压太平天国、补交1853年外商欠税为诱饵。吉尔杭阿表示可将节略代为具奏，"恭候钦定"，双方"辩论竟日，迄无成议"。10月3日，三国公使再次往谒苏抚，宣称："天津之行，伊等已奏明各该国王……此番前去，如蒙恩准钦派重权大臣两三人前来查办，中外利益实属不小，倘仍饬回广东，伊等实属无颜，亦不敢即生异议，惟有将伊等无可如何情形，奏知该国王，待命而行，以后之事，即难预定。"并告知已定于10月9日启碇北上。吉尔杭阿见无法阻止，乃即向清廷奏报会谈情形，并认为"揆厥情形，若不稍副所望，恐将乘我中原多故，以旧欠商税为经费，合各夷之力，独树一帜，任其所之，不受羁縻，不完关税，伺衅而动，以图一逞，实为肘腋大患"。因此，他向咸丰帝建议："米、佛二夷章程内既有十二年变通之文，英夷章程内又有施别国，英人一体均沾之语，可否钦派重臣会同两广督臣妥为查办。所求如可允准，不妨曲示包荒，许其所请。"③但是，他的这个建议被对外国侵略者疑惧甚深的咸丰帝拒绝了。10月15日，咸丰帝连颁数谕，令两江总督、江苏巡抚、江宁将军、直隶总督等预为筹防，"固不可轻与接仗，亦必当设法拦截，勿令肆行往来，仍蹈前辙"。④

10月15日，英使包令、美使麦莲和法国使馆秘书率领300多名侵

---

① 《清文宗实录》卷一三六，咸丰四年七月壬子上谕。
② 《两江总督怡良奏美使赴粤商办贸易折》，见丛刊《第二次鸦片战争》(三)，11页。
③ 《江苏巡抚吉尔杭阿奏英美法公使坚欲赴津议约折》，见丛刊《第二次鸦片战争》(三)，13—15页。
④ 《军机大臣寄江宁将军托明阿等英法美使启碇北上密为防范拦截上谕》，见丛刊《第二次鸦片战争》(三)，22页。

略军,乘大船 3 艘、小船 2 艘驶抵大沽口,清大沽副将洪志高即派都司陈克明等前往海口探问来意。"据称,因五口货物难销,谒见江苏吉抚台商酌,因不管夷务,令赴广东查办。我们即到广东,不意叶制台并不见面,似此情形,我们只好先到天津,如天津官长再有辗转,即赴通州至京叩谒天朝大臣,商酌代奏。"陈克明答以俟禀请大宪前来查办。包令、麦莲等"始则应允等候,并呈出该夷本国执照一纸。该员等回口后,诡意麦华陀忽又乘坐小船开行内驶"。陈克明等"复上伊船,再三拦阻,并不恪遵,该夷小船驶过炮台半里之余停泊"。副将洪志高本欲开炮迎击,"又恐激成事端"。长芦盐政文谦等闻讯大惊,迅即由津驰往大沽会见英、美公使,设法劝阻其南返至粤办理,拦截其继续内驶,同时飞奏清廷。[①] 10 月 18 日,清廷传谕文谦,"一面晓以利害,谕以情理,断不得稍示软弱,更启该夷窥伺之心,一面于津郡城内外,严饬水陆兵勇,多设防备,俾该夷等无可觊觎"。[②] 咸丰帝要求文谦在与英、美公使接见时,"万不可轻有允许。所称欲赴通州,明系虚词恐吓,断不准为其所挟,如吉尔杭阿之恳请俯允,即暂事羁縻,以代奏请旨等词搪塞,亦不准出之于口。"[③]同时,他还谕令直隶总督桂良,简派妥员,驰往海口协办。10 月 20 日,清廷再谕桂良,不得轻与英、美等使会晤。

咸丰帝一再谕令直隶总督桂良和文谦等,对英、美等使所提修约要求,严予拒绝,阻其内驶,同时严饬天津及沿海地方文武员弁,"一面妥为防范,一面密查沿海奸民,毋令接济该夷米粮食物,并禁止售卖洋货,销售烟土",以"绝其觊觎"。同时,他对列强的"无厌之请"也极为反感,他认为:"原定和约所有贸易章程,如须稍为变通,俟十二年后再议一条,米利坚则定于道光二十四年七月,佛兰西则定于二十四年十月。其互换条约,均在二十五年,距十二年之期,亦复甚远,该夷不当于此时,妄行渎请。若英吉利和约条款内并无此文,既称万年和约,便当永远信

---

① 《长芦盐政文谦等奏驰抵海口接见英美官员并部署防守情形折》,见丛刊《第二次鸦片战争》(三),26 页。

② 《军机大臣寄直隶总督桂良著简派妥员协办英船等至大沽口交涉事务上谕》,见丛刊《第二次鸦片战争》(三),27 页。

③ 《军机大臣寄长芦盐政文谦等接见英法来员不可轻有允许上谕》,见丛刊《第二次鸦片战争》(三),28 页。

守,即谓我朝有恩施各国,准英人一体均沾之语,米、佛二国,已不能于未经届期之先,预议更张,英夷又何从为此效尤之举!"因此,他要求文谦等据理驳斥,"以塞该夷之口",并要求"谕示"包令等人,"海口事宜,原议应由中国办理外国事务之钦差大臣专办,该夷此来,虽已据情入奏,亦仍当向通商五口地方,听候查复,在此终属无益"。①

此时,英、美公使提出了更加广泛、苛刻的修约要求。11月3日,包令、麦莲等在与前任长芦盐政崇纶会晤交涉时,终于亮出其修约底牌:

> 包令提出了一个有十八个项目的新条约。其中一部分涉及两国政府和它们使节的关系问题。它希望能有一个驻节在北京的公使,或者至少能让英国公使不时访问首都并能够与内阁取得直接联系。在处理地方事务方面,包令要求使节们应该当需要的时候有与总督衙门(包括广东)接近的机会;在必要的情况下,领事们也能够这样。依照一八四七年四月的允诺,英国臣民有权进入广州的谕旨应该颁发下来。几个条款是关于扩张商业到整个中国内地的,或者在扬子江要远达鄱阳湖,在沿海各口岸上,让出宁波来换取天津。它还要求调整税率和使鸦片贸易合法化,准许外国船只进行交易买卖的活动,准备合作镇压海盗,和规定移动的制度。为了鼓励货物的流通,对进出口货物的子口税应予取消,货币应按照实在的价值接收,和保税仓库的建立。根据黄埔和上海的经验,为了避免大量的纠葛,皇帝应颁布规定让英国臣民能获得购买土地的私有权。对茶叶的新的非法税款应予取消,而对外人的生命财产应给予更大的保护,新的条约应以英文本作为有效文件,并在十二年届满后加以修订。②

美国公使麦莲也提出 11 条修约要求,除开放长江外,准许美国人在中国沿海捕鱼、开矿,设立官栈,寄囤货物,三年内货不出售不缴税

---

① 《军机大臣寄长芦盐政文谦等英美请变通条约可据理驳复上谕》,见丛刊《第二次鸦片战争》(三),37 页。
② [英]科斯廷:《英国和中国(1833—1860)》,见丛刊《第二次鸦片战争》(六),34—35 页。

等。① 法国则要求释放潜入陕西的法国传教士。

11月5日，清廷在接获崇纶奏报后，即密谕文谦、崇纶等，令他们对英、美公使所提各条要求，除所涉民夷相争、上海港口欠税及广东茶税三款外，其余各条，概行予以指驳，并劝谕其南返广东办理，或回上海与两江总督怡良等商议查办。②

包令等人眼见交涉无果，虽以武力相威胁，但当时英法两国正陷于对俄作战的克里米亚战争，美国在华兵力不足，也无力单独发动侵华战争，只得离津返沪。11月18日，英、美两使再次会晤了江苏巡抚吉尔杭阿，依然声称此次至天津交涉，"止准三款，缘不关紧要，其重大事件，仍未代奏……已将一切情形，奏知该国王，俟回信到时，即当遵办"云云，意在暗示将以武力达到修约目的。11月19日，包令自上海南下回粤；美使麦莲亦于11月27日启程南返。③ 英、美、法三国对中国联合挑起的第一次修约讹诈活动至此结束。

两年后，又进行了以美国为首的第二次修约活动。1856年，中美《望厦条约》届满12年，美国借口该约第34条的规定，要求全面修改《望厦条约》。

在此之前，1855年美国政府改任伯驾为其驻华公使。美国政府在给伯驾的训令中，要求他迫使清政府同意各国公使常驻北京、外国人可以完全不受限制地从事对华贸易、外国人在华传教自由、改造中国司法机关等；同时，还授权伯驾取道巴黎、伦敦赴华就任，以期就修约问题与英法两国进行商议。伯驾认为，"为了达到各国政府的最大利益，不仅细小的修改，而且激烈的变更是必不可少的"。为达此目的，他主张在对华交涉时，英、法海军应停泊渤海湾内，对中国形成武力威慑。1855年10月，伯驾到伦敦会见英外相克拉兰敦，克拉兰敦答应订立结束克里米亚战争的对俄和约后，英国驻华海军即开到渤海湾示威，作为对美国修约谈判的有力声援。其后，伯驾又转到巴黎，与法外长瓦尔斯基举行了会谈，法外长也对伯驾的主张表示赞同。不久，伯驾来到香港，他

①《美使呈出所谓变通条约各条清折》，见丛刊《第二次鸦片战争》(三)，47—50页。
②《军机大臣寄前任长芦盐政崇纶等英美要求各款著予指驳上谕》，见丛刊《第二次鸦片战争》(三)，52—53页。
③《两江总督怡良等奏英使等到沪日期及接见情形折》，见丛刊《第二次鸦片战争》(三)，67页。

一面与英使包令和法国代办顾随商讨修约问题，一面指令美国驻上海领事向中国政府递交要求修约的照会，表示"有候船即赴上海，重议条约"。清廷得到奏报后，即于1856年3月24日谕令两广总督叶名琛设法阻其北上要挟修约。咸丰帝认为："从前五口通商条约，虽有十二年再行更定之议，不过恐日久弊生，或有窒碍之处，不妨小有变通。其大段章程，原有未能更改。"因此，他指示叶名琛，"如该夷所欲更改之事，实止细故，不妨酌量奏闻，稍事变通。如仍似前年之妄事要求，即行正言拒绝，务宜恩威并用，绝其北驶之念"，并告诫叶氏"勿峻拒不见，转致该夷有所借口"。同时，他传谕两江总督怡良、江苏巡抚吉尔杭阿等转谕各国领事，"告以五口通商事宜，悉归广东查办，他省均不得越俎"。①

1856年5月2日，美使伯驾照会叶名琛，声明7月3日《望厦条约》届满12年，要求代奏修约；英公使包令和法代办顾随也分别于5月16日和6月4日向叶名琛提出照会，支持美国的修约要求。叶名琛即向清廷奏报情形，同时请求清廷"嗣后该夷酋无论行抵何省，如有呈恳代为陈奏之件，总令其回粤，听候查办，臣自当恪遵迭次训示，坚持定约，俾得随时驾驭，设法钳制，庶可消患于未萌"。② 清廷得叶名琛之奏报后，再次指示他："各夷议定条约，虽有十二年后公平酌办之说，原恐日久情形不一，不过稍为变通，其大段断无更改，故有万年和约之称"，著叶名琛"据理开导，绝其觊觎之心，如其坚执十二年查办之语，该督等亦只可择其事近情理无伤大体者，允其变更一二条，奏明候旨，以示羁縻。若该夷酋等竟至上海等口，有妄求代奏之件，著怡良等谕以两广总督为办理夷务之钦差大臣，无论何事，总须回粤呈，两江总督不能代奏。设有欲至天津之语，并著叶名琛等，谕以天津本非通商口岸，尔等前往，显背条约……断不能再派大员与尔等会晤。"③

叶名琛虽对西洋情形不甚了了，其处理"夷务"之手段亦未有高明

---

① 《军机大臣寄两广总督叶名琛等著设法阻止英美使臣北上要挟更约上谕》，见丛刊《第二次鸦片战争》(三)，74—75页。

② 《两广总督叶名琛奏英美法各国要求重订条约现设法开导阻止折》，见丛刊《第二次鸦片战争》(三)，75—77页。

③ 《军机大臣寄钦差大臣叶名琛等英美法要求更约可择其无伤大体者稍事变通并防其北上上谕》，见丛刊《第二次鸦片战争》(三)，81—82页。

之处,但其"恪遵训示,坚持成约"的处理方式,颇令英、美、法等使头痛,使他们在修约问题上一直在广东方面打不开局面。一旦他们离开广东,北上至沪乃至天津时,清廷又以他省不能越俎为词相推诿,使他们的修约企图迄无申说之处。7月1日,伯驾以在广东交涉无果,遂动身离开香港,扬言将到北京修约。他本希望英使包令和顾随能与其同行,但包令认为修约必须靠武力作后盾。当天,包令在给外相的报告称,如果真想在推进和改善英国对华关系方面作出努力,兵船是绝对必要的。而当时美国在中国的兵船只有两艘,法国连一艘也没有,英国海军暂时也不能给包令以有力支持。因此,包令和顾随皆拒绝了伯驾的请求,没有与他一道北上。

北上途中,伯驾于7月12日在福州向闽浙总督王懿德递交国书。清廷同样谕令福建阻其北驶,劝回广东查办。8月1日,伯驾驶抵上海。8月18日,伯驾与护苏松太道蓝蔚雯等会晤,以预定护其北上的美国海军汽船因故迟迟未至,会晤中他也并未言及修约等事。9月16日,美船始至上海。两江总督怡良恐其不告而径自北上,遂于9月23日令蓝蔚雯偕已革苏松太道吴健彰往晤美使,询其来意。伯驾乃答以负有国书,来此商议修约。同时他要挟称,如果再劝其回粤与叶总督会议,"则头可断而不能前去",必欲请两广总督等代为上奏,派钦差大臣前来与议修约之事,否则即欲北上至京。怡良等只得以咸丰帝前番多次谕示辞令以对,并以"通商事宜,向系英、米、佛三国会同商办",而此番只其一人前来,欲上天津,"设英、佛二国在粤别有成议,则事出两歧,殊多不便,未敢代为具奏"为由,令蓝蔚雯等晓谕开导,阻其北上。① 10月11日,清廷再次分别谕令怡良和桂良,要求他们一面"正言开导",阻其北上;一面严密海防,设使美使北上驶抵天津,"不必派大员与之接见,但严禁沿海奸民,与之私相贸易",并谕山东海口一体查禁。同时,咸丰帝还谕示桂良,"如其仍前狡执,必欲驶至天津,亦不必过于阻止",反致美人"疑我畏其北来,益复借词挟制",只是对其"置之不理"

---

① 《两江总督怡良等奏美使为递国书重订条约欲赴天津现设法羁縻折》,见丛刊《第二次鸦片战争》(三),85—87页。

即可。①

客观上讲，第一次鸦片战争之后，中国国门洞开，清政府在与西方列强国家办理日常外交事务时，虽然未有完全抛却夷狄观念及对列强的恐惧之心，但总算从中学习了一些外交辞令和手段，从而在修约问题上与英、美、法等国虚与委蛇，倒也使它们暂时达不到目的。伯驾在上海滞留数月，既因江苏当局竭力阻挡，复因得不到英、法的武力支持，只得于 11 月间回到香港。至此，由美国挑起的第二次对华修约活动迄无结果。

英、美、法等国通过外交途径逼迫清政府修约以全面扩大其在华侵略特权的企图无法实现，三国公使也一致认为欲达目的，必须以强大的武力为后盾。而恰于此际，广西马神甫事件和广州"亚罗"号划艇事件分别于 1856 年 2 月和 10 月发生，英法两国政府遂决定以此为借口，再次发动对中国的战争，以武力逼迫清政府屈服。

---

① 《军机大臣寄总督怡良等杜绝使北上更约之念令赴粤办理上谕》，见丛刊《第二次鸦片战争》(三)，87—88 页。

第三节　英法联军占领广州及中外《天津条约》的签订

英、法、美等国提出的全面扩张其在华侵略特权的修约要求,被清政府以坚持成约、只允择其一二条"无关大体"者酌情变通的态度与阻挠推诿的做法一再拒绝。三国公使南来北往,数年之间迄无结果。于是,他们分别向本国政府报告,宣称欲达到全面修约目的,必以武力为后盾,建议对中国采取进一步"积极"的措施。而此时,英法两国在对俄国的克里米亚战争中取得胜利,双方三国签订巴黎和约,欧洲战事结束,英法两国随即伺机挑衅,制造事端,蓄谋再次发动侵略战争。沙皇俄国在克里米亚战争中失败后,即东向谋求在远东权益的扩张,把侵略矛头直指中国。美国亦企求在英、法等国对华侵略战争中趁火打劫,攫夺更大的侵略权益。于是,在鸦片战争结束 14 年之后,英法两国再次挑起了新的对华武装侵略战争,因这一场战争的实质是鸦片战争的继续和扩大,所以被称为"第二次鸦片战争",也称"英法联军之役"。

一　战争的借口:马神甫事件与"亚罗"号事件

正如一位西方学者所指出的:"由于克里木战争法国和英国之间建立起来的利害一致,使两强有可能并且有精神准备对中华帝国采取共同行动。不管是外交上进行干涉也好,还是军事上进行干涉,要找些借口总是轻而易举的事!"①英法两国发动战争的借口分别是 1856 年 10

---

① [法]科尔迪埃:《中国和西方列强关系史(1860—1900)》第 1 卷,19 页。转据丛刊《第二次鸦片战争》(六),53 页。

月发生的广东"亚罗"号事件和同年 2 月发生的广西马神甫事件。

在中美《望厦条约》和中法《黄埔条约》中，都有关于允许外国人在五口传教、中国官吏对外国传教士一体保护的规定。法国更是得寸进尺，逼迫清政府于 1846 年 2 月 20 日（道光二十六年正月二十五日）明诏弛禁传教，并发还康熙年间封闭的天主教堂址等。但清廷的诏谕中同样保留了对外国传教士及中国教徒的某些限制，即"其有借教为恶及招集远乡之人勾结煽诱，或别教匪徒假托天主教之名借端滋事，一切作奸犯科应得罪名，俱照定例办理。仍照现定章程，外国人概不准赴内地传教，以示区别"。[①] 但是，披着宗教外衣的外国传教士不顾条约规定，公然无视清政府的法令，屡屡潜赴内地传教，更在外国领事裁判权制度的庇护下，假传教之名，行不法之实。1853 年（咸丰三年），法国巴黎外国宣道会传教士马赖由广州非法潜入贵州，再由贵州天主教会派遣，偕其助手和中国信徒白小满和曹贵，潜赴广西西林县传教。他们到西林后，广收无赖匪棍入教，包庇教民横行乡里、抢掠奸淫、胡作非为，激起民愤。1855 年夏天，西林乡民将马赖告至县衙，西林知县黄德明慑于公愤，派勇将马赖带至县署，劝其离境。马赖离开西林不数月，复于是年冬天再度窜入西林。而此时西林县知县已由张鸣凤接任，他一改前任知县迁就曲护的做法，对不法教徒严加惩处，处死多人，并据朝廷法令，限令马赖离境。但马赖未加理睬。1856 年 2 月 24 日，马赖与其 25 名中国教徒同时被捕。3 月 5 日，西林县当局在审讯之后，将马赖、白小满、曹贵处死。是为"马神甫事件"，又称"广西西林教案"。当时，法国与英、美等国互相勾结，企图逼迫清政府全面修约而不得结果，正千方百计寻找武装侵略中国的口实，在得知此事后，乃决定抓住这个借口，挑起侵华战争。9 月 28 日，法国外长瓦尔斯基为此曾与英国驻法大使考莱考莱会谈，声称法国政府"已下定决心要从这次残忍的凶杀事件中得到充分补偿。如果法国代办谈判失败，而且他手头没有足够的兵力的话，就打算从本土派一支远征军去"。同时，法国政府希望"倘一旦必须采用压迫的手段时，英、美两国政府是会和他们联合一致，为遭

---

① 《著两广总督耆英等将旧建天主堂给还奉教之人并地方官不得滥行查拿教徒事上谕》，见中国第一历史档案馆编《鸦片战争档案史料》第 7 册，631 页，上海，上海人民出版社，1987。

受惨杀的无辜基督教徒复仇"。①

当法国政府企图利用马神甫事件,蓄意联合英、美等国挑起对华侵略战争之际,英国当局也在处心积虑地寻找发动战争的借口,恰在此时,发生了所谓的"'亚罗'号事件"。

1856 年 10 月 8 日,广东水师千总梁国定带领兵勇登上停泊在海珠炮台近码头的一艘由中国人苏亚成拥有、聘用一个英国人当船长的走私船"亚罗"号,逮捕了船上 2 名中国海盗和 10 名有海盗嫌疑的水手。英国驻广州领事巴夏礼闻讯,立即致函两广总督叶名琛,硬说"亚罗"号是英国船,声称水师上船捕人,违反了中英《虎门条约》第 9 条的规定;他还造谣说,广东水师曾扯下了船上悬挂的英国国旗,这是对英国国旗的侮辱,也是对英国的侮辱,因而蛮横地要求叶名琛送回水手,赔礼道歉。叶名琛当即照复拒绝。

巴夏礼援以为据的中英《虎门条约》第 9 条与此案有关的规定是:若有华民因犯法避匿于英船,凡由英官查出者,应交由华官处治;若华官先查而英官尚未查出者,"则结官当照会英官,以使访查严拿"。② 而事实上,"亚罗"号既不是英国船,而且在事件发生时,船上也并未悬挂英国国旗。该船由中国人苏亚成造于 1854 年,后辗转卖给波碌行买办方亚明,并由方亚明依据香港 1855 年第 4 号法令在港注册,取得自 1855 年 9 月 27 日起有效期为 1 年的执照。但是,港英当局公布的该第 4 号法令直到 1856 年 2 月才被通知获得英王批准。也就是说,"亚罗"号由中国人拥有而注册为英国船,其所依据的法令在其注册时是无效的,因此它并不能被认定为是英国船。而且在事件发生时,"亚罗"号所注册的执照有效期限已过,它也并不能再受到英国领事的保护了。至于巴夏礼所称中国水师扯下英国国旗,更是无中生有。英国前任首相德比在议院关于对华军事行动的辩论时的演说中称:"亚罗"号是"中国人建造、中国人俘获、中国人出售、中国人购买的,船员是中国人,船归中国人所有",而"亚罗"号"所借以取得船籍登记证的那个命令,不过是一张废纸"。而当时"广州尽人皆知,该艇被捕获前,已有六天没有挂

---

① Cowley to Clarendon, Sept. 28, 1856, *Correspondence Respecting Insults in China*, 1857, p. 122.
②《中外旧约章汇编》第 1 册,36 页。

英国国旗"。①

其实，英国驻华公使包令也很清楚这一点。事件发生后，巴夏礼即向其报告。包令在 10 月 11 日回复巴夏礼时即曾明言："经过调查，看来'亚罗'号是无权悬挂英国国旗的，允许它这样做的执照于九月二十七日满期，此后它就无权接受保护。"但是，包令等人已决定利用这次事件为借口，借题发挥，扩大事端。他竟无耻地对巴夏礼称："不过中国人是不知道执照过期的，除去船主是英国臣民的推断外，他们也没有宣称他们有任何其他进行干预的根据。"②很显然，英国侵略者企图用欺诈手段造成虚假的口实，进一步实现其武力修约的侵略政策。10 月 16 日，包令又和巴夏礼商议："我们可否利用这个机会，提出入城问题呢？如果可以，我就准备和全部舰队一齐赶来。我认为我们现在有了一块踏脚石，如果安排得当的话，我们就可以达到重要的结果。"③

于是，10 月 21 日，英方悍然向叶名琛发出最后通牒，要求广东当局道歉，礼还全部被捕的"亚罗"号水手 12 人，并限在 24 小时之内满足英方要求，否则便以武力解决。钦差大臣、两广总督叶名琛多年来与外国人打交道的主要手段是在天朝大国观念支持下的自大与自闭，对于西方列强的侵略本质并未十分了解，始终认为西人最为看重通商，凭此一端便可制敌之命。故而在与英、美等国公使、领事交涉时，多施推诿与回避故技。一旦外人把兵船开至广州城外，以武力相威胁时，他立即惊慌失措。22 日，他被迫同意英方全部条件，并在限期之前 1 小时将被捕水手全部送还。但英方既已打定主意，借端挑起战争，乃复寻找借口，既不接受水手，也不收受叶名琛照会，悍然发动了对广州的军事进攻。第二次鸦片战争拉开序幕。

10 月 23 日，英军开始进攻沿江炮台，突入内河，夺占猎德、龟江及凤凰冈、东安、西固、海珠等处炮台。叶名琛平日妄自尊大，刚愎自用，外敌当前时，却又强作镇静，不但不作应战准备，反下令水师不许放炮还击，认为英人急望通商，必无大事，"日暮自走"。24—25 日，英军继

---

① 转引自马克思《议会关于对华军事行动的辩论》，见《马克思恩格斯全集》(12)，149 页。
② 《包令爵士致巴夏礼领事》，见丛刊《第二次鸦片战争》(六)，51 页。
③ S. Lane. Poole. *The Life of Sir Harry Parkes*，No.1，p.245.

续进攻。27 日,英军"攻击城垣,纵火将靖海门、五仙门附近民房,尽行焚烧"。① 10 月 29 日,英军攻破外城,一度冲进广州城内,并将叶名琛衙门抢掠一空。但当时英国由于兵力不足,被迫撤出广州,退据虎门,等待援军。

二　英法联军侵华与四国公使的联合行动

此时,英国国内在发动一次新的侵华战争问题上态度并不一致。当包令、巴夏礼等人利用"亚罗"号事件对广州发动武装进攻,并向国内鼓吹侵略战争时,当时英国国会中的一些议员对包令等人的行为斥之为"极端无耻",包令对巴夏礼所声称的"亚罗"号无权享受英国保护的事实,"对于领事要求叶承认它的英国身份的权利并不受到影响,理由是叶对注册过期的事情是被蒙在鼓里的。议员布利沃·利顿认为包令提出的论证是卑鄙的;谎言中包含着一种对真情的故意的隐瞒,谎言和撒赖是和英国的荣誉不符的"。② 而在英国议会关于对华军事行动的辩论之前,英国首席检查官也曾对内阁提出警告,"认为从法律观点来看,政府所提出的事实是非常值得怀疑的"。③ 但是,巴麦尊内阁却坚持主张利用这一事件,挑起战争,以达到它全面扩张在华侵略权益的目的。英国《泰晤士报》也宣称:"由于这次爆发了军事行动,现有的各种条约就此作废了,我们尽可以按照自己的意愿来安排我们同中华帝国的关系了。广州最近发生的事变警告我们,应当坚持要求取得 1842 年条约规定的自由进入这个国家以及进入对我们开放的那几个口岸的权利。"④巴麦尊在一次宴会上曾公开说:"我国同胞在地球的遥远地方遭到了种种侮辱、迫害和虐待,对此我们不能置之不理……我国根据条约应享的权利已遭到破坏,而有责任保护我们在世界上这个地区内的利益和人员,不仅有权利而且有义务尽量利用他们所能采取的手段来对付这些暴力行为……如果我们不赞同采取那些在我们看来是正确的行

① 《军机大臣寄钦差大臣叶名琛英军起衅开仗著相机妥办断不可迁就议和上谕》,见丛刊《第二次鸦片战争》(三),90 页。
② [英]科斯廷:《英国和中国》,转据丛刊《第二次鸦片战争》(六),55 页。
③ [英]阿吉尔公爵:《自传和回忆录》,见丛刊《第二次鸦片战争》(六),55 页。
④ 1857 年 1 月 2 日《泰晤士报》。

动，不赞同采取那些当我们自己身历其境时也会义不容辞地采取的行动，那末，我们就会辜负我国同胞所寄予的信任。"马克思对此评论指出："无论英国人民和全世界怎样为这些讲得头头是道的解释所迷惑，勋爵大人(指巴麦尊)自己当然不会相信这些解释的真实性。"①

1857 年 2—3 月，英国议会对巴麦尊政府提出的在华军事行动问题展开了激烈的辩论。结果，虽然英国国会中一部分议员对包令等人的企图和巴麦尊内阁提出的战争理由给予了无情的批评，但上院还是以 36 票的微弱多数通过了政府的方案。下院的辩论更加激烈，结果当反对内阁对华发动战争的意见明显占据优势时，巴麦尊恼羞成怒，竟以"惩罚解散"做答辩，把下院议员罚回老家去。马克思在分析巴麦尊内阁的性质时指出："巴麦尊内阁的统治，不是一个普通内阁的统治。这是一种独裁。自从对俄战争一开始，议会就已几乎放弃了它的宪法职权；甚至在缔和以后，它也不敢重新行使这种职权。它经过一种逐渐的、几乎是觉察不到的衰退过程，已经降到 Corps Legislatif(立法团)的地位，它不同于真正的波拿巴御用机构的地方，只在于它那虚饰的门面和高傲的调子。"②

巴麦尊解散下院后，随即派出一支庞大的远征军向中国进发。前任加拿大总督额尔金被英国政府任命为全权专使。4 月 20 日，英国外相克拉兰敦训令额尔金，其来华的目的是，要向中国勒索赔偿损失、公使驻京、增开口岸、增辟租界、修改税率、鸦片弛禁、内地传教等项权益。

英国远征军出动后不久，法国也派出一支侵华军队，并任命男爵葛罗为全权专使，借口"马神甫事件"与中国交涉，进行诈索。

美国逼迫清政府修约不成，也企图通过侵略战争扩大其在华特权。但是，由于当时其南部和西南部正在开展废除奴隶制的斗争，国内政局不稳，无暇出兵中国。1857 年 3 月间，英国驻华盛顿大使纳皮尔和美国政府正式举行谈判，要求美国参加对华作战。纳皮尔表示，如美国确实不能参战，则希望美国政府声明赞同英法两国的目的，派遣全权专使乘兵船赴中国，增强美国在华的海军力量。美国政府对英国的对华军

---

① 马克思：《英人在华的残暴行为》，见《马克思恩格斯全集》(12)，175—176 页。
② 马克思：《帕麦斯顿内阁的失败》，见《马克思恩格斯全集》(12)，154 页。

事行动表示支持,并将派全权代表与英、法代表一致行动,但不直接出兵。

沙俄此时也加入到列强联合侵华的阵营之中。自 1689 年中俄《尼布楚条约》签订后,中俄东段边境维持了一个半世纪的相对稳定局面。但是,沙俄在远东地区侵略扩张的企图并未中止。18 世纪 40 年代末期,沙俄政府开始派遣武装,侵入中国黑龙江下游地区,侵占了中国大片领土。当英、法等国蓄谋再次发动侵华战争之际,俄国则进一步加紧其侵占中国北方领土的罪恶活动。1857 年,俄国派海军上将普提雅廷出使中国,以帮助清廷镇压太平军为诱饵,要求割让黑龙江以北、乌苏里江以东和中国西部的大片领土,遭到中国政府严正拒绝。交涉失败后,普提雅廷悻悻而去,径赴中国南方,与英、法代表合谋侵华。

1857 年 10 月中旬,法国特使葛罗抵达香港。他随即与英国特使额尔金协商,决定英法两国组成联军,采取一致行动,首先攻占广州,尔后北上白河。10 月底,美国新任驻华公使列卫廉到达香港,即与英、法公使会晤。11 月初,俄使普提雅廷也来到香港,加入以英、法为首的侵华集团,为英、法武装侵略中国出谋划策。

1857 年 12 月上旬,英法两国侵华军队陆续抵达,侵略者拼凑了一支由 5 600 余人组成的侵华联军(其中法军 1 000 人),集结于香港、澳门地区,加紧进行战争准备。12 月 12 日,额尔金、葛罗向两广总督叶名琛投递照会,要求入城及赔偿损失。照会限期 10 日,无异于最后通牒。与此同时,联军突入珠江内河,兵临广州城下。但叶名琛仍旧墨守一年前的陈规,不但不作应战准备,反而认为"彼实技穷,急望通商,却不甘求我,仍作大言欺人,其中实已全馁"。又称:"彼故作恐吓之势以逼和,我已悉其底蕴,决无事变……此事我确有把握,可保其无事。谁添兵,谁给饷。如添兵勇,彼转有以借口,必示以不疑,大约过十五日便可了结。"[1]他一面逐一照复驳斥,一面向咸丰帝详细奏报英、法等使照会内容,并声称要"乘此罪恶贯盈之际,适遇计穷力竭之余,备将节次要求各款,一律斩断葛藤,以为一劳永逸之举"。[2] 1858 年 1 月 17 日,咸

① 华廷杰:《触藩始末》卷中。
②《两广总督叶名琛奏英法美投递照会并照复情形》,见丛刊《第二次鸦片战争》(三),118—129 页。

丰帝在接到叶氏奏报后下谕,要求叶名琛乘"该夷伎俩已穷"之际,"务将进城、赔货,及更换条约各节,斩断葛藤"。① 然而,叶名琛本人再也无缘看到咸丰帝对他寄予厚望的这份谕旨了。

1857 年 12 月 15 日,英法联军数十艘战舰集结于珠江之中,集中舰船炮火轰击与广州城隔江相望的河南地方。28 日清晨,英法联军全数登陆,向广州发起进攻。叶名琛玩忽职守,未作任何战守准备,29 日广州失守。1 月 5 日,叶名琛被俘。多年以来,英、法等国企图修约,与叶名琛多有交涉,却被叶名琛搪塞推诿,始终达不到目的。因此,侵略者对叶氏衔恨甚深。2 月 23 日,叶名琛被英军解往印度的加尔各答,于 1859 年客死异国。战争中,叶名琛昧于大势,不积极战守,竟落如此结果,时人评为"不战不和不守,不死不降不走,相臣度量,疆臣抱负,古之所无,今亦罕有"。②

英法联军侵占广州后,大肆劫掠,许多居民财物被抢掳一空,广州布政使衙门库银 52 箱约合 20 万两亦被抢掠一空。接着,英、法侵略者为了控制广州,扶植了被英军抓获的广州将军穆克德讷和广东巡抚柏贵,组成中国近代史上第一个傀儡政权。同时,英法联军还在广东巡抚衙门内设立一个所谓的广州外人委员会,由英国领事巴夏礼、哈洛威上校和法国人修莱海军大佐组成,对广州人民实施殖民军事统治。直到 4 年之后中外《北京条约》签订后,1861 年 10 月 21 日,英法联军由广州全部撤出,才被取消。而穆克德讷等人却为自己的投降行径开脱称,自己不是专职夷务,"安民为要",所以才应允出面"弹压城内外军民"。③ 而清政府在获悉广州失守后,竟然于 1858 年 1 月 27 日"谕令柏贵,暂署钦差大臣",同时派黄宗汉为钦差大臣到粤办理夷务。此时,清廷倒觉得"广东绅士咸知大义,其民亦勇敢可用",因而指示柏贵"当联络绅民,激起公愤,使之同仇敌忾,将该夷逐出内河,再与讲理。该将军署督等,办理此事,固不可失之太刚,如叶名琛之激成事变,亦不可失之太

---

① 《军机大臣寄钦差大臣叶名琛务将英法妄求进城赔款更约各节斩断葛藤上谕》,见丛刊《第二次鸦片战争》(三),132 页。

② 薛福成:《书汉阳叶相广州之变》。

③ 《广州将军穆克德讷等奏英法军入粤城掳去总督并拘禁巡抚等情折》,见丛刊《第二次鸦片战争》(三),131 页。

柔,致生该夷轻视中国之心。"①此时的咸丰帝,犯了与第一次鸦片战争时道光帝同样的错误,并未意识到英、法等国的战争意图,天真地以为事情到此即可告一段落了。

但是,占领广州并不是英、法等国侵略者的最终目的。1858 年 2 月,英国专使额尔金和法国专使葛罗决定将英法联军舰队开往上海,以威逼清政府签订新约,若不能达到目的,便北犯白河口,在京、津同清政府签订城下之盟。美使列卫廉、俄使普提雅廷则会同英、法两使一起北上,并先由四国公使分别照会清政府,提出各项侵略要求。1858 年 2 月 11 日,额尔金的代表俄理范偕同英、法、美三国驻上海领事到苏州径见江苏巡抚赵德辙,投递照会。当时俄国在上海未设领事馆,其照会交美国领事代递。英法两国在照会中提出公使驻京、开放新口岸、内地游历、赔偿军费及赔偿广州侨民损失等项要求,限清政府在 3 月底以前派具有便宜行事大权的钦差大臣到上海与英、法代表举行谈判;同时表示,如果清政府接受他们的要求,他们马上撤退广州占领军,交还广州城,否则将扩大战争。美俄两国的照会除对英法联军的侵略行径表示支持、替它们的侵略行为辩护以外,俄国还提出以黑龙江为中俄新边界的要求,美国则要求公使驻京和修改中美《望厦条约》。

照会发出后,四国公使先后离开广州,前往上海。当时咸丰帝并没有认识到事态的严重,以为这不过是英、法侵略者的虚声恫吓。3 月 3 日,咸丰帝谕示两江总督何桂清,转告英、法等使,"粤事应归粤办",朝廷已派黄宗汉为钦差大臣赴粤,谕劝英、法使折回广州,与新任两广总督黄宗汉商办;并自己承认此次英法联军进攻广州,挑起战争,"系由叶名琛刚愎自用,驾驭失宜,以致该夷忿激滋事",所以"暂缓用兵"。② 3 月 10 日,咸丰帝又要俄国公使到黑龙江与黑龙江将军奕山会勘疆界。

英、法、美、俄四使提出要清政府派全权代表到上海谈判的要求遭到拒绝后,四国公使随即决定率领舰队,分批由上海北驶,进犯津沽。他们认为天津靠近北京,又是漕运枢纽,只要控制天津就可迫使清政府投降。额尔金甚至不等舰队集中，也不等英海军司令从香港前来，就迫不及待地率领在上海的 4 艘兵舰北驶。美、俄公使也随同前往，打算趁火打劫。

3 月 21 日，咸丰帝在接到两江总督何桂清关于英、法、美、俄四国公使欲赴天津的奏报后，才谕令直隶总督谭廷襄等"于海口各要隘，不动声色，严密防范"，[①]以防意外。4 月 19 日，谭廷襄与直隶提督张殿元、布政使钱炘和等率兵约 8 000 人，并携带神机营大炮，仓促前往大沽口设防。当时清政府正全力镇压太平军，内忧外患，一时交迫。咸丰帝眼见四国联袂来犯，先自输了胆气，悄悄地改变了自己此前的强硬态度，决定谋求与侵略者的妥协，重新捡起了道光帝时常用的"羁縻"之策，打算向英、法等国妥协投降。4 月 8 日，咸丰帝下谕署直隶总督谭廷襄，称"现在中原未靖，又行海运，一经骚动，诸多掣肘，不得不思柔远之方，为羁縻之计"。他指示谭廷襄"先解散俄米（美）两酋，不至助逆，则英、佛之势已孤，再观其要求何事，从长计议"，企图以此瓦解英、美、法、俄四国在外交上的联合。[②] 但是，清政府的妥协投降政策并未达到其预期的目的。

4 月 15 日，额尔金等到达白河口。20 日，葛罗率同法国兵舰接着赶到。24 日，四国公使分别发出照会，要求清政府指派全权大臣，立即在北京或天津举行谈判。英法两国的照会限定 6 天内必须给他们圆满答复，美俄两国的照会则声明他们愿意充当调人。

清政府最初派仓场侍郎崇纶到白河口与外国侵略者会面。崇纶曾于 1854 年在天津接见过英、美公使。但英、法以其职位太低，拒绝与崇纶会见。清政府复于 4 月 28 日加派直隶总督谭廷襄为钦差大臣，负责交涉。谭廷襄到大沽口外与英、法会晤时，英法两国又以谭廷襄未被授予便宜行事全权为由，拒绝同他谈判。美、俄二使则从中充扮调人，同时向清朝政府进行诱骗和恐吓。与此同时，英法联军加紧进行进攻准备，探测水道，观察地形，侦察大沽口炮台设施及设防部署，并不时鸣放

---

① 《军机大臣寄署直隶总督谭廷襄著于津海口严密防范禁止接济食物及与之贸易上谕》，见丛刊《第二次鸦片战争》(三)，187 页。
② 《军机大臣寄署直隶总督谭廷襄等英法美俄北上天津饬密为防范设法羁縻上谕》，见丛刊《第二次鸦片战争》(三)，220 页。

空枪,恣肆寻衅。① 但在此前的 4 月 21 日,清廷曾谕令谭廷襄"可以回击,不可先行用武",②因此当英法联军进行挑衅时,完全没有遭到阻挡和反击。

与此同时,美俄两国公使一面代表该国政府与谭廷襄交涉,一面以"调人"身份进行活动。清政府这时已同意俄国可以由海道到五口通商,也容许美国在福建、广东各加开海口一处和酌减船钞,但反对公使驻京、内江通商、内地游历等要求,对公使驻京一事态度尤其坚决。当谭廷襄等以清初外国教士南怀仁等曾久居北京为例,探询是否可以准许外国公使"若有要事,或隔数年,准其到京一次,随从不过数人"的要求时,咸丰帝立即颁谕驳斥:"英法之请隔数年或有要事,进京一次,迥非昔时可比,言似近惰,心实叵测。盖昔时住京洋人,因学算法,操纵由我,无虑为患。今则来去自伊,贪得无厌,若只顾了局,终有隐忧。"③

5 月中旬,英法联军舰队集结完毕。5 月 20 日上午 8 时,额尔金和葛罗分别发出最后通牒,要求让四国公使前往天津,并限令清军在两小时内交出大沽炮台,否则即以武力占领。10 时,联军炮艇开入口内,分列两队,同时开炮轰击南北两岸炮台。同时,由 660 名英军与 518 名法军组成的登陆部队,也分别向两岸清军发起进攻。当时,北岸炮台由游击沙春元率部防守,南岸的主炮台由总兵达年和游击德魁率部防守,左炮台由都司讷勒和等率部防守,右炮台由游击陈毅等率部防守。四座炮台的防兵已增加到 3 000 人,大炮 200 余门。当英法联军发起进攻时,各台守兵奋起反抗,击沉敌舢板 4 只,毙敌近百名。法炮艇"霰弹"号遭到重创,艇长被打死,11 人被打伤。但交战不久,北炮台的三合土顶盖便被击毁,南炮台炮墙亦被轰塌,许多大炮被炸毁,守台官兵遭敌炮轰击,伤亡甚重。11 时,联军两支陆战队乘舢板强行登陆,接近炮台。守台清军冲出炮台,与敌人展开肉搏战。

正当各台守军与敌人浴血奋战之际,后方坐镇的谭廷襄、钱炘和等人却畏敌怯战,不但不组织部队增援,反而率先仓皇逃跑,后方清军随

---

① 《谭廷襄等奏英法美俄四国近日情形折》,见《筹办夷务始末(咸丰朝)》(三),781 页。
② 《军机大臣寄署直隶总督谭廷襄等俄使如愿就羁縻可不必先用武力拦阻上谕》,见丛刊《第二次鸦片战争》(三),237 页。
③ 《谭廷襄等奏英法美俄四国近日情形折》朱批,见《筹办夷务始末(咸丰朝)》(三),782 页。

之相率溃散一空。各炮台守军终因后援不继,力不能支。北岸炮台守将沙春元、南岸右炮台守将陈毅中弹殉国。各炮台遂相继失守,所有火炮、器械尽被敌军掠获。5月26日,英法联军炮艇沿白河而上,兵迫天津城下。

谭廷襄等自大沽口遁逃后,复又借口"天津郡城残破,内无一日之水,又无隔宿之粮",①自动弃守。清廷上下也是慌作一团。5月26日,英、法等使要求清政府"另派头品可以主持之大臣二员,迅速前来共议……否则仍欲进京,并即攻击郡城",②并不时探测北运河水道,作出准备去北京的模样。5月29日,清政府派大学士桂良、吏部尚书花沙纳赶往天津,进行谈判。6月2日,清政府又加派耆英,帮同交涉。咸丰帝的计划是:如果桂良、花沙纳接受了英、法一部分要求以后,侵略者还不满意,就由"耆英出为转圜",再答应几条,"则该夷自当深信耆英,不致推托"。谭廷襄虽然明知美、俄公使"本欲从中取利,并非真肯为我说合",但还是一再恳求他们出来调停。

三 中外《天津条约》的订立

桂良、花沙纳于6月2日到天津,随即与英、法开始谈判。英国专使额尔金和法国专使葛罗并不出面,而是分别派其随员威妥玛、李泰国和马吉士为代表。在双方交涉过程中,英、法代表根本不容有磋商的机会。额尔金为了加强武力威逼,继续从香港增调军队,并动辄以进犯北京相威胁,蛮横地要求桂良等全盘接受其所提出的侵略要求。6月6日,李泰国通知清代表,必须允许英国公使"进京驻扎,方能在津议事,否则仍直带兵入都"。③桂良等人则屈辱地步步退让,反以情势"万分危迫"恫吓咸丰帝。6月9日,耆英会见威妥玛和李泰国,试图出面"转圜"。但李泰国等不仅不承认耆英的代表资格,而且利用英法联军在广州缴获的清政府的文件,引述耆英于两广总督任内在奏折中描述英夷

---

① 《谭廷襄又奏天津不能战守仍宜让步片》,见《筹办夷务始末(咸丰朝)》(三),850页。
② 《谭廷襄等奏英请另派职分较崇之大臣共议折》,见《筹办夷务始末(咸丰朝)》(三),825页。
③ 《桂良等奏英使声言必须允其进京驻扎方能在津议事似可通融办理折》,见《筹办夷务始末(咸丰朝)》(三),884页。

蠢笨的言辞,当场对耆英加以羞辱、嘲弄。此时已年近七旬的耆英不堪其辱,狼狈逃回北京。咸丰帝"羁縻"之策失灵,利用耆英"转圜"企图也告落空,更是恼羞成怒。6月29日,他以"擅自回京"为名,赐令耆英自尽以泄心中愤恨。

在天津谈判过程中,威妥玛、李泰国等人态度特别蛮悍无理,耆英更称李泰国"言语狂悖,极为可恶"。① 他们动辄以武力相恫吓,桂良等完全处于屈从地位。俄使普提雅廷的一位随员记载当时的情况说:当额尔金的代表走近时,桂良及其同僚就陷入一种极端委屈的状态中。桂良已经完全沮丧,而花沙纳显然从烈酒中寻找安慰。② 开始谈判时,英国提出公使驻京,"江路一带,至海之源,各处通商,并在各省任凭英国民人,自持执照,随时往来,英国在要紧地方设领事官,如有不法之徒,就近交领事官惩办"等要求,③作为议和草约的基本条件。6月11日,桂良等屈服于英国压迫,"将大概条款暂为允诺。所有内地通商、游历各省两节,允于军务完竣后酌办;兵费一节,推交广东办理;进京一节,约俟缓期再议;他如不禁传教、会缉海盗、酌改文书、商量税则,俱已允其大概。"④但咸丰帝不愿意全部接受英、法的侵略要求,斥责桂良"若必事事皆准,何用大臣会议耶",指令他们再行交涉,商请俄使出面调解,以"杜其不情之请"。⑤

天津谈判期间,美、俄二使以调停者自居,趁火打劫。他们向桂良等人表示,只要应允各该国政府提出的要求,则即从中斡旋,代向英法两国"说合"。在俄、美二使的诱骗下,6月13日,俄使普提雅廷抢先与桂良等签订了中俄《天津条约》。6月18日,美使列卫廉也乘机逼使清政府与之签订了中美《天津条约》。

但是,英使额尔金并不以美、俄等使的"调解"而稍敛其凶焰,反派代表威胁称,如果再稍作延宕,便中断谈判,率兵进京。桂良等奏称:

---

① 《耆英在通州所发奏陈擅自回京缘由原折》,见丛刊《第二次鸦片战争》(三),422页。
② Erskine to Russell,17,Sept. 1860. p.260.
③ 《桂良等奏英提出欲在江路通商及内地游历设领事官各款请示裁定折》,见《筹办夷务始末(咸丰朝)》(三),894页。
④ 《桂良等奏已暂允英要求内地通商游历各省两节俟军务完结后酌办折》,见《筹办夷务始末(咸丰朝)》(三),916页。
⑤ 《廷寄》,见《筹办夷务始末(咸丰朝)》(三),917页。

"从前所求之事，已属万分无理，造奴才等接见后，该夷开来条款，又较从前加增。奴才等万不敢以不堪入耳之词，上渎宸聪。"①英国除更明确地要求公使"长远驻京"以外，还要天津开港，镇江、南京先立码头。6月25日，英、法代表逼桂良等接受他们所拟定的全部条款，"非特无可商量，即一字亦不令更易"，即连中文约本的译文，也完全由他们决定。咸丰帝无奈，终于同意了侵略者的要求。6月26—27日，桂良等代表清政府分别与英、法代表在天津签订了中英、中法《天津条约》。

中英《天津条约》共56款，专条1款；中法《天津条约》共42款，附约6款。上述两条约的主要内容是：

（一）外国公使常驻北京，可在北京租地赁屋，随时往来；

（二）除已开放的五口外，增开牛庄（后定为营口）、登州（后改烟台）、台湾（后定为台南）、淡水、潮州（后改汕头）、琼州、汉口、九江、南京、镇江为通商口岸；

（三）英、法等国人可往内地游历、通商、自由传教；

（四）英、法商船可在长江各口岸往来经商，英、法国兵船亦得进入各通商口岸；

（五）修改税则，减轻商船吨税；

（六）对英赔款银400万两，对法赔款银200万两；

（七）进一步确立片面最惠国待遇与利益均沾原则，今后清政府给予其他国家任何特权，英、法两国无不"同获其美"；

（八）进一步确立了领事裁判权制度。条约规定，英、法侨民商人与中国人争讼无法调停者，由中、英或中、法官员会同办理；英人、法人与中国人涉讼，犯法者如系英人或法人，则分别由英国领事或法国领事各依其一国法律审理治罪；如犯法系中国人，则由中国照中国律例查拿审问；如系英、法两国侨民与其他国家侨民人等发生争执讼诉，则中国官员不得与闻。②

---

① 《桂良等奏与英交涉不可决裂折》，见《筹办夷务始末（咸丰朝）》（三），927页。
② 参见《中外旧约章汇编》第1册，96—103、104—114页。

　　美俄两国在"调人"的名义下,用伪善的面貌和狡诈的手腕,在中英、中法签约之前,诱骗清政府订立了中俄、中美《天津条约》。中俄《天津条约》共12款,中美《天津条约》共30款,①两国不费一兵一卒,就从清政府攫取了几乎与英法两国同等的重大侵略特权。而且,中俄《天津条约》第9条还规定:"中国与俄国将从前未经定明边界,由两国派出信任大员秉公查勘,务将边界清理补入此次和约之内",为其以后在"勘界"的名义下割占中国大片领土埋下了伏笔。

　　1858年7月3日,咸丰帝一并批准了中俄、中美、中英、中法《天津条约》。同年11月,英、法、美三国根据《天津条约》的相关规定,在上海又逼迫清政府代表桂良分别与之签订了中外《通商章程善后条约》,作为《天津条约》附约。条约规定:(一)鸦片贸易合法化;(二)中国海关由英国人"帮办税务";(三)海关对进出口货物照时价值百抽五征税;(四)洋货运销内地,只纳按价值2.5%的子口税外,免征一切内地税。

　　中外《天津条约》及其附约,基本囊括并实现了战前英、法、美等"修约"要求的全部主要内容。"公使常驻北京"实现了侵略者早在第一次鸦片战争之前就梦寐以求的愿望,使列强得以进一步在中国扩张其侵略势力,操控清政府,巩固和发展其在华侵略利益,对中国人民实施政治压迫;增开口岸、降低子口税,允许外国商船、兵船沿江深入中国内地,使外国殖民主义侵略势力进一步深入中国内陆,从而更加有利于它们向中国倾销商品和掠夺原料,排挤中国民族工商业、航运业的发展,同时使中国的领土主权与国家安全再一次受到巨大的损害;海关由英人"帮办税务"的规定,为英国控制中国的海关提供了便利。以此为契机,英国开始在海关管理上扩张其势力,霸占中国海关管理权长达近一个世纪。鸦片贸易合法化的规定,最能暴露西方列强殖民主义侵略者贪婪无耻和毫无良知的强盗嘴脸,使鸦片烟毒从此弥漫中国大地,中国人民的身心受到残酷的毒噬。而在中俄《天津条约》中关于"勘界"的条款,则使沙俄疯狂地夺占了中国大片领土,中国的领土完整受到最严重的损害。因此,中外《天津条约》的签订,更进一步地加深了中国半殖民

① 原文见《中外旧约章汇编》第1册,86—95页。

地化的进程,加深了中华民族的耻辱与灾难。马克思在考察了英法联军侵略中国及列强逼迫签订不平等条约的历史事实后,一针见血地指出:"资产阶级社会的真实任务是建立世界市场(至少是一个轮廓)和以这种市场为基础的生产。因为地球是圆的,所以随着加利福尼亚和澳大利亚的殖民地化,随着中国和日本的门户开放,这个过程看来已完成了。"他在谈到中英《天津条约》时则强调指出:"这个条约从头到尾都是侮辱。"①

---

① 《马克思致恩格斯》,见《马克思恩格斯全集》(29),348 页,北京,人民出版社,1972。

第四节　战争再起与《北京条约》的签订

中英、中法《天津条约》订立后，从 1858 年 7 月 5 日（咸丰八年五月二十五日）开始，英、法等国舰只陆续开行，至次日，全数退出大沽海口外。因中英《天津条约》第 26 款规定："前在江宁立约第十条内定进、出口各货税，彼时综算税饷多寡，均以价值为率，每价百两，征税五两，大概核计，以为公当。旋因条内载列各货种式，多有价值渐减，而税饷定额不改，以致原定权平税则，今已较重，拟将旧则重修，允定此次立约加用印信之后，奏明钦派户部大员，即日前赴上海，会同英员，迅速商夺，俾俟本约奉到朱批，即可按照新章迅行措办。"①因此，7 月 15 日，清政府派桂良、花沙纳等前往上海，会同两江总督何桂清，与英、法会议通商税则。在桂良等未到以前，则由江苏布政使薛焕先与英国代表接触，"将零星细款，分晰进口出口，比较旧例，逐条查议"。②

一　中外上海会议修改税则

桂良等陛辞之前，咸丰帝密谕他们"内定办法"，至沪后，"为一劳永逸之计"，③务必设法将中外《天津条约》中规定之公使驻京、长江通商、外国人内地自由游历以及赔缴兵费后才交还广州等项条款取消，同时允准桂良以今后全免关税作为交换条件向英、法等使提出。10 月 3 日，桂良一行抵达上海。第二天，其即照会英、法、美、俄四使，约期会商

---

① 《中外旧约章汇编》第 1 册，99 页。
② 《廷寄》，见《筹办夷务始末（咸丰朝）》（三），1109 页。
③ 《钦差大臣桂良等奏行抵常州会商税则大概情形折》，见丛刊《第二次鸦片战争》（三），517 页。

税则事宜。交涉之始,英国专使额尔金即因新任两广总督、钦差大臣黄宗汉支持广州人民抗英、"悬赏"购英国领事巴夏礼首级事向桂良等提出抗议,声称广东之事未决前,不便别议事务。桂良等因恐与英、法决裂,遂于10月9日奏请"示谕各口商民人等,知中外各国永敦和好,一面飞咨两广督臣黄宗汉,一体示谕地方商民,俾知天津业经议和",令其传饬地方,"暂且停兵"。① 英使复于10月11日提出照会,要求将黄宗汉撤换。桂良、花沙纳迫于英使压力,只得具奏参劾黄宗汉。

中外开议后,清廷派出江苏布政使王有龄、按察使薛焕与英方代表威妥玛和俄理范、李泰国等会商有关税率和通商章程等细节问题。桂良、何桂清等人虽奉有咸丰帝密谕,但他们都不主张以全免关税来换取英、法在公使驻京等项上的让步。因为英、法等使对公使驻京等项要求执之甚坚,很难说服其放弃。而且,当时为镇压太平天国起义,清政府财政已形捉襟见肘之窘,如果全免关税,则军费更加无所筹措。更有甚者,即使英、法等国贪一时之利而暂时答应,也无法保证其今后不再重提这些要求。所以他们认为清廷所谓的"内定办法"也不是"一劳永逸之计"。故桂良等曾于9月26日上奏清廷,称"全免入口税课一层,亦为夷人惟利是图,给以便宜,庶易令其就范。但设关抽税,借以稽查,若听其自便,则利柄尽属该夷,奸宄且有不可胜道者。臣等共同商酌,拟请将加惠该夷之恩旨,暂缓宣布"。同时,对于咸丰帝密谕他们务必做到的"第一最要之事",即取消公使驻京一节,桂良等人认为:"夷性狡黠,似未便明言。"②两江总督何桂清也上奏认为:"桂良、花沙纳当海口失守直逼津门之后,无将无兵,徒手空言,力阻其诣阙之请,已属不易……今事已如此,惟有就会议税则,为补偏救弊之计,似未可顿改前约,以致借口失信,另起波澜。臣维征收关税,谓之稽征者,稽查其出入之货,是否违禁而征收其税也。若不征其出入口货税,则无所稽考,竟可任听该夷将我内地货物,即在内地贸迁,胥天下之利柄,尽归于该夷,而我民穷财尽矣。犹之人遭横逆,罄所有以与之,以求免累,仅存空房一所,彼果挈所有而远去,我尚可借空房为栖止,另图整顿。若不能遣

---

① 《钦差大臣桂良等奏示谕地方商民已与各国议和片》,见丛刊《第二次鸦片战争》(三),530页。
② 《钦差大臣桂良等奏行抵常州会商税则大概情形折》,见丛刊《第二次鸦片战争》(三),517页。

去,势必得步进步,登堂入室,我衣食无资,童仆星散,其将何以御之。臣愚以为利柄必应收回,税则不可轻免者在此也。"①因此,在谈判过程中,桂良等人一开始并未将"内定办法"和盘托出。直至最后阶段,桂良等人才向英方提出公使驻京问题。交涉结果,英使额尔金除答应在保留公使"随时往来"北京及以后可以提出驻京要求的条件下,考虑另择一地作为公使驻在地以外,对其他各项则予严词拒绝。据桂良等在奏折中转述,额尔金的代表俄理范、威妥玛声明"条约以外之事,均可商量,条约既规定之说,万不能动"。② 这样,在中外上海会议断断续续进行了半年之后,终于在 11 月 8 日签订中英、中美《通商章程善后条约》10 款。11 月 24 日,又订立了中法《通商章程善后条约》10 款。③ 咸丰帝终于无可奈何地表示:"惟夷情狡执,该大臣等(指参加会议的大臣)迫于时势,亦属势处两难。"④按照《天津条约》规定,一年后正式换约。咸丰帝不愿意在北京换约,命令桂良、花沙纳仍在上海等候,以便英、法新任公使来华后在上海换约;同时,清廷解除了两广总督管理外交夷务的职权,任命两江总督为钦差大臣兼办外交。此外,为防止英、法军队再度闯入白河,又命令钦差大臣僧格林沁在大沽口一带布防,两江总督何桂清并奉命把这个消息告诉额尔金,表示清政府希望来年就在上海换约。

541

二 换约问题的波澜与大沽炮战

1859 年初,英、法政府分别派遣普鲁斯和布尔布隆为驻华公使,法国专使葛罗、英国专使额尔金则在中外上海会议后,分别于 1859 年 3—4 月先后回国。英国政府在给普鲁斯的训令中指示,他到中国后坚持在北京换约,必要时可使用武力,为此他本人应率领一支足够有力的舰队前往天津。4 月底,普鲁斯到达香港之后,即开始就北上换约问题

---

① 《两江总督何桂清奏钦差大臣桂良等行过常州会同筹议税则情形折》,见丛刊《第二次鸦片战争》(三),520—521 页。
② 《钦差大臣桂良等奏连日与英会议税则情形折》,见丛刊《第二次鸦片战争》(三),547 页。
③ 中英、中法、中美《通商章程善后条约》主要内容参见本章第三节。条约文本见王铁崖编《中外旧约章汇编》第 1 册,116—141 页。
④ 《清文宗实录》卷二七七,咸丰九年二月丙寅。

与法国公使布尔布隆进行讨论,他们决定:为了日后更方便于向清政府索要,必须在换约问题上进一步逼迫清政府屈服。鉴于大沽口清廷已经设防,他们预期可能会遇到一些困难。因此,带同前往的兵力不得较1858年减少,并预定英、法公使乘炮舰从大沽口溯白河到天津,然后去北京换约。普鲁斯对布尔布隆称,假如要有麻烦的话,那就不如直截了当地去找上这些麻烦,甚至可以说最好事前就去挑起这些麻烦。① 布尔布隆也向法国政府报告说,他们不但能应付困难,并且预先要激起某些困难,使自己处于更加有利的地位。换句话说,他们预谋在换约问题上,挑起事端,动用武力,达到目的。

普鲁斯与布尔布隆于 5 月 16 日、18 日相继发出致桂良的照会,表示他们即将去天津换约。6 月初,英、法公使到上海。在他们抵达之前,美国新任公使华若翰先已兼程赶到上海。

清政府这时还希望英、法公使能在上海换约。6 月 6 日,咸丰帝在接阅桂良等关于英法照会要求北上换约情形的奏报后,朱批指示:"总以上海换约为第一要义。即使不得已俯就下策,停泊拦江沙外,少带从人,实为妥协。尤须该夷酋正身赴京,不得任其更替一兵头之类,意存搅扰。"②次日,咸丰帝指示僧格林沁,如果英使乘船来,则令其停泊于拦江沙外,静候桂良等北上办理,"并告以海口节节设防,切勿轻于驶入致有损伤,以全和好"。③

普鲁斯、布尔布隆的态度十分蛮横,当他们接到桂良等要求在上海会面并商谈就地换约的照会以后,竟拒绝与桂良见面。普鲁斯根据英政府的指示,在复照中威胁说:"本大臣立意毫不更改,仍拟不日进京,交换条约……迨察看条约各款,果有诚愿尽行,毫无缺简之形,始克出都,设令有涉怀疑之处,则本大臣非释疑之日,亦断刻不暂离。"④同时,他不顾条约尚未互换,擅自告示上海外商从 7 月 1 日起实行新的税则。

① 参见[法]科尔迪埃《1860 年中国之征》,转引自丛刊《第二次鸦片战争》(六),191 页。
② 《钦差大臣桂良等奏接英使照会将赴京换约已复照劝阻折》朱批,见丛刊《第二次鸦片战争》(四),65 页。
③ 《军机大臣寄钦差大臣僧格林沁等如英法船只来津著遵照前旨派员晓谕停泊拦江沙外静候桂良来津办理上谕》,见丛刊《第二次鸦片战争》(四),69 页。
④ 《英使普鲁斯给桂良花沙纳照会》,见《筹办夷务始末(咸丰朝)》(四),1424 页。

6 月中,普鲁斯、布尔布隆一起去天津。中美《天津条约》虽然没有规定换约地点,但美使华若翰也坚持要进京换约,随同他们北上。清政府接到英、法公使决意北上进京换约的报告后,一面令桂良等兼程赶回北京,以便由他们亲自主持换约;一面命令直隶总督恒福照会普鲁斯、布尔布隆,指定他们在北塘登陆,由陆路经天津去北京,并要求随行人员不超过 20 人,不要携带武器。清廷还命令恒福亲自到北塘接待英、法等公使,又令沿途地方官备办供应,妥为照料,并在北京预备宽敞房屋三处,作为三国公使在北京的住处。清廷虽然不欲英、法等使至京换约,但在武装侵略的胁迫之下,只得屈服,并开始积极进行迎接公使的准备工作。

英、法侵略者却不愿按照清政府指定的路线和方式进京。6 月 17日,英、法等国舰船陆续驶抵大沽口外集结,并且开始不断进行侦察,破坏白河口清军防御设施,进行挑衅。6 月 18 日,清廷再谕僧格林沁,如果英、法等使坚持进京换约,可准其由北塘上陆,先至天津等候,俟桂良等到后商议,但不得随带兵船,不得多带从人。同时,对于英、法军队的挑衅行动,则要求僧格林沁勿令官兵轻举妄动。6 月 20 日,普鲁斯、布尔布隆等到大沽,坚持按照他们自己决定的办法去北京,即率英、法舰队沿白河上驶至天津,转赴北京。21 日,英、法公使授命英军舰队司令贺布扫除大沽口的防御设备。贺布当即要求大沽守军在三天内将拦河铁戗等障碍物统统撤去,并称若不撤去,则将即自行带人拔除。威妥玛对直隶总督派去的投递照会的人员扬言"定行接仗,不走北塘"。①

6 月 25 日下午,英、法舰队向大沽炮台发起进攻,炮台守军忍无可忍,立即开炮还击。经一昼夜激烈炮战,联军遭到惨败。参战的 13 艘英军舰艇中,有 6 艘丧失了战斗力,4 艘被击毁或击沉。参战英军约1 200 人,死伤 578 人,英军舰队司令贺布亦受伤。参战法军约 60 人,死伤 14 人。侵略军夺取炮台的尝试终以彻底的失败而告终。大沽炮台遭轻度破坏。清军在这次抗击作战中阵亡 32 人。结果,英法联军无力再战,只得狼狈撤走。这是自第一次鸦片战争以来,中国军队抵抗外

---

① 《恒福奏洋人骄傲寻衅请派大员办理折》,见《筹办夷务始末(咸丰朝)》(四),1456 页。

国侵略军所取得的最大的一次胜利。

然而，大沽口炮战在清朝当局看来也是一个意外的事件，并不表明清政府对英、法等国侵略者的政策发生改变。炮战发生后，清廷一面褒奖议恤抗战将士弁员，一面于 6 月 29 日下谕，称"驭夷之法，究须剿抚兼施，若专事攻击，恐兵连祸结，终无了期。不如趁此获胜之后，设法抚驭，仍令就我范围，方为妥善"；同时又要求僧格林沁等，"倘该夷再事狂悖，自当竭力抵御，饬令弁兵，固守炮台，不可稍有疏失，断不可先行开炮，使该夷有所借口，是为至要"。[1] 上谕所谓"设法抚驭，仍令就我范围"，其实清政府还是希望英、法等使由北塘上陆进京换约。即在同一天，清廷复传谕直隶总督恒福等人，令其设法乘大沽获胜，先与美、法使臣会晤，"相机开导"，令其由北塘来京换约，"看其是否前来，如何答复。如米、佛两夷为英夷说和，即可因势利导，相机措词，暂为羁縻，俟桂良等到后，再议互换和约之事"。[2]

在此之前，沙俄政府已任命俄国驻北京东正教会监护官丕业罗幅斯奇为全权代表，于 4 月 24 日在北京同户部尚书肃顺互换中俄《天津条约》。丕业罗幅斯奇并向清政府提出 8 点要求，包括割让乌苏里江以东地区，"勘定"中俄西段边界以及俄国在库伦、张家口、喀什噶尔、齐齐哈尔设领事馆等等，被清政府予以拒绝，交涉陷于停顿。沙俄政府乃改命伊格那提业幅出使中国，准备逼签新的割地条约。伊格那提业幅于 7 月初由陆路到北京，向清政府进行进一步勒索。美国公使华若翰则在英法联军自大沽口退走后，由北塘经天津进入北京，后来回程中在北塘与恒福互换了中美《天津条约》。华若翰换约后回到上海，与何桂清议定从 11 月 24 日起按中美新约输纳船钞，1860 年 1 月 1 日起潮州、台湾（台南）开市。英、法侵略者援引"最惠国条款"，马上享受到中美《天津条约》上给予美国的权利。

---

[1]《军机大臣寄钦差大臣僧格林沁回击获胜乘机议抚如英再次入侵当竭力抵御但不可先开炮上谕》，见丛刊《第二次鸦片战争》(四)，112 页。

[2]《军机大臣寄直隶总督恒福等宜乘胜议和设法先与美法使臣会晤相机开导上谕》，见丛刊《第二次鸦片战争》(四)，114 页。

三　战争再起

英国政府接到大沽事件的消息以后,首相巴麦尊暴跳如雷。他给外相罗素的信上说:"我们要派一支陆海军武装部队攻占北京,赶走中国皇帝,把我们的全权使节驻扎在那里,这是最适当的措施。"于是,英法两国分别再度任命额尔金和葛罗为全权代表,并分别以克灵顿和孟斗班为侵华军总司令,派军队到中国来,要对中国实行"大规模的报复"。1859年9月,英外相罗素提出对清政府的6项要求,后经英法两国政府的修改补充,主要归结为下列各点:(一)由法国政府提议增加赔款数额,包括《天津条约》规定的赔款在内,共定为英、法各6 000万法郎(约合银800万两);(二)占领舟山作为抵押;(三)要求清朝政府道歉、换约并履行《天津条约》。此外,英国开始图谋准备强占九龙,法国则企图为天主教会夺取新的特权。罗素还训令普鲁斯把作战地区局限于华北,对上海、广州以及其他地方则继续保持"友好的关系"。

1860年春,正当英法联军按其侵略计划向上海集结之时,太平军向太湖流域发动了猛烈的攻势,连续攻克杭州、常州、无锡、苏州等重要城市。江南地主官僚集团在大沽事件以后,就主张对侵略者妥协,以便"分津防之兵,移津防之饷,尽力以定江南",有的甚至主张借用外国兵来镇压太平军。当时咸丰帝表示:"速就抚局,原属正办,若借资夷力,后患无穷。"①他对借兵助剿,还存在顾虑。此时,在太平军的压力下,江南统治集团的首要人物集中到上海,他们与英、法等国侵略者的勾结活动也就更加活跃。5月间,买办出身的苏松太粮道杨坊请求法国侵略军代守上海城。6月初,上海道吴煦写信给法国侵略军司令孟斗班,要求派法军驻防上海附近的嘉定、太仓、昆山等地。同时,杨坊等还资助美国流氓华尔招募在上海的外国冒险家与亡命之徒组成"洋枪队",向太平军进攻,并于7月间占领松江。两江总督何桂清也向清廷上奏,称"现在东南要害,均为贼踞,苏省已无一兵一将,全境空虚",建议接受英、法等国的侵略要求,以便与之勾结,共同镇压太平军,"为今日计,惟

①《乔松年奏军情益急请照天津原议换约折》朱批,见《筹办夷务始末(咸丰朝)》(六),1932页。

有亟为安抚夷人，坚其和议，俯如所请……乘势劝其助顺剿贼……庶几南北两衅，可期立时消释"。①虽然何桂清所主张的无条件投降的办法未被咸丰帝采纳，但江南的官僚地主买办和英、法侵略者已经密切勾结起来。5月26日，普鲁斯和布尔布隆共同出布告，称其与驻军海陆军将领完全同意，不使上海遭受任何暴动与抢劫，同时上海内城亦在保护之列，不使其遭受外来攻击。从此，外国侵略军帮助清朝政府镇压太平军的局面开始形成。②

与此同时，英、法侵略军按照原定计划陆续开到中国，共 2.5 万多人，其中英军 1.8 万余人，法军 7 000 余人。4月21日，英法联军占领舟山。5月27日，英军占大连湾。6月8日，法军占据烟台。侵略军每到一处，就在那里制造恐怖，他们在舟山强索"巡防费"，在山东沿海袭掠民船，在旅顺口抢劫、杀害居民。6月初，侵略军已完成封锁渤海湾和建立前进基地的军事部署。而在此之前，英国政府指示驻华公使普鲁斯和香港总督鲁滨逊，令其伺机"租借"九龙半岛。1860年3月20日，英国驻广州领事巴夏礼致函两广总督劳崇光，要求清政府将九龙司割让英国，但因考虑到劳氏无权割让土地，故英国可先行租用。劳崇光对英国侵略者唯命是从，当即应允。21日，巴夏礼草拟了租借九龙的契约，与劳崇光签字用印。从此，自九龙炮台南面一点至石匠岛最北端一线以南共计 10 平方公里的九龙司地方和石匠岛全部地方，被劳崇光一纸契约擅自租给了英国。虽然该租契未经报告清廷，未获批准，但后来依然成为英国强割九龙的借口。

美俄两国再次追随着英法联军之后，企图趁火打劫。俄国公使伊格那提业幅自上年7月到北京后，即向清政府提出割让乌苏里江以东土地等要求，并威胁称："须知我国欲占之地，系海岸空旷之处，于中国实无用处。……我们业经占立数处。"他出示俄国绘制的地图，要清政府"依照此图办理"，"不然，难免侵吞扰乱"，③遭到清政府拒绝。经过将近一年的交涉，伊格那提业幅勒索没有得逞，乃即离京，由北塘乘船

---

① 《何桂清王有龄奏借洋兵不允恐相勾结南北皆危可否俯准照办折》，见《筹办夷务始末（咸丰朝）》（六），1946—1948 页。
② 参见本书第八章第二节的相关叙述。
③ 《筹办夷务始末（咸丰朝）》（四），1491、1532 页。

南下,于 1860 年 6 月 15 日到达上海,向英法联军提供中国北方军事等方面的有关情报。6 月底,额尔金和葛罗到达上海,英、法、俄、美四国的代表再次汇集于上海,列强合作侵华的联合阵线再次结成。7 月初,额尔金、葛罗分别去大连湾和烟台,决定于 7 月底率联军在北塘登陆,抄袭大沽炮台后路,然后占领天津。而美俄两使再一次扮出伪善的面孔,打着"调停者"的旗号,先期到达北塘,照会清政府愿意"调处"争端。清政府屡经俄、美假借调停、乘机勒索的欺骗,早已看穿其惯技,故在给俄使的复照中指出:"天朝并无失信于二国,又何劳贵国替中国从中调处?"①于此揭穿了它们"调停"的阴谋。美使华若翰认为只要英、法取得新的特权,美国可以援例均沾,没有必要在那里逗留,随即折回上海返国。俄使伊格那提业幅因索占土地目的尚未实现,仍旧跟在英、法后面,企图乘机渔利。

当英法联军大举来犯,战争一触即发之际,清政府却根本没有打算与英、法作战。从清军大沽获胜到联军再次北犯,有近一年的时间,清政府既不了解英、法侵略者的动向,也不认真加强防务,而是全力以赴地镇压太平天国革命。1860 年 7 月,在英法联军已经封锁渤海湾的严峻形势下,咸丰帝仍然认为海口布置周密,联军上年进攻受创,"未必不心存畏忌",此次再来,"实则以兵胁和"而已。因此,其谕令僧格林沁、恒福等,"总须以和局为要","不可因海口设防严密,仍存先战后和之意",以免"虽图快于目前,而贻患于将来"。在敌军压境的时候,他还一再表示"总须以抚局为要"。② 同时他还错误地把主要希望寄托在经营三年、耗费巨资重建起来的大沽炮台上,认为足能挡住敌军进攻。作为全军统帅的僧格林沁,为使英、法公使可以从北塘登陆进京,居然将该处炮台守军尽撤,集中力量防守大沽。当有人指出联军可能在北塘登陆时,他则错误地认为敌人不善陆战,认为如果英法联军由北塘登陆,则以骑兵截击,诱其深入,设法截击,聚而歼之。

7 月 29 日,英法联军共 2 万余人分乘 206 艘舰船驶抵北塘与大沽之间的海面。8 月 1 日,1.8 万名英法联军部队携带大炮、弹药和其他

---

① 《军机处给俄使伊格照会》,见《筹办夷务始末(咸丰朝)》(五),2029 页。
② 《廷寄》,见《筹办夷务始末(咸丰朝)》(六),2053 页。

军需物资,毫不费力地在北塘登陆,占据炮台。8月2日,英法联军占领北塘镇,大肆奸淫掳掠,北塘镇幸存居民逃亡一空。8月12日,英法联军向新河方向推进,企图抄袭大沽炮台后路,途中遭到2 000余名清军骑兵的冲锋攻击。英法联军乃以最新式的枪炮齐向清军骑兵,一次次地进行齐射,炮队也架起火炮猛轰清军,结果清军骑兵大部被敌歼灭。新河于当日被联军攻占。

8月14日,英法联军主力复由新河出发,向大沽炮台侧后重要屏障塘沽进攻。清守军虽经奋力抗击,但因装备过差,人数太少,不能对敌实施有效反击。当天,英法联军占领塘沽。至此,大沽北岸炮台的侧后完全暴露在联军的攻击之下,英法联军既定的登陆作战计划几乎全盘实现,而僧格林沁所谓的诱敌深入、聚而歼之的构想全盘落空。当此形势危急之时,僧格林沁坚守之心开始动摇,向咸丰帝奏称能否扼守,实无把握。8月15日,咸丰帝传谕僧格林沁:"如果无可支撑,惟当设法酌撤……驰赴天津扼要守御,以固京师门户。"[1]同一天,咸丰帝还在另旨特谕僧格林沁称:"惟在下根本,不在海口,实在京师,若稍有挫失,总须带兵退守津郡,设法迎头自北而南截剿,万不可寄身命于炮台。切要,切要! 以国家倚赖之身,与丑夷拼命,太不值矣!"同时,他力促僧格林沁自大沽后撤:"朕为汝思之,身为统帅,固难言擅自离营,今有朱笔特旨,并非自己畏葸,有何顾忌? 若执意不念大局,只了一身之计,殊属有负朕心。"[2]关键时刻,咸丰帝非但不令三军统帅坚守抗敌,反而急令保命脱逃,可谓荒唐之至。21日晨,已被孤立的大沽北岸三座炮台同时遭到英法联军的野战炮和舰炮的猛烈轰击,直隶提督乐善率守军发炮反击,但不久各台弹药库相继中炮爆炸。上午8时许,联军登陆部队开始向炮台发起冲锋,乐善指挥守军以鸟枪、抬枪、长矛、大刀、弓箭等落后装备,与敌军展开激烈肉搏。激战之中,乐善阵亡,守军伤亡惨重,各炮台遂相率失守。当晚,僧格林沁尽撤南岸炮台守军,退向天津。英法联军旋即于次日占领南岸三座炮台。僧格林沁自大沽撤守后,不愿

---

① 《军机大臣寄钦差大臣僧格林沁等塘沽失守应镇静自持扼守天津上谕》,见丛刊《第二次鸦片战争》(四),468页。

② 《军机大臣寄钦差大臣僧格林沁应顾念大局退守津郡不必亲自死守海口炮台朱谕》,见丛刊《第二次鸦片战争》(四),469页。

与联军在天津决战。他上奏咸丰帝，认为"天津实无防守之法"，主张弃守天津，"驻兵通州，以固京师"。① 此时，咸丰帝正准备与英、法妥协会谈，便同意由僧格林沁率兵驻守通州。8月24日，贺布率一支联军部队驶抵天津城郊。8月25日，直隶总督恒福亲至贺布船上，邀其进入天津。接着，联军后续部队陆续到达，天津即被英法联军占领。

大沽失陷前，直隶总督恒福曾照会额尔金、葛罗商议换约，额尔金答以只与"实奉其权"的钦差大臣办理交涉，而以前所提各项条件丝毫不可更改。清政府亦曾派出西宁办事大臣文俊、武备院卿恒祺来到天津，准备伴送英、法公使进京换约。大沽失陷后，清廷又任命桂良、恒福为钦差大臣，恒祺为帮办大臣，在天津设法与英、法议和。但在双方谈判时，英、法侵略者又增加新的条件，要求天津开埠，赔款两国各800万两银，各带侍卫1 000人进京换约。此外，法国又提出保护天主教、允许华工出口等条款。与桂良等交涉谈判的英使代表巴夏礼"骄悍情状，倍甚于前次威妥玛、李泰国万分"，②桂良等人屈于侵略者之淫威，接受了他们提出的全部条款。然后，他们又向咸丰帝奏称：如不先付200万两现银，必欲到京自讨，并要求将驻守通州一带的军队撤退。

对于英法两国提出的侵略要求，特别是带兵进京一项，最使咸丰帝感到不安，认为"大患切肤，一决即内溃于心"。③ 他深为愤懑，颁谕表示要与英法联军决战。同时，他命令桂良等不得签字，令其坚持英、法先退兵，后定约。天津谈判没有结果。9月9日，英法联军6 000余名向通州推进，对清朝政府进一步施加压力，并决定通州为投降谈判的地点。

清政府得悉联军向通州推进的消息后，其决战之心再次动摇。咸丰帝一面命令僧格林沁率部在河西务一带防堵，扼守通往通州和北京的两条要道，一面派怡亲王载垣、兵部尚书穆荫为钦差大臣，到通州与英、法侵略者谈判。载垣等从北京出发，接连发出几个照会，要求英法联军撤至天津，然后再进行谈判。侵略者的答复是"未便顿改初意"，并

---

① 《钦差大臣僧格林沁等奏天津难守退兵驻通情形折》，见丛刊《第二次鸦片战争》(四)，504页。
② 《桂良恒福恒祺奏沥陈急迫情形折》，见《筹办夷务始末(咸丰朝)》(六)，2229页。
③ 《朱谕》，见《筹办夷务始末(咸丰朝)》(六)，2233页。

威胁称"如贵国……抗拒通往通州之师,则军务复兴"。联军占领河西务后,载垣照会侵略军在河西务停止,"不再前进,贵大臣则照天津所议进京章程,少带从人,勿携器械,前来通州,与本王大臣会晤,即可将允许各款章程议定,盖印画押,随择日进京换约"。① 侵略者派巴夏礼、威妥玛与巴士达、美理登等到通州见载垣。在 9 月 14 日双方初次会谈中,载垣全部接受了侵略者的要求。9 月 17 日,英、法代表又提出向皇帝亲递国书一项,载垣等坚决拒绝,认为此事关系国体,万难允许。双方争执不下,谈判又告中止。次日,侵略军在张家湾附近向清军开火,战事又起,清方遂将巴夏礼等英方人员 26 人、法方人员 13 人当场拘捕。

张家湾之战,清军复遭惨败。英法联军乘胜追击,先占张家湾,再占通州,僧格林沁等与通州绿营兵败至八里桥,方才收拾残兵,重新布防。原驻朝阳门外定福庄的胜保所部清军也移驻八里桥,准备继续抵抗英法联军进犯。9 月 21 日,英法联军在法军总司令孟托班的指挥下,以法军第 1 旅为东路,英军为西路,法军第 2 旅为南路,向八里桥清军发起进攻。战至中午时分,清军虽经奋力血战,毙伤敌军千名,但自身伤亡更为惨重,各部渐渐不支,相继败退,撤至朝阳门外。

四 火烧圆明园

9 月 22 日,咸丰帝从圆明园仓皇逃往热河。行前,他任命恭亲王奕䜣为钦差大臣,向侵略者求和。英法联军当时物资供应发生困难,正好利用清政府求和机会补充给养,于是谈判又重新开始。奕䜣坚持停战后才释放巴夏礼等战俘,英方乃利用停战拖延时间。10 月 5 日,英法联军在得到休整补充后,复又开始军事行动,自北京东郊绕向北郊。10 月 6 日,英法联军占领海淀,当天闯进圆明园,大肆劫掠。到 10 月 9 日,英、法强盗把圆明园内能搬动的珍贵文物全部劫走,不能运走的加以彻底破坏。10 月 13 日,北京城内清政府部分官员决定投降,把安定

① 《载垣穆荫给英使额尔金法使葛罗照会允来通州会晤》,见《筹办夷务始末(咸丰朝)》(七),2288—2289 页。

门交给英法联军,侵略军遂得蜂拥入城,在城内开始了疯狂的抢掠。奕䜣当时还躲在城外,不敢出面求和。而此时,英使额尔金得悉在通州被清方所俘的 39 个人中,已有 20 人已被颟顸愚昧的清政府官员下令处死,乃于 10 月 18、19 两日,下令出动约 3 500 名英军步兵、骑兵,纵火将圆明园焚为废墟。清朝统治者经营一百多年、综合中西建筑术、聚集古今艺术品而建成的全世界少有的壮丽宫殿和园林,尽化焦土,造成人类文化史上无可估计的损失。接着,英军在一番疯狂抢掠之后,又相继纵火焚毁了清漪园(即今颐和园)、静宜园和静明园等几座皇家园林。

1861 年,法国伟大的文学家雨果在致友人的信中,对英法联军焚掠圆明园的滔天罪行痛加斥责。他写道:

有一天,两个强盗走进圆明园,一个抢了东西,一个放了火,仿佛战争得了胜利便可以从事抢劫了。在两个胜利者瓜分赃款的条件下,圆明园就大规模地遭了蹂躏……把我们各大教堂的宝藏集拢在一起也是抵不上东方这所庞大的辉煌的博物院的。里面不但有各式各样的艺术杰作,并且堆积着金银珠宝。是丰功伟绩,也是贼运亨通,这个胜利者把口袋装满,那个把箱箧装满,他们手拉手,笑嘻嘻地回到欧洲。这就是那两个强盗的历史。

我们欧洲人是文明人,在我们眼中,中国人是野蛮人,可是你看文明人对野蛮人干了些什么。

在历史面前,这两个强盗,一个叫法兰西,另一个叫英吉利。不过,我要提出抗议(所以我感谢你给我抗议的机会),为什么要抗议呢?因为治人者所犯的罪恶是与治于人者不相干的。政府有时会做强盗,但人民是永不做强盗的。①

五 《北京条约》的订立

此时,有些官员主张在北京城外和敌人作战,但逃到热河的咸丰帝

---

① [法]维克多·雨果:《致巴特力尔上尉》,译文转据丁名楠等《帝国主义侵华史》第 1 卷,158 页。

说："必须厚集兵力，一战成功，方为计出万全。"他又称英法联军"业已入城，一经驳斥，必致决裂，只可委曲将就，以期保全大局"。① 9 月 16 日，英法联军向奕䜣发出最后通牒，要求给付英国恤银 30 万两，付法国 20 万两；准予 23 日交付，恤银付清后即于次日签订《北京条约》，并交换《天津条约》批准书；并限奕䜣于 9 月 20 日上午 10 时以前以书面给予满意答复。此时，驻在北京城外的奕䜣按照咸丰帝的命令，对英法两国所提各项侵略要求，一个字也不敢驳回了。9 月 22 日，奕䜣按照侵略者的要求付给了英国恤银 30 万两，付给法国恤银 20 万两。但英使在收到恤银后，忽又提出增加要求，逼迫奕䜣同意将割让九龙司、准许华工出国以及《北京条约》签订后须明旨宣布等三条内容纳入《北京条约》。而此时，一直追随英、法侵略者之后的俄使伊格那提业幅也配合英、法侵略军的军事进攻与胁迫，向清政府展开逼降活动，威胁称"在目前情况下，进行抵抗是不可能的"，"为了拯救中国，必须立刻同意联军的一切要求"。在英法两国的武力恫吓和俄使的诱迫之下，奕䜣深惧"一经驳议，难保不借生事端"，乃对英方所提各项要求，全部予以接受。9 月 24、25 日，奕䜣分别与英、法侵略者交换《天津条约》并订立中英、中法《北京条约》。

中英《北京条约》、中法《北京条约》各为 10 款，分别又称《续增条约》。除承认《天津条约》完全有效外，又增加了以下几项主要内容：

（一）赔偿英国军费银六百万两和英商损失二百万两；赔偿法国银八百万两。赔款交清后，英法军队方退出所占之地；

（二）增开天津为通商口岸；

（三）准许英、法招募华工出国；

（四）割让九龙司，"归英属香港界内"；

（五）退还以前没收的天主堂资产，并由皇帝发布上谕，任由各处军民人等传习天主教，任法国传教士在各省租买田地，建造自便。②

---

① 《筹办夷务始末（咸丰朝）》（七），2432、2475 页。
② 参见《中外旧约章汇编》第 1 册，144—148 页。

1860 年 10 月 28 日（咸丰十年九月十五日），咸丰帝明发上谕，批准了新的条约。上谕称："所有和约内所定条款，均著逐款允准，行诸久远，从此永息干戈，共敦和好，彼此相安以信，各无猜疑。其和约内应行各事宜，即著通行各省督抚大吏，一体按照办理。"①11 月 9 日，英法联军先后从北京撤离，第二次鸦片战争正式结束。

中英、中法《天津条约》换文与《北京条约》的签订，英国得以割占九龙司，中国的领土主权完整再遭践踏。英、法等国公使驻京权利的攫得，使英、法等国列强获得了在北京就近控制、操纵清政府，对中国人民实施殖民统治的便利。准许华工出洋的规定，也使自第一次鸦片战争后在五口地区兴起的人口贸易合法化，致使西方殖民主义强盗更加肆无忌惮地在中国沿海地区从事人口贩卖的罪恶勾当，使数以百万计的中国穷苦百姓被劫掠拐卖往海外，过着暗无天日的奴隶般的悲惨生活。而中法《北京条约》中关于任由法人内地自由传教的规定，使得外国传教士得以在不平等条约的保护下，深入内地，从事各种不法活动，而民教冲突，日甚一日，中国社会更加动荡不安。第二次鸦片战争中，英、法、美、俄等国通过军事侵略或威胁诱迫，逼迫清政府签订了中外《天津条约》和《北京条约》，进一步促成了西方资本主义列强强加于中国的不平等条约体系的形成，给中国人民带来了更加深重的灾难，套上了更为沉重的枷锁。从此，外国资本主义对中国的侵略更为广泛深入，中国的主权进一步丧失，中国深陷半殖民地化的灾难而愈发不能自拔了。

553

①《内阁明发已与英法签订和约上谕》，见丛刊《第二次鸦片战争》（五），226 页。

第五节　沙俄割占中国大片领土

　　1689 年中俄《尼布楚条约》签订后，中俄两国在东段边境维持了大约一个半世纪的平静局面。1727 年下半年，中俄双方又相继签订了《布连斯奇界约》《恰克图界约》《阿巴哈依图界约》和《色楞额界约》，[①]划定了两国东段和中段边界：东段以外兴安岭至海、格尔必齐河和额尔古纳河为界，肯定了黑龙江流域和乌苏里江流域的广大地区都是中国领土；中段以西起沙宾达巴哈、东至额尔古纳河为界。同时并约定两国皆不容隐逃犯，查拿后分别送交对方官长；边境恰克图、尼布楚等互市通商，俄国商人来华经商，"其人数仍照原定，不得过二百人，每间三年进京一次"。[②]

　　但是，沙俄并未放弃向东扩张的野心。自 18 世纪初叶起，沙俄不断侵占巴尔喀什湖以东、以南的中国领土，相继吞并了西部哈萨克和北部哈萨克。19 世纪 40 年代，俄国公然违背中俄一系列界约规定，积极向黑龙江一带伸展势力。从此，在短短的 20 年间，沙俄当局乘清政府内忧外患之机，趁火打劫，先以武装入侵非法占领，继以逼签条约，鲸吞了中国东北黑龙江以北、乌苏里江以东 100 多万平方公里和西北巴尔喀什湖以东以南 44 万平方公里的土地。中国的领土完整遭受到前所未有的损害。

---

① 以上条约分别见《中外旧约章汇编》第 1 册，5—7、13、14—21、22—26 页。
② 中俄《恰克图条约》，见《中外旧约章汇编》第 1 册，7—8 页。

一　沙俄武装航行黑龙江，强占江北中国领土

1847 年，沙皇尼古拉一世任命扩张主义分子木哩斐岳幅①为东西伯利亚总督。木哩斐岳幅一上任，即把"解决黑龙江问题"作为其中心任务，一方面加强对中国沿海和黑龙江地区一带情况的侦察，一面立即着手筹建外贝加尔哥萨克军作为侵略黑龙江地区的主力。同时，他派出涅维尔斯科伊率武装"探险队"前往黑龙江下游一带活动。这支由沙俄海军人员组成的"探险队"从海上侵入中国国境，在黑龙江下游和库页岛北部进行了历时数月的非法侦察活动，探明黑龙江口的水深可以容俄船顺利进出。1849 年，沙皇又据木哩斐岳幅的建议，调整并加强了配属于鄂霍次克海的沙俄海军力量，准备侵占黑龙江口地区并在鄂霍次克海巡航。1850 年 7 月，沙俄武装"探险队"再次闯入黑龙江口，在明代奴儿干都司衙门和著名的永宁寺碑所在地特林强行登陆，当地中国官员对此提出抗议，但涅维尔斯科伊竟蛮横地声称俄国在此具有独一无二的权利，要求中国人马上离开。8 月 13 日，沙俄入侵者更强占庙街，公然升起沙俄国旗，建立哨所，并以沙皇尼古拉一世的名字命名，称作尼古拉也夫斯克哨所。这一严重侵占中国领土的行为却极受尼古拉的称赞，他亲自召见涅维尔斯科伊，授予他圣弗拉基米尔勋章，同时指着地图上的庙街一带地方悍然宣称："俄国国旗不论在哪里升起，就不应当再降下来。"1851 年下半年，涅维尔斯科伊第三次来到黑龙江下游，派人四出活动，在沿江、沿海及库页岛各地广泛搜集情报，为进一步掠夺领土进行准备。1853 年 2 月，沙俄入侵者强占奇集，8 月强占阔吞屯，9 月下旬占领库页岛南端，从而为沙俄侵略中国东黑龙江地区奠定了基础。

1853 年 10 月，沙俄为控制博斯普鲁斯海峡和达达尼尔海峡，对土耳其宣战。1854 年，英、法加入土耳其一方，对俄宣战，克里米亚战争爆发。当时，木哩斐岳幅建议沙皇，应以防备英国进攻西伯利亚为由，派遣军队沿黑龙江而下，开通黑龙江航线。他还向沙皇提议授予他"便

---

① 木哩斐岳幅，又译作穆拉维约夫。

宜行事"的权力,允许他在 1854 年黑龙江解冻之后立即率军开赴黑龙江口,向中国方面示威施压。沙俄政府同意了他的请求。1854 年 1 月,沙俄政府决定对中国黑龙江流域实施大规模的武装入侵。5 月,木哩斐岳幅亲自率领俄船 83 艘,运载哥萨克兵 1 000 余人和大批枪炮弹药,从后贝加尔地区沿石勒喀河下驶。6 月 9 日,俄军船队到达精奇里江口。木哩斐岳幅派人至瑷珲,要求允许通商,遭到署黑龙江副都统、协领胡逊布的拒绝。第二天,木哩斐岳幅又亲至南岸,要求进入中国黑龙江,胡逊布再加拒绝。但当时清军在瑷珲未配水师,且无防备,无力拦阻。沙俄侵略者未得中国政府允许,擅闯黑龙江,强行通过瑷珲。①

6 月 24、25 日,俄军陆续驶抵阔吞屯,当即于阔吞屯、庙街和克默尔湾一带部署。接着,俄军占据村屯,筑路建屋,架炮练兵,大大加强了其在黑龙江下游的实力。沙俄御用学者巴尔苏科夫在谈到这次武装"航行"黑龙江的重要性时,曾毫不掩饰地写道:"这次远征使我们最终知道了这条通航河流的两岸情况,并给我们指出:在该地区人口稀少、当地居民爱好和平、中国人很软弱的情况下,占据黑龙江两岸是方便的和可行的。简言之,这次远征给俄国开辟了通向太平洋的道路。"②对于沙俄的武装侵略和强占中国领土的行为,清政府却采取了软弱退让的态度,咸丰帝一面斥责胡逊布"竟将该国咨文接收飞报","殊属不晓事体",一命又命吉林将军,若俄船"实无扰害要求情事",便不可与之为难,只需"密探情形,随时奏报"。③ 这种态度反而招致了沙俄侵略者更猖狂的侵略。

1855 年 3 月,木哩斐岳幅再次行文清朝理藩院,声称奉沙皇之命,为"剿办英夷","即带领重兵,载运军器牲畜等件,复带接济东海兵船口粮,俟水路可行,即乘船由黑龙江地方,驶赴东海"。5 月 6 日,清理藩院复照拒绝了木哩斐岳幅的无理要求。但在清政府的复照到达之前,木哩斐岳幅即按预定计划,于 5 月中旬,开始了第二次武装航行黑龙江。此次沙俄出动 120 余艘船只,载 3 000 余名哥萨克兵和 500 余名

---

① 参见《景淳奏俄船经过黑龙江境现在饬属防范情形折》,见《筹办夷务始末(咸丰朝)》(一),271—272 页。

② 转据丁名楠等《帝国主义侵华史》第 1 卷,135 页。

③ 《廷寄》,见《筹办夷务始末(咸丰朝)》(一),273 页。

移民,以及沙俄地理学会西伯利亚分会的"黑龙江考察队"等,并载有大批重炮、弹药、粮食、牲畜等,分三批出发。5 月 27 日,沙俄船队驶抵瑷珲,署黑龙江副都统富勒洪阿登船阻止,木哩斐岳幅不予理睬,强行下驶。至 6 月中旬,沙俄侵略军陆续驶抵黑龙江下游,在阔吞屯至庙街南北长达 300 公里的地带,建立移民点,安设重炮。至第二年末,沙俄派遣侵入中国黑龙江下游地区的人数已达 7 000 余人。至此,沙俄已完成了对外兴安岭以南黑龙江下游地区中国领土和库页岛的实际控制。

清王朝历来视东北地区为"根本重地"。沙俄武装航行黑龙江,武力侵占黑龙江下游中国大片领土,引起了清政府的关注。所以,当 1853 年沙俄以枢密院的名义照会清理藩院,表示希望清政府派员与俄国东西伯利亚总督商办设立界牌和划定乌第河地区两国边界事宜时,清政府认为俄方照会大体符合中俄《尼布楚条约》精神,同意了俄国的请求。① 咸丰帝遂谕令库伦办事大臣照会木哩斐岳幅,约其待次年黑龙江解冻后派员会商。但木哩斐岳幅不同意俄国枢密院通过谈判确立中俄东段边界的主张,而是极力主张通过武力侵略造成强占更多的中国领土的既成事实。因此,当 1854 年 6 月下旬清政府的谈判代表富尼扬阿一行到达黑龙江边的拉哈苏苏时,木哩斐岳幅已率俄船队过境下驶。富尼扬阿一行又日夜兼程赴至阔吞屯,但俄方答称木哩斐岳幅不在,富尼扬阿一行被迫折回。1854 年 12 月 23 日,库伦办事大臣遵咸丰帝旨,再次照会木哩斐岳幅,订于次年 6 月于格尔必齐河会商。1855 年 5 月 24 日,当清政府代表富尼扬阿等与顺黑龙江下驶的木哩斐岳幅相遇时,木哩斐岳幅再次背约,要求清政府派员至黑龙江口谈判。9 月,富尼扬阿等到达阔吞屯。谈判一开始,木哩斐岳幅称病不出,由俄海军少将札沃依科出面,向富尼扬阿等要求割让黑龙江以北地区,当即遭到富尼扬阿等人的严正拒绝。9 月 22 日,俄方提出"划界意见书",其主要内容是:俄国在黑龙江口地区所占据的一切地方及整个沿海地区,永归俄国所有;中俄两国以黑龙江划界,企图强迫中国代表接受。23 日,木哩斐岳幅始行出面谈判,并出示俄国地图,宣称黑龙江以北地

① 参见《俄国为请立界牌事给理藩院咨文二》及《上谕》,见《筹办夷务始末(咸丰朝)》(一),225—226、224 页。

区属于俄国。富尼扬阿即援引中俄《尼布楚条约》等据理驳斥。木哩斐岳幅理屈,便一面承认黑龙江以北地区属于中国,但同时又要求将之割让俄国。富尼扬阿答以不敢擅专,于是木哩斐岳幅乃要求他将俄方"意见书"带回,促理藩院速作回复。11月24日,咸丰帝在得到有关谈判情形的奏报后,即令吉林将军景淳向俄方提出抗议。[①] 1856年1月3日,库伦办事大臣、吉林将军、黑龙江将军领衔照会俄国枢密院,重申了中国对黑龙江地区的领土主权,断然拒绝了俄方要求割让这一地区的无理要求,同时对木哩斐岳幅等违背中俄《尼布楚条约》,强占中国黑龙江口大片土地的强盗行径予以谴责。[②] 但由于当时清王朝正遭受太平天国起义的沉重打击,竟然不惜置边境的安危于不顾,从东北边防抽调大批兵力入关作战,从而造成了黑龙江地区边防更加空虚,无力抵御沙俄的疯狂入侵。

1856年3月,俄国在克里米亚战争中失败,与英、法缔结《巴黎和约》,战争结束。根据和约,俄国须放弃对君士坦丁堡的要求,被剥夺了保持黑海舰队和在黑海海岸建立要塞的权利,又丧失了比萨拉比亚的一部分,从而暂时遏制了俄国向近东发展的道路。于是,在克里米亚战争结束后,沙俄便更积极地向远东地区扩张。4月,沙皇亚历山大二世下令木哩斐岳幅继续武装航行中国黑龙江,必要时可使用武力。木哩斐岳幅受命后,乃即指示卡尔萨科夫准备第三次武装航行黑龙江。5月,俄军1600余人分乘大小船只百余艘,分三批启航。6月2日,俄船队驶抵瑷珲,卡尔萨科夫狂妄地通知瑷珲副都统魁福,声称俄军今后将经常由黑龙江往返,并威胁称俄军在黑龙江已驻有上万人,陆续还将有5 000人开到。然后,俄国武装船队强行下驶,并在黑龙江北岸中、上游地区强占战略据点,建立呼玛哨所、结雅哨所、兴安哨所、松花江哨所等,并在下游地区建立诺沃米哈依洛夫斯克。同年,沙俄政府更肆无忌惮地将其霸占的由中国三姓副都统所辖的黑龙江下游地区和库

---

① 《景淳奏分界委员会晤俄使情形折》及《廷寄》,见《筹办夷务始末(咸丰朝)》(二),424—427页。
② 参见《景淳等为立界宜照旧制办理给俄国咨文》,见《筹办夷务始末(咸丰朝)》(二),440—442页。

页岛划为它的"滨海省",设首府于庙街,改称"尼古拉耶夫斯克"。同时,木哩斐岳幅还下令,黑龙江各哨所俄军一律留在原地过冬,今后俄军家眷也要迁往这些地区永久居住。

19世纪50年代末,英、法挑起第二次鸦片战争,清政府处在内忧外患之中。沙俄开始趁火打劫。木哩斐岳幅认为,中国当时面临的局势是沙俄强占中国黑龙江地区领土的绝佳时机,俄国驻北京东正教传教士团首领、修士大司祭巴拉第也称:"我对兼并黑龙江左岸已不再怀疑。"为了造成占领黑龙江以北中国领土的既成事实,1857年5月底,木哩斐岳幅和卡尔萨科夫指挥大批俄军第四次武装航行黑龙江。6月中,亚兹科夫少校率七八百名俄军进驻瑷珲城对岸的结雅哨所,控制了海兰泡地区,并一面建造营房,安架大炮,一面演练枪炮,公然对瑷珲军民进行威胁。接着,俄军又在上游、中游左岸抢占军事据点,强行建立了一系列的军事哨所,从而将俄军在黑龙江北岸上游、中游新占地区和下游占领区连成了一片。为了加强其在黑龙江地区的军事殖民与武装侵略,沙俄又将整个黑龙江左岸划分为两个军分区,分属外贝加尔驻军司令和滨海省驻军司令管辖。木哩斐岳幅向清朝官民宣布,从1858年航期开始,凡在黑龙江左岸居住的中国居民,均属俄国管辖;凡不愿接受者,必须迁至右岸。木哩斐岳幅还命令阿穆尔防线第一分区司令通知清瑷珲副都统,只要中国方面稍有不友好的举动或集结兵力,俄国便将进攻右岸,收缴清军武装,占领瑷珲城。在大肆驱逐中国居民的同时,沙俄又向黑龙江流域大肆移民,至1857年末,黑龙江左岸的俄国移民已达6 000余人。清瑷珲副都统、黑龙江将军及理藩院虽多次向沙俄政府及地方当局提出抗议,但沙俄或不予理睬,或竟以武力相威胁。腐败无能的清政府,除了下谕训令东北军政当局"不可轻启衅端,亦不可漫无限制"外,根本无力将侵略者驱逐出去,只得眼睁睁地看着沙俄强盗把中国辽阔的大好山河攫为己有。

沙俄在完成了对黑龙江左岸地区的武装占领后,一直伺机将其非法占领合法化。1857年12月,英法联军攻占广州,英、法军舰麇集中国沿海,清政府内外交困。沙俄政府认为这是逼使清政府割让黑龙江左岸领土的大好机会,乃一方面派遣普提雅廷为专使,来华向清交涉,企图以帮助清政府镇压太平军为诱饵,逼使清政府同意将黑龙江以北地区和中国西部大片领土割让给俄;同时决定加紧向黑龙江地区移民,并授权东西伯利亚总督木哩斐岳幅与中国进行边界谈判。普提雅廷先赴恰克图,继而改由海路直抵白河。但是由于沙俄野心太大,勒索太甚,清政府统治集团对它深怀疑惧,普提雅廷的交涉未能达到目的。于是,他乃径赴南方,与英、法、美等国公使密谋联合侵略中国。

1858年4月,英法联军北上进犯天津,威胁北京,企图谋取更大的侵华权益。乘此机会,木哩斐岳幅随即于5月22日偕外交部官员彼罗夫斯基等率领兵船多艘驶至瑷珲,并于次日开始与清朝黑龙江将军奕山、瑷珲副都统吉拉明和协领爱绅泰等人进行谈判。谈判中,木哩斐岳幅提出其预拟的条约草案,蛮横地要求中俄以黑龙江、乌苏里江划界,并威胁称如果不从,俄国将联合英国对华作战。奕山等则据中俄《尼布楚条约》予以辩驳称,中俄边界在格尔必齐河和外兴安岭,早经明文规定,无从更改,只有乌第河未经定界,有待议定。双方反复辩论,最后木哩斐岳幅恼羞成怒,限27日给予答复。当夜,俄军鸣枪放炮,以武力相恫吓。奕山曾于第一次鸦片战争中作为靖逆将军前往广州抵抗英军,结果大败而逃。此时身为黑龙江将军的他,在中国的北疆,再一次向沙俄的炮舰政策屈服。1858年5月28日,奕山在瑷珲被迫同木哩斐岳幅签订了不平等的中俄《爱珲城和约》(即《瑷珲条约》,以下均用《瑷珲条约》指称)。

《瑷珲条约》共3条,其主要内容是:

> 黑龙江、松花江左岸,由额尔古讷河至松花江海口,作为俄罗斯国所属之地;右岸顺江流至乌苏里河,作为大清国所属之地;由乌苏里河往彼至海所有之地,此地如同接连两国交界明定之间地方,作为两国共管之地。由黑龙江、松花江、乌苏里河,此后只准中国、俄国行船,各别外国船只不准由此江河行走。黑龙江左岸,由精奇里河以南至豁尔莫勒津屯,原住之满洲人等,照旧准其各在所住屯中永远居住,仍著满洲国大臣官员管理,俄罗斯人等和好,不得侵犯。……两国所属之人互相

取和,乌苏里、黑龙江、松花江居住两国所属之人,令其一同交易,官员等在两岸彼此照看两国贸易之人。①

《瑷珲条约》是近代史上对中国领土完整损害最为严重、侵略后果最难消除的一个不平等条约。根据这一条约,中国丧失了黑龙江以北、外兴安岭以南60多万平方公里的领土,正如恩格斯所说,俄国不费一枪一弹,"从中国夺取了一块大小等于法德两国面积的领土和一条同多瑙河一样长的河流"。② 从此,中国的内河黑龙江、乌苏里江变成了俄国可以自由通行的航道,而原属中国的乌苏里江以东约40万平方公里的土地划归中俄"共管",为沙俄下一步对该地区进行鲸吞作了铺垫。

二　乌苏里江以东中国领土的沦丧

但是,按照清廷事先给奕山的命令,奕山根本无权与俄国人订立这样的条约。因此,清政府没有批准《瑷珲条约》,并对奕山等人予以处分。但沙俄当局却无视条约是非法的,擅自将瑷珲北岸的海兰泡改名为"布拉戈维申斯克"(即报喜城)。沙皇亚历山大二世特颁嘉奖,以表扬签订侵略条约"有功"的木哩斐岳幅,同时晋封其为阿穆尔(即黑龙江)斯基伯爵。③

木哩斐岳幅与奕山进行谈判,逼签《瑷珲条约》之时,也正值英法联军进犯天津之际。俄国专使普提雅廷追随英、法、美三使,一同来到天津。1858年4月29日,普提雅廷会见直隶总督谭廷襄,提出两项要求:中俄两国东段以"顺黑龙江直达乌苏里口,复至乌苏里上游河源,自乌苏里江附近之绥芬河源起,顺至沿海"为界;两国西段则以自"沙毕奈岭以西,直至伊犁"为界。他要求以此两条为主要内容签订中俄条约,同时表示将出面替清政府向英、法等国公使说项调停。清政府虽然对英、法舰队大规模集结在大沽口外深感恐惧,但对俄国提出的重新划分两国边界,割让大片国土,自也不甘心轻易作出让步。普提雅廷见交涉

---

① 中俄《爱珲城和约》,见《中外旧约章汇编》第1册,85—86页。
② 恩格斯:《俄国在远东的成功》,见《马克思恩格斯全集》(12),662页。
③ 参据中国社会科学院近代史研究所《沙俄侵华史》第二卷,84页,北京,中国社会科学出版社,2007。

未果,乃反过来唆使英法联军发动进攻,并向联军提供了由俄国传教士搜集所得的有关清军防务的军事情报。5月20日,英法联军攻陷大沽炮台,清政惊慌失措,俄使普提雅廷遂乘机索要。5月28日,清政府派桂良、花沙纳驰往天津议和。俄使普提雅廷和美国公使华若翰一起,以伪善面孔,装扮成"调停人",配合英、法的军事行动,共同向清政府讹诈。普提雅廷向清政府代表提出,只要答应了俄国的要求,俄国即可从中斡旋,代中国向英、法说合。清政府担心英、法乘势向津、京进攻,经不起俄使的诱骗,遂于6月13日在与英法议和签约之前,先与俄国签订了中俄《天津条约》。

中俄《天津条约》共12条,主要内容包括:中国向俄国增开上海、宁波、福州、厦门、广州、台湾(台南)、琼州7个通商口岸,俄国兵船可在这些口岸停泊;中国不再对俄国经由陆路来华通商人数、货物和资本进行限制;俄国得在通商口岸设领事,若俄国人与中国人发生纠纷,由两国官员会同办理。俄人在华犯罪,按俄国法律受审;俄国人得在中国内地传教,中国方面不得禁止;今后凡中国给予其他外国的一切政治、贸易及其他一切特殊权益,俄国也将自动获得。对于俄国要求的中俄两国以黑龙江、乌苏里江划界的要求,清政府则坚持中国东段边界必须在黑龙江省勘定,所以在中俄《天津条约》中并未将此条载明。但是,俄使包藏祸心,坚持在条约的第9条规定:"中国与俄国将从前未经定明边界,由两国派出信任大员秉公查勘,务将边界清理补入此次和约之内。"并强迫清政府予以接受。①

显而易见,中俄《天津条约》是一个严重损害中国主权的不平等条约。通过这一条约,俄国不仅获得了与此前英、法、美等国通过战争或武装讹诈所获得的同等的在华侵略权益,同时保证了沙俄今后可以自动享有中国给予任何其他外国的权益。而且,这一条约也为沙俄今后迫使清政府承认其对中国东北、西北大片领土的非法武装占领,进而强迫清政府割让领土埋下了伏笔。

事实也正如此。《瑷珲条约》墨迹未干,木哩斐岳幅即叫嚷必须控

---

① 中俄《天津条约》,见《中外旧约章汇编》第1册,86—89页。

制俄国和中国共管的一切地方。于是他故技重施,即先对中国乌苏里江以东领土实施实际的军事占领,造成既成事实,然后再由俄国当局通过外交胁迫,逼使清政府承认,将其非法占领合法化,从而达到割占的目的。1858 年 6 月 3 日,木哩斐岳幅率大批俄军乘船顺黑龙江下驶,12 日抵达黑龙江与乌苏里江的交汇处,占领伯力,并将其更名为"哈巴罗夫卡"。他命令俄军在乌苏里江东岸图勒密地方建筑炮台,并令哥萨克军第 13 边防营驻守。6 月 13 日,木哩斐岳幅继续率俄军驶入乌苏里江,接着又于 15 日派遣"勘察队"溯江而上,寻找适宜设立军事占据的地方。1858 年 12 月,沙俄政府批准成立了"阿穆尔哥萨克军",其中包括两支乌苏里步兵营,驻扎于乌苏里江东岸。到 1859 年,经过大规模军事入侵和武装移民,沙俄侵略者已在乌苏里江东岸中国领土上建立了许多移民村屯和军事营垒。与此同时,木哩斐岳幅策划指挥俄军抢占沿海地区重要港湾。1859 年 6 月,他率俄军乘船出黑龙江口,向南巡视沿海地区,直达图们江口附近,并将该处港湾命名为"大彼得湾",下令于附近岸上建筑炮台。

对于沙俄当局非法侵占乌苏里江以东地区,清政府曾多次向沙俄政府提出抗议,但沙俄政府或置若罔闻,或予以粗暴拒绝。1859 年 11 月,清署瑷珲副都统爱绅泰赴海兰泡与木哩斐岳幅交涉,要求其从乌苏里江以东地区撤走军队和移民。但木哩斐岳幅不但加以拒绝,反而以武力相威胁,要求清政府拆除建于该地区的卡伦。结果,木哩斐岳幅无礼地中断了会谈。年底,木哩斐岳幅下令以武力强行驱逐了中国在乌苏里江东岸的守卡官兵。1860 年 6 月,木哩斐岳幅又命令沙俄滨海省驻军司令兼西伯利亚舰队司令卡札凯维奇率俄军舰队从庙街出发,占领了"大彼得湾"内的海参崴(符拉迪沃斯托克)和诺夫哥罗德港。至此,乌苏里江东岸地区沿海的重要港口也全部为沙俄非法抢占。

当木哩斐岳幅蛮横地强占乌苏里江东岸中国领土的时候,沙俄政府亦于 1859 年派伊格那提业幅使华,向清政府提出《补续和约》6 条,逼迫清政府同意两国以乌苏里江为两国边界,并将中国西部巴尔喀什湖以东地区割让给俄国,遭到清政府的拒绝。1860 年春,英法联军以《天津条约》换约问题和大沽口事件为借口,再次大举北犯。6 月,伊格那提业幅仿效普提雅廷故智,离京至沪,与英、法、美使沆瀣一气,蓄谋共同侵略中国。同时,他又与美使一起,伪装中立,企图借机攫取侵略权益。8月,英法联军由北塘登陆,复陷大沽,占领天津,逼近北京。伊格那提业幅一方面以"调停人"的身份周旋于英、法侵略军与清政府之间,一方面干着偏袒英、法,出卖中国情报的勾当。9月,英法联军占领北京。负责留京议和的恭亲王奕䜣请求俄使出面调停,伊格那提业幅趁机提出了以解决俄中边界作为他调解的先决条件。10月24、25日,奕䜣在英、法武力逼迫和俄国外交挟制下分别同英、法交换了《天津条约》批准书,并签订中英、中法《北京条约》。月底,伊格那提业幅自称"调停有功",并以帮助镇压太平天国为诱饵,向奕䜣提交了一份新的中俄条约草案和俄国单方面绘制的两国东部边界地图,逼迫奕䜣"一字不能更易"地接受。在俄国武力威胁及其公使外交讹诈、诱逼下,11月8日,咸丰帝下谕称"事势至此,不得不委曲将就"。[1] 11月14日,奕䜣与伊格那提业幅签订了不平等的中俄《北京条约》。

中俄《北京条约》又称《照依前换和约拟定条约》或《北京续增条约》,计15条。其主要内容包括:

（一）中俄两国东段以黑龙江、乌苏里江为界,黑龙江以北、乌苏里江以东地区划归俄国;惟"遇有中国人住之处及中国人所占渔猎之地,俄国均不得占,仍准中国人照常渔猎"。

（二）中俄两国未经划定之西部疆界,"此后应顺山岭、大河之流及现在中国常驻卡伦等处,及1728年（即雍正六年）所立沙宾达巴哈之界牌末处往西直至斋桑湖,自此往西南顺天山之特穆尔图淖尔（伊塞克湖）,南至浩罕边界为界"。

（三）两国派员会勘东西两段边界,交换地图的边界线记文,拟定议定书,作为本约的补充条款。

（四）俄国在伊犁、喀尔喀什、塔尔巴哈台和库伦设领事馆,"遇有大小案件,领事官与地方官各办各国之人,不可彼此安拿、存留、查治"。[2]

---

① 《清文宗实录》卷三三一,庚申十年九月丙辰上谕。
② 中俄《北京续增条约》,见《中外旧约章汇编》第1册,149—154页。

通过中俄《北京条约》，沙俄不仅逼迫清政府承认了《瑷珲条约》的全部内容，使其对黑龙江以北中国领土的侵占合法化，同时又将《瑷珲条约》中规定的同中俄共管的乌苏里江以东 40 多万平方公里的中国领土划归俄国。从此，黑龙江以北、乌苏里江以东 100 余万平方公里的广大地区，悉归沙俄。条约规定中俄西段疆界应沿着中国常驻卡伦等划分，又为沙俄日后侵占中国西北大片领土埋下了伏笔。同时，中俄《北京条约》有关通商贸易的条款，为沙俄向中国倾销商品提供了极大便利，而领事裁判权的规定，更使中国的司法主权遭到严重破坏。中俄《北京条约》和中俄《天津条约》一样，与英、法、美等西方列强强迫清政府签订的一系列不平等条约一起，共同构成了主导近代中外关系格局的不平等条约体系，成为长期套在中国政府和人民头上的又一道枷锁。

三　沙俄强占中国西北大片国土

中俄《北京条约》签订后，沙俄政府迫不及待地利用该约巩固和扩大其侵略利益。根据《北京条约》第 3 条的规定，1861 年 6 月，沙俄逼迫清政府签订了中俄《勘分东界约记》，完成了对乌苏里江东岸中国领土的兼并。接着，俄国公使巴留捷克与清廷总理衙门商定两国"勘界"大臣于 1862 年在塔城开始谈判中国西北地区与沙俄接壤地段的边界问题。

中国西部辽阔地区，古称"西域"。中国历代政府对这一地区的治理与管辖，历史源远流长。清中叶，清政府平定准噶尔和大、小和卓叛乱后，将这一地区改称"新疆"，结束了这里长期分裂的局面，同时改变了这一地区长期与中央政府若即若离的状态。从此，清政府主权辖下的中国西部疆界是明确的，中国领土的西北端直抵巴尔喀什湖，湖以东、以南的广大地区皆属中国领土。

早在 17 世纪初，沙俄便开始觊觎中国的西北边疆，屡屡在"考察""探险"的名义下进行非法入侵活动，并策动当地少数民族首领叛国投俄。进入 18 世纪，沙俄在中亚地区进行大规模殖民扩张的同时，也一直蓄谋侵占中国巴尔喀什湖以东、以南地区。1831 年，沙俄西伯利亚和亚洲问题委员会经过讨论决定，把俄国的边界推进到中国的斋桑湖。

自此以后,沙俄就不断地将其边界向东、向南推进。至 19 世纪 40 年代,沙俄在不断武装航行黑龙江、非法侵占黑龙江左岸中国大片领土的同时,又派出军队武装侵入巴尔喀什湖以东、以南地区,建立了科帕尔、维尔内(今哈萨克阿拉木图)等军事据点,1846—1847 年又侵占了伊犁河上游地区。1851 年 8 月 6 日,中俄签订《伊犁塔尔巴哈台通商章程》17 款,中国开放伊犁与塔城,允许俄商在上述地点免税贸易,给俄国以重大的特权。① 1854 年,沙俄强占阿拉木图,把伊犁河下游一带地区据为己有;1856—1858 年,又先后组织了各种名目的"考察队"到伊塞克湖(特穆尔图卓尔)、伊犁、喀什噶尔等地搜集情报、绘制地图。1860 年中俄《北京条约》的订立,为沙俄从法律上对这片土地的占有提供了依据,从而造成对中国西部地区固有疆界的彻底破坏和大面积国土的流失。

中俄《北京条约》第 2 条规定:中俄两国西部"未定之交界,此后应顺山岭、大河之流,及现在中国常驻卡伦等处,及一千七百二十八年,即雍正六年,所立沙宾达巴哈之界牌末处起,往西直至斋桑淖尔湖,自此往西南,顺天山之特穆尔图淖尔,南至浩罕边界为界"。② 据此,1862 年 1 月,沙皇亚历山大二世亲自主持召开了有沙俄陆军部、外交部、财政部共同参加的"特别会议",专门讨论中俄西段边界的划界问题,会议通过了给俄国划界全权委员会的训令草案,并于同年 3 月经过沙皇批准下发,规定"必须把中国常驻卡伦作为划界的依据"。

沙俄预定以中国常驻卡伦作为划界依据的决定,其鲸吞中国大片领土的野心昭然若揭。当时清政府在西北边疆地区所设边防哨所,即卡伦,分常驻卡伦、移设卡伦和添撤卡伦。常驻卡伦与移设、添撤卡伦的分布,多根据边防需要,因地制宜,而无固定格局。一般而言,常驻卡伦多于靠近重要城镇的地带设置,移设卡伦则是按季节不同而设置地点有所转移的哨所,添撤卡伦系根据需要随时设置或撤除的哨所。卡伦之间自然形成一条线,但不是国境线。常驻卡伦因设置于腹地重镇,远较移设、添撤卡伦离国境要远得多,而移设卡伦和添撤卡伦则均在常

---

① 《中外旧约章汇编》第 1 册,78—80 页。
② 中俄《北京续增条约》,见《中外旧约章汇编》第 1 册,150 页。

驻卡伦之外,有的距常驻卡伦远达数百里甚至千余里之遥。至19世纪50年代中期,虽然沙俄越过巴尔喀什湖,非法侵占了中国大片领土,但其实际控制线尚远离中国常驻卡伦连线。而沙俄此时要求清政府以中国常驻卡伦划界,则意味着要将其"国界"向中国伊犁、塔城方向推进数百里乃至上千里,从而鲸吞中国大片领土。

1862年8月3日,中国乌里雅苏台将军明谊、塔尔巴哈台参赞大臣明绪与俄方代表、鄂木斯克军团军官巴布科夫上校等在塔尔巴哈台(今新疆塔城)开始进行勘分西北边界的谈判。谈判中,明谊等对俄方提出的要以中国常驻卡伦为划界依据的要求据理力驳。俄方代表则蛮横坚持,并不时以武力相威胁,叫嚣要攻取喀什噶尔和伊犁,甚而多次出兵侵扰,进行武装挑衅。结果,双方勘界谈判无结果,陷入中断。

当中俄塔城边界谈判破裂之际,恰值陕、甘两省爆发回民起义,新疆局势亦趋动荡。沙俄历来惯于趁火打劫,从1863年开始,沙俄西伯利亚当局根据沙皇的命令,在北起阿尔泰山、南抵天山山脉的中国西北广大地区,进行全面军事部署。接着,俄军分头向中国境内纵深推进。至4月中旬,俄军相继侵入塔城、斋桑湖、伊塞克湖、伊犁地区,并不时与中国守军发生武装冲突。在沙俄武装威逼之下,清政府迫于内忧外患的双重压力,被迫回到谈判桌上,决定接受俄方提出的划界方案。中国代表明谊不甘将大片山河拱手让予侵略者,遂与俄方讨价还价,力图为国家减少领土损失,同时为边疆民众安置生计。但是,俄方代表蛮横无理,执意坚持中国必须按照俄国的分界方案划界,并继续在伊犁和乌里雅苏台地区派兵以节节进逼。1864年初,清廷严谕明谊按照俄方要求,将西北划界问题尽快了结。当时负责总理衙门的奕訢更怕兵连祸结,难以收拾,也一再指令明谊妥协让步。在外有强敌压境、内有朝廷严令催逼的境况下,1864年10月7日,明谊被迫与俄方代表札哈罗夫、巴布科夫签订了中俄《勘分西北界约记》,同时在由俄方单方面绘制的中俄分界地图上签字。至此,历时3年之久的中俄"塔城"勘界谈判,遂告结束。

中俄《勘分西北界约记》共10条,规定了中俄西段自沙宾达巴哈至浩罕边界葱岭为止的两国界址。根据这个约记,沙俄割占了巴尔喀什湖以东、以南共约 44 万多平方公里的中国领土,原在中俄《北京条约》第 2 款规定为中俄两国界湖的伊克塞湖、斋桑湖等,均被划为俄国内湖;同时,还强迫中国方面将乌里雅苏台、科布多、塔尔巴哈台、伊犁等地位于"边界"之外的驻兵卡伦,在第二年两国会同建立界牌后一个月内撤回。[①]

综上所述,在第二次鸦片战争时期,沙俄趁清政府内外交迫之机,先以军事非法侵占,继以外交讹诈的手段,复假武力恐吓胁迫,逼迫清政府签订了不平等的中俄《天津条约》《北京条约》及一系列勘界条约,在从中国攫取了与英、法、美等列强国家完全同等的侵略权益、严重破坏中国国家主权独立的同时,又复强行侵占了黑龙江以北、乌苏里江以东、巴尔喀什湖以东以南计约 144 万平方公里的中国领土,使中国的领土完整遭到空前绝后的损害。因此,在第二次鸦片战争期间侵略中国的列强中,沙俄实际上是最贪得无厌、获取赃物最多的一个强盗。

由于清王朝专制主义统治的腐败,第二次鸦片战争以中方失败而告终,中华民族蒙受到较第一次鸦片战争时期更加严重的灾难与屈辱。战争中一系列中外不平等条约的签订,使严重束缚近代中国社会发展的不平等条约体系更加完备,西方列强强加在中华民族身上的枷锁愈加沉重,中国在半殖民地半封建社会的道路上更加沉沦。外国公使常驻北京和总理各国事务衙门的成立,使西方侵略者得以更方便地对清政府施加各方面的影响,清政府逐渐沦为列强国家对中国人民实行残酷殖民统治的傀儡与工具。一大批新的通商口岸的开辟,更使殖民主义者的势力扩展到沿海各省和长江中游。鸦片贸易合法化,使中国社会财富化为烟霭,消耗于无形,给中国人民带来无穷灾难。有关通商、海关、税率等的新规定,使西方对中国的经济侵略更有了保障。西方传教士可以在中国内地自由传教等规定,为西方列强对中国的文化侵略打开了方便之门。英国强租九龙,沙俄割占东北、西北大片国土,使中国的领土完整遭到极大的破坏,此为第二次鸦片战争给中华民族带来

---

① 《中外旧约章汇编》第 1 册,215—218 页。

的最为惨重的损失。辛酉政变后，中外反动势力互相勾结，联合镇压了太平天国农民起义，也预示着中国人民的反帝反封建的斗争道路更加艰辛曲折。

另一方面，第二次鸦片战争后，中国爱国志士深受国家民族权益严重丧失的强烈刺激，痛感民族危亡与苦难的加深，以更加开放的胸怀放眼世界，在寻求救国图强的道路上不懈地探索，在当时的中国出现了要求改革的早期维新思潮。而在与西方列强的冲突、接触与交涉过程中，中国官僚统治阶级内部也开始逐渐分化，涌现出以奕䜣、文祥、曾国藩、左宗棠、李鸿章等为代表的洋务派人物，在第二次鸦片战争之后，开始追求富国强兵，主动学习西方科技，兴办近代军民用企业，客观上促使中国逐步向近代化道路迈进，同时也宣告了清王朝长期奉行的闭关政策的彻底失败，对此后中国社会、经济的发展产生了重大而深远的影响。

第八章

中外"会剿"与太平天国的败亡

　　太平天国因天京事变而元气大伤,并迅速由其兴旺的巅峰滑向败亡的边缘。只是由于正在进行的第二次鸦片战争牵扯了清王朝的精力,加上各地各族人民的反清斗争方兴未艾,才使它得到了重新振作的机会。太平天国提拔任用了一批新人。洪秀全的族弟洪仁玕历经艰辛由香港来到天京,也为太平天国的复苏增添了几分喜剧色彩。他为振兴太平天国而撰写的《资政新篇》,面向现实和未来,提出了一系列革新的主张。在陈玉成、李秀成等杰出军事将领的指挥下,太平军取得了三河之战和再破江北、江南大营的胜利,不仅迟滞了湘军对太平天国首都的威胁,而且挥师东征,在苏南和浙江获得了新的发展空间。太平天国再次刊布《天朝田亩制度》,而在实践中采取了极为务实的"着佃交粮"等政策。天王洪秀全出于政治需要为杨秀清平反昭雪,但其本人却很少过问政事,几乎完全沉湎于宗教的幻想之中。洪氏集团权势的加强,也使得太平天国内部矛盾进一步加深。清王朝方面,咸丰帝死后,慈禧太后与恭亲王奕䜣联手发动政变,整肃了执掌大权的肃顺集团。他们一面维持了"中外和好"的局面,一面更加倚重曾国藩的湘军集团。李鸿章的淮军集团也乘势而起。在清王朝勾结外国侵略势力的共同镇压下,太平天国终于在1864年遭到失败。其余部和捻军的斗争又坚持了4年之久。各地各族群众的造反,直到1874年才最后平息。

第一节　太平天国的重新振作

天京事变之后,尤其是石达开的分裂,带走了大批精兵良将,造成了太平天国"朝中无将,国内无人"①的局面,各战场形势急剧恶化。为扭转危急的局势,天王洪秀全提拔和任用了一批新人。他重新任命了五军主将。在洪仁玕由香港来到天京后,他又迅速将其褒封为"开朝精忠军师顶天扶朝纲干王"。陈玉成、李秀成等有为将领也相继封王。太平天国后期的领导核心得以形成,出现了重新振作的迹象。

一　战场形势的急剧恶化

1856 年 9 月天京事变发生前,太平天国已控制了上自武汉下至镇江的长江一线,拥有江西、安徽两省大部和湖北、江苏两省一部。除武昌、汉阳两城处于清军围困之下外,太平军在其他各战场大体上占相对优势。天京事变,尤其是石达开的分裂出走,使得太平天国的战场形势急剧恶化。还在 1856 年 10—11 月间(咸丰六年十月),清咸丰帝即谕令各有关督抚和统兵将帅,抓紧向太平军发动进攻,"乘其内乱,次第削平"。② 1857 年 6—7 月间,也即石达开公开分裂后不久,咸丰帝又谕令"逆匪既生内讧,机会更不可失","乘其人心涣散之机,设法散其党与,使该逆势成孤立,迅就歼擒"。③

湖北战场的形势最为危急。

---

① 《李秀成亲书供词》,第十八叶上。
② 《清文宗实录》卷二九,咸丰六年十月丙申。
③ 《清文宗实录》卷二二七,咸丰七年闰五月癸未、癸巳。

清朝方面,钦差大臣、湖广总督官文主持全局兼攻汉阳,署理湖北巡抚胡林翼督率湘军专攻武昌。太平军自 1855 年 4 月攻占武昌以后,即以国宗韦俊等据城防守。在天京事变爆发前,他已坚守该城一年有余。1856 年 8 月,石达开率军进援武昌,守城太平军亦积极配合,旬日之内在洪山等处与清军大小打了 28 仗,但未能突破清军对武汉的围困。石达开部乃于 9 月 5 日后撤。① 此后,因天京事变的爆发,石达开将在洪山前线的援军调回安徽。湖北太平军实力更形削弱。但变乱之初,武汉守军并未丧失信心。据当时在胡林翼军中做幕客的方玉润于 11 月 4 日(咸丰六年十月初七日)记载:

中丞(按:即胡林翼)前数日射书入武昌、汉阳城,劝贼归降。贼亦复书云:"我东王之所以被杀也,乃其有篡弑之心,故北王讨之,戮其全家。今翼王与北王已除大憝,南京已定,不日大兵将来救援,尔等妖兵,死无日矣!"②

随着北王韦昌辉的被诛死,加之石达开的援军不复上驶,韦俊的守城决心动摇了。1856 年 12 月 19 日(太平天国丙辰六年十一月十三日,咸丰六年十一月二十二日),他与汉阳守将秋官副丞相钟廷生同时弃城突围。太平军在撤出两城之后,遭遇重大损失。钟廷生与管带武汉水营的二十检点辛成金等在江夏县被俘死。接着,黄州、广济、大冶等城,也在 10 天之内,相继为清军占领。清廷以克复湖北省城,实授胡林翼巡抚,并赏头品顶戴。③ 胡林翼以宽猛相济的两手政策大力经营湖北,"穷治从乱之莠民,抚驭疮痍,整饬吏治",并提出"裁汰募勇、添设重兵、严查保甲、简选贤员"等兵政吏治的具体实施方案。④ 湖北继湖南之后,成了湘军又一个巩固的后方基地。此后,太平军于 1861 年间

① 《官文等奏报水陆分攻鲁家巷等处获胜情形折》,见中国第一历史档案馆编《清政府镇压太平天国档案史料》第 18 册,588—594 页,北京,社会科学文献出版社,1995。
② 方玉润:《星烈日记》,见太平天国历史博物馆编《太平天国史料丛编简辑》(三),99 页,北京,中华书局,1961。
③ 《清文宗实录》卷二一三,咸丰六年十一月壬午。
④ 《官文等奏报收复大冶兴国等五城及九江以上江面肃清折》,见《清政府镇压太平天国档案史料》第 19 册,136 页;《清文宗实录》卷二一五,咸丰六年十二月甲午。

虽又有会攻武昌的二次西征之役,但始终未能再次夺取武汉。

江西战场。

天京事变前,太平军已控制了江西的大部分州县,并普遍建立乡官政权。在石达开率主力参与攻打江南大营的会战后,留在江西的太平军守军采取了灵活机动的积极防御战术。曾国藩与江西巡抚文俊坐困南昌省城,筹饷无源,吃尽苦头。据其在奏报中分析:

> 近来吉袁瑞临抚建等府之贼,深濠密签,闭城坚守。近省之丰城、奉新、安义、靖安、建昌、德安等县,亦皆有两广老贼督率新附之匪踞守城池。官兵不至之处,则掳粮催贡,民不堪命;官兵一往,则援贼四集。该逆诡计,盖欲坚守各城,使我疆土日狭,饷源日竭,省会成坐困之势。①

天京事变后,尤其是 1856 年 12 月武汉失守后,江西的形势亦趋于严峻。九江西连武昌,东接安庆,为江西之咽喉,湖广、江南之腰胁,在清军的进攻中首当其冲。1857 年 1 月 4 日,李续宾挟湖北胜利之威,率湘军水陆主力进抵九江城下,开始了对九江的水陆环攻。但太平军经营九江、湖口已久,防守缜密,曾国藩即曾赞叹道:"林启容之守九江,黄文金之守湖口,乃以悄寂无声为贵。……已无声,而后可以听人之声;已无形,而后可以伺人之形。"②

围攻九江的湘军不得不改行胡林翼所制定的"长围坐困"之计。

而在其他州县,太平军积极防御的战术依然奏效。1857 年 3 月,曾国藩兄弟因其父病死,赶回湖南原籍奔丧。主持江西军务的西安将军福兴与江西巡抚文俊在奏报中向皇帝诉苦:

> 奴才等复通筹全局,西路瑞、临等处既不可少涉松劲,东路抚、建两属尤不得置之度外。缘我军各攻一城,其势分;贼踪联络一气,其势合。有兵之处,攻打一紧,抚城悍贼辄分大股趋援,奔突往来,驰应迅捷,是

---

① 曾国藩:《江西近日军情片》,见《曾国藩全集·奏稿》卷七,北京,中国致公出版社,2001。
② 曾国藩:《与李次青》,见《曾国藩全集·书札》卷五。

非速筹进剿牵制抚贼之势,断其来援之路,则临、吉迄难得手。此抚州亟宜进兵之实情也。①

　　然而自石达开从天京出走后,江西的太平军亦陷于分裂。九江林启容、湖口黄文金、景德镇韦俊等不愿附从石达开,从属于翼殿与仍效忠于天京的各部队之间已形同陌路。"大股趋援""驰应迅捷"的态势不复再现。其结果,只能是被敌人各个击破。1857 年 10 月,湘军先后攻取小池口、石钟山、梅家洲。黄文金被迫从湖口突围。11 月,湘军又先后攻取彭泽和小孤山要塞。此时,石达开所部正大举入赣,并集结于景德镇一带,但他竟然坐视了近在咫尺的九江周围城池和要塞的失陷。

　　湘军在九江城外开挖了 6 道长濠,陆路三面合围,分水师十余营驻守北面江岸,切断了九江的水陆补给线。林启容令将士在城内外及城头种麦,坚守待援。湘军则于 1858 年 3 月起昼夜水陆环攻,并开挖隧道,力图在夏熟前陷城。天京方面已无力救援九江,虽有陈玉成等部在江北活动,甚至数度进入湖北,但均未能达到分散湘军兵力的目的。4 月,九江城中每人每日发米由 10 两减为 4 两,"和草为饼以食"。5 月 8 日、12 日,湘军两次以地雷轰塌城墙,但均被守军"以大桶火药抛掷,士卒多伤,未得登城",缺口旋亦被"磊塞"。19 日(太平天国戊午八年四月初十日,咸丰八年四月初七日),湘军再次引爆地雷,"顷刻砖石飞腾,山岳震撼,轰塌迤东并南城垣一百余丈"。饥疲已极的守军无力堵御。贞天侯林启容以下 1.7 万人血战到底,全部牺牲。胡林翼等为自己的屠杀政策辩护道:"九江贼窟已阅六年,万余之贼顽梗负固,其中决无善类,设有胁从之民,必早投诚,设计逸去。此次尽数歼灭,事虽惨而功则奇。……经此大创,足以寒贼胆而伐贼谋,既可不留余孽,并可灰其死守之心。"②守军中有被敌俘虏而剖腹验视者,腹中都是青菜野草。主持围攻九江的胡林翼后来对其友人说:"昔年九江之贼,剖腹皆菜色。

---

① 《福兴等奏陈东西两路兵力不敷请迅调精兵协剿折》,见《清政府镇压太平天国档案史料》第 19 册,252 页。

② 参见《官文等奏报官军克复九江并歼除首要折》,见《清政府镇压太平天国档案史料》第 20 册,277—280 页。

三日无米,究能坐困,兵不如贼,其理难通。"①曾国藩私下也对其弟曾国荃说:"林启容之坚忍,实不可及。"②

　　赣西的瑞州、吉安、临江三府,也是湘军进攻的对象。吉安、临江的湘军由湘抚骆秉章节制,瑞州的军政则由福兴、文俊主持。但湘军各部之间的联络援应,仍由居丧在家的曾国藩与在任的胡林翼暗中掌控,在骆秉章幕中的左宗棠也积极参与规划协调。湘军在赣西采取多路并进、长围坐困、雕剿打援等战术,并利用太平军与新附广东天地会花旗军之间的矛盾,进行分化瓦解,攻占了太平军大片土地。1857 年 8 月,瑞州守将赖裕新被迫突围。赣西战场形势急转直下。远在安庆遥控指挥的石达开只得于 10 月率军南渡,进入江西。但石达开的到来也未能挽救赣西战场的颓势。1858 年 1 月,临江守军又被迫突围。石达开经营江西的意图无法实现,于 4 月率军进入浙江。10 月,太平军在江西的最后一个基地吉安失守。

　　安徽与天京附近战场。

　　安徽处于太平天国占领区的腹地,其战场形势相对要好一些。但皖南方面,处于敌军攻击或围困下的泾县、宁国守军已先后于 1856 年 12 月间撤出。在陈玉成等率军北渡后,南陵、湾沚、黄池等重要据点亦相继弃守,只剩下芜湖、繁昌、青阳等沿江州县。

　　皖北方面,清军以庐州为依托,趁天京变乱之机,先后夺取了三河、庐江、无为、巢县、和州等州县或重要据点,并大举向桐城发起攻击。桐城乃安庆门户,坚守该城的正是此时已崭露头角的李秀成。1857 年初,他与陈玉成等在枞阳会议,决定李"亲回桐邑,谨备制敌之师";而由陈"出奇兵",突入巢湖地区,获胜后再会师桐城。据李秀成回忆:

　　成天豫(按:即陈玉成)奇兵制胜。由棕(枞)阳一鼓顺下,攻破无为州,下汤(仓)头镇、运漕,会迓天侯陈仕章之军,力破汤(仓)头清营。攻破之后,抄黄落(雒)河,破东关,得巢县,分军镇守。③

---

　　① 胡林翼:《复王柏心书》,转据罗尔纲《太平天国史》第 3 册,2104 页,北京,中华书局,1991.
　　② 曾国藩:《与沅甫九弟》(咸丰八年三月三十日),见《曾国藩全集·家书》。
　　③《李秀成亲书供词》,第十叶上。

1857 年 1 月 28 日，陈玉成率军进抵黄姑闸，2 月 1 日进克庐江。不数日，抵桐城北境，"在桐营后路，层层进扎"。他与李秀成对清军形成夹击之势，并切断了清军粮道。其时正值春荒，大股饥民纷纷投入太平军，增强了陈、李两军的实力。饥疲已久的清军在提督秦定三、总兵郑魁士等率领下被迫突围。太平军先后攻占舒城、六安，并阵毙清军总兵郝光甲。皖北大片疆土又重入太平天国版图。皖北的胜利，首先当然还应归结于当时仍在天京、尚未出走的石达开的指挥调度，但陈玉成、李秀成等将领确实充分发挥了自己的聪明才智和战场主动性。清安徽巡抚福济在奏报中说："该逆乘我年饥粟罄，大肆鸱张。六安至临淮一水可达，倘被乘虚盘踞，则淮河锁钥尽失，军火饷道无路可通。恐庐营困在垓心，不战自溃，即徐、扬、淮、泗亦必震惊。且捻匪正在颍、霍之交，纷纷肆扰，互相勾结，势所必然。"[1]

确如福济所说，太平军与捻子的联合已是"势所必然"。李秀成部将李昭寿与捻首张乐行素有交往，此时已与其达成联合作战的协议。而在石达开率大军出走以后，李秀成等正是靠与捻军的协同作战，取得了一系列的胜利，并扭转了太平天国主战场极其危殆的局势。

相比而言，天京附近的战局最为消沉。

这主要是因为江北、江南两个大营，尤其是后者被太平军攻破后，元气大伤，一时还无力发动对太平天国首都的攻击。但两个大营的清军乘天京内乱的有利时机，重新扎稳了阵脚。和春接任督办江南军务的钦差大臣后，督率江南大营清军于 1856 年秋冬多次发起对太平军坚守的句容、溧水两个县城的攻击，但均被守军击退。延至 1857 年春，两城的战事几乎陷于停顿。咸丰帝对此极为不满，他在上谕中说：

江南军务，自紫金山大营失陷、向荣病故后，金陵城外遂无大兵控扼。句容、溧水，不过蕞尔小县，该逆以之牵掣我军，而分其党与，四出滋扰。现在安徽省，巢、无、舒、六相继失陷，贼踪距庐州仅止数十里，情形万分吃紧。池州，芜湖之贼，窥伺徽、宁，浙防又形吃重。总由大兵不

---

① 《福济等奏陈六安失陷亟应筹兵布防合兵堵剿缘由折》，见《清政府镇压太平天国档案史料》第 19 册，234 页。

能进逼金陵,故石逆得以安居城中,从容布置。贼势裹胁愈多,官军几至应接不暇。现当各省荒旱,军饷缺乏,日复一日,伊于何底。和春前在安徽督师得力,张国梁在江南军营,亦素称勇敢。何以区区二邑,旷日持久,不能攻克?①

1857年6月初,翼王石达开分裂出走,"将合朝好文武将兵带去",甚至连天京守军也纷然附从,"城内死党不过七八千人,余皆胁从老弱"。② 江南大营乘势加强了对天京地区的攻击。溧水、句容两城翼王旧部首先撤出。6月14日,溧水弃守。7月15日,句容沦陷。7月下旬,张国梁所部清军进抵镇江,在攻击失利后,遂开挖长濠,采取长围久困战术。镇江守将吴如孝虽数次击退敌之进攻,但天京方面几次救援行动均告失败。江北瓜洲的孤立据点,亦处于江北大营的进逼围攻之下。11月,镇江、瓜洲守军存粮不足,每人每日仅能发米半斤。在粮绝援断的情形下,瓜洲守军于1857年12月27日(太平天国丁巳七年十一月二十日,咸丰七年十一月十二日)炸毁城垒,南渡镇江。同日,镇江守军亦组织突围。幸得李秀成自安徽六安调集援军前往接应,"由皖省赶上六安,全军调下,救出镇郡之兵,失去镇江之城矣"。③ 这两座拱卫天京的战略据点坚持了四年零八个月。

清廷为攻克镇江府城所鼓舞,"赏钦差大臣和春双眼花翎、二等轻车都尉世职,帮办军务张国梁骑都尉世职,总督何桂清太子少保",并乐观地认为:"金陵贼势已孤,指日大军即可直抵贼巢,歼擒首逆。"④

1858年1月5日,清两江总督何桂清驰抵镇江大营,与和春、张国梁等会晤。8日,渡江至扬州,又与德兴阿、翁同书等会商。他们一方面会筹瓜、镇两城之善后,另一方面积极策划进攻天京,甚至对各营兵勇"许以克复金陵之日格外加赏银十万两"。⑤ 江北大营开始进攻江

---

① 《清文宗实录》卷二二一,咸丰七年三月壬戌。

② 《李秀成亲书供词》,第七四叶下;《何桂清奏报溧水善后并各路军情折》,见《清政府镇压太平天国档案史料》第19册,428页。

③ 《李秀成亲书供词》,第十一叶下。

④ 《清文宗实录》卷二四,咸丰七年十一月戊戌。

⑤ 《何桂清奏报会筹镇江瓜洲设防及善后事宜折》,见《清政府镇压太平天国档案史料》第20册,84—86页。

浦。江南大营再次进逼天京,虽"既无仰攻之方,更无围困之力",但其"步步为营,由东南而至西北,扼其要冲,断其接济",还是对太平天国的首都构成了极大的威胁。[①]

二 洪秀全任用新人

为了扭转太平天国在天京事变后,尤其是石达开带走精兵良将后"朝中无将,国内无人"的窘困局面,天王洪秀全采取了一系列的措施,并大力起用新人。

首先是加强朝内官的建设。1857年7月(太平天国丁巳七年五月,咸丰七年闰五月),也即石达开出走后不久,清方所探得的"金陵城中著名逆首职衔姓名清单"中已经有了正副掌率和六官丞相(正职)的完整名单:"伪文衡正掌率赞天燕蒙得恩;伪副掌率顺天燕钟芳礼;伪真神殿大学士兼天官部事黄得用;伪地官丞相加侯爵陈潘武;伪春官丞相加侯爵刘庆汉;伪夏官丞相蔡子贤,伪秋官丞相加侯爵莫士暌;伪冬官丞相加侯爵陈得风。"[②]其中蒙得恩原即为侯爵,此时已升为燕爵,其正掌率之职更班列朝臣之首,"朝廷大权"均归其掌握。[③] 但副掌率钟芳礼和其他六官丞相显然都是在天京事变以后才被委以重任的。

为了收拾离散的人心,重建太平天国的政治宗教体系,洪秀全还正式为东王杨秀清恢复名誉。同年11月(太平天国丁巳七年十月),太平天国颁布戊午八年新历,列名献奏者有杨秀清、萧朝贵、冯云山和石达开。这四位的头衔分别是:

传天父上主皇上帝真神真圣旨劝慰师圣神风禾乃师赎病主左辅正军师东王杨

传救世圣主天兄耶稣太子圣旨圣神雨右弼又正军师西王萧

---

① 《和春奏报扫荡镇江水陆等处余敌及筹攻金陵情形折》,见《清政府镇压太平天国档案史料》第20册,75页。

② 《何桂清奏报溧水善后并各路军情折·附金陵城中著名逆首职衔姓名清单》,见《清政府镇压太平天国档案史料》第19册,429—430页。按:位于侯爵之上的燕爵,是太平天国在原燕王爵除后新设的爵位。

③ 《幼赞王蒙时雍致二叔上国等家书》,见《太平天国文书汇编》,473页,北京,中华书局,1979。

云师前导副军师南王冯
电师通军主将义王石[①]

洪秀全一方面取消了曾一度授予石达开"圣神电"的称号,另一方面恢复了杨秀清"圣神风"的称号,并新设"圣神雨"称号,授予早已死去的萧朝贵。但韦昌辉因在天京事变中的恶劣表现,连带他的称号一起消失了。这表明了洪秀全维持和重建太平天国政治宗教体系的努力。外国传教士们早在天京事变以前就形成了这样的看法:

> 基督教在此党(天朝)之组织中根深蒂固,支配其整个机构;如其一旦废弃之,全局将必瓦解。……是故他们断不能中道取消这些称号,而不至于丧失全军对他们像半偶像的尊敬。他们断不能放弃基督教而不至于尽反起义以来所有的文告及废除其整个的政治系统也。[②]

1858年(太平天国戊午八年),洪秀全重新任命了五军主将:陈玉成为前军主将,李秀成为后军主将,李世贤为左军主将,韦俊为右军主将,蒙得恩为中军主将兼正掌率,掌理朝政。太平天国因此而"稍可自立"。[③] 5人中,蒙得恩年龄最长,"久日在朝,是天王爱臣,永不出京门",虽曾受东王的压制,但仍属平庸之辈,其执掌朝政期间,太平天国在政治上并没有什么起色。韦俊虽是勇猛的战将,但随着杨秀清的平反昭雪和韦昌辉的彻底被否定,乃于1859年(太平天国己未九年)底叛降清朝。其余3人,则是战功卓著、年轻有为的将领,是忠于太平天国事业的第二代人物。陈玉成(1837—1863),广西藤县新旺村人,出生于贫雇农家庭。他跟随叔父陈承瑢参加金田起义时,还是个年仅14岁的孩子,因作战勇敢,迭次擢拔,不到20岁就已是独当一面的大将。李秀成(1823—1864),原名李寿成,广西藤县新旺村人,出生于贫雇农家庭,与陈玉成为上下屋邻居,在家即与其相交。因舅父为村塾教师,幼时曾

581

---

① 《太平天国戊午八年新历》,见《太平天国印书》(下),653页,南京,江苏人民出版社,1979。
② 丁韪良致美国最高检察官顾盛函,转据简又文《太平天国典制通考》(下),1971页,香港,简氏猛进书屋,1958。
③ 《干王洪仁玕自述》,见《太平天国续编》(二),411页,南宁,广西师范大学出版社,2004。

读过两年书,后即在各村塾做过几年帮工。"家中之苦,度日不能,度月
格难,种山帮工就食"。他于太平军进军永安途经其家乡时入伍,以自
己的卓越才能和忠贞品德,逐步锻炼成长为杰出的军事统帅。李世贤
(1834—1865),亦为广西藤县新旺村人,秀成堂弟。天京事变后,朝臣
议举大将,以其"少勇刚强"而得以选用,与陈玉成、李秀成等分路统带
军队。[①]

　　不久,率军游移在外的杨辅清因杨秀清平反昭雪而脱离石达开来
归。天王乃改任杨辅清为中军主将。太平天国开始出现了重新振作的
迹象。

三　洪仁玕与《资政新篇》

　　1859 年(太平天国己未九年)春,洪仁玕历经艰辛,来到天京。他
的适时到来,为太平天国的复苏增添了几分喜剧色彩。

　　洪仁玕(1822—1864),字谦益,号吉甫,广东花县人。洪秀全族弟。
洪仁玕少时学习经史,屡试不第,后以教馆为业。1843 年,皈依洪秀全
创立的拜上帝教。1847 年,曾随洪秀全去广州,在美国传教士罗孝全
处学习。金田起义爆发时,他正在广东清远县教书,接信后赶往广西,
但因起义军主力转移和清军严密封锁,废然而返。1852 年(太平天国
壬子二年),洪仁玕辗转流亡至香港,结识瑞典巴色会教士韩山文,向其
介绍了太平天国起义初期的事迹,并得其帮助。1854 年(太平天国甲
寅四年)春,洪仁玕曾设法由香港至上海,并与小刀会起义军领袖接触,
但他无法使对方相信他所自我表白的与洪秀全的关系,且因上海与外
界交通被堵塞,也无法突破清军的封锁前往南京,迁延至当年冬又返回
香港。在港期间,他继续教书,并担任了伦敦布道会的布道师,潜心钻
研基督教教义并学习了天文、历算等方面的知识。1858 年 6 月(太平
天国戊午八年五月),他再次离开香港,由陆路从广东经江西、湖北,乔
装打扮,于 1859 年春辗转来到太平天国统治区。1859 年 4 月 22 日
(太平天国己未九年三月十三日),洪仁玕到达天京。天王洪秀全对洪

----

① 李秀成与李世贤身世,均参据《李秀成亲书供词》。

仁玕的到来大喜过望,不到 20 天,即于 5 月 11 日(四月初一日)褒封其为"开朝精忠军师顶天扶朝纲干王",让其总理朝政,从而打破了洪秀全本人自天京事变后不再设军师,也永不封王的决心。洪仁玕因自己初到,"恐将心不服,屡辞",但洪秀全认为,洪仁玕从前"因爷哥朕名受辱者多矣",而其"果然志同南王,历久弥坚。确乎爷爷生定家军师,板荡忠臣,可为万世法",执意"不避亲贵,特加殊封"。①

同月,陈玉成因战功卓著受封英王。本年内,洪秀全又封李秀成为忠王,蒙得恩为赞王。1860 年太平军二破江南大营后,洪秀全又封李世贤为侍王,杨辅清为辅王,林绍璋为章王,太平天国后期的领导核心至此得以形成。洪仁玕说:受封诸王"各有奋兴之志"。② 李秀成也说:天王"加恩惠下,各又振作同心矣。自此一鼓之锐,振稳数年"③。

洪仁玕长期脱离太平天国军事斗争的实践,也没有什么行政上的才能。但作为新的朝纲领袖,他还是很快就提出了一个振兴太平天国的纲领《资政新篇》,并由天王下令镌刻颁行。

《资政新篇》从"因时制宜,审势而行"的原则出发,根据太平天国的实情和当时世界的潮流,提出了一系列革新主张。从结构上看,全篇共分"用人察失类""风风类""法法类""刑刑类"四个部分。

洪仁玕认为:"用人不当,适足以坏法,设法不当,适足以害人。"因此,《资政新篇》首创"用人察失类",以收"真心实力,众志成城"的效果。后三类意在求"设法"之如何良善,即改革的具体措施:第一,"以风风之",就是要提倡革除腐败的生活习惯和落后陈旧的风俗;第二,"以法法之",就是实行新的社会和经济政策;第三,"以刑刑之",就是采用新的刑法制度,以保证改革的顺利进行。上述三类中,又以第二类"以法法之"为主。在这方面,他广泛论述了东西方各国强弱兴衰的原因和现状,并提出了 29 条仿效西方资本主义经济、政治设施的建议。概括地说,大约有如下内容:在政治方面,强调中央集权和上下沟通,设置独立的新闻官(监察官)、新闻篇(报纸)、暗柜(检举箱)等;在经济方面,提倡

---

① 《干王洪仁玕自述》,见《太平天国续编》(二),406 页;《封干王诏》,见《太平天国文书汇编》,46 页。
② 《干王洪仁玕自述》,见《太平天国续编》(二),411 页。
③ 《李秀成亲书供词》,第十一叶上。

学习资本主义经营方式和先进技术,全面发展近代交通运输业,开办工厂,开发矿藏,创设银行、邮政、保险各业等;在文化和社会改革方面,提倡兴办学校、医院和慈善事业,禁止溺婴、喝酒和吸食鸦片等;在外交方面,提倡中外自由通商和开展文化交流,戒除虚骄自大、口角取胜的做法,但不准外人干涉内政,"准其为国献策,不得毁谤国法"。

可见,《资政新篇》的上述主张,是要在中国发展资本主义经济和进行一些相应的上层建筑改革。而且很显然的是,在洪仁玕所构想的新国家的蓝图中,是允许贫富差别,甚至有百万富翁的存在的。他完全撇开了《天朝田亩制度》中所倡导的"天下大家处处平匀,人人饱暖"的绝对平均主义方案。在《资政新篇》的结语部分,他很含蓄地指出:"今之人心风俗,皆非古昔厚重之体,欲清去病源,既不可得,即欲峻补,其可得乎? 此皆为邦大略,小弟于此类凡涉时势二字,极深思索。故于古所无者兴之,恶者禁之,是者损益之。"可见,《资政新篇》完全是着眼于现实与未来、具有历史进步意义的改革方案。

值得注意的是,洪秀全对本篇所提出的方案作了仔细的批示。有16 处批一个"是"字;有 11 处批"钦定此策是也"或"此策是也";有 2 处批"钦定此策杀绝妖魔行未迟"或"俟杀绝残妖后行未迟也"。唯有对其中讲到不杀人、诫杀人的两处,表示反对。洪秀全的有关批语,使我们对这位农民知识分子出身的太平天国领袖的思想有可能作进一步深入的了解。他对《资政新篇》大体上采取了肯定和赞同的态度,说明他在思想认识上也还是可以与时俱进的。

《资政新篇》的问世,甚至还受到了太平天国敌对营垒的重视。1861 年(咸丰十一年)春,曾国藩的谋士赵烈文于上海得见此书,认为"其中所言,颇有见识","观此一书,则贼中不为无人也"。他希望"有志之士尚无忽诸"。[①]

囿于当时的具体历史条件,《资政新篇》的方案未能实施。但它作为中国历史上要求学习资本主义的第一个比较系统的纲领性文件,是有其重要的历史地位的。

---

① 赵烈文:《能静居日记》,见《太平天国续编》(七),79 页。

第二节 二破江北江南大营与东征苏常、上海

太平天国面对上游日益进逼的湘军和近在肘腋的江南、江北两个大营,力图在战略上取得突破。太平军首先与皖北的捻子加强合作,以发展壮大自己的有生力量。接着太平军又"谋定而后战",取得了再破江北大营的胜利。三河之战,更全歼湘军悍将李续宾部,进犯安庆的湘军被迫遁走。最后太平军出奇兵,奔袭杭州,迫使江南大营调动精锐兵力往救,从而一举攻破江南大营,并乘胜东征苏、常,开拓了新的发展空间。虽然太平军在进攻上海时遭受挫折,但其先后发动的这几场战役,不愧为太平天国战争史上的得意之笔。

一 与捻子的合作

捻子又被称为捻党,取"群聚为捻"之意。皖北方言口语中即称一部分、一支、一股为"一捻"。[1] 捻子起源很早,长期活跃于以皖北为中心的黄淮平原一带。《清实录》中最早出现"捻子"之名是在 1815 年 1 月 1 日(嘉庆十九年十一月二十一日)。据御史陶澍奏称:在河南南汝光一带及安徽颍、亳等处,"向多红胡匪徒","近来日聚日多,横行益甚。每一股谓之一捻子,小捻子数人数十人,大捻子一二百人不等,成群结队,公肆抢劫,或夺人赀财,或抢人妻女,甚至挖人目睛,且有头目指挥。"[2]

---

① 安徽科学分院哲学社会科学研究所历史研究室近代史组编著:《关于捻军的几个问题》,2、44 页,合肥,安徽人民出版社,1960。

② 《清仁宗实录》卷二九九,嘉庆十九年十一月戊申。

捻子不是宗教组织,不崇尚某一具体的神主,也没有什么特别的教义和仪式。它没有固定的群众和固定的组织,甚至也没有固定的领袖,"聚则为捻,散则为民",因而还根本说不上是什么秘密组织。其成员也十分复杂,既有白莲教徒,也有镇压白莲教后被裁撤的乡勇,还有船民、私盐贩子、走江湖者,但更多的是破产农民。皖北地瘠民贫,贫苦农民往往整村整族地参加捻子,所以也有人认为捻子是"饥饿农民的武装组织"。① 捻子以行侠尚义、劫富济贫相号召,经常对统治秩序造成威胁。

太平天国定都南京后,各路捻子纷纷起而响应。起义后的捻子因形势所迫,逐渐由分散走向联合。1855 年(太平天国乙荣五年)秋,皖北和豫南的各路捻首 100 余人在安徽蒙城和亳州交界的雉河集会盟,公推张乐行为大汉盟主,并以龚得树为军师,苏天福、王冠三为先锋。各路捻子又统编为五大总旗:张乐行领黄旗,龚得树领白旗,韩奇峰领蓝旗,侯士维领红旗,苏天福领黑旗。领总旗者称大趟主。王冠三也领黑旗,却又独立于五大旗之外。捻子揭帜而成为捻军之后,既无明确的斗争纲领,又无切实可行的组织措施,在清军的不断进攻下屡遭损失。此时,太平天国亦因天京事变而元气大伤,两者的联合已是势在必行。正如时人所说:

> 是时,捻匪屡经受挫,势渐披靡,不得不假长发之声势以图再振;而长发亦因党与渐离,集收捻匪以为用:于是分者始合,狼狈苍黄,急则相倚,势使然也。②

捻军领袖张乐行先后被封为征北主将、鼎天福,1861 年(太平天国辛酉十一年)冬更晋封为沃王。捻军各旗首领也都接受了太平天国的封号。尽管捻军仍保持某种独立状态,"听封而不能听调用",③但他们打出太平天国的旗号,其成员蓄长发,积极配合了太平军在江北的历次战斗,因而成为太平天国北部的有力屏障。太平军除在江北积极联络

---

① 《关于捻军的几个问题》,5 页。
② 黄恩彤:《捻匪刍议》,见中国史学会编《中国近代史资料丛刊·捻军》(以下简称丛刊《捻军》)(一),409 页,上海:上海人民出版社、上海书店出版社,2000。
③ 《李秀成亲书供词》,第二十叶。

捻军协同作战外,还直接吸收大批饥民入伍,从而迅速扩充了自身的力量。

二　"谋定而后战"再破江北大营

在与捻军联合的基础上,太平军各部队同心协力,谋定而后战,取得了一系列重要战役的胜利。早在 1857 年(太平天国丁巳七年),陈玉成、李秀成等军便已开始主动协同作战,取得了桐城等役的胜利。1858年(太平天国戊午八年)夏,经洪秀全批准,李秀成约集太平军各地守将大会于安徽枞阳,讨论整合战略指挥,确定解除京围的作战方案。陈玉成率军于湖北罗田、麻城败归,亦前往赴会。会议决定集中兵力对付长江以北,首先是力量最为薄弱的皖北之敌,然后会攻江北大营,于是"各誓一心,订约会战"。[①]

8 月,陈玉成厚集兵力,首先夹击署安徽巡抚李孟群的万余清军,迫使其逃往六安,并切断其与庐州清军之间的联络。接着,太平军各路数万兵马向庐州集结,防守庐州的清军于 8 月 23 日早间出队,"一败回即不入营",太平军得以进克庐州。此时,新任安徽巡抚翁同书刚由浦口督带江北大营步兵 900 名、马队 100 名进抵定远。由于粮台无粮饷军械可拨,翁同书无法阻遏皖北清军的溃散。与此同时,太平军李秀成部亦从全椒整队前出滁州,牵制江北大营,并以部分兵力西向以策应陈玉成的行动。江北大营方面,德兴阿已调拨马步兵 1 000 名,此时兵力不足,只得全力防御苏皖边界,以图自保。9 月 12 日,陈玉成部攻克池河驿,进逼定远。困守定远的翁同书已准备"亲率饥军,背城一战"。[②]但陈部于 14 日即东进滁州,与李秀成部在乌衣会师,准备进攻浦口的江北大营清军。此时江北大营仅有兵勇 1 万数千名,防线却长达 200余里,"粤逆捻匪三面扑来",已有防不胜防之势。[③]

18 日,太平军与江北大营清军首战于东西葛,清军伤亡 2 000 余

---

① 《李秀成亲书供词》,第二十一叶上。

② 《翁同书奏报藕塘马队失利定远危急并请胜保来援折》,见《清政府镇压太平天国档案史料》第 20 册,520—521 页。

③ 《德兴阿奏请解拨皖饷军械并请催前调马队赴浦助剿片》,见《清政府镇压太平天国档案史料》第 20 册,491—492 页。

名，太平军得马 300 余匹。下旬，太平军又与江北大营清军大战于乌衣，歼敌三四千众。江南大营冯子材率军 5 000 人增援江北，在小店与太平军激战，又被歼灭过半。太平军三战三捷，江北清军主力折损几半。太平军乃乘胜往攻浦口大营。陈玉成部于正面强攻，李秀成率部包抄其后。江心九洑洲的太平军亦北渡参战。浦口之战，歼敌万余。德兴阿率残部狼狈突围，遁往通江集。其粮台军资，尽为太平军所获。"浦营兵勇，悉已溃散。德兴阿等几无一旅之师。"江南大营的残兵亦"仅得二三百名"。① 9 月 29 日，清军弃守江浦。太平军打通了天京北岸交通，城内的粮食物资供应又重新得以保证。陈、李各军乘胜连克六合、天长、扬州等地。江北大营经此打击，一蹶不振，延至 1859 年 3 月（咸丰九年二月）被迫撤销，德兴阿被革任，"即令回京"，"江北官军，统归和春节制"。②

三 三河之战

1858 年 8 月，湖北巡抚胡林翼因母丧离鄂回湘。钦差大臣、湖广总督官文暂署抚篆。他一反胡林翼的谨慎用兵之道，下令巡抚衔浙江布政使李续宾统帅所部湘军迅速东下进攻安庆。此时湘军主帅曾国藩虽已起服出山，但远在闽赣边界与石达开相持，对李续宾部湘军鞭长莫及。李续宾能征惯战，勇武果敢，被清廷倚为"长城"，太平军战将陈玉成即屡受其挫。但其性情骄躁，刚愎自用，竟视太平军为乌合。其所部湘军，一分于九江、湖口、彭泽，再分于蕲州、黄州，仅率万余人与江宁将军（不久改授荆州将军）都兴阿合军，共得马步兵两三万人，进入皖西边界。9 月 5 日，湘军往攻太湖县。太平天国受天福叶芸莱率部婴城固守。原为捻首、后为李秀成部将的李昭寿此时已叛降清朝，他向清军提供了太湖太平军守军缺粮的情报，建议速攻。23 日，叶芸莱被迫突围，湘军陷太湖。27 日，湘军再陷潜山。10 月 1 日，都兴阿所部清军攻陷安庆的门户石牌。都兴阿、李续宾为已取得的胜利所鼓舞，决定深入皖

---

① 《清文宗实录》卷二六三，咸丰八年九月乙亥上谕。
② 《清文宗实录》卷二七五，咸丰九年二月丙午。

北腹地，拟以一军联络水师进攻安庆，以一军力捣桐城。但此时胜保正防守盱眙，翁同书孤守定远，均不可能配合入皖湘军作战。胡林翼深以为忧，致函李续宾，指出其已犯兵家之深忌，亟宜休整缓进。[1]但李续宾仍疾趋桐城，并于10月12日将其攻占。桐城于1853年即入太平天国版图，至此已经数年休养生息。李续宾乃纵兵大掠。勇丁饱掠之余，已无斗志。但李续宾仍想速战速决，直捣庐州。他留部分兵力守桐城，自率七千主力往攻舒城。24日，舒城太平军守军退守三河。

都兴阿军往攻安庆，于10月10日攻陷集贤关，15日起分攻安庆城垒。安庆城防体系极为坚固，都兴阿顿兵于坚城之下，战事渐趋消沉，又与李续宾部拉开了距离，终为太平军造成了各个击破的机会。

李续宾进军仅32日，竟深入皖北腹地四五百里。舒城的攻克更使其名声大噪。但其幕僚中有人已清醒地意识到湘军力疲意骄、后路空虚的危险，建议其返回桐城，合都兴阿军会攻安庆。李续宾不愿当配角，又认为安庆防御严密，攻城非旬日之功；庐州空虚，可出奇制胜。他一面急速进军，一面请官文派兵增援。官文却认为李续宾"所向无前，今军威已振，何攻之不克"，因而"无所用援"。[2]李续宾只得硬着头皮继续前进，于11月3日进抵三河。三河为庐州屏障，又为天京供应枢纽，防守坚固，粮草充足。守将吴定规沉着应战，在予敌以重大杀伤后，接应城外各垒军入城。城外9垒虽尽失，但湘军为此付出伤亡千余人的代价，占其战斗力的1/5。李续宾损兵折将，锐气渐丧。

正在苏北作战的陈玉成得知皖北腹地告急，当即于六合星驰回救，李秀成率军为其后援。庐州守将吴如孝与捻军张乐行等部亦奉檄参战。11月12—13日，太平军援军已连营数十里，号称十万之众。李续宾陷入重围，虽催调后方部属增援三河，已缓不济急。14日，李秀成部亦赶到，太平军声势更壮。15日起，两军决战。延至18日，李续宾所率湘军5千余人已全部就歼。李续宾与曾国藩之弟曾国华等毙命。舒城清军于15日闻警驰援，在千人桥遭太平军包围，伤亡过半，败逃桐城。16日，太平军收复舒城。23日，陈玉成、李秀成乘战胜之威，分兵

---

①参见《胡文忠公全集·年谱》，68—70页，上海，世界书局，1936。
②王闿运：《湘军志》，《湖北篇》第三，37页，长沙，岳麓书社，1983。

进取桐城,仍由陈部正面强攻,李部迂回侧后。守城湘军已无斗志,大部就歼,仅少量残兵逃遁,桐城乃于 24 日收复。25 日,围攻安庆的清军被迫撤围。26 日退至石牌,30 日更退至宿松,最终在鄂皖边界稳住阵脚。

三河之战,予湘军打击极大。胡林翼哀叹:

> 三河败溃之后,元气尽伤,四年纠合之精锐,覆于一旦。而且敢战之才,明达足智之士,亦凋丧殆尽。①

咸丰帝亦深为李续宾的阵亡而悼惜,"览奏不觉陨涕",下令追赠其总督衔,并即照总督阵亡例赐恤。②

四 "围魏救赵"粉碎江南大营

攻破江北大营后,太平天国设立天浦省,辖六合、江浦、浦口。天王洪秀全任命原捻首薛之元为天浦守将,以保持大江南北航道畅通,"征办粮饷,源源解京"。③ 但薛之元在李昭寿的策反下,暗中与清军将帅通款,并于1859 年 3 月叛变投敌。由于薛之元与李昭寿均曾为李秀成部将,李秀成遂率军加以讨伐,并夺回浦口。他以自己的实际行动消除了天王洪秀全的误会,继干王洪仁玕、英王陈玉成之后得被褒封为忠王。

但江南大营仍对天京形成严重威胁。1859 年春,江南大营围困天京的长壕筑成。这一长壕,阔十余尺,深亦十尺,自城北之上元门至西路之三汊河、乐心寺、江干寺止,共长一百三四十里,大小营垒一百三十余座,驻守兵勇四万有余。为彻底解决江南大营对天京的围困,李秀成于 1860 年 1 月下旬(太平天国己未九年十二月中旬)移交了浦口防务,前往芜湖,会集诸路将领,商讨解围方案。但就在李秀成走后几天,江心要塞九洑洲亦被江南大营夺占。

---

① 胡林翼:《复胜克斋钦使》,见《胡文忠公全集》,694 页。
② 《清文宗实录》卷二七二,咸丰八年十二月己未。
③ 《天王命薛之元镇守天浦省诏》,见《太平天国文书汇编》,45 页。

忠王李秀成在芜湖召集军事会议,出席会议者有侍王李世贤、辅王杨辅清以及刘官芳、古隆贤、赖文鸿、黄文金等高级将领。会议确立了"围魏救赵"即奇袭湖、杭以解京围的战略,并明确了各路将领的任务和进军路线。各将领依计而行。

1860年2月10日(太平天国庚申十年正月初二日),李秀成率军2万余人到达南陵。22日,克宁国。24日,克广德州,留陈坤书、陈炳文等镇守,自率谭绍光、陆顺德、吴定彩等部急趋入浙。27日,李秀成与李世贤部会师,又占安吉、长兴等县,然后再分军为二:李世贤率军佯攻湖州,李秀成率精兵六七千人奇袭杭州。

浙江巡抚罗遵殿得知太平军入浙,急调各路兵勇赴杭州、余杭等地加强防守,又请和春及两江总督何桂清等急派兵援浙。杭州乃江南大营饷源所在,和春等为此先后调集约1.3万人入浙。太平军攻其必救,"围魏救赵"之策开始见效。

3月10日,李秀成之先头部队已进至杭州西北之良渚。翌日,开始攻城。19日,太平军轰塌清波门城墙,遂进占杭州。浙江巡抚罗遵殿以下多人死难。杭州将军瑞昌等坚守满城,未被太平军攻破。22日,总兵张玉良率江南大营援军抵达杭州城外。24日,李秀成率军潜行撤出杭州。张玉良部清军先是一日一夜不敢进城,入城后又是只图劫掠财物,未能予以追击。李秀成仍迅速由小路回师,李世贤部也从湖州撤回。此时英王陈玉成已率其主力赶到。太平军在天京周围集结了各路大军十余万人。在扫除了一些外围据点之后,4月27日,东路李秀成、李世贤部首先发起攻击,由淳化镇至马鞍山一线,进扑长濠,与张国梁部展开激战。29日,南路杨辅清、黄文金等部由沙子岗进逼秣陵关,刘官芳、陈坤书等部进逼高桥门及小水关大营后路。5月2日,西路陈玉成部亦于西南长濠投入战斗。延至5月5日,太平军突破天京城东之孝陵卫大营。至此,江南大营所筑长濠及各处营盘均被攻破,清军官兵阵亡数万人。和春、张国梁等被迫逃至镇江。其大营存银10余万两及军火局所存枪炮、火药、铅子等辎重,尽为太平军所获。太平天国首都又一次解围。

二破江南大营之役打得干净、利落,完全达到了预期的目的。连湘军领袖曾国藩也不得不承认此役为太平天国的"得意之笔"。[①]

五　东征苏常

攻破江南大营后,5 月 11 日(太平天国庚申十年四月初一日),诸王登朝庆贺,并计划下一步的行动。据干王洪仁玕说:当时英王陈玉成主张援救安庆,侍王李世贤意在攻取闽、浙,独忠王李秀成赞同其意见,即先东下苏、杭、上海,"乘胜下取,其功易成。一俟下路既得,即取百万买置火轮二十个,沿长江上取。另发兵一支,由南进江西,发兵一支,由北进蕲黄,合取湖北,则长江两岸俱为我有,则根本可久大矣。"[②]天王同意了这一先东后西的方案,并将东征苏、常的期限定为一个月,意在速战速决,不在东路作过多纠缠。

东征战役的具体部署是:忠王李秀成暨侍王李世贤、辅王杨辅清及定南主将黄文金、靖东主将刘玱琳等东征苏、常;右军主将刘官芳等回皖南原防,屏障天京之西侧;英王陈玉成渡江往攻扬州,牵制江北清军,使其不得南救苏南。

东征一开始即进展神速。1860 年 5 月 19 日(太平天国庚申十年四月初九日,咸丰十年闰三月二十九日),太平军攻克丹阳,江南大营仓促间建起的防御被突破。其兵勇再次溃散,清军悍将、江南提督帮办军务张国梁在策马渡护城河时落水身亡。钦差大臣和春与帮办军务许乃钊等绕道小河,狼狈逃至常州。原在常州的两江总督何桂清早在张玉良率军回援时即将其截留。他的如意算盘是:以和春、张国梁在丹阳的军队为第一线,他与张玉良为第二线。丹阳溃败后,何桂清大为恐慌,立即准备逃避。正好江苏布政使薛焕等禀请其退往苏州筹饷,即于 5 月 21 日离常出逃。途遇乡绅父老遮拦,何竟命兵丁开枪轰击,夺路而走。负责防务的张玉良下令焚毁城外民居,兵勇肆行劫掠后,奔逃无锡、金匮。26 日,常州为太平军所攻占。已逃至浒墅关的和春于悔恨绝望中服毒自杀。[③] 28 日,太平军进抵无锡城外之高桥。在与张玉良

---

① 《致沅、季二弟》(咸丰十一年二月二十二日),见《曾国藩全集·家书》。
② 《干王洪仁玕自述》,见《太平天国续编》(二),411 页。
③ 参见萧盛远《粤匪纪略》,见《太平天国续编》(四),45 页。

等部清军激战后,太平军于 30 日攻占无锡县城。

苏州防务由江苏巡抚徐有壬主持。5 月 23 日,何桂清逃至苏州城外时,徐有壬闭城不纳。何只得再逃至常熟。26 日,和春的尸体运至苏州。败兵溃勇接踵而至。逃至苏州的大名镇总兵马得昭对徐有壬说,欲守城必须尽毁城外民居而后可。徐遂出三支令箭,首令居民装裹,次令移徙,三令纵火。马部兵竟以三令一时出,顷刻火光烛天,城外大乱。败兵溃勇"纵横劫掠,号哭之声震天。自山塘至南濠,半成灰烬"。[1] 苏州城乡居民自发组织起来截杀溃兵。6 月 1 日,太平军前锋进抵阊门。2 日,候补道李文炳等率所部兵勇开门迎降。据李秀成回忆说:"看阊门、街方等村,百[姓]多有来迎,街上铺店民房门首具(俱)贴字样云:'同心杀尽张和两帅官兵。'民杀此官兵者,因将丹阳之下,到稣(苏)州,水陆民财,概被其兵抢掳,故恨而杀也。"[2]江苏巡抚徐有壬、署按察使粮道朱钧等自杀,布政使薛焕、署苏州知府吴云等则先期逃往上海。清军降者达五六万人。此时上距出师天京还不到 20 天。

六 上海之役受挫

太平军攻占苏、常二府后,忠王李秀成决定扩大战果。求天义陈坤书、朗天义陈炳文等率军于 6 月 13 日由苏州南下,当日攻占吴江。14 日,占平望镇。15 日,攻克浙江嘉兴府城。署嘉兴知府张玉藻携银狼狈渡海逃至绍兴。宿卫军大佐将认天义陆顺德等率军由苏州继续东下,15 日克昆山,16 日占太仓,22 日克嘉定。杰天义赖文光等于 30 日攻克青浦县城。7 月 1 日,东路军攻克松江府城。

太平军在向上海发起攻击时,却遭到了外国侵略者的抵抗。早在太平军攻克常州的当天,英国公使普鲁斯即发出如下通告(法国公使布尔布隆的通告内容与此相同):

查上海已开放为对外通商口岸,住居上海之本国商人,已同从远方

---

① 赵烈文:《能静居日记》,见《太平天国续编》(七),58 页。
② 《李秀成亲书供词》,第三十二叶上。

来此经营商业之外国人进行大宗买卖。一旦上海遭受攻击并沦为内战战场,商业必将遭到严重打击,凡愿安居乐业而从事和平职业者,不论中外,俱将蒙受重大损失。

本商务监督有鉴于此,用特商请女王陛下海陆军当局采取适当措施,以防止上海居民遭到抢劫与屠戮之苦,并协助镇压含有敌意之分子,借以弭平一切叛乱活动,进而保卫上海,抵抗任何攻击。①

英、法为此组织了联合部队,在上海近郊布防。已逃到上海的何桂清甚至亲到美国领事馆活动,寻求侵略者对清朝地方政府的支持与帮助。上海英文报纸《北华捷报》对此评论道:

即使在这个多变的国家里,这件事也使我们感到奇怪,因为当英法两国代表前往大沽与中国政府互换条约批准书时,中国政府曾企图将其击退,目前仍在作将其击退的打算,从无敦请美国人出面调停之事。但属同样的番夷,中国政府却在上海向英法求援。

这家报纸继续评论道:关于要不要实行干涉,对于作战部队很有诱惑力,因为他们待在这个模范租界里已经很有些无聊了;而从西方军事家的角度,为要保卫这种易受攻击的地区,先发制人是可取的。可是,应该将谁作为攻击的对象呢? 叛军(指太平军)攻击官军,官军袭击百姓,百姓又起而自卫,并使官府本身遭到攻击。我们出兵的目的,本是为了对付叛军,但很有可能和百姓发生冲突。其结论是:除非为保卫上海外侨利益所绝对不可避免的情形外,决不容许为地方事件将联军的注意力分散。②

7月7日,英国驻上海领事密迪乐发布通告,要求英国臣民严守中立,不得参加中国内战。于是,苏松太道吴煦与买办杨坊出资雇用一位美国流氓华尔组织起洋枪队与太平军作战。7月中旬,洋枪队袭取松

①《北华捷报》第514期,见《太平军在上海——〈北华捷报〉选译》,85—86页,上海,上海人民出版社,1983。
②《北华捷报》第516期,见《太平军在上海——〈北华捷报〉选译》,94—95页。

江。但在 8 月上旬洋枪队进犯青浦时，却遭到太平军的有力回击，死伤惨重。8 月 12 日，太平军再次攻克松江，并乘胜向上海挺进。

8 月 18 日，忠王李秀成亲自率军抵达徐家汇，据说是应法国人之邀前来接受上海县城。太平军于距上海县城 9 里处与清军激战，获大胜，并摧毁清军营垒 4 座。兵锋紧逼上海县城之西、南二门。英、法侵略军与清军共同抗拒。负责进军上海的忠王李秀成采取了极为克制的态度。他在致英、美、葡三国（但不包括法国在内）领事书和给各国领事的通告中声明前来上海之原委："当我军到达苏州后，有法人数名偕同别国人等前来交易。伊等谒见本藩，邀约本藩亲到上海，共同商议尔我间之未来友善关系事宜。……讵料法人已受妖兵之诱惑，竟食前言，背弃前约。……此种行为，实属不公不义，无以复加矣。"并再三声明："本藩前来上海，只为订定条约，欲借通商贸易结成一致之关系，原非与尔等交战。""我方只与清妖敌对，而与诸外国则并无争执之点也"，"倘本藩心怀敌意，立即下令攻击，势将同室操戈，徒遭清妖之耻笑耳"。[1] 然而驻守上海县城的英法军队"在城上用排枪和霰弹热烈款待"太平军。忠王本人脸部受了轻伤，以致他后来讲话略略受到妨碍。太平军数百名战士牺牲，但却一枪未予还击，很快撤出了战斗。[2] 8 月 23 日，太平军陆续退出徐家汇一带，一部退向青浦，大部在忠王率领下转而进援嘉兴，并粉碎了浙江清军对嘉兴的攻击。

---

[1]《忠王李秀成致英美葡三国领事书》《忠王李秀成给上海各国领事通告》，见《太平天国史译丛》第 2 辑，6—9 页，北京，中华书局，1983。

[2] ［英］呤唎：《太平天国革命亲历记》，215—218 页，上海，上海人民出版社，1997。

第三节 太平天国后期的社会经济政策及其内部矛盾的发展

　　1860年(庚申十年),天王洪秀全重新颁布《天朝田亩制度》。但太平天国在新占领的苏福省等地区所践行的依然是"照旧交粮纳税",并采取了"着佃交粮"等极为务实的做法和一系列安定社会秩序的措施。城镇商业和对外贸易也出现了繁盛的景象。但不容否认的是,太平军的一些将领、一些部队不计后果的"扰民"行为时有发生,且随着战场形势的恶化而有所增加。与此同时,太平天国内部的矛盾也在发展着。洪秀全只讲"天话",甚至一度将太平天国更名为上帝天国,[①]但他与西方传教士之间也没有多少共同语言。他任人唯亲,大力扶植洪氏集团,又不得不与外姓之王妥协。后期的太平天国朝纲紊乱,立政无章。而其广封诸王、各有封地的做法,实际上强化了离心倾向,也加速了太平天国的败亡。

一 《天朝田亩制度》的再次刊布与"着佃交粮"

　　继1853年(太平天国癸好三年)《天朝田亩制度》颁布后,1857年太平天国又有《钦定制度则例集编》问世,其中应有社会经济方面的制度政策规定,但其具体内容现已不得而知。1860年的东征苏常之役,使太平天国得到了常州、苏州、松江、太仓等三府一直隶州的绝大多数地区。太平天国为此建立了苏福省。[②] 同年,天王洪秀全即重新颁布

---

① 《改太平天国为上帝天国诏》,见《太平天国文书汇编》,55页。
② 苏福省的首府为苏州,大体包括常州以东的苏南地区,辖苏州、常州、松江、太仓4郡。参见董蔡时《太平天国在苏州》,54页,南京,江苏人民出版社,1981。

《天朝田亩制度》。时隔 7 年后的再次颁布,当然是因为太平天国有了新的财赋之地,也有了重新振作的气象。但细察这一新版的《天朝田亩制度》,除去根据太平天国官制的变化作了一些技术性的修订外,并没有任何实质性的变动。①

太平天国在江、浙新占领区的农村中除设立军、师、旅帅等各级乡官是参照了《天朝田亩制度》的相关规定外,其赋税政策依然是"照旧交粮纳税"。但在实践中,也有其因地制宜、因时制宜的若干新的特点。苏福省的"着佃交粮"即是其一。

以常熟地区为例。据记载,1860 年秋太平军占领常熟、昭文后,即开始"巡查门牌,宣讲道理,劝民纳税完粮,又著乡官整理田亩粮册,欲令业户收租,商议条陈。无奈农民贪心正炽,皆思侵吞,业户四散,又无定处,各不齐心"。于是,收租局董连夜进城寻求太平天国地方官员的支持,"请兵下乡剿灭乱民",结果被认为是乡官办理不善,受到斥责。②太平天国不愿动用武力镇压农民,只是继续张贴告示,劝谕业主们,"不论庙田、公田、学田等,俱要造册,收租完粮。倘有移家在外,远出他方,即行回家收租完粮。如不回来,其田着乡官收租完粮充公,佃户不准隐匿分毫。"③但到 1860 年底,政策突然有了变化,常熟监军出告示说:"着旅帅、卒长按田造花名册,以实种作准,业户不得挂名收租。"由于是年秋收大熟,"各项皆能依示,惟收租度日者,及城中难民无业无资者,甚属难过。"④而农村中的佃户"既免还租,踊跃完纳,速于平时,无敢抗欠"。⑤

第二年,1861 年的秋天,常熟地方当局又出示,要求业户"呈田数给凭,方准收租"。其地方长官亲到北乡镇上"讲道理,要设局收租,各业户,军、师、旅帅等尽到听讲"。⑥ 但这一年只有南乡是"租粮并收",其余三乡依然是"但有粮局,业户几不聊生"。⑦

① 参见丛刊《太平天国》(一)第 326 页的校记。
② 汤氏辑:《鳅闻日记》卷下,见《太平天国续编》(六),325 页。
③ 佚名:《庚申避难日记》,见《太平天国续编》(六),208 页。
④ 顾汝钰:《海虞贼乱志》,见丛刊《太平天国》(五),370—371 页。
⑤ 汤氏辑:《鳅闻日记》卷下,见《太平天国续编》(六),339 页。
⑥ 龚又村:《自怡日记》;佚名:《庚申避难日记》,见《太平天国续编》(六),73、225 页。
⑦ 龚又村:《自怡日记》,见《太平天国续编》(六),82 页。

再看其他地区。无锡于 1860 年采取"随田纳款",着佃交粮。第二年起,基本上改为地主收租。苏州同城而治的元和、吴、长洲三县,1860 年即宣布了"业户收租"与"着佃交粮"同时并行的政策,但实际上业户基本收不到租。第二年,元和、吴县仍未设收租局。吴江等县,有的乡镇是"着佃办粮",但也有地主收租完粮的记载。①

1861 年以后,太平天国更普遍地在所占领的苏南和浙江地区颁发了作为土地所有权凭证的田凭。其格式一律,所刻文字完全相同,载明颁发田凭为的是"以安恒业,而利民生"。土地所有人领得田凭后的义务是"每年遵照天朝定制,完纳银米";领凭人必须保证领取田凭的土地确为"自份田产,并无假冒隐匿舞弊",以后"如有争讼霸占一切情事,准该花户禀请究治"。② 在颁发田凭的过程中,有相当多的佃户将租田作自产,领取了田凭。

由此可见,"着佃交粮"虽然对握有"田面"权的佃户有利,也便于政府的赋税征收,却只是非常时期的临时性措施,并非太平天国持之以恒的既定政策。而佃农领取田凭的现象,也还不足以说明太平天国是在自觉地奉行"耕者有其田"的政策,更与《天朝田亩制度》的相关规定相去甚远。

二 商业政策与对外贸易

苏南商品经济发达,又是对外贸易中占重要地位的生丝产地。太平天国也采取了一系列的措施以促进城乡物资交流,活跃城乡经济,发展中外贸易。

太平军在占领苏州后,即在城外勘定阊门外山塘、虎丘一带准许居民经商,将此地辟为买卖街。城市贫民缺乏资金经商者,可向苏福省地方当局请领本钱,"呈明何业认领何等货物,仍估定货价",待售卖之后,再缴还本钱七成,留三成,"俾其永远借以运转"。太平天国地方当局也注意保护商业,军民人等,一律公买公卖,不许强取硬赊,违者严惩不

---

① 参见郭毅生《太平天国经济制度》第五章,北京,中国社会科学出版社,1984。
② 参据董蔡时《太平天国在苏州》,132 页。

贷。消息传至四乡,"船来日多,售亦日盛"。[①] 城内则由地方当局开市,"牌署天朝",但掌柜经营者均为本地人,"亦辫红履朱,诩诩自得"。[②] 对经商者,除发临时性的营业许可印照外,又可凭印照换取正式的商凭。开店的,要领店凭;行商外出,要领路凭。必须进入清朝统治区的,还要领"剃头凭"。路凭则有乡卡、县卡、郡卡、省卡、金陵卡等不同等级之分。省卡可通行全省,金陵卡则可通行于整个太平天国统治区。

太平天国在其占领区也设有税卡,商贾过卡,皆须完税。外商亦须照章纳税。如吴江人柳兆薰在其日记中即说:"闻芦川毛公(指太平军)关上,红夷丝船过亦要完税。"[③]这位柳兆薰曾是非常敌视太平天国的,在太平军初占苏州一带时,他在日记中攻击说是"无毛不瘟",必须"见瘟毛即杀"。但几个月后,他对太平军的称呼已由"瘟毛"改为中性的"长毛":"梨镇(梨川)目前可苟安,长毛往来,市人不惊。"再往后,他对太平天国地方行政长官钟某即尊称为"钟公",而对太平军人士也一律称为"毛公"了。

太平天国的对外贸易也很兴盛。据英商怡和洋行上海支店负责人惠涛的报告,在1860年(太平天国庚申十年)太平军占领苏州以后的三个月,作为中国对外贸易最主要商品的生丝贸易,就"非常昌旺"。其他方面的贸易,比起清朝统治的时代,也"都大有进展"。惠涛又报告,在这一年太平军进军上海时期,尽管外国侵略者帮助清朝防守上海,太平天国对外国商人还是一样尽力"给以各种各样的贸易方便",使生丝的出口"仍然继续涌来"。[④] 据统计,1845—1846年中国生丝出口总额为18 600包,1849—1850年为16 134包,但在太平军占领产丝地区主要城市苏州以后的1860—1861年,生丝出口增至88 754包,这也是自1845—1865历年间生丝出口的最高值。[⑤]

---

① 潘钟瑞:《苏台麋鹿记》,见丛刊《太平天国》(五),276、300 页。
② 龚又村:《自怡日记》,见《太平天国续编》(六),66 页。
③ 《柳兆薰日记》,见《太平天国史料专辑》,191 页。
④ 1860 年 8 月 16 日惠涛致香港亚历山大·仆希尔信,转据罗尔纲《太平天国史》,942 页,北京,中华书局,1991。
⑤ 参见[英]吟唎《太平天国革命亲历记》附录乙,710—712 页。

据时人记载:太平天国统治区之商旅往来,"自江、浙以达上海,帆樯林立,来去自如",苏福省商业之繁盛,更是"列货云屯,流民雨集,盛于未乱时倍蓰"。①

三 太平天国的安民与"害民"

苏福省社会经济的迅速恢复和发展,与太平天国当局,尤其是忠王李秀成卓有成效地实行招抚政策大有关系。东征苏常的战争行为一结束,太平天国苏福省的各级官员即纷纷采取各种安民措施,力图将战争所带来的破坏和损失减少到最小,尽快稳定社会秩序和安定人心。忠王李秀成在对苏州四乡的安民告示中说:

> 本藩恭逢天命,统师克服苏城。现下城池已克,急于拯济苍生。除经严禁兵士,不准下乡等情。为此剀切先谕,劝尔百姓安心。不必徘徊瞻望,毋庸胆怯心惊。照常归农乐业,适彼乐土居民。绅董可速出首,来城递册投诚。自无流离失所,永为天国良民。……②

当时苏州四乡的一些"蛮恶"乡民,并不服从抚恤,动乱多天仍不止息,甚至抢掳到苏州城边。一些将领主张武力镇压,但李秀成坚决不同意,亲自带数十船只,直入民间乡内。据其回忆:当时"四处子民手执器械,将我一人困在于内,随往文武人人失色。我舍死一命来抚稣(苏)民。矛枪二(指)我杀命,我并不回手,将理说由,民心顺服,各方息手,将器械收。三日将元和之民先抚,自举安起,七日将元和、吴县、长洲安清平服。以近及远,县县皆从,不战自抚。是以稣常之民,节(即)归顺。"③

招抚政策当然也有其隐患。接受招抚的地方武装,尤其是太湖及周围水网地带的枪船匪帮,平时作威作福,鱼肉乡里,有一些甚至暗中仍与逃亡上海的清朝官员相勾结。太平天国当局在社会秩序业已稳

---

① 均据王韬《上当事书》,转据罗尔纲《太平天国史》,944—945 页。
② 《忠王李秀成给苏郡四乡谆谕》,见《太平天国文书汇编》,121—122 页。
③ 《李秀成亲书供词》,第三十三叶上。

定,并熟悉掌握本地情况之后,便于 1862 年 7 月 9 日(太平天国壬戌十二年五月二十八日,同治元年六月十三日)一声令下,苏福省之苏州、松江与浙江省之嘉兴、湖州四属分兵各路同时行动,一举歼灭了枪船匪帮。一位地主士人为之感叹道:

> 苏、松、嘉、湖遍地之赌局,遍地之枪船,而受制于长毛一日之号令,杀者杀,掳者掳,逃者逃,散者散,匿迹销声之不暇。……徐抚军(指曾任江苏巡抚的徐有壬)合两浙官员禁除赌匪,穷年累月而不得,而伪忠王以一土寇之号令一朝灭之而肃清。我朝大吏与逆贼才智不相及且如此,而况乎其为博徒哉。①

由于招抚政策减少了社会的动乱,加之前述振兴商业、救济城市贫民的若干具体措施,苏州各属出现了欣欣向荣的景象。仍据那位士人的记载:

> 苏属乡镇未遭烽火者十之七八,且迁徙者多,人烟转盛。城市富民往来贸易,货财充斥,增设市廛,贼但抽租增税而已,初不知其为乱世也。②

在常熟,至今犹保存着当时建立的"报恩牌坊碑"。该碑文以生动的词句,描述了当地民安物阜的景象:

> 禾苗布帛,均出以时,士农工商,各安其业;平租佣之额赋,准课税之重轻。春树万家,喧起鱼盐之市;夜灯几点,摇来虾菜之船。信民物之殷阜,皆恩德之栽培。③

苏州人民为感激太平天国给他们减免钱粮,还特地在阊门外镌立

---

① 沈梓:《避寇日记》卷三,见《太平天国续编》(八),138—139 页。
② 沈梓:《避寇日记》卷三,见《太平天国续编》(八),151 页。
③ 转据罗尔纲《太平天国史》(二),946 页。

"民不能忘"的白玉大牌坊,以资纪念。据记载,淮军首领李鸿章在攻占苏州后,曾责问当地父老:"阊门外白石牌坊何以建于伪忠王耶?"民以"减粮"对。清政府统治时期,"赋莫重于江苏省,而松江一府之粮尚重于福建全省之粮,屡奏屡格"。但太平天国却能减免钱粮,"民不能忘"的牌坊即为担任军、师、旅帅的各级乡官所捐建。直到清王朝应当地士绅之请下令"免四成之赋",歌颂忠王的牌坊才被毁去。①

毋庸讳言,太平军的其他部队并不都像忠王那样注意安民。一些人从军多年,已习惯于以战争为日用,以劫掠为常事,往往有"害民"之举。而其中又以原清军被招降者纪律为最差。江宁士人李圭于二破江南大营后曾一度被"裹胁"入太平军,据其回忆:他所在的那支太平军部队,往往随便杀害被掳之人,甚至妇女也多被强奸杀害,"穷凶极恶,无所不至"。但他又强调指出:"如行此类事者,大抵以湘、鄂、皖、赣等籍人,先充官军;或流氓地痞,裹附于贼;或战败而降贼军,积赀得为老兄弟者居多。其真正粤贼,则反觉慈祥恺悌,转不若是其残忍也。"②可见就在这样的部队中,真正的"老长毛"也还是能够注意爱护百姓的。

李秀成本人后来也沉痛地总结道:"我天国坏者",一是李昭寿起,二是招得张乐行之害,三是广东招来这帮兵害起,"惹我天朝之心变"。李昭寿与张乐行都是捻首,广东之兵即是花旗,也即投靠太平天国的广东天地会武装。而太平军自己的部队中,刘官芳、古隆贤、赖裕新等部,甚至杨辅清的部队,也有害民之举。而其根本原因,是天王洪秀全"不问政事,不严法章,不用明才佐政,故而坏由此等之人坏起"。到后来,则又有陈坤书、洪春元等部害民。李秀成说:"陈坤书是我部将,我有十万众与他。此人胆志可有,故而交重兵于他。后谗臣见我兵势甚大,密奏天[王]加封其重爵,分我之权,故而自尊,不由我用,制其不能,而[害]百姓者,是此等之人也。南北两岸其害过之处所,我无不差官前去复安,给粮给种,招民给本。不而救民命,害民烧杀,实此等人害起也。前起义到此,并未有害民之事,天下可知!"③

---

① 沧浪钓徒:《劫余灰录》,见《太平天国史料丛编简辑》(二),149 页。
② 李圭:《思痛记》,见丛刊《太平天国》(四),480 页。
③《李秀成亲书供词》,第二十叶上之叶眉至二十一叶上之叶眉。

四　只讲"天话"的洪秀全

天王洪秀全于天京变乱之后,曾宣布:"主是朕做,军师亦是朕做。"①但他并没有真正过问政事。到后来封其族弟洪仁玕为"精忠军师干王",又陆续封英王、忠王之后,洪秀全更是"俱讲天话,凡间之话少言",沉湎于基督教经典文献新旧约《圣经》之中,阐抉其敬拜上帝的微言大义。李秀成在被俘后所总结的"天朝十误"中,天王洪秀全之不问政事、立政无章、不信外臣、不用贤才、封王太多的失误即占其五。②

1857 年(太平天国丁巳七年),天京变乱之后太平天国的第一部官方印书《天父诗》颁行。洋洋 500 首诗中,除少量为杨秀清、萧朝贵假借天父天兄下凡时所作外,90％以上均为洪秀全所作,且其中绝大部分又是记其教导诸位王娘、女官或宫闱生活中的一些琐事。但其宗教色彩却又十分浓烈。《天父诗》之第 265 首,即为其对每日读《圣经》等宗教经典的具体要求:"每日读书一章,轮读诗一首,礼拜日加读天条。……每日先读书一章,后读诗一首。一日读《旧遗》一章,一日读《新遗》一章。"③如果说《天父诗》中的规定还仅限于天朝宫殿中所属人员,1858年面向"普天大下众军民"所颁行的《醒世文》,则十分明确地要求全体太平军将士"晴则俱要勤操鍊(练),雨读新旧遗诏文"。④

1860 年,太平天国取得二破江南大营和东征苏常的胜利,同年稍后,即开始刊刻经洪秀全亲自修订的新版《钦定旧遗诏圣书》(《旧约》)和《钦定前遗诏圣书》(《新约》)。这些陆续刊刻的"钦定"版《圣经》每每夹有洪秀全本人所加的批注,用以阐发他自己对经文的理解和对西方传教士相关论点的批驳。比如针对西方传教士所宣传的"三位一体",洪秀全不惜笔墨在批注中一再阐明:上帝乃独一真神,耶稣乃上帝长

---

① 《王长次兄亲目亲耳共证福音书》,见《太平天国印书》(下),714 页。
② 李秀成所说的五误是:"六误主不信外臣,用其长次兄为辅,此人未有才情,不能保国而误。七误主不问政事。八误封王太多,此之大误。九误国不用贤才。十误立政无章。"按:李秀成的"天朝十误"中,第六误重出,因此实际上是十一误。见《李秀成亲书供词》,第七十四叶下。
③ 《天父诗》,见《太平天国印书》,613—614 页。按:所谓《旧遗》与《新遗》,分别为《旧遗诏圣书》(《旧约》)和《新遗诏圣书》(《新约》)的简称。1860 年后印制新版,《新约》改称《前遗诏圣书》。
④ 《醒世文》,见丛刊《太平天国》(二),505 页。按:本段及以下有关洪秀全"只讲天话"的叙述,主要参考了夏春涛《天国的陨落——太平天国宗教再研究》(北京,中国人民大学出版社,2006)中的相关章节。

子,圣灵(圣神风)乃是东王杨秀清。他还在《新约》中为太平天国的立国寻找依据。如在对《马太传福音书》第5章第19节的批注中说:"一大(天)国是总天上地下而言。天上有天国,地下有天国,天上地下同是神父天国,勿误认单指天上天国。故太兄预诏云:'天国迩来。'盖天国来在凡间,今日天父天兄下凡创开天国是也。"他还以圣经人物比附自己,说自己就是《圣差保罗寄希伯来人之书》(《新约·希伯来书》)第7章所提及的那位麦基洗德。因为麦基洗德也即所谓撒冷王,译成中文意思是平安王(king of peace),当然也就是太平王了。他甚至还把自己的这一心得写进了诏旨,宣称:"朕妻朕子爷妈带,麦基洗德实朕全。"①俨然以麦基洗德的后身自居。

太平天国的苏福省与上海近在咫尺。太平军攻克苏州后不久,一些外国传教士捷足先登,并相继到苏州拜访了忠王李秀成。他们对忠王及其部属乃至其治下的苏州都留下了美好的印象。而当他们获悉曾经正式受洗并在香港教会中服务过的洪仁玕如今已是太平天国的总理大臣时,更是喜出望外。在上海的传教士们为此召开了联席会议。多数人认为:传教士们应当接受邀请到太平军中去,以纠正他们教义中的错误。在他们看来,这些错误的始作俑者是已经死去的东王杨秀清。而今洪仁玕已身居要职,很有可能着手纠正其宗教中的错误。对此美好前景最为欢喜雀跃的当数洪秀全的那位美国老师罗孝全。1860年8月末,他从华南赶到上海,9月22日即在苏州受到忠王李秀成礼遇有加的接待。忠王且对罗孝全前往南京的旅程作了精心安排,使其感动得直夸忠王"是一千人当中难得的一个"。然而罗孝全也和其他访问过南京的传教士们一样,很快由兴奋转为失望。尽管他是所有来访的传教士中最受礼遇的一位,但他根本无法纠正太平天国拜上帝教义中的所谓错误,反而受到来自洪秀全的压力,要他改信上帝直接给予后者的启示,甚至成为后者的使徒,到番国去传播太平天国的宗教。罗孝全还被封为接天义,其职权是协助洪仁玕处理外交事务。1862年1月,这位待了一年有余却一无所获的美国牧师终于悄悄逃离了太平天国的首

_____

① 《眼见天日主乾坤诏》,见《太平天国文书汇编》,58页。

都。他在随后公开发表的声明中说："我现在反对他们的程度并不亚于我当初支持他们的程度……他的宗教自由和众多的教堂成了闹剧——不但对传播基督教毫无益处，而且比无用更坏。他仅仅是为了传播自己的政治宗教。"他指斥洪秀全是"狂人"，根本不适合做一个统治者。这与10个月前另一位传教士艾约瑟的观感其实是一致的。1861年3月下旬访问天京的艾约瑟，当时即对洪秀全专注于宗教，象征性地将政务交给自己13岁的儿子料理很不以为然。他指出："这位父亲盲目执拗的做法，加上他的臣僚缺乏管理才能，阻碍了和平与秩序在太平天国控制下的广大地区的建立。"

五　任人唯亲与洪氏集团权势的加强

洪秀全利用经他自己精心诠释的拜上帝教义，加紧了太平天国向其"家天下"方向的变革。1861年，他正式将太平天国更名为"天父天兄天王太平天国"。与此同时，他通过太平天国官方颁行的印书和以他自己或幼天王名义发布的诏旨，宣扬自己受命于天（上帝）和天父天兄天王幼主（也即所谓"爷哥朕幼"或"父子公孙"）同坐江山的神圣不可动摇性。据李秀成回忆说："天王改政，要阖[朝]内外，大小军营将相，民家亦然，凡出示，以及印内，具（俱）要刻'天父天兄天王'字样安入……军称天军，民称天民，国称天国，营称天营，兵称御林兵。"但李秀成也很清楚地表达了他和其他臣下虽"不敢与其驳"，但实际上对其并不信服的态度："天王号为天父天兄天王之国，此是天王之计，将此来情，云天上有此之事，瞒及世人。天王之事，俱是那天话责人，我等为其臣，不敢与其驳，任其称也。"[1]

在这一新体制中，洪氏集团的权势得到明显的加强。早在天京事变之后不久，洪秀全即分别封其长、次兄洪仁发、洪仁达为安王、福王。这标志着他任人唯亲政策的开始。虽然石达开出走后，王长、次兄被革去王爵，改封天安、天福，但至迟1859年封干王、英王之后不久，即又被封为信王和勇王。在广封诸王时，洪氏子侄均被封王。

---

[1]《李秀成亲书供词》，第六十叶下。

洪秀全之任人唯亲于 1860 年后开始凸显。据李秀成说：天王第一重用的是幼西王萧有和，第二重用的是王长、次兄，第三重用的是干王洪仁玕，第四重用的是其驸马钟姓、黄姓，第五重用的是英王陈玉成，"第六方是秀成"。①

幼西王萧有和虽被洪秀全称作外甥，但其母杨宣娇（杨云娇）并非洪秀全的亲妹。② 其地位之尊崇，主要是因其父萧朝贵曾经具有的代天兄传言的身份。1860 年萧有和兼任赞奏官的重职时，还仅是 13 岁左右的孩子，3 年后其权力达到了"幼西王出令，有不遵幼西王令者，合朝诛之"③的地步。至于地位尚在幼西王萧有和之上，承袭杨秀清东王爵位的幼东王，并不是那个早在天京变乱中即已死难的东嗣君，而是天王洪秀全的第五个儿子、年幼的"王五殿下"洪天佑。他由乃父作主，过继给了杨秀清。④

六　朝纲紊乱与滥封诸王

太平天国后期的官爵较前期有了较大的变化，也极为紊乱。天京事变前，王爵之下为侯爵，其地位极为崇隆。丞相则是"官居极品"的官阶。在定制时官与爵是截然分开的。但在天京事变后，爵上加设官职，1858 年（太平天国戊午八年）颁布的《太平礼制》，王爵之下、侯爵之上有掌、义、安、福、燕、豫之设。掌即掌率，是官职。而义、安、福、燕、豫五等爵位则是由原来的义王（即翼王）、安王、福王、燕王、豫王等王的封号演变而来。到 1859 年冬，根据天王诏旨，在义爵之上竟然列有天将、掌率、统管、尽管、神策朝将、护京国将、六部等七种职官，进一步混淆了官与爵的区别。原来官阶颇高的丞相、检点、指挥等则已演变为卑职。此时太平天国的各级官员，也都以升迁为荣。正如洪仁玕所批评的，"几若一岁九迁而犹缓，一月三迁而犹未足"。⑤ 到后来官爵越封越多，甚至"举朝内外，皆义皆安"，上面所加的官阶也越来越多，终于突破了作

---

① 《李秀成亲书供词》，第二十七叶。
② 详见本书第四章第二节的相关叙述。
③ 《李秀成亲书供词》，第五十七叶下。
④ 据罗尔纲考证。参见罗尔纲《太平天国史》卷四十四《杨秀清》。
⑤ 洪仁玕：《立法制宣谕》，见《太平天国文书汇编》，94 页。

为最后一道防线的王爵之封。1861年秋安庆失守前，王爵尚未滥封。干、赞、章等王居朝内理政，英、忠、侍、辅等王统兵在外。但安庆失守后，天王下诏严斥英王陈玉成，且革其职权，但又于是年秋冬之际广封陈玉成之部属，如赖文光、陈得才、梁成富、蓝成春、陈仕荣、林大居、秦日南等分别被封为遵王、扶王、启王、祜王、导王、敬王、畏王。而此时李秀成之部属却无一人被封王。1862年，李秀成已统有百万之众。天王怕其权势太重，于是大封其部属。先是封陈坤书为护王，以分其势。又封童容海、谭绍光、陈炳文、郜永宽、陆顺得、黄文金、胡鼎文、古隆贤、刘官芳等为保王、慕王、听王、纳王、来王、堵王、孝王、奉王、襄王。对李世贤、杨辅清所部重要将领也加封王爵。王爵初封时，都是有王号的，如干王、英王、忠王等等。但到后来，就不再给王号了，而是一律称为列王。再到后来，列王又封多了，竟有"王加头上三点"，以为"尘"字之封，也即"小王"之封。[1] 据昭王黄文英被俘后的供词中说，太平天国的王有五等：前期的东西南北翼王，以及后期的干王，执掌朝纲，是一等王；英、忠、侍王等执掌兵权，是二等王；康、堵、听王等会打仗的，是三等王；昭王、恤王等为四等王；五等王一律叫列王。[2] 可见"小王"还在五等之外。封王滥乱的情况表现为两方面：一是无功得膺封爵。据黄文英说："起初是有大功的才封王，到后来就乱了，由广东跟出来的都封王，本家亲戚也都封王，捐钱粮的也都封王，竟有二千七百多王。"二是真正有功的受到压抑，感到不平。黄文英即说：他的哥哥，也就是人称"黄老虎"的黄文金，"打了多少好仗，夺了多少地方，前年才封堵王"。"天朝的事越做越坏，若我王兄立了多少功，要奏一件事，还要转两道手才到干王手里，干王准奏，才奏上去。"[3]

忠王李秀成也说："自此之后，曰（越）封曰（越）多。封这有功之人，又思那个前劳之不服，故而尽乱封之。不问何人，有人保者，具（俱）准。司任保官之部，得私肥己，故而保之。有些有艮（银）钱者，欲为作乐者，用钱到部，而又保之。无功偷闲之人，各又封王。外带兵之将，日夜勤

---

① 《李秀成亲书供词》，第六十二叶下。
② 《黄文英自述》，见丛刊《太平天国》（二），857页。
③ 《黄文英自述》，见丛刊《太平天国》（二），857—858页。

劳之人,观之不分(忿),力少从戎。人心之不服,战守各不争雄。有才能,而主不用。庸愚而作国之栋梁。"①

　　与滥封王爵相表里的,是所谓"分地制"的出现。太平天国前期,并没有"分地"之说。1860 年太平天国东征苏常后,建立了苏福省,即以该省为李秀成的分地。英王陈玉成的分地在皖北,安庆失守后即退守庐州。李世贤于 1861—1862 年克复浙江后,亦以浙江为分地。1862 年洪秀全封陈坤书为护王,又从苏福省中划出常州郡为其分地。分地制是太平天国为应对丧师失地、疆土日蹙而行的举措,目的是加强诸王的责任感,也有褒奖其勋业的意思在内。但在实践过程中,却引起了诸王之间的矛盾。如陈玉成与李秀成之间,本是联合作战的典范,却因分地而失和。有了分地的各将领画地为牢,株守畛域,过分注重自己的一城一地的得失,反而被束缚了手脚,加速了太平天国走向败亡。

---

① 《李秀成亲书供词》,第六十二叶上。

第四节　辛酉政变与慈禧太后垂帘听政

　　1861 年 8 月,咸丰帝在热河病逝,遗诏以年仅 6 岁的儿子载淳继位,同时任命怡亲王载垣、郑亲王端华、户部尚书肃顺等八人为赞襄政务王大臣,总摄朝政。载淳的生母、权力欲极强的慈禧太后得到恭亲王奕䜣和握有兵权的胜保等人的支持,翦除了肃顺等八大臣的势力。载垣、端华、肃顺等三人被处死,他们所拟定的年号"祺祥"也被改为"同治",自此形成了两宫太后垂帘听政而实质为慈禧太后专擅权势的局面。

一　咸丰帝病逝热河

　　英法联军攻入北京时逃到热河的咸丰帝,在 1860 年秋与英、法、美、俄四国相继订立《北京条约》后,仍长期滞留于承德避暑山庄的行宫。1861 年春,他决定返回北京,却将回銮的日期一再推迟。先是定在 3 月 23 日(咸丰十一年二月十三日),后因"偶抱微疴",改定为 4 月 4 日。但到了 4 月 1 日,他却又在上谕中说:"本日王大臣等以朕躬尚未大安,奏请暂停回銮,情词恳切。不得已勉从所请,暂缓回銮,俟秋间再降谕旨。"[①]之所以一再推迟回銮,对侵略者的疑虑和肃顺等权臣的阻挠固然都是重要的因素,但最主要的是他的身体条件已经不允许再作颠沛劳顿的旅行了。同在 4 月 1 日,他在其七弟醇郡王奕譞等以"圣

---

　　①《清文宗实录》卷三四四,二月庚辰。并参见卷三四,咸丰十一年正月辛卯;卷三四二,咸丰十一年二月戊辰。

躬欠安"奏请暂停回銮的奏折上朱笔批示:"不意旬日以来,气体稍觉可支,惟咳嗽不止,红痰屡见,非静摄断难奏效。"这应是肺痨,也就是肺结核的症状,在当时尚属不治之症。此后,他的身体更显不支,每每一过中午便困顿不能坐立。到了8月,他的病情日见严重,延至8月22日(咸丰十一年七月十七日),病逝于承德避暑山庄,终年31岁。遗诏立年仅6岁的皇子载淳为皇太子,著派载垣、端华、景寿、肃顺、穆荫、匡源、杜翰、焦祐瀛"尽心辅弼,赞襄一切政务"。[①]

二 辛酉政变

皇太子载淳继位后,改年号为"祺祥"。咸丰帝的皇后钮祜禄氏晋封皇太后(后加徽号慈安);载淳的生母叶赫那拉氏亦晋封为皇太后(后加徽号慈禧)。为区别起见,或称钮祜禄氏为母后皇太后,那拉氏为圣母皇太后;或因钮祜禄氏住承德避暑山庄烟波致爽殿东暖阁,称东太后;那拉氏住西暖阁,称西太后;或以各自徽号相称。载垣等8人则被称为赞襄政务王大臣,并行文知照吏、兵两部,今后所有谕旨由赞襄政务王大臣缮拟后,呈递皇太后、皇上用印发下,上钤用"御赏"印,下钤用"同道堂"印,传谕京师内外各衙门一体遵照执行。八人办事认真,同心协力。有人称"八位共矢报效,极为和衷,大异以前局面","循此不改,且有蒸蒸日上之势"。[②]

工于心计、权势欲又极强的慈禧太后并不甘心于仅在八大臣拟就的谕旨上钤印,她要攫取更大的权力。慈禧太后叶赫那拉氏(1835—1908),正黄旗人,安徽徽宁池广太道惠徵之女。自幼受过一些文化教育,通汉文,能绘画,浏览过史书。1852年(咸丰二年)入宫后不久,即得咸丰帝宠幸,初封兰贵人,继升懿嫔,1856年4月生皇子载淳,再升懿妃,次年更升为懿贵妃,地位仅次于皇后。她还促使以指婚的形式,将胞妹嫁给咸丰帝之弟、醇郡王奕譞为福晋,从而加强了自己在皇室的地位。有时她还与咸丰帝议论政事,乃至阅读奏折,从而培养了干预政

---

① 《朱谕著派怡亲王载垣等八人赞襄一切政务》,见《清代档案史料丛编》(一),83页。
② 佚名:《热河密札》,载《近代史资料》总36号。按:本书以下有关辛酉政变的叙述,主要参据《清代全史》第七卷第四章(朱东安执笔)。

事的才能和野心。她的名分虽低于慈安太后钮祜禄氏(1837—1881)，却是载淳生母。于是，这个野心勃勃、善弄权术的年轻寡妇便利用这一条件，开始了她的夺权斗争。

夺权的第一步是要求阅看奏报。赞襄制度实行之初，两宫太后对八大臣所拟之旨仅钤印而已。其后西太后联合东太后，要求凡有陈奏折件需下发谕旨者，先由八大臣拟旨，经皇太后、皇帝(实为那拉氏)阅后盖印方为有效。至于用人大权，各省督抚要缺，先由八大臣拟名呈递，再请两太后裁定，等等。八大臣屈从了她的要求。然而，慈禧太后并不以此为满足，她心中的目标是代行帝权，故不久即挑起垂帘听政之议。1861 年 9 月 10 日(咸丰十一年八月初六日)，都察院山东道监察御史董元醇以"事贵从权，理宜守经"为由，奏请皇太后垂帘听政，并另简亲王一二人辅政。[①] 这个奏折正合她的心意，收到奏折之后即"召见载垣等面谕照行"，而载垣、端华、肃顺等人则"胆敢面称伊等系赞襄皇上，不能听太后之命，并言伊等请太后看折亦系多余之事"，以至"声震殿宇，天子惊怖，至于啼泣，遗溺后衣"。[②] 这次冲突以两太后的妥协而暂告解决。八大臣在形式上取得了胜利，但两太后已与恭亲王奕訢等密定了铲除他们的计划。

《北京条约》签订之后，恭亲王奕訢在清王朝，尤其在那些留京的诸王、大臣中的威望大为提高。赞襄政务的八大臣中，怡亲王载垣、郑亲王端华位尊权重，但实权掌握在端华之弟、协办大学士肃顺之手。此人在咸丰朝时即屡兴大狱，前大学士耆英前往天津议约，因不候旨回京而下狱议罪，"拟绞监候"，肃顺"独具疏请立予正法"，咸丰帝虽斥其言过当，但还是赐耆英自尽。大学士柏葰典顺天乡试，以纵容家人舞弊，"谳大辟"，咸丰帝念其为旧臣，"狱情可原，欲宽之"，又是肃顺力争，"遂命斩"。[③] 由于其不择手段打击异己，朝臣亲贵人人自危。出于各种原因对肃顺等心怀不满的人，纷纷聚拢在恭亲王奕訢的周围。奕訢以祭奠

---

① 《董元醇奏请皇太后权理朝政并另简亲王辅政折》，见故宫博物院明清档案部编《清代档案史料丛编》(一)，91—92 页，北京，中华书局，1978。

② 《奕訢等奏遵旨会议载垣等八大臣罪名情形折》，见《清代档案史料丛编》(一)，114 页；并参见李慈铭《越缦堂日记补》，咸丰十一年十月初一日。

③ 参见《清史稿》列传一百七十四《宗室肃顺》。

乃兄梓宫为由，于1861年9月5日（咸丰十一年八月初一日）由北京赶至热河避暑山庄，并与两宫太后秘密会商。据记载，叔嫂见面后，"两宫皆涕泣而道三奸之侵侮，因密商诛三奸之策"。[①]但两位太后对所谓"夷务"仍有顾虑，奕䜣乃"力保无事，又坚请速归"，并"令各兵九月十二日到此"。[②]

奕䜣返回北京后，即在亲信大臣中秘密串联，暗中进行政变的准备，尤其加紧军事方面的布置。当时，手握重兵的僧格林沁与胜保等人，都不以肃顺等人试图撇开两宫太后的所谓"赞襄"为然，而是无条件地站在皇太后和奕䜣一边。僧格林沁在八大臣明确表示异议之后，仍坚持奏折中必书"伏乞皇太后，皇上圣鉴"字样。[③]而胜保表现得尤为突出。他于咸丰帝死后，即自行带兵回京，经与奕䜣密商，奏准赴热河祭奠咸丰帝，并乘机在京畿一带和京、热之间沿途布防。奕䜣也将京城武装牢牢控制在自己手中。八大臣的亲信中也有人见风转舵，卖身投靠，使得奕䜣等人随时掌握肃顺等人的动向。载垣、端华、肃顺等人在此关键时刻又犯下了致命的错误：一是"因差务较繁"，放弃了他们原所分别兼任的銮仪卫、上虞备用处、步军统领、响导处等可以直接掌控军队的要职；二是在返京问题上接受了对他们极为不利的安排，即肃顺护送咸丰帝棺椁在后慢走，载垣等则随同两太后、小皇帝间道先行，以便在东华门跪迎。这样，八位赞襄王大臣就被分割两处，终被各个击破。

10月31日，两宫太后和小皇帝一行抵达京郊，奕䜣出城迎接。胜保乘机上奏，明确提出"非皇太后亲理万机，召见群臣，无以通下情而正国体；非另简近支亲王佐理庶务，尽心匡弼，不足以振纲纪而顺人心"。[④]11月2日，慈禧太后和恭亲王奕䜣等向群臣宣示了诛除肃顺等人的"上谕"。内称："上年海疆不靖，京师戒严，总由在事之王、大臣等筹画乖方所致。载垣等复不能尽心和议，徒以诱惑英国使臣以塞己责，以致失信于各国。淀园被扰，我皇考巡幸热河，实圣心万不得已之苦衷

---

① 《咸丰季年三奸伏诛》，见薛福成《庸庵笔记》第一卷。
② 佚名：《热河密札》，载《近代史资料》总36号。
③ 《僧格林沁为嗣后奏报仍书皇太后圣鉴事复赞襄政务王大臣函》，见《清代档案史料丛编》（一），105页。
④ 《胜保奏请皇太后亲理大政并简近支亲王辅政折》，见《清代档案史料丛编》（一），100页。

也。嗣经总理各国事务衙门王大臣等将各国应办事宜妥为经理,都城内外安谧如常。皇考屡召王大臣议回銮之旨,而载垣、端华、肃顺朋比为奸,总以外国情形反复,力排众议。皇考宵旰焦劳,更兼口外严寒,以致圣体违和,竟于本年七月十七日龙驭上宾。……追思载垣等人从前蒙蔽之罪,非朕一人痛恨,实天下臣民所痛恨者也。……载垣、端华、肃顺著即解任,景寿、穆荫、匡源、杜翰、焦佑瀛著退出军机处。派恭亲王会同大学士、六部、九卿、翰、詹、科、道将伊等应得之咎,分别轻重,按律秉公具奏。至皇太后应如何垂帘之仪,著一并会议具奏。"①已在京城的载垣、端华和刚刚走到京郊密云的肃顺都被迅速逮捕。

11 月 3 日,恭亲王奕䜣被任命为议政王、首席军机大臣、宗人府宗令,大学士桂良、户部尚书沈兆霖、户部右侍郎宝鋆为军机大臣,鸿胪寺少卿曹毓瑛在军机大臣上学习行走。原军机大臣、户部左侍郎文祥仍值军机处。7 日,废八大臣所拟定的祺祥年号,以明年为同治元年,意即两宫太后共同临朝而治。8 日,宣布了对八大臣的处置:肃顺立斩,载垣、端华赐令自尽,穆荫革职并发往军台效力,匡源、杜翰、焦佑瀛革职,景寿革御前大臣职,保留公爵及额驸品级。11 月 11 日(十月初九日),小皇帝在太和殿举行登极大典,接受百官朝贺。12 月 2 日(十一月初一日),两宫太后在养心殿正式举行了垂帘听政的仪式。6 岁的载淳坐在高高的御座上,在他的背后,隔着黄纱屏风并排端坐着慈安太后钮祜禄氏和慈禧太后叶赫那拉氏,奕䜣则在下面率领百官行礼朝贺。从此,慈禧太后便成为实际上的女皇,在中国统治了 47 年,直到 1908年(光绪三十四年)病死为止。

三　清政府眼中的列强和列强眼中的清政府

辛酉政变的上谕中所宣布的八大臣的重要罪状之一,是"不能尽心和议,徒以诱惑英国使臣以塞己责,以致失信于各国"。于此可见,外国侵略者在清朝政府的政治动向中占有突出的地位。

---

① 《谕内阁解赞襄政务王大臣任并派奕䜣等会议皇太后垂帘听政事宜》,见《清代档案史料丛编》(一),101—102 页。

《北京条约》签订后,英法联军陆续撤出北京,侵略者保存了清朝的统治秩序。负责谈判的恭亲王奕䜣对此大喜过望,以为是"非始愿所能料及"。[1] 他又说:"自换约以后,该夷退回天津,纷纷南驶,而所请尚执条约为据。是该夷并不利我土地人民,犹可以信义笼络,驯服其性,自图振兴,似与前代之事稍异。"他坚持认为:"就今日之势论之,发捻交乘,心腹之害也。俄国……肘腋之忧也。英国……肢体之患也。故灭发捻为先,治俄次之,治英又次之。"[2] 后来,他更进一步将自己的观点发展为著名的"中外同心以灭贼为志"之说,也即朝廷与地方应抓紧有利时机,共同以"灭贼"为要务:

/614

臣等伏查外忧与内患相为倚伏,贼势强,则外国轻视中国,而狎侮之心起;贼势衰,则中国控制外国,而帖服之心坚。自臣等笼络英、佛以来,目前尚称安静,似可就[匪]而匪[就]我。若不亟乘此时,卧薪尝胆,中外同心以灭贼为志,诚恐机会一失,则贼情愈张,而外国之情必因之而肆。[3]

户部尚书沈兆霖也说,英、法入侵,清朝的底细固然被外国人摸清楚了,但外国人的底细也被中国人摸清楚了。英、法的意图是以兵"胁和",而不是取代清朝的统治。奕䜣以及和他持相同观点的大臣们认为,只要今后严格遵守条约,按照规定办事,尽量同外国保持"和睦",对清朝政府的统治是有利的,也是可能的。因此他们要求在京师设立总理各国事务衙门,专与各外国打交道。

1861 年 1 月 20 日(咸丰十年十二月初十日),咸丰帝批准设立总理衙门,并派恭亲王奕䜣、大学士桂良、户部左侍郎文祥管理。[4] 3 月

---

① 《奕䜣又奏洋人现已退兵不致再有反复片》,见《筹办夷务始末(咸丰朝)》(七),2588 页,北京,中华书局,1979。

② 《奕䜣桂良文祥奏统计全局酌拟章程六条呈览请议遵循折》,见《筹办夷务始末(咸丰朝)》(八),2674—2675 页。

③ 《奕䜣桂良文祥奏请购外国船炮以期早平内患折》,见《筹办夷务始末(咸丰朝)》(八),2914 页。按:一些近代史论著往往将所谓"中外同心以灭贼为志"解释为清政府与外国侵略者相勾结以镇压太平天国革命,实误。参见姜涛《"中外同心以灭贼为志"新释》,见 1986 年 6 月 18 日《光明日报》。

④ 据《清文宗实录》卷三三七,咸丰十年十二月乙巳上谕。按:咸丰帝的上谕中,"总理各国事务衙门"本作"总理各国通商事务衙门",后应恭亲王奕䜣之请,节去"通商"二字,"以免外人饶舌"。参见《钦差大臣奕䜣等奏总理各国通商事务关防请节去通商二字以免外人饶舌片》,见丛刊《第二次鸦片战争》(五),358 页。本书以下简称"总理衙门"。

11 日(咸丰十一年二月初一日),总理衙门正式启用关防。该衙门成立前,奕訢派人征询英、法的意见。英使馆秘书威妥玛对此"甚为欣悦",认为是其"数十年求之不得之事"。① 法国公使布尔布隆对此也表示赞成,认为这是"中外各国永敦睦好之最妙良法"。② 这年春,法、英公使相继在北京设立使馆。数月后,俄国公使也来到北京。自此,外国对清政府中以奕訢为代表的这派势力积极加以支持和培植,甚至对奕訢掌权寄予很大期望。但咸丰帝在世时,因受肃顺等人的影响,觉得外国人的动向难以把握,始终对侵略者心存疑惧。而侵略者方面,普鲁斯、额尔金等都不掩饰他们对肃顺等人的厌恶。俄国方面更因肃顺曾拒绝其领土要求而将其视为"头号坏蛋"。正因为有了这样的不同认识,所以奕訢赴热河前就回銮一事相商时,外国侵略者则给予某种许诺,而他也因此敢于向慈禧太后保证:"外国无异议,如有难,唯奴才是问。"③

外国侵略者本来担心掌握实权的肃顺等人返回北京后,外交上很可能出现反复。慈禧太后和恭亲王奕訢的上台,使他们感到十分满意。

1861 年 11 月 12 日,英国驻华公使普鲁斯向英国政府报告说:激烈派的垮台和逮捕载垣等人谕旨的言辞等于是对条约的实际批准,虽然它形式上去年已执行了。这次危机之决定转向有利于我们在华利益的方面,实受我们所执行的路线的极大影响。在过去 12 个月中,已造就了一个倾心于并相信同外国友好交往可能性的派别。有效地帮助这一派人掌权,是一个非同小可的成就。我们在北京建立了令人满意的关系,在某种程度上已成为这个政府的顾问。④

几个月后,上海的英文报纸《北华捷报》也为此欢呼道:

当英法两国驻华外交代表与各条约国家的海陆军司令,不仅对太平军不再表示任何同情,而且为扑灭这种叛乱正积极同清军合作的时候,本报满意地获知,清朝政府的对外关系正日益趋于友善和诚恳。在

① 《奕訢等又奏威妥玛来京探寻片》,见《筹办夷务始末(咸丰朝)》(八),2683 页。
② 《咸丰朝筹办夷务始末补遗》(抄本)第 4 册上,680 页。
③ 王闿运:《祺祥故事》,见丛刊《第二次鸦片战争》(二),326 页。
④ 参见《普鲁斯致罗素函》,1861 年 11 月 12 日。转据中国社会科学院近代史研究所《中国近代史稿》第 1 册,北京,人民出版社,1978。

当今皇帝取得权力以前,许多人害怕根据天津条约成立的停战协议,仅仅是些空话,它在任何时候都可以为最近还在执政的赞襄政务会议以某种侵犯或侮辱行为而撕得粉碎。现在,这个不可一世的赞襄政务会议及其成员已经完全遭到压抑,而对外国利益表示亲善的恭亲王已经恢复他的权力。我们有一切理由认为,在这个素来保持闭关政策与嫉视外国的帝国历史上,从来没有一个时期像现在这样,外国代表能够比得上英法这两国公使,得以在北京的朝廷里拥有这样巨大的势力。俄国驻华大使曾有一个时期在这个帝国的京城内享有比其他欧洲国家代表更大的权威,但在目前,却没有一个国家享有像英国公使所享有的权势。

/616

这种情势之所以产生,无疑主要是由于这位青年皇帝左右伶俐的大臣们特别是恭亲王,对"太阳永远不落的帝国"——我们岛国女王的权威已经有所理会。同时,中国政府关于具体情况的认识,以及天津条约在财政方面所起的作用等等,都对巩固中国与我方的友好关系具有重大的分量。全世界没有一个地方的人民对发财致富还比中国人更感兴趣,而他们的统治者和西方极其奢侈的土耳其人与基督教国家王子一样,对和平或战争对于财富的价值,是很明白的。在外国人控制下,清朝的国库正从各个商埠收到大量的金钱,而在过去,这些地方的税收除掉为不诚实的官吏吞没外,是很少解交国库的。当今政府对英法两国代表所采取的方针,只要无损我们两国的尊严,为着我们自己的利益,显然应以一切方法加以扶植。

盟国驻北京代表同清朝新摄政之间的相互信任日益增长,双方的亲睦关系必将在不久的将来得到扩大。①

① 《北华捷报》第608期。译文据《太平军在上海——〈北华捷报〉选译》,270—271页。

第五节　安庆争夺与湘军集团的壮大

江南清军在太平军二破江南大营和东征苏常的打击下土崩瓦解，迫使咸丰帝转而倚重曾国藩的湘军。辛酉政变后，曾国藩和湘军集团取得了更多的实权。他自 1859 年 11 月进军图皖，与太平军展开了历时近两年的安庆争夺战。太平军发动二次西征之役以解安庆之围，但因陈玉成急于回救安庆和李秀成失期后至而未果。1861 年 9 月，湘军攻陷安庆。英王陈玉成派兵远征西北，试图挽回军事上的颓势。但其本人却在寿州遭团练首领苗沛霖诱捕，终在河南延津就义。陈玉成的败亡，标志着太平天国西战场无可挽回的失败。

一　清廷对曾国藩集团的倚重

1860 年（咸丰十年），太平军取得二破江南大营和东征苏常的胜利，江南大营副帅张国梁阵亡，主帅和春自杀，兵勇全行溃散。这一变局，使得清廷的由湘军出力，江南、江北大营收功的如意算盘彻底破产。咸丰帝被迫改变其对湘军既使用又限制的方针，开始全力依靠曾国藩的湘军以支撑东南危局。6 月 8 日，两江总督何桂清因"闻风先逃""畏葸无能"而被革职，咸丰帝赏曾国藩兵部尚书衔，令其署两江总督，并要求他"迅速驰赴苏州，相机援剿"。同时，他又命兵部郎中左宗棠"以四品京堂候补，襄办署两江总督曾国藩军务"。①

咸丰帝的谋臣肃顺力促了人事上的这一重大变动。肃顺在平时与

---

①《清文宗实录》卷三一六，咸丰十年四月癸未、甲申上谕。

座客谈论，即对曾国藩的"识量"和胡林翼的"才略"表示心折。① 他所网罗的名士中也有一些人，如郭嵩焘、王闿运等人，或为湘军集团成员，或与之关系密切，甚至还通过他们给予湘军集团某些帮助。左宗棠此前因永州镇总兵樊燮受人唆使，控其为"劣幕"，几成大狱。肃顺不仅先期透露，还与郭嵩焘等密商营救办法。结果，因东南势危，用人孔亟，咸丰帝觉得左宗棠是个人才，特地颁发上谕，称：

> 有人奏，左宗棠熟悉形势，运筹决策，所向克敌。惟秉性刚直，嫉恶如仇，以至谣诼沸腾。官文亦惑于浮言，未免有指摘瑕疵之处。左宗棠奉身而退。现在贼势狓猖，东南蹂躏，请酌量任用等语。左宗棠熟悉湖南形势，战胜攻取，调度有方。目下贼氛甚炽，应否令左宗棠仍在湖南本地襄办团练等事，抑或调赴该侍郎军营，并著曾国藩酌量办理。②

曾国藩立即回复："查左宗棠刚明耐苦，畅晓兵机。当此需才孔亟之际，或饬令办理湖南团防，或饬赴各路军营襄办军务，或破格简用藩臬等官，予以地方，俾任筹兵筹饷之责，均候圣裁。"但他强调："无论何项差使，惟求明降谕旨，俾得安心任事，必能感激图报，有裨时局！"③

左宗棠因祸得福，反而以四品京堂发交曾国藩差遣，并从此飞黄腾达。肃顺在无饷可拨、无兵可战的绝境逼迫下，及时进言，要求任命曾国藩为两江总督。咸丰帝也一反以前所为，转而采取倚重曾国藩湘军集团的姿态。8月10日，清廷又"实授曾国藩为两江总督，并命为钦差大臣，督办江南军务"，"大江南北诸军，均归节制"。④

辛酉政变后，新掌权的慈禧太后和恭亲王奕訢等人，采取所谓"中外同心以灭贼为志"，也即中央朝廷与地方督抚协力同心镇压太平天国的方针，从而更加倚重曾国藩及其湘军集团。1861年11月20日，也即同治帝载淳正式即位的第十天，清廷宣布由钦差大臣、两江总督曾国藩"统辖江苏、安徽、江西三省并浙江全省军务。所有四省巡抚提督以

---

① 《肃顺推服楚贤》，见薛福成《庸庵笔记》第一卷。
② 《清文宗实录》卷三一五，咸丰十年四月乙丑上谕。
③ 曾国藩：《复陈未能舍安庆东下请简用左宗棠折》，见《曾国藩全集·奏稿》卷十一。
④ 《清文宗实录》卷三二三，咸丰十年六月丙戌上谕。

下各官,悉归节制"。已升任太常寺卿的左宗棠也被委以浙江军务的重任,"浙省提镇以下各官,均归左宗棠调遣"。[①] 面对骤然涌至的大权,曾国藩亦不禁心绪复杂地感慨道:"昔太无权,今太有权,天下事难得恰如题分也!"[②]

不久,又因东南军务"需才孔亟",以曾国藩久历戎行,见闻较广,清廷谕令其选择"堪胜封疆将帅之任"者,酌保数员,以备录用。曾国藩乘势保举了大量人员,奏称:"经济以历练而成,人材以奖借而出。……令之阅历戎行,扩其闻见,必可有裨军谋。"[③]湘军集团中,担任督抚等地方最高官职的人员也大为增加。据统计,在 1861 年 8 月,也即咸丰帝逝世前后,湘军集团担任总督的有曾国藩(两江)、骆秉章(四川)等 2 人;担任巡抚的有李续宜(安徽)、严树森(河南)、胡林翼(湖北)、刘长佑(广西)等 4 人(另有毛鸿宾署湖南巡抚)。两年后的 1863 年 8 月,担任总督者除曾国藩、骆秉章外,又有刘长佑(直隶)、左宗棠(闽浙)和毛鸿宾(两广),共 5 人;担任巡抚者,计有李鸿章(江苏)、唐训方(安徽)、阎敬铭(山东)、曾国荃(浙江)、沈葆桢(江西)、严树森(湖北)、恽世临(湖南)、郭嵩焘(广东)、刘蓉(陕西)9 人。当时的制度,总督如不计漕、河两督,仅 8 缺,巡抚亦仅 15 缺。1863 年(同治二年),湘军集团担任总督、巡抚者竟分别占 62.5% 和 60%。[④] 这些督抚们在各自辖区程度不等地仿照两湖,整顿吏治、税政、治安,起用士绅,保证各种渠道的畅通,以便挖掘出来的人财物力最大限度地用于防务和军队建设。到 1863 年冬,曾国藩直辖的湘军已增至 12 万多人,四川湘军增至 4 万多人,李鸿章依靠上海的财力,使其所部湘淮军增至 7 万多人,左宗棠以闽浙为筹饷基地,争取江西、广东等省的支援,也将所部增至 6 万多人。到 1864 年攻下天京时,湘军总兵力估计已高达 50 万人,与过去常备军绿营的总兵力已相差无几。[⑤]

---

① 《清穆宗实录》卷七,咸丰十一年十月癸酉上谕。
② 曾国藩:《致澄、沅二弟》(咸丰十一年十一月十四日),见《曾国藩全集·家书》。
③ 《清穆宗实录》卷十三,咸丰十一年十二月丁卯上谕。
④ 据钱实甫《清代职官年表》统计,北京,中华书局,1980。
⑤ 参据《清代全史》第七卷第三章(龙盛运执笔)。

二　安庆的争夺与太平军二次西征

太平军东征苏常之时,西线安庆的形势已很紧张。安庆乃太平天国安徽省的首府,是天京上游的门户,也是太平军经营多年的军事重镇。1858年秋冬,湖北清军贸然突入皖北,结果李续宾部湘军在三河覆灭,都兴阿部亦被迫撤出安庆之围,退往湖北。曾国藩守制复出后,于1859年8月应清廷之命,与胡林翼共图皖省。9月,曾国藩抵黄州、武昌,先后与湖北巡抚胡林翼、湖广总督官文会商军务。他在认真总结经验教训的基础上,于1859年11月在《遵旨悉心筹酌折》中,提出了自己的应对方案。他将打着太平天国旗号的对手分为"窃号之贼"与"流贼"两大类:洪秀全据金陵,陈玉成据安庆,"私立正朔,伪称王侯,窃号之贼也";石达开流动作战,没有稳固的根据地,由浙江、福建、江西、湖南一路到广西,呈现出"流贼之象";捻军股数众多,分合无定,"亦流贼之类也"。而剿办这两类对手的措施也是不同的:剿办流贼,"法当预防以待其至,坚守以挫其锐";剿办窃号之贼,"法当翦除枝叶,并捣老巢"。而太平天国自"洪杨内乱"以来,"凶焰久衰",全仗陈玉成往来江北,"勾结捻匪","迭挫我师"。因此,"欲廓清诸路,必先攻破金陵;……欲攻破金陵,必先驻重兵于滁和,而后可去江宁之外屏,断芜湖之粮路;欲驻兵滁和,必先围安庆,以破陈逆之老巢;兼捣庐州,以攻陈逆之所必救。"[①]他制定了四路推进、稳打稳扎的进军方案,以免重蹈李续宾孤军深入、终被围歼的覆辙。

太平天国战略重心的东移,造成了湘军进犯皖北的有利战机。1859年9月下旬,湘军以突然袭击的方式攻陷安庆西路的重要屏障石牌,接着又于10月间夺取潜山之天堂镇。进入1860年以后,湘军又于2月间先后夺取太湖、潜山等地。陈玉成虽组织部队救援,但均未能获胜。其后,陈玉成又被调赴援京,并参与了对苏常的进军,皖北兵力更显不足。湘军趁机推进,于1860年6月间又以叛徒韦志俊(即韦俊)率军攻占枞阳,从而完成了对安庆的包围。

---

① 曾国藩:《遵旨悉心筹酌折》,见《曾国藩全集·奏稿》卷十一。

此时正值苏常全线告急,咸丰帝紧急谕令刚刚署任两江总督的曾国藩"赴援苏常,扼截江面,以顾大局"。谕令称:"现在常州岌岌可危,无锡又有贼踪,可以径犯苏城。江南大局,几同瓦解。曾国藩接奉此旨,即统率所部兵勇。取道宁国广建一带,径赴苏州,相机兜剿,以保全东南大局,毋稍迟误。"他又给曾国藩戴上"素顾大局"的高帽子:"目下军情紧急,曾国藩素顾大局,不避艰险,务当兼程前进,保卫苏常,次第收复失陷地方,重整军威,肃清丑类。朕实有厚望焉。"①

但这位"素顾大局"的署任两江总督,却有自己的定见:"苏常未失,即宜提兵赴援,冀保完善之区。苏常既失,则须通筹各路全局,择下手之要著,求立脚之根本。自古平江南之贼,必踞上流之势建瓴而下,乃能成功。……是安庆一军,目前关系淮南之全局,将来即为克复金陵之张本。此臣反复筹思安庆城围不可遽撤之实情也。"②他下令曾国荃于集贤关开挖两道长濠,一以围城,一以拒援。其本人则于7月间率部南渡,前往皖南之祁门驻扎,一面作出拟东进苏常的姿态,以敷衍咸丰帝;一面牵制皖南太平军,以确保曾国荃的湘军主力1.5万人围攻安庆。而在曾国荃的侧后和纵深,有多隆阿、李续宜等部2万余人。杨载福的水师则游弋江面,封锁水上交通。胡林翼率部1.5万余人背靠湖北,坐镇潜山、太湖,以作应援和调度。

太平军二破江南大营后,对下一步的行动曾有过不同意见。最后天王洪秀全裁定东征,但限期一个月。然而东征虽取得胜利,却远超出一个月的期限。陈玉成的部队在攻克临安、余杭后,不及进攻杭州,即于1860年8月回师安徽。9月,天王洪秀全召集陈玉成、李秀成等回京,进一步商讨救援安庆的方略。他们决定采取洪仁玕业已提出的方案,即分兵二次西征,从长江两岸合击武汉,迫使敌军抽调兵力回援,以解安庆之围。确定由陈玉成部从长江以北,由安徽入湖北,攻武昌北路;李秀成部在长江以南,经江西入湖北,攻武昌南路;并定于1861年春两军会师武昌。侍王李世贤和辅王杨辅清等部,则在皖南战场机动。

皖北方面,陈玉成欲直接解安庆之围。他集结兵力,先后发起对寿

---

① 《清文宗实录》卷三一六,咸丰十年四月癸未上谕。
② 曾国藩:《通筹全局并办理大概情形折》,见《曾国藩全集·奏稿》卷十一。

州、舒城、六安等城的攻击，试图驱走外线的湘军，但屡遭挫败。11月，他调集重兵，再在桐城与湘军大战。12月，在付出重大损失之后，突入桐城。1861年1月，陈玉成又发起对枞阳的攻击，结果又告失败。2月（太平天国辛酉十一年正月），他率主力5万余人于安徽桐城出发，"风驰雨骤，昼夜兼行"，直指武昌。胡林翼急调彭玉麟、李续宜等水陆两路回援，并痛骂自己"笨人下棋，死不顾家"。[①]

但曾国藩从陈玉成急急率部西进，李秀成部亦在江西境内活动，已看出太平军的战略意图。1861年4月1日，他在给家人的信中指出："群贼分犯上路，其意无非援救安庆。无论武汉幸而保全，贼必以全力回扑安庆围师；即不幸而武汉疏失，贼亦必以小支牵缀武昌，而以大支回扑安庆，或竟弃鄂不顾。去年之弃浙江而解金陵之围，乃贼中得意之笔。今年抄写前文无疑也。"[②]他并不以胡林翼的惊慌失措为然。

此时第二次鸦片战争已告结束。英国侵略者基于实现长江通商的利益，已由海军司令何伯率舰队到达汉口。他派参赞巴夏礼赴黄州见英王，阻止其对武、汉的进攻。陈玉成乃命令正向汉口挺进的两支部队转攻麻城、德安，痛失了一举夺取武汉的战机。4月，安庆战场告急，陈玉成等不及李秀成前来会合，径自率主力重返安徽。

英国侵略者在黄州阻止了陈玉成向武昌的进军后，即赶赴天京，于3月间与太平天国当局进行了会谈。巴夏礼正式向太平天国提出：（一）太平军不进入根据条约规定向英国开放的任何港口或地方的一百里以内地区。它的条件是：清政府不得从这些地方派遣军队攻击太平军；（二）太平天国当局及其军队不得阻止土产商品输送到前述口岸或地方，也不得阻止英国商品从这些港口地方运入内地。

太平天国起初拒绝了这一要求。但在英国侵略者的威胁和讹诈下，终于同意在本年内（即1861年内）不进攻上海、吴淞100里以内地区。英国方面则许诺，只要他们在长江上游的贸易不受侵扰，就愿意"在目前中国所进行的内战中保持中立"。

他们认为暂时还不应积极援助清政府，但同时又认为保证其利益

---

① 《复左京卿》，见《胡文忠公全集》，974页。
② 曾国藩：《致沅季两弟》(咸丰十一年二月二十二日)，见《曾国藩全集·家书》。

的最好办法,还是"将各通商口岸或某一重要通商口岸置于我们的保护之下,并宣布我们将用武力击退叛军的任何进攻"。①

李秀成的西征大军姗姗来迟。上年冬,李部已在皖南一带活动,一度威胁曾国藩设在祁门的大营,但年底又折返浙江。1861年春,李部始大举入赣,直至6月初方进克湖北长江以南的州县。驻扎在北岸黄州的陈玉成部将赖文光派人向他通报了"江北军情大略",②此时若两军联合,"更进则武昌动摇,皖围解矣"。③正在安徽太湖指挥作战的清湖北巡抚胡林翼也已匆忙拔营赶回湖北。但李秀成却志在苏、浙,不愿在湖北一带苦战,他见陈玉成已撤走,加之英国驻汉口领事金执尔"劝说"其不要进攻武汉,便在鄂南招收大批群众入伍后,率军不战而退。

二次西征的战略意图至此已告失败。

三 湘军攻陷安庆

陈玉成弃鄂返皖,率军重新直接救援安庆,并奏请天王组织援军。1861年4月27日,他率军返回安庆城北之集贤关,对围攻安庆的湘军形成夹击之势;又檄调在天长、六合一带的吴定彩、黄金爱、朱兴隆,在芜湖的定南主将黄文金等来援。洪秀全亦诏令干王洪仁玕、章王林绍璋等自天京前往救援。曾国藩感到形势危急,向咸丰帝汇报说:"城贼扑之于前,援贼扑之于后,势殊危急。"他决心全力以赴,与太平军展开决战:"贼既以全力救安庆,我亦以全力争安庆。……必须攻破狗酋,④迅克安庆,大局乃有挽回之日,金陵乃有恢复之望。"⑤曾国藩亦调其悍将鲍超等部增援。

针对太平军北路桐城一带洪仁玕、林绍璋援军系仓促组织,力量较弱的特点,胡林翼提出:"打璋、玕宜速,打狗宜迟、宜持重",也即所谓"南迟北速"的方针。陈玉成部因皖北久成战场,粮食供应已十分困难;

① 据茅家琦《太平天国对外关系史》,201—204页,北京,人民出版社,1984。
② 《李秀成给赖文光谆谕》,见《太平天国文书汇编》,190页。
③ 赵烈文《能静居日记》,见《太平天国续编》(七),273页。
④ 按:指陈玉成。因陈玉成两眼之下各有一点黑记,清方称其为"四眼狗",又因而称其为"狗酋""狗逆"等。
⑤ 曾国藩:《近日军情片》,见《曾国藩全集·奏稿》卷十三。

而湘军得湖北供给，米粮军火不绝。胡林翼分析：陈玉成部"关内关外，城内城外"，已难久支。"贼无粮而我有粮，贼不能久而我能久"，①只要拖下去，陈玉成的部队就会被拖垮。

5月初，湘军先击败洪仁玕等所率援军。黄文金部于洪仁玕已遭败绩后赶到，亦被湘军乘势击退。陈玉成部反被包围。为免遭围歼，加之粮尽，陈玉成留靖东主将刘玱琳等数千人防守集贤关外之赤冈岭营垒，率军北撤至桐城，与洪仁玕、林绍璋等会合。5月下旬，休整后的太平军再度分三路向安庆方向突击，湘军分五路迎战，又以马队为伏兵，结果太平军全师败北，被迫退回桐城。湘军立即包围集贤关，作长濠，以断守军去路。5月20日，鲍超等军围攻赤冈岭营垒。刘玱琳奋勇出击。湘军死伤近千，不敢强攻，遂修筑炮台，不断轰击太平军营垒。赤冈岭守军"又无火药炮子，粮米亦无"，②于6月上旬被攻陷。太平军骁将刘玱琳于突围时被俘，惨遭肢解，并被"函首送枭安庆城外"。③

陈玉成亲到天京恳请洪秀全继续调兵援救。但李秀成的大军远在江西、湖北一带。李世贤部则于江西乐平败于左宗棠，旋即进入浙江。虽然李秀成的行动曾使湘军震动，胡林翼亦于7月初赶回武昌布置防守，但并没有达到调动湘军撤安庆之围的目的。而稍后李秀成即退返江西，使得湘军得以全力攻打安庆。陈玉成又会同杨辅清、黄文金等部发起攻击，甚至一度突破湘军的第一层长濠，但终于在遭受重大人员伤亡后被迫撤出。曾国荃部湘军围困安庆达两年之久，主要采取长围久困的方针，不攻坚，不出战，唯坚守营垒；又以逸待劳，用重兵拒援，逐次消灭或消耗了陈玉成的援军兵力。④ 延至1861年9月5日（太平天国辛酉十一年七月二十六日，咸丰十一年八月初一日），安庆终因粮绝而告失守。守将叶芸来和先前率部突入城中增援的吴定彩等以下1.6万余人战死。城外太平军援军黯然神伤，为之夺气，只得陆续撤走。至此，天京上游门户大开。安庆成为湘军的前进基地。

清廷论功行赏。官文、胡林翼均被赏以太子太保衔，曾国藩被赏以

① 胡林翼：《致曾观察》，见《胡文忠公全集》，993页；《复多都护》，见《胡林翼书牍》卷四十。
② 《李秀成亲书供词》，第四十六叶上。
③ 曾国藩：《官军围攻赤冈岭贼垒悍贼歼除折》，见《曾国藩全集·奏稿》卷十三。
④ 参据崔之清主编《太平天国战争全史》第四卷，2163—2164页，南京大学出版社，2002。

太子少保衔。安徽巡抚李续宜赏穿黄马褂。杨载福、多隆阿等赏给云骑尉世职。曾国荃因围攻安庆"智勇兼施",亦被赏加布政使衔,以按察使记名遇缺提奏,并加恩赏穿黄马褂。胡林翼于克安庆后不久病逝于武昌。清廷调李续宜继任湖北巡抚,彭玉麟升任安徽巡抚,继续维持了湘军集团对湖北的控制。

四　英王陈玉成的败亡

安庆保卫战的失败,使得英王陈玉成的精锐部队或就歼或遭重大伤亡。其他各王的部队在会战中也程度不等地遭受损失,相继撤回各自防区。陈玉成率部由石牌而上,企图进入湘军的后方,去湖北德安、襄阳一带招兵,同时牵制湘军深入皖北。但其时陈部军心已涣散,不愿远征,"那时兵不由将,连夜各扯队由六安而下庐州,英王见势不得已,亦是随回,转到庐城"。[①] 回到庐州后,各将领对于下一步的行动莫衷一是。赖文光建议:"当兹安省既失,务宜北连苗(沛霖)张(乐行),以顾京左,须出奇兵,进取荆襄之地,不半年间,兵多将广之日,可图恢复皖城,俾得京门巩固。"[②]但这一建议未被很好执行。陈玉成虽与捻军张乐行(已被封为沃王)等联合行动,但进军方向改向淮北,并进而向河南、陕西发展。陈玉成奏请天王封其部将,陈得才被封为扶王,梁成富为启王,赖文光为遵王,蓝成春为祜王,共率主力于是年冬进入河南境,远征陕西,自己则留守庐州;同时又令寿州练首苗沛霖(已被封为奏王)进军淮北。苗沛霖于2月围攻蒙城,但在胜保诱降下,见太平天国势力衰微,遂罢兵剃发,于3月间秘密投降了清朝。

陈玉成之所以未亲率大军远征,主要是因为其时太平天国政局的变动。朝中洪仁玕因安庆失守和处理外事不当而被革职,幼赞王蒙时雍主持政务,实权在洪仁达、洪仁发之手。陈玉成"见朝中办事不公平",具本启奏,但天王不以其本章为然,"小事酿成大端",竟招致严责革职。[③]李秀成后来也说:"英王见势如此,主又严责,革其职权,心繁

---

① 《李秀成亲书供词》,第四十六叶下。
② 《赖文光自述》,见《太平天国续编》(二),445页。
③ 参见英王陈玉成《书致扶王陈得才等》《字谕马融和等》,见《太平天国文书汇编》,198、200页。

（烦）意乱，愿老于庐城，故未他去，坐守庐城，愚忠于国。"①

湘军于1862年春开始向庐州大举进攻。陈玉成见事危急，致函征北诸将回庐会商军情。但诸将已远在河南，音信不通。陈玉成又飞书其宗兄护王陈坤书，盼其由天京渡江来援。可惜的是，陈玉成的这几封求援信函均未送达目的地，而是落入敌人之手。陈玉成坐困危城，急谋突围。已叛降胜保的苗沛霖致函诱骗其前往寿州，并许诺助其图谋恢复。苗沛霖在信中说："孤城独守，兵家大忌。以英王盖世英雄，何必为这股残妖所困。"又称他可"帮四旗人，一旗三十万人，攻打汴京"。陈玉成于急切中不疑有诈，遂于5月12日率部突围，于15日抵达寿州。他和亲随百余人入城后即被擒获，留在城外的四千余部属亦被苗沛霖强行收编。苗沛霖本人始终未敢出头，而是由其侄儿出面进行诱降。陈玉成怒斥："尔叔真是无赖小人！墙头一棵草，风吹二面倒；龙胜帮龙，虎胜帮虎。将来连一贼名也落不着。本总裁只可杀，不可辱。势已至此，看你如何发落！"②

张乐行、马融和等闻讯，急率众数万于5月24日进据颍上江口，准备攻破苗营以解救英王。但陈玉成已先于21日被槛送颍州胜保军营。胜保劝其投降，玉成昂然表示："大丈夫死则死耳，何饶舌也！"③胜保劝降不成，遂将陈玉成槛送北京献俘。但清廷"深恐沿途防范匪易"，下令于途中将其就地凌迟处死。④ 1862年6月4日（太平天国壬戌十二年四月二十三日，同治元年五月初八日），陈玉成在河南延津县就义，时年26岁。

英王陈玉成的牺牲，标志着太平天国天京以西战场无可挽回的失败。

---

① 《李秀成亲书供词》，第四十六叶下。

② 刀口余生：《被掳纪略》，见中国科学院历史研究所第三所近代史资料编辑组编辑《太平天国资料》，210—213页，北京，科学出版社，1959。

③ 佚名：《陈玉成被擒记》，转据罗尔纲《太平天国史料考释集》，204页，北京，三联书店，1956。

④ 《寄谕胜保无庸将陈玉成槛送京师著即正法传首楚皖各营》，见《清政府镇压太平天国档案史料》第24册，329—330页。

第六节 太平军进图浙江与再攻上海 "中外会防"
及淮军的崛起

太平天国在西战场失利,但在东战场却取得重大进展。李秀成在回师江西时得石达开部属 20 万人,大大增强了自己的实力,于是与李世贤一起进图浙江。又因原约定一年内不进攻上海的期限已过,太平军再次发动上海之役。外国侵略者撕破中立伪装,与清政府相勾结,共同镇压太平天国。名为"常胜军"的雇佣军就是这种合作的产物之一。李鸿章受命率部前往上海,并以上海为基地发起对太平天国苏福省的进攻。淮军因之而兴起。

一 太平军进图浙江

1861 年(太平天国辛酉十一年,咸丰十一年)春,太平天国侍王李世贤部与左宗棠所部湘军在安徽婺源和江西饶州府相持,先于婺源击败左部,并乘势于 4 月攻占江西景德镇,但在江西乐平却为严阵以待的左部所败。此时,李世贤已与原属翼王石达开的谭体元部及原天地会之谭星、周春等部花旗会合,兵力超过十万人,遂于 5 月初由江西玉山东进浙江衢州府之常山、江山。5 月下旬,李世贤东取金华府城,即在此建侍王府,作为其在浙江的指挥中枢。金华既克,全浙震动。清朝官员惊呼:"浙东之全局坏矣!"[①]忠王李秀成于 7 月从湖北撤军后,经江西瑞州、临江,于 8 月下旬进驻樟树镇。安庆失守之时,李秀成部正在

---

① 许瑶光:《谈浙》卷二,见丛刊《太平天国》(六),579 页。按:浙东,指浙江之右岸地区。清代系指浙江省除杭嘉湖三府(也即浙西)之外的其他广大地区,包括宁、绍、台、金、衢、严、温、处八府。

江西抚州一带作战。在得知李世贤部已入浙江之后，李秀成亦率军大举入浙。9月，回军铅山，又得石达开部将童容海、吉庆元、朱衣点等所率20余万将士，实力大增，遂以号称70万之众，兵分三路，进入浙江。闽浙总督庆端急向曾国藩求援，请其派尚在浙赣边境一带的总兵鲍超率所部湘军就近入援。但曾国藩却以"浙中贼势浩大，亦非数千人所能救解"为由，拒绝了庆端的要求。他让鲍超转向皖南宁国进军，据说这样做可以"分击浙中贼势"。同时他又向清廷大力举荐左宗棠统帅诸军入浙，称其"平日用兵，取势甚远，审机甚微"，且久驻江西广信，"距贼较近"，又"请将广信、徽州、饶州诸军统归节制，以一事权"。① 很显然，他不愿将其精锐主力供他人驱策，充当炮灰；而推荐左宗棠率军入浙，则是期待由左来收拾浙省残局。

李秀成、李世贤兄弟的大军诸路并进，很快即夺取了浙江的绝大部分州县。但其在向宁波进军时，发生了外国侵略者予以干涉的事件。这既是侵略者1860年干涉太平军进攻上海之役的继续，也是其1862年再度干涉太平军二次进攻上海之役的预演。

进攻宁波的是李世贤部将黄呈忠与范汝增。黄、范两军于1861年10月底进克诸暨后，又于11月间分头夺取嵊县、新昌，即由此兵分二路，从南北两个方向发起对宁波的钳形攻势。至12月初，已完成了南北夹击、围困宁波的战役部署。宁波虽是浙东重镇，但防守的清军不足4 000人，根本不是太平军的对手。然而宁波又是通商口岸，甬江北岸且有外国人居住区。1861年春，英国人与太平天国谈判，达成太平军于本年内不进攻上海的协议。但这一协议并不包括所有其他通商口岸。同年4月，嘉兴太平军进克乍浦。英国驻华海军司令何伯即向英舰"遭遇"号舰长丢乐德发出以下命令：

你要进一步和叛军首领谈判，向他们指出他们占领并破坏宁波，会大大伤害英国及一般外国人的贸易，因此你要求他们不要进攻这个城市，同时你却不要表示使用武力的必要。你只要提醒他们去年上海所

---

① 曾国藩：《左宗棠定议援浙节制诸军折》，见《曾国藩全集·奏稿》卷十四。

发生的事件,说明如果你被迫协助官军防守宁波,他们就无法攻占这个城市。可是你要表示,你本心并不愿意采取这种跟太平天国处于敌对地位的办法,因为我们并不愿意跟他们发生冲突。①

英国侵略者之所以阻挠太平军进攻通商口岸,英国公使普鲁斯直白是因为经济利益:

叛军的进展将使英国在华利益遭受危险⋯⋯我们的长远利益全在贸易,贸易发展则系于社会秩序的安定。此外,我们还有从赔款中所取得的暂时利益,此项赔款系由税关税收缴付,而税收亦同样系于社会秩序的安定。倘各通商口岸尽入叛军之手,则以上利益安在?②

由于英国侵略者的干涉,乍浦太平军表示无意进攻宁波。但现在侍王大军压境,用武力阻止太平军进入宁波已无可能。英、法、美三国代表会商的结果是派人与黄、范谈判,力图加以劝阻。两位将军同意推迟一个礼拜进攻宁波,并保证不伤及外国人的生命财产。12月9日,太平军3万余人一举克城,并履行诺言,纪律严明,秋毫无犯。清军提督陈世章、道员张景梁等由外国军舰护送逃遁。何伯毫不隐讳他用尽了除武力之外的一切方法去帮助清军防守宁波,可是"由于清朝官吏的卑怯无能,这些方法竟全然无效"。③

除宁、绍两府外,李世贤的部队还攻取了浙东的温、处、台三府的绝大多数州县。浙西方面,则由李秀成的大军发起攻击。延至1861年底,浙江省城杭州亦于围城两月之后因粮尽而破。据时人记载,城中"饿死者不下十余万人"。④ 但此说似有夸张之处,因据李秀成说,他于城破后曾"发薄板棺木万有余个"安葬在城饿死者,则饿死者很有可能仅1万余人。浙江巡抚王有龄、提督饶廷选、总兵文瑞等于城破时毙

---

① [英]吟唎:《太平天国革命亲历记》,316页。
② [英]吟唎:《太平天国革命亲历记》,321—322页。
③ [英]吟唎:《太平天国革命亲历记》,333页。
④ 佚名:《寇难琐记》卷三,见南京大学太平天国研究室编《江浙豫皖太平天国史料选编》,191页,南京,江苏人民出版社,1983。

命,布政使林福祥、前总兵米兴朝等高级官员被俘。杭州将军瑞昌等在拒绝李秀成的劝降后,于满城被攻破时自杀。

李秀成于占领杭州后,立即着手处理善后。据他后来回忆说:

斯时将杭省各清将应从不从,安排定叠,即将省内难民一一安抚。在城饿死者发薄板棺木万有余个,费去棺木钱财式万余千;难民无食,即到嘉兴载米万担,载钱式十万千来杭,将此米粮发救穷人。各贫户无本资生,借其本而救其生,不要其利,六个月将本缴达。粮米发救其生,不要其还。四只(个)月之内,将杭省一并妥周。①

除此而外,李秀成还厚殓王有龄,并礼送被俘的林福祥、米兴朝等人出境。但林、米二人因在城陷时不能"愤烈捐躯",反而"恬不知耻仍复辗转逃匿,认辱偷生,希求苟免",受到清廷的从严惩办,由左宗棠在衢州军营将其"正法"。②

浙江省城失陷,清廷追究了当事者的责任。1862 年 1 月 24 日,闽浙总督庆端因"身任兼圻,迁延不进,以致杭城失陷,实属救援不力"被革职,但仍令其暂留本任,"责令带兵,迅图克复浙江失陷各城,以赎前愆"。两江总督曾国藩因"有节制浙江全省之责",亦被"交部议处"。吏部议:"应比照城池失陷例,降二级留任。"清廷"从之"。但曾国藩受命节制浙江全省,正值杭州被围近月后的危难之时,对他的这一处分实在没有多少道理。于是清廷赶紧又予以抚慰,6 天之后的 1 月 30 日(同治元年元旦),即命其为协办大学士。③

二 再次进攻上海

杭州既克,而太平天国所承诺的在 1861 年内不进攻上海的期限已到。太平军乃再次发动上海之役。上海是清军的饷源重地。据曾国藩说:"上海为苏杭及外国财货所聚,每月可得厘捐六十万金,实为天下膏

①《李秀成亲书供词》,第四十四叶下。
② 参见《清穆宗实录》卷三十五,同治元年七月庚戌上谕。
③《清穆宗实录》卷十四,咸丰十一年十二月戊寅上谕;卷十五,同治元年正月甲申上谕。

腴。"又说："上海一县,人民千万,财货则万万,合东南数省,不足比其富庶。"①上海又是苏浙官僚、买办蚁聚的巢穴,并有数万清军驻守。美国人华尔所组织的洋枪队也以上海为基地,和清军一起威胁着太平天国苏福省的安全。太平军如能攻克上海,不仅可将其与苏、浙二省连成一片,彻底解除来自上海的清军与洋枪队的威胁,且可切断清军的饷源,将上海的进出口税收转归己有,整个东南战局亦可借此朝着有利于太平天国的方向发展。

1861 年 12 月 27 日,不进攻上海的协议期限行将届满。停泊在天京江面的英国军舰"狐狸先生"号舰长宾汉在海军司令何伯的指使下,向太平天国当局提交了一份蛮横无理的照会,无端指责在太平天国占领区有人抢劫了英国臣民,使其遭受损失,因此必须予以赔偿。照会要求太平天国无限期地不进攻上海,且把不进攻的地区从上海一地扩大到汉口、九江、镇江等其他地区。1862 年 1 月 1 日,太平天国以幼赞王蒙时雍等人的名义复照宾汉,驳斥并拒绝了侵略者的无理要求。复照指出:今春我国诚然签订不进入上海、吴淞一百里以内的协定。但我军为上帝光复全国,不能弃寸土于不顾。从你们来说,经商是谋生之道;但对我们来说,保卫疆土是神圣义务。我天兵的责任在于杀妖。如上海、吴淞没有妖兵,忠王、侍王当不会考虑派兵攻取这两处地方。如你们愿意驱逐两处清妖出境,天朝将派出文官前往安定地方,不仅保护居民而且也将保护你们的商务。本年将尽,协定期限也将届满。我天朝军队不能仅考虑到你们的商务而不进攻这两处地方。②

1862 年 1 月 7 日,太平天国以忠王李秀成的名义向上海、松江等地发布告示,声称:上海、松江为苏、浙之屏藩,乃太平天国必收之地。要求上海人民、清朝兵勇"着即放胆","急早就之如日月,归之如流水",太平天国"自当于纯良之百姓加意抚安,其于归降之兵勇留营效用"。至于在上海贸易之洋商,亦须遵守去岁成约,"各宜自爱,两不相扰",并警告说:"自谕之后,倘不遵我王化,而转助逆为恶,相与我师抗敌,则是

---

① 曾国藩:《致澄、沅二弟》(咸丰十一年十一月十四日、十二月十四日),见《曾国藩全集·家书》。
② 参据茅家琦《太平天国对外关系史》,212—215 页。

飞蛾扑火,自取灭亡。"①

同日,忠王亲率大军由杭州沿海塘北上,1月12日,抵达青浦之朱家角。但其本人随即渡泖湖回苏州,由宿卫天军主将、建天义谭绍光担任前敌指挥。谭绍光(1835—1863),广西桂平人,16岁即参加金田起义,是忠王李秀成最为得力的部将,不久后即因克复浙江湖州的战功晋封慕王。在其统一指挥调度下,太平军各部队很快占据了上海周边地区。1月14日,攻破奉贤敌营,大败洋枪队。16日,克奉贤县城。17日,占南汇县。18日,占川沙厅。19日,占领吴淞附近的高桥。21日,占周浦镇,浦东地区大部分已为太平军所有。与此同时,另一支太平军由苏州出发到嘉定,进逼宝山。太平军对上海、吴淞形成了东西夹击之势。

三 "中外会防"与"借师助剿"

早在杭州被围之时,在上海的官绅和商人们就已预见到太平军必将攻打上海。他们一致行动起来,要求英、法驻沪军队保卫上海。1862年1月3日,上海纳税外人会议筹商防守,推选5人组织"中外会防局"主持有关防卫上海事务。英、法驻华侵略军司令对此均表赞同。12日,清朝上海道吴煦、英国领事麦华陀、法国领事爱棠、上海志愿部队司令韦伯等在英国领事馆会商上海防务。第二天,也即1862年1月13日(咸丰十一年十二月十四日),吴煦等成立会防局(即会防公所,又称"上海会防局"),由应宝时、吴云等4人主持。②

会防公所一设立,即在城郊各径路委派专人侦探敌情,一经发现太平军踪影,即"驰报发兵","会同英、法驻守兵丁,并力剿捕";又禁各船,"不许停泊近城处所",发现形迹可疑者,"概行驱逐"。外江主要由英、法派大轮兵船驻泊防范,内河亦有英国的小火轮船协助防守。南北两门外的居民稠密区,亦计划开凿长濠,起建炮台;又于要口开辟马路,以通炮车。"凡此工程,俱经次第兴办"。③

---

① 《忠王李秀成告上海松江人民清朝兵勇及外国侵略者谆谕》,见《太平天国文书汇编》,155—156页。
② 参据茅家琦《太平天国对外关系史》,249页。
③ 《上海会防局资料及其它》,见《太平天国史料丛刊简辑》(六),169—170页。

清政府正式批准了上海官绅"借英法官兵剿贼"的呈请。1862 年 2 月 8 日(同治元年正月初十日),清廷在给江苏巡抚薛焕的上谕中说:

> 浙省贼匪悉众东窜,奉贤等三厅县不守,上海情形实属万分危急。……至借师助剿一节,业谕总理衙门与英法驻京使臣商酌。现据薛焕奏,英法文武各员颇为出力,且法国轮船为我开炮击贼,是其真心和好,固已信而有征。上海为通商要地,自宜中外同为保卫。而逆贼伪示内乃有上海贸易之洋商去岁在苏已有成约,两不相扰,倘敢抗敌,则是自取灭亡,等语。是不独以通匪汗蔑洋人,且意存威吓,想洋人见此亦必愿为我出力,自明心迹,亦何肯袖手旁观,甘于畏惮贼匪,致形屏弱。……所有借师助剿,即著薛焕会同前次呈请各绅士与英法两国迅速筹商,克日办理。但于剿贼有裨,朕必不为遥制。[1]

外国侵略者方面,也彻底撕下了中立的伪装。2 月 13 日,英国海军中将何伯、陆军上校穆迪,法国海军少将卜罗德、陆军上校戴诺格、法国领事爱棠等会商上海防务,决定美国及英国租界内由英军防守,法国租界、上海县城及董家渡近郊由法军防守,但北门及其附近城墙仍由英军防守。2 月 15 日,太平军在黄浦江上利用民船搭建浮桥,准备进攻上海县城,即被法国军舰与清军水师炮船开炮击退。21—24 日,何伯、卜罗德等指挥集结于上海的英法联军以及华尔的洋枪队(此时已更名为常胜军),开始主动向浦东高桥地区的太平军出击。驻守高桥的吉庆元部在遭受重大伤亡后被迫撤出。而在此之前,洋枪队已在松江附近的广富林、迎旗浜与太平军数次激战,并利用武器的优势,将太平军从上述地区逐走。英法联军、常胜军与清军一起,先后攻占了太平军的若干据点。4 月间,李鸿章率领湘淮军陆续抵达上海,随即亦投入对太平军的作战。双方由此展开了更加激烈的战斗。

5 月 1 日,侵略军攻占嘉定。12 日,陷青浦。17 日,侵略军又进攻奉贤的南桥镇,太平军奋起抵抗,阵毙法国海军司令卜罗德。同日,忠

---

[1]《寄谕薛焕著会同浙江绅士与英法两国速商借师助剿等情》,见《清政府镇压太平天国档案史料》第 24 册,21—22 页。

王李秀成亦亲率太平军精锐主力1万多人从苏州赶来,在太仓消灭了知府李庆琛所率的5 000余名清军,并一举克复嘉定。6月9日,慕王谭绍光、听王陈炳文等克复青浦,守敌常胜军副领队法尔思德被俘。太平军趁势围攻松江。李秀成后来在回忆这一段战事时还很自豪地说:

> 我十二年在省往有四月之久,然后有巡抚李鸿章,到尚(上)海接薛之巡抚之任,招集洋鬼,与我交兵。李巡抚、有尚(上)海正关,税重、钱多,故招鬼兵与我交战。其发兵来,破我嘉定、青甫(浦),逼我太仓、昆山等县,告急前来。此正是十二年四五月之间,见势甚太逼,不得已,调选精锐万余人亲领前去。……那时洋鬼并不敢与我见仗。战其即败。①

李秀成所说情形是可信的。李鸿章即向皇帝汇报说:"惟嘉城复失,逆陷(焰)大张,西兵为贼众所慑,从此不肯出击,贼遂直趋青浦、松江。"②左宗棠亦致函曾国藩,称:"青浦、嘉定二处,发贼麋至,夷兵遽遁。夷人之畏长毛,亦与我同。委而去之,真情毕露。"③

说洋人"畏长毛",这是不错的,因为事实俱在;但忽然"委而去之",不干了,还有更深层的原因。在"中外会防",即共同保卫通商口岸这一点上,清政府与外国侵略者双方利益一致;但对"借师助剿",也即借用洋人的力量共同镇压口岸以外地区的太平军,双方却矛盾重重,有着种种猜忌和疑虑。还在1862年2月,曾国藩即说过:"借洋兵以助守上海,共保华洋之人财则可;借洋兵以助剿苏州,代复中国之疆土则不可。"④英国方面,英使普鲁斯于5月间也对恭亲王奕䜣说:英国政府"倾向"于用它的海军力量保护条约口岸,而不是用它的陆上武装。清政府必须在这些口岸改进它自己的军队,否则,他将下令仅防守外国租界地区。7月7日,英国外务大臣罗塞尔更在给普鲁斯的训令中明确

---

① 《李秀成亲书供词》,第四十八叶至第五十叶。
② 《李鸿章奏报西兵强挟官军退出嘉定松沪各防吃紧折》,见《清政府镇压太平天国档案史料》第24册,349页。
③ 转据曾国藩《议复调印度兵助剿折》,见《曾国藩全集·奏稿》卷十六。
④ 曾国藩:《议复借洋兵剿贼片》,见《曾国藩全集·奏稿》卷十五。

指出：

> 如果我们从事镇压太平军叛乱，我们很快就要陷入一场广泛的战争中去，而清政府将作壁上观，把一切负担和消耗转嫁到我们身上。我们执行的合理方针是：保卫我们自己的商务利益，保护条约规定开放的港口，以及鼓励清政府建立一支有效率的炮兵、步兵和骑兵部队，以镇压太平军，使之就范。①

但外国侵略者和清政府很快就找到了双方最为合适的结合点，这就是华尔的常胜军。1862 年 3 月 26 日，普鲁斯在致罗塞尔的信中，充分肯定了常胜军的作用：

> 从华尔所组织和领导的中国军队，我看到一种军事组织的雏形。这种军事组织对于处在混乱状态中的中国，可以证明是很有用的。如果清政府采取这种改革，它将得救；如果它不采取这种改革，我们在主要港口组织这种武装，将保持这些港口在任何情况下，不致遭到破坏。②

外国侵略者给华尔的常胜军以尽可能的物质支持。在 1862 年早期，英国驻上海的军队即以成本价向其提供武器装备。1862 年 11 月，英军陆军司令士迪佛立报告：最近常胜军得到了 1 万套武装，发射 12 磅重炮弹的炮 12 尊，100 万发子弹。他还打算将撤离上海去印度的两个团的枪炮与装备按价出售给清朝上海地方当局。清朝方面，清廷对已申请加入中国籍的华尔奖掖有加，不仅先后赏其四品、三品顶戴，更赏其副将衔，还由苏松太道吴煦任常胜军督带，候补道杨坊会同华尔任管带，并竭力扩充其兵员实力。1862 年 8 月，上海外围的战斗结束之后，英法侵略军退回上海，以后即由常胜军和清军联合向内地太平军进攻。9 月，华尔在浙江慈溪被太平军击伤毙命。华尔死后，李鸿章即与

---

① 转据茅家琦《太平天国对外关系史》，255—256 页。
② 转据茅家琦《太平天国对外关系史》，259 页。按：本书以下关于常胜军、常捷军等的叙述，主要参据茅家琦《太平天国对外关系史》，不再一一注明。

英国侵华陆军司令士迪佛立就整顿常胜军问题进行谈判,对常胜军的进一步发展达成协议。这支军队由清朝政府出士兵、出官兵军饷,武器装备亦由清政府出钱购买,并对其有一定的控制权;外国侵略者则出军官予以指挥,替清王朝镇压太平军。常胜军的人数则被限定为3 000人。

浙江方面,在外国侵略者与清军相勾结于1862年5月攻陷宁波后,也仿照上海的常胜军,在宁波组织了以英国人为教练的所谓常安军和定胜军。他们由于头裹绿巾,又被称为"绿头勇"。以法国军官为教练,以法国海军军官勒伯勒东为管带的同样性质的军队,则被称为常捷军(又称"信义军")。由于他们头裹花巾,又被称为"花头勇"。法国公使还照会清王朝,让勒伯勒东免去法国军职,专任署理浙江总兵的中国军职。

清王朝正是依靠这些雇佣军的大炮,逐一轰开了上海四周及苏、浙地区太平军所占城池的大门。

四　李鸿章与淮军的崛起

太平军再次进军上海,为李鸿章及其淮军的崛起提供了际遇。[①]

李鸿章(1823—1901),字少荃,安徽合肥人,道光末年进士,翰林院编修。太平天国兴起后,即与其父文安、兄瀚章一起举办团练与太平军对抗。李氏父子是淮南颇著人望的士族。李鸿章本人更在办团练、领军作战、参佐皖抚福济等一系列的活动中增长了才干,积累了经验。又因其父与曾国藩为同年好友,李鸿章曾从师问学于曾国藩,并得其赏识。所以1858年一入曾国藩幕府,就得到器重,并参与机要。

1861年(咸丰十一年)冬,上海官绅得知太平军将再次进军上海,除向外国侵略者乞援外,更数次派人至安庆向曾国藩告急,要求其出兵驰援,并允诺提供巨额军饷。上海是两江总督的辖地,巨额饷银的筹集对于湘军也极有吸引力。同时,进援上海,就与进援浙江的左宗棠军、进军天京的曾国荃军,对太平军形成大包围之势。正因为有这样重要的经济、军事双重意义,曾国藩对东援江苏的部署,特别是统将的人选

---

① 以下关于李鸿章及其淮军的叙述,主要参据龙盛运主编《清代全史》第七卷第三章(龙盛运执笔)。

煞费苦心。他首先考虑派其弟曾国荃。但曾国荃意在攻占天京，不愿去上海。曾国藩对此表示理解，认为"亦系量力而行"，他本人"决不相强"。于是决意改派李鸿章，带水、陆军各 5 000 人前往。其中程学启之千人，本为曾国荃部属，拨于李鸿章，"系属万不得已之举"，"闻上海每月实可筹银五十万两，不忍坐视其沦陷也"。曾国藩又叮咛曾国荃写信给程学启，"令其听少荃之节制调度"，并表示："吾家受国厚恩，吾为江督将近二载，尚无一兵一将达于苏境，上愧对朝廷，下愧对吴民。此次若不能保上海，则并获罪于天地矣。"[1]

李鸿章于 1861 年 12 月奉命募勇，至 1862 年 2 月（同治元年正月），张树声、刘铭传、潘鼎新、吴长庆即各带所部团勇至安庆，并按湘军营制，编为最早之淮军 4 营；同时，曾国藩又从湘军拨来韩正国 2 个营，程学启 2 个营，张遇春 1 个营，以及新从湖南招募的 4 个营。这 13 个营中，张、刘、潘、吴 4 营为李新招，并有同乡乃至其他私人交谊；程学启、张遇春 3 营虽从湘军拨来，但弁勇全为安徽人，后者且为李之旧部。其他 6 个营之弁勇则均为湖南人，与李向无关系；韩正国 2 个营更为曾国藩之嫡系部队。其水师中，淮军数额也远不及湘军之多。更何况曾国藩既是李的老师和恩主，又是淮军的创建者和统帅者。这一切使初时的李鸿章军，名为淮军，实则与鲍超等军一样，都是湘军的一部分。

1862 年 4 月，首批淮军乘坐上海官绅以 18 万两巨款租来的外国轮船至上海。至 6 月，陆营 6 500 人全部到达，黄翼升水师不久亦至。4 月 25 日，清廷擢李鸿章署江苏巡抚。[2]

李鸿章率军到达上海后，首先大力整顿税政，扩大税收。据熟悉情况的人估计，1861 年，"上海关税厘金所入终岁毋虑五百万"。[3] 但李鸿章初至上海，情况不熟，署布政使吴煦又有意把持封锁，遂仿照曾国藩对江西的办法，将上海财政一分为二，关税收入，仍由吴掌管，以备常胜军、会防局和镇江守军支用，厘金则由李派人接管，以作来沪湘淮军开支。数月后，吴卸署任他调，上海财政就全归李掌握。随着九江、汉口

---

① 曾国藩：《致澄、沅二弟》（咸丰十一年十二月初四日、十四日、二十四日），见《曾国藩全集·家书》。
② 《清穆宗实录》卷二十三，同治元年三月己酉。
③ 周腾虎：《上江苏巡抚李少荃中丞书》，见《餐芍华馆遗文》第二卷，光绪三十一年。

海关开征,上海关税收入虽然减少,但厘金田赋却因淮军收复失地日多而不断增加。此外,他还开办各种新捐税,再加上对吴煦把持、弊端极多的各项税政的整顿,革退不法人员,重新制定章程,也收到了较大效果。

其次是不断扩充淮军实力。李鸿章带至上海陆营水师只有万余人,加上其弟鹤章由陆路带来之马步兵1 500人,合计不过1.2万人。李鸿章遂凭借上海财力,大力扩军:一是招募新营,派张树声、吴长庆回皖招募9个营,后又派人到苏北招募5个营;二是汰留改编上海原有绿营系统的部队,其中少数仍由原有将弁管带,多数则另委他人,对原有水师也采取同样办法;三是大量收编降众,南汇、常熟、太仓等太平军守将归降后,即加以整编,或令降将自带,或分散编入各营,补充缺额。正如李鸿章自己所说:“各军两年以来,无旬日不恶战,各营伤亡过半,率以降众补额。”①此外,还有请其老师曾国藩代为组建和少量收编苏杭地区的盐枭枪船、团练而成的部队。经过多方努力,至1863年攻占苏州时,李鸿章所统水陆军已有7万多人。

再次是更新武器。李军来上海时,只有冷兵器和原始热兵器。到上海后不久,李鸿章就深感洋枪、洋炮为战争利器,大量购买,装备部队,并且吸取江南大营只用洋枪、不用西法训练的失败教训,毅然采用西法训练,甚至聘请西人教练部队。至1862年冬,所部“能战之将,其小枪队悉改为洋枪队,逐日操演”。②以后逐步增加,至1864年春,“每营用洋枪四百余,少亦三百余杆”。③原有的原始热兵器,乃至冷兵器,已经基本上为洋枪所取代。与此同时,洋炮也日渐增多。张遇春军最早装备洋炮。1862年底,李鸿章还亲自视察其操练。以后,郭松林、刘铭传、程学启等军也相继装备洋炮,甚至还组建抚标亲军炮队,其中刘铭传和抚标亲军炮队拥有大炮更多达二三十门。所部会字营千人,更是英国人代为训练成军。1864年,常胜军裁撤,其炮队600人、枪队300人、外籍教官12人又全部拨归淮军。而其所聘用的西人,平时帮

---

① 李鸿章:《上曾相》,见《李文忠公全集·朋僚函稿》第五卷,台北,文海出版社,1980。
② 李鸿章:《上曾相》,见《李文忠公全集·朋僚函稿》第二卷。
③ 李鸿章:《密陈剿捻事宜片》,见《李文忠公全集·奏稿》第八卷。

助训练,临阵帮同作战。这一切,使淮军在近代武器拥有量以及用西法训练两个方面位居全国第一,从而大大增强了部队的战斗力。

最后是强化个人的控制。李鸿章至上海后,即仿照曾国藩的做法,除了其亲弟李昭庆、李鹤章为统领外,还提拔重用同乡亲友,如刘铭传、张树声、潘鼎新、吴长庆、周盛传等皖中最早参加淮军的团练头目,都被提拔为统领。籍贯为安徽的原绿营将领和太平军降将,也得到重用。前者如况文榜,后者如从湘军拨来之程学启,至上海后收降之骆国忠、吴建瀛等。此外,李鸿章还把同乡好友蒯德模、蒯德标,乡试同年凌焕,会试同年陈鼐等人,分别委以主持营务、厘局、粮台、文案等重任,随着苏常的收复,其中一些人又被委任实缺府县官和道员。

李鸿章组建淮军之所以取得这样大的成就,除了曾国藩的支持,以及巨额的上海税收作物质基础外,西方国家的支持也是一个极其重要的因素。李鸿章至上海后,频繁与英、法等国军政人员往来,参观其军队操演,购买其新式武器,采用西法训练,聘用西方军人,表现出良好的合作态度。再加上淮军的战斗力又远远超出绿营,西方列强也乐于与其合作并给予大力支持。到 1864 年(同治三年)太平天国首都沦陷前后,淮军已摆脱湘军的附庸地位,上升为兼有军政实力、自成系统、几与湘军分庭抗礼的独立集团。

第七节　天京的陷落

　　湘军以安庆为基地加紧了对天京的围攻。太平军为此发动颇具声势的解围之战,却未能取得胜利。李秀成的"进北攻南"之役,也未取得效果。太平天国东战场的局势急剧恶化。苏、常等重镇在李鸿章淮军和戈登"常胜军"的联合进攻下先后陷落。浙江省的多数城市,包括省城杭州在内,也相继落入左宗棠湘军之手。天王洪秀全否决了李秀成"让城别走"的建议,并于天京陷落前不久病逝。李秀成于天京城破后组织了突围,并掩护幼天王逃走,但其本人在郊区被俘。他在亲笔写下了也许是多余的话的"供词"之后被曾国藩杀害。

一　天京解围战的失利

　　忠王李秀成率精锐主力从苏州赶到上海前线,利用英、法侵略军与协同作战的清军之间的矛盾,一举克复嘉定、青浦,并乘势进围松江。正当松江指日可下、上海岌岌可危之时,在天京上游的湘军却以破竹之势连续扫荡了沿江太平军所占据的一系列重要城镇和关隘,进逼天京城郊。太平天国的首都受到严重威胁,"天王一日三道差官捧诏到松江"。[①] 李秀成在严诏之下只得撤军回援。二次进攻上海之役被迫中止。

　　还在 1861 年(咸丰十一年)秋湘军攻占安庆后不久,曾国藩即图谋东进,夺取江、浙。1862 年(同治元年)春,他开始实施三路进军方案:

---

①《李秀成亲书供词》,第五十叶上。

左宗棠所部湘军于2月入浙,从衢州向金华、杭州进攻;曾国荃所部湘军于3—4月间从安庆沿江东下,进逼天京;李鸿章率新建的淮军于4—5月间由安庆分三批乘轮船径赴上海,再以上海为基地,向苏州、常州发起进攻。三路大军分进合击,太平天国陷入了东支西绌的困境。

1862年3月,曾国藩奏陈其进攻天京的计划,并指出:

> 惟用兵之道,可进而不可退,算成必兼算败。与其急进金陵,师老无功而复退,何如先清后路,脚跟已稳而后进?……欲拔本根,先剪枝叶。仍须计算各路游击之师,数倍于金陵围城之师,庶几无撤回之虞。①

641

曾国藩仍坚持剪除枝叶,稳慎行事。同月,曾国荃被清廷擢为江苏布政使。上谕称:"江苏布政使著曾国荃补授。该员系两江总督曾国藩之弟,例应回避。惟该省军务紧要,需员办理,著毋庸回避,以资得力。"②此时曾国荃已率新募湘勇抵达安庆,4月即开始行动。北路曾国荃部先后攻取江北的巢县、含山、和州,又夺取西梁山要隘。南路曾贞干部和鲍超部分别攻取繁昌、青阳等地。接着,湘军又在水师的配合下攻取芜湖。5月底,湘军水、陆均突入天京周围地区。水师进泊天京护城河口。曾国荃部湘军则进抵雨花台扎营。

李秀成返回苏州后,即于6月22日(太平天国壬戌十二年五月十一日)在苏州召集诸将会议,商议对策。出席这一次会议的有慕王谭绍光、听王陈炳文、纳王郜永宽、孝王胡鼎文、航王唐正财、相王陈藩武等。会议认为:敌军由上而下,有水师之利,其势甚雄,我劳彼逸,不可与争锋,应将苏省米粮军火等多多运回天京,作长期守御准备。待24个月后敌久顿坚城,已无斗战之心时,再一鼓作气将其打垮。

但天王不从此计,严令李秀成亲率大军驰援天京,并派补王莫仕睽去苏州坐催,甚至责其有"自图之意"。忠王乃于8月6日召集补王莫仕睽、襄王刘官芳、奉王古隆贤、堵王黄文金、首王范汝增、来王陆顺德

---

① 曾国藩:《遵旨通筹全局折》,见《曾国藩全集·奏稿》卷十五。
② 《清穆宗实录》卷十八,同治元年二月丙辰上谕。

等召开第二次会议,决定调集各王所统军队,并合侍王李世贤、护王陈坤书等共十三王的军队救援天京。由于洪秀全的"强本弱枝"政策,李秀成的重要部将此时大都已封王,且各有分地,这给他的指挥造成了一些困难。因此他在会议所形成的文件中强调:"如欲奋一战而胜万战,先须联万心而作一心。"① 为了消除洪秀全的猜疑,李秀成将苏浙两省政权全部交给各将,又将母亲和家眷由苏州送回天京,交给天王为信。此前,他还采取了一系列措施消除隐患,以稳定其统治区的社会秩序,如 7 月 9 日苏、松、嘉、湖各地太平军同时动手,一举消灭枪船匪帮即是其一。

9 月中,李秀成率军由苏州出发。10 月,10 多万大军对进围天京的曾国荃部湘军发起猛烈攻击。围攻的太平军最多时已近 20 万众。此时曾国荃的湘军"墙高濠深",已立定脚跟。曾国藩针对其部新勇较多的特点,早在 7 月间即告诫其"总以'不出濠浪战'五字为主"。此时各路太平军"昼夜猛扑,洋枪极多,又有西洋之落地开花炮",但曾国荃执意坚守不出。曾国藩更为其出主意,让他找出太平军的薄弱之处,并待其"疲乏思归"之时,伺机主动出击。曾国荃依计,"破贼十三垒"。但在太平军的巨大压力下,他决定收缩战线。曾国藩对此深以为然,去信说:

> 既不能围城贼,又不能破援贼,专图自保,自以气敛局紧为妥,何必以多占数里为美哉?少几个当冲的营盘,每日少用几千斤火药,每夜少几百人露立,亦是便益。气敛局紧四字,凡用兵处处皆然,不仅此次也。②

太平军自 10 月 13 日围攻曾国荃雨花台军营,到 11 月 26 日,前后共猛攻 45 天,却未能切断湘军的后勤补给,更未能攻破雨花台的湘军大营。从战役目标来说,是失败了。但这次解围战仍给湘军以极为沉

---

① 李秀成:《会议辑略·序》,转据许瑶光《谈浙》,见丛刊《太平天国》(六),594 页;并参见《曾国藩全集·日记》(同治元年九月二十日)。
② 曾国藩:《致沅、季二弟》(同治元年六月初十日);《致澄弟》《致沅弟》(九月初四日);《致沅弟》(九月十一日);均见《曾国藩全集·家书》。

重的打击。曾国藩事后即承认："当忠酋初退之际,官军疫疹之后,继以伤亡,重以疲困,自不能再出征剿。"又说:"尤可痛者,疾疫物故万有余人";"贼中广购洋枪洋炮之类,我军伤亡殊众,亦视昔日局势一变。看来东南浩劫,盖无了日,良增叹惋!"[1]

天京解围战的失利,从战役指挥上说,与李秀成在用兵上沉稳有余、勇战不足的特点有关。每有大的军事行动,李秀成都能召集部属或同僚会议,集思广益,谋定而后战。这是他的长处。但有时他未免过于审慎而有畏敌之嫌。曾国荃曾认为李秀成"勇冠诸贼",但曾国藩却不以为然,说他是"滑而无勇"。[2] 李鸿章亦说李秀成"狡谋恇怯,其用兵较狗逆(即陈玉成)稍稳,然胆气不足","似不耐战"。[3] 这些评论应该说都是很中肯的。他与陈玉成军协同作战时,两军积极配合,相得益彰,常能取得胜利。但陈玉成败没后,李秀成的上述缺点便暴露无遗了。

十三王兵力众多,实际投入作战的兵力大约不少于十万,至少为曾国荃湘军的两倍,在武器装备上亦占优势。可惜他们并没有真正做到"联万心而作一心",而是各有其小算盘,不愿过多消耗自己的实力,当然不能制敌于死地。此时适逢慕王谭绍光等在东线青浦四江口战败撤退的消息传来,苏、昆腹地空虚,各王更加无心恋战。延至11月25日,主力开始东撤;次日,忠王亦回苏州。

四江口之战乃李鸿章的得意之笔。自太平军主力撤返苏州后,英法联军与清军合作,于10月下旬攻陷嘉定。11月初,慕王谭绍光、听王陈炳文等从苏州、嘉兴、杭州等地调集10多万军队反攻。淮军各部前往迎击。两军在青浦之三江口、四江口一带激战。11月12日,李鸿章亲自赶往黄渡,并在离四江口相近地方扎营。这位刚届不惑之年的署江苏巡抚仍颇有英气。据记载,他于12日当日"亲带巡捕一人,策骑往探",在看到太平军的旗帜招展后,仍继续前进,并高声呼唤:"我便是李大妖头,明日快与我来交战!"说毕,"缓辔而回"。次日四更造饭,黎

---

① 曾国藩:《复彭杏南》《致刘霞仙》,见《曾国藩全集·书札》卷二十一。
② 曾国藩:《致沅弟》(咸丰十一年七月二十一日),见《曾国藩全集·家书》。
③《上曾相》,见《李文忠公全集·朋僚函稿》第一卷。

明拔队，紧逼太平军营垒。但太平军并不出营接仗。李鸿章又往叫唤："快来交战！"经过几次三番的挑战，太平军乃"轰然出队"，约战两时许，淮军"少却"。常胜军则已绕至太平军营垒后放枪攻击，淮军乘势发起进攻，"计贼营七座尽行踏毁，并救出两营官兵，擒斩长发约万余人。这场大战，足寒贼胆。"①四江口之战，实际上是太平军第二次上海之役的最后一战。此后，太平军再也无力在上海周围地区发动攻势作战。李鸿章因四江口"奇捷"，于12月3日被实授江苏巡抚。②

二　李秀成"进北攻南"与天京以东战场的瓦解

李秀成攻曾国荃湘军营垒不下，受到天王的革爵严责，又令其进兵北行，开始"进北攻南"之役。所谓"进北攻南"，也就是从长江北岸进攻上游敌之后方，迫使敌人调动南岸兵力解救北岸，调动下游兵力解救上游，其目的仍是解天京之围。李秀成的大军于1862年12月8日即开始昼夜赶渡，冲过江浦、浦口。18日，克安徽含山。次日，克巢县。21日，克和州。但其本人因常熟不稳而赶往苏州。1863年1月11日，即发生常熟守将骆国忠叛变投敌的事件。他于苏州部署慕王谭绍光、听王陈炳文等讨伐叛徒后，才又于1863年3月31日赶到安徽巢县指挥进军。他留来王陆顺德、戴王黄呈忠、首王范汝增、梯王练业坤等军牵制清军，自己拟率大军由安徽之舒、六、英、霍疾趋湖北。但其致干王洪仁玕的文书却为曾国藩所缴获。曾国藩的幕僚赵烈文在5月12日的日记中不仅记载了李秀成文书的大致内容，还附录了曾国藩的相关批语：

　　我军在庐江，得伪忠王与伪干王文书，言窜北岸欲以扯动南岸官兵（节相朱笔批：徽宁防局千稳万稳），使南岸之贼进攻得以顺手，谓之进北攻南。又言天京粮食甚少，欲直从英、霍至武汉犯荆襄（又批：已调成大吉守蕲、黄一带，并请希帅③驻黄州），在彼处招募人马，水陆齐下（又

①《何桂清等书札》附录，281页，南京，江苏人民出版社，1981。
②《清穆宗实录》卷四十六，同治元年十月辛卯。
③ 即李续宜，字希庵，时任安徽巡抚。

批：水路何得狂逞）。又言伊上行后，官兵必攻和、含、九洑一带（又批：贼所最畏者，此一层耳）。但曾某之兵，守则有余，战则不足（又批：料得不错），如来攻城，可即与之交锋（又批：贼若野战，我之利也），云云。[①]

　　曾国藩为此采取了紧急应对措施。此时皖北捻军张乐行已为清军击败，扶王陈得才部也已退回陕西。李秀成的"进北攻南"根本不可能取得任何实质性进展。时至 5 月 19 日，太平军在进攻六安时即因兵乏粮匮而不得不回军。从寿州东回时，又因没有粮食，吃草充饥，战士饿死很多。6 月 13 日，雨花台石城被曾国荃湘军攻陷。天王又紧急差官捧诏召李秀成回京。部队过江时，因水涨，加之敌军的水陆进攻，未及渡江的部队大都战死。历时 7 个月的"进北攻南"之举，不但未能调动围困天京的敌军上援，反而使自身遭受重大损失。李秀成对此曾沉痛地检讨说："此举前后失去战士数万余人，因我一人之失锐，而国之危也。"[②]

　　李秀成回到天京后，天王加封他为真忠军师，留守天京。但此时东线局势已发生了根本性的逆转。江苏巡抚李鸿章的淮军在常胜军（已由英国军官戈登统带）的配合下，占领了常熟、太仓、昆山等地，正积极向苏州进军。浙江方面，闽浙总督（仍兼署浙江巡抚）左宗棠的湘军在西部连下严州、金华等城，东进富阳。东部以宁波为基地的英、法军，以及仿照常胜军组建的常安军、定胜军和常捷军，先后攻占绍兴等城。常捷军更与左宗棠军合攻富阳、杭州。苏、杭各将日日飞文告急，但天王直到 1863 年 9 月才放李秀成出京东下苏杭，且又限其 40 日必须返京。李秀成以慕王谭绍光坚守苏州，自己调集军队与淮军及常胜军会战。但敌军有远射程大炮，又得火轮船之利，苏州外围的作战以太平军失利而告终。苏州被包围后，忠王于 11 月 29 日召集诸将会议，倡议放弃苏州，将部队转移出去。但慕王主张坚守。纳王郜永宽等 8 位高级将领因已与淮军及常胜军接洽投降，也不同意忠王的意见。12 月 1 日，李秀成黯然离开苏州，但仍在无锡以东的马（茅）塘桥驻守，以对苏州作最

---

① 赵烈文：《能静居日记》十七，见《太平天国续编》（七），178 页。
②《李秀成亲书供词》，第五十三叶下。

后的接应。郜永宽等则加紧策划献城。12 月 4 日,8 位叛将在慕王谭绍光召集会议时即席将其刺杀,当晚将慕王首级献给李鸿章。5 日,淮军进入苏州。6 日,李鸿章设计在举行宴会时将献城的八叛将全部杀死,城内的淮军也同时动手,大肆屠杀业已放下武器的太平军,并洗劫了整个苏州城。戈登为此和李鸿章闹翻,甚至拒受清廷赏赐的功牌和赏银。

苏州失陷 8 天后,无锡于 12 月 12 日被淮军攻陷。守将潮王黄子隆于被俘后遭杀害。但常州却因无常胜军的协助而久攻不下。李鸿章请人到昆山劝解调停。英国公使普鲁斯亦致函表示关切。1864 年 2 月 2 日,戈登在总税务司、英国人赫德陪伴下到苏州会晤了李鸿章,表示愿意继续率常胜军与其协同作战。李鸿章为此大为振奋,并重新调整了作战部署。两军一起于 3 月间先后攻陷宜兴、溧阳等城市,切断了常州的外援,最终于 5 月 10 日将其攻陷。常州守将护王陈坤书在手刃多名敌人后被俘。在被带到李鸿章面前时,陈坤书仍昂然直立,拒绝投降,并愤然表示:要不是戈登及其军队协助你作战,我定叫你毫无办法从我手中夺取这城池![1] 陈坤书和其他两广籍的老战士全部惨遭杀戮。

浙江方面。浙东的绍兴等城在清军与外国侵略军的联合进攻下,于 1863 年 3 月间即告失守。1864 年,清军将进攻的重点放在浙西的杭、嘉、湖三府。嘉兴于 3 月 25 日被李鸿章的淮军攻陷。杭州、余杭守军在左宗棠湘军的全力进攻下,于 3 月 31 日同时撤退。太平天国的苏浙战场在天京被攻陷前,除湖州的孤立据点外,业已彻底瓦解。苏浙战场各城的太平军守将,或战死,或投降。撤出的部队则在侍王李世贤统带下分路冲入江西就粮,他们提出的口号是:"与其饿死江南,不如战死江西。"

三 洪秀全病逝

忠王李秀成于苏州失陷时正在马(茅)塘桥。据其回忆说:

---

① [英]贺翼柯:《戈登在中国》,见王崇武、黎世清编译《太平天国史料译丛》,242 页。

失去稣省，那时正在马塘桥。闻失省之后，我即上常州，到丹阳屯扎。后无锡在后又失。那时兵乱民慌，寻思无计，暂扎丹阳。那时我家弟李世贤兵屯溧扬（阳），劝我前去，别作他谋，不准我回京。我不肯从。其欲出兵前来，逼我前去，不欲我回京。后见势不得已，见我母亲在京，难离难舍，骨血之亲，故而轻奇（骑）连夜赶回京。①

李世贤不让李秀成回京，除其与洪氏集团的矛盾外，主要还是因为回京只是死路一条。李秀成匆匆赶回天京后，即向天王提出：京城已无法保守，敌军围困甚严，濠深垒固，内无粮草，外救不来，只有"让城别走"才是唯一出路。但自认为"奉天父天兄圣旨下凡，作天下万国独一真主"的洪秀全，却无法正视严酷的现实。他斥责李秀成说：

朕铁桶江山，尔不扶，有人扶。尔说无兵，朕之天兵，多过与水，何具（惧）曾妖者乎！尔怕死，便是会死。政事不与尔[相]干，王次兄勇王执掌，幼西王出令。有不遵幼西王令者，合朝诛之！②

当时天京城外"城池概失，日变多端。主不问国中军民之事，深居宫内，永不出宫门，欲启奏国中情节、利保邦之意，凡具奏言，天王言天说地，并不以国为由（事）。朝中政事，并未实托一人，人人各理一事。"天京粮食紧张，天王下令"合朝俱食甜露"，并"将百草之类，制作一团，送出宫来，要合朝依行毋违"。但实际上洪秀全对京城不固，"久悉在心"，心中还是很明白的。之所以如此行事，据李秀成分析，是因为他"心因自好高，不揣前后。入南京之时，称号皇都，自己不肯失志，靠实于天，不肯信人，万事具（俱）是有天。"③

李秀成在天王否决了"让城别走"的计划后，即被留在天京主持城守。他曾多次组织出击，傍城增筑营垒，阻止敌人合围。天王诏扶王陈得才从陕西领大军回救，并命干王洪仁玕捧诏亲到丹阳、常州、湖州等

---

① 《李秀成亲书供词》，第五十六叶下。
② 《李秀成亲书供词》，第五十七叶上、下。
③ 《李秀成亲书供词》，第五十八叶下，五十九叶上、下。

地催兵解围。陈得才部赶回湖北麻城后，却由于皖北遍地饥荒，行军无粮，无法归来。而附近苏、浙地区的军队，也因天京无粮，不肯前来。1864 年 2 月 27 日，天京被合围。延至 1864 年 4 月，湘军两掘地道及用云梯攻城，都未能得手，而"城内新种麦禾，青黄弥望"，曾国藩为此惊叹"洪逆、忠逆坚忍异常"。①

1864 年 6 月 1 日（太平天国甲子十四年四月十九日），天王洪秀全病故，终年 51 岁。② 李秀成说："此人之病，不食药方，任病任好，不好亦不服药也。"③6 月 5 日，群臣拥戴幼天王洪天贵福（1849—1864）在围城中继位。

四 天京的陷落

清廷对天京迟迟未能攻下极为不满，严加催责，且命李鸿章领淮军前来会攻。一心欲独占克城大功的曾国荃，不惜一切代价向天京发起猛攻。7 月 3 日，太平军在紫金山麓天京城外的最后一个堡垒地保城失陷，湘军得以迫近太平门城根开掘地道。

1864 年 7 月 19 日（太平天国甲子十四年六月初六日，同治三年六月十六日），太平门城垣被湘军用地道埋炸药轰塌 20 余丈。李秀成率军与敌短兵相接，终因寡不敌众，被湘军攻入城内。他率残部冲向旱西门，拟夺路而出，但为敌大队人马所阻，随即折向清凉山。

湘军攻入天京后，即在城内大肆烧杀抢掠。40 岁以下的妇女都被抢光，老人、幼孩则惨遭屠戮。曾国藩向清廷报告说："三日之间毙贼共十余万人。秦淮长河，尸首如麻。"④但其时天京城内总共仅剩三万人，除居民外，太平天国的官兵不过万余人，其中能守城者，不过三四千人，一部分还突围而出。他是把全体南京居民都当成敌人了。

天京城破后，在一些王府中坚守的太平军战士高呼："城中弗留半片烂布与妖享用！"随即举火自焚。抢劫的湘军也四面放火。据赵烈文

---

① 《复乔鹤侪中丞》，见《曾国藩书牍》(钞本)卷五。
② 洪秀全病逝日期据罗尔纲《洪秀全逝世日期及其死因》，见其《太平天国史》，1702—1704 页。
③ 《李秀成亲书供词》，第六十五叶下。
④ 曾国藩：《金陵克复全股悍贼尽数歼灭折》（同治三年六月二十三日），见《曾国藩全集·奏稿》卷二十。

日记中记载:"贼所焚十之三,兵所焚十之七。烟起数十道,屯结空中不散,如大山,绛紫色。"①

城破当晚,李秀成护卫幼天王等由太平门缺口突围。为了"尽心而救天王这点骨血",尽其愚忠,李秀成将自己的战马——亦即生的希望,让给了幼天王,自己终至掉队而不幸在方山"被两国奸民获拿",解送湘军大营。② 面对曾国荃用刀割其臂股的残酷刑罚,李秀成丝毫不为所动。但在曾国藩由安庆赶来与其交谈后,他却同意亲笔写所谓"供词"。他不顾自己只念过两年私塾的文化,冒着酷暑和身囚木笼的屈辱,奋笔疾书。而在写完"天朝十误"的当晚,即遭曾国藩杀害。现存洋洋数万言的李秀成亲书供词原稿,便是他在生命的最后时刻对太平天国兴亡史的回忆与思考。而其在刑场上交给监刑者的十句绝命词(即"天朝十误"),更是其对太平天国事业的血泪总结。

"天朝十误"原文如下(因其中第六误重出,实际是十一误):

一误国之首,东王令李开芳、林凤祥扫北败亡之大误。

二误因李开芳、林凤祥扫北兵败后,调丞相曾立昌、陈仕保、许十八去救,到临青(清)州之败。

三误因曾立昌等由临青(清)败回,未能救李开芳、林凤祥,封燕王秦日昌复带兵去救,兵到舒城杨家店败回。

四误不应发林绍璋去相谭(湘潭),此时林绍璋在相谭(湘潭)全军败尽。

五误因东王、北王两家相杀,此是大误。

六误翼王与主不和,君臣而忌,翼起狈(背)心,将合朝好文武将兵带去,此误至大。

六误主不信外臣,用其长兄次兄为辅,此人未有才情,不能保国而误。

七误主不问政事。

八误封王太多,此之大误。

---

① 赵烈文:《能静居日记》二十,见《太平天国续编》(七),270页。
② 《李秀成亲书供词》,第六十六叶下、六十七叶上。

九误国不用贤才。

十误立政无章。误国误命者,因十误之由而起,而性命无涯。①

李秀成的亲书供词中,有一些自污和颂扬曾氏兄弟的言论,则显然是有所为或有所求而发。② 这一篇也许是多余的文字,虽使后人了解了太平天国可歌可泣的业绩,但也使他在身后招致了种种不同的评价。

---

① 《李秀成亲书供词》,第七十四叶。按:"天朝十误"在1963年影印本中原为第七十二叶。据笔者考证,李秀成亲书供词的原稿并未被曾国藩"撕去",而是全璧,但其中有两处错叶(也即所谓"错简"),"天朝十误"之被误置即是其一。详见姜涛《重读〈李秀成自述〉》,载《近代史研究》2002年第5期。

② 按:曾国藩后人的口碑中,有"李秀成劝文正公当皇帝,文正公不敢"之说。从李秀成肯冒酷暑和不惜屈辱亲笔书写洋洋数万言的供词,从其虽不得不被处死,但曾国藩却"棺殓其躯"等一系列做法来看,双方私下应谈及一些相当敏感的问题。参见姜涛《重读〈李秀成自述〉》及罗尔纲《太平天国史》传第十六,本传考证《一条关于李秀成学姜维的曾国藩后人的口碑》。

第八节　太平军余部及捻军的战斗　各地各族群众造反的平息

太平天国首都的陷落,顿使各地的太平军以及与太平军已结为一体的捻军的活动失去重心。但他们仍坚持斗争达 4 年之久。南方的太平军余部曾以闽西南和粤东为根据地,太平天国的旗帜在闽南重镇漳州飘扬了 7 个月。南方的余部最后于 1866 年在粤东失败。长江以北的余部则与捻子一起结成了剽悍的捻军。他们以步骑结合、机动灵活的战略战术,纵横驰骋于黄淮与北方大地,在与清军的作战中曾多次取得胜利,甚至连不可一世的僧格林沁也兵败身死。但在清王朝的全力围剿下,捻军活动区域日渐缩小,加之无后方依托,终在 1868 年覆败。全国各地各族群众的造反直到 1874 年才最后平息。

一　长江以南的余部

1864 年 7 月 19 日天京城破的当晚,幼天王洪天贵福在李秀成的掩护下得以逃脱清军的追击。他在尊王刘庆汉、养王吉庆元等的保卫下,从淳化镇经东坝到安徽广德州,会合干王洪仁玕等,不久又被堵王黄文金迎至浙江湖州。洪仁玕、黄文金等在湖州会议,决定入江西建昌、抚州会合侍王李世贤、康王汪海洋等军,再去湖北会合扶王陈得才等军,“踞荆(州)、襄(阳),以窥长安”。① 8 月下旬,黄文金等自湖州撤退,取道安徽、浙江交界入江西。但李世贤等部已向赣南转移,黄文金

---

① 《沈葆桢奏报生擒洪福瑱及应否槛送至京折》,见《清政府镇压太平天国档案史料》第 26 册,211—212 页。

不久又病逝，这支部队的军心涣散了。10 月上旬，终在江西石城县覆没。干王洪仁玕与幼天王等先后被俘。洪仁玕在囚禁中慷慨激昂，在亲书供词中详细叙述了洪秀全敬拜上帝及太平天国自金田起义直到定都南京的历史，对其本人到天京后所参与的重大事件叙述尤详。他并表示愿意效法文天祥，为国尽忠。不久，洪仁玕即在南昌从容就义。

幼天王的供词中，除交代了突围及被俘经过等情节以外，还提及他每天要四次向洪秀全写本章请安，食饭要"感谢上帝，祝福有衣有食，无灾无难，訫（魂）得升天"，七日礼拜赞美；又提及他 9 岁时已有 4 个妻子，天王不准他与母亲、姊妹见面，只准他读"天主教的书"，不准他看古书，从来没有出过城门；等等。但这位经历了几个月艰险变故的少年，竟然也懂得了一些世故。他在手书的诗句中，吹捧"清朝皇帝万万岁"，表示自己不乐意做长毛，愿去"读书考秀才"，并自动将自己的名字洪天贵福改为"洪贵福"。幼天王最后一篇诗句的落款是"甲子年十月初六日"，也即同治三年十月二十日（1864 年 11 月 18 日），他就在这一天被清朝政府凌迟处死。[①]

此时尚在长江以南的太平军余部，主要是侍王李世贤与康王汪海洋的两支部队。时人评论，"惟李世贤之众为最盛，而以汪海洋之众为最强"。[②] 1864 年 10 月，两军相率由江西进入福建。李世贤部攻占漳州、龙岩及其附近地区，"号称二十万人"；汪海洋部进据汀州，"号称十六七万人"。[③] 李世贤力图以福建为反清基地。他在漳州发布告示，保护农商、恢复生产，打算攻取泉州、福州，以争取海口，并积极谋求与英、法、美等国在华势力结成反清同盟。福建人民群起响应。一些逃亡在外地的太平天国失散人员也策划支持。如在香港的森王侯裕田，即假生意为名，密运军火粮食往漳州，并搜集清方情报。一些和太平天国有过交往的外国人，如美国人白齐文等，也赶往厦门前来投靠。清廷急调闽浙总督左宗棠督带湘军由浙入闽镇压。英、法等国侵略者则以火轮船协助将湘、淮军精锐海运至福州、厦门等处登陆，并派海军封锁海岸，

---

① 参见《洪天贵福亲书自述、诗句等十件》，见《太平天国续编》（二），422—435 页；《沈葆桢奏报遵旨将洪福瑱等就地凌迟处死折》，见《清政府镇压太平天国档案史料》第 26 册，252 页。
② 朱用孚：《摩盾余谈》，见《太平天国史料丛编简辑》第 1 册，91 页。
③ 陈坤：《粤东剿匪纪略》卷四，21 页。

断绝太平军的军火供应。在优势清军的围攻下,李世贤力战不敌,于1865年5月撤出漳州。6月初,于永定败溃。余众投奔汪海洋,李世贤只身走脱。

心胸褊狭的汪海洋坐视了李世贤的失败,在接纳他的余部后,又借口救护主帅不力,杀害了李世贤的部将李元茂等人。汪海洋等部在闽西南也无法立足,遂于6月中攻入广东镇平。此时其总兵力约20万人。8月中,李世贤历经辛苦,昼伏夜行,来到镇平。汪海洋大惊,率队迎其入城。但几天后,汪海洋即派人乘夜将李世贤刺死,扬言其已投降清朝。李世贤为太平天国后期主要领导人之一,在军中享有很高威望。他之惨遭毒手,使得太平军余部人心更为涣散。号称10万的花旗不久即被清军"剿抚净尽"。①

汪海洋部于9月下旬撤离镇平,拟取道江西过长江而与北方遵王赖文光部会师。因江西清军封锁严密,又折返广东,于12月上旬袭取嘉应州。左宗棠调集三省军队围攻。1866年1月下旬(同治四年十二月中旬),汪海洋战死,由偕王谭体元统领其众,2月中旬,突围至黄沙嶂一带覆军。谭体元等牺牲。

二 长江以北的余部与捻军

在长江以北的太平军主要是扶王陈得才和遵王赖文光等领导的远征西北的部队。1864年夏天天京危急之时,他们由陕西向东急进,会合梁王张宗禹等部捻军,往救天京,却在湖北东部遭到僧格林沁所部骑兵及鄂豫皖三省清军阻击,不得前进。

7月,天京失陷消息传来,部队士气陡然跌落。10月,陈得才部在安徽霍山为僧格林沁所败,其部将马融和等趁机率军7万余人投降。陈得才在绝望中服毒自杀。祐王蓝成春亦被叛降的部属执送清营牺牲。此时江北太平军只剩赖文光一支部队,势孤力单,遂与张宗禹等部捻军合军北走河南。

天京沦陷前,由于太平军抗击和吸引了清军的基本力量,捻军曾有

① 朱用孚:《摩盾余谈》,见《太平天国史料丛编简辑》第1册,128—129页。

过较为宽松的活动环境。在天京沦陷、太平军主力覆灭后，加之捻军的基地雉河集（在安徽蒙城、亳州间）遭到僧格林沁的剿洗，捻军已无法在家乡立足，他们痛感与太平军合成一体的必要。正如赖文光所说：

> 其时江北所剩无所归依者数万，皆是蒙、亳之众，其头目任化邦、牛宏升、张宗禹、李蕴泰等，誓同生死，万苦不辞，请予领带……披霜踏雪，以期复国于指日。①

经过整编后，部队的面貌焕然一新，太平军与捻军的原有差别不见了。李鸿章说，"蒙、亳捻匪，向以掳掠为生，性多蠢顽，本无大志"，但"自粤逆赖文光与之合伙，以洪杨各逆军法诡谋部勒其众"后，竟成为清王朝的严重威胁，"患几不测"。② 在江北的太平军余部，如陈得才、蓝成春的旧部及怀王邱远才部纷纷来归。甚至在江南打散了的太平军将士，如原宁波守将首王范汝增等，也秘密渡江来投。

捻军原即精骑善走，此时更大力扩展骑兵，从而形成了一套步骑结合、灵活机动的运动战战术。他们作战的特点是：尽量避敌锋芒，以变幻不定的快速行军使追敌疲于奔命，然后乘隙反包抄，一举歼敌。曾国藩也说：

> （捻军）有时疾驰狂奔，日行百余里，连数日不少停歇；有时盘于百余里之内，如蚁旋磨，忽左忽右。贼中相传秘诀曰："多打几个圈圈，官兵之追者自疲矣。"③

1865年5月，捻军运用这一套战术，在豫、鲁、苏三省境内拖垮了僧格林沁的追军，使其于山东菏泽附近陷入预设的伏击圈。僧军1万多人被歼，其骑兵6 000人几乎全军覆灭。僧格林沁被一个名叫张皮绠的捻军小战士杀死。清廷对僧格林沁的覆亡极感震骇，不得不以曾

---

① 《赖文光自述》，见《太平天国续编》（二），445—446页。
② 《擒歼巨酋请奖吴毓兰片》，见《李文忠公全集·奏稿》卷十二。
③ 曾国藩：《致沅弟》（同治五年十二月二十二日），见《曾国藩全集·家书》。

国藩为钦差大臣,督办直隶、山东、河南三省军务。

曾国藩根据捻军主要靠流动作战,但又以蒙、亳一带为"老巢",既似流寇而非流寇的特点,采取了一系列针锋相对的措施。首先厚集兵力。他先后调集的 8 万大军中,除湘军 2 万人外,还有以新式洋枪、洋炮装备的淮军 6 万人。他又创画河圈地兜围战略,改尾追之局为拦头之师,以有定之兵,制无定之敌,体现了他以静制动、以主待客的一贯思想。再就是查办民圩,实行坚壁清野,连保连坐,以彻底断绝捻军与家乡人民群众的联系。

1865 年 6 月,捻军乘歼灭僧军之机,分路南归,以夺回自己的老根据地雉河集。但清廷为加强对该地人民的统治,已于 1864 年在此设涡阳县,筑墙增防,派重兵防守。曾国藩急调湘、淮各军来救。捻军攻坚 40 余日不克,只得分途突入豫西、鄂东休整。1866 年夏,捻军再图雉河集,但因清朝查办民圩已见成效,大军在外徘徊近月,无法回归。

捻军的活动愈益艰难了。1866 年 10 月,捻军乃在河南陈留、杞县开军事会议,认识到"独立难持,孤军难久",议定军分二路:东路以遵王赖文光、鲁王任化邦等为首,仍在中原地区活动;西路以梁王张宗禹、幼沃王张禹爵、怀王邱远才等为首,前赴陕甘,往连回民起义军,以成犄角之势。①

曾国藩的剿捻方略不能收效于一时,加之淮军本为李鸿章禁脔,指挥间也不免掣肘,引起了目光短浅、急于求成的清朝当局的不满。1866 年继东捻军突破沙河贾鲁河防线之后,11 月西捻军又进入陕西,清廷就再也不能容忍了,遂以李鸿章继任钦差大臣,负责围剿东捻军,而以左宗棠前往陕甘对付西捻军。

东捻军抢渡运河失败后,西走河南、湖北,取得了几次重大战斗的胜利。曾国荃等统带的新募湘军主力彭毓橘、郭松林及淮军张树珊等部先后被歼。1867 年 2 月,东捻军又在湖北安陆府之尹隆河设伏,大破淮军名将刘铭传部。刘铭传以下"总统、营官与幕僚等俱脱冠服,坐地待死"。② 然而误期后至的湘军鲍超部突然在捻军背后发起猛烈攻

---

① 据《赖文光自述》,见《太平天国续编》(二),446 页。
② 薛福成:《书霆军铭军尹隆河之役》,见丛刊《捻军》(一),366 页。

击。捻军马队受惊，如潮涌奔腾，致人马自相践踏，遂由大胜转为大败，不仅丧失了两万多忠勇战士，也丢失了大量马匹、枪械和辎重。

此役败后，东捻军元气大伤。是年夏，他们突破运河防线，深入山东登州、莱州一带，以求补足给养。李鸿章当即派兵倒守运河防线，将东捻军堵于运河以东、黄河以南、六塘河以北的狭小地带。东捻军试图夺取烟台，因外国侵略军的干涉而受阻。1867 年 11 月，任化邦在江苏赣榆境内作战牺牲。12 月末，东捻军主力 3 万余人在山东寿光覆败。范汝增等战死。仅赖文光带战士数百人冲过六塘河南下，于 1868 年 1 月中旬（同治六年十二月中）直抵江苏扬州。清军追及，赖文光受伤被俘，在扬州就义。

西捻军于 1866 年 12 月经商州进入渭河南岸，直逼西安。1867 年 1 月，西捻军在西安十字坡设伏，歼灭陕西巡抚刘蓉所部湘军主力5 000 余人，陕甘大震。不久西捻军又从渭北转进陕北，时与回民军协同作战。12 月，张宗禹等在绥德州得知东捻军被困于山东的消息，急率军往救。他采取一老翁所献围魏救赵策略，由宜川附近强渡黄河，取道山西，于 1868 年 2 月（同治七年正月）进入直隶，清廷大震。然而此时东捻军已经败亡，清廷得以征调李鸿章淮军、左宗棠湘军等精兵云集直隶，分路围堵。3 月下旬，张禹爵在饶阳附近战死。5 月，西捻军已被限制在减河以南、运河以东、黄河以北的狭窄地带。7、8 月间又值大雨，徒骇河等盛涨，西捻军无法渡河，终于重蹈了东捻军的覆辙。8 月初，在迭遭挫败后，邱远才领 800 骑在山东济阳向清军投降。8 月 16 日，西捻军在徒骇河覆军。张宗禹等 18 骑冲到茌平，"穿秫凫水，不知所终"。[①]

太平军余部及捻军的斗争至此宣告结束。

三　各地各族群众造反的平息

清廷在镇压了太平天国及捻军之后，开始集中力量对付西南、西北

---

① 《涡阳县志》卷十五《兵事》，见丛刊《捻军》（二），108 页。按：张宗禹当时并没有牺牲，而是流落至沧州东北海边（今属河北黄骅县境），又生活了 20 多年才死去。参见张珊《张宗禹下落调查记》，见南京大学历史系太平天国史研究室编《太平天国史新探》，305—320 页，南京，江苏人民出版社，1982。

的各族人民起义,重新加强了对这些地区的控制。于太平天国战争中崛起的湘军,成了镇压这些起义的主力。

西南地区。早在太平天国败亡之前,湘军即已先后进入广西、贵州、四川三省。

广西与湖南毗邻,其安危关系着作为湘军后方基地的湖南的安危。1857年(咸丰七年),湘军蒋益澧部即已入桂。1859年,刘长佑等更率军大举增援。1861年秋,湘军消灭大成国起义军主力并逐走石达开的军队。1862年(同治元年),湘军又攻破壮族起义领袖吴凌云于桂西建立的延陵国。吴凌云于1863年春战死,其余部退入越南境。1864年,壮族起义领袖黄鼎凤(曾任大成国隆国公)的最后据点平天寨亦被攻破。广西全省乃告平定。①

四川"雄甲西陲,地险民富,天下常视以为安危",②无论在军事上、财政上,对以两湖为基地的湘军集团都至关重要。1859年李永和、蓝大顺起义军入川以后,造成了四川局势的震荡。清廷调湘军萧启江部前往镇压。萧病逝后,又以湖南巡抚骆秉章督办四川军务(后接任四川总督),更陆续增调湘军刘岳昭等部入援。1862年,湘军歼灭了李、蓝起义军的主力。次年,湘军又在大渡河畔聚歼了石达开的军队。四川得以成为日后清王朝平定西南的重要基地。

对于云南、贵州这两个一"于天下最远",一"于天下最贫"的省份,清廷直至1865年才得以认真筹论平定方略。曾国藩提出:"谋滇当以蜀为根本,即以筹饷责之四川总督;谋黔当以湘为根本,即以筹饷责之湖南巡抚。蜀之南多与滇邻,湘之西多与黔邻,进剿即所以自防,势有不得已者,义亦不得而辞。"③清廷采纳了他的方案。

1865年,清廷以驻四川的湘军将领刘岳昭为云南布政使(后更升任云南巡抚、云贵总督),率部进图云南。1866年,清廷又令兆琛、李元度等率湘军由湖南分途进入贵州。由于贵州各族起义军势力很强,巡抚号令不出省城。刘岳昭部乃先援贵州,陆续攻破仁怀,解遵义、黔西

---

① 参见本书第六章第一节的叙述。
② 《萧道一军改遣驰赴黔蜀之交折》,见《骆文忠公奏稿》卷十。
③ 曾国藩:《通筹滇黔大局折》,见《曾国藩全集·奏稿》卷二十二。

之围。1867 年，滇军岑毓英部攻破黔西苗民起义军据点猪拱箐。贵州西部渐次荡平。

1867 年，清廷又以湘军悍将席宝田取代兆琛，专任黔东军事。席部使用新式枪炮，于 1868 年与李元度军合力攻破石阡府的紫竹园。黔东北的号军基本被歼。接着，席宝田又采用"雕剿法"①对付黔东南的苗民起义军，使其蒙受惨重损失。1870 年冬，湘军攻破台拱。1872 年，张秀眉等被俘牺牲。黔东南苗民起义最后失败。

1867 年，正当刘岳昭部湘军及岑毓英部滇军在黔西作战之际，杜文秀的大理政权有了进一步的发展。他们击退了前来进剿的马如龙军，并乘势以 20 余万大军反攻，包围了昆明。岑部滇军增援昆明，任主攻，刘部湘军入滇东北部，为策应。经过反复争战，直至 1869 年，瓦解了回民军的攻势。以后，又经过 3 年的争战，岑毓英于 1872 年冬兵临大理城下。杜文秀于服毒后赴清营被杀。2 万多放下武器的回民军遭到屠戮。大理政权覆灭。其余部则坚持活动到 1874 年。

西北地区。清廷于 1866 年调左宗棠为陕甘总督。1867 年，左宗棠授钦差大臣，督办陕甘军务。此时，西捻军在张宗禹率领下已突入陕西，正寻求与回民军合作。左宗棠决定"先捻而后回"，集中力量先对付威胁最大的西捻军。1868 年，西捻军覆灭后，左宗棠乃率军返陕，又采取先东后西的战略，即先清陕西，再图甘肃。陕西境内的西捻军余部就歼，董福祥等部投降。1869 年春，左宗棠兵分三路大举西进，夺取了陕西回民军在甘肃董志原的根据地。陕回余众一部西撤西宁，一部北撤金积堡。

金积堡的马化龙身为伊斯兰教白山派（新教）教主，又拥有在甘肃各回民军中最为雄厚的军力和财力。左宗棠决定首先拿他开刀，希图取得震慑的效果。马化龙拼死抵抗，于 1870 年 2 月击毙湘军悍将刘松山。回民军之一部且深入陕西境。左宗棠以刘松山侄刘锦棠继统其军，增强兵力，继续围攻。是年冬，金积堡的外围堡寨或破或降，相继被肃清。马化龙在给养与外援断绝的情形下被迫交出军械投降，但左宗

---

① 《清史列传》卷六十《席宝田传》："雕剿者，悬军深入，饥因敌粮，夜宿敌垒，行不持营帐，居不依城寨，军不时出，出不时反。昔岳钟琪、张广泗尝以此法制苗，宝田尤穷殚其能。"

棠还是找了借口将马化龙及其骨干处死。1871年秋,左宗棠又向河州回民军发起攻击。马占鳌组织回民军顽强抵抗,击毙湘军分统二人。1872年3—4月,左宗棠在各军整顿休整后重新展开攻势。马占鳌却于此时排除众议,力主投降。左宗棠大喜过望,很快收编了河州的回民军,并开始组织对西宁地区的攻击。同年春,马桂源兄弟败死。前往依附的陕回崔伟等部投降,仅白彦虎率众退往肃州。1872年冬,肃州马文禄败亡。白彦虎又率部退入新疆。[①]

陕甘回民起义至此完全失败。以太平天国为中心的各地各族人民反清革命斗争,终于走完了自己悲壮的历程。

四 战乱地区的凋零

太平天国战争(包括随之而起的灾荒、饥馑和瘟疫),造成了人民生命财产的巨大损失。仅以战前人口最为繁庶的江苏、安徽、浙江三省为例。

1863年(同治二年),时任江苏巡抚的李鸿章在向清廷汇报江苏情形时说:

> 查苏省民稠地密,大都半里一村,三里一镇,炊烟相望,鸡犬相闻。今则一望平芜,荆榛塞路,有数里无居民者,有二三十里无居民者。有破壁颓垣,孤嫠弱息,百存一二,皆面无人色,呻吟垂毙……[②]

同年,两江总督曾国藩自安庆东下,视察皖南及长江沿岸情形时也称:

> 自池州以下,两岸难民,皆避居江心洲渚之上……壮者被掳,老幼相携,草根掘尽,则食其所亲之肉,风雨悲啼,死亡枕藉。臣舟过西梁山

---

① 1877年,白彦虎率其余众辗转到达新疆天山南麓,并于年末进入俄国境内。现在生活在哈萨克斯坦和吉尔吉斯斯坦境内的10多万"东干人"(意为东边的人)即其后代。其居住的村子叫"陕西村",人们仍讲陕西方言,并保留了明清时期的一些习俗。

② 李鸿章:《筹赈收复地方并酌情调免漕银片》,见《李文忠公全书·奏稿》卷三。

等处,难民数万,环跪求食,臣亦无以应之。二月十五日,大胜关江滨失火,茅棚数千,顷刻灰烬,哭声震野,苦求赈恤。他处芦棚丛杂,亦往往一炬万命。徽、池、宁国等属,黄茅白骨,或竟日不逢一人。①

次年,曾氏在汇报安徽全省情形时说:

安徽用兵十余年,通省沦陷,杀戮之重,焚掠之惨,殆难言喻,实为非常之奇祸,不同偶遇之偏灾。纵有城池克复一两年者,田地荒芜,耕种无人,徒有招徕之方,殊乏来归之户。……地方虽有已复之名,而田亩多系不耕之土。其尤甚者,或终日不过行人,百里不见炊烟。②

1863年,闽浙总督左宗棠初入浙江时,书告其子曰:

浙江夙称饶富,今则膏腴之地,尽成荒瘠。人民死于兵燹,死于饥饿,死于疾疫,盖几靡有孑遗,纵使迅速克复,亦非二三十年,不能复元,真可痛也!③

1864年,他在给清廷的奏报中说:

计浙东八府,惟宁波、温州尚称完善,绍兴次之,台州又次之。至金华、衢州、严州、处州等处孑遗之民,则不及从前二十分之一矣……其浙西三属,惟嘉善、石门、平湖、桐乡等县素赖蚕桑为生计,数年之后或可复元,其近山各县情形亦与金、严等处相似。④

来华游历的外人的观察也表明了战争所造成的人口损失的惨烈。战争中,浙西、皖南部分地区的生命财产几乎遭受毁灭性的摧残。德国地理学家、曾多次来华考察的李希霍芬曾于1871年致函《字林西报》,

① 曾国藩:《沿途察看军情贼势片》,见《曾国藩全集·奏稿》卷十八。
② 曾国藩:《豁免皖省钱漕折》,见《曾国藩全集·奏稿》卷二十一。
③ 转据陈恭禄《中国近代史》上册,212页,北京,商务印书馆,1935。
④ 左宗棠:《浙省被灾郡县同治三年应征钱粮分别征蠲折》,见《左文襄公全集·奏稿》卷九。

详细描述了他在这些地区的见闻：

谷地的土壤极其肥沃，却完全荒芜着。刷着白石灰的漂亮房屋掩在丛生的树木之中，无人居住。一些城市，如桐庐、昌化、于潜、宁国，只是一片片废墟。城中只有十来座房屋有人居住。联结城市间的大道变成了狭窄的小径，许多地段长满了数人高的荒草或难以穿行的灌木。谷地之中早先必定是人口密集的所在，那些村庄的规模之大和数量之多便是明证。房屋的精细风格，建筑的砖石结构和双层楼房，说明了这里原先的富足程度。山谷中的耕地和山坡上种水稻的梯田，现在长满了荒草，以前栽种的桑树，大都因无人照管而开始朽烂。……

很难设想比这些地区所遭受的更为可怕的生命财产的毁灭。然而，它们只不过是遭到同样命运的广大地区的很小的一部分。①

对于太平天国战争时期的人口损失，研究者们曾有着种种不同的估计，多者在 1 亿以上，少者亦在一两千万之间。这个问题仍有待于进一步的研究，但这一时期中国人口的损失高达数千万人则是完全可以肯定的。②

至于什么原因造成了如此巨大的人口损失，曾、左、李三人都未予以进一步的申述。而毋庸讳言，这几位"中兴功臣"的手上都沾有广大造反者和其他无辜人民群众的鲜血。曾国藩自己就说过："吾辈不幸生当乱世，又不幸而带兵，日以杀人为事，可为寒心，惟时时存一爱民之念，庶几留心田以饭子孙耳。"但他很快就自己剥去了伪装，又说什么"克城以多杀为妥，不可假仁慈而误大事"。"既已带兵，自以杀贼为志，何必以多杀人为悔？……特世变日新，吾辈之出，几若不克自主，冥冥中似有维持之者。"③

但这位专靠镇压下等人造反而起家的铁腕人物心中真的是那么坦

① 译文据姜涛《中国近代人口史》，239—240 页，杭州，浙江人民出版社，1993。
② 参见姜涛《太平天国战争与晚清人口》，见《太平天国历史博物馆建馆五十周年论文集》，99—111 页，南京，江苏教育出版社，2006。
③ 曾国藩：《致沅、季二弟》(咸丰十年六月初十日午刻)；《致沅弟》(咸丰十一年五月十八夜)；《致沅、季二弟》(咸丰十一年六月十二日巳刻)，见《曾国藩全集·家书》。

然吗？不见得。1867 年 7 月，也就是太平天国刚被镇压之后不久、捻军尚未被扑灭之时，曾国藩与自己的幕僚赵烈文谈起了清王朝的前途命运。

赵烈文说："以烈度之，异日之祸，必先根本颠仆，而后方州无主，人自为政，殆不出五十年。"

曾国藩"蹙额良久"，然后问道："然则当南迁乎？"

赵答："恐遂陆沉，未必能效晋、宋也。"

曾说："本朝君德正，或不至此。"

赵则婉转地以"国初创业太易，诛戮太重，所以有天下者太巧"，"后君之德泽，未足恃也"作答。

赵烈文话语中所暗含的玄机，曾国藩当然不会不明白，于是便回答道："吾日夜望死，忧见宗祏之陨。"①

赵烈文的预测是有见地的，因为事实上清王朝在此后不到 50 年就被推翻了；曾国藩之望死大概也是真诚的，因为在此十多天之前他即已表示过"自顾精力颓唐，亦非了此一局之人，惟望速死为愈"，而此时离他去世也确实只有 5 年，尽管他讲此话时才虚龄 57 岁。曾国藩有魄力镇压太平天国的造反，但已没有精力对付飘忽不定的捻军，更没有勇气正视清王朝即将到来的陆沉。

---

① 赵烈文：《能静居日记》，见《太平天国续编》(七)，327—328 页。

主要参考文献

一 清人著述及文献史料

1. 国立北京大学文科研究所、国立北京图书馆编辑. 太平天国史料. 上海：开明书店,1955

2. 《太平天国革命时期广西农民起义资料》编辑组编. 太平天国革命时期广西农民起义资料. 北京：中华书局,1978

3. 筹办夷务始末（道光朝）. 北京：中华书局,1964

4. 筹办夷务始末（咸丰朝）. 北京：中华书局,1979

5. 龚自珍全集. 上海：上海人民出版社,1975

6. 谷应泰. 明史纪事本末. 北京：中华书局,1977

7. 广东省文史研究馆编. 三元里人民抗英斗争史料. 北京：中华书局,1959

8. 广东省文史研究馆编. 鸦片战争史料选译. 北京：中华书局,1983

9. 广东省文史研究馆编. 鸦片战争与林则徐史料选译. 广州：广东人民出版社,1986

10. 苏州博物馆、江苏师院历史系、南京大学历史系编. 何桂清等书札. 南京：江苏人民出版社,1981

11. 胡文忠公全集. 上海：世界书局,1936

12. 胡宗宪. 筹海图编. 嘉靖四十年

13. 嵇璜. 皇朝文献通考. 上海：上海图书集成局,光绪二十七年

14. 南京大学太平天国研究室编. 江浙豫皖太平天国史料选编. 南京：江苏人民出版社,1983

15. 剿平粤匪方略. 扬州：江苏广陵古籍刻印社,1985

16. 金毓黻、田余庆等编. 太平天国史料. 北京：中华书局,1959

17. 李星沅. 李文恭公文集. 芋香山馆,同治三年

18. 李忠武公遗书. 光绪十七年

19. 梁廷枏. 夷氛闻记. 北京:中华书局,1959

20. 梁廷枏等. 粤海关志. 道光年间刻本,台北:成文出版社,1968

21. 林昌彝. 射鹰楼诗话. 上海:上海古籍出版社,1988

22. 林则徐. 江苏奏稿. 北京:中国书店,1991

23. 林则徐. 使粤奏稿. 北京:中国书店,1991

24. 林则徐集. 北京:中华书局,1965

25. 林则徐全集. 福州:海峡文艺出版社,2002

26. 林则徐书简(增订本). 福州:福建人民出版社,1985

27. 罗汝怀. 湖南文征. 同治十年

28. 左文襄公全集. 萃文堂刊,长沙:岳麓书社,1986

29. 故宫博物院明清档案部编. 清代档案史料丛编. 北京:中华书局,1978—1987

30. 清实录. 北京:中华书局影印本,1986

31. 荣孟源编. 中国近代史资料选辑. 北京:三联书店,1954

32. 容闳. 西学东渐记. 长沙:湖南人民出版社,1981

33. 太平军在上海——《北华捷报》选译. 上海:上海人民出版社,1983

34. 太平天国历史博物馆编. 太平天国史料丛编简辑. 北京:中华书局,1961—1963

35. 太平天国历史博物馆编. 太平天国文书汇编. 北京:中华书局,1979

36. 太平天国历史博物馆编. 太平天国资料汇编. 北京:中华书局,1979

37. 太平天国历史博物馆编. 吴煦档案选编. 南京:江苏人民出版社,1983—1984

38. 中国社会科学院近代史研究所近代史资料编辑室编. 太平天国文献史料集. 北京:中国社会科学出版社,1982

39. 太平天国印书. 南京:江苏人民出版社,1979

40. 中国科学院历史研究所第三所近代史资料编辑组编辑. 太平天国资料. 北京:科学出版社,1959

41. 汪士铎. 乙丙日记. 明斋丛刻,1936

42. 王铁崖编. 中外旧约章汇编. 北京:三联书店,1957

43. 魏源集. 北京:中华书局,1976

44. 厦门大学郑成功历史调查研究组编. 郑成功收复台湾史料选编. 福州:福建人民出版社,1982

45. 印鸾章. 清鉴. 北京:中国书店,1985

46. 曾国藩全集. 北京:中国致公出版社,2001

47. 张集馨. 道咸宦海见闻录. 北京:中华书局,1981

48. 张守常编. 太平军北伐资料选编. 济南:齐鲁书社,1984

49. 赵尔巽等. 清史稿. 北京:中华书局,1976

50. 中国第一历史档案馆编. 清政府镇压太平天国档案史料. 北京:社会科学文献出版社,1992

51. 中国第一历史档案馆编. 鸦片战争档案史料. 上海:上海人民出版社,1987

52. 中国第一历史档案馆编. 鸦片战争在舟山史料选辑. 杭州:浙江人民出版社,1992。

53. 罗尔纲、王广成主编. 中国近代史资料丛刊续编·太平天国. 南宁:广西师范大学出版社,2004

54. 中国科学院上海历史研究所筹备委员会编. 上海小刀会起义史料汇编. 上海:上海人民出版社,1980

55. 中国史学会主编. 中国近代史资料丛刊·回民起义. 上海:上海人民出版社,上海书店出版社,2000

56. 中国史学会主编. 中国近代史资料丛刊·捻军. 上海:上海人民出版社,上海书店出版社,2000

57. 中国史学会主编. 中国近代史资料丛刊·太平天国. 上海:上海人民出版社,上海书店出版社,2000

58. 中国史学会主编. 中国近代史资料丛刊·鸦片战争. 上海:上海人民出版社,上海书店出版社,2000

59. 中国史学会主编. 中国近代史资料丛刊·第二次鸦片战争. 上海:上海人民出版社,1978

60. 忠王李秀成自述(影印本). 北京:中华书局,1963(即《李秀成亲书供词》)

(引用第一历史档案馆档案,各省《通志》及有关府、州、厅、县志等均从略,见有关注释)

665

二 今人著述

1. 安徽科学分院哲学社会科学研究所历史研究室近代史组编著. 关于捻军的几个问题. 合肥:安徽人民出版社,1960

2. 蔡少卿. 中国秘密社会. 杭州:浙江人民出版社,1989

3. 陈棣生. 虎啸龙吟·太平天国歌谣选集. 广州:花城出版社,2001

4. 崔之清. 太平天国战争全史. 南京:南京大学出版社,2002

5. 戴逸. 乾隆帝及其时代. 北京:中国人民大学出版社,1992

6. 丁名楠等. 帝国主义侵华史. 北京:人民出版社,1973

7. 董蔡时. 太平天国在苏州. 南京:江苏人民出版社,1981

8. 范文澜. 中国近代史. 北京:人民出版社,1955

9. 郭毅生. 太平天国经济制度. 北京:中国社会科学出版社,1984

10. 胡如雷. 中国封建社会形态研究. 北京:三联书店,1979

11. 胡绳. 从鸦片战争到五四运动. 北京:人民出版社,1981

12. 简又文. 太平天国典制通考. 香港:简氏猛进书屋,1958

13. 简又文. 太平天国全史. 香港:简氏猛进书屋,1962

14. 姜涛. 人口与历史——中国传统人口结构研究. 北京:人民出版社,1998

15. 姜涛. 中国近代人口史. 杭州:浙江人民出版社,1993

16. 李文治等. 明清时代的农业资本主义萌芽问题. 北京:中国社会科学出版社,1983

17. 来新夏. 林则徐年谱(增订本). 上海:上海人民出版社,1985

18. 列岛. 鸦片战争史论文专集. 北京:三联书店,1958

19. 刘大年集. 北京:中国社会科学出版社,2000

20. 龙盛运. 清代全史(7). 沈阳:辽宁人民出版社,1993

21. 罗尔纲,周邨. 太平天国史论文选. 北京:三联书店,1981

22. 罗尔纲. 太平天国史. 北京:中华书局,1991

23. 罗尔纲. 太平天国史事考. 北京:中华书局,1979

24. 马少侨. 清代苗民起义. 武汉:湖北人民出版社,1956

25. 茅家琦. 太平天国通史. 南京:南京大学出版社,1991

26. 茅家琦. 太平天国对外关系史. 北京:人民出版社,1984

27. 茅家琦. 太平天国与列强. 南宁:广西人民出版社,1992

28. 茅海建. 天朝的崩溃——鸦片战争再研究. 北京:三联书店,1995

29. 牟安世. 鸦片战争. 上海:上海人民出版社,1982

30. 南京大学历史系太平天国史研究室. 太平天国史新探. 南京:江苏人民出版社,1982

31. 卿汝楫. 美国侵华史. 北京:三联书店,1956

32. 广西省太平天国文史调查团. 太平天国起义调查报告. 北京:三联书店,1956

33. 北京太平天国历史研究会编. 太平天国史译丛. 北京:中华书局,1983

34. 王庆成. 太平天国的历史和思想. 北京:中华书局,1985

35. 王庆成. 太平天国的文献和历史——海外新文献刊布和文献史事研究. 北京:社会科学文献出版社,1993

36. 武汉大学鸦片战争研究组等. 外国学者论鸦片战争与林则徐. 福州:福建人民出版社,1989。

37. 夏春涛. 天国的陨落——太平天国宗教再研究. 北京:中国人民大学出版社,2006

38. 萧致治. 鸦片战争史. 福州:福建人民出版社,1996

39. 严中平. 中国近代经济史统计资料. 北京:科学出版社,1955

40. 杨国桢. 林则徐大传. 北京:中国人民大学出版社,2010

41. 张守常. 太平军北伐丛稿. 济南:齐鲁书社,1999

42. 张天泽. 中葡早期通商史. 香港:中华书局,1988

43. 钟文典. 太平天国人物. 南宁：广西人民出版社，1984

44. 中国社会科学院近代史研究所·沙俄侵华史（1、2）. 北京：中国社会科学出版社，2007

45. 中国社会科学院近代史研究所. 中国近代史稿（1）. 北京：人民出版社，1978

（引用论文均从略，见有关注释）

三 国外学者及西文文献著述（含中译本）

1. 马克思恩格斯全集（7）. 北京：人民出版社，1957
2. 马克思恩格斯全集（9）. 北京：人民出版社，1961
3. 马克思恩格斯全集（12）. 北京：人民出版社，1962
4. 马克思恩格斯全集（29）. 北京：人民出版社，1972
5. 马克思恩格斯选集. 北京：人民出版社，1995
6. *North China Herald*（北华捷报）
7. ［法］加勒利·伊凡. 太平天国初期纪事. 上海：上海古籍出版社，1982
8. ［美］史景迁. 探寻现代中国. 纽约·伦敦，1990
9. ［俄］尼古拉·班蒂什-卡缅斯基编著. 俄中两国外交文献汇编（1619—1792）. 北京：商务印书馆，1982
10. ［美］马士. 东印度公司对华贸易编年史. 广州：中山大学出版社，1991
11. ［美］马士. 中华帝国对外关系史. 上海：上海书店，2000
12. ［英］格林堡. 鸦片战争前中英通商史. 北京：商务印书馆，1961
13. ［英］呤唎. 太平天国革命亲历记. 上海：上海人民出版社，1997
14. ［英］马戛尔尼. 乾隆英使觐见记. 北京：中华书局，1917
15. 王崇武，黎世清编译. 太平天国史料译丛. 上海：神州国光社，1954
16. 胡滨编译. 英国档案有关鸦片战争资料选译. 北京：中华书局，1993

667

人名索引

/670

490,492

青　麟　407,409

庆　端　628,630

R

阮　元　54,55

S

赛尚阿　264,271—274,277,279,
334,335,337,338,341,
346,438

僧格林沁　335,340,358—360,
362,363,365—368,
371,374—380,393,
541—544,547—550,
612,651,653,654

善　禄　355,356,371

胜　保　338—340,346,349,353,
356—362,365—368,
371—375,378,379,393,
453,550,587,589,609,
612,625,626

施绍恒　376—378

石达开　247,248,255,256,267—
269,280,310,313,314,
316,322,328,397,400—
403,413,419,421,423,
427,429—433,435,446,
448,453,454,456,462—
465,467,469—473,
476—479,483—492,
494—501,573—582,
588,605,620,627,628,
657

石凤魁　407,409,416,417

石祥祯　400,401,406,407,409—
412,415,455

石镇吉　448,497—499

石镇崙　402,406,414,415,418

舒兴阿　337,404—406,450

斯密斯　98,101,102

肃　顺　544,571,609—613,615,
617,618

孙亦恬　290,293

T

塔齐布　387,410,411,413—417,
419,420,422,423,427,
428

台　涌　402,407—409

谭绍光　591,607,632,634,641,
643—646

谭廷襄　532—534,561

唐树义　402,406,407

陶恩培　337,423

陶　澍　75,76,384,585

涂镇兴　417,459

托尔布津　36,37

托浑布　147,154

托明阿　338,339,341,346,353,
355—358,458,460,516

W

瓦尔斯基　519,524

万提喜　17

汪士铎　222,284,301,314,317,
432,439,483,484,494

王国才　408,420,423,425,427

王闿运　278,360,383,422,589,
615,618

王伸汉　10,11

王锡朋　147—149

王　鑫　382,386—388,391—
393,410,497

威妥玛　508,534,535,540,541,
543,549,550,615

675